服装品牌策划与经营

一体化课程教学指导手册

主　　编　李　填

副 主 编　石淑芹　林丽艳　周婷婷

　　　　　李妍卓　杨　俊　王　岑

参　　编　唐思娣　陈显继　寿丽君　庞少杰

编　　辑　林　枫　李　夏

校　　对　甘素文　廖婷婷

封面设计　林　枫　李燕东

图书在版编目（CIP）数据

服装品牌策划与经营一体化课程教学指导手册 / 李填主编. —成都：西南交通大学出版社，2022.10
ISBN 978-7-5643-8960-4

Ⅰ. ①服… Ⅱ. ①李… Ⅲ. ①服装－品牌营销－技工学校－教学参考资料 Ⅳ. ①F768.3

中国版本图书馆 CIP 数据核字（2022）第 194300 号

Fuzhuang Pinpai Cehua yu Jingying Yitihua Kecheng Jiaoxue Zhidao Shouce

服装品牌策划与经营一体化课程教学指导手册

主编　李　填

责任编辑	黄淑文
封面设计	林　枫　李燕东
出版发行	西南交通大学出版社 （四川省成都市金牛区二环路北一段 111 号 西南交通大学创新大厦 21 楼）
发行部电话	028-87600564　028-87600533
邮政编码	610031
网　　址	http://www.xnjdcbs.com
印　　刷	四川玖艺呈现印刷有限公司
成品尺寸	210 mm × 260 mm
印　　张	32.25
字　　数	1047 千
版　　次	2022 年 10 月第 1 版
印　　次	2022 年 10 月第 1 次
书　　号	ISBN 978-7-5643-8960-4
定　　价	220.00 元

广州市工贸技师学院

一体化课程教学指导手册

编写委员会

主　　任　李红强

副主任　陈海娜

委　　员　周志德　陈志佳　吴多万

周红霞　王正旭　高小秋

朱　漫　刘炽平　伍尚勤

黄颂杰　甘　路　张扬吉

陈静君　李文远　宋　雄

陈　冰　符　强　杨　旭

李　江　寿丽君　陈　波

前言

为贯彻落实习近平总书记在学校思想政治理论课教师座谈会上的重要讲话和中共中央办公厅、国务院办公厅印发的《关于深化新时代学校思想政治理论课改革创新的若干意见》文件精神，挖掘其他课程和教学方式中蕴含的思想政治教育资源，发挥所有课程育人功能，构建全面覆盖、类型丰富、层次递进、相互支撑的课程体系，使各类课程与思政课同向同行，形成协同效应，实现全员全程全方位育人，广州市工贸技师学院在不断深入推进以职业活动为导向、以校企合作为基础、以综合职业能力培养为核心，理论教学与实践教学相融通、学习岗位与工作岗位相对接、职业能力与岗位能力相对接的一体化课程教学改革基础上，构建了一专业一特点的一体化课程与思政教育相互融合的课程与教学体系。

为帮助教师全面系统把握思政融合逻辑、课程内部结构，扎实推进思政融合一体化课程的教学实施，学院以专业为单位组织编写了《一体化课程教学指导手册》共 15 册。系列手册中，各专业系统梳理了一体化课程中蕴涵的国家意识、人文素养、技术思想、职业素养和专业文化五个领域的思政教育资源，精心选取思政元素，合理布局融合点，深化教学融合设计，结构化地呈现了专业人才培养目标、课程思政方案、课程标准、教学活动等，从而帮助教师快速把握融合思政元素的一体化课程设计思路、教学目标、教学模式、课堂活动及其评价方式。

同时，《人力资源社会保障部办公厅关于推进技工院校学生创业创新工作的通知》（人社厅发〔2018〕138 号）明确指出，要加强技工教育创业创新课程体系建设，将创业创新课程纳入技工院校教学计划，将创业创新意识教育课程与公共课程相结合，将创业创新实践课程与专业课程相结合。系列手册中，各专业在部分工学结合的一体化学习任务基础上，融合了商机发掘、团队组建、市场调查、产品制造、商业模式设计、财务预测、项目路演等创新创业知识与技能，在日常专业教学过程中渗透培养创新意识和创业精神，从而提高学生创新创业能力。

思政融合、专创融合的一体化课程设计及其教学实施在技工院校尚属探索阶段，加之编者水平有限，手册存在的不足之处，恳请批评指正。

广州市工贸技师学院

2022 年 10 月

人才培养目标

◆ 培养定位

培养政治素质高，人文素养良好，有文化传承意识、审美意识、安全环保意识、生产成本意识，质量标准意识，掌握服装品牌策划、服装陈列、服装设计、服装营销等最新技术，具备品牌策划与经营能力、服装陈列能力、服装设计表达能力，爱国、敬业并立志为打造中国品牌服装而不懈努力的高技能人才。

◆ 就业面向的行业企业类型

面向品牌服装企业、服装贴牌生产加工企业、设计师工作室及服装商贸公司等企业就业。

◆ 适应的岗位或岗位群

适应服装品牌策划、服装陈列、服装设计、服装营销等岗位群工作。

◆ 能胜任的工作任务

能胜任服装陈列设计、协助品牌策划师设计策划、款式设计、服装店铺管理、服装电子商务等工作任务。

◆ 需具备的通用职业能力

具备有效沟通、团队协作、组织管理能力和创新、创业意识。

服装品牌策划与经营专业思政特点

注重中国传统服饰元素的理解与运用，融合感恩教育、爱心教育，加强社会主义核心价值观引领作用，提升创新能力及生态、绿色、环保、安全意识。

服装品牌策划与经营专业课程思政方案

思政领域	融合的思政元素	课程名称	学习任务	思政内容
国家意识	国情观念（文化自信）	服装纸样设计	上衣类纸样设计之新中式改良服装纸样设计	了解中式服装发展历史，搜集中式服装款式素材；将传统中式服装纸样进行创新设计与改良制作，增强传统文化自信
	国情观念（家国情怀）	服装陈列设计	女装品牌实体店店铺陈列设计	挖掘中国传统春节文化习俗元素，完成“中国传统春节”主题店铺的陈列设计，增强爱国爱家情怀

思政领域	融合的思政元素	课程名称	学习任务	思政内容
人文素养	审美情趣（剪纸艺术）	单品服装设计	上装单品设计之大衣单品设计	在大衣款式设计中融入中国传统剪纸元素，提升现代元素与传统元素相结合的审美情趣
	审美情趣（婚礼服饰）	品牌服装产品策划	男装品牌产品策划	将传统婚嫁元素融入现代款式设计中；通过品牌推广、店铺装修、海报媒体宣传，推广本土品牌，弘扬中式婚嫁男士礼服文化，提升中式传统婚礼服饰审美情趣
	人文情怀（孝道文化）	服装陈列设计	男装品牌实体店店铺陈列设计	设计“父亲节主题”店铺陈列方案，陈列实体模型，融入感恩、孝道文化，打造温暖有爱的购物环境
	人文情怀（爱心教育）	服装陈列设计	童装品牌实体店店铺陈列设计	通过搜集素材、选配道具、店铺陈列效果图设计、制作陈列模型、店铺维护等环节，设计儿童节主题店铺陈列，打造充满童趣、温暖有爱的购物环境，培养关爱儿童、孝敬父母的爱心

服装品牌策划与经营专业课程思政方案

思政领域	融合的思政元素	课程名称	学习任务	思政内容
技术思想	科学精神（精益求精）	服装成品制作	女时装外套成品制作	在女时装外套成品制作中体现标准、规范、精细，培养一丝不苟、精益求精的工匠精神
	科学精神（严谨理性）	服装纸样设计	上衣类纸样设计之旗袍纸样制作	在旗袍纸样制作中，通过纸样核对、尺寸检查、数据与工艺单一致性、剪口与缝份规范等，培养严谨、理性的工作作风
	实践创新（崇尚实践）	服装纸样设计	上衣类纸样设计之旗袍纸样制作	在上衣类纸样设计之旗袍纸样制作中不断实践创新，开发新型旗袍样板，培养勇于试错、勇于创新的实践精神
	实践创新（技术运用）	服装视觉呈现	服装品牌广告设计策划	学习并运用竞品品牌广告设计方案进行“爱时尚”服装品牌广告设计，在文案设计、广告语及创意上熟练运用广告设计技术，培养学生综合创新能力

服装品牌策划与经营专业课程思政方案

思政领域	融合的思政元素	课程名称	学习任务	思政内容
职业素养	企业文化（客户意识）	服装产品销售	服装产品线上销售	在服装产品线上销售模拟演练中注意顾客信息安全，诚信相待、明辨是非，树立良好的客户意识和诚信服务意识
	规则意识（成本意识）	服装成品制作	女时装外套成品制作	在女时装外套成品制作的设计、排料、裁剪过程中加强成本核算，提升节约意识
	规则意识（环保意识）	服装成品制作	衬衣类成品制作之男士立领衬衣的制作	在衬衣面辅料的选择中考虑环保性和人体穿着的舒适性
	企业文化（品牌意识）	服装视觉呈现	服装品牌 VI 设计	在品牌 VI 设计上，融合国产文艺风格服装品牌 VI 设计元素并进行创新，开发国产女装品牌 VI 系列产品，体现国产服装品牌文化

服装品牌策划与经营专业课程思政方案

思政领域	融合的思政元素	课程名称	学习任务	思政内容
专业文化	传统工艺（镶绣工艺）	服装成品制作	女时装外套成品制作	对中国传统镶绣工艺进行改良和创新，制作融合中国传统工艺特色的现代时装外套
	传统工艺（刺绣工艺）	系列服装设计	休闲女装系列设计	在休闲系列女装设计中融合传统仙鹤刺绣素材，创作新颖且有特色的设计产品
	中国风（水墨画）	系列服装设计	时尚女装系列设计	在时尚系列女装设计中融合传统中国水墨画素材，创作新颖且有特色的设计产品
	中国风（旗袍设计）	服装纸样设计	上衣类纸样设计之旗袍纸样制作	学习传统旗袍服饰文化和特点，结合中国传统手工艺、图案等元素，创新旗袍的纸样

目录

思政融合

专创任务

中级工
生手

高级工
熟手

职业能力成长阶梯

课程 1　服装部件制作

学习任务 1
贴袋的制作
（8）课时

学习任务 2
手提袋的制作（包含嵌袋、拉链等部件元素）
（8）课时

学习任务 2
衬衣上、下级领制作
（8）课时

学习任务 3
男衬衣袖制作
（12）课时

课程目标

学习完本课程后，学生应能胜任常见服装部件制作的任务，包括：贴袋的制作、手提袋（含拉链、嵌袋）的制作、衬衣上、下级领制作、男衬衣袖制作等，学会并遵守“8S”管理规定，养成良好的工作习惯，具体包括：

1. 能识读生产任务单，明确加工内容、数量及工期等要求。
2. 能仔细查看工艺说明书的相关内容，明确制作标准和工艺要求，领取工具和材料。
3. 能根据服装部件结构特点和工艺要求，合理选择、调试、使用和维护加工设备；按照生产安全防护规定，执行安全操作规程。
4. 能依据任务要求，确定工艺制作方法，独立完成服装部件制作，做到缉线顺直、缝份一致、点位对齐、熨烫到位；能使用专业术语与相关人员有效沟通，顺利解决制作过程中的技术问题；工作中过程中养成认真细致、保证质量的良好工作习惯。
5. 能按照相关技术标准对制作部件进行自检、修改，确保产品质量。
6. 能根据所学的部件制作方法技能，对部件制作产品进行创新。
7. 能将中国传统工艺制作（刺绣、盘扣、滚边等）融合到服装部件制作中。
8. 遵守“8S”的工作要求，保养设备，并认真填写设备保养记录。

课程内容

1. 服装生产车间环境的认知

车间环境与管理制度、“8S”管理规定、安全环保制度等的认知。

2. 服装缝制熨烫设备与工具的认知与操作

常见缝制熨烫设备的名称、功能与操作方法，常见缝制熨烫工具的名称、功能与使用方法，特种设备和工具的名称、功能与操作使用方法等。

3. 车间流水作业流程及资料的认识与使用

岗位认知，流水线排布与运作方式，生产工艺单、生产工艺卡、设备使用说明书、工艺样板、材料交接表、设备操作规程、设备使用记录表等的识读与运用等。

4. 制作前的准备工作

缝制熨烫设备的调试，缝制熨烫工具的试用，缝制材料的领取与检验，缝制材料缝制熨烫性能的认知与测试，部件制作的工艺流程、方法和注意事项的认知等。

5. 部件制作的实施

融入中国传统工艺的服装部件制作（贴袋制作、嵌袋制作、拉链的安装）的实施，主要包括验片、定位、缝制、剪切、小烫、整理等。

6. 服装部件质量检验与评估反馈

服装部件质量检验内容和标准的查阅，服装部件质量检验与评估，不合格的产品返工，直至质量合格。

学习任务 1　贴袋的制作

任务描述

学习任务课时：08 课时

任务情境：

某服装厂开展生产一线工人缝制技能竞赛，要求参赛人员在规定的时间内，完成服装部件——贴袋的设计与制作，制作要求含如下内容：

1. 贴袋（运用中国传统工艺——包边、中国传统纹样的印绣花、中国红、中国结等元素）；

2. 图案、色彩及面辅料自行设计选配。贴袋广泛运用于裤子、裙子、上衣等各品类的服装上，贴袋的设计与制作也是丰富多样的。本次竞赛要求贴袋造型设计、面辅料的选配、图案设计及传统工艺手法的运用能充分体现中华传统的文化特色，贴袋作品的车缝工艺符合技术质量标准，实现艺术性和实用性的有效结合。

贴袋制作具体要求如下：

1. 根据比赛的内容、要求，进行贴袋的设计，包含面辅料的选配、图案的设计、色彩搭配等内容，结合传统工艺手法，形式不限，使作品美观实用且符合设计思想；

2. 贴袋的作品符合规格尺寸及工艺要求，明确各阶段的工作任务及完工时间；

3. 根据贴袋的设计图稿及工艺制单的要求，面辅料的用量预算合理；

4. 根据贴袋制作裁剪样板的技术说明，完成排版、画样、剪取裁片及清点；

5. 根据贴袋的面、辅料特性，完成缝制设备和熨烫设备的调试；

6. 根据贴袋的结构设计图稿及制作生产工艺单的图文说明，运用传统工艺手法完成贴袋的制作；

7. 根据各控制部位的公差范围和外观质量要求进行检查，使作品符合工艺技术标准且美观实用，符合弘扬中华传统文化的主题内容；

8. 编写贴袋制作的工艺流程；

9. 根据“8S”的要求，维护制作设备和现场环境。

具体工作流程和标准要求见下页。

工作流程和标准

工作环节 1
解读生产任务单、明确贴袋制作任务

1

根据贴袋制作的任务要求，以弘扬中华传统文化的主题思想，以刺绣、印花、手绘等为主要的工艺手法，进行贴袋的款式结构设计，制订车缝的工作计划，明确操作流程以及质量标准。了解服装板房的安全操作规范和岗位职责。

主要成果：
1. 贴袋的制作工艺要求说明单；
2. 工作计划书。

工作环节 2
设计贴袋的图稿

2

根据贴袋制作的生产任务单和制订的工作计划，收集与设计主题思想相关的素材，运用中华传统的工艺手法和细节设计，选配面料、色彩搭配、图案的设计，绘制贴袋的设计图和结构图，制订成品的工艺技术标准。实现贴袋作品美观与实用的完美结合，符合中华传统文化的审美情趣。

主要成果：
1. 贴袋的设计图（贴袋的造型 、图案设计 、色彩搭配 、工艺手法）；
2. 贴袋的尺寸结构图(含各部件制作的尺寸标准)。

工作环节 3
领取贴袋制作材料

3

根据贴袋的款式设计图预算贴袋的面、辅料用量，选配其他制作材料，领取材料并填写贴袋制作的材料领清单。

主要成果：
贴袋制作的材料清单。

工作环节 4
裁剪贴袋的制作裁片

4

根据贴袋的设计图稿及制作裁剪样板的技术说明进行排版、画样、剪取裁片、清点裁片，确保裁片完整且纱向准确。

主要成果：
1. 贴袋的裁剪要求以及注意事项的摘录单。
2. 贴袋制作的裁片清单。

工作环节 5

设备调试

5

根据贴袋的面、辅料性能进行缝制设备的调试。

主要成果：
1. 线迹试针效果。
2. 熨斗试烫效果。

工作环节 6

贴袋的制作

6

根据贴袋制作生产工艺单的图文说明，制作贴袋所包含的贴袋、唇袋、拉链安装等部件并组合，结合运用中国传统工艺手法，如：包边、刺绣、印花、手绘等工艺。制作完成后编写贴袋制作的工艺流程图。

主要成果：
1. 贴袋制作的工艺流程图
2. 贴袋成品

工作环节 7

贴袋的交付与评价

7

根据检验的度量规范，测量贴袋各控制部位的规格尺寸，并按照贴袋各部件的公差范围和外观质量要求、传统工艺的运用及制作质量，及是否符合设计意图、是否彰显中华传统文化特色，评价贴袋的整体分值。

主要成果：
贴袋制作的评价表。

工作环节 8

贴袋制作的工作现场整理与设备维护

8

按“8S”的要求进行制作设备的维护和现场清洁、归位。

主要成果：
设备使用记录表。

学习内容

知识点	1.1 传统的工艺手法（印花、绣花、手绘）； 1.2 贴袋所含部件制作的工艺制单图文术语知识； 1.3 贴袋工作任务的分解、步骤流程。	1.1 资讯收集的渠道方法； 1.2 设计图稿的绘制（主要运用中国传统元素，如：中国传统纹样中国红等色彩搭配印花绣花等工艺手法在贴袋上的运用）； 1.3 贴袋制作的工艺标准。	3.1 贴袋的制作材料选用； 3.2 贴袋制作面、辅料数量的预算； 3.3 贴袋制作设备的选用。	4.1 贴袋的部件面、辅料正反面经纬纱知识； 4.2 贴袋裁剪样板标写的图文技术知识。
技能点	1.1 任务书的解读，提取关键字，明确任务要点； 1.2 制定工作计划和完成时间。	2.1 素材的收集整理及运用； 2.2 绘制贴袋的设计稿； 2.3 根据贴袋的设计图稿工艺制单的图文表述，摘录出贴袋检验部位的规格尺寸及工艺要求。	3.1 能根据贴袋的设计图稿和结构图预算贴袋制作所需面辅料； 3.2 能根据贴袋的裁剪样板以及面辅料的幅宽预算出面辅料所需长度，填写材料清单。	4.1 能根据贴袋制作裁剪样板的技术说明进行面辅料的排板、画样、剪取裁片； 4.2 能根据贴袋制作裁剪样板的技术说明清点各类裁片，做好归类。
工作环节	工作环节 1 明确贴袋的制作任务	工作环节 2 贴袋的设计图稿	工作环节 3 贴袋制作材料的预算及领用	工作环节 4 贴袋裁片的排料与裁剪
成果	成果： 1.1 贴袋的制作工艺要求说明单； 1.2 工作计划书。	成果： 2.1 贴袋的设计图（贴袋的造型、图案设计、色彩搭配、工艺手法）； 2.2 贴袋的尺寸结构图（含各部件制作的尺寸标准）。	成果： 3.1 贴袋制作的材料清单。	成果： 4.1 贴袋的裁剪要求以及注意事项的摘录单； 4.2 贴袋制作的裁片清单。
素养	1.1 职业素养： 1. 阅读分析能力； 2. 表达能力； 3. 缝纫车间安全意识。 1.2 思政元素： 在任务书的解读中构思中华传统元素的运用和中华传统工艺手法运用的设计思路。	2.1 职业素养： 素材的收集、归纳、整理及运用的能力。 2.2 思政元素： 1. 弘扬优秀的中华传统文化，增强民族自信心和自豪感； 2. 提升学生的审美意识。	3.1 职业素养： 1. 数学计算能力； 2. 整理归类的能力； 3. 团队合作能力。 3.2 思政元素： 熟悉传统工艺所需面料、辅料的特性及用量，培养学生的成本控制意识。	4.1 职业素养： 1. 阅读分析能力； 2. 规范操作能力； 3. 认真心细的工作态度。 4.2 思政元素： 熟悉传统工艺所需面料、辅料的裁剪原理和裁剪方法，同时培养学生的归纳整理能力。

学习任务 1　贴袋的制作

5.1 贴袋制作使用缝制设备的基本工作原理、性能及调试方法，面辅料性能与缝制设备的协调原理； 5.2 贴袋制作使用熨烫设备的基本工作原理、性能及调试方法，双线袋部件制作面辅料性能与熨烫设备的协调原理。	6.1 贴袋的工艺图文术语知识； 6.2 贴袋制作的操作流程、贴袋的车缝方法（传统工艺：绣花、印花、手绘、中国结等元素及工艺技巧在贴袋的图案、纹样上的运用）； 6.3 贴袋制作中各部件的制作方法和工艺标准； 6.4 贴袋的熨烫方法和注意事项。	7.1 贴袋作品各控制部位的规格及测量知识； 7.2 贴袋的公差范围和技术标准； 7.3 贴袋外观质量要求和技术标准。	8.1 环境、设备维护知识； 8.2 安全知识。
5.1 能根据制作贴袋部件的面辅料性能及传统工艺的制作特点进行缝制设备的调试； 5.2 能根据制作贴袋的面辅料性能及传统工艺的制作特点调试熨烫设备。	6.1 能根据贴袋制作生产工艺单的工艺图文术语说明，摘录出贴袋制作的工艺要求； 6.2 能按贴袋制作的工艺要求、熨烫知识，编写贴袋制作的工艺流程图； 6.3 根据贴袋工艺要求及流程图车缝贴袋，运用传统的工艺手法完成贴袋的成品制作。	7.1 能按贴袋的检验部位，规范测量出控制部位的规格尺寸； 7.2 根据贴袋控制部位的公差范围，评价贴袋成品规格分值； 7.3 能根据贴袋外观要求的描述、贴袋上的传统工艺的运用手法、是否符合设计意图、是否体现中华传统的文化特色，综合评价出贴袋整体外观分值。	8.1 能规范有序地进行设备维护的操作； 8.2 能按 8S 的要求进行双线袋部件制作现场清洁、归位。
设备调试 工作环节 5	工作环节 6 贴袋的制作	贴袋作品的交付与评价 工作环节 7	工作环节 8 工作现场整理与设备维护
成果： 5.1 线迹试针效果； 5.2 熨斗试烫效果。	成果： 6.1 贴袋制作的工艺流程图； 6.2 贴袋成品。	成果： 7.1 贴袋制作的评价表。	成果： 8.1 设备使用记录表。
5.1 职业素养： 1. 沟通能力； 2. 虚心、耐心、仔细的职业态度。 5.2 思政元素： 熟悉传统工艺所需面料、辅料的性能，熟悉机器的操作方法，培养学生严谨的工作态度和安全意识。	6.1 职业素养： 1. 阅读分析能力； 2. 语言表达能力； 3. 操作规范能力； 4. 虚心、耐心的职业态度。 6.2 思政元素： 在制作过程中，让学生熟悉贴袋制作的操作流程、制作方法以及传统工艺的制作技巧，同时培养学生精益求精的工匠精神。	7.1 职业素养： 1. 阅读能力； 2. 语言表达能力； 3. 操作规范能力； 4. 审美能力。 7.2 思政元素： 熟悉中国传统工艺的技术要求和制作标准，贴袋作品是否美观且准确表达了设计意图，有亮点新意。	8.1 职业素养： 1. 安全意识； 2. 安全保洁能力。

课程 1　服装部件制作

学习任务 1　贴袋的制作

1. 明确贴袋的制作任务
2. 贴袋设计图和结构图
3. 贴袋制作材料的预算及领用
4. 裁剪贴袋制作的裁片
5. 设备调试
6. 贴袋的缝制
7. 贴袋作品的交付与评价
8. 工作现场整理与设备维护

	工作子步骤	教师活动	学生活动	评价
明确贴袋的制作任务	1. 提取任务书的关键字； 2. 根据贴袋制作的工艺要求分解工作任务，指定工作计划。	1. 要求学生按照缝纫车间安全操作规范做好防范措施，安排小组长负责检查小组成员的安全措施执行情况； 2. 采用讲授法描述贴袋的任务要求、重点、难点及注意事项。如：贴袋的主题思想、手袋上的贴袋设计、传统的工艺细节（造型、刺绣、印花、手绘等工艺手法的综合运用）； 3. 组织学生独立阅读贴袋制作的任务书，并要求学生运用关键词法摘录任务的重点； 4. 巡回监控学生提取的任务要点和制订贴袋制作工作计划的过程； 5. 抽查提问学生对贴袋制作任务的解读情况和工作计划的可行性； 6. 根据被抽查学生的汇报进行点评，如存在问题提出补充或修改意见； 7. 巡回监控学生对贴袋制作的工作计划修改完善情况。	1. 按照缝纫车间安全操作规范做好防范措施，小组长负责检查小组成员的安全措施执行情况，必要时提请教师纠正教育； 2. 倾听教师描述贴袋制作的任务要求、重点、难点及注意事项； 3.根据老师的讲解，解读贴袋制作的任务书，提取关键字； 4. 阅读和分析贴袋制作生产工艺单和样品内容，进行任务分解，制订工作计划； 5. 被抽查的学生汇报贴袋制作任务的解读情况，讲解工作计划； 6. 倾听教师提出的贴袋制作工艺要求以及对汇报内容的点评，记录老师提出的需补充或修改的内容； 7. 根据教师的点评内容，对贴袋任务解读的准确性和工作计划的合理性进行自评。	1. 学生自评： (1) 贴袋任务书解读的内容是否正确； (2) 贴袋制作的工作计划是否明确且合理可行。 2. 教师点评： (1) 贴袋任务书解读的内容是否正确、是否把握了重难点； (2) 贴袋制作的工作计划是否明确、合理、可行； (3) 学生的语言表达能力、解决问题的能力。

课时： 0.5 课时

1. 硬资源：具备上网功能的计算机或手机，服装缝纫工艺室、熨斗、烫台、裁剪台、试衣人台等。
2. 软资源：贴袋制作任务单、贴袋相关图片、贴袋制作信息页等。
3. 教学设施：多媒体投影仪等。

1 明确贴袋的制作任务 → 2 贴袋设计图和结构图 → 3 贴袋制作材料的预算及领用 → 4 裁剪贴袋制作的裁片 → 5 设备调试 → 6 贴袋的缝制 → 7 贴袋作品的交付与评价 → 8 工作现场整理与设备维护

贴袋设计图和结构图

工作子步骤	教师活动	学生活动	评价
1. 素材收集（图案、传统纹样、传统工艺手法）； 2. 根据任务书要求绘制贴袋的设计图； 3. 根据任务书的工艺说明和贴袋设计图制作贴袋制作的结构图及工艺图。	1. 将学生进行分组，指定每组的小组长；各组根据任务书要求收集与新年喜庆主题相符的素材； 2. 运用收集的素材，根据贴袋样品示范贴袋的设计图的绘制，设计图体现中华传统文化，运用传统工艺手法（如：印花、刺绣、手绘等工艺）； 3. 指导学生绘制服装结构图，各部位的尺寸标准和工艺技术要求； 4. 对学生展示的设计图和结构图进行评价，并提出指导性意见。	1. 按照老师的分组安排，每组根据任务书的要求完成相关素材的收集； 2. 以小组为单位进行构思，找灵感，运用素材，确定本组的贴袋设计方案，根据老师的示范要求，绘制贴袋的设计图，使设计图稿符合设计意图； 3. 根据贴袋的设计图制订贴袋的结构图，标注各部位尺寸及成品的工艺技术要求； 4. 学生展示作品并评价； 5. 根据学生及老师的评价和指导改进设计稿及结构图。	1. 学生自评： 评价贴袋效果图和结构图的优缺点、提出改进意见。 2. 教师评价： (1) 贴袋的比例是否准确； (2) 风格定位是否准确表达中华传统风格的设计主题，作品中对传统工艺的的运用是否合理、工艺制作是否精美； (3) 色彩搭配、图案设计、外观造型是否美观且具有可行性； (4) 是否包含贴袋、嵌袋、拉链安装等部件，符合任务书要求； (5) 结构图的各部位尺寸标准是否清晰规范、准确完整。

课时： 0.5 课时

1. 硬资源：具备上网功能的计算机或手机，服装缝纫工艺室、熨斗、烫台、裁剪台、试衣人台等。
2. 软资源：贴袋制作任务单、贴袋相关图片、素材、资讯网站、布艺杂志、教材、视频等。
3. 教学设施：多媒体投影仪等。

学习任务 1　贴袋的制作

1 明确贴袋的制作任务 → 2 贴袋设计图和结构图 → 3 贴袋制作材料的预算及领用 → 4 裁剪贴袋制作的裁片 → 5 设备调试 → 6 贴袋的缝制 → 7 贴袋作品的交付与评价 → 8 工作现场整理与设备维护

贴袋制作材料的预算及领用

工作子步骤	教师活动	学生活动	评价
1. 贴袋制作材料预算； 2. 领取贴袋制作的材料、填写材料清单。	1. 展示贴袋样衣、裁剪样板、面料布样；组织学生根据展示物料进行分组讨论； 2. 组织学生分组讨论贴袋制作所需的材料、制作工具、适用设备，以及面料、辅料的长度预算； 3. 组织各小组张贴展示贴袋制作的领取物料名称和数量清单，并由组代表汇报物料清单填写的内容情况； 4. 巡回监控小组互评物料清单填写内容的过程； 5. 点评各组汇报的物料清单填写内容，并通过分析制订贴袋制作所要领取的物料名称和对应的数量； 6. 组织学生分组量剪所需面、辅料以及领取贴袋制作的其他物料，巡回监控操作过程的规范。	1. 学生集体观看教师展示贴袋样品、裁剪样板、面料布样； 2. 学生小组讨论本组贴袋制作所需的材料、制作工具、设备，以及面料、辅料的长度预算，并根据小组讨论结果，填写贴袋制作的领取物料名称和数量； 3. 各小组张贴展示贴袋制作的领取物料名称和数量清单，并由组代表汇报物料清单填写的内容情况； 4. 小组互评物料清单填写内容的情况； 5. 学生倾听教师点评各组物料清单填写内容的点评，记录老师制订的贴袋制作所要领取的物料名称和对应的数量； 6. 学生按各组的物料清单分组量剪布面、辅料，以及领取贴袋制作的其他物料。	1. 小组互评： (1) 材料清单填写是否合理、准确； 2. 教师点评： (1) 各小组材料清单填写是否合理、准确； (2) 学生的团结协作能力及成本控制意识。

课时： 0.5 课时

1. 硬资源：具备上网功能的计算机或手机，服装缝纫工艺室、熨斗、烫台、裁剪台、试衣人台等。
2. 软资源：度量工具、贴袋制作材料、贴袋制作的教材及视频资料、贴袋制作信息页（贴袋设计图、结构图）等。
3. 教学设施：多媒体投影仪等。

基准课时：8

1 明确贴袋的制作任务 → 2 贴袋设计图和结构图 → 3 贴袋制作材料的预算及领用 → 4 裁剪贴袋制作的裁片 → 5 设备调试 → 6 贴袋的缝制 → 7 贴袋作品的交付与评价 → 8 工作现场整理与设备维护

	工作子步骤	教师活动	学生活动	评价
裁剪贴袋制作的裁片	1. 贴袋裁剪样板的排板、画样； 2. 剪取贴袋制作裁片，归类整理。	1. 组织学生独立阅读贴袋制作生产工艺单或工作页，并要求学生采用关键词法标注和摘录贴袋裁剪要求以及注意事项； 2. 抽查提问学生对贴袋裁剪要求以及注意事项的标注情况； 3. 根据被抽查学生汇报贴袋外套裁剪要求以及注意事项内容进行点评，如有存在问题提出补充或修改意见； 4. 组织和监控学生个人按贴袋裁剪要求以及注意事项实施排板、画样、剪取裁片工序； 5. 组织学生个人按剪取的裁片填写贴袋制作的裁片清单； 6. 随机抽查学生，提问贴袋制作裁片清单填写情况； 7. 对被抽查学生的汇报情况进行点评，如有裁片遗漏填写，及时要求学生填写并现场清点、核对及补充裁片。	1. 学生独立阅读贴袋制作生产工艺单或工作页，并标注和摘录贴袋外套裁剪要求以及注意事项的关键词； 2. 被抽查的学生汇报贴袋裁剪要求以及注意事项标注情况； 3. 学生倾听教师对贴袋裁剪要求以及注意事项汇报内容的点评，并记录老师提出的需补充或修改的内容； 4. 学生个人按贴袋裁剪要求以及注意事项实施排板、画样、剪取裁片工序； 5. 学生个人按剪取的裁片填写贴袋制作裁片清单； 6. 被抽查的学生汇报贴袋制作裁片清单的内容； 7. 学生倾听教师对贴袋制作裁片清单内容的点评，并自查清单填写是否完整、裁片数量是否齐全。	1. 学生自评： (1) 贴袋裁剪要求以及注意事项的摘录是否完整、准确； (2) 裁片清单是否准确、完整。 2. 教师点评： (1) 贴袋裁剪要求以及注意事项的摘录是否完整、准确； (2)裁片清单是否准确.完整 (3) 学生的工作态度、动手能力、知识点的转化和运用的能力。
	课时： 0.5 课时 1. 硬资源：具备上网功能的计算机或手机，服装缝纫工艺室、熨斗、烫台、裁剪台、试衣人台等。 2. 软资源：贴袋制作教材及相关视频资料、贴袋制作信息页等。 3. 教学设施：多媒体投影仪等。			
设备调试	1. 调试贴袋制作的缝纫设备； 2. 调试贴袋制作的烫温设备。	1. 教师集中讲授贴袋制作设备的调试方法和应注意的事项； 2. 教师巡回监控学生对贴袋制作针距、底面线的松紧度和调试烫斗的温度的操作过程，并对调试效果给予实时评价； 3. 对设备的调试效果不理想的学生给以实时的纠正和指导。	1. 学生倾听教师讲授贴袋制作设备调试的方法和应注意的事项； 2. 学生独立操作调试贴袋制作针距、底面线的松紧度及烫斗的温度，并对调试效果进行自查和自评； 3. 设备调试效果不理想的学生，根据教师的实时指导进行反复调试。	1. 学生自评： (1) 贴袋制作线迹试针效果是否标准； (2) 贴袋制作熨斗试烫效果是否标准。 2. 教师点评： (1) 贴袋制作线迹试针效果是否标准； (2) 贴袋制作熨斗试烫效果是否标准。
	课时： 0.5 课时 1. 硬资源：具备上网功能的计算机或手机，服装缝纫工艺室、熨斗、烫台、裁剪台、试衣人台等。 2. 软资源：贴袋制作教材及相关的视频资料、贴袋制作信息页（贴袋设计图结构图）等。 3. 教学设施：多媒体投影仪等。			

课程 1 服装部件制作

学习任务 1 贴袋的制作

1 明确贴袋的制作任务 → 2 贴袋设计图和结构图 → 3 贴袋制作材料的预算及领用 → 4 裁剪贴袋制作的裁片 → 5 设备调试 → 6 贴袋的缝制 → 7 贴袋作品的交付与评价 → 8 工作现场整理与设备维护

	工作子步骤	教师活动	学生活动	评价
贴袋的缝制	1. 编写贴袋缝制的工艺流程； 2. 贴袋面辅料的熨烫； 3. 贴袋的缝制及后期工艺； 4. 整烫。	1. 组织学生根据贴袋的设计图和制作生产工艺单，通过分析工艺图文说明，编写贴袋缝制的工艺流程； 2. 教师展示样衣，并引导学生分析贴袋设计图的结构特点与逻辑关系； 3. 教师抽查学生描述本组贴袋的工艺要求、缝型结构特点与逻辑关系，中国传统工艺的亮点所在(纹样、图案、色彩搭配、面料搭配、工艺处理等)； 4. 教师对被抽查学生的描述进行点评，对存在的问题提出需补充或修改的意见； 5. 教师组织和监控各小组根据贴袋工艺要求、结构特点，编写贴袋制作的工艺流程图； 6. 教师组织小组代表汇报本组贴袋制作工艺流程图的编写内容； 7. 教师根据各小组汇报情况进行点评，并通过分析讲解提出修改意见； 8. 教师采用分组讲解的方法，演示讲解贴袋制作工艺流程中的重难点，并要求学生根据教师讲解的方法和本组的设计图及工艺要求，独立完成贴袋的制作； 9. 教师监控学生贴袋制作各工序的进度与操作的规范性； 10. 教师实时点评学生制作贴袋过程中出现的问题并及时纠正和指导，严格把控学生完成作品的时间。	1. 学生根据贴袋的设计图和制作生产工艺单，通过分析工艺图文说明，编写贴袋缝制的工艺流程； 2. 学生观察教师展示的样衣，在老师的引导下分析贴袋设计图的结构特点与逻辑关系； 3. 被抽查的学生描述本组贴袋的工艺要求、缝型结构特点与逻辑关系，以及中国传统工艺的亮点所在（纹样、图案、色彩搭配、面料搭配、工艺处理等）； 4. 学生倾听教师对贴袋工艺要求以及缝型结构特点与逻辑关系的点评，对传统工艺手法运用的是否美观合理，记录老师提出的需补充或修改的内容； 5. 各小组根据贴袋工艺要求、结构特点，编写贴袋制作的工艺流程图； 6. 小组代表汇报本组贴袋制作工艺流程图的编写内容； 7. 学生倾听教师对各小组编写的贴袋工艺流程图内容的点评，并记录、改进和完善； 8. 学生以组轮流观看教师示范贴袋制作中的工艺操作重难点； 9. 学生根据教师讲解的方法和流程图独立完成贴袋制作； 10. 在贴袋制作操作工序中出现问题的学生，按老师的纠正方法进行返工修改。	1. 学生自评及互评： (1) 贴袋制作的工艺要求摘录是否完整； (2) 贴袋制作工艺流程图的编写是否合理； (3) 是否能按时按质完成贴袋制作的各工序； (4) 作品是否运用了传统工艺的。 2. 教师点评： (1) 贴袋制作的工艺要求摘录是否完整； (2) 贴袋制作工艺流程图的编写是否合理； (3) 是否能按时按质完成贴袋制作的各工序； (4) 作品是否运用了传统工艺的细节。

课时： 4 课时

1. 硬资源：具备上网功能的计算机或手机，服装缝纫工艺室、熨斗、烫台、裁剪台、试衣人台等。
2. 软资源：贴袋制作教材及视频资料、贴袋制作信息页（贴袋设计图结构图）等。
3. 教学设施：多媒体投影仪等。

基准课时：8

1 明确贴袋的制作任务 → 2 贴袋设计图和结构图 → 3 贴袋制作材料的预算及领用 → 4 裁剪贴袋制作的裁片 → 5 设备调试 → **6 贴袋的缝制** → 7 贴袋作品的交付与评价 → 8 工作现场整理与设备维护

	工作子步骤	教师活动	学生活动	评价
贴袋作品的交付与评价	1. 交付贴袋作品； 2. 阅读贴袋工艺质量标准（1、部位尺寸的公差表2、贴袋外观质量说明）； 3. 评价贴袋的质量效果，并将贴袋的评价录入评价表。	1. 教师组织学生填写好制作人班级、编号标签，并缝制在贴袋上的指定位置； 2. 教师组织学生独立阅读贴袋工艺质量标准说明、公差表、外观质量标准，并要求学生采用关键词法标注或摘录出贴袋的工艺质量要求、公差范围、外观要求； 3. 抽查学生描述贴袋的工艺质量要求、公差范围、外观要求； 4. 教师对被抽查学生的描述进行点评，如存在问题，提出补充或修改意见； 5. 教师组织学生自评、互评贴袋的制作效果，并将评价结果现场录入评价表。	1. 学生按教师要求填写好制作人的班级、编号标签，并缝制在贴袋上的指定位置； 2. 学生独立阅读贴袋工艺质量标准说明、公差表、外观质量说明，并采用关键词法标注和摘录出贴袋的评价内容、公差范围、外观要求； 3. 被抽查学生描述其摘录的贴袋的工艺质量标准、公差范围、外观要求； 4. 学生倾听教师点评并记录教师整合或补充的内容； 5. 学生自评、互评贴袋的制作效果，并观看教师将评价结果现场录入评价表。	学生自评、互评,教师点评: (1) 贴袋的工艺效果否符合工艺质量标准; (2) 贴袋的规格尺寸是否在公差范围内; (3) 贴袋的整体效果是否符合外观质量要求; (4) 传统工艺手法的运用是否美观实用，是否体现了中国传统风格的设计意图。

课时： 1.5 课时

1. 硬资源：具备上网功能的计算机或手机，服装缝纫工艺室、熨斗、烫台、裁剪台、试衣人台等。
2. 软资源：贴袋制作信息页（贴袋设计图结构图）、贴袋制作评价表等。
3. 教学设施：多媒体投影仪等。

	工作子步骤	教师活动	学生活动	评价
工作现场整理与设备维护	1. 阅读“8S”规章制度； 2. 贴袋制作环境及设备的维护。	1. 教师组织学生独立阅读“8S”规章制度，并要求学生采用关键词法标注出“8S”工作要求； 2. 教师协助劳动委员安排值日生； 3. 教师监控值日生实施工作现场整理的过程； 4. 教师组织学生自评贴袋制作现场整理与设备维护情况； 5. 教师根据贴袋制作现场整理与设备维护情况进行点评，如有需整改的地方，要求值日生现场整改； 6. 教师安排一名值日生代表填写设备使用记录表。	1. 学生采用关键词法独立阅读“8S”规章制度并标注出“8S”工作要求； 2. 劳动委员安排值日生； 3. 值日生按“8S”要求实施工作现场整理； 4. 值日生自评贴袋制作现场整理与设备维护情况； 5. 值日生倾听教师对贴袋制作现场整理与设备维护情况的点评，对需整改的地方进行现场整改； 6. 被安排的值日生代表填写设备使用记录表。	1. 值日生自评： (1) 贴袋制作现场清洁、归位是否达到“8S”工作要求的标准； (2) 贴袋制作设备的维护是否合理。 2. 教师点评： (1) 贴袋制作现场清洁、归位是否达到“8S”工作要求的标准； (2) 贴袋制作设备的维护是否合理。

课时： 0.5 课时

1. 硬资源：具备上网功能的计算机或手机，服装缝纫工艺室、熨斗、烫台、裁剪台、试衣人台等。
2. 软资源：贴袋制作“8S”规章制度信息页、设备使用记录表等。
3. 教学设施：多媒体投影仪等。

学习任务 2　手提袋的制作

任务描述

学习任务课时：08 课时

任务情境：

某服装厂开展生产一线工人缝制技能竞赛，要求参赛人员在规定的时间内，完成中国传统春节主题手袋的设计与制作，制作要求含如下内容：

1. 贴袋（运用包边、盘扣、生肖图案的绣花或印花、剪纸、中国传统纹样、中国红、中国结等中国传统工艺元素）；
2. 嵌袋；
3. 安装拉链。

图案色彩及面辅料自行设计搭配，使手提袋产品体现中国传统文化，彰显民族特色。车缝工艺符合技术标准，实现艺术性和实用性的有效结合，具有一定的商业价值。

制作具体要求如下：

1. 根据新年主题（喜庆、团圆、其乐融融），进行手提袋的设计，包含贴袋、嵌袋、拉链安装等部件内容，结合传统工艺手法的运用，形式不限，使作品美观实用且符合设计思想；
2. 手提袋成品符合规格尺寸及工艺要求，明确各阶段的工作任务及完工时间；
3. 根据手提袋的设计图稿及工艺单的要求，合理预算面辅料的用量；
4. 根据手提袋制作裁剪样板的技术说明，完成排板、画样、剪取裁片及清点；
5. 根据手提袋的面、辅料特性，完成调试缝制设备和熨烫设备；
6. 根据手提袋的结构设计图稿及制作生产工艺单的图文说明，运用传统工艺手法完成手提袋的制作；
7. 根据各控制部位的公差范围和外观质量要求进行质量检查，使作品符合工艺技术标准且美观实用，符合新年喜庆的主题内容；
8. 编写手提袋制作的工艺流程；
9. 根据“8S”的要求，维护制作设备和现场环境。

具体工作流程和标准要求见下页。

工作流程和标准

工作环节 1

解读生产任务单、明确手提袋制作任务

根据手提袋制作的任务要求，以弘扬中华传统文化为主题思想、以新年喜庆为主题进行手提袋的款式结构设计，制订车缝的工作计划，明确操作流程以及质量标准。了解服装板房的安全操作规范和岗位职责。

主要成果：

1. 手提袋的制作工艺要求说明单；
2. 工作计划书。

工作环节 2

设计手提袋的图稿

根据手提袋制作的生产任务单和制订的工作计划，收集与设计主题相关的素材，运用中华传统工艺手法和细节设计，根据指定面料，完成面料搭配、色彩搭配及设计与绘制手提袋的设计图和结构图，制订成品的工艺技术标准。实现手提袋作品的美观与实用，表达新年喜庆、团圆的主题思想。

主要成果：

1. 手提袋的设计图（符合新年团圆喜庆的设计主题）；
2. 手提袋的尺寸结构图（含各部件制作的尺寸标准）。

工作环节 3

领取手提袋制作材料

根据手提袋的款式设计图预算手提袋的面、辅料的用量，选配其他制作材料，领取材料并填写手提袋制作的材料领清单。

主要成果：

手提袋制作的材料清单。

工作环节 4

裁剪手提袋的制作裁片

根据手提袋的设计图稿及制作裁剪样板的技术说明进行排板、画样、剪取裁片、清点裁片，确保裁片完整且纱向准确。

主要成果：

1. 手提袋的裁剪要求以及注意事项的摘录单；
2. 手提袋制作的裁片清单。

学习任务 2　手提袋的制作

工作环节 5

设备调试 5

根据手提袋的面、辅料性能进行缝制设备的调试。

主要成果：
1. 线迹试针效果；
2. 熨斗试烫效果。

工作环节 6

手提袋的制作 6

根据手提袋的制作生产工艺单的图文说明，制作手提袋所包含的贴袋、唇袋、拉链安装等部件并组合，结合运用包边、盘扣、刺绣等中国传统工艺手法。制作完成后编写手提袋制作的工艺流程图。

主要成果：
1. 手提袋制作的工艺流程图；
2. 手提袋成品。

工作环节 7

手提袋的交付与评价 7

根据检验的度量规范，测量手提袋各控制部位的规格尺寸，并按照手提袋各部件的公差范围和外观质量要求、传统工艺的运用及制作质量以及是否符合新年喜庆主题等标准，评价手提袋的整体分值。

主要成果：
手提袋制作的评价表。

工作环节 8

手提袋制作的工作现场整理与设备维护 8

按“8S”的要求进行制作设备的维护和现场清洁、归位。

主要成果：
设备使用记录表。

学习内容

知识点	1.1 新年主题的设计思想：产品表达喜庆、团圆、其乐融融的新年氛围； 1.2 手提袋所含部件制作的工艺制单图文术语知识； 1.3 手提袋工作任务的分解、步骤流程。	2.1 资讯收集的渠道、方法； 2.2 设计图稿的绘制，包括包边、盘扣、生肖图案的绣花或印花、剪纸、中国传统纹样、中国红等中国传统元素在贴袋上的运用）； 2.3 手提袋所含部件（贴袋、嵌袋、拉链安装）的工艺标准。	3.1 手提袋制作材料的选用知识； 3.2 手提袋制作面、辅料数量的预算知识； 3.3 手提袋制作设备的选用知识。	4.1 手提袋部件面、辅料正反面、经纬纱知识； 4.2 手提袋裁剪样板标写的图文技术知识。
技能点	1.1 任务书的解读，提取关键字，明确任务要点； 1.2 制订工作计划和完成时间。	2.1 新年素材的收集、整理及运用； 2.2 绘制手提袋的设计稿； 2.3 根据手提袋的设计图稿、工艺制单的图文表述，摘录出手提袋检验部位的规格尺寸及工艺要求。	3.1 能根据手提袋的设计图稿和结构图预算手提袋制作所需面辅料； 3.2 能根据手提袋的裁剪样板，以及面、辅料的幅宽预算出面辅料所需长度。填写材料清单。	4.1 能根据手提袋制作裁剪样板的技术说明进行面辅料的排板、画样、剪取裁片； 4.2 能根据手提袋制作裁剪样板的技术说明清点各类裁片，做好归类。
工作环节	工作环节 1 明确手提袋的制作任务	工作环节 2 手提袋的设计图稿	工作环节 3 手提袋制作材料的预算及领用	工作环节 4 手提袋裁片的排料与裁剪
成果	成果： 1.1 手提袋的制作工艺要求说明单； 1.2 工作计划书。	成果： 2.1 手提袋的设计图（符合新年团圆喜庆的设计主题）； 2.2 手提袋的尺寸结构图（含各部件制作的尺寸标准）。	成果： 3.1 手提袋制作的材料清单。	成果： 4.1 手提袋的裁剪要求以及注意事项的摘录单； 4.2 手提袋制作的裁片清单。
素养	1.1 职业素养： 1. 阅读分析能力； 2. 表达能力； 3. 缝纫车间安全意识。 1.2 思政元素：在任务书的解读中体会新年的意义——团圆、喜庆、其乐融融、手提袋的设计与制作中融入新年的元素和中国传统工艺。	2.1 职业素养：素材的收集、归纳、整理及运用的能力； 2.2 思政元素：弘扬优秀的中华传统文化，增强民族自信心和自豪感，提升学生的审美意识。	3.1 职业素养： 1. 数学计算能力； 2. 整理归类的能力； 3. 团队合作能力。 3.2 思政元素：熟悉传统工艺所需面料、辅料的特性及用量，培养学生的成本控制意识。	4.1 职业素养： 1. 阅读分析能力； 2. 规范操作能力； 3. 认真心细的工作态度。 4.2 思政元素：熟悉传统工艺所需面料、辅料的裁剪原理和裁剪方法，同时培养学生的归纳整理能力。

学习任务 2　手提袋的制作

5.1 手提袋制作使用缝制设备的基本工作原理、性能及调试方法，双线袋部件制作面辅料性能与缝制设备的协调原理； 5.2 手提袋制作使用熨烫设备的基本工作原理、性能及调试方法，双线袋部件制作面辅料性能与熨烫设备的协调原理。	6.1 手提袋的工艺图文术语知识； 6.2 手提袋制作的操作流程、贴袋的车缝方法（传统工艺：滚边、盘扣、绣花、中国结等工艺技巧）； 6.3 手提袋制作中各部件的制作方法和工艺标准； 6.4 手提袋的熨烫方法和注意事项。	7.1 手提袋成品各控制部位的规格及测量知识； 7.2 手提袋各部件（贴袋、嵌袋、拉链安装）的公差范围和技术标准； 7.3 手提袋外观质量要求和技术标准。	8.1 环境、设备维护知识； 8.2 安全知识。
5.1 能根据制作手提袋部件的面辅料性能及传统工艺的制作特点进行缝制设备的调试； 5.2 能根据制作手提袋的面辅料性能及传统工艺的制作特点进行调试熨烫设备。	6.1 能根据手提袋制作生产工艺单的工艺图文术语说明摘录出手提袋制作的工艺要求； 6.2 能按手提袋制作的工艺要求及熨烫知识，编写手提袋制作的工艺流程图； 6.3 根据手提袋工艺要求及流程图车缝手提袋，运用传统的工艺手法完成手提袋的成品制作。	7.1 能按手提袋各部位的检验部位，规范测量出各控制部位的规格尺寸； 7.2 根据手提袋的控制部位的公差范围，评价手提袋成品规格分值； 7.3 能根据手提袋外观要求的描述、贴袋上的传统工艺的运用手法、是否符合新年喜庆团圆的设计意图，综合评价出手提袋整体外观分值。	8.1 能规范有序地进行设备维护； 8.2 能按 8S 的要求进行双线袋部件制作、现场清洁、归位。

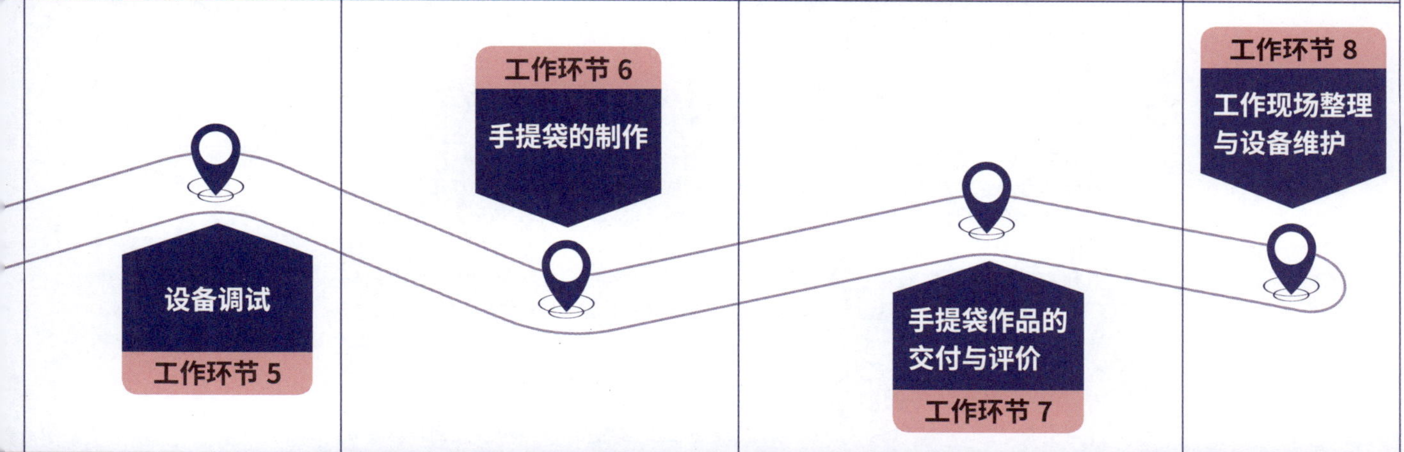

成果： 5.1 线迹试针效果； 5.2 熨斗试烫效果。	成果： 6.1 手提袋制作的工艺流程图； 6.2 手提袋成品 。	成果： 7.1 手提袋制作的评价表。	成果： 8.1 设备使用记录表。
5.1 职业素养： 1. 沟通能力； 2. 虚心、耐心、仔细的职业态度。 5.2 思政元素：熟悉传统工艺所需面料、辅料的性能，熟悉机器的操作方法，培养学生严谨的工作态度和安全意识。	6.1 职业素养： 1. 阅读分析能力； 2. 语言表达能力； 3. 操作规范能力； 4. 虚心、耐心的职业态度。 6.2 思政元素：在制作过程中，让学生熟悉手提袋制作的操作流程和制作方法以及传统工艺的制作技巧，同时培养学生精益求精的工匠精神。	7.1 职业素养： 1. 阅读能力； 2. 语言表达能力； 3. 操作规范能力； 4. 审美能力。 7.2 思政元素：熟悉中国传统工艺的技术要求和制作标准，手提袋作品是否美观且准确表达了设计意图，有亮点新意。	8.1 职业素养： 1. 安全意识； 2. 安全保洁能力。

学习任务 2　手提袋的制作

1 明确手提袋的制作任务
2 手提袋设计图和结构图
3 手提袋制作材料的预算及领用
4 裁剪手提袋制作的裁片
5 设备调试
6 手提袋的缝制
7 手提袋作品的交付与评价
8 工作现场整理与设备维护

	工作子步骤	教师活动	学生活动	评价
明确手提袋的制作任务	1. 提取任务书的关键字； 2. 根据手提袋制作的工艺要求分解工作任务，制订工作计划。	1. 教师要求学生按照缝纫车间安全操作规范做好防范措施，安排小组长负责检查小组成员的安全措施执行情况； 2. 教师采用讲授法描述手提袋的任务要求、重点、难点及注意事项（如：手提袋的主题思想，着重进行手袋上的贴袋设计，包含刺绣、滚边、盘扣、图案、传统纹、中国红、生肖等新年元素及传统工艺细节的综合运用； 3. 教师组织学生独立阅读手提袋制作的任务书，并要求学生运用关键词法摘录任务的重点； 4. 教师巡回监控学生提取任务要点和制订手提袋制作工作计划的过程时间； 5. 教师抽查提问学生对手提袋制作任务的解读情况和工作计划的可行性； 6. 教师根据被抽查学生的汇报情况进行点评，如存在问题提出补充或修改意见； 7. 教师巡回监控学生对手提袋制作工作计划的修改完善情况。	1. 学生按照缝纫车间安全操作规范做好防范措施，小组长负责检查小组成员的安全措施执行情况，必要时提请教师纠正教育； 2. 学生倾听教师描述手提袋制作的任务要求、重点、难点及注意事项； 3. 学生根据老师的讲解，解读手提袋制作的任务书，提取关键字； 4. 学生阅读和分析手提袋制作生产工艺单和样品内容，进行任务分解，制订工作计划； 5. 被抽查的学生汇报手提袋制作任务的解读情况并讲解工作计划； 6. 学生倾听教师的点评，记录老师提出的需补充或修改的内容； 7. 学生根据教师的点评内容，自评对手提袋任务解读的准确性和工作计划的合理性。	1. 学生自评： (1) 手提袋任务书解读的内容是否正确； (2) 手提袋制作的工作计划是否明确且合理可行； 2. 教师点评： (1) 手提袋任务书解读的内容是否正确．是否把握了重难点； (2) 手提袋制作的工作计划是否明确、合理、可行； (3) 学生的语言表达能力、解决问题的能力。

课时： 0.5 课时

1. 硬资源：具备上网功能的计算机或手机，服装缝纫工艺室、熨斗、烫台、裁剪台、试衣人台等。
2. 软资源：手提袋制作任务单、手提袋相关图片．手提袋制作信息页等。
3. 教学设施：多媒体投影仪等。

1 明确手提袋的制作任务 → 2 手提袋设计图和结构图 → 3 手提袋制作材料的预算及领用 → 4 裁剪手提袋制作的裁片 → 5 设备调试 → 6 手提袋的缝制 → 7 手提袋作品的交付与评价 → 8 工作现场整理与设备维护

手提袋设计图和结构图

工作子步骤	教师活动	学生活动	评价
1. 收集新年主题的素材； 2. 根据任务书要求和指定面料，绘制手提袋的款式图； 3. 根据任务书的工艺说明和手提袋设计图，绘制手提袋制作的结构图。	1. 教师将学生进行分组，指定每组的小组长，要求各组根据任务书要求收集与新年喜庆主题相符的素材； 2. 运用收集的素材，根据手提袋样品，示范手提袋设计图的绘制，设计图要包含贴袋、嵌袋、拉链安装等部件，及中华传统文化和工艺在贴袋上的运用，如：图案、滚边、刺绣等工艺； 3. 教师指导学生绘制服装结构图，标注各部位的尺寸标准和工艺技术要求； 4. 对学生展示的设计图和结构图进行评价，并提出指导性意见。	1. 按照老师的分组安排，每组根据任务书的要求完成新年喜庆主题的素材的收集； 2. 以小组为单位进行构思，寻找灵感，运用素材，确定本组手提袋的设计方案，根据老师的示范要求，绘制手提袋的设计图，使设计图稿符合设计意图； 3. 根据手提袋的设计图制订手提袋的结构图，标注各部位尺寸及成品的工艺技术要求； 4. 学生展示作品并评价； 5. 根据学生和老师的评价和指导改进设计稿及结构图。	1. 学生自评： 手提袋效果图和结构图的优缺点并提出改进意见。 2. 教师评价： (1) 手提袋的比例是否准确； (2) 风格定位是否准确表达了新年喜庆的设计主题，是否展现了中国传统新年的喜庆、团圆美满、其乐融融的主题。作品中对传统工艺的的运用是否合理、工艺精美； (3) 色彩搭配、图案设计、外观造型是否美观且具有可行性； (4) 是否包含贴袋、嵌袋、拉链安装等部件，是否符合任务书要求； (5) 结构图的各部位尺寸标准是否清晰规范、准确完整。

课时： 0.5 课时

1. 硬资源：具备上网功能的计算机或手机，服装缝纫工艺室、熨斗、烫台、裁剪台、试衣人台等。
2. 软资源：手提袋制作任务单、手提袋相关图片、素材、资讯网站、布艺杂志、教材、视频等。
3. 教学设施：多媒体投影仪等。

教学活动

课程 1　服装部件制作

学习任务 2　手提袋的制作

1 明确手提袋的制作任务　2 手提袋设计图和结构图　3 手提袋制作材料的预算及领用　4 裁剪手提袋制作的裁片　5 设备调试　6 手提袋的缝制　7 手提袋作品的交付与评价　8 工作现场整理与设备维护

手提袋制作材料的预算及领用

工作子步骤	教师活动	学生活动	评价
1. 预算手提袋制作材料； 2. 领取手提袋制作的材料、填写材料清单。	1. 教师展示手提袋样品、裁剪样板、面料布样，组织学生根据展示物料进行分组讨论； 2. 教师组织学生分组讨论手提袋制作所需的材料、制作工具、适用设备，以及面料、辅料的长度预算，根据小组讨论结果，填写手提袋制作的领取物料名称和数量； 3. 教师组织各小组张贴展示手提袋制作的领取物料名称和数量清单，并由组代表汇报物料清单填写的内容情况； 4. 老师巡回监控小组互评物料清单填写内容的过程时间； 5. 教师根据各组汇报的物料清单填写内容进行点评，并通过分析制订手提袋制作所要领取物料名称和对应的数量； 6. 教师组织学生分组量剪所需面、辅料以及领取手提袋制作的其他物料，并巡回监控操作过程的规范性。	1. 学生集体观看教师展示手提袋样品、裁剪样板、面料布样； 2. 学生小组讨论本组手提袋制作所需的材料．制作工具、设备，以及面料、辅料的长度预算，并根据小组讨论结果，填写手提袋制作的领取物料名称和数量； 3. 各小组张贴展示手提袋制作的领取物料名称和数量清单，并由组代表汇报物料清单填写的内容情况； 4. 小组互评物料清单填写内容的情况； 5. 学生倾听教师点评各组物料清单填写内容，并记录老师制订的手提袋制作所要领取物料名称和对应的数量； 6. 学生按各组的物料清单组量剪布面、辅料，领取手提袋制作的其他物料。	1. 小组互评： 材料清单填写是否合理、准确。 2. 教师点评： (1) 各小组材料清单填写是否合理、准确； (2) 学生的团结协作能力及成本控制意识。

课时：0.5 课时

1. 硬资源：具备上网功能的计算机或手机，服装缝纫工艺室、熨斗、烫台、裁剪台、试衣人台等。
2. 软资源：度量工具、手提袋制作材料、手提袋制作的教材及视频资料；手提袋制作信息页（手提袋设计图、结构图）等。
3. 教学设施：多媒体投影仪等。

基准课时：8

1 明确手提袋的制作任务 → 2 手提袋设计图和结构图 → 3 手提袋制作材料的预算及领用 → 4 裁剪手提袋制作的裁片 → 5 设备调试 → 6 手提袋的缝制 → 7 手提袋作品的交付与评价 → 8 工作现场整理与设备维护

	工作子步骤	教师活动	学生活动	评价
裁剪手提袋制作的裁片	1. 手提袋裁剪样板的排板、画样； 2. 剪取手提袋制作裁片，归类整理。	1. 组织学生独立阅读手提袋制作生产工艺单或工作页，并要求学生采用关键词法标注和摘录手提袋裁剪要求以及注意事项； 2. 抽查提问学生对手提袋裁剪要求以及注意事项的标注情况； 3. 教师根据被抽查学生汇报手提袋外套裁剪要求以及注意事项内容进行点评，如有存在问题提出补充或修改意见； 4. 教师组织和监控学生个人按手提袋裁剪要求以及注意事项实施排板、画样、剪取裁片工序； 5. 教师组织学生个人按剪取的裁片填写手提袋制作的裁片清单； 6. 教师随机抽查学生，提问手提袋制作裁片清单填写情况； 7. 教师对被抽查学生的汇报情况进行点评，如有裁片遗漏填写，及时要求学生填写并现场清点、核对及补充裁片。	1. 学生独立阅读手提袋制作生产工艺单或工作页，并标注和摘录手提袋外套裁剪要求以及注意事项的关键词； 2. 被抽查的学生汇报手提袋裁剪要求以及注意事项标注情况； 3. 学生倾听教师对手提袋裁剪要求以及注意事项汇报内容的点评，并记录老师提出的需补充或修改的内容； 4. 学生个人按手提袋裁剪要求以及注意事项实施排板、画样、剪取裁片工序； 5. 学生个人按剪取的裁片填写手提袋制作裁片清单； 6. 被抽查的学生汇报手提袋制作裁片清单的内容； 7. 学生倾听教师对手提袋制作裁片清单内容的点评， 并自查清单填写是否完整、裁片数量是否齐全。	1. 学生自评： (1) 手提袋裁剪要求以及注意事项的摘录是否完整、准确； (2) 裁片清单是否准确、完整。 2. 教师点评： (1) 手提袋裁剪要求以及注意事项的摘录是否完整、准确； (2) 裁片清单是否准确、完整； (3) 学生的工作态度、动手能力、知识点的转化和运用的能力。
	课时： 1 课时 1. 硬资源：具备上网功能的计算机或手机，服装缝纫工艺室、熨斗、烫台、裁剪台、试衣人台等。 2. 软资源：手提袋制作教材及相关视频资料。手提袋制作信息页等。 3. 教学设施：多媒体投影仪等。			
设备调试	1. 调试手提袋制作的缝纫设备； 2. 调试手提袋制作的烫温设备。	1. 教师集中讲授手提袋制作设备的调试方法和应注意的事项； 2. 教师巡回监控学生对手提袋制作针距、底面线的松紧度和调试烫斗的温度的操作过程，并对调试效果给予实时评价； 3. 对设备的调试效果不理想的学生给以实时的纠正和指导。	1. 学生倾听教师讲授手提袋制作设备调试的方法和应注意的事项； 2. 学生独立操作调试手提袋制作针距、底面线的松紧度及烫斗的温度，并对调试效果进行自查和自评； 3. 设备调试效果不理想的学生，根据教师的实时指导进行反复调试。	学生自评及教师点评： (1) 手提袋制作线迹试针效果是否标准； (2) 手提袋制作熨斗试烫效果是否标准。
	课时： 0.5 课时 1. 硬资源：具备上网功能的计算机或手机，服装缝纫工艺室、熨斗、烫台、裁剪台、试衣人台等。 2. 软资源：手提袋制作教材及相关的视频资料、手提袋制作信息页（手提袋设计图、结构图）等。 3. 教学设施：多媒体投影仪等。			

学习任务 2　手提袋的制作

1 明确手提袋的制作任务 → 2 手提袋设计图和结构图 → 3 手提袋制作材料的预算及领用 → 4 裁剪手提袋制作的裁片 → **5 设备调试** → 6 手提袋的缝制 → 7 手提袋作品的交付与评价 → 8 工作现场整理与设备维护

手提袋的缝制

工作子步骤	教师活动	学生活动	评价
1. 编写手提袋缝制的工艺流程； 2. 手提袋面辅料的熨烫； 3. 手提袋的缝制及后期工艺； 4. 整烫。	1. 教师组织学生根据手提袋的设计图和制作生产工艺单，通过分析工艺图文说明,编写手提袋缝制的工艺流程； 2. 教师展示样品，并引导学生分析缝型结构特点与逻辑关系； 3. 教师抽查学生描述手提袋工艺要求以及缝型结构特点与逻辑关系； 4. 教师根据被抽查学生的描述进行点评；对存在的问题提出修改意见； 5. 教师组织和监控小组成员根据手提袋工艺要求、结构特点编写手提袋制作的工艺流程图； 6. 教师组织小组代表汇报本组手提袋制作工艺流程图的编写内容； 7. 教师根据各小组汇报情况进行点评，并通过分析讲解提出修改意见； 8. 教师采用分组讲解的方法，演示讲解手提袋制作工艺流程中的重难点，并要求学生根据教师讲解的方法和本组的设计图及工艺要求，独立完成手提袋的制作； 9. 教师监控学生手提袋制作各工序的进度与操作的规范性； 10. 教师实时点评学生在制作手提袋过程中出现的问题并及时纠正和指导，严格把控学生完成作品的时间。	1. 学生根据手提袋的设计图和制作生产工艺单，通过分析工艺图文说明，编写手提袋缝制的工艺流程； 2. 学生观察教师展示的样衣，在老师的引导下分析手提袋设计图的结构特点与逻辑关系； 3. 被抽查的学生描述本组手提袋的工艺要求、缝型结构特点与逻辑关系，以及中国传统工艺的亮点所在(如:滚边、盘扣、纹样图案及色彩搭配、面料搭配等)； 4. 学生倾听教师对手提袋工艺要求以及缝型结构特点与逻辑关系的点评，对传统工艺手法运用的是否美观、合理，记录老师提出的需补充或修改的内容； 5. 各小组根据手提袋工艺要求、结构特点，编写手提袋制作的工艺流程图； 6. 小组代表汇报本组手提袋制作工艺流程图的编写内容； 7. 学生倾听教师对各小组编写的手提袋工艺流程图内容的点评，并记录。改进和完善； 8. 学生以组轮流观看教师示范手提袋制作中的工艺操作重难点； 9. 学生根据教师讲解的方法和流程独立完成手提袋制作； 10. 在手提袋制作操作工序中出现问题的学生，按老师的纠正方法进行返工修改。	学生自评、互评，教师点评： (1) 手提袋制作的工艺要求摘录是否完整； (2) 手提袋制作工艺流程图的编写是否合理； (3) 是否能按时按质完成手提袋制作的各工序； (4) 作品是否运用了传统工艺的细节。

课时： 4 课时

1. 硬资源：具备上网功能的计算机或手机，服装缝纫工艺室、熨斗、烫台、裁剪台、试衣人台等。
2. 软资源：手提袋制作教材及视频资料、手提袋制作信息页（手提袋设计图、结构图）等。
3. 教学设施：多媒体投影仪等。

手提袋作品的交付与评价

工作子步骤	教师活动	学生活动	评价
1. 交付手提袋作品； 2. 阅读手提袋工艺质量标准（1. 部位尺寸的公差表 2. 手提袋外观质量说明）； 3. 评价手提袋的质量效果，并将手提袋的评价录入评价表。	1. 教师组织学生填写好制作人班级、编号标签，并缝制在手提袋上的指定位置； 2. 教师组织学生独立阅读手提袋工艺质量标准说明、公差表、外观质量标准，并要求学生采用关键词法标注或摘录出手提袋的工艺质量要求、公差范围、外观要求； 3. 教师抽查学生描述手提袋的工艺质量要求、公差范围、外观要求； 4. 教师对被抽查学生的描述进行点评，如存在问题，提出补充或修改意见； 5. 教师组织学生自评、互评手提袋的制作效果，并将评价结果现场录入评价表。	1. 学生按教师要求填写好制作人的班级、编号标签，并缝制在手提袋上的指定位置； 2. 学生采用关键词法独立阅读手提袋工艺质量标准说明、公差表 . 外观质量说明并标注和摘录出手提袋的评价内容、公差范围、外观要求； 3. 被抽查学生描述其摘录的手提袋的工艺质量标准、公差范围、外观要求； 4. 学生倾听教师点评，并记录教师整合或补充的内容； 5. 学生自评、互评手提袋的制作效果，并观看教师将评价结果现场录入评价表。	学生自评、互评，教师点评： （1）手提袋的工艺效果否符合工艺质量标准； （2）手提袋的规格尺寸是否在公差范围内； （3）手提袋的整体效果是否符合外观质量要求； （4）传统工艺手法的运用是否美观实用，符合新年主题；

课时：0.5 课时

1. 硬资源：具备上网功能的计算机或手机，服装缝纫工艺室、熨斗、烫台、裁剪台、试衣人台等。
2. 软资源：手提袋制作信息页（手提袋设计图 . 结构图）、手提袋制作评价表等。
3. 教学设施：多媒体投影仪等。

工作现场整理与设备维护

工作子步骤	教师活动	学生活动	评价
工作现场整理与设备维护。	1. 教师组织学生独立阅“8S”规章制度，并要求学生采用关键词法标注出“8S”工作要求； 2. 教师协助劳动委员安排值日生； 3. 教师监控值日生实施工作现场整理的过程； 4. 教师组织学生自评手提袋制作现场整理与设备维护情况； 5. 教师根据手提袋制作现场整理与设备维护情况进行点评，如有需整改的地方，要求值日生现场整改； 6. 教师安排一名值日生代表填写设备使用记录表。	1. 学生采用关键词法独立阅读“8S”规章制度并标注出“8S”工作要求； 2. 劳动委员安排值日生； 3. 值日生按“8S”要求实施工作现场整理； 4. 值日生自评手提袋制作现场整理与设备维护情况； 5. 值日生倾听教师对手提袋制作现场整理与设备维护情况的点评，对需整改的地方进行现场整改； 6. 被安排的值日生代表填写设备使用记录表。	1. 值日生自评： （1）手提袋制作现场清洁、归位是否达到“8S”工作要求的标准； （2）手提袋制作设备的维护是否合理。 2. 教师点评： （1）手提袋制作现场清洁、归位是否达到“8S”工作要求的标准； （2）手提袋制作设备的维护是否合理。

课时：0.5 课时

1. 硬资源：具备上网功能的计算机或手机，服装缝纫工艺室、熨斗、烫台、裁剪台、试衣人台等。
2. 软资源：手提袋制作“8S”规章制度信息页、设备使用记录表等。
3. 教学设施：多媒体投影仪等。

学习任务 3　衬衣上、下级领制作

任务描述

学习任务课时：08 课时

任务情境：

BY 服饰有限公司接到一批男装衬衣制作订单，在订单任务分解中有一项衬衣上、下级领制作任务，生产主管将该批衬衣上、下级领制作任务分配给服装生产车间人员进行制作，工作人员接到衬衣上、下级领制作的工作任务后，根据衬衣上、下级领的制作任务内容和工艺质量要求，确定衬衣上、下级领规格的参数，制订衬衣上、下级领制作工作计划并实施任务。该公司希望我院服装专业的学生参与流水线衬衣上、下级的制作，于是我校老师带领学生完成企业的此项任务。

具体布置给学生的工作任务要求见下页。

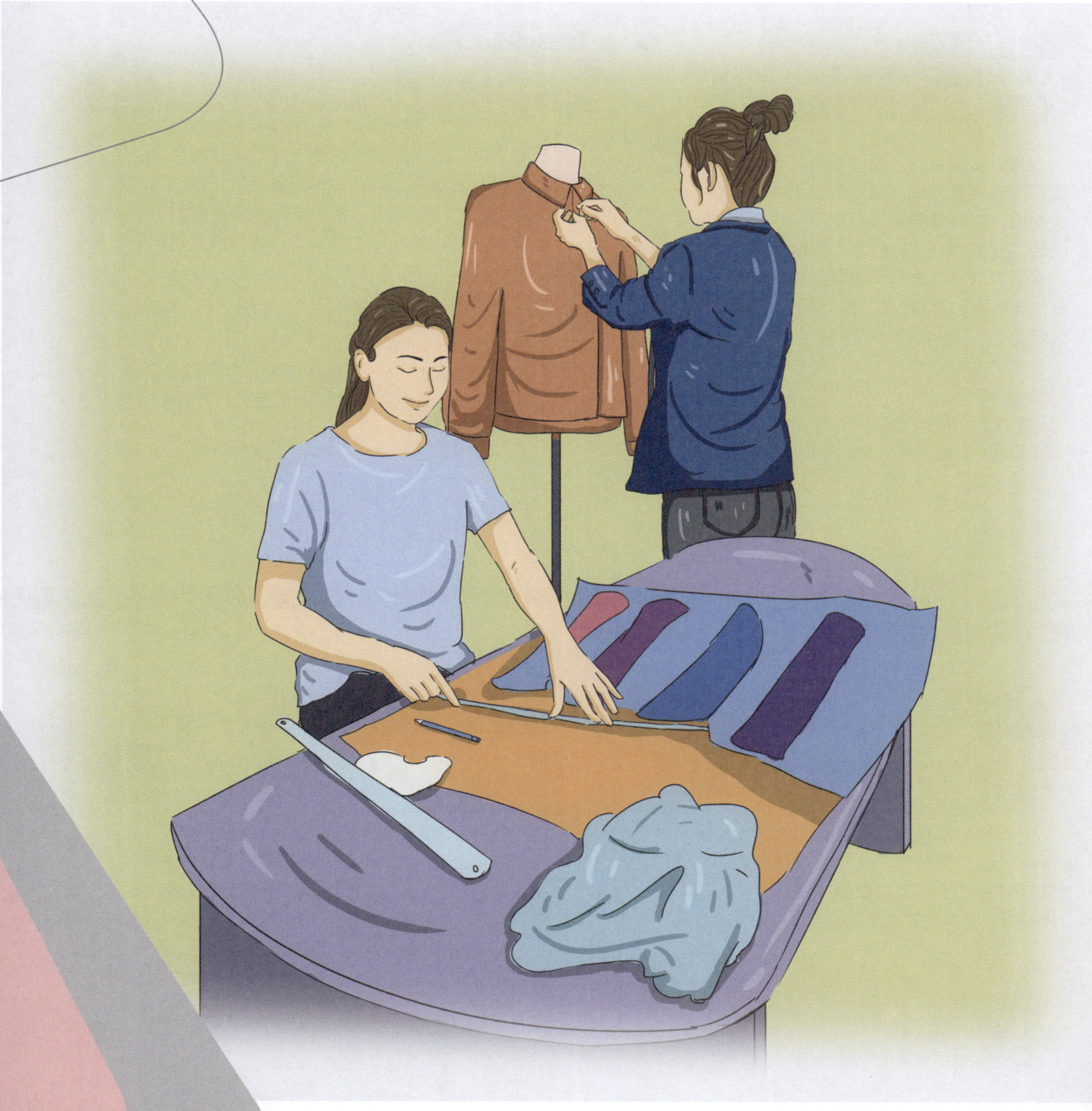

工作流程和标准

工作环节 1　明确衬衣上、下级领缝制的任务

通过查阅资料、检索信息、与生产主管部门沟通等方式，确认衬衣上、下级领缝制的工艺质量要求（衬衣上、下级领缝制的工艺要求）及衬衣上、下级领缝制的工具要求（衬衣上、下级领缝制所适用工具的要求），并确认工作内容，协调岗位分配。

主要成果：

1. 衬衣上、下级领规格尺寸的标注；
2. 写出衬衣上、下级领的质量要求。

工作环节 2　领取衬衣上、下级领制作材料

根据衬衣上、下级领缝制的生产要求，领取衬衣上、下级领缝制的面辅料、缝制工具及缝制设备（缝纫机、压衬机、反领机、熨斗等），对衬衣上、下级领的裁片质量进行检验和清点，并与工具材料保管人员沟通，确认工具、材料完好，填写领取衬衣上、下级领制作物料清单。

主要成果：

1. 衬衣上、下级领制作的领取物料清单；
2. 衬衣上、下级领制作适用工具及设备的领用清单。

工作环节 3　设备调试

根据面辅料的性能特点和衬衣上、下级领缝制的生产质量要求，进行设备的调试（线迹试针效果、不同面料性能的设备调试、熨斗试烫效果），并将工具摆放整齐，确保安全生产。

主要成果：

1. 线迹试针效果；
2. 熨斗试烫效果。

工作环节 4　衬衣上、下级领制作

制订标准的衬衣上、下级领缝制操作步骤，在缝制过程中持续改进与规范意识（按照预定的计划进行衬衣上、下级领缝制，过程中能根据实际情况灵活调整方法）；认真、细致、耐心地完成每一道工序（不厌其烦修改不合格工件）。按要求缝制衬衣上、下级领（定位、熨烫、缝缉、修剪缝口等），编写衬衣上、下级领缝制的工艺流程。

主要成果：

1. 衬衣上、下级领制作的工艺流程图；
2. 衬衣上、下级领制作成品。

工作环节 5

衬衣上、下级领成品检验交付　5

严格执行质检标准，以高度负责的态度，认真、仔细地完成检验相关工作。利用衬衣上、下级领成品检验工具，根据客户制订的衬衣上、下级领成品质量标准进行成品检验，按规定的流程，如数交付验收人员。

主要成果：
衬衣上、下级领成品检验规格表。

工作环节 6

现场整理与设备保养　6

按“8S”工作要求，进行工作现场的整理及制板工具的保养，填写制板工具使用记录单，并自觉遵守、严格执行现场整理与设备保养规范，及时、认真填写相关控制表单。

主要成果：
1. 详细填写制作工具使用记录单；
2. 填写与场地相关控制表单（卫生维护、设备保养）。

工作环节 7

评价反馈　7

每位学生提交衬衣上、下级领制作成品，并通过小组互评、教师点评等多种形式，总结本次任务完成的质量与效率，以及每个成员遵循现场工作管理规范情况。

主要成果：
对衬衣上、下级领的缝制过程中出现的问题、现象进行总结并给出改进建议。
每位学生提交一份双唇袋制作的工作总结。

学习内容

知识点	1.1 缝纫车间安全教育； 1.2 服装企业衬衣上、下级领流水线工序介绍 ； 1.3 衬衣上、下级领制作工艺流程、质量标准。	2.1 衬衣上、下级领制作材料领取的流程； 2.2 衬衣上、下级领裁片质量标准； 2.3 衬衣上、下级领制作所需材料的认识。	3.1 缝制设备的基本工作原理； 3.2 缝制设备的性能及操作方法； 3.3 缝制设备调试方法。
技能点	1.1 与流水线负责人员沟通，能准确说出工作内容和要求； 1.2 能根据缝纫车间安全制度要求做好防护措施； 1.3 职业能力：能服从部门负责人工作安排，准确理解工作任务，掌握恰当的沟通时机和方法，与生产主管确认衬衣上、下级领制作的任务及衬衣上、下级领缝制的工艺要求和方法。	2.1 能准确说出双唇袋所需物料、裁片数量和要求； 2.2 职业能力：能掌握资料检索方法，根据衬衣上、下级领制作要求，领取物料及选定适用工具及设备。	3.1 能根据衬衣上、下级领所需物料的性能进行缝制设备的调试； 3.2 职业能力：能掌握各种工具和设备的保养的调试，能根据不同的面辅料调试设备。
工作环节	工作环节 1 明确衬衣上、下级领制作任务	工作环节 2 领取衬衣上、下级领制作材料	工作环节 3 设备调试
成果	1.1 衬衣上、下级领部件规格尺寸标注图； 1.2 衬衣上、下级领部件制作工艺要求摘录说明单。	2.1 衬衣上、下级领制作的领取物料清单； 2.2 衬衣上、下级领制作适用工具及设备的领用清单。	3.1 衬衣上、下级领部件线迹试针效果； 3.2 衬衣上、下级领部件熨斗试烫效果。
素养	1.1 建立生产安全意识和纪律观念，培养任务书阅读理解和工具清单撰写能力，让学生乐于接受学习任务，主动配合实施任务；阐述工匠事迹，使学生树立专心致志、精益求精、爱岗敬业的工匠精神。	2.1 培养学生观察力和记忆力、信息搜集处理能力、数字测量应用和沟通表达能力，能计划、组织工作各项环节和流程。	3.1 培养学生细致的观察力、动手操作能力、数字应用处理能力，以及分析问题、解决问题的能力；掌握流程图编写方法，创新工艺流程。

学习任务 3　衬衣上、下级领制作

4.1 衬衣上、下级领工艺样板的使用方法； 4.2 衬衣上、下级领面辅料配备原理和方法； 4.3 衬衣上、下级领制作的工艺流程。	5.1 衬衣上、下级领成品质量检验标准； 5.2 衬衣上、下级领质量检验工具的使用方法； 5.3 衬衣上、下级领成品质量检验的方法； 5.4 了解交付衬衣上、下级领成品的流程和方法。	6.1 8S 工作要求； 6.2 设备保养的方法； 6.3 设备保养记录单的内容。
4.1 编写衬衣上、下级领制作的工艺流程图； 4.2 能按要求缝制衬衣上、下级领（定位、熨烫、缝辑、修剪缝口等）； 4.3 职业能力：能根据衬衣上、下级领缝制的质量要求，按照工艺制作流程认真、细致、耐心地完成衬衣上、下级领的缝制。	5.1 能严格执行质检标准，以高度负责的态度，认真、仔细完成衬衣上、下级领检验相关工作； 5.2 能按规定的流程，将合格的衬衣上、下级领成品如数交付验收人员； 5.3 职业能力：能根据衬衣上、下级成品检验的质量标准，以高度负责的态度，认真、仔细地完成衬衣上、下级领检验相关工作；掌握成品检验规格表的填写方法，严谨规范撰写完成成品检验规格表；能按照工作流程和交接手续，交付部门主管验收工艺说明书。	6.1 现场的整理； 6.2 设备的保养； 6.3 设备保养记录单的填写； 6.4 能自觉遵守、严格执行现场整理规范和设备保养规范； 6.5 及时、认真填写相关控制表单； 6.6 职业能力：工作过程中严格遵循 8S 管理要求，进行现场的整理，严格执行现场整理规范和设备保养规范。

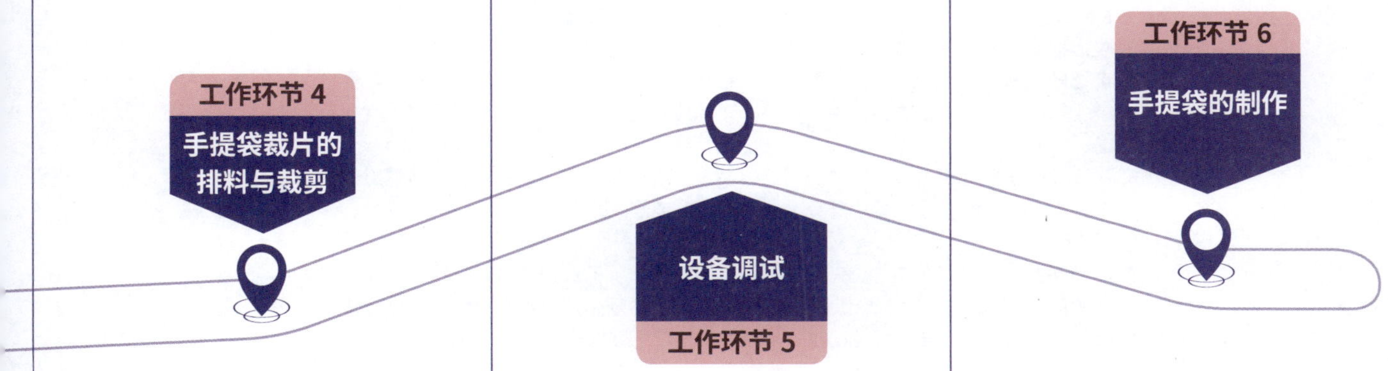

4.1 衬衣上、下级领制作的工艺流程图； 4.2 衬衣上、下级领制作成品。	5.1 衬衣上、下级领部件制作评价表。	6.1 详细填写制作工具使用记录单； 6.2 填写与场地相关控制表单（卫生维护、设备保养）。
4.1 持续改进与规范意识（按照预定的计划进行衬衣上、下级领制作，过程中能根据实际情况灵活调整方法）；认真、细致、耐心地完成每一道工序（不厌其烦修改不合格工件）。	5.1 培养学生数学计算应用能力、撰写文书能力，学习各种工艺产品说明书的撰写方法。	6.1 让学生熟悉工作人员仪容仪表规范和文明礼貌，培养学生敬业、诚信等职业道德和素养，遵守企业的规章制度和操作规范 。

学习任务 3　衬衣上、下级领制作

1 明确衬衣上、下级领部件制作任务 → 2 领取衬衣上、下级领部件制作材料 → 3 设备调试 → 4 衬衣上、下级领部件制作 → 5 衬衣上、下级领部件交付与评价 → 6 工作现场整理与设备维护

明确衬衣上、下级领部件制作任务

工作子步骤	教师活动	学生活动	评价
1. 学习衬衣上、下级领部件规格的检验部位； 2. 学习衬衣上、下级领部件制作的工艺要求。	1. 教师要求学生按照缝纫车间安全操作规范做好防范措施，安排小组长负责检查小组成员的安全措施执行情况； 2. 教师采用讲授法描述衬衣上、下级领部件制作在服装企业服装企业车间流水线工序环节； 3. 教师组织独立阅读衬衣上、下级领部件制作生产工艺单，并要求学生运用关键词法标注和摘录出衬衣上、下级领部件控制部位的规格尺寸，以及工艺要求； 4. 教师巡回监控学生标注衬衣上、下级领部件规格尺寸和衬衣上、下级领部件制作工艺要求的操作过程时间； 5. 教师抽查提问学生对衬衣上、下级领部件规格尺寸及衬衣上、下级领部件制作工艺要求的标注情况； 6. 教师根据被抽查学生的汇报情况进行点评，如存在问题，提出补充或修改意见； 7. 师巡回监控学生自评衬衣上、下级领部件规格尺寸和衬衣上、下级领部件制作工艺要求标注的过程时间。	1. 学生按照缝纫车间安全操作规范做好防范措施，小组长负责检查小组成员的安全措施执行情况，必要时提请教师纠正教育； 2. 学生倾听教师描述衬衣上、下级领部件制作在服装企业车间流水线工序环节； 3. 学生个人阅读衬衣上、下级领部件制作的生产工艺单和分析衬衣上、下级领部件样品； 4. 学生根据个人阅读和分析衬衣上、下级领部件制作生产工艺单和样品内容，标注和摘录衬衣上、下级领部件控制部位的规格和工艺要求的关键词； 5. 被抽查的学生汇报衬衣上、下级领部件规格尺寸和衬衣上、下级领部件制作工艺要求标注情况； 6. 学生倾听教师的点评，并记录老师提出的需补充或修改的内容； 7. 学生根据教师的点评内容，自评衬衣上、下级领部件规格尺寸和衬衣上、下级领部件制作工艺要求标注情况。	1. 学生自评： (1) 衬衣上、下级领部件规格尺寸的标注内容是否正确； (2) 衬衣上、下级领部件制作工艺要求的标注是否完整、正确。 2. 教师点评： (1) 衬衣上、下级领部件规格尺寸的标注内容是否正确； (2) 衬衣上、下级领部件制作工艺要求的标注是否完整、正确。

课时： 0.5 课时

1. 硬资源：具备上网功能的计算机或手机，服装缝纫工艺室、熨斗、烫台、裁剪台、试衣人台等。
2. 软资源：衬衣上、下级领部件制作任务单，衬衣上、下级领部件制作教材，衬衣上、下级领部件制作信息页等。
3. 教学设施：多媒体投影仪等。

领取衬衣上、下级领部件制作材料

工作子步骤	教师活动	学生活动	评价
1. 预算衬衣上、下级领部件制作材料； 2. 领取衬衣上、下级领部件制作的材料。	1. 教师展示衬衣上、下级领样衣，裁剪样板，面料布样；组织学生根据展示物料进行分组讨论； 2. 教师组织学生分组讨论衬衣上、下级领部件制作所需的材料、制作工具、适用设备，以及面料、纸衬的长度预算，根据小组讨论结果，填写衬衣上、下级领部件制作的领取物料名称和数量； 3. 教师组织各小组张贴展示衬衣上、下级领部件制作的领取物料名称和数量清单，并由组代表汇报物料清单填写的内容情况； 4. 老师巡回监控小组互评物料清单填写内容的过程时间； 5. 教师根据各组汇报的物料清单填写内容进行点评，并通过分析制订的衬衣上、下级领部件制作所要领取物料名称和对应的数量； 6. 教师组织学生分组量剪所需面、辅料以及领取衬衣上、下级领部件制作的其他物料，并巡回监控操作过程的规范性。	1. 学生集体观看教师展示衬衣上、下级领样衣、裁剪样板、面料布样； 2. 学生小组讨论衬衣上、下级领部件制作所需的材料、制作工具、设备，以及面料、纸衬的长度预算，并根据小组讨论结果，填写衬衣上、下级领部件制作的领取物料名称和数量； 3. 各小组张贴展示衬衣上、下级领部件制作的领取物料名称和数量清单，并由组代表汇报物料清单填写的内容情况； 4. 小组互评物料清单填写内容的情况； 5. 学生倾听教师点评各组物料清单填写内容，并记录老师制订的衬衣上、下级领部件制作所要领取物料名称和对应的数量； 6. 学生按各组的物料清单组量剪布面、辅料，领取衬衣上、下级领部件制作的其他物料。	1. 小组互评：材料清单填写是否合理、准确。 2. 教师点评：各小组材料清单填写是否合理、准确。

课时： 0.5 课时

1. 硬资源：具备上网功能的计算机或手机，服装缝纫工艺室、熨斗、烫台、裁剪台、试衣人台等。
2. 软资源：衬衣上、下级领部件制作教材，衬衣上、下级领部件制作信息页等。
3. 教学设施：多媒体投影仪等。

设备调试

工作子步骤	教师活动	学生活动	评价
1. 调试衬衣上、下级领部件制作的线迹； 2. 调试衬衣上、下级领部件制作的烫温。	1. 教师集中讲授衬衣上、下级领部件制作设备的调试方法和应注意的事项； 2. 教师巡回监控学生对衬衣上、下级领部件制作针距、底面线的松紧度和调试烫斗的温度的操作过程，并对调试效果给予实时评价； 3. 对设备的调试效果不理想的学生给以实时的纠正和指导。	1. 学生倾听教师讲授衬衣上、下级领部件制作设备调试的方法和应注意的事项； 2. 学生独立操作调试衬衣上、下级领部件制作针距、底面线的松紧度和烫斗的温度，并对调试效果进行自查和自评； 3. 设备调试效果不理想的学生，根据教师的实时指导进行反复调试。	学生自评、教师点评： （1）衬衣上、下级领部件制作线迹试针效果是否标准； （2）衬衣上、下级领部件制作熨斗试烫效果是否标准。

课时： 0.5 课时

1. 硬资源：具备上网功能的计算机或手机，服装缝纫工艺室、熨斗、烫台、裁剪台、试衣人台等。
2. 软资源：衬衣上、下级领部件制作教材，衬衣上、下级领部件制作信息页等。
3. 教学设施：多媒体投影仪等。

学习任务 3　衬衣上、下级领制作

1 明确衬衣上、下级领部件制作任务 → 2 领取衬衣上、下级领部件制作材料 → 3 设备调试 → 4 衬衣上、下级领部件制作 → 5 衬衣上、下级领部件交付与评价 → 6 工作现场整理与设备维护

	工作子步骤	教师活动	学生活动	评价
衬衣上、下级领部件制作	1. 编写衬衣上、下级领部件缝制的工艺流程； 2. 衬衣上、下级领部件面料烫衬； 3. 衬衣上、下级领部件缝缉； 4. 衬衣上、下级领部件整烫。	1. 教师组织学生独立阅读和衬衣上、下级领部件制作生产工艺单或工作页，要求学生通过分析工艺图文说明，并采用关键词法标注或摘录出衬衣上、下级领工艺要求； 2. 教师展示样衣，并引导学生分析缝型结构特点与逻辑关系， 3. 教师抽查学生描述衬衣上、下级领工艺要求以及缝型结构特点与逻辑关系； 4. 教师根据被抽查学生的描述进行点评，如存在问题，提出补充或修改意见； 5. 教师组织和监控学生按小组根据衬衣上、下级领工艺要求，以及缝型结构特点与逻辑关系，编写衬衣上、下级领部件制作的工艺流程图； 6. 教师组织小组代表汇报衬衣上、下级领部件制作工艺流程图的编写内容； 7. 教师根据各小组汇报情况进行点评，并通过分析讲解进行整合或补充流程图的编写意见； 8. 教师采用集中讲解的方法，讲解衬衣上、下级领部件制作工艺流程中简单工序的操作方法，并要求学生根据教师讲解的方法独立完成其工序； 9. 教师采用分组示范的教学方法，对衬衣上、下级领部件制作中的工艺操作难点进行操作示范； 10. 教师监控学生操作衬衣上、下级领部件制作各工序的进度与操作的规范性； 11. 教师实时点评学生操作衬衣上、下级领部件制作各工序的制作效果对在操作中出现问题的学生给以及时的纠正和指导。	1. 学生独立阅读衬衣上、下级领部件制作生产工艺单或工作页，通过分析工艺图文说明，标注或摘录出衬衣上、下级领工艺要求的关键词； 2. 学生观察教师展示的样衣，在老师的引导下分析缝型结构特点与逻辑关系， 3. 被抽查的学生描述衬衣上、下级领工艺要求以及缝型结构特点与逻辑关系； 4. 学生倾听教师对衬衣上、下级领工艺要求以及缝型结构特点与逻辑关系的点评，记录老师提出的需补充或修改的内容； 5. 各小组根据衬衣上、下级领工艺要求以及缝型结构特点与逻辑关系编写衬衣上、下级领部件制作的工艺流程图； 6. 小组代表汇报衬衣上、下级领部件制作工艺流程图的编写内容； 7. 学生倾听教师对各小组编写的衬衣上、下级领工艺流程图内容的点评，并记录教师整合或补充后的流程图编写内容； 8. 学生根据教师讲解的方法，独立完成衬衣上、下级领部件制作工艺流程中的简单工序； 9 学生以组轮流观看教师示范衬衣上、下级领部件制作中的工艺操作难点； 10. 学生按工序的进度节拍，操作衬衣上、下级领部件制作各工序； 11. 在衬衣上、下级领部件制作操作工序中出现问题的学生，按老师的纠正方法进行返工修改。	1. 学生自评： (1) 衬衣上、下级领部件制作的工艺要求摘录是否完整； (2) 衬衣上、下级领部件制作工艺流程图的编写是否合理； (3) 是否能按时按质完成衬衣上、下级领部件制作的各工序。 2. 学生互评： (1) 衬衣上、下级领部件制作的工艺要求摘录是否完整； (2) 衬衣上、下级领部件制作工艺流程图的编写是否合理。 3. 教师点评： (1) 子成衣制作的工艺要求摘录是否完整； (2) 衬衣上、下级领部件制作工艺流程图的编写是否合理； (3) 是否能按时按质完成衬衣上、下级领部件制作的各工序。

课时： 5 课时

1. 硬资源：具备上网功能的计算机或手机，服装缝纫工艺室、熨斗、烫台、裁剪台、试衣人台等。
2. 软资源：衬衣上、下级领部件制作教材，衬衣上、下级领部件制作信息页等。
3. 教学设施：多媒体投影仪等。

基准课时：8

1 明确衬衣上、下级领部件制作任务 → 2 领取衬衣上、下级领部件制作材料 → 3 设备调试 → 4 衬衣上、下级领部件制作 → 5 衬衣上、下级领部件交付与评价 → 6 工作现场整理与设备维护

<table>
<tr><th></th><th>工作子步骤</th><th>教师活动</th><th>学生活动</th><th>评价</th></tr>
<tr><td rowspan="2">衬衣上、下级领部件交付与评价</td><td>1. 交付衬衣上、下级领部件；
2. 阅读衬衣上、下级领部件工艺质量标准；
3. 阅读衬衣上、下级领部件检验部位尺寸的公差表；
4. 阅读衬衣上、下级领部件 外观质量说明；
5. 评价衬衣上、下级领部件效果，并将衬衣上、下级领部件的评价录入评价表。</td><td>1. 教师组织学生填写好制作人班级、编号标签，并缝制在衬衣上、下级领部件上的指定位置；
2. 教师组织学生独立阅读衬衣上、下级领部件工艺质量标准说明、公差表、外观质量标准，并要求学生采用关键词法标注或摘录出衬衣上、下级领部件的工艺质量要求、公差范围、外观要求；
3. 教师抽查学生描述衬衣上、下级领部件的工艺质量要求公差范围、外观要求；
4. 教师根据被抽查学生的描述进行点评，如存在问题，提出补充或修改意见；
5. 教师组织学生自评、互评衬衣上、下级领部件的制作效果，并将评价结果现场录入评价表。</td><td>1. 学生按教师要求填写好制作人班级、编号标签，并缝制在衬衣上、下级领部件上的指定位置；
2. 学生独立阅读衬衣上、下级领部件工艺质量标准说明、公差表、外观质量说明，并采用关键词法标注和摘录出衬衣上、下级领部件的评价内容、公差范围、外观要求；
3. 被抽查学生描述其摘录的衬衣上、下级领部件的工艺质量标准、公差范围、外观要求；
4. 学生倾听教师点评，并记录教师整合或补充的内容；
5. 学生自评、互评衬衣上、下级领部件的制作效果，并观看教师将评价结果现场录入评价表。</td><td>学生自评：
(1) 衬衣上、下级领部件的工艺效果否符合工艺质量标准；
(2) 衬衣上、下级领部件的规格尺寸是否在公差范围内；
(3) 衬衣上、下级领部件的整体效果是否符合外观质量要求。</td></tr>
<tr><td colspan="4">课时：0.5 课时
1. 硬资源：具备上网功能的计算机或手机，服装缝纫工艺室、熨斗、烫台、裁剪台、试衣人台等。
2. 软资源：衬衣上、下级领部件制作信息页、衬衣上、下级领部件制作评价表等。
3. 教学设施：多媒体投影仪等。</td></tr>
<tr><td rowspan="2">工作现场整理与设备维护</td><td>1. 阅读“8S”规章制度；
2. 衬衣上、下级领部件制作环境、设备的维护。</td><td>1. 教师组织学生独立阅“8S”规章制度，并要求学生采用关键词法标注出“8S”工作要求；
2. 教师协助劳动委员安排值日生；
3. 教师监控值日生实施工作现场整理的过程；
4. 教师组织学生自评衬衣上、下级领部件制作现场整理与设备维护情况；
5. 教师根据衬衣上、下级领部件制作现场整理与设备维护情况进行点评，如有需整改的地方，要求值日生现场整改；
6. 教师安排一名值日生代表填写设备使用记录表。</td><td>1. 学生采用关键词法独立阅读“8S”规章制度；并标注出“8S”工作要求；
2. 劳动委员安排值日生；
3. 值日生按“8S”要求实施工作现场整理；
4. 值日生自评衬衣上、下级领部件制作现场整理与设备维护情况；
5. 值日生倾听教师对衬衣上、下级领部件制作现场整理与设备维护情况的点评，对需整改的地方进行现场整改；
6. 被安排的值日生代表填写设备使用记录表。</td><td>值日生自评、教师点评：
(1) 衬衣上、下级领部件制作现场清洁、归位是否达到“8S”工作要求的标准；
(2) 衬衣上、下级领部件制作设备的维护是否合理。</td></tr>
<tr><td colspan="4">课时：1 课时
1. 硬资源：具备上网功能的计算机或手机，服装缝纫工艺室、熨斗、烫台、裁剪台、试衣人台等。
2. 软资源：衬衣上、下级领部件制作“8S”规章制度信息页、设备使用记录表等。
3. 教学设施：多媒体投影仪等。</td></tr>
</table>

学习任务 4　男衬衣袖制作

任务描述

学习任务课时：12 课时

任务情境：

BY 服饰有限公司接到一批男装衬衣制作订单，在订单任务分解中有一项衬衣袖的制作任务，生产主管将该批衬衣袖部件制作任务分配给服装生产车间人员进行制作，工作人员接到衬衣袖部件制作的工作任务后，根据衬衣袖的制作任务内容和工艺质量要求，确定衬衣袖规格的参数 ，制订衬衣袖制作工作计划并实施任务。该公司希望我院服装专业的学生参与流水线衬衣袖部件制作的生产，于是我校老师带领学生完成企业的此项任务。

具体布置给学生的工作任务要求见下页。

工作流程和标准

工作环节 1

明确衬衣袖缝制的任务 1

通过查阅资料、检索信息、与生产主管部门沟通等方式，确认衬衣袖缝制的工艺质量要求（衬衣袖缝制的工艺要求）及衬衣袖缝制的工具要求（衬衣袖缝制所适用工具的要求），并确认工作内容，协调岗位分配。

主要成果：
1. 衬衣袖规格尺寸的标注；
2. 写出衬衣袖的质量要求。

工作环节 2

领取衬衣袖制作材料 2

根据衬衣袖缝制的生产要求，领取衬衣袖缝制的面辅料、缝制工具及缝制设备（缝纫机、压衬机、熨斗等），对衬衣袖的裁片质量进行检验和清点，并与工具材料保管人员沟通，确认工具、材料完好，填写领取衬衣袖制作物料清单

主要成果：1. 衬衣袖制作的领取物料清单；
2. 衬衣袖制作适用工具及设备的领用清单。

工作环节 3

设备调试 3

根据面、辅料的性能特点和衬衣袖缝制的生产质量要求，进行设备的调试（线迹试针效果、不同面料性能的设备调试、熨斗试烫效果），并将工具摆放整齐，确保安全生产。

主要成果：
1. 线迹试针效果；
2. 熨斗试烫效果。

工作环节 4

衬衣袖制作 4

制订标准的衬衣袖缝制操作步骤，在缝制过程中持续改进与规范意识（按照预定的计划进行衬衣袖缝制，过程中能根据实际情况灵活调整方法）；认真、细致、耐心地完成每一道工序（不厌其烦修改不合格工件）。并按要求缝制衬衣袖（定位、熨烫、缝缉、修剪缝口等），编写衬衣袖缝制的工艺流程。

主要成果：
1. 衬衣袖制作的工艺流程图；
2. 衬衣袖制作成品。

工作环节 5

衬衣袖成品检验交付

5

严格执行质检标准，以高度负责的态度，认真、仔细完成检验相关工作。利用衬衣袖成品检验工具，根据客户制订的衬衣袖成品质量标准进行成品检验，按规定的流程，如数交付验收人员。

主要成果：

衬衣袖成品检验规格表。

工作环节 6

现场整理与设备保养

6

按“8S”工作要求，进行工作现场的整理及制板工具的保养，填写制板工具使用记录单，并自觉遵守、严格执行现场整理与设备保养规范，及时、认真填写相关控制表单。

主要成果：

1. 详细填写制作工具使用记录单；
2. 填写与场地相关的控制表单（卫生维护、设备保养）。

工作环节 7

评价反馈

7

每位学生提交衬衣袖制作成品，并通过小组互评、教师点评等多种形式，总结本次任务完成的质量与效率，以及每个成员遵循现场工作管理规范情况。

主要成果：

对衬衣袖的缝制过程中出现的问题、现象进行总结并给出改进建议，每位学生提交一份双唇袋制作的工作总结。

学习内容

知识点	1.1 缝纫车间安全教育； 1.2 服装企业衬衣袖流水线工序介绍； 1.3 衬衣袖制作工艺流程质量标准。	2.1 衬衣袖制作材料领取的流程； 2.2 衬衣袖裁片质量标准； 2.3 衬衣袖制作所需材料的认识。	3.1 缝制设备的基本工作原理； 3.2 缝制设备的性能作方法； 3.3 缝制设备调试方法。
技能点	1.1 与流水线负责人员沟通，能准确说出工作内容和要求； 1.2 能根据缝纫车间安全制度要求做好防护措施； 1.3 职业能力：能服从部门负责人工作安排，准确理解工作任务，掌握恰当的沟通时机和方法，与生产主管确认衬衣袖制作的任务及衬衣袖缝制的工艺要求和方法。	2.1 能准确说出衬衣袖所需物料、裁片数量和要求 2.2 职业能力：能掌握资料检索方法，根据衬衣袖制作要求，领取物料及选定适用工具及设备。	3.1 能根据衬衣袖所需物料的性能进行缝制设备的调试 3.2 职业能力：能掌握各种工具和设备的保养的调试，能根据不同的面辅料调试设备。
工作环节	工作环节 1 明确衬衣袖制作任务	工作环节 2 领取衬衣袖制作材料	工作环节 3 设备调试
成果	1.1 衬衣袖部件规格尺寸标注图； 1.2 衬衣袖部件制作工艺要求摘录说明单。	2.1 衬衣袖制作的领取物料清单； 2.2 衬衣袖制作适用工具及设备的领用清单。	3.1 衬衣袖部件线迹试针效果； 3.2 衬衣袖部件熨斗试烫效果。
素养	1.1 建立生产安全意识和纪律观念，培养任务书阅读理解和工具清单撰写能力，让学生乐于接受学习任务，主动配合实施任务，阐述工匠事迹，使学生树立专心致志、精益求精、爱岗敬业的工匠精神。	2.1 培养学生观察力和记忆力、信息搜集处理能力、数字测量应用和沟通表达能力，能计划、组织工作各项环节和流程。	3.1 培养学生细致的观察力、动手操作能力、数字应用处理能力，以及分析问题、解决问题的能力，掌握流程图编写方法，创新工艺流程。

学习任务 4　男衬衣袖制作

4.1 衬衣袖工艺样板的使用方法； 4.2 衬衣袖面辅料配备原理和方法； 4.3 衬衣袖制作的工艺流程。	5.1 衬衣袖成品质量检验标准； 5.2 衬衣袖质量检验工具的使用方法； 5.3 衬衣袖成品质量检验的方法； 5.4 了解交付衬衣袖成品的流程和方法。	6.1 7S 工作要求； 6.2 设备保养的方法； 6.3 设备保养记录单的内容。
4.1 编写衬衣袖制作的工艺流程图； 4.2 能按要求缝制衬衣袖（定位熨烫缝辑修剪缝口等）； 4.3 职业能力：能根据衬衣袖缝制的质量要求，按照工艺制作流程认真、细致、耐心地完成衬衣袖的缝制。	5.1 能严格执行质检标准，以高度负责的态度，认真仔细完成衬衣袖检验相关工作； 5.2 能按规定的流程，将合格的衬衣袖成品如数交付验收人员； 5.3 职业能力： 1. 能根据衬衣袖成品检验的质量标准，以高度负责的态度，认真、仔细完成衬衣袖检验相关工作掌握成品检验规格表的填写方法，严谨规范撰写完成成品检验规格表； 2. 能按照工作流程和交接手续，交付部门主管验收工艺说明书。	6.1 现场的整理； 6.2 设备的保养； 6.3 设备保养记录单的填写； 6.4 能自觉遵守、严格执行现场整理规范和设备保养规范； 6.5 及时、认真填写相关控制表单； 6.6 职业能力：工作过程中严格遵循 8S 管理要求，进行现场的整理，严格执行现场整理规范和设备保养规范。

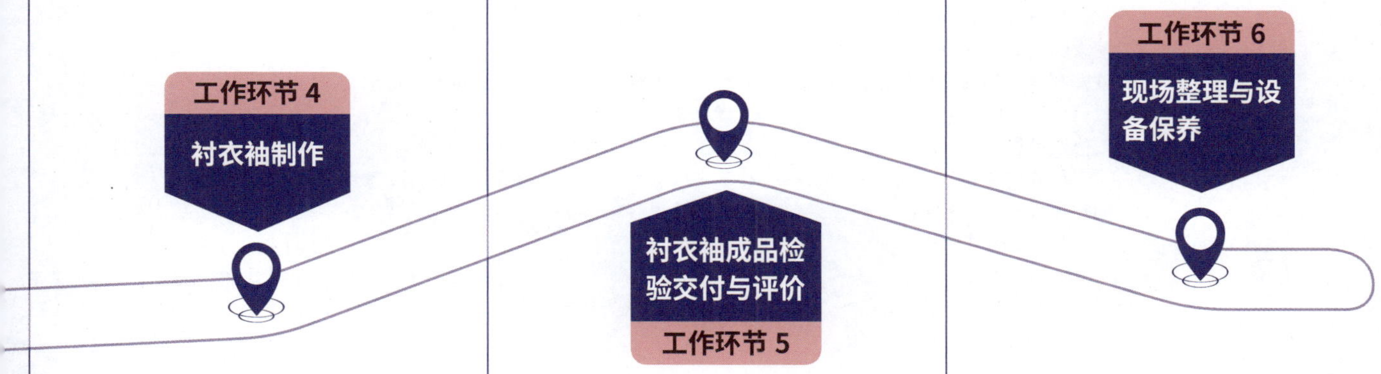

4.1 衬衣袖制作的工艺流程图； 4.2 衬衣袖制作成品。	5.1 衬衣袖部件制作评价表。	6.1 设备使用记录表。
4.1 持续改进与规范意识（按照预定的计划进行衬衣袖制作，过程中能根据实际情况灵活调整方法）认真、细致、耐心地完成每一道工序（不厌其烦修改不合格工件）。	5.1 培养学生数学计算应用能力、撰写文书能力，学习各种工艺产品说明书的撰写方法。	6.1 职业素养：让学生熟悉工作人员仪容仪表规范和文明礼貌，培养学生敬业、诚信等职业道德和素养，遵守企业的规章制度和操作规范。

课程 1　服装部件制作

学习任务 4　男衬衣袖制作

1 明确衬衣袖部件制作任务　2 领取衬衣袖部件制作材料　3 设备调试　4 衬衣袖部件缝制　5 衬衣袖部件交付与评价　6 工作现场整理与设备维护

明确衬衣袖部件制作任务

工作子步骤	教师活动	学生活动	评价
1. 学习衬衣袖部件规格的检验部位； 2. 学习衬衣袖部件制作的工艺要求。	1. 教师要求学生按照缝纫车间安全操作规范做好防范措施，安排小组长负责检查小组成员的安全措施执行情况；	1. 学生按照缝纫车间安全操作规范做好防范措施，小组长负责检查小组成员的安全措施执行情况，必要时提请教师纠正教育；	1. 学生自评： (1) 衬衣袖部件规格尺寸的标注内容是否正确； (2) 衬衣袖部件制作工艺要求的标注是否完整、正确。 2. 教师点评： (1) 衬衣袖部件规格尺寸的标注内容是否正确； (2) 衬衣袖部件制作工艺要求的标注是否完整、正确。
	2. 教师采用讲授法描述衬衣袖部件制作在服装企业服装企业车间流水线工序环节；	2. 学生倾听教师描述衬衣袖部件制作在服装企业车间流水线工序环节；	
	3. 教师组织独立阅读衬衣袖部件制作生产工艺单，并要求学生运用关键词法标注和摘录出衬衣袖部件控制部位的规格尺寸，以及工艺要求；	3. 学生个人阅读衬衣袖部件制作的生产工艺单和分析衬衣袖部件样品；	
	4. 教师巡回监控学生标注衬衣袖部件规格尺寸和衬衣袖部件制作工艺要求的操作过程时间；	4. 学生根据个人阅读和分析衬衣袖部件制作生产工艺单和样品内容，标注和摘录衬衣袖部件控制部位的规格和工艺要求的关键词；	
	5. 教师抽查提问学生对衬衣袖部件规格尺寸及衬衣袖部件制作工艺要求的标注情况；	5. 被抽查的学生汇报衬衣袖部件规格尺寸和衬衣袖部件制作工艺要求标注情况；	
	6. 教师根据被抽查学生的汇报情况进行点评，如存在问题，提出补充或修改意见；	6. 学生倾听教师的点评，并记录老师提出的需补充的或修改的内容；	
	7. 师巡回监控学生自评衬衣袖部件规格尺寸和衬衣袖部件制作工艺要求标注的过程时间。	7. 学生根据教师的点评内容，自评衬衣袖部件规格尺寸和衬衣袖部件制作工艺要求标注情况。	

课时： 0.5 课时

1. 硬资源：具备上网功能的计算机或手机，服装缝纫工艺室、熨斗、烫台、裁剪台、试衣人台等。
2. 软资源：衬衣袖部件制作任务单、衬衣袖部件制作教材、衬衣袖部件制作信息页等。
3. 教学设施：多媒体投影仪等。

基准课时：12

1 明确衬衣袖部件制作任务 → 2 领取衬衣袖部件制作材料 → 3 设备调试 → 4 衬衣袖部件缝制 → 5 衬衣袖部件交付与评价 → 6 工作现场整理与设备维护

领取衬衣袖部件制作材料

工作子步骤	教师活动	学生活动	评价
1. 预算衬衣袖部件制作材料； 2. 领取衬衣袖部件制作的材料。	1. 教师展示衬衣袖样衣、裁剪样板、面料布样，并组织学生根据展示物料进行分组讨论； 2. 教师组织学生分组讨论衬衣袖部件制作所需的材料、制作工具、适用设备，以及面料、纸衬的长度预算，并根据小组讨论结果，填写衬衣袖部件制作的领取物料名称和数量； 3. 教师组织各小组张贴展示衬衣袖部件制作的领取物料名称和数量清单，并由组代表汇报物料清单填写的内容情况； 4. 老师巡回监控小组互评物料清单填写内容的过程时间； 5. 教师根据各组汇报的物料清单填写内容进行点评，并通过分析制订的衬衣袖部件制作所要领取物料名称和对应的数量； 6. 教师组织学生分组量剪所需面、辅料，以及领取衬衣袖部件制作的其他物料，并巡回监控操作过程的规范性。	1. 学生集体观看教师展示衬衣袖样衣、裁剪样板、面料布样； 2. 学生小组讨论衬衣袖部件制作所需的材料、制作工具、设备，以及面料、纸衬的长度预算，并根据小组讨论结果，填写衬衣袖部件制作的领取物料名称和数量； 3. 各小组张贴展示衬衣袖部件制作的领取物料名称和数量清单，并由组代表汇报物料清单填写的内容情况； 4. 小组互评物料清单填写内容的情况； 5. 学生倾听教师点评各组物料清单填写内容，并记录老师制订的衬衣袖部件制作所要领取物料名称和对应的数量； 6. 学生按各组的物料清单组量剪布面、辅料，领取衬衣袖部件制作的其他物料。	1. 小组互评：材料清单填写是否合理、准确。 2. 教师点评：各小组材料清单填写是否合理、准确。

课时：0.5 课时
1. 硬资源：具备上网功能的计算机或手机，服装缝纫工艺室、熨斗、烫台、裁剪台、试衣人台等。
2. 软资源：衬衣袖部件制作教材、衬衣袖部件制作信息页等。
3. 教学设施：多媒体投影仪等。

设备调试

工作子步骤	教师活动	学生活动	评价
1. 调试衬衣袖部件制作的线迹； 2. 调试衬衣袖部件制作的烫温。	1. 教师集中讲授衬衣袖部件制作设备的调试方法和应注意的事项； 2. 教师巡回监控学生对衬衣袖部件制作针距、底面线的松紧度和调试烫斗的温度的操作过程，并对调试效果给予实时评价； 3. 对设备的调试效果不理想的学生给以实时的纠正和指导。	1. 学生倾听教师讲授衬衣袖部件制作设备调试的方法和应注意的事项； 2. 学生独立操作调试衬衣袖部件制作针距、底面线的松紧度和调试烫斗的温度，并对调试效果进行自查和自评； 3. 设备调试效果不理想的学生，根据教师的实时指导进行反复调试。	1. 学生自评、教师点评： （1）衬衣袖部件制作线迹试针效果是否标准； （2）衬衣袖部件制作熨斗试烫效果是否标准。

课时：0.5 课时
1. 硬资源：具备上网功能的计算机或手机，服装缝纫工艺室、熨斗、烫台、裁剪台、试衣人台等。
2. 软资源：衬衣袖部件制作教材、衬衣袖部件制作信息页等。
3. 教学设施：多媒体投影仪等。

学习任务 4　男衬衣袖制作

1 明确衬衣袖部件制作任务 → 2 领取衬衣袖部件制作材料 → 3 设备调试 → 4 衬衣袖部件缝制 → 5 衬衣袖部件交付与评价 → 6 工作现场整理与设备维护

衬衣袖部件缝制

工作子步骤	教师活动	学生活动	评价
1. 编写衬衣袖部件缝制的工艺流程； 2. 衬衣袖部件面料烫衬； 3. 衬衣袖部件缝缉； 4. 衬衣袖部件整烫。	1. 教师组织学生独立阅读和衬衣袖部件制作生产工艺单或工作页，要求学生通过分析工艺图文说明，并采用关键词法标注或摘录出衬衣袖工艺要求； 2. 教师展示样衣，并引导学生分析缝型结构特点与逻辑关系， 3. 教师抽查学生描述衬衣袖工艺要求以及缝型结构特点与逻辑关系； 4. 教师根据被抽查学生的描述进行点评，如有存在问题提出补充或修改意见； 5. 教师组织和监控学生按小组根据衬衣袖工艺要求以及缝型结构特点与逻辑关系，编写衬衣袖部件制作的工艺流程图； 6. 教师组织小组代表汇报衬衣袖部件制作工艺流程图的编写内容； 7. 教师根据各小组汇报情况进行点评，并通过分析讲解进行整合或补充流程图的编写意见； 8. 教师采用集中讲解的方法，讲解衬衣袖部件制作工艺流程中简单工序的操作方法，并要求学生根据教师讲解的方法独立完成其工序； 9. 教师采用分组示范的教学方法，对衬衣袖部件制作中的工艺操作难点进行操作示范； 10. 教师监控学生操作衬衣袖部件制作各工序的进度与操作的规范； 11. 教师实时点评学生操作衬衣袖部件制作各工序的制作效果，对在操作中出现问题的学生给以及时的纠正和指导。	1. 学生独立阅读衬衣袖部件制作生产工艺单或工作页，通过分析工艺图文说明，标注或摘录出衬衣袖工艺要求的关键词； 2. 学生观察教师展示的样衣，在老师的引导下分析缝型结构特点与逻辑关系， 3. 被抽查的学生描述衬衣袖工艺要求以及缝型结构特点与逻辑关系； 4. 学生倾听教师对衬衣袖工艺要求以及缝型结构特点与逻辑关系的点评，并记录老师提出的需补充或修改的内容； 5. 各小组根据衬衣袖工艺要求以及缝型结构特点与逻辑关系编写衬衣袖部件制作的工艺流程图； 6. 小组代表汇报衬衣袖部件制作工艺流程图的编写内容； 7. 学生倾听教师对各小组编写的衬衣袖工艺流程图内容的点评，并记录教师整合或补充后的流程图编写内容； 8. 学生根据教师讲解的方法独立完成衬衣袖部件制作工艺流程中的简单工序； 9. 学生以组轮流观看教师示范衬衣袖部件制作中的工艺操作难点； 10. 学生按工序的进度节拍操作衬衣袖部件制作各工序； 11. 在衬衣袖部件制作操作工序中出现问题的学生，按老师的纠正方法进行返工修改。	1. 学生自评： （1）衬衣袖部件制作的工艺要求摘录是否完整； （2）衬衣袖部件制作工艺流程图的编写是否合理； （3）是否能按时按质完成衬衣袖部件制作的各工序。 2. 学生互评 （1）衬衣袖部件制作的工艺要求摘录是否完整； （2）衬衣袖部件制作工艺流程图的编写是否合理。 3. 教师点评： （1）成衣制作的工艺要求摘录是否完整； （2）衬衣袖部件制作工艺流程图的编写是否合理； （3）是否能按时按质完成衬衣袖部件制作的各工序。

课时： 6 课时

1. 硬资源：具备上网功能的计算机或手机，服装缝纫工艺室、熨斗、烫台、裁剪台、试衣人台等。
2. 软资源：衬衣袖部件制作教材、衬衣袖部件制作信息页等。
3. 教学设施：多媒体投影仪等。

基准课时：12

1 明确衬衣袖部件制作任务　2 领取衬衣袖部件制作材料　3 设备调试　4 衬衣袖部件缝制　5 衬衣袖部件交付与评价　6 工作现场整理与设备维护

	工作子步骤	教师活动	学生活动	评价
衬衣袖部件交付与评价	1. 交付衬衣袖部件； 2. 阅读衬衣袖部件工艺质量标准； 3. 阅读衬衣袖部件检验部位尺寸的公差表； 4. 阅读衬衣袖部件外观质量说明； 5. 评价衬衣袖部件效果并将衬衣袖部件的评价录入评价表。	1. 教师组织学生填写好制作人班级、编号标签，并缝制在衬衣袖部件上的指定位置； 2. 教师组织学生独立阅读衬衣袖部件工艺质量标准说明、公差表、外观质量标准，并要求学生采用关键词法标注或摘录出衬衣袖部件的工艺质量要求、公差范围、外观要求； 3. 教师抽查学生描述衬衣袖部件的工艺质量要求、公差范围、外观要求； 4. 教师根据被抽查学生的描述进行点评，如存在问题，提出补充或修改意见； 5. 教师组织学生自评、互评衬衣袖部件的制作效果，并将评价结果现场录入评价表。	1. 学生按教师要求填写好制作人班级、编号标签，并缝制在衬衣袖部件上的指定位置； 2. 学生独立阅读衬衣袖部件工艺质量标准说明、公差表、外观质量说明，并采用关键词法标注和摘录出衬衣袖部件的评价内容、公差范围、外观要求； 3. 被抽查学生描述其摘录的衬衣袖部件的工艺质量标准、公差范围、外观要求； 4. 学生倾听教师点评并记录教师整合或补充的内容； 5. 学生自评、互评衬衣袖部件的制作效果，并观看教师将评价结果现场录入评价表。	1. 学生自评、互评，教师点评： （1）衬衣袖部件的工艺效果否符合工艺质量标准； （2）衬衣袖部件的规格尺寸是否在公差范围内； （3）衬衣袖部件的整体效果是否符合外观质量要求。

课时： 2 课时

1. 硬资源：具备上网功能的计算机或手机，服装缝纫工艺室、熨斗、烫台、裁剪台、试衣人台等。
2. 软资源：衬衣袖部件制作信息页、衬衣袖部件制作评价表等。
3. 教学设施：多媒体投影仪等。

	工作子步骤	教师活动	学生活动	评价
工作现场整理与设备维护	1. 阅读“8S”规章制度； 2. 衬衣袖部件制作环境、设备的维护。	1. 教师采用关键词法组织学生独立阅“8S”规章制度；并要求学生标注出“8S”工作要求； 2. 教师协助劳动委员安排值日生； 3. 教师监控值日生实施工作现场整理的过程 4. 教师组织学生自评衬衣袖部件制作现场整理与设备维护情况； 5. 教师根据衬衣袖部件制作现场整理与设备维护情况进行点评，如需整改的地方要求值日生现场整改； 6. 教师安排一名值日生代表填写设备使用记录表。	1. 学生采用关键词法独立阅读“8S”规章制度；并标注出“8S”工作要求；； 2. 劳动委员安排值日生； 3. 值日生按“8S”要求实施工作现场整理； 4. 值日生自评衬衣袖部件制作现场整理与设备维护情况； 5. 值日生倾听教师对衬衣袖部件制作现场整理与设备维护情况的点评，对需整改的地方进行现场整改； 6. 被 安排的值日生代表填写设备使用记录表。	1. 值日生自评、教师点评： （1）衬衣袖部件制作现场清洁、归位是否达到“8S”工作要求的标准； （2）衬衣袖部件制作设备的维护是否合理。

课时： 1 课时

1. 硬资源：具备上网功能的计算机或手机，服装缝纫工艺室、熨斗、烫台、裁剪台、试衣人台等。
2. 软资源：衬衣袖部件制作“8S”规章制度信息页、设备使用记录表等。
3. 教学设施：多媒体投影仪等。

考核标准

考核任务：

中国元素手袋的设计与制作。

情境描述：

某服装厂开展生产一线工人缝制技能竞赛，要求参赛人员在规定的时间内，完成中国元素手袋的设计与制作，要求车缝工艺符合技术标准，实现艺术性和实用性的有效结合，并且具有一定的商业价值。

参考资料：

实施任务时，可参阅使用各类常见技术资料，如工作页、教材、质量检验标准、课堂笔记、相关书籍、杂志及图片素材等。

任务要求：

中国元素手袋的设计与制作：尺寸 30 cm×35 cm，包带 50 cm×2 cm，线迹密度：16~18 针 /3 cm。作品设计融合部件的制作工艺（贴袋、嵌袋、拉链均不限选其一），各部件具体规格与质量标准如下：

1. 贴袋：长 15 cm，上袋口宽 15 cm，下袋口宽 12 cm，袋底起翘 2 cm，袋口卷边缉明线 2 cm，袋周第一条明线 0.15 cm，第二条明线从上袋口 1.35 cm 到下袋口 0.6 cm，袋上装饰明线以定位板为准，线迹密度 10~12 针 /3 cm。制作要求参见衬衣贴袋的质量检验标准。
2. 单嵌袋：长 15 cm，嵌袋宽 1c m，嵌线端正平服，嵌袋四周缉明线 0.1 cm. 制作要求参见女士西装的单嵌袋的质量检验标准。
3. 拉链长度 35cm，线迹密度 14~16 针 /3 cm。做好对位记号，手缝固定再车缝，拉链尾部留出 2.5 cm 包布固定，制作要求参见口袋拉链的质量检验标准。

操作要求：

（1）只能依据给定的生产工艺文件、辅助样板与裁片，在指定的工位上独立完成。

（2）必须写出并提交简要的制作工艺流程。

（3）只能用提供的设备和工具，不允许采用其他辅助设备和工具。

（4）制作检验完成后，举手示意提交作品，待允许后方可离开。

（5）在确保质量的前提下，在 1 h 内，完成用时最少者胜出。

（6）必须提交质量合格的完整作品，超过 1 h 者，视为合格，但不参加评比。

（7）任务完成后，注意工位的清洁，符合“8S”标准。

评价标准

过程性评价表
1. 团队合作 20 分 团队合作能力强而高效，小组在规定时间内完成任务。
2. 沟通礼仪 20 分 市场调研与店铺导购沟通礼貌、尊重，做到有效沟通。
3. 获取信息 20 分 能理解任务书的内容和要求，关键性的设计要点提取全面、准确；能了解中国传统文化，中国元素全面准确；对中国传统文化的运用合理准确。
4. 成果展示 40 分 语言言简意赅，思路清晰，突出重点，汇报内容全面详细，作品符合工艺要求，符合设计意图，具有经济价值、商业价值、文化价值。

<table>
<tr><td colspan="2" rowspan="2">评价要求</td><td colspan="4">评价标准</td></tr>
<tr><td>优秀
10 分</td><td>良好
8 分</td><td>及格
6 分</td><td>不及格
6 分以下</td></tr>
<tr><td rowspan="7">专业能力评价标准</td><td>1. 学生学习态度、出勤、参与程度</td><td></td><td></td><td></td><td></td></tr>
<tr><td>2. 作品完成情况</td><td></td><td></td><td></td><td></td></tr>
<tr><td>3. 部件作品与设计意图相符</td><td></td><td></td><td></td><td></td></tr>
<tr><td>4. 面料运用，面料搭配合理</td><td></td><td></td><td></td><td></td></tr>
<tr><td>5. 部件制作符合技术标准</td><td></td><td></td><td></td><td></td></tr>
<tr><td>6. 结合中国传统文化，设计独特、新颖设计，具有美观性和实用性</td><td></td><td></td><td></td><td></td></tr>
<tr><td>7. 能将设计与工艺结构结合，秉承中国精益求精的大国工匠精神</td><td></td><td></td><td></td><td></td></tr>
<tr><td rowspan="5">社会能力评价标准</td><td>8. 学生仪容仪表符合学校要求</td><td></td><td></td><td></td><td></td></tr>
<tr><td>9. 汇报内容准备充分、逻辑性强，语言文明有礼</td><td></td><td></td><td></td><td></td></tr>
<tr><td>10. 重点突出，能清晰准确表达自己的观点</td><td></td><td></td><td></td><td></td></tr>
<tr><td>总分得分情况</td><td colspan="4"></td></tr>
<tr><td>教师总评</td><td colspan="4"></td></tr>
</table>

课程 2　单品服装设计

学习任务 1
下装单品设计
（80）课时

学习任务 1-1
裙子单品设计
（30）课时

学习任务 1-2
裤子单品设计
（50）课时

学习任务 2
上装单品设计
（80）课时

学习任务 2-9
羽绒服类单品服装设计
（16）课时

课程目标

学习完本课程后，学生应能胜任单品服装设计常见任务，包括：裙子单品设计、裤子单品设计、上衣单品设计等，学会并遵守“8S”管理规定，养成良好的工作习惯，具体包括：

1. 能充分理解设计总监的策划意图，与设计总监充分沟通，准确解读设计任务，如单品品类、设计数量、工作时间等要求。

2. 能通过服装资讯网站、线下各类实体店面等渠道调研，分析和识别畅销款和市场趋势，并撰写市场调研报告，完成演示文稿、在调研时做到爱国敬业，自觉维护祖国尊严和荣誉，向设计总监汇报调研结果时做到诚信友善，发扬社会主义核心价值观。

3. 能选配与单品设计要求相匹配的面辅料，重点关注品类、色系、质地、价格等要素，并充分考虑制作成本和单品系列效果，能够根据设计任务选配相应的中国传统面料及辅料，传承和发扬中国传统艺术文化，能够融合社会大事件及国家政策进行设计。

4. 能运用手绘及电脑绘图软件（PS\AI）完成服装效果图、款式图。做到效果图设计理念表达清晰、风格独特，能够结合现代审美及流行趋势，融入中国传统文化，把设计中的民族元素跟时尚对应，开发设计有中国特色的、符合审美要求的服装，所绘制的服装人体比例准确；款式图服装结构合理，工艺细节表达规范、完整、如果是一些高档的服装设计，结合中国传统手工艺进行工艺设计，发扬工匠精神。

5. 能按照工作流程，及时完成任务单填写并交付版师，任务单应做到工艺细节及数据标注规范、准确、清晰并附有面料小样，跟版师交流沟通做到信守承诺、诚恳待人。

6. 能根据工作要求，监制跟进样衣的制版与制作，确保有效实现设计意图。

课时：160

学习任务 2-1
衬衫类单品服装设计
（8）课时

学习任务 2-2
大衣类单品服装设计
（8）课时

学习任务 2-3
T 恤单品服装设计
（8）课时

学习任务 2-4
风衣单品服装设计
（8）课时

学习任务 2-5
夹克类单品服装设计
（8）课时

学习任务 2-6
牛仔服单品服装设计
（8）课时

学习任务 2-7
皮草单品服装设计
（8）课时

学习任务 2-8
西装类单品服装设计
（8）课时

课程内容

1. 设计任务书的体例及要素；
2. 检索服装流行趋势信息和识别畅销款的方法；
3. 面辅料的性能、搭配、损耗等知识；
4. 服装款式搭配的方法与技巧；
5. 绘画工具、绘画材料的性能、特点以及使用方法；
6. 手绘服装款式图、手绘服装效果图、电脑绘制服装款式图、电脑绘制服装效果图；
7. 服装款式图工艺细节的表达方法；
8. 任务单填写的方法；
9. 中国传统服饰元素在服装设计中的运用。

学习任务 1　下装单品设计

任务描述

学习任务课时：80 课时

任务情境：

广州 MD 服装品牌公司正进行秋冬女士下装单品的设计研发，因下装单品设计含裤装、裙装，且款式造型和风格类别多样，在本季度的商品企划任务分解中，设计总监安排的任务有：女士半裙及女士时装裤的单品设计，现需要设计两类单品各 2~3 款，目标消费人群定位在 20~35 的都市时尚女性。产品的设计围绕公司的品牌文化理念，符合休闲田园风格，以展现女孩纯真浪漫的优雅气质。在色彩上以鹅黄、豆沙绿、米白为主色调，预测当季流行色并合理运用。在面料拟用环保的纯棉等纯色或印花面料。该公司希望我院服装专业的学生参与此季度群装新品开发任务，设计稿手绘或电脑绘图均可，含作品名称、工艺说明标注清晰。任务完成期限：2 周。具体要求如下：

1. 进行市场调研，多渠道收集资讯，在市场调研后提供完整的调研报告，做 PPT 并汇报（PPT 应包括：竞品分析，含廓形、颜色、款式、面料、风格、客户群、价位及新工艺的运用）。以上工作 2 天完成。
2. 在 2 天内完成选配面辅料小样的工作。
3. 在 5 天内完成秋冬女士单品下装（半裙及时装裤）的款式设计图（每位学生需设计 OK 款，各 2 款）。
4. 向技术部门下任务书（版单）, 任务书应包含服装的产品名称、正背面款式图、服装规格尺寸、工艺细节说明、面辅料小样。
5. 跟进样衣制版与制作（在物料到齐前提下制版、调整 2 天，制作 2 天）。

接到任务后，我院服装专业设计教师带领同学制订工作计划并实施，共同完成该项目任务。

具体要求见下页。

工作流程和标准

工作环节 1 获取单品设计任务 1

解读下装单品设计（秋冬女士半裙、时装裤）的任务书，完成任务书的分解及要点记录，运用秋冬女士半裙、时装裤的设计原则及方法并与设计总监有效沟通，明确任务。

工作环节 2 市场调研 2

1. 根据服装公司下装单品服装设计（秋冬女士半裙、时装裤）的任务，理解服装公司的品牌文化理念和风格定位。开展市场调研工作，调研方式包括网络调研和实地考察调研等形式。
2. 通过资讯网的搜集与检索，对资讯信息进行归类与整理，分析整理竞品款和畅销款及服装流行趋势。如：秋冬款的裙装和裤装款式的实物图、设计图，工艺细节图等。
3. 撰写市场调研报告，并制作调研结果汇报的 PPT。

工作环节 3 面辅料选配 3

1. 根据下装单品设计（秋冬女士半裙、时装裤）要求进行面、辅料信息的搜集整理（包括面料价格、成分、幅宽、供货渠道等）。
2. 面料的选配应与服装单品风格、定位、品类相匹配；辅料的选用应与面料的搭配相吻合，并搜集面辅料小样单（裙装及裤装面料的特性，秋冬面料的特性，如：印花面料、洗水面料、涂层面料等）。运用新的面辅料。

工作环节 4 服装单品款式设计 4

1. 绘制服装款式图和效果图（手绘与电脑绘不限），要求做到秋冬面料质感的表达到位，效果图的廓形和结构清晰，工艺细节明确，服装款式图结构比例准确，使设计的产品既美观又实用。
2. 制作两类下装（半裙、时装裤）单品设计单。

工作环节 5

服装纸样跟进并确认 5

1. 把控纸样工作的进程，与纸样师及时沟通，记录版师的反馈意见并及时调整修改，使纸样更加符合设计意图。
2. 跟进样版立体造型并确认，填写样版确认单。确认单包括服装的名称、编号、款式图、型号规格、面辅料小样、工艺说明。

工作环节 6

样衣跟进并确认 6

1. 把控样衣制作的工作进程，与样衣师及时沟通协调。跟进样衣的调整及确认，包括样衣辅料的搭配、样衣与设计稿的一致性。
2. 记录样衣师的反馈意见并填写样衣任务确认单。

工作环节 7

展示及评价总结环节 7

学生展示作品，通过教师评价及学生互评环节，对服装下装单品设计（秋冬女士半裙、时装裤）过程中出现的问题、现象进行总结，并给出合理化的改进建议，每位学生提交一份单品服装设计工作总结。

学习内容

知识点	1.1 裙装单品概述（下装单品的品种与分类、面辅料、生产数量、服装号型、目标消费群体、交货期限等与任务书信息相关的知识点）； 1.2 裙装的设计原则与方法； 1.3 裙装品牌优秀产品的设计案例收集。	2.1 资讯搜集、检索的渠道，如服装网站、时尚杂志、服装品牌市场、品牌发布会等； 2.2 竞品的分析，裙装图片资料的整理与归类（如：裙装的分类、细节及新工艺的收集）； 2.3 PPT 的制作及语言的表达。	3.1 面料知识（面料的分类、成分、性能，识别方法，如缩水率、色牢度、弹性、耐磨性等）； 3.2 裙装的常用面料，巧妙使用流行面料及面料再造； 3.3 辅料与面料的搭配方法； 3.4 根据产品风格确定面辅料的使用方案。
技能点	1.1 下装单品设计任务书的解读，下装单品设计工作任务和任务要求的确认； 1.2 裙装的设计原则与方法； 1.3 把握品牌文化理念，设计的风格定位准确。 职业能力： 1.1 学生对任务书的解读理解能力； 1.2 素材的收集、风格定位、灵感来源激发了学生的创造性思维，发挥学生的想象力。	2.1 资讯的搜集及归类整理（知识点的转化与应用），服装流行趋势的预测； 2.2 竞品分析，含服装款式廓形、颜色、款式、面料、风格、客户群、价位、新工艺的运用、店面陈列； 2.3 裙装等畅销款的识别； 2.4 市场调研报告文本的撰写与 PPT 的制作； 2.5 调研结果的汇报。 职业能力： 2.1 市场调研的能力，学会对有效信息的提炼和总结； 2.2 市场调研报告的撰写和汇报，培养写作和语言的表达能力及办公软件的运用。	3.1 面辅料信息的搜集整理（包括面料小样、价格、成份、幅宽、供货渠道）； 3.2 面料性能的分析，色彩、花色图案与服装品牌风格相匹配； 3.3 辅料与面料的搭配能力； 3.4 根据产品开发任务确定面辅料的使用方案。 职业能力： 3.1 面、辅料知识的学习及色彩搭配； 3.2 面、辅料的市场调研，样品的收集整理。
工作环节	工作环节 1 获取裙装单品设计任务	市场调研 工作环节 2	工作环节 3 裙装面辅料选配
成果	1.1 裙装单品的设计任务书分解表及要点记录文本； 1.2 裙装品牌优秀产品的设计案例。	2.1 搜集、整理的流行资讯及对竞品进行的市场调研分析； 2.2 市场调研报告； 2.3 调研结果汇报的 PPT。	3.1 收集与整理的面、辅料小样单； 3.2 服装面、辅料性能分析表； 3.3 面、辅料搭配方案； 3.4 面、辅料归类档案（按季节、材质、织法等分类）。
素养	1.1 沟通能力，理解能力； 1.2 创造性思维和想象力。	2.1 市场分析能力、写作能力、语言表达能力、观察能力、判断能力。	3.1 学生对面辅料基础知识的学习能力； 3.2 沟通能力和表达能力等。

学习任务 1-1　下装单品设计—裙装单品设计

4.1 下装单品 - 裙装的款式构成（裙装的款式特征、廓形与局部细、色彩搭配等）； 4.2 服装设计中的形式美法则； 4.3 手绘能力、电脑绘图软件的运用。	5.1 裙装的服装廓形与版型（服装规格）的关系； 5.2 裙装的面辅料与版型的关系。	6.1 裙装单品服装款式设计及细节设计与工艺的关系（如绣花、印花、装饰线条等）； 6.2 裙装单品的服装面辅料与工艺的关系。	
4.1 不同裙装单品服装风格的识别与鉴赏； 4.2 流行元素的应用； 4.3 裙装款式图的绘制（手绘或电脑绘、服装结构的表现、细节标注的标准）； 4.4 下装单品效果图的绘制（手绘或电脑绘、面料质感的表达，款式风格的表达）； 4.5 下装单品设计单的制作，含产品名称、服装款式图、效果图、工艺说明、面辅料小样等)。 职业能力： 4.1 绘图软件的使用； 4.2 服装款式图及效果图的表现，包括服装款式、比例准确、面料的准确表现； 4.3 设计单的制作内容详尽，标注清晰准确。	5.1 裙装单品样版工作进程的把控； 5.2 跟进裙装单品样版立体造型的调整并确认； 5.3 耐心倾听版师的修改建议并及时记录； 5.4 填写样版确认单含服装的名称、编号、款式图、号型规格、面辅料小样、工艺说明。 职业能力： 5.1 裙装单品服装纸样的流程把控，及时调整，使制版符合设计师意图，使下装单品的款式设计具有可实现性，思考服装的款式与纸样中各部分规格之间的关系。	6.1 裙装单品样衣制作工作进程的把控，跟进样衣制作的流程节点； 6.2 裙装单品样衣辅料的搭配； 6.3 跟进裙装单品样衣的调整并确认； 6.4 填写服装样衣确认单。 职业能力： 6.1 监控裙装单品的样衣制作过程，对出现的问题及时调整，必要时需要及时返工，使制版符合设计师意图，实现美观与舒适的完美结合。思考服装在制作过程中运用的方法及款式造型的实现效果。	职业能力： 7.1 对裙装单品任务实施过程中出现的问题进行总结和反思。
工作环节 4 **裙装单品服装款式设计**	**裙装单品样版跟进并确认** **工作环节 5**	**工作环节 6** **裙装单品样衣跟进并确认**	**评价反馈** **工作环节 7**
4.1 收集的裙装单品设计廓形图片； 4.2 服装款式图和效果图 (手绘与电脑图不限)； 4.3 裙装单品款式设计理念说明； 4.4 制作裙装单品设计单。	5.1 裙装单品服装面辅料与版型、廓形匹配性分析表； 5.2 版师意见反馈记录； 5.3 填写服装样版确认单。	6.1 裙装单品款式设计工艺描述表； 6.2 裙装单品面辅料与工艺匹配性分析表； 6.3 样衣师意见反馈记录； 6.4 填写服装样衣确认单。	7.1 学生作品展示，教师评价及学生互评对裙装单品设计）过程中出现的问题、现象进行总结，并给出合理化的改进建议；每位学生提交一份单品服装设计工作总结。
4.1 审美意识、创新意识、市场敏锐度； 4.2 耐心倾听、细心的工作态度。	5.1 审美能力、耐心倾听的能力、及时记录的良好习惯。	6.1 时间意识、效率意识、责任心； 6.2 耐心倾听的能力； 6.3 细心的工作态度。	7.1 耐心倾听、细心的工作态度。

课程 2 单品服装设计

学习任务 1-1 下装单品设计—裙装单品设计

1 获取裙装的设计任务 → 2 市场调研 → 3 裙装面辅料的选配 → 4 裙装单品服装款式设计 → 5 裙装样版跟进并确认 → 6 样衣跟进并确认 → 7 评价反馈

	工作子步骤	教师活动	学生活动	评价
获取裙装的设计任务	1. 明确设计任务书中的产品品类(如:A字裙、西裙、塔群、蛋糕裙等)、数量、目标消费群、完成期限、色彩、面料、辅料、绣花、印花等工艺要求及其他细节要求; 2. 与设计总监进行有效沟通,掌握公司的文化理念和产品风格(如:休闲、田园、时尚、街头嘻哈等风格); 3. 制订裙装的设计计划。	1. 分析设计任务书,提炼设计要点(讲授、关键词); 2. 审阅学生的任务书的记录文本(对标); 3. 老师提问任务书中的重点设计要素(问答,师生互动); 4. 提供裙装的常见风格参考元素、裙装的实物图及设计图等相关资料(展示、案例法); 5. 检查任务计划书,对存在问题给予修改意见(对标法)。	1. 准确解读任务书并提炼要点; 2. 回答老师的提问; 3. 了解裙装的常见款式实物图及绘制的效果图,关注设计亮点; 4. 小组讨论,制订任务计划书(分析、解决问题的能力)。	教师评价: 1. 任务书要点记录是否准确、完整; 2. 学生回答的语言表述是否得体,语义表达是否简介明了; 3. 计划书的制订是否是过程性的,每一环节任务是否合理且具有可实施性,是否步骤的完成时间。
	课时: 2 课时 1. 硬资源:具备上网功能的计算机或手机、服装手绘设计学习工作站、服装电脑设计学习工作站等。 2. 软资源:裙装的实物图及设计图的资料、工作页、工具书、参考教材、数字化资源等。 3. 教学设施:投影仪、一体机、白板、白板笔等。			
市场调研	1. 品牌及批发服装市场调查(竞品分析,如:色彩、面辅料、工艺、价格、店面的陈列等); 2. 检索流行资讯(网站、时尚杂志、); 3. 收集素材(裙装的款式及细节资料); 4. 预测流行趋势; 5. 撰写市场调研报告、制作 PPT 并汇报(文案的写作能力、语言表达能力)。	1. 学生分组,选定组长组织小组成员开展市场调查工作(任务驱动); 2. 选定服装市场调查的地点(如:太古汇、万菱汇、天河城、万达等)(卡片法); 3. 交代市场调查的重点,制作并发放市场调查报告单,强调外出的安全意识 (讲授法); 4. 提供参考竞品的服装品牌、流行网站,裙装的参考图片资料(案例、餐垫法); 5. 提供市场调查报告的参考模板(案例)。	1. 明确分工,记录市场调查的任务要点; 2. 学生去服装市场调研(品牌类、批发类、竞品分析); 3. 学生在流行资讯网站上检索资讯; 4. 学生在图书馆(时尚杂志、服装书籍等)查阅资料; 5. 多渠道收集素材; 6. 流行趋势预测; 7. 填写市场调查报告及制作演示文稿并汇报。	教师评价: 1. 市场调研报告的记录是否完整、条理清晰、分析合理,并具有一定的预见性; 2. 写作中的语言组织有一定的逻辑性; 3. 素材的收集是否丰富多样且风格相符; 4. 汇报时,表达是否得体大方、语义表述是否简介明了。 学生互评: 1. 指出市场调研报告及演示文稿制作的优缺点; 2. 学生素材的展示评价及筛选。
	课时: 10 课时 1. 硬资源:可上网的计算机或手机、 服装手绘设计学习工作站、服装电脑设计学习工作站等。 2. 软资源:工作业、参考教材、时尚杂志、数字化资源(流行资讯网站)裙装设计的素材资料,市场调研表等。 3. 教学设施:投影仪、一体机、白板、白板笔等。			

基准课时：30

1 获取裙装的设计任务 → 2 市场调研 → 3 裙装面辅料的选配 → 4 裙装单品服装款式设计 → 5 裙装样版跟进并确认 → 6 样衣跟进并确认 → 7 评价反馈

	工作子步骤	教师活动	学生活动	评价
裙装面辅料的选配	1. 收集裙装面料，如：纯棉、格子、丝绸、雪纺、蕾丝、呢绒面料等； 2. 收集裙装辅料，如：花边、蕾丝、树脂扣、亮片、钻、珠子等； 3. 及时发现新面料、新工艺。	1. 讲解裙装面料知识，如：面料的分类、成分、性能，识别方法、如缩水率、色牢度、弹性、耐磨性等（讲授）； 2. 介绍面料材质的鉴别方法（演示）； 3. 小组分工，交代面辅料市场调查的任务（任务驱动）； 4. 组织学生去面辅料市场收集小样（强调外出的安全意识）（讲授）； 5. 审阅学生寻找的面辅料小样制作单； 6. 审阅学生裙装的搭配方案（头脑风暴、学习工作站）。	1. 学生记录裙装的面、辅料知识； 2. 鉴别面料的成分，掌握面料的特性； 3. 学生记录小组分工及小组的任务安排； 4. 学生进行面、辅料的市场调查，收集面、辅料小样； 5. 面、辅料小样归类整理，制作面、辅料的小样单； 6. 进行裙装的面、辅料的搭配，筛选设计方案。	教师评价： 1. 审阅学生是否能准确理解常见裙装的面、辅料知识； 2. 审阅学生是否能准确鉴别裙装的面料成分及特性； 3. 审阅学生寻找的面、辅料素材是否适合裙装的类别，且风格相符； 4. 审阅学生制作的面、辅料小样单是否有条理且整洁整齐； 5. 审阅裙装的搭配方案是否风格相符且新颖美； 6. 对审阅过程中出现的问题给出改进意见。 学生互评： 1. 指出裙装搭配方案的优缺点； 2. 指出方案中的优点如何持续优化，缺点如何改进，提出改进意见； 3. 对方案进行筛选与改进。
	课时： 2 课时 1. 硬资源：具备上网功能的计算机或手机、服装手绘设计学习工作站、服装电脑设计学习工作站等。 2. 软资源：工作页、参考教材、数字化资源（流行面料资讯网站、服装设计的公众号）等。 3. 教学设施：投影仪、一体机、白板、白板笔等。			
裙装单品服装款式设计	1. 构思，从素材库中寻找灵感。 2. 确定款式的设计方案，绘制草图； 3. 绘制服装效果图； 4. 绘制服装款式图； 5. 填写设计制作单。	1. 讲解裙装设计的原则与方法以及如何体现裙装风格特点（讲授、头脑风暴）； 2. 演示裙装效果图、款式图的画法； 3. 指导学生绘制服装效果图及款式图（巡回指导、问答）； 4. 学生作品的展示与评价（展示、头脑风暴）； 5. 检查设计制作单（裙装设计图、设计说明、风格、面辅料小样、工艺标注等）。	1. 记录裙装设计的原则与方法并思考如何运用； 2. 观察老师演示的裙装效果图及款式图的绘制方法； 3. 构思，找灵感，运用素材，确定款式的设计方案，绘制草图； 4. 绘制服装效果图及款式图； 5. 学生对作品进行点评及改进； 6. 填写设计制作单。	教师评价： 1. 人体比例是否准确； 2. 效果图的绘制是否符合裙装的款式特点，能否准确表达面料材质及纹理，色彩搭配及整体效果是否新颖美观且风格相符； 3. 款式图是否比例准确，工艺标注是否清晰规范完整； 4. 服装设计单的制作内容是否详尽，标注是否清晰准确。 学生互评： 1. 评价服装效果图、款式图的优缺点并提出改进意见； 2. 检查设计制作单，查缺补漏。
	课时： 12 课时 1. 硬资源：可上网的计算机或手机、服装手绘设计学习工作站、服装电脑设计学习工作站等。 2. 软资源：工作页、参考教材、数字化资源（流行面料资讯网站、服装设计的公众号）、A 裙效果图、款式图的优秀案例等。 3. 教学设施：投影仪、一体机、白板、白板笔、画笔、画纸、颜料等。			

学习任务 1-1　下装单品设计—裙装单品设计

1 获取裙装的设计任务　2 市场调研　3 裙装面辅料的选配　4 裙装单品服装款式设计　5 裙装样版跟进并确认　6 样衣跟进并确认　7 评价反馈

	工作子步骤	教师活动	学生活动	评价
裙装样版跟进并确认	1. 把控纸样制作的工作进程，跟进样衣制作的流程节点（时间意识、工作效率、责任心）； 2. 与纸样师及时沟通，使纸样制作符合裙装的结构，符合设计意图（沟通能力）； 3. 记录纸样的改进意见； 4. 填写样版确认单。	1. 老师讲授影响服装廓形的因素，如面料、纸样的尺寸规格等（小组拼图、讲授、举例）； 2. 讲解并提问纸样设计的步骤环节，如何把控纸样设计进程并及时调整以符合设计意图（问答，师生互动）； 3. 发放样版确认单并讲解如何填写样版确认单（含服装的名称、编号、款式图、型号规格、面辅料小样）（对标）。	1. 学生记录老师讲授的影响服装廓形的因素； 2. 回答老师的提问； 3. 学习纸样设计工作流程、步骤，监控时间及纸样的制作与设计图吻合； 4. 填写样版确认单。	教师评价： 1. 能否按要求回答老师的提问（答案的完整性、准确性，语言表达思路清晰、有条理）； 2. 样版确认单填写是否规范、完整、准确、明了。
	课时： 1 课时 1. 硬资源：具备上网功能的计算机或手机、服装手绘设计学习工作站、服装电脑设计学习工作站等。 2. 软资源：工作页、参考教材、A 裙的设计图（效果图、款式图）等。 3. 教学设施：投影仪、一体机、白板、白板笔等。			
样衣跟进并确认	1. 裙装样衣制作工作进程的把控，跟进样衣制作的流程节点（时间意识、工作效率、责任心）； 2. 下装单品样衣辅料的搭配； 3. 审版，记录样衣的改进意见（职业素养：耐心倾听样衣师的修改建议并做记录）； 4. 填写样衣确认单。	1. 老师讲授影响服装工艺制作的因素，如面料、款式及细节的设计（卡片法、讲授法、演示法）； 2. 老师提问裙装样衣制作的步骤环节，如何把控样衣制作的进程并及时调整以符合设计意图（问答、师生互动）； 3. 讲授裙装样衣的质检方法及搭配方法（小组拼图、讲授、演示）； 4. 发放样衣确认单，讲解如何填写样衣确认单，含服装的名称、编号、款式图、号型规格、面辅料小样、制作工艺说明（讲授、对标）。	1. 认真记录老师讲授的影响服装廓形的因素； 2. 回答老师的提问； 3. 熟悉样衣制作工作流程及步骤，监控时间及样衣的制作与设计图吻合； 4. 学习样衣的检验方法； 5. 填写样衣确认单。	教师评价： 1. 能否按要求回答老师的提问（答案的完整性、准确性，语言表达思路清晰、有条理）； 2. 样衣版型是否合适，款式风格是否符合设计意图； 3. 样衣确认单填写是否规范、完整、准确、明了。 学生的评价： 1. 评价样衣的优缺点并提出改进意见； 2. 检查样衣制作单，查缺补漏。
	课时： 1 课时 1. 硬资源：具备上网功能的计算机或手机、服装手绘设计学习工作站、服装电脑设计学习工作站等。 2. 软资源：工作页、参考教材、裙装样衣、辅料等。 3. 教学设施：投影仪、一体机、白板、白板笔等。			

基准课时：30

1 获取裙装的设计任务 → 2 市场调研 → 3 裙装面辅料的选配 → 4 裙装单品服装款式设计 → 5 裙装样版跟进并确认 → 6 样衣跟进并确认 → 7 评价反馈

	工作子步骤	教师活动	学生活动	评价
评价反馈	1. 展示裙装单品服装款式设计作品; 2. 学生自评与互评; 3. 教师点评。	1. 教师引导学生进行自评、互评环节; 2. 教师归纳总结，表扬好的地方，指出不足。	1. 学生展示作品，点评自己作品的优缺点; 2. 学生互相评价作品中的优缺点。	采取学生自评、互评，教师评价等方法进行。
	课时： 2 课时 1. 硬资源：具备上网功能的计算机或手机、服装手绘设计学习工作站、服装电脑设计学习工作站等。 2. 软资源：工作页、参考教材、大衣单品服装款式设计作品等。 3. 教学设施：投影仪、一体机、白板、白板笔等。			

学习内容

知识点	1.1 裤装单品概述（下装单品的品种与分类、面辅料、生产数量、服装号型、目标消费群体、交货期限等与任务书信息相关的知识点）； 1.2 时装裤的设计原则与方法； 1.3 裤装品牌优秀产品的设计案例收集。	2.1 资讯搜集、检索的渠道，如服装网站、时尚杂志、服装品牌市场、品牌发布会等； 2.2 竞品的分析，时装裤图片资料的整理与归类（如：时装裤的分类、细节及新工艺的收集）； 2.3 PPT 的制作及语言的表达。	3.1 面料知识（面料的分类、成分、性能、识别方法，如缩水率、色牢度、弹性、耐磨性等）； 3.2 时装裤的常用面料，巧妙使用流行面料及面料再造； 3.3 辅料与面料的搭配方法； 3.4 根据产品风格确定面辅料的使用方案。
技能点	1.1 下装单品设计任务书的解读，下装单品设计工作任务和任务要求的确认； 1.2 时装裤的设计原则与方法； 1.3 把握品牌文化理念，设计的风格定位准确。 职业能力： 1.1 学生对任务书的解读理解能力； 1.2 素材的收集、风格定位、灵感来源激发了学生的创造性思维，发挥学生的想象力。	2.1 资讯的搜集及归类整理（知识点的转化与应用），服装流行趋势的预测； 2.2 竞品分析，含服装款式廓形、颜色、款式、面料、风格、客户群、价位、新工艺的运用、店面陈列； 2.3 时装裤等畅销款的识别； 2.4 市场调研报告文本的撰写与 PPT 的制作； 2.5 调研结果的汇报。 职业能力： 2.1 市场调研的能力，学会对有效信息的提炼和总结； 2.2 市场调研报告的撰写和汇报，培养学生的写作和语言的表达能力及办公软件的运用。	3.1 面辅料信息的搜集整理，包括面料小样、价格、成份、幅宽、供货渠道； 3.1 面料性能的分析，色彩、花色图案与服装品牌风格相匹配； 3.2 辅料与面料的搭配能力； 3.3 根据产品开发任务确定面辅料的使用方案。 职业能力： 3.1 面、辅料知识的学习及色彩搭配； 3.2 面、辅料的市场调研，样品的收集整理
工作环节	工作环节 1 获取裤装单品设计任务	市场调研 工作环节 2	工作环节 3 裤装面辅料选配
成果	1.1 时装裤单品的设计任务书分解表及要点记录文本； 1.2 裤装品牌优秀产品的设计案例。	2.1 搜集、整理的流行资讯及对竞品进行的市场调研分析； 2.2 市场调研报告； 2.3 调研结果汇报的 PPT。	3.1 收集与整理的面、辅料小样单； 3.2 服装面、辅料性能分析表； 3.3 面、辅料搭配方案； 3.4 面、辅料归类档案（按季节、材质、织法等分类）。
素养	1.1 沟通能力、理解能力； 1.2 创造性思维和想象力。	2.1 市场分析能力、写作能力、语言表达能力、观察能力、判断能力。	3.1 对面、辅料基础知识的学习能力； 3.2 沟通能力和表达能力等。

学习任务 1-2　下装单品设计—裤子单品设计

4.1 下装单品 - 时装裤的款式构成（裤装的款式特征、廓形与局部细、色彩搭配等）； 4.2 服装设计中的形式美法则； 4.3 手绘能力、电脑绘图软件的运用。	5.1 时装裤的服装廓形与版型（服装规格）的关系； 5.2 时装裤的面辅料与版型的关系。	6.1 时装裤单品服装款式设计及细节设计与工艺的关系（如绣花、印花、装饰线条等）； 6.2 时装裤单品的服装面辅料与工艺的关系。	
4.1 不同裤装单品服装风格的识别与鉴赏； 4.2 流行元素的应用； 4.3 时装裤款式图的绘制（手绘或电脑绘、服装结构的表现、细节标注的标准）； 4.4 下装单品效果图的绘制（手绘或电脑绘、面料质感的表达，款式风格的表达）； 4.5 下装单品设计单的制作，含产品名称、服装款式图、效果图、工艺说明、面辅料小样等。 职业能力： 4.1 绘图软件的使用； 4.2 服装款式图及效果图的表现，包括服装款式、比例准确、面料的准确表现）； 4.3 设计单的制作内容详尽，标注清晰准确。	5.1 裤装单品样版工作进程的把控； 5.2 跟进裤装单品样版立体造型的调整并记录和确认； 5.3 填写样版确认单含服装的名称、编号、款式图、号型规格、面辅料小样、工艺说明。 职业能力： 5.1 裤装单品服装纸样的流程把控，及时调整，使制版符合设计师意图，使下装单品的款式设计具有可实现性，思考服装的款式与纸样中各部分规格之间的关系。	6.1 裤装单品样衣制作工作进程的把控。跟进样衣制作的流程节点； 6.2 裤装单品样衣辅料的搭配； 6.3 跟进裤装单品样衣的调整并记录和确认； 6.4 填写服装样衣确认单。 职业能力： 6.1 监控裤装单品的样衣制作过程，出现的问题及时调整，必要时需要及时返工，使制版符合设计师意图，实现美观与舒适的的完美结合。思考服装在制作过程中运用的方法及款式造型的实现效果。	职业能力： 7.1 对裤装单品任务实施过程中出现的问题进行总结和反思。
工作环节 4 **裤装单品服装款式设计**	**裤装单品样版跟进并确认** 工作环节 5	工作环节 6 **裤装单品样衣跟进并确认**	**评价反馈** 工作环节 7
4.1 收集的时装裤单品设计廓形图片； 4.2 服装款式图和效果图（手绘与电脑图不限）； 4.3 裤装单品款式设计理念说明； 4.4 制作裤装单品设计单。	5.1 裤装单品服装面辅料与版型、廓形匹配性分析表； 5.2 版师意见反馈记录； 5.3 填写服装样版确认单。	6.1 裤装单品款式设计工艺描述表； 6.2 裤装单品面辅料与工艺匹配性分析表； 6.3 样衣师意见反馈记录； 6.4 填写服装样衣确认单。	7.1 学生作品展示，教师评价及学生互评，对裤装单品设计时）过程中出现的问题、现象进行总结，并给出合理化的改进建议；每位学生提交一份单品服装设计工作总结。
4.1 审美意识、创新意识、市场敏锐度； 4.2 耐心倾听的能力、细心的工作态度。	5.1 审美能力、耐心倾听的能力、及时记录的良好习惯。	6.1 时间意识、效率意识、责任心； 6.2 耐心倾听的能力、细心的工作态度。	7.2 耐心倾听的能力、细心的工作态度。

学习任务 1-2　下装单品设计—裤子单品设计

1 获取裤子的设计任务，解读任务书并记录设计要点，制订裤子设计计划书 → 2 市场调研 → 3 裤装面辅料的选配 → 4 裤装单品服装款式设计 → 5 裤装样版跟进并确认 → 6 样衣跟进并确认 → 7 评价反馈

	工作子步骤	教师活动	学生活动	评价
获取裤子的设计任务，解读任务书并记录设计要点，制订裤子设计计划书	1. 明确设计任务书中裤子的产品类别、风格、数量、目标消费群、完成期限、色彩、面料、辅料、绣花、印花等工艺要求及其他细节要求（如：廓型、口袋、腰头、分割线等）； 2. 与设计总监进行有效沟通，掌握公司的文化理念和产品风格； 3. 制订裤子的设计计划。	1. 分析设计任务书，提炼设计要点（讲授、关键词）； 2. 审阅学生的任务书的记录文本（对标）； 3. 老师提问任务书中的重点设计要素（问答，师生互动）； 4. 提供裤子的常见风格参考元素、裤子的实物图及设计图等相关资料（展示、案例法）； 5. 检查任务计划书，对存在问题给于修改意见（对标法）。	1. 准确解读任务书并提炼要点； 2. 回答老师的提问； 3. 了解裤子的常见款式实物图及绘制的效果图，关注设计亮点； 4. 小组讨论，制订任务计划书（分析、解决问题的能力）。	教师评价： 1. 任务书要点记录是否准确、完整； 2. 学生回答语言的表述是否得体，语义表达是否简介明了； 3. 计划书的制订是否是过程性的，每一环节任务是否合理且具有可实施性，是否规定了每一步骤的完成时间。
	课时： 4 课时 1. 硬资源：具备上网功能的计算机或手机、服装手绘设计学习工作站、服装电脑设计学习工作站等。 2. 软资源：裤子的实物图及设计图的资料、工作页、工具书、参考教材、数字化资源等。 3. 教学设施：投影仪、一体机、白板、白板笔等。			
市场调研	1. 品牌及批发服装市场调查（竞品分析，如色彩、面辅料、工艺、价格、店面的陈列等）； 2. 要点流行资讯的检索（网站、时尚杂志）； 3. 收集素材（裤子的款式及细节资料）并进行归纳整理； 4. 预测流行趋势； 5. 撰写市场调研报告、制作 PPT 并汇报（文案的写作能力、语言表达能力）。	1. 学生分组，选定组长组织小组成员开展市场调查工作（任务驱动）； 2. 选定服装市场调查的地点（如：太古汇、万菱汇、天河城、万达等）（卡片法）； 3. 交代市场调查的重点，制作并发放市场调查报告单，强调外出的安全意识（讲授法）； 4. 提供参考竞品的服装品牌、流行网站，裤子的参考图片资料（案例、餐垫法）； 5. 提供市场调查报告的参考模板（案例）。	1. 明确分工，记录市场调查的任务要点； 2. 学生去服装市场调研（品牌类、批发类、竞品分析）； 3. 学生在流行资讯网站上检索资讯； 4. 学生在图书馆（时尚杂志、服装书籍等）查阅资料； 5. 多渠道收集素材； 6. 流行趋势预测； 7. 填写市场调查报告及制作演示文稿并汇报。	教师评价： 1. 市场调研报告的记录是否完整、条理清晰、分析合理，并具有一定的预见性； 2. 写作中的语言组织有一定的逻辑性； 3. 素材的收集是否丰富多样且风格相符； 3. 汇报时，表达是否得体大方、语义表述是否简介明了。 学生互评： 1. 指出市场调研报告及演示文稿制作的优缺点； 2. 学生素材的展示评价及筛选。
	课时： 12 课时 1. 硬资源：具备上网功能的计算机或手机、服装手绘设计学习工作站、服装电脑设计学习工作站等。 2. 软资源：工作业、参考教材、时尚杂志、数字化资源（流行资讯网站）裤子设计的素材资料，市场调研表等。 3. 教学设施：投影仪、一体机、白板、白板笔等。			

基准课时：50

1 获取裤子的设计任务，解读任务书并记录设计要点，制订裤子设计计划书 → 2 市场调研 → 3 裤装面辅料的选配 → 4 裤装单品服装款式设计 → 5 裤装样版跟进并确认 → 6 样衣跟进并确认 → 7 评价反馈

	工作子步骤	教师活动	学生活动	评价
裤装面辅料的选配	1. 收集裤子面料，如：棉麻类、毛织类、丝织类、混纺面料、皮革类、人造棉等； 2. 收集裤子辅料，如：工字扣、撞钉、珠、钻； 3. 及时发现新面料新工艺(专机、印花、绣花等)。 归类整理的能力	1. 讲解裤子面料知识，如：面料的分类、成分、性能，识别方法、如缩水率、色牢度、弹性、耐磨性等（讲授）； 2. 介绍面料材质的鉴别方法（演示）； 3. 小组分工，交代面辅料市场调查的任务（任务驱动）； 4. 组织学生去面辅料市场收集小样（强调外出的安全意识）（讲授）； 5. 审阅学生寻找的面辅料小样制作单； 6. 审阅学生裤子的搭配方案（头脑风暴、学习工作站）。	1. 学生记录裤子的面、辅料知识； 2. 鉴别面料的成分，掌握面料的特性； 3. 学生记录小组分工及小组的任务安排； 4. 学生进行面、辅料的市场调查，收集面、辅料小样； 5. 面、辅料小样归类整理，制作面、辅料的小样单； 6. 进行裤子的面、辅料的搭配，筛选设计方案。	教师评价： 1. 审阅学生是否能准确理解常见裤子的面、辅料知识； 2. 审阅学生是否能准确鉴别裤子的面料成分及特性； 3. 审阅学生寻找的面、辅料素材是否适合裤子的类别，且风格相符； 4. 审阅学生制作的面、辅料小样单是否有条理且整洁整齐； 5. 审阅裤子的搭配方案是否风格相符且新颖美； 6. 对审阅过程中出现的问题给出改进意见。 学生互评： 1. 指出裤子搭配方案的优缺点； 2. 指出方案中的优点如何持续优化，缺点如何改进，提出改进意见； 3. 对方案进行筛选与改进。
	课时： 6 课时 1. 硬资源：具备上网功能的计算机或手机、服装手绘设计学习工作站、服装电脑设计学习工作站等。 2. 软资源：工作页、参考教材、数字化资源（流行面料资讯网站、服装设计的公众号）等。 3. 教学设施：投影仪、一体机、白板、白板笔等。			
裤装单品服装款式设计	1. 构思，从素材库中寻找灵感，确定款式的设计方案，绘制草图； 2. 绘制服装效果图； 3. 绘制服装款式图； 4. 填写设计制作单。	1. 讲解裤子设计的原则与方法以及如何实现裤子风格特点(讲授、头脑风暴)； 2. 演示裤子效果图、款式图的画法； 3. 指导学生绘制服装效果图及款式图（巡回指导、问答）； 4. 学生作品的展示与评价（展示、头脑风暴）； 5. 检查设计制作单（裤子设计图、设计说明、风格、面辅料小样、工艺标注等）。	1. 记录裤子设计的原则与方法并思考如何运用； 2. 观察老师演示的裤子效果图及款式图的绘制方法； 3. 构思，找灵感，运用素材，确定款式的设计方案，绘制草图； 4. 绘制服装效果图及款式图； 5. 学生对作品进行点评及改进； 6. 填写设计制作单。	教师评价： 1. 人体比例是否准确； 2. 效果图的绘制是否符合裤子的款式特点，能否准确表达面料材质及纹理，色彩搭配及整体效果是否新颖美观且风格相符； 3. 款式图是否比例准确，工艺标注是否清晰规范完整； 4. 服装设计单的制作内容是否详尽，标注是否清晰准确。 学生互评： 1. 评价服装效果图、款式图的优缺点并提出改进意见； 2. 检查设计制作单，查缺补漏。
	课时： 24 课时 1. 硬资源：具备上网功能的计算机或手机、服装手绘设计学习工作站、服装电脑设计学习工作站等。 2. 软资源：工作页、参考教材、数字化资源（流行面料资讯网站、服装设计的公众号）、A 裙效果图、款式图的优秀案例等。 3. 教学设施：投影仪、一体机、白板、白板笔、画笔、画纸、颜料等。			

课程 2 单品服装设计

学习任务 1-2 下装单品设计—裤子单品设计

1 获取裤子的设计任务，解读任务书并记录设计要点，制订裤子设计计划书 → 2 市场调研 → 3 裤装面辅料的选配 → 4 裤装单品服装款式设计 → 5 裤装样版跟进并确认 → 6 样衣跟进并确认 → 7 评价反馈

	工作子步骤	教师活动	学生活动	评价
裤装样版跟进并确认	1. 把控纸样制作的工作进程，跟进样衣制作的流程节点（时间意识、工作效率、责任心）； 2. 与纸样师及时沟通，使纸样制作符合裤子的结构，符合设计意图（沟通能力）； 3. 记录纸样的改进意见； 4. 填写样版确认单。	1. 老师讲授影响服装廓形的因素，如面料、纸样的尺寸规格等（小组拼图、讲授、举例）； 2. 讲解并提问纸样设计的步骤环节，如何把控纸样设计进程并及时调整以符合设计意图（问答，师生互动）； 3. 发放样版确认单并讲解如何填写样版确认单（含服装的名称、编号、款式图、号型规格、面辅料小样）（对标）。	1. 学生记录老师讲授的影响服装廓形的因素； 2. 回答老师的提问； 3. 学习纸样设计工作流程及步骤，监控时间及纸样的制作与设计图吻合； 4. 填写样版确认单。	教师评价： 1. 能否按要求回答老师的提问（答案的完整性、准确性，语言表达思路清晰，有条理）； 2. 填写样版确认单是否规范、完整、准确、明了。
	课时： 1 课时 1. 硬资源：具备上网功能的计算机或手机、服装手绘设计学习工作站、服装电脑设计学习工作站等。 2. 软资源：工作页、参考教材、、A 裙的设计图（效果图、款式图）等。 3. 教学设施：投影仪、一体机、白板、白板笔等。			
样衣跟进并确认	1. 裤子样衣制作工作进程的把控，跟进样衣制作的流程节点（时间意识、工作效率、责任心）； 2. 下装单品样衣辅料的搭配； 3. 审版，记录样衣的改进意见（职业素养：耐心倾听样衣师的修改建议并做记录）； 4. 填写样衣确认单。	1. 老师讲授影响服装工艺制作的因素（面料、款式及细节的设计）（卡片法、讲授法、演示法）； 2. 老师提问裤子样衣制作的步骤环节，如何把控样衣制作的进程并及时调整以符合设计意图（问答、师生互动）； 3. 讲授裤子样衣的质检方法及搭配方法（小组拼图、讲授、演示）； 4. 发放样衣确认单，讲解如何填写样衣确认单，含服装的名称、编号、款式图、号型规格、面辅料小样、制作工艺说明（讲授、对标）。	1. 认真记录老师讲授的影响服装廓形的因素； 2. 回答老师的提问； 3. 熟悉样衣制作工作流程及步骤，监控时间及样衣的制作与设计图吻合； 4. 样衣的检验方法； 5. 填写样衣确认单。	教师评价： 1. 能否按要求回答老师的提问（答案的完整性、准确性、语言表达思路清晰，有条理）； 2. 样衣版型是否合适，款式风格是否符合设计意图； 3. 样衣确认单填写是否规范、完整准确、明了。 学生的评价： 1. 评价样衣的优缺点、提出改进意见； 2. 检查样衣制作单，查缺补漏。
	课时： 1 课时 1. 硬资源：具备上网功能的计算机或手机、服装手绘设计学习工作站、服装电脑设计学习工作站等。 2. 软资源：工作页、参考教材、裤子样衣、辅料等。 3. 教学设施：投影仪、一体机、白板、白板笔等。			

1 获取裤子的设计任务，解读任务书并记录设计要点，制订裤子设计计划书
2 市场调研
3 裤装面辅料的选配
4 裤装单品服装款式设计
5 裤装样版跟进并确认
6 样衣跟进并确认
7 评价反馈

评价反馈

工作子步骤	教师活动	学生活动	评价
1. 展示裤装单品服装款式设计作品； 2. 学生自评与互评； 3. 教师点评。	1. 教师引导学生进行自评、互评环节； 2. 教师归纳总结，表扬好的地方，指出不足。	1. 学生展示作品，点评自己作品的优缺点； 2. 学生互相评价作品中的优缺点。	采取学生自评、互评，教师评价等方法进行。

课时： 2 课时

1. 硬资源：具备上网功能的计算机或手机、服装手绘设计学习工作站、服装电脑设计学习工作站等。
2. 软资源：工作页、参考教材、大衣单品服装款式设计作品等。
3. 教学设施：投影仪、一体机、白板、白板笔等。

学习任务 2　上装单品设计

任务描述

学习任务课时：**80** 课时

任务情境：

广州 GLY 服装品牌公司正在进行秋冬女士上装单品的设计开发，在设计总监的商品企划任务分解中有一个系列外套，需要设计 3~5 款。该公司希望我院服装专业的学生参与此季度新品开发任务。具体要求如下：

1. 在市场调研后完成调研报告 PPT 并做汇报，PPT 应包括：服装产品的廓形、颜色、款式、面料、服装的风格、客户群、价位分析。以上工作 2-3 天完成。
2. 在 2 天内完成选配面辅料小样的工作。
3. 在 5 天内完成单品款式设计。款式设计应符合企业要求，具有创新性，效果图应廓形和结构清晰，工艺细节明确，款式图应服装结构比例准确（绘制 50 款）。
4. 向技术部门下任务书（版单），任务书应包含正背面款式图、服装规格尺寸、工艺细节说明、面辅料小样。
5. 跟进样衣制版与制作（物料到齐前提下制版、调整 3 天，制作 3 天）。

具体要求见下页。

工作流程和标准

工作环节 1

获取单品设计任务

1

解读上装单品设计任务书，提炼关键字词。

工作环节 2

市场调研

2

根据企业单品服装设计的任务开展市场调研工作。调研方式包括网络调研和实地考察调研等形式。搜集与检索市场动态及相关资讯信息，对资讯信息进行归类与整理，分析竞品款和畅销款及服装流行趋势。撰写市场调研报告（PPT 的形式），最后进行汇报。

工作环节 3

面辅料选配

3

根据单品设计要求进行面、辅料信息的搜集整理（去中大面、辅料市场进行选购）。面料的选配应与服装单品风格定位、款式结构相匹配；辅料的选用应与面料的搭配相吻合（搜集面、辅料小样即色卡）。

工作环节 4

服装单品款式设计

4

绘制服装款式图和效果图（包括手绘或电脑），要求做到风格定位准确，面料质感的表达到位，服装结构表现合理，细节标注清晰。

工作环节 5

服装样版跟进并确认 5

记录版师反馈意见，填写样版确认单，确认单包括款式图、面辅料小样、工艺细节设计说明；把控样版工作的进程，确定样版制作周期的各工作节点；跟进样版立体造型的调整并确认。

工作环节 6

样衣跟进并确认 6

把控样衣制作工作进程；跟进样衣的调整确认，样衣辅料的匹配，样衣与设计稿的一致性；记录样衣师反馈意见并填写样衣任务确认单。

工作环节 7

总结拓展环节 7

对服装单品设计过程中出现的问题、现象进行总结，并给出改进建议；每位学生提交一份单品服装设计工作总结。

学习任务 2-1　上装单品设计—衬衫单品设计

任务描述

学习任务课时：08 课时

任务情境：

广州某品牌服装公司正在进行秋季单品的设计开发，在设计总监的商品季度企划任务分解中有带刺绣图案的衬衫单品设计开发，需要运用传统手工刺绣图案元素设计 5~8 款，此次设计要符合公司品牌文艺、高档的艺术定位，也要使得传统刺绣图案的设计与时尚衬衫完美结合，且也能达到公司品牌一贯的文艺而传统、时尚而个性的风格，针对这个情况，请你结合市场完成该季度衬衫新品开发任务。具体要求如下：

1. 在市场调研后完成调研报告 PPT 并做汇报。PPT 应包括：服装产品的廓形、颜色、款式、面料，传统刺绣图案元素、服装的风格、客户群、价位分析。以上工作 1 天完成。
2. 在 1 天内完成选配面、辅料小样的工作；
3. 在 1 天内完成单品款式设计。款式设计应符合企业要求，具有创新性，效果图应廓形和结构清晰，刺绣图案设计美观，色彩协调，符合审美规律，刺绣针法设计分明，工艺细节明确；款式图应服装结构比例准确（每小组完成设计 20 款）。
4. 向技术部门下任务书（版单），任务书应包含正背面款式图、服装规格尺寸、工艺细节说明、面辅料小样。
5. 跟进样衣制版与制作（物料到齐前提下制版、调整 3 天，制作 3 天）。

基于此，服装专业教师带领并引导学生共同完成该项任务。

具体要求见下页。

工作流程和标准

工作环节 1

获取单品设计任务

1

解读上装衬衫单品设计任务书，提炼关键字词。

工作环节 2

市场调研

2

根据某品牌衬衫单品服装设计的任务开展市场调研工作。调研方式包括网络调研和实地考察调研等形式。搜集与检索市场动态及相关资讯信息，对资讯信息进行归类与整理，分析竞品款和畅销款及服装流行趋势，特别要关注某品牌本身传统刺绣手法在服装上的运用案例，注意相关刺绣图案元素的搜集整理。撰写市场调研报告（PPT 的形式），最后进行汇报。

工作环节 3

面辅料选配

3

根据单品设计要求进行面、辅料信息的搜集整理（利用周末及课外去中大面、辅料市场进行选购）。面料的选配应与公司品牌服装单品风格定位、款式结构相匹配；辅料的选用应与面料的搭配相吻合（搜集面、辅料小样即色卡）。

工作环节 4

服装单品款式设计

4

绘制服装款式图或效果图（电脑绘制），要求做到风格定位准确，面料质感的表达到位，服装结构表现合理，刺绣图案的设计与品牌风格要协调，细节标注清晰。

工作环节 5

5 服装样版跟进并确认

记录版师反馈意见，填写样版确认单，确认单包括款式图、面辅料小样、刺绣图案的针法要求、工艺细节设计说明；把控样版工作的进程，确定样版制作周期的各工作节点；跟进样版立体造型的调整并确认。

工作环节 6

6 样衣跟进并确认

把控样衣制作工作进程；跟进样衣的调整确认，样衣辅料的匹配，样衣与设计稿的一致性；图案工艺与设计的一致性；记录样衣师反馈意见并填写样衣任务确认单。

工作环节 7

7 总结拓展环节

对衬衫单品设计过程中出现的问题、现象进行总结，并给出改进建议。每位学生提交一份单品服装设计工作总结。

学习内容

知识点	1.1 衬衫单品概述，包括衬衫分类、面辅料、服装号型等与任务书信息相关的知识点； 1.2 衬衫单品设计原则； 1.3 衬衫单品设计流程； 1.4 传统手工刺绣的起源、发展、针法及风格。	2.3 市场调研的原则、方法和技巧（调研表格的设计与填写，款式、面辅料、服装工艺细节的搜集与整理）； 2.1 资讯搜集、检索的方法； 2.2 衬衫单品竞品与畅销款的概念； 2.4 服务品牌产品的风格、定位以及目标消费群分析； 2.5 市场调研报告撰写与汇报的要求和注意事项； 2.6 传统手工刺绣图案元素。	3.1 服装面辅料的性能（缩水率、弹性、色牢度等）； 3.2 不同款式服装面辅料选配的原则； 3.3 服装面辅料的分类（按季节、材质、织法等分）； 3.4 刺绣绣线和图案风格及品牌风格相协调； 3.5 衬衫面料与传统图案设计的统一。
技能点	1.1 衬衫单品设计工作任务和任务要求的确认； 1.2 衬衫单品设计任务书的解读； 1.3 传统手工刺绣素材收集及风格分类。	2.1 资讯的搜集与检索； 2.2 资讯的归类与整理（知识点的转化与应用）； 2.3 服装流行趋势的分析与运用； 2.4 竞品的分析与畅销款的识别； 2.5 市场调研报告文本的撰写及 PPT 的制作）； 2.6 调研结果的汇报。	3.1 面辅料信息的搜集整理，包括面料价格、成份、幅宽、供货渠道； 3.2 面料与服装产品风格、定位、品类的匹配； 3.3 辅料与面料的搭配； 3.4 刺绣图案纱线的选用。
工作环节	工作环节 1 获取衬衫单品设计任务	衬衫市场调研 工作环节 2	工作环节 3 衬衫面辅料的选配
成果	1.1 任务要点中的关键字词； 1.2 品牌文化相关素材，收集到的衬衫优秀产品的设计案例书。	2.1 市场调研报告及演示稿； 2.2 衬衫设计的灵感素材库； 2.3 衬衫实物及款式相关素材库； 2.4 工艺细节相关素材库； 2.5 衬衫图案（刺绣图案）设计素材库。	3.1 衬衫面料小样色卡； 3.2 衬衫辅料小样色卡； 3.3 面辅料的搭配，确定衬衫的面辅料方案； 3.4 刺绣绣线样版。
素养	1.1 增强文化自信； 1.2 沟通技巧、审美意识、成本意识。	2.1 搜集和筛选传统手工刺绣艺术元素，增强文化自信； 2.2 市场分析能力、语言表达能力。	3.1 选用适合品牌风格的绣线，提升审美情操。

4.1 衬衫单品服装的款式构成（介绍衬衫的款式特征、廓形与局部细节、设计款式、色彩等）； 4.2 衬衫单品服装款式搭配的方法与技巧（风格、面料搭配）； 4.3 服装款式构成与工艺设计的关系； 4.4 传统刺绣图案元素风格的选用，针法的运用与设计； 4.5 衬衫款式与传统刺绣图案的融合再设计； 4.6 传统刺绣图案的色彩设计与创新。	5.1 衬衫单品服装廓形与版形的关系； 5.2 衬衫单品服装面辅料与版形的关系。	6.1 衬衫单品服装款式设计与工艺的关系； 6.2 衬衫单品服装面辅料与工艺的关系。
4.1 衬衫单品服装风格的识别与鉴赏（审美意识）； 4.2 流行元素的应用（审美意识、创新意识）； 4.3 衬衫单品款式图的绘制（包括手绘或电脑绘图、服装结构的表现、细节标注的标准）； 4.4 衬衫单品效果图的绘制（包括手绘或电脑绘图、面料质感的表达，款式风格的表达）。	5.1 衬衫单品样版工作进程的把控（确定样版制作周期的各工作节点）； 5.2 跟进衬衫单品样版造型的调整并确认（耐心倾听版师的修改建议）； 5.3 衬衫单品任务单的填写（包括款式图、面辅料小样、工艺细节设计说明）。	6.1 衬衫单品样衣制作工作进程的把控（确定样衣制作周期的各工作节点，时间意识、工作效率、责任心）； 6.2 衬衫单品样衣辅料的匹配； 6.3 跟进衬衫单品样衣的调整并确认（耐心倾听样衣师的修改建议）。

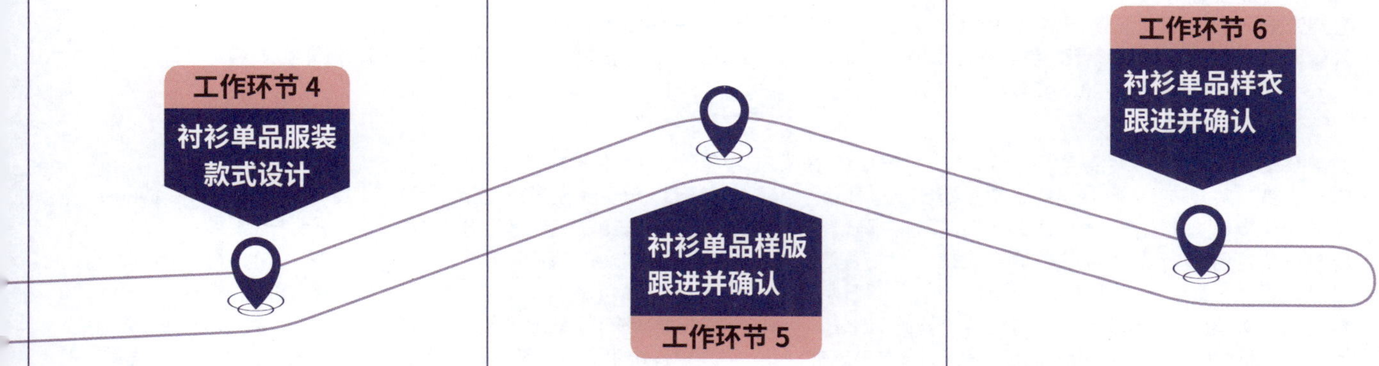

4.1 衬衫设计款式图； 4.2 衬衫设计效果图。	5.1 纸样师及样衣师的意见反馈记录文本； 5.2 样版确认单。	6.1 样衣师意见反馈记录； 6.2 样衣确认单。
4.1 衬衫的设计能够融合传统手工刺绣图案，打造新时尚，并能合理巧妙设计图案造型、色彩，增强文化自信，提升审美情操。		

学习任务 2　上装单品设计—衬衫单品设计

1 获取衬衫设计的任务，解读任务书并记录设计要点，制订衬衫设计计划书 → 2 衬衫市场调研 → 3 衬衫面辅料的选配 → 4 衬衫的单品款式设计 → 5 衬衫样版跟进并确认 → 6 样衣跟进并确认

	工作子步骤	教师活动	学生活动	评价
获取衬衫设计的任务，解读任务书并记录设计要点，制订衬衫设计计划书	1. 明确设计任务书中衬衫的产品类别、风格、目标消费群、款式造型、面辅料、工艺及完成期限等要求； 2. 在设计总监的指引下搜集掌握服装公司的文化理念和产品风格； 3. 制订衬衫的设计计划。	1. 引导学生分析衬衫任务书，提炼衬衫设计关键字词； 2. 老师提问衬衫任务书中的重点设计要素； 3. 列举服装公司衬衫实物图及设计图等相关资料； 4. 结合现代流行趋势及品牌衬衫案例，讲授传统刺绣图案的历史及审美。	1. 准确解读任务书并提炼要点； 2. 搜集衬衫常见款式的实物图及绘制的效果图，重点理解设计亮点； 3. 通过网络及纸质资料收集传统手工刺绣图案及针法； 4. 小组讨论，制订任务计划书。	教师评价： 1. 衬衫款式造型及设计点； 2. 衬衫面料搭配及工艺运用； 3. 传统手工刺绣图案咨询及案例元素收集是否丰富、全面，是否符合审美风格； 4. 学生回答问题，老师进行点评（语言表达能力，解决问题的能力）。
	课时：0.5 课时 1. 硬资源：具备上网功能的计算机或手机、服装手绘设计学习工作站、服装电脑设计学习工作站等。 2. 软资源：衬衫实物图及设计图相关资料、工作页、工具书、参考教材、刺绣图案针法等参考书、任务书、评价标准表等。 3. 教学设施：投影仪、一体机、白板、白板笔等。			
衬衫市场调研	1. 品牌及批发服装市场调查，对竞品的设计特点进行分析，包括款式造型设计、面料搭配、图案设计、工艺运用等； 2. 检索流行资讯（网站、时尚杂志）； 3. 收集相关素材； 4. 撰写市场调研报告（用 PPT 制作并汇报）。	1. 引导学生分组，选定组长组织小组成员开展市场调查工作； 2. 引导学生线下调研，选定服装市场调查的地点(如:太古汇、万菱汇、天河城、万达等)； 3. 引导学生进行线上调研（通过流行资讯或图书馆查阅服装杂志书籍）； 4. 交代市场调查的重点，特别是传统刺绣图案素材的调研，要求学生调研后做好 PPT，强调 PPT 报告的撰写标准、框架； 5. 强调外出的安全意识。	1. 学生听老师介绍衬衫市场调研内容，明确分工，记录市场调查的任务要点； 2. 学生去天河城、太古汇等品牌服装实体店、批发市场进行竞品分析； 3. 学生在流行资讯网站上检索资讯，特别注意传统手工刺绣咨询的搜集整理； 4. 学生在图书馆查阅资料（时尚杂志、服装书籍等），并完成传统手工刺绣资料的查询； 5. 小组进行 PPT 制作并汇报； 6. 外出调研时注意安全； 7. 小组互评调研报告。	教师评价： 1. 市场调研报告 PPT 的内容是否符合要求； 2. PPT 制作中是否有体现风格定位、造型特点，面料搭配、刺绣图案元素的设计及工艺运用、传统刺绣图案与风格定位是否全面准确； 3. 汇报时，逻辑思维及表达是否清晰，是否突出重点。 学生互评： 1. 对学生展示的素材进行评价及筛选； 2. 市场调研报告及演示文稿制作的优缺点； 3. 能否为后期的衬衫设计提供强有力的素材支持。
	课时：1.5 课时 1. 硬资源：具备上网功能的计算机或手机、服装手绘设计学习工作站、服装电脑设计学习工作站等。 2. 软资源：工作页、参考教材、时尚杂志、数字化资源（流行资讯网站）、衬衫设计的素材资料等。 3. 教学设施：投影仪、一体机、白板、白板笔等。			

1 获取衬衫设计的任务，解读任务书并记录设计要点，制订衬衫设计计划书 → 2 衬衫市场调研 → 3 衬衫面辅料的选配 → 4 衬衫的单品款式设计 → 5 衬衫样版跟进并确认 → 6 样衣跟进并确认

	工作子步骤	教师活动	学生活动	评价
衬衫面辅料的选配	1. 收集衬衫面料，如真丝双绉、色丁面料等； 2. 收集衬衫辅料，如花边、蕾丝、亮片、钻、珠等； 3. 搜集传统刺绣图案衬衫样衣； 4. 收集刺绣绣线。	1. 讲解衬衫面料知识，如：面料的分类、成分、性能，识别方法、如缩水率、色牢度、弹性、耐磨性等； 2. 介绍面料与衬衫风格的搭配； 3. 小组分工，交代面辅料市场调查的任务； 4. 组织学生去面辅料市场收集小样（强调外出的安全意识）； 5. 审阅学生寻找的面辅料小样制作单； 6. 审阅学生衬衫面料的搭配方案。	1. 学生用周末等空闲时间将收集到的衬衫面辅料小样进行整理，整理出自己将要用于设计的面料； 2. 理解并识别衬衫面料的成分，掌握面料的特性； 3. 归类整理面辅料小样，进行衬衫的面辅料的搭配，筛选设计方案。	教师评价： 1. 审阅学生寻找的衬衫面辅料是否舒适，是否适合衬衫的风格类别； 2. 审阅学生寻找的衬衫面辅料与廓型是否相符； 3. 对审阅过程中出现的问题给出改进意见。 学生互评： 1. 衬衫的款式造型设计及面料搭配方案的优缺点； 2. 指出方案中的优点如何持续优化，缺点如何改进，提出改进意见； 3. 对方案进行筛选与改进。

课时： 1 课时
1. 硬资源：具备上网功能的计算机或手机、服装手绘设计学习工作站、服装电脑设计学习工作站等。
2. 软资源：工作页、参考教材、数字化资源（流行面料资讯网站、服装设计的公众号）等。
3. 教学设施：投影仪、一体机、白板、白板笔等。

	工作子步骤	教师活动	学生活动	评价
衬衫的单品款式设计	1. 构思，从素材库中寻找灵感。提取元素设计衬衫，并绘制草图； 2. 绘制电脑衬衫服装款式图及效果图； 3. 填写衬衫设计制作单。	1. 讲解衬衫设计的原则与方法以及如何体现衬衫风格特点； 2. 演示衬衫效果图、款式图的画法； 3. 指导学生绘制服装效果图及款式图； 4. 讲解传统手工刺绣图案与现代时尚融合的审美趣味； 5. 对学生展示作品进行评价； 6. 检查设计制作单（衬衫设计图、设计说明、风格、面辅料小样、图案设计、工艺标注等）。	1. 观察老师演示的电脑绘制衬衫效果图及款式图的绘制方法； 2. 构思，找灵感，运用素材，确定款式的设计方案，绘制草图； 3. 根据设计风格有目的地选用恰当的传统手工刺绣图案进行设计融合，符合时尚流行； 4. 用电脑绘制衬衫服装效果图及款式图； 5. 对作品进行点评及改进。	教师评价： 1. 风格定位与元素是否协调； 2. 风格定位是否准确，效果图的绘制是否符合衬衫的款式特点、能否准确表达面料材质及纹理；整体效果是否整体统一； 3. 款式图是否比例准确、工艺标注是否清晰规范完整； 4. 图案的设计是否符合刺绣图案审美。 学生互评： 1. 评价服装效果图、款式图的优缺点，提出改进意见； 2. 刺绣图案的设计运用有没有达到审美要求和时尚要求。

课时： 4 课时
1. 硬资源：具备上网功能的计算机或手机、服装手绘设计学习工作站、服装电脑设计学习工作站等。
2. 软资源：工作页、参考教材、数字化资源（服装设计的公众号）、衬衫效果图及款式图的优秀案例、运用了刺绣图案设计的衬衫实物等。
4. 教学设施：投影仪、一体机、白板、白板笔、画笔、画纸、颜料等。

课程 2　单品服装设计

学习任务 2　上装单品设计—衬衫单品设计

1 获取衬衫设计的任务，解读任务书并记录设计要点，制订衬衫设计计划书 → 2 衬衫市场调研 → 3 衬衫面辅料的选配 → 4 衬衫的单品款式设计 → 5 衬衫样版跟进并确认 → 6 样衣跟进并确认

	工作子步骤	教师活动	学生活动	评价
衬衫样版跟进并确认	1. 把控衬衫纸样制作的工作进程，跟进样衣制作的流程节点（时间意识、工作效率、责任心）； 2. 与纸样师及时沟通，使纸样制作符合衬衫的结构，符合设计意图； 3. 记录纸样的改进意见； 4. 填写样版确认单。	1. 老师讲授影响服装廓形的因素，如面料、纸样的尺寸规格等； 2. 讲解并提问纸样设计的步骤环节，如何把控纸样设计进程并及时调整以符合设计意图； 3. 发放样版确认单并讲解如何填写样版确认单，含服装的名称、编号、款式图、号型规格、面辅料小样。	1. 记录老师讲授的影响服装廓形的因素； 2. 回答老师的提问； 3. 学习纸样设计工作流程、步骤以及如何监控时间及纸样的制作与设计图吻合； 4. 填写样版确认单。	教师评价： 1. 能否按要求回答老师的提问（如：答案的完整性、准确性，语言表达是否思路清晰且有条理）； 2. 样版确认单填写是否规范、完整、准确、明了。
	课时： 0.5 课时 1. 硬资源：具备上网功能的计算机或手机、服装手绘设计学习工作站、服装电脑设计学习工作站等。 2. 软资源：工作页、参考教材、衬衫的设计图（效果图、款式图）等。 3. 教学设施：投影仪、一体机、白板、白板笔等。			
样衣跟进并确认	1. 把控衬衫样衣制作工作进程，跟进样衣制作的流程节点（时间意识、工作效率、责任心）； 2. 衬衫单品样衣辅料的搭配（审美观）； 3. 审版，记录样衣的改进意见（职业素养：耐心倾听样衣师的修改建议并做记录）； 4. 填写样衣确认单。	1. 老师讲授影响服装工艺制作的因素，如面料、款式及细节的设计（讲授法、演示法）； 2. 老师提问衬衫的样衣制作的步骤环节，如何把控样衣制作的进程并及时调整以符合设计意图； 3. 发放样衣确认单，讲解如何填写样衣确认单，含服装的名称、编号、款式图、号型规格、面辅料小样、制作工艺说明。	1. 认真记录老师讲授的影响服装廓形的因素； 2. 回答老师的提问； 3. 检验、熟悉样衣设计工作流程、步骤，监控时间及样衣的制作与设计图吻合； 4. 学习样衣的检验方法； 5. 手工刺绣图案的检验方法； 6. 填写样版确认单。	教师评价： 1. 能否按要求回答老师的提问（如：答案的完整性、准确性，语言表达思路清晰、有条理）； 2. 样衣版型是否合适，款式风格是否符合设计意图； 3. 样衣确认单填写是否规范、完整、准确、明了。 学生的评价： 1. 评价样衣的优缺点并提出改进意见； 2. 检查样衣制作单，查缺补漏。
	课时： 0.5 课时 1. 硬资源：具备上网功能的计算机或手机、服装手绘设计学习工作站、服装电脑设计学习工作站等。 2. 软资源：工作页、参考教材、有刺绣图案的衬衫样衣、辅料等。 3. 教学设施：投影仪、一体机、白板、白板笔等。			

基准课时：8

学习任务 2　上装单品设计—大衣单品设计

任务描述

学习任务课时：08 课时

任务情境：

广州“LY”品牌服装公司正在进行冬季单品的设计开发，在设计总监的商品季度企划任务分解中有剪纸元素羊绒大衣款式的单品设计开发，需要运用中国民间剪纸元素进行羊绒大衣设计 5~8 款，此次设计要符合“LY”文艺、高档的艺术定位，也要符合剪纸图案及工艺的审美原则，融合时尚，使得剪纸元素的运用与现代大衣完美结合，体现“高”和“贵”，能达到“LY”品牌一贯的文艺而传统、时尚而个性的风格，针对这个情况，请你结合市场完成该季度大衣新品开发任务。具体要求如下：

1. 在市场调研后完成调研报告 PPT 并做汇报。PPT 应包括：服装大衣产品的廓形、颜色、款式、面料，剪纸元素如何在大衣上通过其他工艺呈现，服装的风格、客户群、价位分析。以上工作 1 天完成。

2. 在 1 天内完成选配面、辅料小样的工作。

3. 在 2 天内完成单品款式设计，款式设计应符合企业要求，具有创新性，效果图应廓形和结构清晰，工艺细节明确，剪纸元素的运用具有独特性、艺术性、审美性，注意剪纸元素要简约，符合“LY”品牌的大气与时尚，款式图应服装结构比例准确（绘制 20 款）。

4. 向技术部门下任务书（版单），任务书应包含正背面款式图、服装规格尺寸、工艺细节说明、面辅料小样。

5. 跟进样衣制版与制作（物料到齐前提下制版、调整 3 天，制作 3 天）。

基于此，服装专业教师带领并引导学生共同完成该项任务。

具体要求见下页。

工作流程和标准

工作环节 1

获取大衣单品设计任务 1

解读上装大衣单品设计任务书，提炼关键字词。

工作环节 2

大衣市场调研 2

根据“LY”品牌大衣单品服装设计的任务开展市场调研工作。调研方式包括网络调研和实地考察调研等形式。搜集与检索市场动态及相关资讯信息，对资讯信息进行归类与整理，分析竞品款和畅销款及服装流行趋势，特别要注意传统剪纸图案在服装上得延伸，撰写市场调研报告（PPT 的形式），最后进行汇报。

工作环节 3

大衣面辅料选配 3

根据大衣单品设计要求进行面、辅料信息的搜集整理（利用课外及周末去中大面辅料市场进行选购）。面料的选配应与服装单品风格定位、款式结构相匹配；辅料的选用应与面料的搭配相吻合（搜集面辅料小样即色卡）。

工作环节 4

大衣单品服装款式设计 4

绘制服装款式图或效果图（电脑绘制），要求做到风格定位准确，面料质感的表达到位，服装结构表现合理，剪纸元素与现代元素的结合运用新颖和别致，并具有一定的美感，细节标注清晰。

工作环节 5

大衣单品样版跟进并确认

5

记录版师反馈意见，填写样版确认单，确认单包括款式图、面辅料小样、工艺细节设计说明；把控样版工作的进程，确定样版制作周期的各工作节点；跟进样版立体造型的调整并确认。

工作环节 6

大衣单品样衣跟进并确认

6

把控样衣制作工作进程；跟进样衣的调整确认，样衣辅料的匹配，样衣与设计稿的一致性；记录样衣师反馈意见并填写样衣任务确认单。

工作环节 7

评价反馈

7

对服装单品设计过程中出现的问题、现象进行总结并给出改进建议。每位学生提交一份单品服装设计工作总结。

学习内容

知识点	1.1 大衣单品概述，包括大衣分类、面辅料、服装号型等与任务书信息相关的知识点）； 1.2 大衣单品设计原则； 1.3 大衣单品设计流程； 1.4 服装公司大衣的优秀案例服装图片； 1.5 中国剪纸艺术的起源、发展、分类及风格。	2.1 资讯搜集、检索的方法； 2.2 大衣单品竞品与畅销款的概念； 2.3 市场调研的原则、方法和技巧（调研表格的设计与填写，款式、面辅料、服装工艺细节的搜集与整理）； 2.4 服务品牌产品的风格、定位以及目标消费群分析； 2.5 市场调研报告撰写与汇报的要求和注意事项； 2.6 传统剪纸艺术及图案元素。	3.1 大衣面辅料的性能（缩水率、弹性、色牢度等）； 3.2 不同款式大衣面辅料选配的原则； 3.3 大衣面辅料的分类（按季节、材质、织法等分）； 3.4 大衣面料与传统剪纸艺术设计的统一。
技能点	1.1 大衣单品设计任务书的解读； 1.2 大衣单品设计工作任务和任务要求的确认； 1.3 搜集服装公司大衣的优秀案例服装图片； 1.4 传统剪纸艺术素材收集及风格分类。	2.1 大衣单品设计资讯的搜集与检索； 2.2 大衣单品设计资讯的归类与整理（知识点的转化与应用）； 2.3 大衣服装流行趋势的分析与运用； 2.4 大衣竞品的分析与畅销款的识别； 2.5 大衣市场调研报告文本的撰写及 PPT 的制作；调研结果及汇报（语言表达能力）； 2.6 传统剪纸艺术与大衣款式的融合。	3.1 大衣面辅料信息的搜集整理，包括面料价格、成份、幅宽、供货渠道； 3.2 大衣面料与服装产品风格、定位、品类的匹配； 3.3 辅料与面料的搭配； 3.4 传统剪纸艺术设计在大衣面料上的表现。
工作环节	工作环节 1 获取大衣单品设计任务	大衣市场调研 工作环节 2	工作环节 3 大衣面辅料选配
成果	1.1 大衣单品设计任务书分解表及要点记录文本； 1.2 分类收集大衣单品设计案例。	2.1 大衣单品设计相关资讯； 2.2 大衣单品设计相关竞品资料； 2.3 市场调研报告； 2.4 调研结果汇报的 PPT； 2.5 大衣剪纸图案资料，面料肌理改造案例。	3.1 大衣面辅料小样单； 3.2 大衣面辅料性能分析表； 3.3 大衣面辅料搭配方案； 3.4 大衣面辅料归类档案（按季节、材质等分类）。
素养	1.1 增强文化自信； 1.2 沟通技巧、审美意识、成本意识。	2.1 搜集和筛选中国剪纸艺术元素，增加文化自信； 2.2 市场分析能力，语言表达能力。	

4.1 大衣单品服装的款式构成（介绍大衣的款式特征、廓形与局部细节、设计款式、色彩等）； 4.2 流行元素的运用（风格、面料搭配）； 4.3 大衣单品款式图的绘制方法及技巧； 4.4 大衣款式与传统剪纸艺术的融合再设计； 4.5 传统剪纸图案的色彩设计与创新。	5.1 大衣单品服装廓形与版型的关系 5.2 大衣单品服装面、辅料与版型的关系。	6.1 大衣单品服装款式设计与工艺的关系； 6.2 大衣单品服装面、辅料与工艺的关系。	
4.1 大衣单品服装风格的识别与鉴赏（审美意识）； 4.2 流行元素的应用（审美意识、创新意识）； 4.3 大衣单品款式图的绘制（包括手绘或电脑绘图、服装结构的表现、细节标注的标准）； 4.4 大衣单品效果图的绘制（包括手绘或电脑绘图、面料质感的表达，款式风格的表达）； 4.5 融合传统剪纸艺术元素进行时尚大衣款式开发的意识，提升学生的审美情趣。	5.1 大衣单品样版工作进程的把控（确定样版制作周期的各工作节点）； 5.2 跟进大衣单品样版造型的调整并确认（耐心倾听版师的修改建议）； 5.3 大衣单品任务单的填写（包括款式图、面辅料小样、工艺细节设计说明）。	6.1 大衣单品样衣制作工作进程的把控（确定样衣制作周期的各工作节点，时间意识、工作效率、责任心）； 6.2 大衣单品样衣辅料的匹配； 6.3 跟进大衣单品样衣的调整并确认（耐心倾听样衣师的修改建议）。	
工作环节 4 大衣单品服装款式设计	大衣单品样版跟进并确认 工作环节 5	工作环节 6 大衣单品样衣跟进并确认	评价反馈 工作环节 7
4.1 收集到的具有代表性的大衣单品设计廓形图片及设计元素； 4.2 服装款式图和效果图（包括手绘或电脑）； 4.3 传统剪纸艺术的运用。	5.1 大衣单品服装面辅料与版型、廓形匹配性分析表； 5.2 版师意见反馈记录表； 5.3 服装样版确认单。	6.1 大衣单品款式设计工艺描述表； 6.2 大衣单品面辅料与工艺匹配性分析表； 6.3 样衣师意见反馈记录； 6.4 填写服装样衣确认单。	7.1 对服装大衣单品设计过程中出现的问题、现象进行总结并给出改进建议。每位学生提交大衣单品服装款式图和效果图。
4.1 融合传统剪纸艺术，让时装传统艺术融合碰撞，产生全新的设计，增强文化自信。			

学习任务 2　上装单品设计—大衣类单品设计

1. 获取大衣单品设计任务
2. 大衣市场调研
3. 大衣面辅料选配
4. 大衣单品服装款式设计
5. 大衣单品样版跟进并确认
6. 大衣单品样衣跟进并确认
7. 评价反馈

	工作子步骤	教师活动	学生活动	评价
获取大衣单品设计任务	1. 明确设计任务书中大衣的产品类别、风格、目标消费群、款式造型、面辅料、工艺及完成期限等要求； 2. 在设计总监的指引下搜集掌握服装公司的文化理念和产品风格； 3. 制订大衣的设计计划。	1. 引导学生分析任务书，提炼设计关键字词； 2. 老师提问任务书中的重点设计要素； 3. 实例列举服装公司大衣实物图及设计图等相关资料； 4. 结合现代流行及品牌大衣案例讲授传统剪纸艺术的历史及审美。	1. 准确解读任务书并提炼要点； 2. 搜集大衣常见款式的实物图及绘制的效果图，重点理解设计亮点； 3. 通过网络及纸质资料收集传统剪纸图案及样版； 4. 小组讨论，制订任务计划书。	教师评价： 1. 大衣款式造型及设计点； 2. 大衣面料搭配及工艺运用； 3. 传统剪纸艺术咨询及案例元素收集是否丰富、全面，是否符合审美风格； 4. 学生回答问题，老师进行点评（语言表达能力，解决问题的能力）。
	课时： 0.5 课时 1. 硬资源：具备上网功能的计算机或手机、服装手绘设计学习工作站、服装电脑设计学习工作站等。 2. 软资源：大衣实物图及设计图相关资料、工作页、工具书、参考教材、剪纸艺术图册等参考书、任务书、评价标准表等。 3. 教学设施：投影仪、一体机、白板、白板笔等。			
大衣市场调研	1. 品牌及批发服装市场调查，对竞品的设计特点进行分析，如款式造型设计、面料搭配、工艺运用、面料改造及图案设计等； 2. 检索流行资讯（网站、时尚杂志）； 3. 收集相关素材； 4. 撰写市场调研报告（用 PPT 制作并汇报）。	1. 引导学生分组，选定组长组织小组成员开展市场调查工作； 2. 引导学生线下调研，选定服装市场调查的地点（如：太古汇、万菱汇、天河城、万达等）； 3. 引导学生线上调研（通过流行资讯或图书馆查阅服装杂志书籍）； 4. 交代市场调查的重点，特别是传统剪纸艺术素材的调研，要求学生调研后做好 PPT，强调 PPT 报告的撰写标准，框架； 5. 强调外出的安全意识。	1. 学生听老师介绍大衣市场调研内容，明确分工，记录市场调查的任务要点； 2. 学生去天河城、太古汇等服装市场调研，特别针对“例外”品牌及竞品品牌服装实体店、批发市场进行竞品分析； 3. 学生在流行资讯网站上检索资讯，特别注意传统剪纸咨询的搜集整理； 4. 学生在图书馆查阅资料（时尚杂志、服装书籍等）； 5. 小组进行 PPT 制作并汇报； 6. 外出市场调研活动的安全意识； 7. 小组互评调研报告。	教师评价： 1. 市场调研报告 PPT 的内容是否符合要求； 2. PPT 制作中有无体现风格定位、造型特点、面料搭配、剪纸元素的设计及工艺运用，传统剪纸图案及面料肌理改造是否符合审美，编辑及分类整理是否全面准确； 3. 面料及工艺运用； 4. 汇报时，逻辑思维及表达是否清晰、突出重点。 学生互评： 1. 学生素材的展示评价及筛选； 2. 市场调研报告及演示文稿制作的优缺点； 3. 能否为后期的大衣设计提供强有力的素材支持。
	课时： 1 课时 1. 硬资源：具备上网功能的计算机或手机、服装手绘设计学习工作站、服装电脑设计学习工作站等。 2. 软资源：工作页、参考教材、时尚杂志、数字化资源（流行资讯网站）、大衣设计的素材资料等。 3. 教学设施：投影仪、一体机、白板、白板笔等。			

基准课时：8

1 获取大衣单品设计任务 → 2 大衣市场调研 → 3 大衣面辅料选配 → 4 大衣单品服装款式设计 → 5 大衣单品样版跟进并确认 → 6 大衣单品样衣跟进并确认 → 7 评价反馈

	工作子步骤	教师活动	学生活动	评价
大衣面辅料选配	1. 收集大衣面料，如呢料等； 2. 收集大衣辅料，如里料、纽扣等； 3. 搜集传统元素大衣样衣。	1. 讲解大衣面料知识，如：面料的分类、成分、性能，识别方法、如缩水率、色牢度、弹性、耐磨性等； 2. 介绍面料材质的鉴别方法； 3. 进行小组分工，交代面辅料市场调查的任务； 4. 组织学生去面辅料市场收集小样（强调外出的安全意识）； 5. 审阅学生寻找的面辅料小样制作单； 6. 审阅学生大衣的搭配方案。	1. 学生将收集到的大衣设计面辅料小样进行整理，整理出自己将要用于设计的面料； 2. 学生进行面辅料的市场调查，收集面辅料小样； 3. 理解并识别大衣面料的成分，掌握面料的特性； 4. 归类整理面辅料小样，进行大衣面辅料的搭配，筛选设计方案。	教师评价： 1. 审阅学生寻找的大衣面辅料是否舒适，是否适合大衣的类别； 2. 审阅学生寻找的大衣面辅料与廓型是否相符； 3. 对审阅过程中出现的问题给出改进意见。 学生互评： 1. 大衣的款式造型设计及面料搭配方案的优缺点； 2. 方案中的优点如何持续优化，缺点如何改进，提出改进意见； 3. 对方案进行筛选与改进。
	课时： 1 课时 1. 硬资源：具备上网功能的计算机或手机、服装手绘设计学习工作站、服装电脑设计学习工作站等。 2. 软资源：工作页、参考教材、数字化资源（流行面料资讯网站、服装设计的公众号）等。 3. 教学设施：投影仪、一体机、白板、白板笔等。			
大衣单品服装款式设计	1. 构思，从素材库中寻找灵感来源。提取元素设计大衣，并绘制草图； 2. 电脑绘制大衣服装款式图及效果图的绘制； 3. 填写设计制作单。	1. 讲解大衣设计的原则与方法以及如何体现大衣风格特点； 2. 演示大衣效果图、款式图的画法； 3. 指导学生绘制服装效果图及款式图； 4. 讲解传统剪纸艺术与现代时尚融合的审美趣味； 5. 对学生展示作品进行评价； 6. 检查设计制作单（大衣设计图、设计说明、风格、面辅料小样、肌理改造、图案设计及工艺标注等）。	1. 观察老师演示的电脑绘制大衣效果图及款式图的绘制方法； 2. 构思，找灵感，运用素材，确定款式的设计方案，绘制草图； 3. 根据设计风格有目的地选用恰当的传统手工刺绣图案进行设计融合，符合时尚流行； 4. 用电脑绘制大衣服装效果图及款式图； 5. 对作品进行点评及改进。	教师评价： 1. 风格定位与元素是否协调； 2. 风格定位是否准确，效果图的绘制是否符合衬衫的款式特点、能否准确表达面料材质及纹理。整体效果是否整体统一； 3. 款式图是否比例准确、工艺标注是否清晰规范完整； 4. 剪纸元素的设计和面料肌理的改造设计是否符合剪纸艺术审美。 学生互评： 1. 评价服装效果图、款式图的优缺点，提出改进意见； 2. 剪纸艺术的设计与运用有没有达到审美要求和时尚要求。
	课时： 4 课时 1. 硬资源：具备上网功能的计算机或手机、服装手绘设计学习工作站、服装电脑设计学习工作站等。 2. 软资源：工作页、参考教材、数字化资源、服装设计的公众号、大衣效果图及款式图的优秀案例、运用了剪纸艺术设计的大衣实物或者案例图片等。 3. 教学设施：投影仪、一体机、白板、白板笔、画笔、画纸、颜料等。			

学习任务 2　上装单品设计—大衣类单品设计

1. 获取大衣单品设计任务
2. 大衣市场调研
3. 大衣面辅料选配
4. 大衣单品服装款式设计
5. 大衣单品样版跟进并确认
6. 大衣单品样衣跟进并确认
7. 评价反馈

	工作子步骤	教师活动	学生活动	评价
大衣单品样版跟进并确认	1. 把控纸样制作的工作进程，跟进样衣制作的流程节点（时间意识、工作效率、责任心）； 2. 与纸样师及时沟通，使纸样制作符合大衣的结构，符合设计意图（沟通能力）； 3. 记录纸样的改进意见； 4. 填写样版确认单。	1. 老师讲授影响服装廓形的因素，如面料、纸样的尺寸规格等； 2. 讲解并提问纸样设计的步骤环节，如何把控纸样设计进程并及时调整以符合设计意图； 3. 发放样版确认单并讲解如何填写样版确认单（含服装的名称、编号、款式图、号型规格、面辅料小样）。	1. 学生记录老师讲授的影响服装廓形的因素； 2. 回答老师的提问； 3. 学习纸样设计工作流程、步骤以及如何监控时间及纸样的制作与设计图吻合； 4. 填写样版确认单。	教师评价： 1. 能否按要求回答老师的提问（如：答案的完整性、准确性、语言表达思路清晰，有条理）； 2. 样版确认单填写是否规范、完整、准确、明了。
	课时： 0.5 课时 1. 硬资源：具备上网功能的计算机或手机、服装手绘设计学习工作站、服装电脑设计学习工作站等。 2. 软资源：工作页、参考教材、大衣的设计图（效果图、款式图）等。 3. 教学设施：投影仪、一体机、白板、白板笔等。			
大衣单品样衣跟进并确认	1. 把控大衣样衣制作工作进程，跟进样衣制作的流程节点（时间意识、工作效率、责任心）； 2. 大衣单品样衣辅料的搭配（审美观）； 3. 审版，记录样衣的改进意见（职业素养：耐心倾听样衣师的修改建议并做记录）； 4.填写样衣确认单。	1. 讲授影响服装工艺制作的因素，如面料、款式及细节的设计（讲授法、演示法）； 2. 提问大衣样衣的制作步骤及环节，如何把控样衣制作的进程并及时调整以符合设计意图； 3. 发放样衣确认单，讲解如何填写样衣确认单（含服装的名称、编号、款式图、号型规格、面辅料小样、制作工艺说明 ）。	1. 认真记录老师讲授的影响服装廓形的因素； 2. 回答老师的提问； 3. 检验熟悉样衣设计工作流程、步骤，监控时间及纸样的制作与设计图吻合； 4. 学习样衣的检验方法； 5. 学习剪纸艺术结合时尚大衣设计的检验方法； 6. 填写样衣确认单。	教师评价： 1. 能否按要求回答老师的提问（如：答案的完整性、准确性，语言表达思路清晰、有条理）； 2. 样衣版型是否合适，款式风格是否符合设计意图； 3. 样衣确认单填写是否规范、完整，准确、明了。 学生的评价： 1. 评价样衣的优缺点、提出改进意见； 2. 检查样衣制作单，查缺补漏。
	课时： 0.5 课时 1. 硬资源：具备上网功能的计算机或手机、服装手绘设计学习工作站、服装电脑设计学习工作站等。 2. 软资源：工作页、参考教材、剪纸艺术结合案面料改造及图案设计的大衣样衣、辅料等。 3. 教学设施：投影仪、一体机、白板、白板笔等。			

1 获取大衣单品设计任务 → 2 大衣市场调研 → 3 大衣面辅料选配 → 4 大衣单品服装款式设计 → 5 大衣单品样版跟进并确认 → 6 大衣单品样衣跟进并确认 → 7 评价反馈

	工作子步骤	教师活动	学生活动	评价
评价反馈	1. 展示大衣单品服装款式设计作品; 2. 学生自评与互评; 3. 教师点评。	1. 教师引导学生进行自评、互评环节; 2. 教师归纳总结，表扬好的地方，指出不足。	1. 学生展示作品并点评自己作品的优缺点; 2. 学生互相评价作品中的优缺点。	采取学生自评、互评，教师评价等方法进行。

课时： 0.5 课时

1. 硬资源：具备上网功能的计算机或手机、服装手绘设计学习工作站、服装电脑设计学习工作站等。
2. 软资源：工作页、参考教材、大衣单品服装款式设计作品等。
3. 教学设施：投影仪、一体机、白板、白板笔等。

学习内容

	1	2	3
知识点	1.1 T 恤单品概述，包括 T 恤分类、面辅料、服装号型等与任务书信息相关的知识点； 1.2 T 恤单品设计原则； 1.3 T 恤单品设计流程。	2.1 资讯搜集、检索的方法； 2.2 T 恤单品竞品与畅销款的概念； 2.3 市场调研的原则、方法和技巧（调研表格的设计与填写，款式、面辅料、服装工艺细节的搜集与整理）； 2.4 市场调研报告撰写与汇报的要求和注意事项。	3.1 T 恤服装面辅料的性能（缩水率、弹性、色牢度等）； 3.2 不同款式服装面辅料选配的原则； 3.3 T 恤面辅料的分类（按季节、材质、织法等分）。
技能点	1.1 T 恤单品设计任务书的解读； 1.2 T 恤单品设计工作任务和任务要求的确认（沟通技巧具体化）； 1.3 搜集服装公司 T 恤的优秀案例服装图片。	2.1 T 恤单品设计资讯的搜集与检索； 2.2 T 恤单品设计资讯的归类与整理（知识点的转化与应用）； 2.3 T 恤服装流行趋势的分析与运用； 2.4 T 恤竞品的分析与畅销款的识别（市场分析能力）； 2.5 T 恤市场调研报告文本的撰写及 PPT 的制作； 2.6 调研结果的汇报（语言表达能力）。	3.1 T 恤面辅料信息的搜集整理（包括面料价格、成份、幅宽、供货渠道）； 3.2 T 恤面料与服装产品风格、定位、品类的匹配； 3.3 辅料与面料的搭配。
工作环节 	工作环节 1 获取 T 恤单品设计任务	工作环节 2 T 恤市场调研	工作环节 3 T 恤面辅料选配
成果	1.1 T 恤单品设计任务书分解表及要点记录文本； 1.2 分类收集 T 恤单品设计案例。	2.1 搜集、整理的 T 恤单品设计相关资讯； 2.2 搜集、整理的 T 恤单品设计相关竞品资料； 2.3 市场调研报告； 2.4 调研结果汇报的 PPT。	3.1 收集与整理的面辅料小样单； 3.2 服装面辅料性能分析表； 3.3 面辅料搭配方案； 3.4 面辅料归类档案（按季节、材质等分类）。

学习任务 2　上装单品设计—T 恤单品设计

4.1 T 恤单品服装的款式构成（介绍 T 恤的款式特征、廓形与局部细节、设计款式、色彩等）； 4.2 流行元素的运用（风格、面料搭配）； 4.3 T 恤单品款式图的绘制方法及技巧。	5.1 T 恤单品服装廓形与版型的关系； 5.2 T 恤单品服装面辅料与版型的关系。	6.1 T 恤单品服装款式设计与工艺的关系； 6.2 T 恤单品服装面辅料与工艺的关系。	
4.1 T 恤单品服装风格的识别与鉴赏（审美意识）； 4.2 流行元素的应用（审美意识、创新意识）； 4.3 T 恤单品效果图的绘制（包括手绘或电脑绘图、面料质感的表达，款式风格的表达）。	5.1 T 恤单品样版工作进程的把控（确定样版制作周期的各工作节点）； 5.2 跟进 T 恤单品样版造型的调整并确认（耐心倾听版师的修改建议）； 5.3 T 恤单品任务单的填写（包括款式图、面辅料小样、工艺细节设计说明）。	6.1 T 恤单品样衣制作工作进程的把控（确定样衣制作周期的各工作节点，时间意识、工作效率、责任心）； 6.2 T 恤单品样衣辅料的匹配； 6.3 跟进 T 恤单品样衣的调整并确认（耐心倾听样衣师的修改建议）。	
工作环节 4 T 恤单品服装款式设计	T 恤单品样版跟进并确认 工作环节 5	工作环节 6 T 恤单品样衣跟进并确认	评价反馈 工作环节 7
4.1 收集到的具有代表性的 T 恤单品设计廓形图片及设计元素； 4.2 服装款式图和效果图（包括手绘或电脑）。	5.1 T 恤单品服装面辅料与版型、廓形匹配性分析表； 5.2 版师意见反馈记录文本； 5.3 服装样版确认单。	6.1 T 恤单品款式设计工艺描述表； 6.2 T 恤单品面辅料与工艺匹配性分析表； 6.3 样衣师意见反馈记录； 6.4 服装样衣确认单。	7.1 对服装 T 恤单品设计过程中出现的问题、现象进行总结并给出改进建议。每位学生提交 T 恤单品服装款式图和效果图。

课程 2　单品服装设计

学习任务 2　上装单品设计—T 恤单品设计

1. 获取 T 恤的设计任务
2. T 恤市场调研
3. T 恤面辅料的选配
4. T 恤单品服装款式设计
5. T 恤样版跟进并确认
6. T 恤单品样衣跟进并确认
7. 评价反馈

	工作子步骤	教师活动	学生活动	评价
获取T恤的设计任务	1. 明确设计任务书中 T 恤的产品类别、风格、目标消费群、款式造型、面辅料、工艺及完成期限等要求； 2. 在设计总监的指引下搜集掌握服装公司的文化理念和产品风格； 3. 制订 T 恤的设计计划。	1. 引导学生分析任务书，提炼设计关键字词； 2. 老师提问任务书中的重点设计要素； 3. 实例列举服装公司 T 恤实物图及设计图等相关资料。	1. 准确解读任务书并提炼要点； 2. 搜集 T 恤的常见款式的实物图及绘制的效果图，重点理解设计亮点； 3. 小组讨论，制订任务计划书。	教师评价： 1.T 恤款式造型及设计点； 2.T 恤图案设计； 3.T 恤面料搭配及工艺运用。
	课时： 0.5 课时 1. 硬资源：具备上网功能的计算机或手机、服装手绘设计学习工作站、服装电脑设计学习工作站等。 2. 软资源：T 恤实物图及设计图相关资料、工作页、工具书、参考教材等。 3. 教学设施：投影仪、一体机、白板、白板笔等。			
T恤市场调研	1. 品牌及批发服装市场调查，对竞品 T 恤的设计特点进行分析，包括图案设计、面料搭配、工艺运用等； 2. 检索流行资讯（网站、时尚杂志）； 3. 收集相关素材； 4. 撰写市场调研报告（用 PPT 制作并汇报）。	1. 学生分组，选定组长组织小组成员开展市场调查工作； 2. 引导学生线下调研，选定服装市场调查的地点（如：太古汇、万菱汇、天河城、万达等）； 3. 引导学生进行线上调研（通过流行资讯或图书馆查阅服装杂志书籍）； 4. 交代市场调查的重点，要求学生调研后做好 PPT； 5. 强调外出的安全意识。	1. 明确分工，记录市场调查的任务要点； 2. 去服装市场（品牌服装实体店、批发市场）调研进行竞品分析； 3. 通过流行资讯网站检索资讯； 4. 学生在图书馆查阅资料(时尚杂志、服装书籍等)； 5. PPT 制作并汇报； 6. 外出调研时注意安全。	教师评价： 1. 市场调研报告 PPT 的内容是否符合要求； 2. PPT 制作中有无体现风格定位、造型特点、图案设计、面料及工艺运用； 3. 汇报时，逻辑思维及表达是否清晰，是否突出重点。 学生互评： 1. 学生素材的展示评价及筛选； 2. 指出市场调研报告及演示文稿制作的优缺点。
	课时： 1 课时 1. 硬资源：具备上网功能的计算机或手机、服装手绘设计学习工作站、服装电脑设计学习工作站等。 2. 软资源：工作业、参考教材、时尚杂志、数字化资源（流行资讯网站）、T 恤设计的素材资料等。 3. 教学设施：投影仪、一体机、白板、白板笔等。			

基准课时：8

1 获取 T 恤的设计任务 → 2 T 恤市场调研 → 3 T 恤面辅料的选配 → 4 T 恤单品服装款式设计 → 5 T 恤样版跟进并确认 → 6 T 恤单品样衣跟进并确认 → 7 评价反馈

T恤面辅料的选配

工作子步骤	教师活动	学生活动	评价
1. 收集 T 恤面料，如针织面料等； 2. 收集 T 恤辅料，如花边、蕾丝、亮片、钻、珠等。	1. 讲解 T 恤面料知识，包括面料的分类、成分、性能，识别方法、如缩水率、色牢度、弹性、耐磨性等； 2. 介绍面料材质的鉴别方法； 3. 进行小组分工，交代面辅料市场调查的任务； 4. 组织学生去面辅料市场收集小样（强调外出的安全意识）； 5. 审阅学生寻找的面辅料小样制作单； 6. 审阅学生的搭配方案。	1. 学生进行面辅料的市场调查，收集面辅料小样； 2. 理解并识别 T 恤面料的成分，掌握面料的特性； 3. 归类整理面辅料小样，进行 T 恤的面辅料搭配，筛选设计方案。	教师评价： 1. 审阅学生寻找的 T 恤面辅料是否舒适； 2. 审阅学生寻找的面辅料素材是否适合T恤的类别，且风格相符； 3. 对审阅过程中出现的问题给出改进意见。 学生互评： 1. 指出 T 恤的图案设计及面料搭配方案的优缺点； 2. 指出方案中的优点如何持续优化，缺点如何改进，提出改进意见； 3. 对方案进行筛选与改进。

课时： 1 课时

1. 硬资源：具备上网功能的计算机或手机、服装手绘设计学习工作站、服装电脑设计学习工作站等。
2. 软资源：工作页、参考教材、数字化资源（流行面料资讯网站、服装设计的公众号）等。
3. 教学设施：投影仪、一体机、白板、白板笔等。

T恤单品服装款式设计

工作子步骤	教师活动	学生活动	评价
1. 构思，从素材库中寻找灵感来源，提取元素设计 T 恤，并绘制草图； 2. 绘制服装款式图及效果图； 3. 填写设计制作单。	1. 讲解 T 恤设计的原则与方法以及如何体现 T 恤风格特点； 2. 演示 T 恤效果图、款式图的画法； 3. 指导学生绘制服装效果图及款式图； 4. 组织学生进行作品展示并予以评价； 5. 检查设计制作单（T 恤设计图、设计说明、风格、面辅料小样、工艺标注等）。	1. 观察老师演示的 T 恤效果图及款式图的绘制方法； 2. 构思，找灵感，运用素材，确定款式的设计方案，绘制草图； 3. 绘制服装效果图及款式图； 4. 对作品进行点评及改进。	教师评价： 1. 人体比例是否准确； 2. 风格定位是否准确，效果图的绘制是否符合 T 恤的款式特点、能否准确表达面料材质及纹理，整体效果是否整体统一； 3. 款式图是否比例准确、工艺标注是否清晰规范完整。 学生互评： 评价服装效果图、款式图的优缺点、提出改进意见。

课时： 4 课时

1. 硬资源：具备上网功能的计算机或手机、服装手绘设计学习工作站、服装电脑设计学习工作站等。
2. 软资源：工作页、参考教材、数字化资源、服装设计的公众号）、T 恤效果图、款式图的优秀案例等。
3. 教学设施：投影仪、一体机、白板、白板笔、画笔、画纸、颜料等。

学习任务 2　上装单品设计—T 恤单品设计

1 获取 T 恤的设计任务 → 2 T 恤市场调研 → 3 T 恤面辅料的选配 → 4 T 恤单品服装款式设计 → 5 T 恤样版跟进并确认 → 6 T 恤单品样衣跟进并确认 → 7 评价反馈

	工作子步骤	教师活动	学生活动	评价
T恤样版跟进并确认	1. 把控纸样制作的工作进程，跟进样衣制作的流程节点（时间意识、工作效率、责任心）； 2. 与纸样师及时沟通，使纸样制作符合 T 恤的结构，符合设计意图（沟通能力）； 3. 记录纸样的改进意见； 4. 填写样版确认单。	1. 老师讲授影响服装廓形的因素（面料、纸样的尺寸规格等）； 2. 讲解并提问纸样设计的步骤环节，如何把控纸样设计进程并及时调整以符合设计意图； 3. 发放样版确认单、并讲解如何填写样版确认单（含服装的名称、编号、款式图、号型规格、面辅料小样）。	1. 记录老师讲授的影响服装廓形的因素； 2. 回答老师的提问； 3. 学习纸样设计工作流程、步骤；学习如何监控时间及纸样的制作与设计图吻合； 4. 填写样版确认单。	教师评价： 1. 能否按要求回答老师的提问（如：答案的完整性、准确性、语言表达思路清晰，有条理）； 2. 样版确认单填写是否规范、完整、准确、明了。
	课时： 0.5 课时 1. 硬资源：具备上网功能的计算机或手机、服装手绘设计学习工作站、服装电脑设计学习工作站等。 2. 软资源：工作页、参考教材、T 恤的设计图（效果图、款式图）等。 3. 教学设施：投影仪、一体机、白板、白板笔等。			
T恤单品样衣跟进并确认	1. 把控 T 恤样衣制作工作进程，跟进样衣制作的流程节点（时间意识、工作效率、责任心）； 2. T 恤单品样衣辅料的搭配（审美观）； 3. 审版，记录样衣的改进意见（职业素养：耐心倾听样衣师的修改建议并做记录）； 4. 填写样衣确认单。	1. 老师讲授影响服装工艺制作的因素，包括面料、款式及细节的设计（讲授法、演示法）； 2. 老师提问 T 恤的样衣制作的步骤环节，如何把控样衣制作的进程并及时调整以符合设计意图； 3. 发放样衣确认单，讲解如何填写样衣确认单（含服装的名称、编号、款式图、号型规格、面辅料小样、制作工艺说明）。	1. 认真记录老师讲授的影响服装廓形的因素； 2. 回答老师的提问； 3. 检验、熟悉纸样设计工作流程及步骤，监控时间及纸样的制作与设计图吻合； 4. 样衣的检验方法； 5. 填写样衣确认单。	教师评价： 1. 能否按要求回答老师的提问（如：答案的完整性、准确性，语言表达是否思路清晰、有条理）； 2. 样衣版形是否合适，款式风格是否符合设计意图； 3. 填写样衣确认单是否规范、完整、准确、明了。 学生的评价： 1. 评价样衣的优缺点，提出改进意见； 2. 检查样衣制作单，查缺补漏。
	课时： 0.5 课时 1. 硬资源：具备上网功能的计算机或手机、服装手绘设计学习工作站、服装电脑设计学习工作站等。 2. 软资源：工作页、参考教材、上衣样衣、辅料等。 3. 教学设施：投影仪、一体机、白板、白板笔等。			

1 获取T恤的设计任务
2 T恤市场调研
3 T恤面辅料的选配
4 T恤单品服装款式设计
5 T恤样版跟进并确认
6 T恤单品样衣跟进并确认
7 评价反馈

评价反馈

工作子步骤	教师活动	学生活动	评价
1. 展示T恤单品服装款式设计作品; 2. 学生自评与互评; 3. 教师点评。	1. 教师引导学生进行自评、互评环节; 2. 教师归纳总结，表扬好的地方，指出不足。	1. 展示作品; 2. 点评自己作品的优缺点; 3. 学生互相评价作品中的优缺点。	采取学生自评、互评，教师评价等方法进行。

课时：0.5 课时

1. 硬资源：具备上网功能的计算机或手机、服装手绘设计学习工作站、服装电脑设计学习工作站等。
2. 软资源：工作页、参考教材、T恤单品服装款式设计作品等。
3. 教学设施：投影仪、一体机、白板、白板笔等。

学习内容

知识点	1.1 风衣单品概述（风衣分类、面辅料、服装号型等与任务书信息相关的知识点）； 1.2 风衣单品设计原则； 1.3 风衣单品设计流程。	2.1 资讯搜集、检索的方法； 2.2 风衣单品竞品与畅销款的概念； 2.3 市场调研的原则、方法和技巧（调研表格的设计与填写，款式、面辅料、服装工艺细节的搜集与整理）； 2.4 市场调研报告撰写与汇报的要求和注意事项。	3.1 风衣服装面辅料的性能（缩水率、弹性、色牢度等）； 3.2 不同款式服装面辅料选配的原则； 3.3 风衣面辅料的分类（按季节、材质、织法等分）。
技能点	1.1 风衣单品设计任务书的解读； 1.2 风衣单品设计工作任务和任务要求的确认（沟通技巧具体化）； 1.3 搜集服装公司风衣的优秀案例服装图片。	2.1 风衣单品设计资讯的搜集与检索； 2.2 风衣单品设计资讯的归类与整理（知识点的转化与应用）； 2.3 风衣服装流行趋势的分析与运用； 2.4 风衣竞品的分析与畅销款的识别（市场分析能力）； 2.5 风衣市场调研报告文本的撰写及 PPT 的制作； 2.6 调研结果的汇报（语言表达能力）。	3.1 风衣面辅料信息的搜集整理（包括面料价格、成份、幅宽、供货渠道）； 3.2 风衣面料与服装产品风格、定位、品类的匹配； 3.3 辅料与面料的搭配。
 工作环节	工作环节 1 获取风衣单品设计任务	工作环节 2 风衣市场调研	工作环节 3 风衣面辅料选配
成果	1.1 风衣单品设计任务书分解表及要点记录文本； 1.2 分类收集风衣单品设计案例。	2.1 搜集、整理风衣单品设计相关资讯； 2.2 搜集、整理的风衣单品设计相关竞品资料； 2.3 市场调研报告； 2.4 调研结果汇报的 PPT。	3.1 收集与整理的面辅料小样单； 3.2 服装面辅料性能分析表； 3.3 面辅料搭配方案； 3.4 面辅料归类档案（按季节、材质等分类）。

4.1 风衣单品服装的款式构成（介绍风衣的款式特征、廓形与局部细节、设计款式、色彩等）； 4.2 流行元素的运用（风格、面料搭配）； 4.3 风衣单品款式图的绘制方法及技巧。	5.1 风衣单品服装廓形与版形的关系； 5.2 风衣单品服装面辅料与版形的关系。	6.1 风衣单品服装款式设计与工艺的关系； 6.2 风衣单品服装面辅料与工艺的关系。	
4.1 风衣单品服装风格的识别与鉴赏（审美意识）； 4.2 流行元素的应用（审美意识、创新意识）； 4.3 风衣单品效果图的绘制（包括手绘或电脑绘图、面料质感的表达，款式风格的表达）。	5.1 把控风衣单品样版工作进程，确定样版制作周期的各工作节点； 5.2 跟进风衣单品样版造型的调整并确认（耐心倾听版师的修改建议）； 5.3 风衣单品任务单的填写（包括款式图、面辅料小样、工艺细节设计说明）。	6.1 风衣单品样衣制作工作进程的把控（确定样衣制作周期的各工作节点，时间意识、工作效率、责任心）； 6.2 风衣单品样衣辅料的匹配； 6.3 跟进风衣单品样衣的调整并确认（耐心倾听样衣师的修改建议）。	
工作环节 4 风衣单品服装款式设计	风衣单品样版跟进并确认 工作环节 5	工作环节 6 风衣单品样衣跟进并确认	评价反馈 工作环节 7
4.1 收集到的具有代表性的风衣单品设计廓形图片及设计元素； 4.2 服装款式图和效果图（包括手绘或电脑）。	5.1 风衣单品服装面辅料与版型、廓形匹配性分析表； 5.2 版师意见反馈记录文本； 5.3 服装样版确认单。	6.1 风衣单品款式设计工艺描述表； 6.2 风衣单品面辅料与工艺匹配性分析表； 6.3 样衣师意见反馈记录文本； 6.4 服装样衣确认单。	7.1 对服装风衣单品设计过程中出现的问题、现象进行总结并给出改进建议。每位学生提交风衣单品服装款式图和效果图。

学习任务 2　上装单品设计—风衣单品设计

1 获取风衣的设计任务　2 风衣市场调研　3 风衣面辅料的选配　4 风衣单品服装款式设计　5 风衣样版跟进并确认　6 风衣单品样衣跟进并确认　7 评价反馈

	工作子步骤	教师活动	学生活动	评价
获取风衣的设计任务	1. 明确设计任务书中风衣的产品类别、风格、目标消费群、款式造型、面辅料、工艺及完成期限等要求； 2. 在设计总监的指引下搜集掌握服装公司的文化理念和产品风格； 3. 制订风衣的设计计划。	1. 引导学生分析任务书，提炼设计关键字词； 2. 老师提问任务书中的重点设计要素； 3. 列举服装公司风衣实物图及设计图等相关资料。	1. 准确解读任务书并提炼要点； 2. 搜集风衣常见款式的实物图及绘制的效果图，重点理解设计亮点； 3. 小组讨论，制订任务计划书。	教师评价： 1. 风衣款式造型及设计点； 2. 风衣图案设计； 3. 风衣面料搭配及工艺运用。
	课时： 0.5 课时 1. 硬资源：具备上网功能的计算机或手机、服装手绘设计学习工作站、服装电脑设计学习工作站等。 2. 软资源：风衣实物图及设计图相关资料、工作页、工具书、参考教材等。 3. 教学设施：投影仪、一体机、白板、白板笔等。			
风衣市场调研	1. 品牌及批发服装市场调查，对竞品的设计特点进行分析，包括图案设计、面料搭配、工艺运用等； 2. 检索流行资讯（网站、时尚杂志）； 3. 收集相关素材； 4. 撰写市场调研报告（用 PPT 制作并汇报）。	1. 学生分组，选定组长组织小组成员开展市场调查的工作； 2. 引导学生进行线下调研，选定服装市场调查的地点（如：太古汇、万菱汇、天河城、万达等）； 3. 引导学生进行线上调研（通过流行资讯或图书馆查阅服装杂志书籍）； 4. 交代市场调查的重点，要求学生调研后做好 PPT； 5. 强调外出的安全意识。	1. 明确分工，记录市场调查的任务要点； 2. 学生去服装市场调研，品牌服装实体店、批发市场进行竞品分析； 3. 学生在流行资讯网站上检索资讯； 4. 学生在图书馆查阅资料(时尚杂志、服装书籍等)； 5. PPT 制作并汇报； 6. 外出调研时注意安全。	教师评价： 1. 市场调研报告 PPT 的内容是否符合要求； 2. PPT 制作中有无体现风格定位、造型特点、图案设计、面料及工艺运用； 3. 汇报时，逻辑思维及表达是否清晰重点是否突出。 学生互评： 1. 对学生展示的素材进行评价及筛选； 2. 指出市场调研报告及演示文稿制作的优缺点。
	课时： 1 课时 1. 硬资源：具备上网功能的计算机或手机、服装手绘设计学习工作站、服装电脑设计学习工作站等。 2. 软资源：工作业、参考教材、时尚杂志、数字化资源（流行资讯网站）、风衣设计的素材资料等。 3. 教学设施：投影仪、一体机、白板、白板笔等。			

基准课时：8

1. 获取风衣的设计任务
2. 风衣市场调研
3. 风衣面辅料的选配
4. 风衣单品服装款式设计
5. 风衣样版跟进并确认
6. 风衣单品样衣跟进并确认
7. 评价反馈

<table>
<tr><th></th><th>工作子步骤</th><th>教师活动</th><th>学生活动</th><th>评价</th></tr>
<tr><td rowspan="2">风衣面辅料的选配</td><td>1. 收集风衣面料，如针织面料等；
2. 收集风衣辅料，如花边、蕾丝、亮片、钻、珠等。</td><td>1. 讲解风衣面料知识，如：面料的分类、成分、性能，识别方法、如缩水率、色牢度、弹性、耐磨性等；
2. 介绍面料材质的鉴别方法；
3. 进行小组分工，交代面辅料市场调查的任务；
4. 组织学生去面辅料市场收集小样（强调外出的安全意识）；
5. 审阅学生寻找的面辅料小样制作单；
6. 审阅学生的搭配方案。</td><td>1. 进行面辅料的市场调查，收集面辅料小样；
2. 理解并识别风衣面料的成分和掌握面料的特性；
3. 归类整理面辅料小样，进行风衣的面辅料的搭配，筛选设计方案。</td><td>教师评价：
1. 审阅学生寻找的风衣面辅料是否舒适；
2. 审阅学生寻找的面辅料素材是否适合风衣的类别，且风格相符；
3. 对审阅过程中出现的问题给出改进意见。
学生互评：
1. 指出风衣的图案设计及面料搭配方案的优缺点；
2. 指出方案中的优点如何持续优化，缺点如何改进，提出改进意见；
3. 对方案进行筛选与改进。</td></tr>
<tr><td colspan="4">课时：1 课时
1. 硬资源：具备上网功能的计算机或手机、服装手绘设计学习工作站、服装电脑设计学习工作站等。
2. 软资源：工作页、参考教材、数字化资源（流行面料资讯网站、服装设计的公众号）等。
3. 教学设施：投影仪、一体机、白板、白板笔等。</td></tr>
<tr><td rowspan="2">风衣单品服装款式设计</td><td>1. 构思，从素材库中寻找灵感来源；提取元素设计风衣，并绘制草图；
2. 服装款式图及效果图的绘制；
3. 填写设计制作单。</td><td>1. 讲解风衣设计的原则与方法以及如何体现风衣风格特点；
2. 演示风衣效果图、款式图的画法；
3. 指导学生绘制服装效果图及款式图；
4. 组织学生进行作品展示并予以评价；
5. 检查设计制作单（风衣设计图、设计说明、风格、面辅料小样、工艺标注等）。</td><td>1. 观察老师演示的风衣效果图及款式图的绘制方法；
2. 构思，找灵感，运用素材，确定款式的设计方案，绘制草图；
3. 绘制服装效果图及款式图；
4. 对作品进行点评并改进。</td><td>教师评价：
1. 人体比例是否准确；
2. 风格定位是否准确，效果图的绘制是否符合风衣的款式特点、能否准确表达面料材质及纹理、整体效果是否整体统一；
3. 款式图是否比例准确、工艺标注是否清晰规范完整。
学生互评：
评价服装效果图、款式图的优缺点、提出改进意见。</td></tr>
<tr><td colspan="4">课时：4 课时
1. 硬资源：具备上网功能的计算机或手机、服装手绘设计学习工作站、服装电脑设计学习工作站等。
2. 软资源：工作页、参考教材、数字化资源（服装设计的公众号）、风衣效果图、款式图的优秀案例等。
3. 教学设施：投影仪、一体机、白板、白板笔、画笔、画纸、颜料等。</td></tr>
</table>

课程 2 单品服装设计

学习任务 2 上装单品设计—风衣单品设计

1. 获取风衣的设计任务
2. 风衣市场调研
3. 风衣面辅料的选配
4. 风衣单品服装款式设计
5. 风衣样版跟进并确认
6. 风衣单品样衣跟进并确认
7. 评价反馈

<table>
<tr><th></th><th>工作子步骤</th><th>教师活动</th><th>学生活动</th><th>评价</th></tr>
<tr><td rowspan="2">风衣样版跟进并确认</td><td>1. 把控纸样制作的工作进程，跟进样衣制作的流程节点（时间意识、工作效率、责任心）；
2. 与纸样师及时沟通，使纸样制作符合风衣的结构，符合设计意图（沟通能力）；
3. 记录纸样的改进意见；
4. 填写样版确认单。</td><td>1. 老师讲授影响服装廓形的因素，包括面料、纸样的尺寸规格等；
2. 讲解并提问纸样设计的步骤环节，如何把控纸样设计进程并及时调整以符合设计意图；
3. 发放样版确认单并讲解如何填写样版确认单，含服装的名称、编号、款式图、号型规格、面辅料小样。</td><td>1. 学生记录老师讲授的影响服装廓形的因素；
2. 回答老师的提问；
3. 学习纸样设计工作流程、步骤以及如何监控时间及纸样的制作与设计图吻合；
4. 填写样版确认单。</td><td>教师评价：
1. 能否按要求回答老师的提问（如：答案的完整性、准确性，语言表达是否思路清晰、有条理）；
2. 样版确认单填写是否规范、完整、准确、明了。</td></tr>
<tr><td colspan="4">**课时：**0.5 课时
1. 硬资源：具备上网功能的计算机或手机、服装手绘设计学习工作站、服装电脑设计学习工作站等。
2. 软资源：工作页、参考教材、风衣的设计图（效果图、款式图）等。
3. 教学设施：投影仪、一体机、白板、白板笔等。</td></tr>
<tr><td rowspan="2">风衣单品样衣跟进并确认</td><td>1. 把控风衣样衣制作工作进程，跟进样衣制作的流程节点（时间意识、工作效率、责任心）；
2. 风衣单品样衣辅料的搭配（审美观）；
3. 审版，记录样衣的改进意见（职业素养：耐心倾听样衣师的修改建议并做记录）；
4. 填写样衣确认单。</td><td>1. 老师讲授影响服装工艺制作的因素，包括面料、款式及细节的设计（讲授法、演示法）；
2. 老师提问风衣的样衣制作的步骤环节，如何把控样衣制作的进程并及时调整以符合设计意图；
3. 发放样衣确认单，讲解如何填写样衣确认单，含服装的名称、编号、款式图、号型规格、面辅料小样、制作工艺说明。</td><td>1. 认真记录老师讲授的影响服装廓形的因素；
2. 回答老师的提问；
3. 检验、熟悉样衣设计工作流程及步骤，监控时间及纸样的制作与设计图吻合；
4. 学习样衣的检验方法；
5. 填写样衣确认单。</td><td>教师评价：
1. 能否按要求回答老师的提问（如：答案的完整性、准确性、语言表达思路清晰，有条理）；
2. 样衣版型是否合适，款式风格是否符合设计意图
3. 填写样衣确认单是否规范、完整、准确、明了。
学生的评价：
1. 评价样衣的优缺点、提出改进意见；
2. 检查样衣制作单，查缺补漏。</td></tr>
<tr><td colspan="4">**课时：**0.5 课时
1. 硬资源：具备上网功能的计算机或手机、服装手绘设计学习工作站、服装电脑设计学习工作站等。
2. 软资源：工作页、参考教材、上衣样衣、辅料等。
3. 教学设施：投影仪、一体机、白板、白板笔等。</td></tr>
</table>

基准课时：8

1 获取风衣的设计任务 → 2 风衣市场调研 → 3 风衣面辅料的选配 → 4 风衣单品服装款式设计 → 5 风衣样版跟进并确认 → 6 风衣单品样衣跟进并确认 → 7 评价反馈

评价反馈

工作子步骤	教师活动	学生活动	评价
1. 展示风衣单品服装款式设计作品; 2. 学生自评与互评; 3. 教师点评。	1. 教师引导学生进行自评、互评环节; 2. 教师归纳总结，表扬好的地方，指出不足。	1. 学生展示作品; 2. 点评自己作品的优缺点; 3. 学生互相评价作品中的优缺点。	采取学生自评、互评，教师评价等方法进行。

课时：0.5 课时

1. 硬资源：具备上网功能的计算机或手机、服装手绘设计学习工作站、服装电脑设计学习工作站等。
2. 软资源：工作页、参考教材、风衣单品服装款式设计作品等。
3. 教学设施：投影仪、一体机、白板、白板笔等。

学习内容

知识点	1.1 夹克单品概述（夹克分类、面辅料、服装号型等与任务书信息相关的知识点）； 1.2 夹克单品设计原则； 1.3 夹克单品设计流程。	2.1 资讯搜集、检索的方法； 2.2 夹克单品竞品与畅销款的概念； 2.3 市场调研的原则、方法和技巧（调研表格的设计与填写，款式、面辅料、服装工艺细节的搜集与整理）； 2.4 市场调研报告撰写与汇报的要求和注意事项。	3.1 夹克服装面辅料的性能（缩水率、弹性、色牢度等； 3.2 不同款式服装面辅料选配的原则； 3.3 夹克面辅料的分类（按季节、材质、织法等分）。
技能点	1.1 夹克单品设计任务书的解读； 1.2 夹克单品设计工作任务和任务要求的确认（沟通技巧具体化）； 1.3 搜集服装公司夹克的优秀案例服装图片。	2.1 夹克单品设计资讯的搜集与检索； 2.2 夹克单品设计资讯的归类与整理（知识点的转化与应用）； 2.3 夹克服装流行趋势的分析与运用； 2.4 夹克竞品的分析与畅销款的识别（市场分析能力）； 2.5 夹克市场调研报告文本的撰写及 PPT 的制作； 2.6 调研结果的汇报（语言表达能力）。	3.1 夹克面辅料信息的搜集整理（包括面料价格、成份、幅宽、供货渠道）； 3.2 夹克面料与服装产品风格、定位、品类的匹配； 3.3 辅料与面料的搭配。
工作环节	工作环节 1 获取夹克单品设计任务	夹克市场调研 工作环节 2	工作环节 3 夹克面辅料选配
成果	1.1 夹克单品设计任务书分解表及要点记录文本； 1.2 分类收集到的夹克单品设计案例。	2.1 搜集、整理到的夹克单品设计相关资讯； 2.2 搜集、整理的夹克单品设计相关竞品资料； 2.3 市场调研报告； 2.4 调研结果汇报的 PPT。	3.1 收集与整理的面辅料小样单； 3.2 服装面辅料性能分析表； 3.3 面辅料搭配方案； 3.4 面辅料归类档案（按季节、材质等分类）。

学习任务 2　上装单品设计—夹克单品设计

4.1 夹克单品服装的款式构成（夹克的款式特征、廓形与局部细节、设计款式、色彩等）； 4.2 流行元素的运用（风格、面料搭配）； 4.3 夹克单品款式图的绘制方法及技巧 。	5.1 夹克单品服装廓形与版型的关系； 5.2 夹克单品服装面辅料与版型的关系。	6.1 夹克单品服装款式设计与工艺的关系； 6.2 夹克单品服装面辅料与工艺的关系。	
4.1 夹克单品服装风格的识别与鉴赏（审美意识）； 4.2 流行元素的应用（审美意识、创新意识）； 4.3 夹克单品效果图的绘制（包括手绘或电脑绘图、面料质感的表达，款式风格的表达）。	5.1 把控夹克单品样版工作进程，确定样版制作周期的各工作节点； 5.2 跟进夹克单品样版造型的调整并确认（耐心倾听版师的修改建议）； 5.3 夹克单品任务单的填写（包括款式图、面辅料小样、工艺细节设计说明）。	6.1 把控夹克单品样衣制作工作进程，确定样衣制作周期的各工作节点，时间意识、工作效率、责任心； 6.2 夹克单品样衣辅料的匹配； 6.3 跟进夹克单品样衣的调整并确认（耐心倾听样衣师的修改建议）。	
工作环节 4 夹克单品服装款式设计	夹克单品样版跟进并确认 工作环节 5	工作环节 6 夹克单品样衣跟进并确认	评价反馈 工作环节 7
4.1 收集到的具有代表性的夹克单品设计廓形图片及设计元素； 4.2 服装款式图和效果图 (包括手绘或电脑)。	5.1 夹克单品服装面辅料与版型、廓形匹配性分析表； 5.2 版师意见反馈记录文本； 5.3 服装样版确认单。	6.1 夹克单品款式设计工艺描述表； 6.2 夹克单品面辅料与工艺匹配性分析表； 6.3 样衣师意见反馈记录文本； 6.4 服装样衣确认单。	7.1 对服装夹克单品设计过程中出现的问题、现象进行总结并给出改进建议，每位学生提交夹克单品服装款式图和效果图。

学习任务 2　上装单品设计—夹克单品设计

① 获取夹克的设计任务　② 夹克市场调研　③ 夹克面辅料的选配　④ 夹克单品服装款式设计　⑤ 夹克样版跟进并确认　⑥ 夹克单品样衣跟进并确认　⑦ 评价反馈

	工作子步骤	教师活动	学生活动	评价
获取夹克的设计任务	1. 明确设计任务书中夹克的产品类别、风格、目标消费群、款式造型、面辅料、工艺及完成期限等要求； 2. 在设计总监的指引下搜集掌握服装公司的文化理念和产品风格； 3. 制订夹克的设计计划。	1. 引导学生分析任务书，提炼设计关键字词； 2. 老师提问任务书中的重点设计要素； 3. 实例列举服装公司夹克实物图及设计图等相关资料。	1. 准确解读任务书并提炼要点； 2. 搜集夹克的常见款式的实物图及绘制的效果图，重点理解设计亮点； 3. 小组讨论，制订任务计划书。	教师评价： 1. 夹克款式造型及设计点； 2. 夹克图案设计； 3. 夹克面料搭配及工艺运用。

课时： 0.5 课时

1. 硬资源：具备上网功能的计算机或手机、服装手绘设计学习工作站、服装电脑设计学习工作站等。
2. 软资源：夹克实物图及设计图相关资料、工作页、工具书、参考教材等。
3. 教学设施：投影仪、一体机、白板、白板笔等。

	工作子步骤	教师活动	学生活动	评价
夹克市场调研	1. 品牌及批发服装市场调查，对竞品的设计特点进行分析，包括图案设计、面料搭配、工艺运用等； 2. 检索流行资讯（网站、时尚杂志）； 3. 收集相关素材； 4. 撰写市场调研报告（用 PPT 制作并汇报）。	1. 进行学生分组，选定组长组织小组成员开展市场调查的工作； 2. 引导学生进行线下调研，选定服装市场调查的地点（如：太古汇、万菱汇、天河城、万达等）； 3. 引导学生进行线上调研（通过流行资讯或图书馆查阅服装杂志书籍）； 4. 交代市场调查的重点，要求学生调研后做好 PPT； 5. 强调外出的安全意识。	1. 明确分工，记录市场调查的任务要点； 2. 去服装市场调研，品牌服装实体店、批发市场进行竞品分析； 3. 在流行资讯网站上检索资讯； 4. 在图书馆查阅资料（时尚杂志、服装书籍等）； 5. 制作 PPT 并汇报； 6. 外出调研时注意安全。	教师评价： 1. 市场调研报告 PPT 的内容是否符合要求； 2. PPT 制作中有无体现风格定位、造型特点、图案设计、面料及工艺运用； 3. 汇报时，逻辑思维及表达是否清晰，重点是否突出。 学生互评： 1. 对学生展示的素材进行评价及筛选； 2. 指出市场调研报告及演示文稿制作的优缺点。

课时： 1 课时

1. 硬资源：具备上网功能的计算机或手机、服装手绘设计学习工作站、服装电脑设计学习工作站等。
2. 软资源：工作业、参考教材、时尚杂志、数字化资源（流行资讯网站）、夹克设计的素材资料等。
3. 教学设施：投影仪、一体机、白板、白板笔等。

基准课时：8

1 获取夹克的设计任务 → 2 夹克市场调研 → 3 夹克面辅料的选配 → 4 夹克单品服装款式设计 → 5 夹克样版跟进并确认 → 6 夹克单品样衣跟进并确认 → 7 评价反馈

	工作子步骤	教师活动	学生活动	评价
夹克面辅料的选配	1. 收集夹克面料，如针织面料等； 2. 收集夹克辅料，如花边、蕾丝、亮片、钻、珠等。	1. 讲解夹克面料知识，如面料的分类、成分、性能，识别方法、如缩水率、色牢度、弹性、耐磨性等； 2. 介绍面料材质的鉴别方法； 3. 进行小组分工，交代面辅料市场调查的任务； 4. 组织学生去面辅料市场收集小样（强调外出的安全意识）； 5. 审阅学生寻找的面辅料小样制作单； 6. 审阅学生上衣的搭配方案。	1. 学生进行面辅料的市场调查，收集面辅料小样； 2. 理解并识别夹克面料的成分和掌握面料的特性； 3. 归类整理面辅料小样，进行夹克的面辅料的搭配，筛选设计方案。	教师评价： 1. 审阅学生寻找的夹克面辅料是否舒适； 2. 审阅学生寻找的面辅料素材是否适合夹克的类别且风格相符； 3. 对审阅过程中出现的问题给出改进意见。 学生互评： 1. 指出夹克的图案设计及面料搭配方案的优缺点； 2. 指出方案中的优点如何持续优化，缺点如何改进，提出改进意见； 3. 对方案进行筛选与改进。

课时： 1 课时

1. 硬资源：具备上网功能的计算机或手机、服装手绘设计学习工作站、服装电脑设计学习工作站等。
2. 软资源：工作页、参考教材、数字化资源（流行面料资讯网站、服装设计的公众号）等。
3. 教学设施：投影仪、一体机、白板、白板笔等。

	工作子步骤	教师活动	学生活动	评价
夹克单品服装款式设计	1. 构思，从素材库中寻找灵感来源。提取元素设计夹克并绘制草图； 2. 绘制服装款式图及效果图； 3. 填写设计制作单。	1. 讲解夹克设计的原则与方法以及如何体现夹克风格特点； 2. 演示夹克效果图、款式图的画法； 3. 指导学生绘制服装效果图及款式图； 4. 对学生展示的作品进行评价； 5. 检查设计制作单（夹克设计图、设计说明、风格、面辅料小样、工艺标注等）。	1. 观察老师演示的夹克效果图及款式图的绘制方法； 2. 构思，找灵感，运用素材，确定款式的设计方案，绘制草图； 3. 绘制服装效果图及款式图； 4. 对作品进行点评并改进。	教师评价： 1. 人体比例是否准确； 2. 风格定位是否准确，效果图的绘制是否符合夹克的款式特点、能否准确表达面料材质及纹理，整体效果是否整体统一； 3. 款式图是否比例准确、工艺标注是否清晰规范完整。 学生互评： 评价服装效果图、款式图的优缺点、提出改进意见。

课时： 4 课时

1. 硬资源：具备上网功能的计算机或手机、服装手绘设计学习工作站、服装电脑设计学习工作站等。
2. 软资源：工作页、参考教材、数字化资源、服装设计的公众号）、夹克效果图、款式图的优秀案例等。
3. 教学设施：投影仪、一体机、白板、白板笔、画笔、画纸、颜料等。

学习任务 2 上装单品设计—夹克单品设计

1 获取夹克的设计任务 → 2 夹克市场调研 → 3 夹克面辅料的选配 → 4 夹克单品服装款式设计 → 5 夹克样版跟进并确认 → 6 夹克单品样衣跟进并确认 → 7 评价反馈

	工作子步骤	教师活动	学生活动	评价
夹克样版跟进并确认	1. 把控纸样制作的工作进程，跟进样衣制作的流程节点(时间意识、工作效率、责任心)； 2. 与纸样师及时沟通，使纸样制作符合夹克的结构，符合设计意图(沟通能力)； 3. 记录纸样的改进意见； 4. 填写样版确认单。	1. 讲授影响服装廓形的因素(面料、纸样的尺寸规格等)； 2. 讲解并提问纸样设计的步骤环节，如何把控纸样设计进程并及时调整以符合设计意图； 3. 发放样版确认单并讲解如何填写样版确认单(含服装的名称、编号、款式图、号型规格、面辅料小样)。	1. 记录老师讲授的影响服装廓形的因素； 2. 回答老师的提问； 3. 学习纸样设计工作流程、步骤以及如何监控时间及纸样的制作与设计图吻合； 4. 填写样版确认单。	教师评价： 1. 能否按要求回答老师的提问(如：答案的完整性、准确性，语言表达是否思路清晰、有条理)； 2. 填写样版确认单是否规范、完整、准确、明了。
	课时： 0.5 课时 1. 硬资源：具备上网功能的计算机或手机、服装手绘设计学习工作站、服装电脑设计学习工作站等。 2. 软资源：工作页、参考教材、夹克的设计图（效果图、款式图）等。 3. 教学设施：投影仪、一体机、白板、白板笔等。			
夹克单品样衣跟进并确认	1. 把控夹克样衣制作工作进程，跟进样衣制作的流程节点(时间意识、工作效率、责任心)； 2. 夹克单品样衣辅料的搭配(审美观)； 3. 审版，记录样衣的改进意见(职业素养：耐心倾听样衣师的修改建议并做记录)； 4. 填写样衣确认单。	1. 老师讲授影响服装工艺制作的因素，如面料、款式及细节的设计(讲授法、演示法)； 2. 老师提问夹克的样衣制作的步骤环节，如何把控样衣制作的进程并及时调整以符合设计意图； 3. 发放样版确认单，讲解如何填写样版确认单，含服装的名称、编号、款式图、号型规格、面辅料小样、制作工艺说明。	1. 认真记录老师讲授的影响服装廓形的因素； 2. 回答老师的提问； 3. 检验、熟悉样衣设计工作流程及步骤，监控时间及纸样的制作与设计图吻合； 4. 学习样衣的检验方法； 5. 填写样衣确认单。	教师评价： 1. 能否按要求回答老师的提问(如：答案的完整性、准确性，语言表达是否思路清晰、有条理)； 2. 样衣版型是否合适，款式风格是否符合设计意图； 3. 样衣确认单填写是否规范、完整、准确、明了。 学生的评价： 1. 评价样衣的优缺点，提出改进意见； 2. 检查样衣制作单，查缺补漏。
	课时： 0.5 课时 1. 硬资源：具备上网功能的计算机或手机、服装手绘设计学习工作站、服装电脑设计学习工作站等。 2. 软资源：工作页、参考教材、上衣样衣、辅料等。 3. 教学设施：投影仪、一体机、白板、白板笔等。			

1 获取夹克的设计任务 → 2 夹克市场调研 → 3 夹克面辅料的选配 → 4 夹克单品服装款式设计 → 5 夹克样版跟进并确认 → 6 夹克单品样衣跟进并确认 → 7 评价反馈

评价反馈

工作子步骤	教师活动	学生活动	评价
1. 展示夹克单品服装款式设计作品; 2. 学生自评与互评; 3. 教师点评。	1. 教师引导学生进行自评、互评环节; 2. 教师归纳总结，表扬好的地方，指出不足。	1. 学生展示作品 2. 点评自己作品的优缺点; 3. 学生互相评价作品中的优缺点。	采取学生自评、互评，教师评价等方法进行。

课时： 0.5 课时

1. 硬资源：具备上网功能的计算机或手机、服装手绘设计学习工作站、服装电脑设计学习工作站等。
2. 软资源：工作页、参考教材、夹克单品服装款式设计作品等。
3. 教学设施：投影仪、一体机、白板、白板笔等。

学习内容

知识点	1.1 牛仔单品概述（牛仔分类、面辅料、服装号型等与任务书信息相关的知识点）； 1.2 牛仔单品设计原则； 1.3 牛仔单品设计流程。	2.1 资讯搜集、检索的方法； 2.2 牛仔单品竞品与畅销款的概念； 2.3 市场调研的原则、方法和技巧（调研表格的设计与填写，款式、面辅料、服装工艺细节的搜集与整理）； 2.4 市场调研报告撰写与汇报的要求和注意事项。	3.1 牛仔服装面辅料的性能（缩水率、弹性、色牢度等）； 3.2 不同款式服装面辅料选配的原则； 3.3 牛仔面辅料的分类（按季节、材质、织法等分）。
技能点	1.1 牛仔单品设计任务书的解读； 1.2 牛仔单品设计工作任务和任务要求的确认（沟通技巧具体化）； 1.3 服装公司牛仔的优秀案例服装图片的搜集。	2.1 牛仔单品设计资讯的搜集与检索； 2.2 牛仔单品设计资讯的归类与整理（知识点的转化与应用）； 2.3 牛仔服装流行趋势的分析与运用； 2.4 牛仔竞品的分析与畅销款的识别（市场分析能力）； 2.5 牛仔市场调研报告的撰写及 PPT 的制作，调研结果汇报（语言表达能力）。	3.1 牛仔面辅料信息的搜集整理（包括面料价格、成份、幅宽、供货渠道）； 3.2 牛仔面料与服装产品风格、定位、品类的匹配； 3.3 辅料与面料的搭配。
工作环节	工作环节 1 获取牛仔单品设计任务	工作环节 2 牛仔市场调研	工作环节 3 牛仔面辅料选配
成果	1.1 牛仔单品设计任务书分解表及要点记录文本； 1.2 分类收集的牛仔单品设计案例。	2.1 搜集、整理的牛仔单品设计相关资讯； 2.2 搜集、整理的牛仔单品设计相关竞品资料； 2.3 市场调研报告； 2.4 调研结果汇报的 PPT。	3.1 收集与整理的面辅料小样单； 3.2 服装面辅料性能分析表； 3.3 面辅料搭配方案； 3.4 面辅料归类档案（按季节、材质等分类）。

4.1 牛仔单品服装的款式构成（介绍牛仔的款式特征、廓形与局部细节、设计款式、色彩等）； 4.2 流行元素的运用（风格、面料搭配）； 4.3 牛仔单品款式图的绘制方法及技巧。	5.1 牛仔单品服装廓形与版形的关系； 5.2 牛仔单品服装面辅料与版形的关系。	6.1 牛仔单品服装款式设计与工艺的关系； 6.2 牛仔单品服装面辅料与工艺的关系。	
4.1 牛仔单品服装风格的识别与鉴赏（审美意识）； 4.2 流行元素的应用（审美意识、创新意识）； 4.3 牛仔单品效果图的绘制（包括手绘或电脑绘图、面料质感的表达，款式风格的表达）。	5.1 把控牛仔单品样版工作进程，确定样版制作周期的各工作节点； 5.2 跟进牛仔单品样版造型的调整并确认（耐心倾听版师的修改建议）； 5.3 牛仔单品任务单的填写（包括款式图、面辅料小样、工艺细节设计说明）。	6.1 牛仔单品样衣制作工作进程的把控（确定样衣制作周期的各工作节点，时间意识、工作效率、责任心）； 6.2 牛仔单品样衣辅料的匹配； 6.3 跟进牛仔单品样衣的调整并确认（耐心倾听样衣师的修改建议）。	
工作环节 4 牛仔单品服装款式设计	牛仔单品样版跟进并确认 工作环节 5	工作环节 6 牛仔单品样衣跟进并确认	评价反馈 工作环节 7
4.1 收集到的具有代表性的牛仔单品设计廓形图片及设计元素； 4.2 服装款式图和效果图 (包括手绘或电脑)。	5.1 牛仔单品服装面辅料与版型、廓形匹配性分析表； 5.2 版师意见反馈记录文本； 5.3 填写服装样版确认单。	6.1 牛仔单品款式设计工艺描述表； 6.2 牛仔单品面辅料与工艺匹配性分析表； 6.3 样衣师意见反馈记录方本； 6.4 填写服装样衣确认单。	7.1 对服装牛仔单品设计过程中出现的问题、现象进行总结并给出改进建议。每位学生提交牛仔单品服装款式图和效果图。

课程 2　单品服装设计

学习任务 2　上装单品设计—牛仔单品设计

1. 获取牛仔的设计任务
2. 牛仔市场调研
3. 牛仔面辅料的选配
4. 牛仔单品服装款式设计
5. 牛仔样版跟进并确认
6. 牛仔单品样衣跟进并确认
7. 评价反馈

	工作子步骤	教师活动	学生活动	评价
获取牛仔的设计任务	1. 明确设计任务书中牛仔的产品类别、风格、目标消费群、款式造型、面辅料、工艺及完成期限等要求; 2. 在设计总监的指引下搜集、掌握服装公司的文化理念和产品风格; 3. 制订牛仔的设计计划。	1. 引导学生分析任务书，提炼设计关键字词; 2. 老师提问任务书中的重点设计要素; 3. 列举服装公司牛仔实物图及设计图等相关资料。	1. 准确解读任务书并提炼要点; 2. 搜集牛仔的常见款式的实物图及绘制的效果图，重点理解设计亮点; 3. 小组讨论，制订任务计划书。	教师评价: 1. 牛仔款式造型及设计点; 2. 牛仔图案设计; 3. 牛仔面料搭配及工艺运用。

课时： 0.5 课时

1. 硬资源：具备上网功能的计算机或手机、服装手绘设计学习工作站、服装电脑设计学习工作站等。
2. 软资源：牛仔实物图及设计图相关资料、工作页、工具书、参考教材等。
3. 教学设施：投影仪、一体机、白板、白板笔等。

	工作子步骤	教师活动	学生活动	评价
牛仔市场调研	1. 品牌及批发服装市场调查，对竞品设计特点进行分析，包括图案设计、面料搭配、工艺运用等; 2. 检索流行资讯（网站、时尚杂志）; 3. 收集相关素材; 4. 撰写市场调研报告（用 PPT 制作并汇报）。	1. 进行学生分组，选定组长组织小组成员开展市场调查的工作; 2. 引导学生进行线下调研，选定服装市场调查的地点（如：太古汇、万菱汇、天河城、万达等）; 3. 引导学生进行线上调研（通过流行资讯或图书馆查阅服装杂志书籍）; 4. 交代市场调查的重点，要求学生调研后做好 PPT; 5. 强调外出的安全意识。	1. 明确分工，记录市场调查的任务要点; 2. 去服装市场调研，品牌服装实体店、批发市场进行竞品分析; 3. 在流行资讯网站上检索资讯; 4. 在图书馆查阅资料（时尚杂志、服装书籍等）; 5. 制作 PPT 并汇报; 6. 外出调研时注意安全。	教师评价: 1. 市场调研报告 PPT 的内容是否符合要求; 2. PPT 制作中有无体现风格定位、造型特点、图案设计、面料及工艺运用; 3. 汇报时，逻辑思维及表达是否清晰且突出重点。 学生互评: 1. 对学生展示的素材进行评价及筛选; 2. 指出市场调研报告及演示文稿制作的优缺点。

课时： 1 课时

1. 硬资源：具备上网功能的计算机或手机、服装手绘设计学习工作站、服装电脑设计学习工作站等。
2. 软资源：工作业、参考教材、时尚杂志、数字化资源（流行资讯网站）、牛仔设计的素材资料等。
3. 教学设施：投影仪、一体机、白板、白板笔等。

1 获取牛仔的设计任务 → 2 牛仔市场调研 → 3 牛仔面辅料的选配 → 4 牛仔单品服装款式设计 → 5 牛仔样版跟进并确认 → 6 牛仔单品样衣跟进并确认 → 7 评价反馈

	工作子步骤	教师活动	学生活动	评价
牛仔面辅料的选配	1. 收集牛仔面料，如针织面料等； 2. 收集牛仔辅料，如花边、蕾丝、亮片、钻、珠等。	1. 讲解牛仔面料知识，如面料的分类、成分、性能，识别方法、如缩水率、色牢度、弹性、耐磨性等； 2. 介绍面料材质的鉴别方法； 3. 进行小组分工，交代面辅料市场调查的任务； 4. 组织学生去面辅料市场收集小样（强调外出的安全意识）； 5. 审阅学生寻找的面辅料小样制作单； 6. 审阅学生上衣的搭配方案。	1. 学生进行面辅料的市场调查，收集面辅料小样； 2. 理解并识别 牛仔面料的成分和掌握面料的特性； 3. 归类整理面辅料小样，进行牛仔的面辅料的搭配，筛选设计方案。	教师评价： 1. 审阅学生寻找的牛仔面辅料是否舒适； 2. 审阅学生寻找的面辅料素材是否适合牛仔的类别且风格相符； 3. 对审阅过程中出现的问题给出改进意见。 学生互评： 1. 指出牛仔的图案设计及面料搭配方案的优缺点； 2. 指出方案中的优点如何持续优化，缺点如何改进，提出改进意见； 3. 对方案进行筛选与改进。

课时： 1 课时
1. 硬资源：具备上网功能的计算机或手机、服装手绘设计学习工作站、服装电脑设计学习工作站等。
2. 软资源：工作页、参考教材、数字化资源（流行面料资讯网站、服装设计的公众号）等。
3. 教学设施：投影仪、一体机、白板、白板笔等。

	工作子步骤	教师活动	学生活动	评价
牛仔单品服装款式设计	1. 构思，从素材库中寻找灵感来源。提取元素设计牛仔，并绘制草图； 2. 绘制服装款式图及效果图； 3. 填写设计制作单。	1. 讲解牛仔设计的原则与方法以及如何体现牛仔风格特点； 2. 演示牛仔效果图、款式图的画法； 3. 指导学生绘制服装效果图及款式图； 4. 组织学生进行作品展示并进行评价； 5. 检查设计制作单（牛仔设计图、设计说明、风格、面辅料小样、工艺标注等）。	1. 观察老师演示的牛仔效果图及款式图的绘制方法； 2. 构思，找灵感，运用素材，确定款式的设计方案，绘制草图； 3. 绘制服装效果图及款式图； 4. 对作品进行点评并改进。	教师评价： 1. 人体比例是否准确； 2. 风格定位是否准确，效果图的绘制是否符合牛仔的款式特点、能否准确表达面料材质及纹理，整体效果是否整体统一； 3. 款式图是否比例准确、工艺标注是否清晰规范完整。 学生互评： 评价服装效果图、款式图的优缺点、提出改进意见。

课时： 4 课时
1. 硬资源：具备上网功能的计算机或手机、服装手绘设计学习工作站、服装电脑设计学习工作站等。
2. 软资源：工作页、参考教材、数字化资源（服装设计的公众号）、牛仔效果图、款式图的优秀案例等。
3. 教学设施：投影仪、一体机、白板、白板笔、画笔、画纸、颜料等。

学习任务 2　上装单品设计—牛仔单品设计

1 获取牛仔的设计任务 → 2 牛仔市场调研 → 3 牛仔面辅料的选配 → 4 牛仔单品服装款式设计 → 5 牛仔样版跟进并确认 → 6 牛仔单品样衣跟进并确认 → 7 评价反馈

	工作子步骤	教师活动	学生活动	评价
牛仔样版跟进并确认	1. 把控纸样制作的工作进程，跟进样衣制作的流程节点，时间意识、工作效率、责任心； 2. 与纸样师及时沟通，使纸样制作符合牛仔的结构，符合设计意图（沟通能力）； 3. 记录纸样的改进意见； 4. 填写样版确认单。	1. 老师讲授影响服装廓形的因素（面料、纸样的尺寸规格等）； 2. 讲解并提问纸样设计的步骤环节，如何把控纸样设计进程并及时调整以符合设计意图； 3. 发放样版确认单并讲解如何填写样版确认单（含服装的名称、编号、款式图、号型规格、面辅料小样）。	1. 记录老师讲授的影响服装廓形的因素； 2. 回答老师的提问； 3. 学习纸样设计工作流程、步骤以及如何监控时间及纸样的制作与设计图吻合； 4. 填写样版确认单。	教师评价： 1. 能否按要求回答老师的提问（如：答案的完整性、准确性，语言表达是否思路清晰且有条理）； 2. 样版确认单填写是否规范、完整、准确、明了。
	课时： 0.5 课时 1. 硬资源：具备上网功能的计算机或手机、服装手绘设计学习工作站、服装电脑设计学习工作站等。 2. 软资源：工作页、参考教材、牛仔的设计图（效果图、款式图）等。 3. 教学设施：投影仪、一体机、白板、白板笔等。			
牛仔单品样衣跟进并确认	1. 把控牛仔样衣制作工作进程，跟进样衣制作的流程节点，时间意识、工作效率、责任心； 2. 牛仔单品样衣辅料的搭配（审美观）； 3. 审版，记录样衣的改进意见（职业素养：耐心倾听样衣师的修改建议并做记录）； 4. 填写样衣确认单。	1. 老师讲授影响服装工艺制作的因素（面料、款式及细节的设计）（讲授法、演示法）； 2. 老师提问牛仔的样衣制作的步骤环节，如何把控样衣制作的进程并及时调整以符合设计意图； 3. 发放样衣确认单并讲解如何填写样衣确认单（含服装的名称、编号、款式图、号型规格、面辅料小样、制作工艺说明）。	1. 认真记录老师讲授的影响服装廓形的因素； 2. 回答老师的提问； 3. 检验、熟悉样衣设计工作流程及步骤，监控时间及纸样的制作与设计图吻合； 4. 样衣的检验方法； 5. 填写样衣确认单。	教师评价： 1. 能否按要求回答老师的提问（如：答案的完整性、准确性，语言表达是否思路清晰且有条理）； 2. 样衣版型是否合适，款式风格是否符合设计意图； 3. 样衣确认单填写是否规范、完整、准确、明了。 学生的评价： 1. 评价样衣的优缺点，提出改进意见； 2. 检查样衣制作单，查缺补漏。
	课时： 0.5 课时 1. 硬资源：具备上网功能的计算机或手机、服装手绘设计学习工作站、服装电脑设计学习工作站等。 2. 软资源：工作页、参考教材、上衣样衣、辅料等。 3. 教学设施：投影仪、一体机、白板、白板笔等。			

基准课时：24

1 获取牛仔的设计任务 → 2 牛仔市场调研 → 3 牛仔面辅料的选配 → 4 牛仔单品服装款式设计 → 5 牛仔样版跟进并确认 → 6 牛仔单品样衣跟进并确认 → 7 评价反馈

	工作子步骤	教师活动	学生活动	评价
评价反馈	1. 展示牛仔单品服装款式设计作品; 2. 学生自评与互评; 3. 教师点评。	1. 教师引导学生进行自评、互评环节; 2. 教师归纳总结，表扬好的地方，指出不足。	1. 学生展示作品; 2. 点评自己作品的优缺点; 3. 学生互相评价作品中的优缺点。	采取学生自评、互评，教师评价等方法进行。

课时： 0.5 课时

1. 硬资源：具备上网功能的计算机或手机、服装手绘设计学习工作站、服装电脑设计学习工作站等。
2. 软资源：工作页、参考教材、牛仔单品服装款式设计作品等。
3. 教学设施：投影仪、一体机、白板、白板笔等。

学习内容

知识点	1.1 皮草 / 皮衣单品概述（分类、面辅料、服装号型等与任务书信息相关的知识点）； 1.2 皮草 / 皮衣单品设计原则； 1.3 皮草 / 皮衣单品设计流程。	2.1 资讯搜集、检索的方法； 2.2 皮草 / 皮衣单品竞品与畅销款的概念； 2.3 市场调研的原则、方法和技巧（调研表格的设计与填写，款式、面辅料、服装工艺细节的搜集与整理）； 2.4 市场调研报告撰写与汇报的要求和注意事项。	3.1 皮草 / 皮衣服装面辅料的性能（缩水率、弹性、色牢度等）； 3.2 不同款式服装面辅料选配的原则； 3.3 皮草 / 皮衣面辅料的分类（按季节、材质、织法等分）。
技能点	1.1 皮草 / 皮衣单品设计任务书的解读； 1.2 皮草 / 皮衣单品设计工作任务和任务要求的确认（沟通技巧具体化）； 1.3 服装公司皮草 / 皮衣的优秀案例服装图片的搜集。	2.1 皮草 / 皮衣单品设计资讯的搜集与检索； 2.2 皮草 / 皮衣单品设计资讯的归类与整理（知识点的转化与应用）； 2.3 皮草 / 皮衣服装流行趋势的分析与运用； 2.4 皮草 / 皮衣竞品的分析与畅销款的识别（市场分析能力）； 2.5 皮草 / 皮衣市场调研报告的撰写及 PPT 的制作，调研结果汇报（语言表达能力）。	3.1 皮草 / 皮衣面辅料信息的搜集整理（包括面料价格、成份、幅宽、供货渠道）； 3.2 皮草 / 皮衣面料与服装产品风格、定位、品类的匹配； 3.3 辅料与面料的搭配。
工作环节	工作环节 1 获取皮草 / 皮衣单品设计任务	皮草 / 皮衣市场调研 工作环节 2	工作环节 3 皮草 / 皮衣面辅料选配
成果	1.1 皮草 / 皮衣单品设计任务书分解表及要点记录文本； 1.2 分类收集皮草 / 皮衣单品设计案例。	2.1 搜集、整理的皮草 / 皮衣单品设计相关资讯； 2.2 搜集、整理的皮草 / 皮衣单品设计相关竞品资料； 2.3 市场调研报告； 2.4 调研结果汇报的 PPT。	3.1 收集与整理的面辅料小样单； 3.2 服装面辅料性能分析表； 3.3 面辅料搭配方案； 3.4 面辅料归类档案（按季节、材质等分类）。

学习任务 2　上装单品设计—皮草 / 皮衣单品设计

4.1 皮草 / 皮衣单品服装的款式构成（介绍皮草 / 皮衣的款式特征、廓形与局部细节、设计款式、色彩等）； 4.2 流行元素的运用（风格、面料搭配）； 4.3 皮草 / 皮衣单品款式图的绘制方法及技巧。	5.1 皮草 / 皮衣单品服装廓形与版型的关系； 5.2 皮草 / 皮衣单品服装面辅料与版型的关系。	6.1 皮草 / 皮衣单品服装款式设计与工艺的关系； 6.2 皮草 / 皮衣单品服装面辅料与工艺的关系。	
4.1 皮草 / 皮衣单品服装风格的识别与鉴赏（审美意识）； 4.2 流行元素的应用（审美意识、创新意识）； 4.3 皮草 / 皮衣单品效果图的绘制（包括手绘或电脑绘图、面料质感的表达，款式风格的表达）。	5.1 皮草 / 皮衣单品样版工作进程的把控（确定样版制作周期的各工作节点）； 5.2 跟进皮草 / 皮衣单品样版造型的调整并确认（耐心倾听版师的修改建议）； 5.3 皮草 / 皮衣单品任务单的填写（包括款式图、面辅料小样、工艺细节设计说明）。	6.1 皮草 / 皮衣单品样衣制作工作进程的把控（确定样衣制作周期的各工作节点，时间意识、工作效率、责任心）； 6.2 皮草 / 皮衣单品样衣辅料的匹配； 6.3 跟进皮草 / 皮衣单品样衣的调整并确认（耐心倾听样衣师的修改建议）。	
工作环节 4 皮草 / 皮衣单品服装款式设计	皮草 / 皮衣单品样版跟进并确认 工作环节 5	工作环节 6 皮草 / 皮衣单品样衣跟进并确认	评价反馈 工作环节 7
4.1 收集到的具有代表性的皮草 / 皮衣单品设计廓形图片及设计元素； 4.2 服装款式图和效果图（包括手绘或电脑）。	5.1 皮草 / 皮衣单品服装面辅料与版型、廓形匹配性分析表； 5.2 版师意见反馈记录文本； 5.3 填写服装样版确认单。	6.1 皮草 / 皮衣单品款式设计工艺描述表； 6.2 皮草 / 皮衣单品面辅料与工艺匹配性分析表； 6.3 样衣师意见反馈记录文本； 6.4 填写服装样衣确认单。	7.1 对服装皮草 / 皮衣单品设计过程中出现的问题、现象进行总结并给出改进建议。每位学生提交皮草 / 皮衣单品服装款式图和效果图。

学习任务 2　上装单品设计—皮草 / 皮衣单品设计

1 获取皮草 / 皮衣的设计任务
2 皮草 / 皮衣市场调研
3 皮草 / 皮衣面辅料的选配
4 皮草 / 皮衣单品服装款式设计
5 皮草 / 皮衣样版跟进并确认
6 皮草 / 皮衣单品样衣跟进并确认
7 评价反馈

	工作子步骤	教师活动	学生活动	评价
获取皮草 / 皮衣的设计任务	1. 明确设计任务书中皮草 / 皮衣的产品类别、风格、目标消费群、款式造型、面辅料、工艺及完成期限等要求； 2. 在设计总监的指引下搜集掌握服装公司的文化理念和产品风格； 3. 制订皮草 / 皮衣的设计计划。	1. 引导学生分析任务书，提炼设计关键字词； 2. 老师提问任务书中的重点设计要素； 3. 实例列举服装公司皮草 / 皮衣实物图及设计图等相关资料。	1. 准确解读任务书并提炼要点； 2. 搜集皮草 / 皮衣的常见款式的实物图及绘制的效果图，重点理解设计亮点； 3. 小组讨论，制订任务计划书。	教师评价： 1. 皮草 / 皮衣款式造型及设计点； 2. 皮草 / 皮衣图案设计； 3. 皮草 / 皮衣面料搭配及工艺运用。
	课时： 0.5 课时 1. 硬资源：具备上网功能的计算机或手机、服装手绘设计学习工作站、服装电脑设计学习工作站等。 2. 软资源：皮草 / 皮衣实物图及设计图相关资料、工作页、工具书、参考教材等。 3. 教学设施：投影仪、一体机、白板、白板笔等。			
皮草 / 皮衣市场调研	1. 品牌及批发服装市场调查，对竞品的设计特点进行分析，包括图案设计、面料搭配、工艺运用等； 2. 检索流行资讯（网站、时尚杂志）； 3. 收集相关素材； 4. 市场调研报告（用 PPT 制作并汇报）。	1. 对学生进行分组，选定组长组织小组成员开展市场调查的工作； 2. 引导学生进行线下调研，选定服装市场调查的地点（如：太古汇、万菱汇、天河城、万达等）； 3. 引导学生进行线上调研（通过流行资讯或图书馆查阅服装杂志书籍）； 4. 交代市场调查的重点，要求学生调研后做好 PPT； 5. 强调外出的安全意识。	1. 明确分工，记录市场调查的任务要点； 2. 去服装市场调研，品牌服装实体店、批发市场进行竞品分析； 3. 在流行资讯网站上检索资讯； 4. 在图书馆查阅资料（时尚杂志、服装书籍等）； 5. 制作 PPT 并汇报； 6. 外出调研时注意安全。	教师评价： 1. 市场调研报告 PPT 的内容是否符合要求； 2. PPT 制作中有无体现风格定位、造型特点、图案设计、面料及工艺运用； 3. 汇报时，逻辑思维及表达是否清晰、突出重点。 学生互评： 1. 对学生展示的素材进行评价及筛选； 2. 指出市场调研报告及演示文稿制作的优缺点。
	课时： 1 课时 1. 硬资源：具备上网功能的计算机或手机、服装手绘设计学习工作站、服装电脑设计学习工作站等。 2. 软资源：工作业、参考教材、时尚杂志、数字化资源（流行资讯网站）、皮草 / 皮衣设计的素材资料等。 3. 教学设施：投影仪、一体机、白板、白板笔等。			

基准课时：10

1 获取皮草/皮衣的设计任务 → 2 皮草/皮衣市场调研 → 3 皮草/皮衣面辅料的选配 → 4 皮草/皮衣单品服装款式设计 → 5 皮草/皮衣样版跟进并确认 → 6 皮草/皮衣单品样衣跟进并确认 → 7 评价反馈

	工作子步骤	教师活动	学生活动	评价
皮草/皮衣面辅料的选配	1. 收集皮草/皮衣面料，如针织面料等； 2. 收集皮草/皮衣辅料，如花边、蕾丝、亮片、钻、珠等。	1. 讲解皮草/皮衣面料知识，如面料的分类、成分、性能、识别方法、缩水率、色牢度、弹性、耐磨性等）； 2. 介绍面料材质的鉴别方法； 3. 小组分工，交代面辅料市场调查的任务； 4. 组织学生去面辅料市场收集小样（强调外出的安全意识）； 5. 审阅学生寻找的面辅料小样制作单； 6. 审阅学生上衣的搭配方案。	1. 进行面辅料的市场调查，收集面辅料小样； 2. 理解并识别皮草/皮衣面料的成分和掌握面料的特性； 3. 归类整理面辅料小样，进行皮草/皮衣的面辅料的搭配，筛选设计方案。	教师评价： 1. 审阅学生寻找的皮草/皮衣面辅料是否舒适； 2. 审阅学生寻找的面辅料素材是否适合皮草/皮衣的类别且风格相符； 3. 对审阅过程中出现的问题给出改进意见。 学生互评： 1. 指出皮草/皮衣的图案设计及面料搭配方案的优缺点； 2. 指出方案中的优点如何持续优化，缺点如何改进，提出改进意见； 3. 对方案进行筛选与改进。
	课时： 1 课时 1. 硬资源：具备上网功能的计算机或手机、服装手绘设计学习工作站、服装电脑设计学习工作站等。 2. 软资源：工作页、参考教材、数字化资源（流行面料资讯网站、服装设计的公众号）等。 3. 教学设施：投影仪、一体机、白板、白板笔等。			
皮草/皮衣单品服装款式设计	1. 构思，从素材库中寻找灵感来源。提取元素设计皮草/皮衣，并绘制草图； 2. 绘制服装款式图及效果图； 3. 填写设计制作单。	1. 讲解皮草/皮衣设计的原则与方法以及如何体现皮草/皮衣风格特点； 2. 演示皮草/皮衣效果图、款式图的画法； 3. 指导学生绘制服装效果图及款式图； 4. 对学生展示的作品进行评价； 5. 检查设计制作单（皮草/皮衣设计图、设计说明、风格、面辅料小样、工艺标注等）。	1. 观察老师演示的皮草/皮衣效果图及款式图的绘制方法； 2. 构思，找灵感，运用素材，确定款式的设计方案，绘制草图； 3. 绘制服装效果图及款式图； 4. 对作品进行点评及改进。	教师评价： 1. 人体比例是否准确； 2. 风格定位是否准确，效果图的绘制是否符合皮草/皮衣的款式特点、能否准确表达面料材质及纹理，整体效果是否整体统一； 3. 款式图是否比例准确、工艺标注是否清晰规范完整。 学生互评： 评价服装效果图、款式图的优缺点，提出改进意见。
	课时： 4 课时 1. 硬资源：具备上网功能的计算机或手机、服装手绘设计学习工作站、服装电脑设计学习工作站等。 2. 软资源：工作页、参考教材、数字化资源、服装设计的公众号）、皮草/皮衣效果图、款式图的优秀案例等。 3. 教学设施：投影仪、一体机、白板、白板笔、画笔、画纸、颜料等。			

学习任务 2　上装单品设计—皮草 / 皮衣单品设计

1 获取皮草 / 皮衣的设计任务 → 2 皮草 / 皮衣市场调研 → 3 皮草 / 皮衣面辅料的选配 → 4 皮草 / 皮衣单品服装款式设计 → 5 皮草 / 皮衣样版跟进并确认 → 6 皮草 / 皮衣单品样衣跟进并确认 → 7 评价反馈

	工作子步骤	教师活动	学生活动	评价
皮草/皮衣样版跟进并确认	1. 把控纸样制作的工作进程，跟进样衣制作的流程节点（时间意识、工作效率、责任心）； 2. 与纸样师及时沟通，使纸样制作符合皮草 / 皮衣的结构，符合设计意图（沟通能力）； 3. 记录纸样的改进意见； 4. 填写样版确认单。	1. 老师讲授影响服装廓形的因素，如面料、纸样的尺寸规格等； 2. 讲解并提问纸样设计的步骤环节，如何把控纸样设计进程并及时调整以符合设计意图； 3. 发放样版确认单并讲解如何填写样版确认单（含服装的名称、编号、款式图、号型规格、面辅料小样）。	1. 记录老师讲授的影响服装廓形的因素； 2. 回答老师的提问； 3. 学习纸样设计工作流程、步骤以及如何监控时间及纸样的制作与设计图吻合； 4. 填写样版确认单。	教师评价： 1. 能否按要求回答老师的提问（如：答案的完整性、准确性、语言表达思路是否清晰且有条理）； 2. 样版确认单填写是否规范、完整、准确、明了。
	课时： 0.5 课时 1. 硬资源：具备上网功能的计算机或手机、服装手绘设计学习工作站、服装电脑设计学习工作站等。 2. 软资源：工作页、参考教材、皮草 / 皮衣的设计图（效果图、款式图）等。 3. 教学设施：投影仪、一体机、白板、白板笔等。			
皮草/皮衣单品样衣跟进并确认	1. 皮草 / 皮衣样衣制作工作进程的把控，跟进样衣制作的流程节点（时间意识、工作效率、责任心）； 2. 皮草 / 皮衣单品样衣辅料的搭配（审美观）； 3. 审版，记录样衣的改进意见（职业素养：耐心倾听样衣师的修改建议并做记录）； 4. 填写样衣确认单。	1. 老师讲授影响服装工艺制作的因素，如面料、款式及细节的设计（讲授法、演示法）； 2. 老师提问皮草 / 皮衣的样衣制作的步骤环节，如何把控样衣制作的进程并及时调整以符合设计意图； 3. 发放样衣确认单，讲解如何填写样衣确认单，（含服装的名称、编号、款式图、号型规格、面辅料小样、制作工艺说明 ）。	1. 认真记录老师讲授的影响服装廓形的因素； 2. 回答老师的提问； 3. 检验、熟悉样衣设计工作流程及步骤，监控时间及样衣的制作与设计图吻合； 4. 学习样衣的检验方法； 5. 填写样衣确认单。	教师评价： 1. 能否按要求回答老师的提问（如：答案的完整性、准确性、语言表达思路清晰且有条理）； 2. 样衣版型是否合适，款式风格是否符合设计意图； 3. 样衣确认单填写是否规范、完整、准确、明了。 学生的评价： 1. 评价样衣的优缺点、提出改进意见； 2. 检查样衣制作单，查缺补漏。
	课时： 0.5 课时 1. 硬资源：具备上网功能的计算机或手机、服装手绘设计学习工作站、服装电脑设计学习工作站等。 2. 软资源：工作页、参考教材、上衣样衣、辅料等。 3. 教学设施：投影仪、一体机、白板、白板笔等。			

1 获取皮草 / 皮衣的设计任务 → 2 皮草 / 皮衣市场调研 → 3 皮草 / 皮衣面辅料的选配 → 4 皮草 / 皮衣单品服装款式设计 → 5 皮草 / 皮衣样版跟进并确认 → 6 皮草 / 皮衣单品样衣跟进并确认 → 7 评价反馈

评价反馈

工作子步骤	教师活动	学生活动	评价
1. 展示皮草 / 皮衣单品服装款式设计作品； 2. 学生自评与互评； 3. 教师点评。	1. 教师引导学生进行自评、互评环节； 2. 教师归纳总结，表扬好的地方，指出不足。	1. 学生展示作品； 2. 点评自己作品的优缺点； 3. 学生互相评价作品中的优缺点。	采取学生自评、互评，教师评价等方法进行。

课时：0.5 课时

1. 硬资源：具备上网功能的计算机或手机、服装手绘设计学习工作站、服装电脑设计学习工作站等。
2. 软资源：工作页、参考教材、皮草 / 皮衣单品服装款式设计作品等。
3. 教学设施：投影仪、一体机、白板、白板笔等。

学习内容

知识点	1.1 西装单品概述（牛仔分类、面辅料、服装号型等与任务书信息相关的知识点）； 1.2 西装单品设计原则； 1.3 西装单品设计流程。	2.1 资讯搜集、检索的方法； 2.2 西装单品竞品与畅销款的概念； 2.3 市场调研的原则、方法和技巧（调研表格的设计与填写，款式、面辅料、服装工艺细节的搜集与整理）； 2.4 市场调研报告撰写与汇报的要求和注意事项。	3.1 西装服装面辅料的性能（缩水率、弹性、色牢度等）； 3.2 不同款式服装面辅料的选配原则； 3.3 西装面辅料的分类（按季节、材质、织法等分）。
技能点	1.1 西装单品设计任务书的解读； 1.2 西装单品设计工作任务和任务要求的确认（沟通技巧具体化）； 1.3 服装公司西装的优秀案例服装图片的搜集。	2.1 西装单品设计资讯的搜集与检索； 2.2 西装单品设计资讯的归类与整理（知识点的转化与应用）； 2.3 西装服装流行趋势的分析与运用； 2.4 西装竞品的分析与畅销款的识别（市场分析能力）； 2.5 西装市场调研报告的撰写及 PPT 的制作，调研结果汇报（语言表达能力）。	3.1 西装面辅料信息的搜集整理（包括面料价格、成份、幅宽、供货渠道）； 3.2 西装面料与服装产品风格、定位、品类的匹配； 3.3 辅料与面料的搭配。
工作环节	工作环节 1 获取西装单品设计任务	西装市场调研 工作环节 2	工作环节 3 西装面辅料选配
成果	1.1 西装单品设计任务书分解表及要点记录文本； 1.2 分类收集的西装单品设计案例。	2.1 搜集、整理的西装单品设计相关资讯； 2.2 搜集、整理的西装单品设计相关竞品资料； 2.3 市场调研报告； 2.4 调研结果汇报的 PPT。	3.1 收集与整理的面辅料小样单； 3.2 服装面辅料性能分析表； 3.3 面辅料搭配方案； 3.4 面辅料归类档案（按季节、材质等分类）。

4.1 西装单品服装的款式构成（牛仔的款式特征、廓形与局部细节、设计款式、色彩等）； 4.2 流行元素的运用（风格、面料搭配）； 4.3 西装单品款式图的绘制方法及技巧。	5.1 西装单品服装廓形与版形的关系； 5.2 西装单品服装面辅料与版形的关系。	6.1 西装单品服装款式设计与工艺的关系； 6.2 西装单品服装面辅料与工艺的关系。	
4.1 西装单品服装风格的识别与鉴赏（审美意识）； 4.2 流行元素的应用（审美意识、创新意识）； 4.3 西装单品效果图的绘制（包括手绘或电脑绘图、面料质感的表达，款式风格的表达）。	5.1 把控西装单品样版工作进程，确定样版制作周期的各工作节点； 5.2 跟进西装单品样版造型的调整并确认（耐心倾听版师的修改建议）； 5.3 西装单品任务单的填写（包括款式图、面辅料小样、工艺细节设计说明）。	6.1 把控西装单品样衣制作工作进程，确定样衣制作周期的各工作节点（时间意识、工作效率、责任心）； 6.2 西装单品样衣辅料的匹配； 6.3 跟进西装单品样衣的调整并确认（耐心倾听样衣师的修改建议）。	
工作环节 4 西装单品服装款式设计	西装单品样版跟进并确认 工作环节 5	工作环节 6 西装单品样衣跟进并确认	评价反馈 工作环节 7
4.1 收集到的具有代表性的西装单品设计廓形图片及设计元素； 4.2 服装款式图和效果图 (包括手绘或电脑)。	5.1 西装单品服装面辅料与版型、廓形匹配性分析表； 5.2 版师意见反馈记录文本； 5.3 服装样版确认单。	6.1 西装单品款式设计工艺描述表； 6.2 西装单品面辅料与工艺匹配性分析表； 6.3 样衣师意见反馈记录方本； 6.4 服装样衣确认单。	7.1 对服装西装单品设计过程中出现的问题、现象进行总结并给出改进建议。每位学生提交西装单品服装款式图和效果图。

学习任务 2　上装单品设计—西装单品设计

1 获取西装的设计任务 → 2 西装市场调研 → 3 西装面辅料的选配 → 4 西装单品服装款式设计 → 5 西装样版跟进并确认 → 6 西装单品样衣跟进并确认 → 7 评价反馈

	工作子步骤	教师活动	学生活动	评价
获取西装的设计任务	1. 明确设计任务书中西装的产品类别、风格、目标消费群、款式造型、面辅料、工艺及完成期限等要求； 2. 在设计总监的指引下搜集掌握服装公司的文化理念和产品风格； 3. 制订西装的设计计划。	1. 引导学生分析任务书，提炼设计关键字词； 2. 老师提问任务书中的重点设计要素； 3. 实例列举服装公司西装实物图及设计图等相关资料。	1. 准确解读任务书并提炼要点； 2. 搜集西装的常见款式的实物图及绘制的效果图，重点理解设计亮点； 3. 小组讨论，制订任务计划书。	教师评价： 1. 西装款式造型及设计点； 2. 西装图案设计； 3. 西装面料搭配及工艺运用。

课时： 0.5 课时

1. 硬资源：具备上网功能的计算机或手机、服装手绘设计学习工作站、服装电脑设计学习工作站等。
2. 软资源：西装实物图及设计图相关资料、工作页、工具书、参考教材等。
3. 教学设施：投影仪、一体机、白板、白板笔等。

	工作子步骤	教师活动	学生活动	评价
西装市场调研	1. 品牌及批发服装市场调查，对竞品的设计特点进行分析，包括图案设计、面料搭配、工艺运用等； 2. 检索流行资讯（网站、时尚杂志）； 3. 收集相关素材； 4. 撰写市场调研报告（用 PPT 制作并汇报）。	1. 对学生进行分组，选定组长组织小组成员开展市场调查的工作； 2. 引导学生进行线下调研，选定服装市场调查的地点（如：太古汇、万菱汇、天河城、万达等）； 3. 引导学生进行线上调研（通过流行资讯或图书馆查阅服装杂志书籍）； 4. 交代市场调查的重点，要求学生调研后做好 PPT； 5. 强调外出的安全意识。	1. 明确分工，记录市场调查的任务要点； 2. 去服装市场调研，品牌服装实体店、批发市场进行竞品分析； 3. 在流行资讯网站上检索资讯； 4. 在图书馆查阅资料（时尚杂志、服装书籍等）； 5. 制作 PPT 并汇报； 6. 外出调研时注意安全。	教师评价： 1. 市场调研报告 PPT 的内容是否符合要求； 2. PPT 制作中有无体现风格定位、造型特点、图案设计、面料及工艺运用； 3. 汇报时，逻辑思维及表达是否清晰且突出重点。 学生互评： 1. 对学生展示的素材进行评价及筛选； 2. 指出市场调研报告及演示文稿制作的优缺点。

课时： 1 课时

1. 硬资源：具备上网功能的计算机或手机、服装手绘设计学习工作站、服装电脑设计学习工作站等。
2. 软资源：工作业、参考教材、时尚杂志、数字化资源（流行资讯网站）、西装设计的素材资料等。
3. 教学设施：投影仪、一体机、白板、白板笔等。

1 获取西装的设计任务 → 2 西装市场调研 → 3 西装面辅料的选配 → 4 西装单品服装款式设计 → 5 西装样版跟进并确认 → 6 西装单品样衣跟进并确认 → 7 评价反馈

	工作子步骤	教师活动	学生活动	评价
西装面辅料的选配	1. 收集西装面料，如针织面料等； 2. 收集西装辅料，如花边、蕾丝、亮片、钻、珠等。	1. 讲解西装面料知识，如面料的分类、成分、性能、识别方法、缩水率、色牢度、弹性、耐磨性等； 2. 介绍面料材质的鉴别方法； 3. 小组分工，交代面辅料市场调查的任务； 4. 组织学生去面辅料市场收集小样（强调外出的安全意识）； 5. 审阅学生寻找的面辅料小样制作单； 6. 审阅学生上衣的搭配方案。	1. 进行面辅料的市场调查，收集面辅料小样； 2. 理解并识别西装面料的成分，掌握面料的特性； 3. 归类整理面辅料小样，进行西装的面辅料的搭配，筛选设计方案。	教师评价： 1. 审阅学生寻找的西装面辅料是否舒适； 2. 审阅学生寻找的面辅料素材是否适合西装的类别且风格相符； 3. 对审阅过程中出现的问题给出改进意见。 学生互评： 1. 指出西装的图案设计及面料搭配方案的优缺点； 2. 指出方案中的优点如何持续优化，缺点如何改进，提出改进意见； 3. 对方案进行筛选与改进。
	课时：1 课时 1. 硬资源：具备上网功能的计算机或手机、服装手绘设计学习工作站、服装电脑设计学习工作站等。 2. 软资源：工作页、参考教材、数字化资源（流行面料资讯网站、服装设计的公众号）等。 3. 教学设施：投影仪、一体机、白板、白板笔等。			
西装单品服装款式设计	1. 构思，从素材库中寻找灵感来源。提取元素设计西装，并绘制草图； 2. 服装款式图及效果图的绘制； 3. 填写设计制作单。	1. 讲解西装设计的原则与方法以及如何体现西装风格特点； 2. 演示西装效果图、款式图的画法； 3. 指导学生绘制服装效果图及款式图； 4. 组织学生进行作品展示并予以评价； 5. 检查设计制作单（西装设计图、设计说明、风格、面辅料小样、工艺标注等）。	1. 观察老师演示的西装效果图及款式图的绘制方法； 2. 构思，找灵感，运用素材，确定款式的设计方案，绘制草图； 3. 绘制服装效果图及款式图； 4. 对作品进行点评及改进。	教师评价： 1. 人体比例是否准确； 2. 风格定位是否准确，效果图的绘制是否符合西装的款式特点、能否准确表达面料材质及纹理，整体效果是否整体统一； 3. 款式图是否比例准确，工艺标注是否清晰、规范、完整。 学生互评： 评价服装效果图、款式图的优缺点、提出改进意见。
	课时：4 课时 1. 硬资源：具备上网功能的计算机或手机、服装手绘设计学习工作站、服装电脑设计学习工作站等。 2. 软资源：工作页、参考教材、数字化资源（服装设计的公众号）、西装效果图、款式图的优秀案例等。 3. 教学设施：投影仪、一体机、白板、白板笔、画笔、画纸、颜料等。			

学习任务 2　上装单品设计—西装单品设计

1 获取西装的设计任务 → 2 西装市场调研 → 3 西装面辅料的选配 → 4 西装单品服装款式设计 → 5 西装样版跟进并确认 → 6 西装单品样衣跟进并确认 → 7 评价反馈

	工作子步骤	教师活动	学生活动	评价
西装样版跟进并确认	1. 把控纸样制作的工作进程，跟进样衣制作的流程节点（时间意识、工作效率、责任心）； 2. 与纸样师及时沟通，使纸样制作符合西装的结构，符合设计意图（沟通能力）； 3. 记录纸样的改进意见； 4. 填写样版确认单。	1. 老师讲授影响服装廓形的因素，如面料、纸样的尺寸规格等； 2. 讲解并提问纸样设计的步骤环节，以及如何把控纸样设计进程并及时调整以符合设计意图； 3. 发放样版确认单并讲解如何填写样版确认单（含服装的名称、编号、款式图、号型规格、面辅料小样）。	1. 记录老师讲授的影响服装廓形的因素； 2. 回答老师的提问； 3. 学习纸样设计工作流程、步骤以及如何监控时间及纸样的制作与设计图吻合； 4. 填写样版确认单。	教师评价： 1. 能否按要求回答老师的提问（如：答案的完整性、准确性、语言表达思路清晰，有条理）； 2. 填写样版确认单是否规范、完整、准确、明了。
	课时： 0.5 课时 1. 硬资源：具备上网功能的计算机或手机、服装手绘设计学习工作站、服装电脑设计学习工作站等。 2. 软资源：工作页、参考教材、西装的设计图（效果图、款式图）等。 3. 教学设施：投影仪、一体机、白板、白板笔等。			
西装单品样衣跟进并确认	1. 把控西装样衣制作工作进程，跟进样衣制作的流程节点（时间意识、工作效率、责任心）； 2. 西装单品样衣辅料的搭配（审美观）； 3. 审版，记录样衣的改进意见（职业素养：耐心倾听样衣师的修改建议并做记录）； 4. 填写样衣确认单。	1. 老师讲授影响服装工艺制作的因素，如面料、款式及细节的设计（讲授法、演示法）； 2. 老师提问西装的样衣制作的步骤环节，如何把控样衣制作的进程并及时调整以符合设计意图； 3. 发放样衣确认单，讲解如何填写样衣确认单（含服装的名称、编号、款式图、号型规格、面辅料小样、制作工艺说明 ）。	1. 认真记录老师讲授的影响服装廓形的因素； 2. 回答老师的提问； 3. 检验、熟悉样衣设计工作流程、步骤，监控时间及纸样的制作与设计图吻合； 4. 学习样衣的检验方法； 5. 填写样衣确认单。	教师评价： 1. 能否按要求回答老师的提问（如：答案的完整性、准确性、语言表达思路是否清晰且有条理）； 2. 样衣版型是否合适，款式风格是否符合设计意图； 3. 样衣确认单填写是否规范、完整、准确、明了。 学生的评价： 1. 评价样衣的优缺点，提出改进意见； 2. 检查样衣制作单，查缺补漏。
	课时： 0.5 课时 1. 硬资源：具备上网功能的计算机或手机、服装手绘设计学习工作站、服装电脑设计学习工作站等。 2. 软资源：工作页、参考教材、上衣样衣、辅料等。 3. 教学设施：投影仪、一体机、白板、白板笔等。			

基准课时：8

1 获取西装的设计任务
2 西装市场调研
3 西装面辅料的选配
4 西装单品服装款式设计
5 西装样版跟进并确认
6 西装单品样衣跟进并确认
7 评价反馈

	工作子步骤	教师活动	学生活动	评价
评价反馈	1. 展示西装单品服装款式设计作品; 2. 学生自评与互评; 3. 教师点评。	1. 教师引导学生进行自评、互评环节; 2. 教师归纳总结，表扬好的地方，指出不足。	1. 学生展示作品; 2. 点评自己作品的优缺点; 3. 学生互相评价作品中的优缺点。	采取学生自评、互评，教师评价等方法进行。

课时：0.5 课时

1. 硬资源：具备上网功能的计算机或手机、服装手绘设计学习工作站、服装电脑设计学习工作站等。
2. 软资源：工作页、参考教材、西装单品服装款式设计作品等。
3. 教学设施：投影仪、一体机、白板、白板笔等。

学习内容

	1	2	3
知识点	1.1 羽绒服单品概述（牛仔分类、面辅料、服装号型等与任务书信息相关的知识点）； 1.2 羽绒服单品设计原则； 1.3 羽绒服单品设计流程。	2.1 资讯搜集、检索的方法； 2.2 羽绒服单品竞品与畅销款的概念； 2.3 市场调研的原则、方法和技巧（调研表格的设计与填写，款式、面辅料、服装工艺细节的搜集与整理）； 2.4 市场调研报告撰写与汇报的要求和注意事项。	3.1 羽绒服服装面辅料的性能（缩水率、弹性、色牢度等）； 3.2 不同款式服装面辅料选配的原则； 3.3 羽绒服面辅料的分类（按季节、材质、织法等分）。
技能点	1.1 羽绒服单品设计任务书的解读； 1.2 羽绒服单品设计工作任务和任务要求的确认（沟通技巧具体化）； 1.3 服装公司羽绒服的优秀案例服装图片的搜集。	2.1 羽绒服单品设计资讯的搜集与检索； 2.2 羽绒服单品设计资讯的归类与整理（知识点的转化与应用）； 2.3 羽绒服服装流行趋势的分析与运用； 2.4 羽绒服竞品的分析与畅销款的识别（市场分析能力）； 2.5 羽绒服市场调研报告的撰写及 PPT 的制作，调研结果汇报（语言表达能力）。	3.1 羽绒服面辅料信息的搜集整理（包括面料价格、成份、幅宽、供货渠道）； 3.2 羽绒服面料与服装产品风格、定位、品类的匹配； 3.3 辅料与面料的搭配。
工作环节	工作环节 1 获取羽绒服单品设计任务	工作环节 2 羽绒服市场调研	工作环节 3 羽绒服面辅料选配
成果	1.1 羽绒服单品设计任务书分解表及要点记录文本； 1.2 分类收集羽绒服单品设计案例。	2.1 搜集、整理的羽绒服单品设计相关资讯； 2.2 搜集、整理的羽绒服单品设计相关竞品资料； 2.3 撰写的市场调研报告； 2.4 调研结果汇报的 PPT。	3.1 收集与整理的面辅料小样单； 3.2 服装面辅料性能分析表； 3.3 面辅料搭配方案； 3.4 面辅料归类档案（按季节、材质等分类）。

4.1 羽绒服单品服装的款式构成（介绍羽绒服的款式特征、廓形与局部细节、设计款式、色彩等）； 4.2 流行元素的运用（风格、面料搭配）； 4.3 羽绒服单品款式图的绘制方法及技巧。	5.1 羽绒服单品服装廓形与版型的关系； 5.2 羽绒服单品服装面辅料与版型的关系。	6.1 羽绒服单品服装款式设计与工艺的关系； 6.2 羽绒服单品服装面辅料与工艺的关系。	
4.1 羽绒服单品服装风格的识别与鉴赏（审美意识）； 4.2 流行元素的应用（审美意识、创新意识） 4.3 羽绒服单品效果图的绘制（包括手绘或电脑绘图、面料质感的表达，款式风格的表达）。	5.1 羽绒服单品样版工作进程的把控（确定样版制作周期的各工作节点）； 5.2 跟进羽绒服单品样版造型的调整并确认（耐心倾听版师的修改建议）； 5.3 羽绒服单品任务单的填写（包括款式图、面辅料小样、工艺细节设计说明）。	6.1 羽绒服单品样衣制作工作进程的把控（确定样衣制作周期的各工作节点，时间意识、工作效率、责任心）； 6.2 羽绒服单品样衣辅料的匹配； 6.3 跟进羽绒服单品样衣的调整并确认（耐心倾听样衣师的修改建议）。	

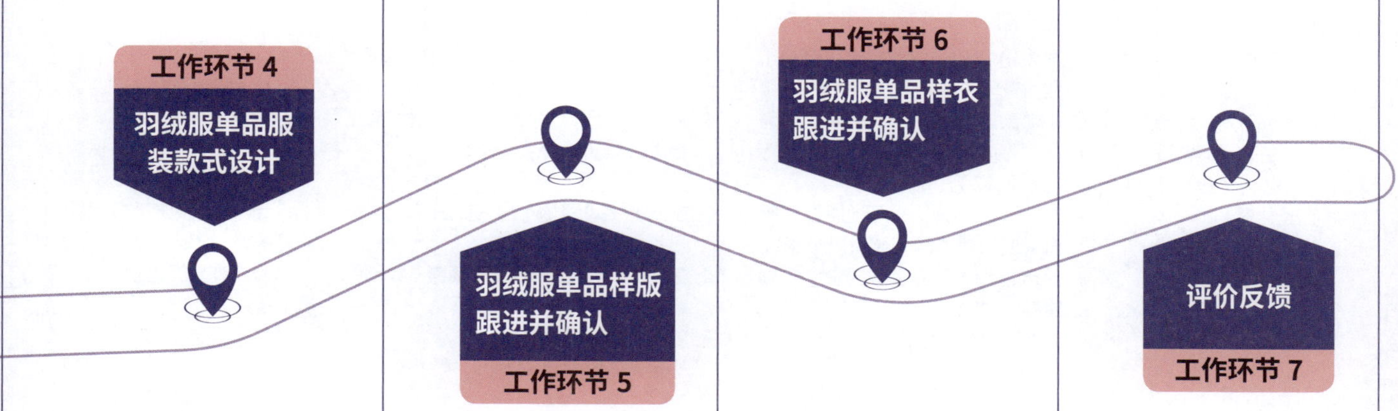

4.1 收集到的具有代表性的羽绒服单品设计廓形图片及设计元素； 4.2 服装款式图和效果图 (包括手绘或电脑)。	5.1 羽绒服单品服装面辅料与版型、廓形匹配性分析表； 5.2 版师意见反馈记录文本； 5.3 服装样版确认单。	6.1 羽绒服单品款式设计工艺描述表； 6.2 羽绒服单品面辅料与工艺匹配性分析表； 6.3 样衣师意见反馈记录文本； 6.4 填写好的服装样衣确认单。	7.1 对服装羽绒服单品设计过程中出现的问题、现象进行总结并给出改进建议。每位学生提交羽绒服单品服装款式图和效果图。

学习任务 2　上装单品设计—羽绒服单品设计

1. 获取羽绒服的设计任务
2. 羽绒服市场调研
3. 羽绒服面辅料的选配
4. 羽绒服单品服装款式设计
5. 羽绒服样版跟进并确认
6. 羽绒服单品样衣跟进并确认
7. 评价反馈

	工作子步骤	教师活动	学生活动	评价
获取羽绒服的设计任务	1. 明确设计任务书中羽绒服的产品类别、风格、目标消费群款式造型、面辅料、工艺及完成期限等要求; 2. 在设计总监的指引下搜集掌握服装公司的文化理念和产品风格; 3. 制订羽绒服的设计计划。	1. 引导学生分析任务书，提炼设计关键字词; 2. 老师提问任务书中的重点设计要素; 3. 实例列举服装公司羽绒服实物图及设计图等相关资料。	1. 准确解读任务书并提炼要点; 2. 搜集羽绒服的常见款式的实物图及绘制的效果图，重点理解设计亮点; 3. 小组讨论，制订任务计划书。	教师评价: 1. 羽绒服款式造型及设计点; 2. 羽绒服图案设计; 3. 羽绒服面料搭配及工艺运用。
	课时： 1 课时 1. 硬资源：具备上网功能的计算机或手机、服装手绘设计学习工作站、服装电脑设计学习工作站等。 2. 软资源：羽绒服实物图及设计图相关资料、工作页、工具书、参考教材等。 3. 教学设施：投影仪、一体机、白板、白板笔等。			
羽绒服市场调研	1. 品牌及批发服装市场调查，对竞品的设计特点分析，包括图案设计、面料搭配、工艺运用等; 2. 检索流行资讯（网站、时尚杂志）; 3. 收集相关素材; 4. 撰写市场调研报告（用 PPT 制作并汇报）。	1. 对学生进行分组，选定组长组织小组成员开展市场调查的工作; 2. 引导学生进行线下调研，选定服装市场调查的地点（如：太古汇、万菱汇、天河城、万达等）; 3. 引导学生进行线上调研（通过流行资讯或图书馆查阅服装杂志书籍）; 4. 交代市场调查的重点，要求学生调研后做好 PPT; 5. 强调外出的安全意识。	1. 明确分工，记录市场调查的任务要点; 2. 去服装市场调研，品牌服装实体店、批发市场进行竞品分析; 3. 在流行资讯网站上检索资讯; 4. 在图书馆查阅资料（时尚杂志、服装书籍等）; 5. 制作 PPT 并汇报; 6. 外出调研时注意安全。	教师评价: 1. 市场调研报告 PPT 的内容是否符合要求; 2. PPT 制作中有无体现风格定位、造型特点、图案设计、面料及工艺运用; 3. 汇报时，逻辑思维及表达是否清晰且突出重点。 学生互评: 1. 学生对展示的素材进行评价及筛选; 2. 指出市场调研报告及演示文稿制作的优缺点。
	课时： 2 课时 1. 硬资源：具备上网功能的计算机或手机、服装手绘设计学习工作站、服装电脑设计学习工作站等。 2. 软资源：工作业、参考教材、时尚杂志、数字化资源（流行资讯网站）、羽绒服设计的素材资料等。 3. 教学设施：投影仪、一体机、白板、白板笔等。			

1 获取羽绒服的设计任务
2 羽绒服市场调研
3 羽绒服面辅料的选配
4 羽绒服单品服装款式设计
5 羽绒服样版跟进并确认
6 羽绒服单品样衣跟进并确认
7 评价反馈

	工作子步骤	教师活动	学生活动	评价
羽绒服面辅料的选配	1.收集羽绒服面料，如针织面料等； 2.收集羽绒服辅料，如花边、蕾丝、亮片、钻、珠等。	1. 讲解羽绒服面料知识，如面料的分类、成分、性能、识别方法、缩水率、色牢度、弹性、耐磨性等； 2. 介绍面料材质的鉴别方法； 3. 进行小组分工，交代面辅料市场调查的任务； 4. 组织学生去面辅料市场收集小样（强调外出的安全意识）； 5. 审阅学生寻找的面辅料小样制作单； 6. 审阅学生上衣的搭配方案。	1. 进行面辅料的市场调查，收集面辅料小样； 2. 理解并识别羽绒服面料的成分和掌握面料的特性； 3. 归类整理面辅料小样，进行羽绒服的面辅料的搭配，筛选设计方案。	教师评价： 1. 审阅学生寻找的羽绒服面辅料是否舒适； 2. 审阅学生寻找的面辅料素材是否适合羽绒服的类别，且风格相符； 3. 对审阅过程中出现的问题给出改进意见。 学生互评： 1. 指出羽绒服的图案设计及面料搭配方案的优缺点； 2. 指出方案中的优点如何持续优化，缺点如何改进，提出改进意见； 3. 对方案进行筛选与改进。
	课时： 2 课时 1. 硬资源：具备上网功能的计算机或手机、服装手绘设计学习工作站、服装电脑设计学习工作站等。 2. 软资源：工作页、参考教材、数字化资源（流行面料资讯网站、服装设计的公众号）等。 3. 教学设施：投影仪、一体机、白板、白板笔等。			
羽绒服单品服装款式设计	1. 构思，从素材库中寻找灵感来源，提取元素设计羽绒服并绘制草图； 2. 服装款式图及效果图的绘制； 3. 填写设计制作单。	1. 讲解羽绒服设计的原则与方法及如何体现羽绒服风格特点； 2. 演示羽绒服效果图、款式图的画法； 3. 指导学生绘制服装效果图及款式图； 4. 组织学生进行作品展示并予以评价； 5.检查设计制作单(羽绒服设计图、设计说明、风格、面辅料小样、工艺标注等）。	1. 观察老师演示的羽绒服效果图及款式图的绘制方法； 2. 构思，找灵感，运用素材，确定款式的设计方案，绘制草图； 3. 绘制服装效果图及款式图； 4. 对作品进行点评及改进。	教师评价： 1. 人体比例是否准确； 2. 风格定位是否准确，效果图的绘制是否符合羽绒服的款式特点、能否准确表达面料材质及纹理，整体效果是否整体统一； 3. 款式图是否比例准确、工艺标注是否清晰规范完整。 学生互评： 评价服装效果图、款式图的优缺点，提出改进意见。
	课时： 8 课时 1. 硬资源：具备上网功能的计算机或手机、服装手绘设计学习工作站、服装电脑设计学习工作站等。 2. 软资源：工作页、参考教材、数字化资源（服装设计的公众号）、羽绒服效果图、款式图的优秀案例等。 3. 教学设施：投影仪、一体机、白板、白板笔、画笔、画纸、颜料等。			

学习任务 2　上装单品设计—羽绒服单品设计

1 获取羽绒服的设计任务　2 羽绒服市场调研　3 羽绒服面辅料的选配　4 羽绒服单品服装款式设计　5 羽绒服样版跟进并确认　6 羽绒服单品样衣跟进并确认　7 评价反馈

	工作子步骤	教师活动	学生活动	评价
羽绒服样版跟进并确认	1. 把控纸样制作的工作进程，跟进样衣制作的流程节点（时间意识、工作效率、责任心）； 2. 与纸样师及时沟通，使纸样制作符合羽绒服的结构，符合设计意图（沟通能力）； 3. 记录纸样的改进意见； 4. 填写样版确认单。	1. 老师讲授影响服装廓形的因素，如面料、纸样的尺寸规格等； 2. 讲解并提问纸样设计的步骤环节，以及如何把控纸样设计进程并及时调整以符合设计意图； 3. 发放样版确认单并讲解如何填写样版确认单（含服装的名称、编号、款式图、号型规格、面辅料小样）。	1. 记录老师讲授的影响服装廓形的因素； 2. 回答老师的提问； 3. 学习纸样设计工作流程、步骤以及如何监控时间及纸样的制作与设计图吻合； 4. 填写样版确认单。	教师评价： 1. 能否按要求回答老师的提问（如：答案的完整性、准确性、语言表达是否思路清晰且有条理）； 2. 样版确认单填写是否规范、完整、准确、明了。
	课时： 1 课时 1. 硬资源：具备上网功能的计算机或手机、服装手绘设计学习工作站、服装电脑设计学习工作站等。 2. 软资源：工作页、参考教材、羽绒服的设计图（效果图、款式图）等。 3. 教学设施：投影仪、一体机、白板、白板笔等。			
羽绒服单品样衣跟进并确认	1. 把控羽绒服样衣制作工作进程，跟进样衣制作的流程节点（时间意识、工作效率、责任心）； 2. 羽绒服单品样衣辅料的搭配（审美观）； 3. 审版，记录样衣的改进意见（职业素养：耐心倾听样衣师的修改建议并做记录）； 4. 填写样衣确认单。	1. 老师讲授影响服装工艺制作的因素（面料、款式及细节的设计）（讲授法、演示法）； 2. 老师提问羽绒服的样衣制作的步骤环节，如何把控样衣制作的进程并及时调整以符合设计意图； 3. 发放样衣确认单，讲解如何填写样衣确认单（含服装的名称、编号、款式图、号型规格、面辅料小样、制作工艺说明 ）。	1. 认真记录老师讲授的影响服装廓形的因素； 2. 回答老师的提问； 3. 检验、熟悉样衣设计工作流程及步骤，监控时间及纸样的制作与设计图吻合； 4. 学习样衣的检验方法； 5. 填写样衣确认单。	教师评价： 1. 能否按要求回答老师的提问（如：答案的完整性、准确性、语言表达是否思路清晰且有条理）； 2. 样衣版型是否合适，款式风格是否符合设计意图； 3. 样衣确认单填写是否规范、完整，准确、明了。 学生的评价： 1. 评价样衣的优缺点、提出改进意见； 2. 检查样衣制作单，查缺补漏。
	课时： 1 课时 1. 硬资源：具备上网功能的计算机或手机、服装手绘设计学习工作站、服装电脑设计学习工作站等。 2. 软资源：工作页、参考教材、上衣样衣、辅料等。 3. 教学设施：投影仪、一体机、白板、白板笔等。			

基准课时：16

1 获取羽绒服的设计任务 → 2 羽绒服市场调研 → 3 羽绒服面辅料的选配 → 4 羽绒服单品服装款式设计 → 5 羽绒服样版跟进并确认 → 6 羽绒服单品样衣跟进并确认 → 7 评价反馈

	工作子步骤	教师活动	学生活动	评价
评价反馈	1. 展示羽绒服单品服装款式设计作品； 2. 学生自评与互评； 3. 教师点评。	1. 教师引导学生进行自评、互评环节； 2. 教师归纳总结，表扬好的地方，指出不足。	1. 学生展示作品； 2. 点评自己作品的优缺点； 3. 学生互相评价作品中的优缺点。	采取学生自评、互评，教师评价等方法进行。

课时： 1 课时

1. 硬资源：具备上网功能的计算机或手机、服装手绘设计学习工作站、服装电脑设计学习工作站等。
2. 软资源：工作页、参考教材、羽绒服单品服装款式设计作品等。
3. 教学设施：投影仪、一体机、白板、白板笔等。

考核标准

情境描述：

广东某服装品牌正在研发新季度的产品，需要开发 3~5 套服装单品，要求设计师按照规定时间完成市场调研，单品设计，面辅料小样选配，款式图及效果图绘制并通过制版与制作来检验设计效果。

任务要求：

根据任务的情境描述，在规定的时间内完成：

1. 市场调研与汇报：依据任务的情境描述完成流行趋势分析、服务品牌、服装畅销款的搜集与分析以及与单品设计相关的面辅料搜集与整理。要求流行趋势分析清晰；搜集的面辅料符合品牌风格与定位；服务品牌与品牌分析到位，畅销款判断准确；演示文稿汇报内容清晰、明确。

2. 单品服装款式设计：依据调研报告内容完成指定单品款式设计。要求设计理念表达清晰，设计的款式具有创意，符合品牌定位，设计数量符合要求。

3. 效果图与款式图的表现：要求效果图风格独特、服装人体比例准确；款式图服装结构合理，工艺细节表达规范、完整。

4. 设计效果的检验：依据服装款式设计，通过制版与制作检验设计效果。要求能自主调整样版的立体造型和样衣的外观效果，使之与设计吻合。

参考资料：

配备教材、参考教材、专业图书、时尚杂志、网络资讯等。

评价方式：

本课程的评价方式为：

1. 过程评价：小组自评、组间互评、教师总评，三者成绩相加的平均值作为过程性评价的最终学生成绩。

2. 结果评价：任课教师、专业带头人、企业专业陈列设计师共同实施考核评价，取所有考核人员评分的平均分作为学生考核成绩。评价内容包括：市场调研 + 单品设计产品 + 展示评价。

评价标准

过程性评价表
1. 团队合作 30 分 团队合作能力强而高效，小组在规定时间内完成任务。
2. 沟通礼仪 20 分 市场调研与店铺导购沟通礼貌、尊重，做到有效沟通。
3. 获取信息 25 分 能理解任务书的内容和要求，关键性的设计要点提取全面、准确；能了解中国传统文化，搜集传统文化元素全面准确，对设计主题内涵理解到位。
4. 成果展示 25 分 语言言简意赅，思路清晰，突出重点，汇报内容全面详细；设计方案的制订考虑到经济价值、商业价值、文化价值。

《单品服装设计》学习活动考核评价表

评价要求		评价标准			
		优秀 10 分	良好 8 分	及格 6 分	不及格 6 分以下
专业能力评价标准	1. 学生学习态度、出勤、参与程度				
	2. 作品完成情况				
	3. 设计图与灵感来源、风格、草图相符				
	4. 面料运用、面料搭配合理				
	5. 服装局部与整体协调一致				
	6. 形式美感好，能结合中国传统文化，设计独特、新颖设计				
	7. 能将设计与工艺结构结合，秉承中国精益求精的大国工匠精神				
社会能力评价标准	8. 学生仪容仪表符合学校要求，尊重荣誉				
	9. 汇报内容准备充分、逻辑性强，语言文明有礼				
	10. 重点突出，能清晰准确表达自己的观点				
	总分得分情况				
	教师总评				

课程考核设计作品评价相结合，对学生学习专业能力和社会能力进行评价。评价形式为自我评价、小组互评、教师总结评价相结合。

课程 3　面料工艺设计

学习任务 1
天然纤维面料再造设计
（28）课时

学习任务 2
化学纤维面料再造设计
（12）课时

课程目标

学习完本课程后，学生应能胜任服装面料工艺设计工作，如天然纤维与化学纤维的性能特点及运用、天然纤维与化学纤维的面料再造及工艺设计等工作任务，按照企业规定和“8S”企业管理规定完成。具备去国际轻纺城寻找各种不同的面辅料、独立分析面辅料性能与解决面辅料再造工艺设计问题的能力。锻炼学生动手能力。包括：

1. 能按企业要求，制订不同面料工艺设计的任务，引导学生去国际轻纺城寻找相应的材料，熟悉中大面辅料市场，认识不同面料的分类；提取中大面料流行元素等。

2. 能参照面料的相关信息，分析并理解各种不同面料的性能特点。通过分析不同的面料色卡，深入理解面辅料的性能特点；根据当季市场流行趋势及面料性能特点，结合中国传统手工艺技艺进行服装材料的二次再造设计。注重面辅料的合理、科学搭配。

3. 能根据主题及风格进行面料再造设计。通过围绕一个主题思想、风格定位进行面料工艺设计，提高面辅料的搭配及运用能力；根据当代社会主义核心价值观，发扬爱国主义精神，继承中国传统文化，提取传统文化元素进行面料再造设计，传承非物质文化遗产素材，把刺绣、扎染、印花、剪纸等中国传统元素融入再造设计中。把中国传统文化与现代理念结合起来，既展现灿烂的中国文化，又弘扬现代理念。

4. 能按照企业工作流程，按行业检验标准对面辅料工艺设计进行自检，并能及时完成任务并交给设计总监；提倡技能强国，发扬工匠精神，做到精益求精。

5. 能展示面料工艺设计作品，阐述设计理念，总结工作经验，分析不足，提出改进措施。

课时：40

课程内容

1. 到面料市场寻找相应面料色卡；

2. 各种天然纤维面料的性能特点；

3. 各种化学纤维面料的性能特点；

4. 根据主题及风格定位进行面料再造设计；

5. 再造设计作品检验标准、设计方法及注意事项；

6. 面料再造制作的方法（传统手工艺）；

7. 企业管理制度及“8S”管理知识。

学习任务 1　天然纤维面料再造设计

任务描述

学习任务课时：28 课时

任务情境：

棉料、麻料、丝绸、牛仔、毛织物、针织物都属于天然纤维面料，经常运用在服装面料中。ZS 服装公司是一个服装代理品牌公司，现准备做今年一些品牌公司的产品，帮助很多品牌公司代理做设计及加工，运用天然纤维面料（棉料、麻料、丝绸、牛仔、毛织物、针织等）进行服装款式开发及再造设计。现邀请我院学生作为设计师的角色参与设计，每个学生需要去中大面辅料市场搜集相关的天然纤维面料色卡，具体要求如下：

1. 根据 ZS 服装品牌公司春夏、秋冬女装开发的任务要求，拟定一个主题风格，依据风格去中大国际轻纺城搜集相应的面辅料。在这个过程需要熟悉中大面辅料市场，才能找到相对应的面料。

   成果：在中大国际轻纺城搜集到的天然纤维面料色卡。

2. 面料种类很多，把搜集到的面料进行归类，从视觉、触觉、嗅觉等方面理解天然纤维面料的性能特点及风格。

   成果：天然纤维面料分类及整理。

3. 根据面料风格，运用天然纤维面料性能，进行面料的再造设计。运用的手法有中国传统文化绣花、印花艺术等。

   成果：天然纤维面料再造设计作品。

具体工作流程和标准见下页。

工作流程和标准

工作环节 1

获取天然纤维面料再造设计任务

1

解读天然纤维面料再造设计任务书，提炼关键字词。

工作环节 2

市场调研

2

天然纤维面料资讯 - 相关面料色卡，理解天然纤维涤面料的性能特点；搜集中国传统文化绣花、印花艺术特点及图片。

工作环节 3

天然纤维面料与相关辅料选配

3

对天然纤维面料与相应的辅料进行搭配，学习天然纤维面料与相应辅料搭配的技巧。

工作环节 4

天然纤维面料再造设计

4

用 KT 板做天然纤维再造设计作品。

工作环节 5

评价与反馈

5

对天然纤维面料再造设计过程中出现的问题、现象进行总结并给出改进建议；每位学生提交一份天然纤维（棉料、麻料、丝绸、牛仔、毛织物、针织等）再造设计工作总结。

学习内容

知识点	1.1 麻料再造设计任务单相关信息； 1.2 麻料的性能特点； 1.3 麻料再造设计的流程。	2.1 搜集、检索资讯的方法； 2.2 麻料的性能特点； 2.3 搜集麻料的方法和技巧（面辅料搜集与整理） 2.4 麻料的不同分类及风格特点。	3.1 不同风格特点定位的方法； 3.2 面料与风格、定位的匹配方法； 3.3 辅料与面料风格的搭配方法。
技能点	1.1 麻料再造设计工作任务和任务要求的确认（沟通技巧具体化）； 1.2 麻料再造设计任务书的解读。	2.1 相关资讯的搜集与检索； 2.2 麻料的质感、成分、性能特点（知识点的转化与应用）； 2.3 搜集麻料的方法和技巧； 2.4 不同麻料的分类及风格特点。	3.1 搜集不同风格特点定位（不同风格特点定位的方法）； 3.2 面料与风格、定位的匹配； 3.3 辅料与面料风格的搭配。
工作环节	工作环节 1 获取麻料再造设计任务	市场调研 工作环节 2	工作环节 3 风格定位
成果	1.1 分类收集的麻料再造设计风格气氛图及案例； 1.2 麻料再造设计任务书分解表及要点记录文本。	2.1 搜集、整理的相关麻料资讯； 2.2 调研结果（麻料色卡）。	3.1 收集的不同服装风格特点； 3.2 分析不同服装风格特点； 3.3 面料与辅料风格搭配方法。

学习任务 1　天然纤维面料再造设计——麻料再造设计

4.1 麻料及相关辅料信息相关知识； 4.2 不同麻料与相应辅料的搭配原则。	5.1 麻料再造设计作品的设计风格定位、运用的再造手法、设计理念等相关知识点； 5.2 麻料再造设计运用方法与技巧等相关知识点（工艺手法）； 5.3 麻料再造设计中运用的形式美法则相关知识点。	
4.1 麻料及相关辅料信息的搜集整理； 4.2 不同麻料与相应辅料的搭配技巧。	5.1 麻料再造设计作品设计风格定位、运用的再造手法、设计理念等； 5.2 麻料再造设计运用方法与技巧（工艺手法）； 5.3 麻料再造设计中运用的形式美法则（知识点的转化与应用）。	

4.1 根据风格定位，进行不同的麻料搭配相应的辅料的活动（麻料与相应的辅料搭配方式）。	5.1 麻料再造设计作品； 5.2 麻料再造设计风格定位； 5.3 运用的再造手法； 5.4 麻料再造设计理念说明。	6.1 对麻料再造设计过程中出现的问题、现象进行总结并给出改进建议，每位学生提交麻料再造设计工作总结。

学习任务 1　天然纤维面料再造设计——麻料再造设计

1 获取麻料再造设计任务 → 2 市场调研 → 3 风格定位 → 4 麻料与相关辅料的选配 → 5 麻料再造设计 → 6 评价反馈

	工作子步骤	教师活动	学生活动	评价
获取麻料再造设计任务	1. 明确设计任务书中麻料再造设计的风格定位、不同面料质感、色彩、工艺及完成期限等要求； 2. 在设计总监的指引下搜集麻料再造设计风格气氛图及案例； 3. 制订麻料的设计计划。	1. 引导学生分析任务书，提炼设计关键字词； 2. 提问任务书中的重点设计要素； 3. 实例列举麻料再造设计图等相关资讯。	1. 准确解读任务书并提炼要点； 2. 搜集麻料风格气氛图及再造设计案例，重点理解设计亮点； 3. 小组讨论，制订任务计划书。	教师评价： 1. 麻料风格气氛图； 2. 麻料再造设计运用的元素。
	课时： 5 分钟 1. 硬资源：具备上网功能的计算机或手机、服装手绘设计学习工作站、服装电脑设计学习工作站等。 2. 软资源：麻料风格气氛图及案例等相关资料、工作页、工具书、参考教材等。 3. 教学设施：投影仪、一体机、白板、白板笔等。			
市场调研	1. 麻料市场调查（不同麻料色卡、面料上的图案设计、面料质感等）； 2. 调研结果汇报（麻料色卡）。	1. 进行学生分组，选定组长组织小组成员开展市场调查的工作； 2. 引导学生进行广州国际轻纺城面料市场调研，选定服装市场调查的地点（如：中大轻纺城面辅料市场）； 3. 引导学生进行调研（通过网络或图书馆查阅相关麻料的资讯）； 4. 交代市场调查的重点，要求学生调研整理好面料色卡并进行分类； 5. 强调外出的安全意识。	1. 明确分工，记录市场调查的任务要点； 2. 去面料市场调研； 3. 学生在网站上检索资讯； 4. 学生在图书馆查阅资料(时尚杂志、服装书籍等)； 5. 汇报搜集到的麻料色卡； 6. 外出调研时注意安全。	教师评价： 1. 市场调研搜集到麻料是否符合要求（风格定位、图案设计，面料性能、质感等）； 2. 汇报时，逻辑思维及表达是否清晰且突出重点。 学生互评： 1. 对展示的素材进行评价及筛选； 2. 指出市场调研中解决的问题及碰到的难点。
	课时： 10 分钟 1. 硬资源：具备上网功能的计算机或手机、服装手绘设计学习工作站、服装电脑设计学习工作站等。 2. 软资源：工作业、参考教材、时尚杂志、数字化资源（网站）、麻料再造设计的素材资料等。 3. 教学设施：投影仪、一体机、白板、白板笔等。			
风格定位	1. 收集不同服装风格特点； 2. 分析不同服装风格特点； 3. 面料与辅料风格搭配原理。	1. 对学生进行分组，选定组长组织小组成员开展风格定位的工作； 2. 引导学生找出风格定位的设计元素； 3. 引导学生进行调研（通过网络或图书馆查阅相关麻料再造设计资讯）； 4. 交代风格定位的重点，要求学生准确定位风格，找素材确定再造设计方向。	1. 明确分组进行典型服装风格气氛图的搜集； 2. 找出风格气氛图中的设计元素； 3. 在网站上检索资讯； 4. 在图书馆查阅资料（时尚杂志、服装书籍等）； 5. 学生构思，找灵感，运用素材确定麻料再造设计方向。	教师评价： 1. 搜集到的风格气氛图是否符合要求（风格定位、设计元素等）； 2. 风格气氛图重点设计点。 学生互评： 1. 对展示的风格气氛图进行评价及筛选； 2. 指出学生搜集到的风格气氛图解决的问题及碰到的难点。
	课时： 15 分钟 1. 硬资源：具备上网功能的计算机或手机、服装手绘设计学习工作站、服装电脑设计学习工作站等。 2. 软资源：工作业、参考教材、时尚杂志、数字化资源（网站）麻料再造设计的素材资料等。 3. 教学设施：投影仪、一体机、白板、白板笔等。			

基准课时：4

1 获取麻料再造设计任务 → 2 市场调研 → 3 风格定位 → 4 麻料与相关辅料的选配 → 5 麻料再造设计 → 6 评价反馈

	工作子步骤	教师活动	学生活动	评价
麻料与相关辅料的选配	根据不同的麻料搭配相应的辅料（麻料与相应的辅料搭配方式）。	1. 根据风格定位，讲解麻料及相关辅料的搭配方法； 2. 要求学生归类整理麻料与相关辅料小样；进行面辅料的搭配，筛选设计介绍； 3. 审阅学生寻找的面料与辅料小样。	1. 学生进行麻料及相关辅料信息搜集（包括色卡）； 2. 学生归类整理麻料与相关辅料小样，进行面辅料的搭配，筛选设计方案。	教师评价： 1. 审阅学生寻找的面辅料是否舒适；面辅料素材是否与风格相符； 2. 对审阅过程中出现的问题给出改进意见。 学生互评： 1. 指出麻料与相应辅料搭配方案的优缺点； 2. 指出方案中的优点如何持续优化，缺点如何改进，提出改进意见； 3. 对方案进行筛选与改进。
	课时：20 分钟 1. 硬资源：具备上网功能的计算机或手机、服装手绘设计学习工作站、服装电脑设计学习工作站等。 2. 软资源：工作页、参考教材、数字化资源（流行面料资讯网站、服装设计的公众号）等。 3. 教学设施：投影仪、一体机、白板、白板笔等。			
麻料再造设计	1. 麻料再造设计作品； 2. 麻料再造设计风格定位； 3. 运用的再造手法； 4. 麻料再造设计理念说明。	1. 教师运用头脑风暴法讲解根据风格定位进行麻料面料再造设计的原则与方法； 2. 教师指导学生进行麻料再造设计； 3. 组织学生进行作品展示并予以评价； 4. 检查麻料再造设计作品是否符合要求（麻料再造设计作品图、设计说明、风格、面辅料搭配、工艺等）。	1. 根据已定的设计方案及风格定位进行麻料再造设计； 2. 用 KT 板进行麻料再造设计，边做边思考； 3. 学生对作品进行点评及改进。	1. 师评价：麻料再造设计与风格定位是否相符；麻料与辅料是否相符；整体效果是否统一；设计理念表达是否准确。 2. 学生互评：评价麻料再造设计作品的优缺点，提出改进意见。
	课时：80 分钟 1. 硬资源：具备上网功能的计算机或手机、服装手绘设计学习工作站、服装电脑设计学习工作站等。 2. 软资源：工作页、参考教材、数字化资源（服装设计的公众号）、麻料再造设计的优秀案例、KT 板等。 3. 教学设施：投影仪、一体机、白板、白板笔、画笔、画纸、颜料等。			
评价反馈	对麻料再造设计过程中出现的问题、现象进行总结并给出改进建议，每位学生提交麻料再造设计工作总结。	1. 教师引导学生进行自评、互评环节； 2. 教师归纳总结，表扬好的地方，指出不足。	1. 学生展示作品； 2. 点评自己作品的优缺点； 3. 学生互相评价作品的优缺点。	采取学生自评、互评，教师评价等方法进行。
	课时：30 分钟 1. 硬资源：具备上网功能的计算机或手机、服装手绘设计学习工作站、服装电脑设计学习工作站等。 2. 软资源：工作页、参考教材、麻料再造设计作品等。 3. 教学设施：投影仪、一体机、白板、白板笔等。			

学习内容

知识点	1.1 毛织物再造设计任务单相关信息； 1.2 毛织物的性能特点； 1.3 毛织物再造设计的流程。	2.1 搜集、检索资讯的方法； 2.2 毛织物的性能特点； 2.3 搜集毛织物的方法和技巧（面辅料搜集与整理）； 2.4 毛织物的不同分类及风格特点。	3.1 不同风格特点定位的方法； 3.2 面料与风格、定位的匹配方法； 3.3 辅料与面料风格的搭配方法。
技能点	1.1 毛织物再造设计工作任务和任务要求的确认（沟通技巧具体化）； 1.2 毛织物再造设计任务书的解读。	2.1 相关资讯的搜集与检索； 2.2 毛织物的质感、成分、性能特点（知识点的转化与应用）； 2.3 搜集毛织物的方法和技巧； 2.4 不同毛织物的分类及风格特点。	3.1 搜集不同风格特点定位（不同风格特点定位方法）； 3.2 面料与风格、定位的匹配； 3.3 辅料与面料风格的搭配。
工作环节 	工作环节 1 获取毛织物再造设计任务	市场调研 工作环节 2	工作环节 3 风格定位
成果	1.1 分类收集的毛织物再造设计风格气氛图及案例； 1.2 毛织物再造设计任务书分解表及要点记录文本。	2.1 搜集、整理的相关皮革资讯； 2.2 撰写市场调研报告； 2.3 调研结果汇报（毛织物色卡）。	3.1 收集的不同服装风格特点； 3.2 分析不同服装风格特点； 3.3 面料与辅料风格搭配方法。

4.1 毛织物及相关辅料信息相关知识； 4.2 不同毛织物与相应辅料搭配原则。	5.1 毛织物再造设计作品的设计风格定位、运用的再造手法、设计理念等相关知识点； 5.2 毛织物再造设计运用方法与技巧等相关知识点（工艺手法）； 5.3 毛织物再造设计中运用的形式美法则相关知识点。	
4.1 毛织物及相关辅料信息的搜集整理； 4.2 不同毛织物与相应辅料的搭配技巧。	5.1 毛织物再造设计作品的设计风格定位、运用的再造手法、设计理念等； 5.2 毛织物再造设计运用方法与技巧（工艺手法）； 5.3 毛织物再造设计中运用的形式美法则（知识点的转化与应用。）	

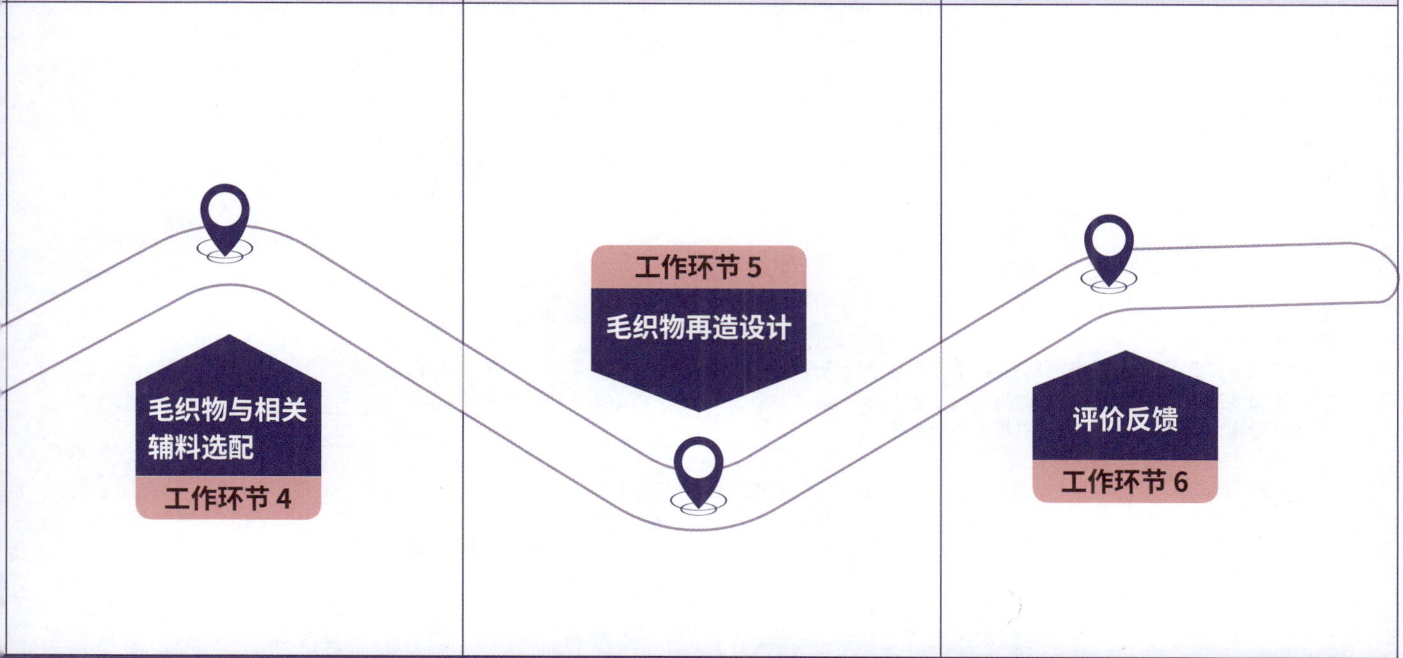

4.1 根据风格定位，进行不同的毛织物搭配相应的辅料的活动（牛仔与相应的辅料搭配方式）。	5.1 毛织物再造设计作品； 5.2 毛织物再造设计风格定位； 5.3 运用的再造手法； 5.4 毛织物再造设计理念说明。	6.1 对毛织物再造设计过程中出现的问题、现象进行总结并给出改进建议，每位学生提交毛织物再造设计工作总结。

学习任务 1　天然纤维面料再造设计——毛织物再造设计

1 获取毛织物再造设计任务 → 2 市场调研 → 3 风格定位 → 4 毛织物与相关辅料的选配 → 5 毛织物再造设计 → 6 评价反馈

	工作子步骤	教师活动	学生活动	评价
获取毛织物再造设计任务	1. 明确设计任务书中毛织物再造设计的风格定位、不同面料质感、色彩、工艺及完成期限等要求； 2. 在设计总监的指引下搜集毛织物再造设计风格气氛图及案例； 3. 制订毛织物的设计计划。	1. 引导学生分析任务书，提炼设计关键字词； 2. 提问任务书中的重点设计要素； 3. 实例列举毛织物再造设计图等相关资讯。	1. 准确解读任务书并提炼要点； 2. 搜集毛织物风格气氛图及再造设计案例，重点理解设计亮点； 3. 小组讨论，制订任务计划书。	教师评价： 1. 毛织物风格气氛图； 2. 毛织物再造设计运用的元素。
	课时： 5 分钟 1. 硬资源：具备上网功能的计算机或手机、服装手绘设计学习工作站、服装电脑设计学习工作站等。 2. 软资源：毛织物风格气氛图及案例等相关资料、工作页、工具书、参考教材等。 3. 教学设施：投影仪、一体机、白板、白板笔等。			
市场调研	1. 毛织物市场调查（不同毛织物色卡、面料上的图案设计、面料质感等）； 2. 调研结果汇报（毛织物色卡）。	1. 进行学生分组，选定组长组织小组成员开展市场调查的工作； 2. 引导学生进行广州国际轻纺城面料市场调研，选定服装市场调查的地点（如：中大轻纺城面辅料市场）； 3. 引导学生进行调研（通过网络或图书馆查阅相关，毛织物的资讯）； 4. 交代市场调查的重点，要求学生调研整理好面料色卡并进行分类； 5. 强调外出的安全意识。	1. 明确分工，记录市场调查的任务要点； 2. 去面料市场调研； 3. 在网站上检索资讯； 4. 在图书馆查阅资料（时尚杂志、服装书籍等）； 5. 汇报搜集到的毛织物色卡； 6. 外出调研时提高安全意识。	教师评价： 1. 市场调研搜集到毛织物是否符合要求（风格定位、图案设计，面料性能、质感等）； 2. 汇报时，逻辑思维及表达是否清晰且突出重点。 学生互评： 1. 对展示的素材进行评价及筛选； 2. 指出市场调研中解决的问题及碰到的难点。
	课时： 10 分钟 1. 硬资源：具备上网功能的计算机或手机、服装手绘设计学习工作站、服装电脑设计学习工作站等。 2. 软资源：工作业、参考教材、时尚杂志、数字化资源（网站）、毛织物再造设计的素材资料等。 3. 教学设施：投影仪、一体机、白板、白板笔等。			
风格定位	1. 收集不同服装风格特点； 2. 分析不同服装风格特点； 3. 面料与辅料风格搭配原理。	1. 进行学生分组，选定组长组织小组成员开展风格定位的工作； 2. 引导学生找出风格定位的设计元素； 3. 引导学生进行调研（通过网络或图书馆查阅毛织物再造设计相关资讯）； 4. 交代风格定位的重点，要求学生准确定位风格，找素材确定再造设计方向。	1. 明确分组进行典型服装风格气氛图的搜集； 2. 找出风格气氛图中的设计元素； 3. 在网站上检索资讯； 4. 在图书馆查阅资料（时尚杂志、服装书籍等）； 5. 构思，找灵感，运用素材确定毛织物再造设计方向。	教师评价： 1. 搜集到的风格气氛图是否符合要求（风格定位、设计元素等）； 2. 风格气氛图重点设计点。 学生互评： 1. 对展示的风格气氛图进行评价及筛选； 2. 指出学生在搜集风格气氛图过程中出现的问题及碰到的难点。
	课时： 15 分钟 1. 硬资源：具备上网功能的计算机或手机、服装手绘设计学习工作站、服装电脑设计学习工作站等。 2. 软资源：工作业、参考教材、时尚杂志、数字化资源（网站）毛织物再造设计的素材资料等。 3. 教学设施：投影仪、一体机、白板、白板笔等。			

1 获取毛织物再造设计任务　2 市场调研　3 风格定位　4 毛织物与相关辅料的选配　5 毛织物再造设计　6 评价反馈

	工作子步骤	教师活动	学生活动	评价
毛织物与相关辅料的选配	根据不同的毛织物搭配相应的辅料（毛织物与相应的辅料搭配方式）。	1. 根据风格定位，讲解毛织物及相关辅料搭配方法； 2. 要求学生归类整理毛织物与相关辅料小样；进行面辅料的搭配，筛选设计介绍； 3. 审阅学生寻找的面料与辅料小样。	1. 学生进行毛织物及相关辅料信息搜集（包括色卡）； 2. 学生归类整理毛织物与相关辅料小样，进行面辅料的搭配，筛选设计。	教师评价： 1. 审阅学生寻找的面辅料是否舒适；面辅料素材是否与风格相符； 2. 对审阅过程中出现的问题给出改进意见。 学生互评： 1. 指出毛织物与相应辅料搭配方案的优缺点； 2. 指出方案中的优点如何持续优化，缺点如何改进，提出改进意见； 3. 对方案进行筛选与改进。
	课时： 20 分钟 1. 硬资源：具备上网功能的计算机或手机、服装手绘设计学习工作站、服装电脑设计学习工作站等。 2. 软资源：工作页、参考教材、数字化资源（流行面料资讯网站、服装设计的公众号）等。 3. 教学设施：投影仪、一体机、白板、白板笔等。			
毛织物再造设计	1. 毛织物再造设计作品； 2. 毛织物再造设计风格定位； 3. 运用的再造手法； 4. 毛织物再造设计理念说明。	1. 教师运用头脑风暴法讲解根据风格定位进行毛织物面料再造设计的原则与方法； 2. 教师指导学生进行毛织物再造设计； 3. 组织学生进行作品展示并予以评价； 4. 检查毛织物再造设计作品是否符合要求（毛织物再造设计作品图、设计说明、风格、面辅料搭配、工艺等）。	1. 根据已定的设计方案及风格定位进行毛织物再造设计； 2. 用 KT 板制作毛织物再造设计，边做边思考； 3. 对作品进行点评及改进。	1. 教师评价：毛织物再造设计与风格定位是否相符；毛织物与辅料是否相符；整体效果是否统一；设计理念表达是否准确。 2. 学生互评：毛织物再造设计作品的优缺点，提出改进意见。
	课时： 80 分钟 1. 硬资源：具备上网功能的计算机或手机、服装手绘设计学习工作站、服装电脑设计学习工作站等。 2. 软资源：工作页、参考教材、数字化资源、服装设计的公众号）、毛织物再造设计的优秀案例、KT 板等。 3. 教学设施：投影仪、一体机、白板、白板笔、画笔、画纸、颜料等。			
评价反馈	对毛织物再造设计过程中出现的问题、现象进行总结并给出改进建议，每位学生提交毛织物再造设计工作总结。	1. 教师引导学生进行自评、互评环节； 2. 教师归纳总结，表扬好的地方，指出不足。	1. 学生展示作品； 2. 点评自己作品的优缺点； 3. 学生互相评价作品中的优缺点。	采取学生自评、互评，教师评价等方法进行。
	课时： 30 分钟 1. 硬资源：具备上网功能的计算机或手机、服装手绘设计学习工作站、服装电脑设计学习工作站等。 2. 软资源：工作页、参考教材、毛织物再造设计作品等。 3. 教学设施：投影仪、一体机、白板、白板笔等。			

学习内容

知识点	1.1 棉料再造设计任务单相关信息； 1.2 棉料的性能特点； 1.3 棉料再造设计的流程。	2.1 搜集、检索资讯的方法； 2.2 棉料的性能特点； 2.3 搜集棉料的方法和技巧（面辅料搜集与整理）； 2.4 棉料的不同分类及风格特点。	3.1 不同风格特点定位的方法； 3.2 面料与风格、定位的匹配方法； 3.3 辅料与面料风格的搭配方法 。
技能点	1.1 棉料再造设计工作任务和任务要求的确认（沟通技巧具体化）； 1.2 棉料再造设计任务书的解读。	2.1 相关资讯的搜集与检索； 2.2 棉料的质感、成分、性能特点（知识点的转化与应用）； 2.3 搜集棉料的方法和技巧； 2.4 不同棉料的分类及风格特点。	3.1 搜集不同风格特点定位 (不同风格特点定位的方法)； 3.2 面料与风格、定位的匹配； 3.3 辅料与面料风格的搭配。
工作环节	 工作环节 1 获取棉料再造设计任务	工作环节 2 市场调研	工作环节 3 风格定位
成果	1.1 分类收集的棉料再造设计风格气氛图及案例； 1.2 棉料再造设计任务书分解表及要点记录文本。	2.1 搜集、整理的相关棉料资讯； 2.2 调研结果汇报（棉料色卡）。	3.1 收集的不同服装风格特点； 3.2 分析不同服装风格特点； 3.3 面料与辅料风格搭配方法。

4.1 棉料及相关辅料信息相关知识； 4.2 不同棉料与相应辅料搭配原则。	5.1 棉料再造设计作品的设计风格定位、运用的再造手法、设计理念等相关知识点； 5.2 棉料再造设计运用方法与技巧等相关知识点（工艺手法）； 5.3 棉料再造设计中运用的形式美法则相关知识点。	
4.1 棉料及相关辅料信息的搜集整理； 4.2 不同棉料与相应辅料搭配技巧。	5.1 棉料再造设计作品的设计风格定位、运用的再造手法、设计理念等； 5.2 棉料再造设计运用方法与技巧（工艺手法）； 5.3 棉料再造设计中运用的形式美法则（知识点的转化与应用）。	

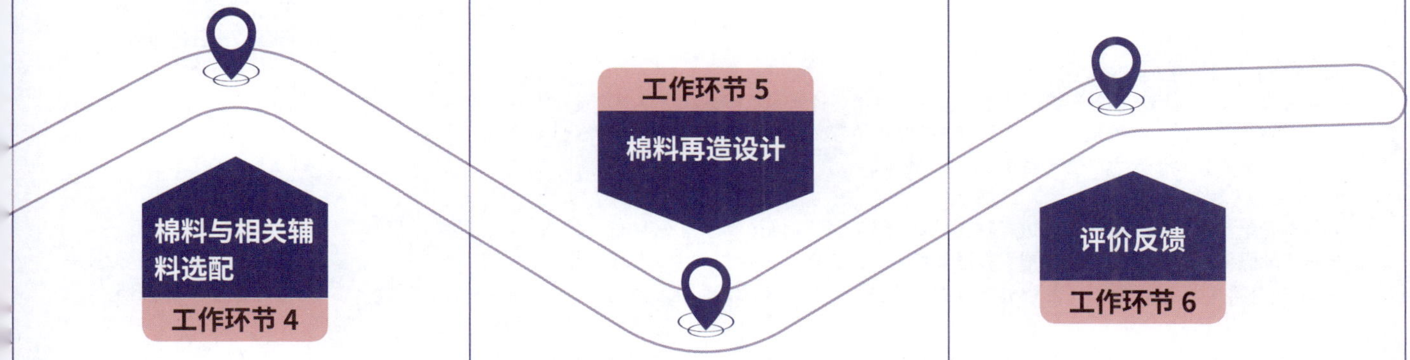

4.1 根据风格定位，进行不同的棉料搭配相应的辅料的活动（棉料与相应的辅料搭配方式）。	5.1 棉料再造设计作品； 5.2 棉料再造设计风格定位； 5.3 运用的再造手法； 5.4 棉料再造设计理念说明。	6.1 对棉料再造设计过程中出现的问题、现象进行总结并给出改进建议，每位学生提交棉料再造设计工作总结。

学习任务 1　天然纤维面料再造设计——棉料再造设计

1 获取棉料再造设计任务 → 2 市场调研 → 3 风格定位 → 4 棉料与相关辅料的选配 → 5 棉料再造设计 → 6 评价反馈

	工作子步骤	教师活动	学生活动	评价
获取棉料再造设计任务	1. 明确设计任务书中棉料再造设计的风格定位、不同面料质感、色彩、工艺及完成期限等要求； 2. 在设计总监的指引下搜集棉料再造设计风格气氛图及案例； 3. 制订棉料的设计计划。	1. 引导学生分析任务书，提炼设计关键字词； 2. 提问任务书中的重点设计要素； 3. 实例列举棉料再造设计图等相关资讯。	1. 准确解读任务书并提炼要点； 2. 搜集棉料风格气氛图及再造设计案例，重点理解设计亮点； 3. 小组讨论，制订任务计划书。	教师评价： 1. 棉料风格气氛图； 2. 棉料再造设计运用的元素。
	课时： 5 分钟 1. 硬资源：具备上网功能的计算机或手机、服装手绘设计学习工作站、服装电脑设计学习工作站等。 2. 软资源：棉料风格气氛图及案例等相关资料、工作页、工具书、参考教材等。 3. 教学设施：投影仪、一体机、白板、白板笔等。			
市场调研	1. 棉料市场调查（不同棉料色卡、面料上的图案设计、面料质感等）； 2. 调研结果汇报（棉料色卡）。	1. 进行学生分组，选定组长组织小组成员开展市场调查的工作； 2. 引导学生进行广州国际轻纺城面料市场调研，选定服装市场调查的地点（如：中大轻纺城面辅料市场）； 3. 引导学生进行调研（通过网络或图书馆查阅相关棉料的资讯）； 4. 交代市场调查的重点，要求学生调研整理好面料色卡并进行分类； 5. 强调外出的安全意识。	1. 明确分工，记录市场调查的任务要点； 2. 去面料市场调研； 3. 在网站上检索资讯； 4. 在图书馆查阅资料（时尚杂志、服装书籍等）； 5. 汇报搜集到的棉料色卡； 6. 外出调研时提高安全意识。	教师评价： 1. 市场调研搜集到棉料是否符合要求（风格定位、图案设计等，面料性能、质感等）； 2. 汇报时，逻辑思维及表达是否清晰且突出重点。 学生互评： 1. 对展示的素材进行评价及筛选； 2. 指出市场调研中解决的问题及碰到的难点。
	课时： 1 课时 1. 硬资源：具备上网功能的计算机或手机、服装手绘设计学习工作站、服装电脑设计学习工作站等。 2. 软资源：工作业、参考教材、时尚杂志、数字化资源（网站）棉料再造设计的素材资料等。 3. 教学设施：投影仪、一体机、白板、白板笔等。			
风格定位	1. 收集不同服装风格特点； 2. 分析不同服装风格特点； 3. 面料与辅料风格搭配原理。	1. 进行学生分组，选定组长组织小组成员开展风格定位的工作； 2. 引导学生找出风格定位的设计元素； 3. 引导学生进行调研（通过网络或图书馆查阅棉料再造设计相关资讯）； 4. 交代风格定位的重点，要求学生准确定位风格，找素材确定再造设计方向。	1. 明确分组进行典型服装风格气氛图的搜集； 2. 找出风格气氛图中的设计元素； 3. 学生在网站上检索资讯； 4. 学生在图书馆查阅资料（时尚杂志、服装书籍等）； 5. 学生构思，找灵感，运用素材确定棉料再造设计方向。	教师评价： 1. 搜集到的风格气氛图是否符合要求（风格定位、设计元素等）； 2. 风格气氛图重点设计点。 学生互评： 1. 对展示的风格气氛图进行评价及筛选； 2. 指出学生搜集到的风格气氛图解决的问题及碰到的难点。
	课时： 15 课时 1. 硬资源：具备上网功能的计算机或手机、服装手绘设计学习工作站、服装电脑设计学习工作站等。 2. 软资源：工作业、参考教材、时尚杂志、数字化资源（网站）棉料再造设计的素材资料等。 3. 教学设施：投影仪、一体机、白板、白板笔等。			

1 获取棉料再造设计任务 → 2 市场调研 → 3 风格定位 → 4 棉料与相关辅料的选配 → 5 棉料再造设计 → 6 评价反馈

	工作子步骤	教师活动	学生活动	评价
棉料与相关辅料的选配	根据不同的棉料搭配相应的辅料（棉料与相应的辅料搭配方式）。	1. 根据风格定位，讲解棉料及相关辅料的搭配方法； 2. 要求学生归类整理棉料与相关辅料小样；进行面辅料的搭配，筛选设计介绍； 3. 审阅学生寻找的面料与辅料小样。	1. 学生进行棉料及相关辅料信息搜集（包括色卡）； 2. 学生归类整理棉料与相关辅料小样，进行面辅料的搭配，筛选设计。	教师评价： 1. 审阅学生寻找的面辅料是否舒适；面辅料素材是否与风格相符； 2. 对审阅过程中出现的问题给出改进意见。 学生互评： 1. 指出棉料与相应辅料搭配方案的优缺点； 2. 指出方案中的优点如何持续优化，缺点如何改进，提出改进意见； 3. 对方案进行筛选与改进。
	课时： 20 分钟 1. 硬资源：具备上网功能的计算机或手机、服装手绘设计学习工作站、服装电脑设计学习工作站等。 2. 软资源：工作页、参考教材、数字化资源（流行面料资讯网站、服装设计的公众号）等。 3. 教学设施：投影仪、一体机、白板、白板笔等。			
棉料再造设计	1. 棉料再造设计作品； 2. 棉料再造设计风格定位； 3. 运用的再造手法； 4. 棉料再造设计理念说明。	1. 教师运用头脑风暴法讲解根据风格定位进行棉料面料再造设计的原则与方法； 2. 教师指导学生进行棉料再造设计； 3. 组织学生展示作品并予以评价； 4. 检查棉料再造设计作品是否符合要求（棉料再造设计作品图、设计说明、风格、面辅料搭配、工艺等）。	1. 根据已定的设计方案及风格定位进行棉料再造设计； 2. 用 KT 板制作棉料再造设计，边设计边思考； 3. 对作品进行点评及改进。	1. 教师评价：棉料再造设计与风格定位是否相符；棉料与辅料是否相符；整体效果是否整体统一；设计理念表达是否准确。 2. 学生互评： 评价棉料再造设计作品的优缺点、提出改进意见。
	课时： 3 课时 1. 硬资源：具备上网功能的计算机或手机、服装手绘设计学习工作站、服装电脑设计学习工作站等。 2. 软资源：工作页、参考教材、数字化资源、服装设计的公众号）、棉料再造设计的优秀案例、KT 板等。 3. 教学设施：投影仪、一体机、白板、白板笔、画笔、画纸、颜料等。			
评价反馈	对棉料再造设计过程中出现的问题、现象进行总结并给出改进建议，每位学生提交棉料再造设计工作总结。	1. 教师引导学生进行自评、互评环节； 2. 教师归纳总结，表扬好的地方，指出不足。	1. 学生展示作品； 2. 点评自己作品的优缺点； 3. 学生互相评价作品中的优缺点。	采取学生自评、互评，教师评价等方法进行。
	课时： 35 分钟 1. 硬资源：具备上网功能的计算机或手机、服装手绘设计学习工作站、服装电脑设计学习工作站等。 2. 软资源：工作页、参考教材、棉料再造设计作品等。 3. 教学设施：投影仪、一体机、白板、白板笔等。			

学习内容

知识点	1.1 牛仔再造设计任务单相关信息； 1.2 牛仔的性能特点； 1.3 牛仔再造设计的流程。	2.1 搜集、检索资讯的方法； 2.2 牛仔性能特点； 2.3 搜集牛仔的方法和技巧（面辅料搜集与整理）； 2.4 牛仔的不同分类及风格特点。	3.1 不同风格特点定位的方法； 3.2 面料与风格、定位的匹配方法； 3.3 辅料与面料风格的搭配方法。
技能点	1.1 牛仔再造设计工作任务和任务要求的确认（沟通技巧具体化）； 1.2 牛仔再造设计任务书的解读。	2.1 相关资讯的搜集与检索； 2.2 牛仔的质感、成分、性能特点（知识点的转化与应用）； 2.3 搜集牛仔的方法和技巧； 2.4 不同牛仔的分类及风格特点。	3.1 搜集不同风格特点定位（不同风格特点定位的方法）； 3.2 面料与风格、定位的匹配； 3.3 辅料与面料风格的搭配。
 工作环节	工作环节 1 获取牛仔再造设计任务	市场调研 工作环节 2	工作环节 3 风格定位
成果	1.1 分类收集的牛仔再造设计风格气氛图及案例； 1.1 牛仔再造设计任务书分解表及要点记录文本。	2.1 搜集、整理的相关牛仔资讯； 2.2 调研结果汇报（牛仔色卡）。	3.1 收集的不同服装风格特点； 3.2 分析不同服装风格特点； 3.3 面料与辅料风格搭配方法。

4.1 牛仔及相关辅料信息； 4.2 不同牛仔与相应辅料搭配原则。	5.1 牛仔再造设计作品的设计风格定位、运用的再造手法、设计理念等相关知识点； 5.2 牛仔再造设计运用方法与技巧等相关知识点（工艺手法）； 5.3 牛仔再造设计中运用的形式美法则相关知识点。	
4.1 牛仔及相关辅料信息的搜集整理； 4.2 不同牛仔与相应辅料的搭配技巧。	5.1 牛仔再造设计作品的设计风格定位、运用的再造手法、设计理念等； 5.2 牛仔再造设计运用方法与技巧（工艺手法）； 5.3 牛仔再造设计中运用的形式美法则（知识点的转化与应用）。	
牛仔与相关辅料选配 **工作环节 4**	**工作环节 5** **牛仔再造设计**	**评价反馈** **工作环节 6**
4.1 根据风格定位，进行不同的牛仔搭配相应的辅料的活动（牛仔与相应的辅料搭配方式）。	5.1 牛仔再造设计作品； 5.2 牛仔再造设计风格定位； 5.3 运用的再造手法； 5.4 牛仔再造设计理念说明。	6.1 对牛仔再造设计过程中出现的问题、现象进行总结并给出改进建议，每位学生提交牛仔再造设计工作总结。

学习任务 1 天然纤维面料再造设计——牛仔再造设计

1 获取牛仔再造设计任务 → 2 市场调研 → 3 风格定位 → 4 牛仔与相关辅料的选配 → 5 牛仔再造设计 → 6 评价反馈

	工作子步骤	教师活动	学生活动	评价
获取牛仔再造设计任务	1. 明确设计任务书中牛仔再造设计的风格定位、不同面料质感、色彩、工艺及完成期限等要求； 2. 在设计总监的指引下搜集牛仔再造设计风格气氛图及案例； 3. 制订牛仔的设计计划。	1. 引导学生分析任务书，提炼设计关键字词； 2. 提问任务书中的重点设计要素； 3. 实例列举牛仔再造设计图等相关资讯。	1. 准确解读任务书并提炼要点； 2. 搜集牛仔风格气氛图及再造设计案例，重点理解设计亮点； 3. 小组讨论，制订任务计划书。	教师评价： 1. 牛仔风格气氛图； 2. 牛仔再造设计运用的元素。
	课时： 5 分钟 1. 硬资源：具备上网功能的计算机或手机、服装手绘设计学习工作站、服装电脑设计学习工作站等。 2. 软资源：牛仔风格气氛图及案例等相关资料、工作页、工具书、参考教材等。 3. 教学设施：投影仪、一体机、白板、白板笔等。			
市场调研	1. 牛仔市场调查（不同牛仔色卡、面料上的图案设计、面料质感等）； 2. 调研结果汇报（牛仔色卡）。	1. 进行学生分组，选定组长组织小组成员开展市场调查的工作； 2. 引导学生进行广州国际轻纺城面料市场调研，选定服装市场调查的地点（如：中大轻纺城面辅料市场）； 3. 引导学生进行调研（通过网络或图书馆查阅相关，牛仔的资讯）； 4. 交代市场调查的重点，要求学生调研整理好面料色卡并进行分类； 5. 强调外出的安全意识。	1. 明确分工，记录市场调查的任务要点； 2. 去面料市场调研； 3. 在网站上检索资讯； 4. 在图书馆查阅资料（时尚杂志、服装书籍等）； 5. 汇报搜集到的牛仔色卡； 6. 外出调研时提高安全意识。	教师评价： 1. 市场调研搜集到牛仔是否符合要求（风格定位、图案设计等，面料性能、质感等）； 2. 汇报时，逻辑思维及表达是否清晰且突出重点。 学生互评： 1. 对展示的素材进行评价及筛选； 2. 指出市场调研中解决的问题及碰到的难点。
	课时： 10 分钟 1. 硬资源：具备上网功能的计算机或手机、服装手绘设计学习工作站、服装电脑设计学习工作站等。 2. 软资源：工作业、参考教材、时尚杂志、数字化资源（网站）、牛仔再造设计的素材资料等。 3. 教学设施：投影仪、一体机、白板、白板笔等。			
风格定位	1. 收集不同服装风格特点； 2. 分析不同服装风格特点； 3. 面料与辅料风格搭配原理。	1. 进行学生分组，选定组长组织小组成员开展风格定位的工作； 2. 引导学生找出风格定位的设计元素； 3. 引导学生进行调研（通过网络或图书馆查阅牛仔再造设计相关资讯）； 4. 交代风格定位的重点，要求学生准确定位风格，找素材确定再造设计方向。	1. 明确分组进行典型服装风格气氛图的搜集； 2. 找出风格气氛图中的设计元素； 3. 在网站上检索资讯； 4. 在图书馆查阅资料(时尚杂志、服装书籍等）； 5. 构思，找灵感，运用素材确定牛仔再造设计方向。	教师评价： 1. 搜集到的风格气氛图是否符合要求（风格定位、设计元素等）； 2. 风格气氛图重点设计点。 学生互评： 1. 对展示的风格气氛图进行评价及筛选； 2. 指出学生在搜集风格气氛图过程中出现的问题及碰到的难点。
	课时： 15 课时 1. 硬资源：具备上网功能的计算机或手机、服装手绘设计学习工作站、服装电脑设计学习工作站等。 2. 软资源：工作业、参考教材、时尚杂志、数字化资源（网站）、牛仔再造设计的素材资料等。 3. 教学设施：投影仪、一体机、白板、白板笔等。			

1 获取牛仔再造设计任务 → 2 市场调研 → 3 风格定位 → 4 牛仔与相关辅料的选配 → 5 牛仔再造设计 → 6 评价反馈

	工作子步骤	教师活动	学生活动	评价
牛仔与相关辅料的选配	根据不同的牛仔搭配相应的辅料（牛仔与相应的辅料搭配方式）。	1. 根据风格定位，讲解牛仔及相关辅料的搭配方法； 2. 要求学生进行牛仔与相关辅料小样归类整理；进行面辅料的搭配，筛选设计介绍； 3. 审阅学生寻找的面料与辅料小样。	1. 学生搜集牛仔及相关辅料信息（包括色卡）； 2. 学生归类整理牛仔与相关辅料小样，进行面辅料的搭配，筛选设计方案。	教师评价： 1. 审阅学生寻找的面辅料是否舒适；面辅料素材是否与风格相符； 2. 对审阅过程中出现的问题给出改进意见。 学生互评： 1. 指出牛仔与相应辅料搭配方案的优缺点； 2. 指出方案中的优点如何持续优化，缺点如何改进，提出改进意见； 3. 对方案进行筛选与改进。
	课时： 20 分钟 1. 硬资源：具备上网功能的计算机或手机、服装手绘设计学习工作站、服装电脑设计学习工作站等。 2. 软资源：工作页、参考教材、数字化资源（流行面料资讯网站、服装设计的公众号）等。 3. 教学设施：投影仪、一体机、白板、白板笔等。			
牛仔再造设计	1. 牛仔再造设计作品； 2. 牛仔再造设计风格定位； 3. 运用的再造手法； 4. 牛仔再造设计理念说明。	1. 教师运用头脑风暴法讲解根据风格定位进行牛仔面料再造设计的原则与方法； 2. 教师指导学生进行牛仔再造设计； 3. 组织学生展示作品并予以评价； 4. 检查牛仔再造设计作品是否符合要求（牛仔再造设计作品图、设计说明、风格、面辅料搭配、工艺等）。	1. 学生根据已定的设计方案及风格定位进行牛仔再造设计； 2. 学生用KT板制作牛仔再造设计，边做边思考； 3. 学生对作品进行点评及改进。	1. 教师评价：牛仔再造设计与风格定位是否相符；牛仔与辅料是否相符；整体效果是否统一；设计理念表达是否准确。 2. 学生互评： 评价牛仔再造设计作品的优缺点，提出改进意见。
	课时： 80 分钟 1. 硬资源：具备上网功能的计算机或手机、服装手绘设计学习工作站、服装电脑设计学习工作站等。 2. 软资源：工作页、参考教材、数字化资源、服装设计的公众号）、牛仔再造设计的优秀案例、KT 板等。 3. 教学设施：投影仪、一体机、白板、白板笔、画笔、画纸、颜料等。			
评价反馈	对牛仔再造设计过程中出现的问题、现象进行总结并给出改进建议，每位学生提交牛仔再造设计工作总结。	1. 教师引导学生进行自评、互评环节； 2. 教师归纳总结，表扬好的地方，指出不足。	1. 学生展示作品； 2. 点评自己作品的优缺点； 3. 学生互相评价作品中的优缺点。	采取学生自评、互评，教师评价等方法进行。
	课时： 30 分钟 1. 硬资源：具备上网功能的计算机或手机、服装手绘设计学习工作站、服装电脑设计学习工作站等。 2. 软资源：工作页、参考教材、牛仔再造设计作品等。 3. 教学设施：投影仪、一体机、白板、白板笔等。			

学习内容

知识点	1.1 丝绸再造设计任务单相关信息； 1.2 丝绸的性能特点； 1.3 丝绸再造设计的流程。	2.1 搜集、检索资讯的方法； 2.2 丝绸性能特点； 2.3 搜集丝绸的方法和技巧（面辅料搜集与整理）； 2.4 丝绸的不同分类及风格特点。	3.1 不同风格特点定位的方法； 3.2 面料与风格、定位的匹配方法； 3.3 辅料与面料风格的搭配方法。
技能点	1.1 丝绸再造设计工作任务和任务要求的确认（沟通技巧具体化）； 1.2 丝绸再造设计任务书的解读。	2.1 相关资讯的搜集与检索； 2.2 丝绸的质感、成分、性能特点（知识点的转化与应用）； 2.3 搜集丝绸的方法和技巧； 2.4 不同丝绸的分类及风格特点。	3.1 搜集不同风格特点定位 (不同风格特点定位的方法)； 3.2 面料与风格、定位的匹配； 3.3 辅料与面料风格的搭配。
工作环节	工作环节 1 获取丝绸再造设计任务	市场调研 工作环节 2	工作环节 3 风格定位
成果	1.1 分类收集的丝绸再造设计风格气氛图及案例； 1.2 丝绸再造设计任务书分解表及要点记录文本。	2.1 搜集、整理的相关丝绸资讯； 2.2 调研结果汇报（丝绸色卡）。	3.1 收集的不同服装风格特点； 3.2 分析不同服装风格特点； 3.3 面料与辅料风格搭配方法。

4.1 丝绸及相关辅料信息相关知识； 4.2 不同丝绸与相应辅料的搭配原则。	5.1 丝绸再造设计作品的设计风格定位、运用的再造手法、设计理念等相关知识点； 5.2 丝绸再造设计运用方法与技巧等相关知识点（工艺手法）； 5.3 丝绸再造设计中运用的形式美法则。	
4.1 丝绸及相关辅料信息的搜集整理； 4.2 不同丝绸与相应辅料搭配技巧。	5.1 丝绸再造设计作品的设计风格定位、运用的再造手法、设计理念等； 5.2 丝绸再造设计运用方法与技巧（工艺手法）； 5.3 丝绸再造设计中运用的形式美法则（知识点的转化与应用）。	

4.1 根据风格定位，进行不同的丝绸搭配相应的辅料的活动（丝绸与相应的辅料搭配方式）。	5.1 丝绸再造设计作品； 5.2 丝绸再造设计风格定位； 5.3 运用的再造手法； 5.4 丝绸再造设计理念说明。	6.1 对丝绸再造设计过程中出现的问题、现象进行总结并给出改进建议，每位学生提交丝绸再造设计工作总结。

学习任务 1 天然纤维面料再造设计——丝绸再造设计

1 获取丝绸再造设计任务 → 2 市场调研 → 3 风格定位 → 4 丝绸与相关辅料的选配 → 5 丝绸再造设计 → 6 评价反馈

	工作子步骤	教师活动	学生活动	评价
获取丝绸再造设计任务	1. 明确设计任务书中丝绸再造设计的风格定位、不同面料质感、色彩、工艺及完成期限等要求； 2. 在设计总监的指引下搜集丝绸再造设计风格气氛图及案例； 3. 制订丝绸的设计计划。	1. 引导学生分析任务书，提炼设计关键字词； 2. 提问任务书中的重点设计要素； 3. 实例列举丝绸再造设计图等相关资讯。	1. 准确解读任务书并提炼要点； 2. 搜集丝绸风格气氛图及再造设计案例，重点理解设计亮点； 3. 小组讨论，制订任务计划书。	教师评价： 1. 丝绸风格气氛图； 2. 丝绸再造设计运用的元素。
	课时： 5 分钟 1. 硬资源：具备上网功能的计算机或手机、服装手绘设计学习工作站、服装电脑设计学习工作站等。 2. 软资源：丝绸风格气氛图及案例等相关资料、工作页、工具书、参考教材等。 3. 教学设施：投影仪、一体机、白板、白板笔等。			
市场调研	1. 丝绸市场调查（不同丝绸色卡、面料上的图案设计、面料质感等）； 2. 调研结果汇报（丝绸色卡）。	1. 进行学生分组，选定组长组织小组成员开展市场调查的工作； 2. 引导学生进行广州国际轻纺城面料市场调研，选定服装市场调查的地点（如：中大轻纺城面辅料市场）； 3. 引导学生进行调研（通过网络或图书馆查阅相关，丝绸的资讯）； 4. 交代市场调查的重点，要求学生调研整理好面料色卡，并进行分类； 5. 强调外出的安全意识。	1. 明确分工，记录市场调查的任务要点； 2. 学生去面料市场调研； 3. 学生在网站上检索资讯； 4. 学生在图书馆查阅资料（时尚杂志、服装书籍等）； 5. 汇报搜集到的丝绸色卡； 6. 外出市场调研时提高安全意识。	教师评价： 1. 市场调研搜集到丝绸是否符合要求（风格定位、图案设计等，面料性能、质感等）； 2. 汇报时，逻辑思维及表达是否清晰且突出重点。 学生互评： 1. 对学生展示的素材进行评价及筛选； 2. 指出市场调研中解决的问题及碰到的难点。
	课时： 10 分钟 1. 硬资源：具备上网功能的计算机或手机、服装手绘设计学习工作站、服装电脑设计学习工作站等。 2. 软资源：工作业、参考教材、时尚杂志、数字化资源（网站）、丝绸再造设计的素材资料等。 3. 教学设施：投影仪、一体机、白板、白板笔等。			
风格定位	1. 收集不同服装风格特点； 2. 分析不同服装风格特点； 3. 面料与辅料风格搭配原理。	1. 进行学生分组，选定组长组织小组成员开展风格定位的工作； 2. 引导学生找出风格定位的设计元素； 3. 引导学生进行调研（通过网络或图书馆查阅丝绸再造设计相关资讯）； 4. 交代风格定位的重点，要求学生准确定位风格，找素材确定再造设计方向。	1. 明确分组进行典型服装风格气氛图的搜集； 2. 找出风格气氛图中的设计元素； 3. 学生在网站上检索资讯； 4. 学生在图书馆查阅资料（时尚杂志、服装书籍等）； 5. 学生构思，找灵感，运用素材确定丝绸再造设计方向。	教师评价： 1. 搜集到风格气氛图是否符合要求（风格定位、设计元素等）； 2. 风格气氛图重点设计点。 学生互评： 1. 对学生展示的风格气氛图进行评价及筛选； 2. 指出学生在搜集风格气氛图过程中出现的问题及碰到的难点。
	课时： 15 课时 1. 硬资源：具备上网功能的计算机或手机、服装手绘设计学习工作站、服装电脑设计学习工作站等。 2. 软资源：工作业、参考教材、时尚杂志、数字化资源（网站）丝绸再造设计的素材资料等。 3. 教学设施：投影仪、一体机、白板、白板笔等。			

	工作子步骤	教师活动	学生活动	评价
丝绸与相关辅料的选配	根据不同的丝绸搭配相应的辅料（丝绸与相应的辅料搭配方式）。	1. 根据风格定位，讲解丝绸及相关辅料搭配方法； 2. 要求学生进行丝绸与相关辅料小样归类整理；进行面辅料的搭配，筛选设计介绍； 3. 审阅学生寻找的面料与辅料小样。	1. 学生搜集丝绸及相关辅料信息（包括色卡）； 2. 学生归类整理丝绸与相关辅料小样，进行面辅料的搭配，筛选设计方案。	教师评价： 1. 审阅学生寻找的面辅料是否舒适；面辅料素材是否与风格相符； 2. 对审阅过程中出现的问题给出改进意见。 学生互评： 1. 指出丝绸与相应辅料搭配方案的优缺点； 2. 指出方案中的优点如何持续优化，缺点如何改进，提出改进意见； 3. 对方案进行筛选与改进。
	课时： 20 分钟 1. 硬资源：具备上网功能的计算机或手机、服装手绘设计学习工作站、服装电脑设计学习工作站等。 2. 软资源：工作页、参考教材、数字化资源（流行面料资讯网站、服装设计的公众号）等。 3. 教学设施：投影仪、一体机、白板、白板笔等。			
丝绸再造设计	1. 丝绸再造设计作品； 2. 丝绸再造设计风格定位； 3. 运用的再造手法； 4 丝绸再造设计理念说明。	1. 教师运用头脑风暴法讲解根据风格定位进行丝绸面料再造设计的原则与方法； 2. 教师指导学生进行丝绸再造设计； 3. 学生作品的展示与评价； 4. 检查丝绸再造设计作品是否符合要求（丝绸再造设计作品图、设计说明、风格、面辅料搭配、工艺等）。	1. 学生根据已定的设计方案和风格定位进行丝绸再造设计； 2. 学生用KT板制作丝绸再造设计，边做边思考； 3. 学生对作品进行点评及改进。	1. 教师评价：丝绸再造设计与风格定位是否相符；丝绸与辅料是否相符；整体效果是否统一；设计理念表达是否准确。 2. 学生互评：评价丝绸再造设计作品的优缺点、提出改进意见。
	课时： 80 分钟 1. 硬资源：具备上网功能的计算机或手机、服装手绘设计学习工作站、服装电脑设计学习工作站等。 2. 软资源：工作页、参考教材、数字化资源、服装设计的公众号）、丝绸再造设计的优秀案例、KT 板等。 3. 教学设施：投影仪、一体机、白板、白板笔、画笔、画纸、颜料等。			
评价反馈	对丝绸再造设计过程中出现的问题、现象进行总结并给出改进建议，每位学生提交丝绸再造设计工作总结。	1. 教师引导学生进行自评、互评环节； 2. 教师归纳总结，表扬好的地方，指出不足。	1. 学生展示作品； 2. 点评自己作品的优缺点； 3. 学生互相评价作品中的优缺点。	采取学生自评、互评，教师评价等方法进行。
	课时： 30 分钟 1. 硬资源：具备上网功能的计算机或手机、服装手绘设计学习工作站、服装电脑设计学习工作站等。 2. 软资源：工作页、参考教材、丝绸再造设计作品等。 3. 教学设施：投影仪、一体机、白板、白板笔等。			

学习内容

知识点	1.1 针织面料再造设计任务单相关信息； 1.2 针织面料的性能特点； 1.3 针织面料再造设计的流程。	2.1 搜集、检索资讯的方法； 2.2 针织面料性能特点相关知识； 2.3 搜集针织面料的方法和技巧（面辅料搜集与整理）； 2.4 针织面料的不同分类及风格特点。	3.1 不同风格特点定位的方法； 3.2 面料与风格、定位的匹配方法； 3.3 辅料与面料风格的搭配方法。
技能点	1.1 针织面料再造设计工作任务和任务要求的确认（沟通技巧具体化）； 1.2 针织面料再造设计任务书的解读。	2.1 相关资讯的搜集与检索； 2.2 针织面料的质感、成分、性能特点（知识点的转化与应用）； 2.3 搜集针织面料的方法和技巧； 2.4 不同针织面料的分类及风格特点。	3.1 搜集不同风格特点定位 (不同风格特点定位的方法)； 3.2 面料与风格、定位的匹配； 3.3 辅料与面料风格的搭配。
工作环节	工作环节 1 获取针织再造设计任务	工作环节 2 市场调研	工作环节 3 风格定位
成果	1.1 分类收集的针织面料再造设计风格气氛图及案例； 1.2 针织面料再造设计任务书分解表及要点记录文本。	2.1 搜集、整理的相关针织面料资讯； 2.2 调研结果汇报（针织面料色卡）。	3.1 收集的不同服装风格特点； 3.2 分析不同服装风格特点； 3.3 面料与辅料风格搭配方法。

学习任务 1　天然纤维面料再造设计——针织再造设计

4.1 针织面料及相关辅料信息； 4.2 不同针织面料与相应辅料搭配原则。	5.1 针织面料再造设计作品的设计风格定位、运用的再造手法、设计理念等相关知识点； 5.2 针织面料再造设计运用方法与技巧等相关知识点（工艺手法）； 5.3 针织面料再造设计中运用的形式美法则相关知识点。	
4.1 针织面料及相关辅料信息的搜集整理； 4.2 不同针织面料与相应辅料搭配技巧。	5.1 针织面料再造设计作品的设计风格定位、运用的再造手法、设计理念等； 5.2 针织面料再造设计运用方法与技巧（工艺手法）； 5.3 针织面料再造设计中运用的形式美法则（知识点的转化与应用）。	

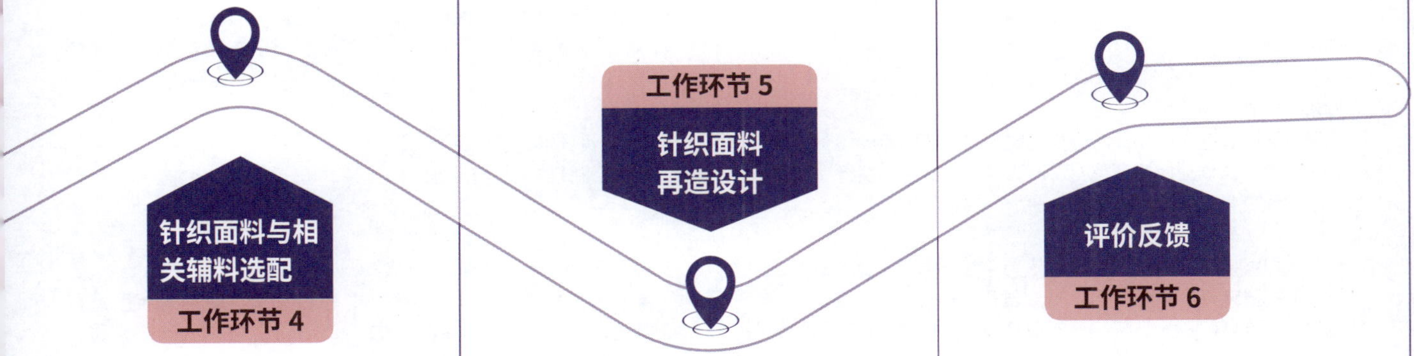

4.1 根据风格定位，进行不同的针织面料搭配相应的辅料的活动（针织面料与相应的辅料搭配方式）。	5.1 针织面料再造设计作品； 5.2 针织面料再造设计风格定位； 5.3 运用的再造手法； 5.4 针织面料再造设计理念说明。	6.1 对针织面料再造设计过程中出现的问题、现象进行总结并给出改进建议；每位学生提交针织再造设计工作总结。

学习任务 1 天然纤维面料再造设计——针织再造设计

1 获取针织面料再造设计任务 → 2 市场调研 → 3 风格定位 → 4 针织面料与相关辅料的选配 → 5 针织面料再造设计 → 6 评价反馈

	工作子步骤	教师活动	学生活动	评价
获取针织面料再造设计任务	1. 明确设计任务书中针织再造设计的风格定位、不同面料质感、色彩、工艺及完成期限等要求； 2. 在设计总监的指引下搜集针织面料再造设计风格气氛图及案例； 3. 制订针织面料的设计计划。	教学方法： 1. 引导学生分析任务书，提炼设计关键字词； 2. 老师提问任务书中的重点设计要素； 3. 实例列举针织面料再造设计图等相关资讯。	1. 准确解读任务书并提炼要点； 2. 搜集针织面料风格气氛图及再造设计案例，重点理解设计亮点； 3. 小组讨论，制订任务计划书。	教师评价： 1. 针织面料风格气氛图； 2. 针织面料再造设计运用的元素。
	课时： 5 分钟 1. 硬资源：具备上网功能的计算机或手机、服装手绘设计学习工作站、服装电脑设计学习工作站等。 2. 软资源：针织风格气氛图及案例等相关资料、工作页、工具书、参考教材等。 3. 教学设施：投影仪、一体机、白板、白板笔等。			
市场调研	1. 针织面料市场调查（不同针织面料色卡、面料上的图案设计、面料质感等）； 2. 调研结果汇报（针织面料色卡）。	1. 学生分组，选定组长组织小组成员开展市场调查的工作； 2. 引导学生广州国际轻纺城面料市场调研,选定服装市场调查的地点(如中大轻纺城面辅料市场)； 3. 引导学生进行调研（通过网络或图书馆查阅相关，针织面料的资讯）； 4. 交代市场调查的重点，要求学生调研整理好面料色卡并进行分类； 5. 强调外出的安全意识。	1. 明确分工，记录市场调查的任务要点； 2. 学生去面料市场调研； 3. 学生在网站上检索资讯； 4. 学生在图书馆查阅资料（时尚杂志、服装书籍等）； 5. 汇报搜集到的针织面料色卡； 6. 外出市场调研时提高安全意识。	教师评价： 1. 市场调研搜集到针织面料是否符合要求（风格定位、图案设计等，面料性能、质感等）； 2. 汇报时，逻辑思维及表达是否清晰且突出重点； 学生互评： 1. 对学生展示的素材进行评价及筛选； 2. 指出市场调研中解决的问题及碰到的难点。
	课时： 10 分钟 1. 硬资源：具备上网功能的计算机或手机、服装手绘设计学习工作站、服装电脑设计学习工作站等。 2. 软资源：工作业、参考教材、时尚杂志、数字化资源（网站）、针织面料再造设计的素材资料等。 3. 教学设施：投影仪、一体机、白板、白板笔等。			
风格定位	1. 收集不同服装风格特点； 2. 分析不同服装风格特点； 3. 面料与辅料风格搭配原理。	1. 进行学生分组，选定组长组织小组成员开展风格定位的工作； 2. 引导学生找出风格定位的设计元素； 3. 引导学生进行调研（通过网络或图书馆查阅针织面料再造设计相关资讯）； 4. 交代风格定位的重点，要求学生准确定位风格，找素材确定再造设计方向。	1. 明确分组进行典型服装风格气氛图的搜集； 2. 找出风格气氛图中的设计元素； 3. 学生在网站上检索资讯； 4. 学生在图书馆查阅资料（时尚杂志、服装书籍等）； 5. 学生构思，找灵感，运用素材确定针织面料再造设计方向。	教师评价： 1. 搜集到风格气氛图是否符合要求（风格定位、设计元素等）； 2. 风格气氛图重点设计点。 学生互评： 1. 对学生展示的风格气氛图进行评价及筛选； 2. 指出学生搜集到的风格气氛图解决的问题及碰到的难点。
	课时： 15 课时 1. 硬资源：具备上网功能的计算机或手机、服装手绘设计学习工作站、服装电脑设计学习工作站等。 2. 软资源：工作业、参考教材、时尚杂志、数字化资源（网站）针织再造设计的素材资料等。 3. 教学设施：投影仪、一体机、白板、白板笔等。			

基准课时：4

1 获取针织面料再造设计任务 → 2 市场调研 → 3 风格定位 → 4 针织面料与相关辅料的选配 → 5 针织面料再造设计 → 6 评价反馈

	工作子步骤	教师活动	学生活动	评价
针织面料与相关辅料的选配	根据不同的针织面料搭配相应的辅料（针织面料与相应的辅料搭配方式）。	1. 根据风格定位，讲解针织面料及相关辅料搭配方法； 2. 要求学生归类整理针织面料与相关辅料小样；进行面辅料的搭配，筛选设计介绍； 3. 审阅学生寻找的面料与辅料小样。	1. 学生搜集针织面料及相关辅料信息（包括色卡）； 2. 学生归类整理针织面料与相关辅料小样，进行面辅料的搭配，筛选设计方案。	教师评价： 1. 审阅学生寻找的面辅料是否舒适；面辅料素材是否与风格相符； 2. 对审阅过程中出现的问题给出改进意见。 学生互评： 1. 指出针织面料与相应辅料搭配方案的优缺点； 2. 指出方案中的优点如何持续优化，缺点如何改进，提出改进意见； 3. 对方案进行筛选与改进。
	课时： 20 分钟 1. 硬资源：具备上网功能的计算机或手机、服装手绘设计学习工作站、服装电脑设计学习工作站等。 2. 软资源：工作页、参考教材、数字化资源（流行面料资讯网站、服装设计的公众号）等。 3. 教学设施：投影仪、一体机、白板、白板笔等。			
针织面料再造设计	1. 针织面料再造设计作品； 2. 针织面料再造设计风格定位； 3. 运用的再造手法； 4 针织面料再造设计理念说明。	1. 教师运用头脑风暴法讲解根据风格定位进行针织面料再造设计的原则与方法； 2. 教师指导学生进行针织面料再造设计； 3. 学生作品的展示与评价； 4. 检查针织面料再造设计作品是否符合要求（针织面料再造设计作品图、设计说明、风格、面辅料搭配、工艺等）。	1. 学生根据已定的设计方案及风格定位进行针织面料再造设计； 2. 学生用 KT 板制作针织面料再造设计，边做边思考； 3. 学生对作品的点评及改进。	1. 教师评价：针织面料再造设计与风格定位是否相符；针织面料与辅料是否相符；整体效果是否整体统一；设计理念表达是否准确。 2. 学生互评：评价针织面料再造设计作品的优缺点、提出改进意见。
	课时： 80 分钟 1. 硬资源：具备上网功能的计算机或手机、服装手绘设计学习工作站、服装电脑设计学习工作站等。 2. 软资源：工作页、参考教材、数字化资源、服装设计的公众号）、针织再造设计的优秀案例、KT 板等。 3. 教学设施：投影仪、一体机、白板、白板笔、画笔、画纸、颜料等。			
评价反馈	对针织面料再造设计过程中出现的问题、现象进行总结并给出改进建议，每位学生提交针织面料再造设计工作总结。	1. 教师引导学生进行自评、互评环节； 2. 教师归纳总结，表扬好的地方，指出不足。	1. 学生展示作品 2. 点评自己作品的优缺点； 3. 学生互相评价作品中的优缺点。	采取学生自评、互评，教师评价等方法进行。
	课时： 30 分钟 1. 硬资源：具备上网功能的计算机或手机、服装手绘设计学习工作站、服装电脑设计学习工作站等。 2. 软资源：工作页、参考教材、针织再造设计作品等。 3. 教学设施：投影仪、一体机、白板、白板笔等。			

学习任务 2　化学纤维面料再造设计

任务描述

学习任务课时：12 课时

任务情境：

涤棉是一种混纺织物，经常运用在服装面料中。ZS 服装公司是一个服装代理品牌公司，现准备做今年一些品牌公司的产品，帮助多个品牌公司代理做设计及加工，运用化学纤维涤棉进行服装款式开发及再造设计。 现邀请我院学生作为设计师的角色参与设计，每个学生需要去中大面辅料市场搜集相关的化学纤维涤棉面料色卡，具体要求如下：

1. 根据 ZS 服装品牌公司春夏、秋冬女装开发的任务要求，拟定一个主题风格，依据风格去中大国际轻纺城搜集相应的面辅料。这个过程需要熟悉中大面辅料市场，才能找到相对应的面料。

   成果：中大国际轻纺城搜集到的涤棉面料色卡。

2. 面料种类很多，把搜集到的面料进行归类，从视觉、触觉、嗅觉等方面理解化学纤维涤棉面料的性能特点及风格。

   成果：涤纶面料分类及整理。

3. 根据面料风格，运用涤棉面料性能，进行面料的再造设计。运用的手法有中国传统文化剪纸艺术等。

   成果：涤棉剪纸面料再造设计作品。

具体工作流程和标准见下页。

工作流程和标准

工作环节 1

获取化学纤维面料再造设计任务

1

解读化学纤维涤棉面料再造设计任务书，提炼关键字词。

工作环节 2

市场调研

2

化学纤维涤棉面料资讯 - 相关面料色卡，理解化学纤维涤棉面料的性能特点；搜集中国传统文化剪纸艺术特点及图片。

工作环节 3

化学纤维面料与相关辅料选配

3

对化学纤维涤棉面料与相应的辅料进行搭配，学习化学纤维涤棉面料与相应辅料搭配的技巧。

工作环节 4

化学纤维面料再造设计

4

用 KT 板做化学纤维涤棉剪纸再造设计作品。

工作环节 5

评价与反馈

5

对化学纤维涤棉面料再造设计过程中出现的问题、现象进行总结并给出改进建议；每位学生提交一份化学纤维涤棉再造设计工作总结。

学习内容

知识点	1.1 化学纤维涤棉面料再造设计任务单相关信息； 1.2 化学纤维涤棉面料再造设计的流程； 1.3 中国传统文化剪纸特点。	2.1 搜集、检索资讯的方法； 2.2 化学纤维涤棉面料性能特点； 2.3 搜集化学纤维涤棉面料的方法和技巧（面辅料搜集与整理）； 2.4 中国传统文化剪纸相关素材。	3.1 资讯搜集服装风格特点定位的相关知识点（风格特点定位的方法）； 3.2 面料与风格、定位的匹配方法； 3.3 辅料与面料风格的搭配方法； 3.4 剪纸与服装风格的融合。
技能点	1.1 化学纤维涤棉面料再造设计工作任务和任务要求的确认（沟通技巧具体化）； 1.2 化学纤维涤棉面料再造设计任务书的解读。	2.1 相关资讯的搜集与检索； 2.2 化学纤维涤棉面料的质感、成分、性能特点（知识点的转化与应用）； 2.3 搜集化学纤维涤棉面料的方法和技巧； 2.4 剪纸素材的归类与整理的能力。	3.1 搜集服装风格特点定位（服装风格特点定位的方法）； 3.2 面料与风格、定位的匹配； 3.3 辅料与面料风格的搭配； 3.4 剪纸与服装风格的融合。
 工作环节	工作环节 1 获取化学纤维面料再造设计任务	市场调研 工作环节 2	工作环节 3 风格定位
成果	1.1 分类搜集的化学纤维涤棉面料再造设计风格气氛图及案例； 1.2 化学纤维涤棉面料再造设计任务书分解表及要点记录文本。	2.1 搜集、整理的相关化学纤维面料资讯； 2.2 调研服装品牌剪纸艺术再造素材； 2.3 撰写的市场调研报告； 2.4 调研结果汇报。	3.1 拟定服装风格； 3.2 分析服装风格特点及剪纸素材图片； 3.3 面料与辅料风格搭配方法。
素养	1.1 增强文化自信。	2.1 搜集和筛选中国传统文件剪纸素材，增强文化自信。	

学习任务 2　化学纤维面料再造设计

4.1 化学纤维涤棉面料及相关辅料信息； 4.2 化学纤维涤棉面料与相应辅料搭配原则。	5.1 化学纤维涤棉面料再造设计作品的设计风格定位、运用的再造手法、设计理念等相关知识点； 5.2 化学纤维涤棉面料再造设计运用方法与技巧等相关知识点（工艺手法）； 5.3 化学纤维涤棉面料再造设计中剪纸运用的形式美法则； 5.4 中国传统剪纸艺术。	
4.1 化学纤维涤棉面料及相关辅料信息的搜集整理； 4.2 化学纤维涤棉面料与相应辅料的搭配技巧。	5.1 化学纤维涤棉面料再造设计作品的设计风格定位、运用的再造手法、设计理念等； 5.2 化学纤维涤棉面料再造设计运用方法与技巧（工艺手法）； 5.3 化学纤维涤棉面料再造设计中剪纸运用的形式美法则（知识点的转化与应用）。	

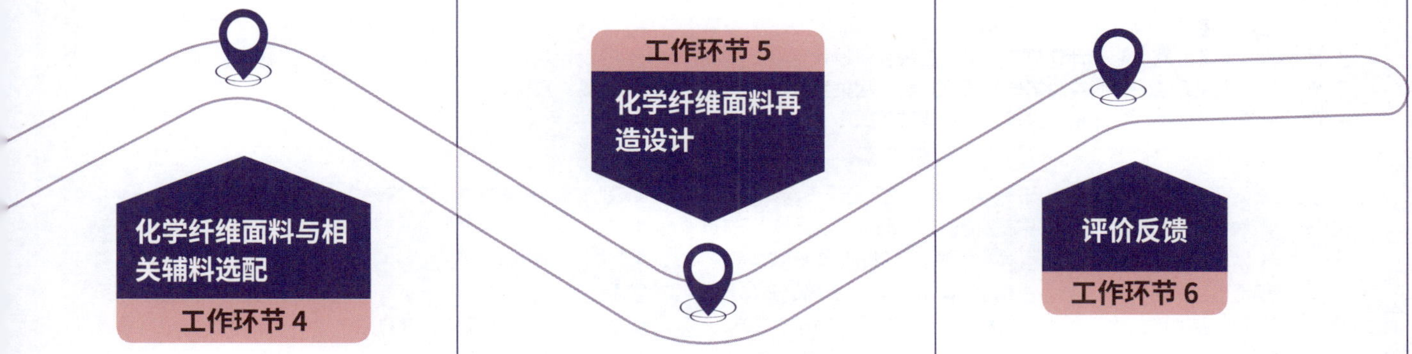

4.1 根据风格定位，进行化学纤维涤棉面料搭配相应的辅料的活动(化学纤维涤棉面料与相应的辅料搭配方式)。	5.1 化学纤涤棉维面料再造设计作品； 5.2 化学纤维面料再造设计风格定位； 5.3 运用剪纸再造手法； 5.4 化学纤维面料再造设计理念说明。	6.1 对化学纤维涤棉面料再造设计过程中出现的问题、现象进行总结并给出改进建议，每位学生提交化学纤维涤棉面料再造设计工作总结。
	5.1 思政元素： 服装设计能融合中国传统剪纸艺术素材，创作新颖的有民族特色的设计产品，增强文化自信。	

学习任务 2 化学纤维面料再造设计

① 获取化学纤维面料再造设计任务 → ② 市场调研 → ③ 风格定位 → ④ 化学纤维涤棉面料与相关辅料的选配 → ⑤ 化学纤维涤棉面料再造设计 → ⑥ 评价反馈

	工作子步骤	教师活动	学生活动	评价
获取化学纤维面料再造设计任务	1. 明确设计任务书中化学纤维涤棉面料再造设计的风格定位、质感、色彩、工艺及完成期限等要求； 2. 在设计总监的指引下搜集化学纤维涤棉面料再造设计风格气氛图及案例； 3. 制订化学纤维涤棉面料的设计计划； 4. 分析中国传统剪纸艺术特点。	1. 引导学生分析任务书，提炼设计关键字词； 2. 老师提问任务书中的重点设计要素； 3. 实例列举化学纤维涤棉面料再造设计图等相关资讯。	1. 准确解读任务书并提炼要点； 2. 搜集化学纤维涤棉面料风格气氛图及再造设计案例，重点理解设计亮点； 3. 小组讨论，制订任务计划书。	教师评价： 1. 化学纤维涤棉面料风格气氛图； 2. 化学纤维涤棉面料再造设计运用的剪纸元素。
	课时： 10 分钟 1. 硬资源：具备上网功能的计算机或手机、服装手绘设计学习工作站、服装电脑设计学习工作站等。 2. 软资源：化学纤维涤棉面料风格气氛图及案例等相关资料、工作页、工具书、参考教材等。 3. 教学设施：投影仪、一体机、白板、白板笔等。			
市场调研	1. 化学纤维涤棉面料市场调查（化学纤维涤棉面料色卡、面料上的图案设计、面料质感等）； 2. 调研服装品牌中国传统文化剪纸相关素材； 3. 撰写市场调研报告； 4. 汇报调研结果。	1. 进行学生分组，选定组长组织小组成员开展市场调查的工作； 2. 引导学生进行广州国际轻纺城面料市场调研，选定服装市场调查的地点（如：中大轻纺城面辅料市场）； 3. 引导学生进行调研（通过网络或图书馆查阅相关剪纸，化学纤维涤棉面料的资讯）； 4. 交代市场调查的重点，要求学生调研整理好面料色卡并进行分类； 5. 强调外出的安全意识。	1. 明确分工，记录市场调查的任务要点； 2. 学生去面料市场调研； 3. 学生在网站上检索资讯； 4. 学生在图书馆查阅剪纸资料（时尚杂志、服装书籍等）； 5. 搜集到的化学纤维涤棉面料色卡汇报； 6. 外出市场调研时提高安全意识。	教师评价： 1. 市场调研搜集到的化学纤维涤棉面料是否符合要求（风格定位、图案设计等，面料性能、质感等）； 2. 汇报时，逻辑思维及表达是否清晰且突出重点。 学生互评： 1. 对学生展示的素材进行评价及筛选； 2. 指出市场调研中解决的问题及碰到的难点。
	课时： 1 课时 1. 硬资源：具备上网功能的计算机或手机、服装手绘设计学习工作站、服装电脑设计学习工作站等。 2. 软资源：工作业、参考教材、时尚杂志、数字化资源（网站）、化学纤维涤棉面料再造设计的素材资料等。 3. 教学设施：投影仪、一体机、白板、白板笔等。			

1 获取针织再造设计任务 → 2 市场调研 → 3 风格定位 → 4 化学纤维涤棉面料与相关辅料的选配 → 5 化学纤维涤棉面料再造设计 → 6 评价反馈

	工作子步骤	教师活动	学生活动	评价
风格定位	1. 搜集不同服装风格特点，拟定服装风格； 2. 分析服装风格特点及剪纸素材； 3. 面料与辅料风格搭配方法。	1. 进行学生分组，选定组长组织小组成员开展风格定位的工作； 2. 引导学生找出风格定位的设计元素； 3. 引导学生进行调研（通过网络或图书馆查阅化学纤维涤棉面料再造设计相关资讯）； 4. 交代风格定位的重点，要求学生准确定位风格，运用剪纸素材确定再造设计方向。	1. 明确分组进行典型服装风格气氛图的搜集； 2. 找出风格气氛图中的设计元素； 3. 学生在网站上检索资讯； 4. 学生在图书馆查阅资料（时尚杂志、服装书籍等）； 5. 学生构思，找灵感，运用剪纸素材确定化学纤维涤棉面料再造设计方向。	教师评价： 1. 搜集到的风格气氛图是否符合要求（风格定位、设计元素等）； 2. 风格气氛图重点设计点。 学生互评： 1. 对学生展示的风格气氛图进行评价及筛选； 2. 指出学生搜集到的风格气氛图解决的问题及碰到的难点。
	课时： 2 课时 1. 硬资源：具备上网功能的计算机或手机、服装手绘设计学习工作站、服装电脑设计学习工作站等。 2. 软资源：工作业、参考教材、时尚杂志、数字化资源（网站）化学纤维涤棉面料再造设计的素材资料等。 3. 教学设施：投影仪、一体机、白板、白板笔等。			
化学纤维涤棉面料与相关辅料的选配	根据化学纤维涤棉面料搭配相应的辅料（化学纤维涤棉面料与相应的辅料搭配方式）。	1. 根据风格定位，讲解化学纤维涤棉面料与相关辅料搭配的方法； 2. 要求学生归类整理化学纤维涤棉面料与相关辅料小样；进行面辅料的搭配，筛选设计介绍； 3. 审阅学生寻找的面料与辅料小样。	1. 学生进行化学纤维涤棉面料及相关辅料信息搜集（包括色卡）； 2. 学生归类整理化学纤维涤棉面料与相关辅料小样，进行面辅料的搭配，筛选设计。	教师评价： 1. 审阅学生寻找的面辅料是否舒适；面辅料素材是否与风格相符； 2. 对审阅过程中出现的问题给出改进意见。 学生互评： 1. 指出化学纤维涤棉面料与相应辅料搭配方案的优缺点； 2. 指出方案中的优点如何持续优化，缺点如何改进，提出改进意见； 3. 对方案进行筛选与改进。
	课时： 2 课时 1. 硬资源：具备上网功能的计算机或手机、服装手绘设计学习工作站、服装电脑设计学习工作站等。 2. 软资源：工作页、参考教材、数字化资源（流行面料资讯网站、服装设计的公众号）等。 3. 教学设施：投影仪、一体机、白板、白板笔等。			

学习任务 2 化学纤维面料再造设计

1 获取化学纤维面料再造设计任务 → 2 市场调研 → 3 风格定位 → 4 化学纤维涤棉面料与相关辅料的选配 → 5 化学纤维涤棉面料再造设计 → 6 评价反馈

	工作子步骤	教师活动	学生活动	评价
化学纤维涤棉面料再造设计	1. 化学纤维涤棉面料再造设计作品； 2. 化学纤维涤棉面料再造设计风格定位； 3. 运用的再造手法； 4. 化学纤维涤棉面料再造设计理念说明； 5. 中国传统剪纸艺术融入化学纤维涤棉面料再造设计。	1. 教师运用头脑风暴法讲解根据风格定位进行化学纤维涤棉面料面料再造设计的原则与方法； 2. 教师指导学生进行化学纤维涤棉面料剪纸再造设计； 3. 组织学生展示作品并予以评价； 4. 检查化学纤维涤棉面料再造设计作品是否符合要求（化学纤维涤棉面料再造设计作品图、设计说明、风格、面辅料搭配、工艺等）。	1. 学生根据已定的设计方案及风格定位进行化学纤维涤棉面料再造设计； 2. 学生用 KT 板制作化学纤维涤棉面料剪纸再造设计，边做边思考； 5. 学生对作品进行点评及改进。	1. 教师评价：化学纤维涤棉面料再造设计与风格定位是否相符；化学纤维涤棉面料与辅料是否相符；整体效果是否统一；剪纸设计理念表达是否准确。 2. 学生互评： 评价化学纤维涤棉面料再造设计作品的优缺点，提出改进意见。
	课时： 6 课时 1. 硬资源：具备上网功能的计算机或手机、服装手绘设计学习工作站、服装电脑设计学习工作站等。 2. 软资源：工作页、参考教材、数字化资源（服装设计的公众号）、化学纤维涤棉面料再造设计的优秀案例、KT 板等。 3. 教学设施：投影仪、一体机、白板、白板笔、画笔、画纸、颜料等。			
评价反馈	对化学纤维涤棉面料再造设计过程中出现的问题、现象进行总结并给出改进建议；每位学生提交化学纤维涤棉面料再造设计工作总结。	1. 教师引导学生进行自评、互评环节； 2. 教师归纳总结，表扬好的地方，指出不足。	1. 学生展示作品； 2. 点评自己作品的优缺点； 3. 学生互相评价作品中的优缺点。	采取学生自评、互评，教师评价等方法进行。
	课时： 30 分钟 1. 硬资源：具备上网功能的计算机或手机、服装手绘设计学习工作站、服装电脑设计学习工作站等。 2. 软资源：工作页、参考教材、化学纤维涤棉面料再造设计作品等。 3. 教学设施：投影仪、一体机、白板、白板笔等。			

基准课时：4

考核标准

一、方案设计（时间：320 分钟）

任务名称：

用丝绸面料表达浪漫风格。

情境描述：

广州 ZHUSHI 服装公司正在研发新季度的产品，需要开发一系列女时装春夏产品，要求设计师按照规定时间完成面料搜集，运用丝绸面料的不同性能，根据主题思想、流行元素进行再造设计。现在设计总监安排你完成这个春夏丝绸面料的再造设计。

任务要求：

1. 根据任务的情境描述，逐步熟悉国际轻纺城中大面辅料市场，搜集不同类型的丝绸面料色卡，了解面料性能特点。
2. 确定主题思想。根据浪漫风格制订主题思想，由浪漫主题拓展思维，展开联想，从而确定主题思想。
3. 依据确定好的主题思想、风格定位，选配相应的面料，进行丝绸面料二次再造设计。
4. 根据本次再造设计的实施过程，归纳出丝绸面料再造设计方法。

参考资料：

完成此项任务，可以使用所有常见的教学资料，如配备的教材、参考教材、专业图书、时尚杂志、网络资讯等。

过程性评价表
1. 团队合作 20 分 团队合作能力强而高效，小组能在规定时间内完成任务。
2. 沟通礼仪 20 分 服装材料市场调研与店铺员的沟通礼貌、尊重，做到有效沟通。
3. 获取信息 20 分 能理解任务书的内容和要求，关键性的设计要点提取全面、准确；了解中国传统文化，对中国传统文化元素的运用合理准确。
4. 成果展示 40 分 语言言简意赅，思路清晰，突出重点，汇报内容全面详细，作品符合工艺要求，符合再造设计意图，具有经济价值、商业价值、文化价值。

评价要求		评价标准			
		优秀 10 分	良好 8 分	及格 6 分	不及格 6 分以下
专业能力评价标准	1. 学生学习态度出勤、参与程度				
	2. 作品完成情况				
	3. 面料再造设计与灵感来源、风格相符				
	4. 面料运用、面料搭配合理				
	5. 再造设计作品局部与整体协调一致				
	6. 制作工艺精细，体现工匠精神				
	7. 形式美感好，设计独特、新颖				
专业能力评价标准	8. 学生仪容仪表符合学校要求				
	9. 体现爱国主义精神				
	10. 汇报作品重点突出，能清晰准确表达自己的观点				
	总分得分情况				
	教师总评				

课程 4　服装视觉呈现

学习任务 1
品牌标志设计
（20）课时

学习任务 2
品牌海报设计
（20）课时

课程目标

学生学习完本课程，应能达到如下目标：

1. 能掌握课程中所介绍的有关视觉传达设计中常用的基本术语、定义、概念和设计规律，能较熟练地应用这些概念和术语。养成良好的学习习惯，培养学生脚踏实地、认真钻研的良好学习品质。

2. 能了解视觉传达设计风格流派，了解视觉传达设计的设计思维基本概念。能够运用视觉传达中基本视觉元素的设计，进行版式设计。发扬精益求精、刻苦钻研的工匠精神。

3. 能通过市场调研、竞争对手调查、消费者以及产品调查研究，确定新季度服装研发相关视觉呈现的任务方案。在调研时做到爱国敬业，自觉维护祖国尊严和荣誉，向设计总监汇报调研结果时做到诚信友善，发扬社会主义核心价值观。

4. 能根据设计方案的具体要求进行设计构思，确定设计定位、设计目的、设计方式、表达方式以及所需材料，能够结合现代审美及流行趋势，融入中国传统文化，把设计中的民族元素跟时尚对应，开发设计有中国特色的服装视觉产品。

5. 能根据视觉传达部总监的评审修改意见进行修改定稿并跟进后期制作，网站实现或进行印刷制作。发扬精益求精、刻苦钻研的工匠精神。

6. 能够对视觉传达设计的发展趋势及最新的经典设计作品有所了解。培养学生爱国情怀，增进民族自信心。

课时：80

学习任务 3
服装品牌 VI 设计
（20）课时

学习任务 4
服装品牌标志设计策划
（20）课时

课程内容

根据课程目标逐条梳理学习内容为：

1. 视觉传达设计概念及范畴。能举例说出什么设计属于视觉传达设计、了解视觉传达设计的概念，熟练掌握视觉传达设计分类了解视觉传达设计的发展趋势、基本了解视觉传达设计的方法、基本了解视觉传达设计风格流派。

2. 视觉传达设计原理。掌握视觉符号语义，会进行图形的色彩分析设计。了解视觉组织的原理，了解设计思维常用的方式。

3. 文字传达设计。掌握各种字体的基本特征和方法，会针对不同的设计主题进行不同的字体形态设计。 能分析文字距离设计的特征，并能进行恰当的文字距离设计。 能根据实际主题选用合适的文字排列形式表现。

4. 图形传达设计。掌握图形表现的多种形式和方法。会针对不同的设计主题运用不同的图形进行图形形态的设计。能理解图形编码的方法，并能进行恰当设计。 能根据不同的主题选用合适的图形进行表现。

5. 版面设计。掌握视觉空间设计特征。 基本掌握文字编排设计的要素。 能根据需要对主题进行图形设计、剪裁。 能根据客户需求进行统计图设计。

6. 视觉传达应用设计。基本掌握包装的功能及类别。 能根据需要进行包装设计的定位及设计的应用。 能根据产品的特点进行包装的设计并进行包装陈列设计。

7. 通过视觉呈现课程，了解服装发展的历史，增强学生的爱国情怀。

学习任务 1　品牌标志设计

任务描述

学习任务课时：20 课时

任务情境：

YOUK 食品集团是一家以食品为核心主业的多元化企业集团，集团核心产业为冰淇淋和速冻食品，其目前核心市场覆盖浙江，辐射华东。集团已跻身全国冷食行业五强，连续多年入选“全国民营企业 500 强”。当前，该企业集团近年刚推出一个“有机生态”食品品牌“YG 大地”，该品牌将精选源头基地，同时全程质量监控，确保“零污染”的健康食品安心到达每位顾客家中。

现在，该品牌正在开展标志设计工作，并将在众多竞争者中优选出最理想的品牌标志，如果你也有兴趣，请根据如下品牌策略描述，开展标志设计工作。目标人群：25~45 岁，都市居民；追求健康的生活方式，向往健康的饮食，对食品安全心存疑虑；趋优消费，对价格不是很敏感。品牌承诺：天然、健康、高品质的生活方式。品牌洞察：从消费者的健康、“自然”需求和认知出发，建立品牌自身的“生态观”；以品牌独特的“生态观”贯穿不同的产品及其宣传，形成强大的品牌合力。品牌个性：健康、天然、不张扬的考究、简约、现代。

该公司跟我院服装专业合作，让大家承担明年春季品牌标志产品策划的任务。具体要求如下：

1. 在了解品牌标志基本概念的基础上制作产品策划职务表及职务分工表；
2. 在市场调研后提供完整的调研报告 PPT 并做汇报（包括：搜集、整理相关品牌资讯，品牌标志产品定位策划方案书文本，撰写市场调研报告）。以上工作 4 天内完成。
3. 在 3 天内完成元素收集及流行元素预测并完成品牌标志主题概念板（文字概念、色彩概念、面料概念、款式概念、设计元素）；
4. 在 2 天内完成品牌标志产品架构规划，制订品牌标志产品的架构策划 (色彩、产品、面料架构)；
5. 深入品牌标志的系列设计，完成色彩设计、面辅料搭配、系列款式设计、系列图案设计、系列服饰配件设计，此工作要求 8~9 周完成；
6. 完成品牌的企业形象识别系统设计（企业名称、标志、企业象征图等，此工作 1 天完成）。

于是，我院服装专业设计教师带领同学共同完成该品牌标志产品策划任务。

具体工作流程和标准见下页。

工作流程和标准

工作环节 1

获取品牌标志产品策划任务

1

解读品牌标志产品策划任务书，完成品牌标志产品策划任务书。

工作环节 2

市场调研和定位

2

根据 YOUK 食品集团品牌标志产品策划的任务开展市场调研工作，调研方式包括网络调研和实地考察调研等形式。通过资讯网的搜集与检索对资讯信息进行归类与整理，分析相关相近风格品牌标志产品的流行趋势。搜集、整理资讯和服装竞品资料、撰写市场调研报告，并制作调研结果汇报的 PPT。

工作环节 3

品牌标志的灵感与主题设计

3

根据品牌标志产品策划要求进行灵感与主题信息的搜集整理（包括品牌标志流行元素、文字概念、色彩概念、面料概念、款式概念、设计元素等）。完成品牌标志灵感与主题板绘制，策划。

工作环节 4

品牌标志的产品架构

4

完成品牌女装开发时间计划表及品牌标志产品上市计划时间表，制订品牌标志产品的架构策划（色彩、产品、面料架构），要求做到色彩、产品及面料架构跟品牌主题协调一致。

工作环节 5

品牌标志的系列设计

5

深入品牌标志的系列设计，完成色彩设计、面辅料搭配、系列款式设计、系列图案设计、系列服饰配件设计，要求色彩设计方案简介漂亮，面辅料搭配设计合理，款式跟风格紧密结合，配饰能为品牌女装风格服务，所有的设计图保持美观大方，便于展示和分享。

工作环节 6

品牌标志的推广

6

了解品牌标志推广内容及方法，完成品牌标志形象识别系统的设计绘制，注意品牌形象识别系统和品牌风格的协调。

工作环节 7

评价反馈，总结拓展环节

7

对品牌标志产品策划过程中出现的问题、现象进行总结，并给出改进建议。每位学生提交一份品牌标志产品策划工作总结。和服装竞品资料、撰写市场调研报告，并制作调研结果汇报的 PPT。

学习内容

知识点	1.1 标志的概念与功能； 1.2 标志的表现题材与创意构思； 1.3 标志设计的构成表现； 1.4 标志的设计形式； 1.5 标志中的标准色彩； 1.6 标志设计的艺术手法。	2.1 理解标志的资讯搜集、检索方法； 2.2 标志的表现题材； 2.3 形式美法则在标志设计中的应用； 2.4 运用表象手法的设计形式； 2.5 标志标准色彩的重要性； 2.6 传统图案与标志。	3.1 收集各种标志的流行元素； 3.2 标志设计的构成方法； 3.3 运用象征手法的设计形式； 3.4 标志标准色彩的设计要求； 3.5 标志的精致化制作。
技能点	1.1 标志产品策划任务和任务要求确认（沟通技巧具体化）； 1.2 标志产品策划任务书的解读。	2.1 相关资讯的搜集与检索； 2.2 相关资讯的归类与整理（知识点的转化与应用）； 2.3 标志流行趋势的分析与运用； 2.4 标志的分析与类似标志的识别（市场分析能力）； 2.5 市场调研报告（PPT 的制作）。	3.1 标志流行信息的搜集整理； 3.2 标志流行方案的编写整理（知识运用）； 3.3 标志概念版的制作策划（知识运用）； 3.4 概念版的汇报（语言表达能力）。
工作环节	工作环节 1 获取品牌标志策划设计任务，了解标志设计的职责	工作环节 2 市场调研和定位	工作环节 3 标志设计的产品架构
成果	1.1 找出一些利用品牌标志表达的案例并对其如何运用开展分析； 1.2 策划任务书分解表及文本。	2.1 查找到的国内外快递行业标志的色彩运用资料； 2.2 撰写的市场调研报告； 2.3 调研结果汇报的 PPT。	3.1 收集与整理的标志设计流行元素。

学习任务 1　品牌标志设计

4.1 虚拟标志开发时间计划内容； 4.2 标志标准色彩联想与应用行业； 4.3 标志与基本要素的组合规定。	5.1 标志的作用及价值体现、视觉构成、风格定位、传承与优化、战略应用、发展趋势； 5.2 标志的色彩搭配； 5.3 标志投标战略。		
4.1 标志开发时间计划的把控（合理安排时间的意识）； 4.2 标志的上市计划控制（上市计划的整体协调和控制能力）； 4.3 标志的架构制订能力（包括色彩架构、产品架构、面料架构的策划制订的标准）； 4.4 产品架构策划的汇报（语言表达能力）。	5.1 标志深入系列设计工作进程的把控（确定每项任务的周期及各工作节点）； 5.2 完成标志的系列设计开发并能进行调整（整体策划设计能力的体现）； 5.3 探讨和评价确认标志系列设计。	6.1 标志形象识别系统设计进程的把控（确定女装标志形象识别系统设计的内容及时间）； 6.2 标志形象识别系统的制订能力。	

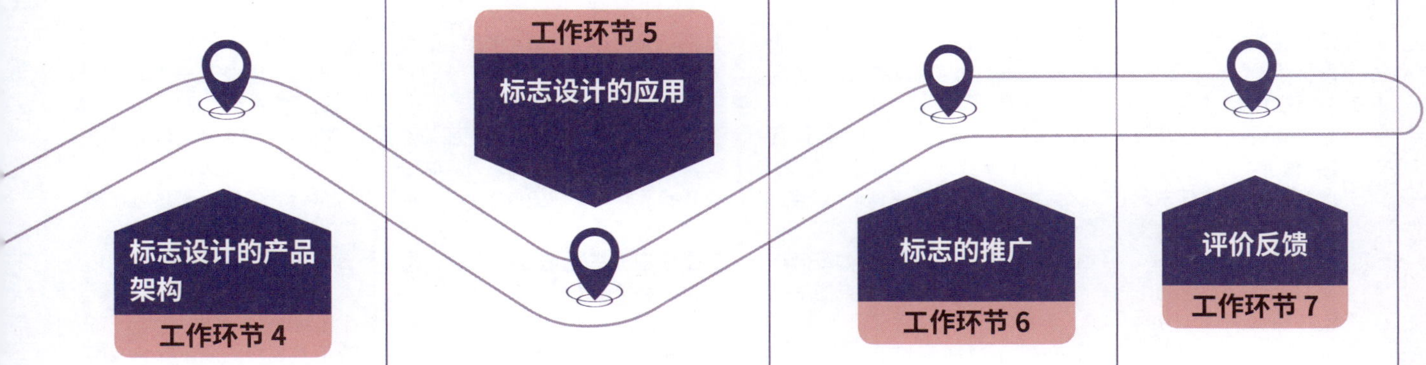

4.1 标志开发时间计划表； 4.2 标志产品上市计划表； 4.3 标志产品的架构策划（色彩、产品、面料架构）。	5.1 标志的色彩设计方案； 5.2 系列图案设计图。	6.1 品牌的形象识别系统设计图。	7.1 对标志策划过程中出现的问题、现象进行总结并给出改进建议；每位学生提交标志产品策划的所有策划方案、系列设计方案图稿。

学习任务 1 品牌标志设计

1 获取品牌标志设计任务，了解标志设计的职责 → 2 市场调研和定位 → 3 标志设计的灵感与主题设计 → 4 标志设计的产品架构 → 5 标志设计的应用 → 6 标志的推广 → 7 评价反馈

获取品牌标志设计任务，了解标志设计的职责

工作子步骤	教师活动	学生活动	评价
1. 明确品牌标志设计策划任务书、平面产品策划职务机构和完成期限等要求； 2. 在设计总监（教师）的指引下制订品牌标志设计规划计划书。	1. 引导学生分析任务书，提炼品牌标志策划概念关键字词； 2. 提问及讨论品牌企业设计部职务结构的职务描述； 3. 实例列举品牌平面公司设计部职务机构。	1. 准确解读品牌标志设计策划任务书并提炼要点； 2. 搜集品牌标志设计企业设计部门职务结构范例，重点理解各职务结构职能； 3. 小组讨论，制订品牌标志设计产品任务计划书。	教师评价： 1. 平面产品规划概述； 2. 品牌标志设计产品策划计划书； 3. 设计部职务结构评价。

课时： 2 课时

1. 硬资源：可上网的计算机或手机、服装电脑设计学习工作站等。
2. 软资源：品牌标志设计风格文化相关资料、工作页、工具书、参考教材等。
3. 教学设施：投影仪、一体机、白板、白板笔等。

市场调研和定位

工作子步骤	教师活动	学生活动	评价
1. 搜集品牌标志的创意题材； 2. 分析品牌标志设计创意的定位风格以及目标消费群； 3. 搜集服装品牌标志创意范例，明确文化文明规范； 4. 撰写品牌标志设计市场调研报告（用 PPT 制作）； 5. 进行市场调研报告汇报。	1. 进行学生分组，选定组长组织小组成员开展品牌标志设计市场调查的工作； 2. 引导学生线下调研，选定品牌标志设计平面市场调查的地点(如：太古汇、万菱汇、天河城、广百、万达等)； 3. 引导学生线上调研（通过品牌标志设计官网流行资讯或图书馆查阅平面杂志书籍等）； 4. 交代品牌标志设计市场调查的重点，要求学生调研后做好 ppt； 5. 强调人文精神,文化文明的规范； 6. 强调外出的安全意识 。	1. 明确分工，记录市场调查的任务要点； 2. 学生去品牌标志设计平面市场调研，品牌标志设计平面实体店进行品牌流行资讯分析； 3. 学生在品牌标志设计官网等网站上检索资讯； 4. 学生在图书馆查阅资料（时尚杂志、平面书籍等）； 5. 搜集竞品服装品牌标志设计经典案例； 6. 进行 PPT 制作并汇报； 7. 提高外出市场调研活动的安全意识。	教师评价： 1. 市场调研报告 PPT 的内容是否符合要求； 2. PPT 制作中要有体现品牌标志设计的风格定位、文案设计内容、创意风格特点、色彩搭配运用； 3. 汇报时，逻辑思维及表达是否清晰，突出重点。 学生互评： 1. 学生素材的展示评价及筛选； 2. 指出品牌标志设计市场调研报告及演示文稿制作的优缺点； 3. 是否能够把控人文精神，达到倡导文化文明的目的，传播正能量。

课时： 2 课时

1. 硬资源：可上网的计算机或手机、服装电脑设计学习工作站等。
2. 软资源：工作页、参考教材、时尚杂志、数字化资源（品牌女装资讯网站）关于品牌标志设计的素材资料等。
3. 教学设施：投影仪、一体机、白板、白板笔等。

基准课时：20

1 获取品牌标志设计任务，了解标志设计的职责
2 市场调研和定位
3 标志设计的灵感与主题设计
4 标志设计的产品架构
5 标志设计的应用
6 标志的推广
7 评价反馈

标志设计的灵感与主题设计

工作子步骤	教师活动	学生活动	评价
1. 服饰标志的创意方法； 2. 品牌标志设计流行预测及灵感来源； 3. 完成品牌标志设计主题概念版。	1. 讲解获取流行元素的渠道； 2. 介绍服装品牌标志设计的具体要求； 3. 讲解流行预测报告的重要内容及灵感来源概念； 4. 组织学生完成品牌标志设计主题概念版的制作（强调主题概念版的排版美感）； 5. 审阅学生的主题概念板及流行预测报告； 6. 引导学生的品牌标志创意体现文化文明； 7. 审阅学生的所有文字编写方案。	1. 学生收集品牌标志设计的流行资讯、元素； 2. 学生在整理理解并掌握目标品牌流行元素的基础上，进行“爱时尚”品牌的主题创意； 3. 寻找属于定位品牌的灵感来源素材； 4. 制作完成品牌标志设计主题概念板。	教师评价： 1. 审阅学生收集的流行元素是不是能体现品牌标志设计特点； 2. 审阅学生的流行预测方案跟品牌风格定位是否一致； 3. 审阅学生的品牌标志设计概念版是否完整美观； 4. 对审阅过程中出现的问题给出改进意见； 5. 人文精神（文化文明）的体现如何。 学生互评： 1. 指出流行预测方案的优缺点； 2. 指出品牌标志设计主题概念版方案中的优点如何持续优化，缺点如何改进，提出改进意见； 3. 对方案进行筛选与改进； 4. 有没有违背人文精神，文明规则的创意如何。

课时： 4 课时

1. 硬资源：可上网的计算机或手机、服装电脑设计学习工作站等。
2. 软资源：工作页、参考教材、数字化资源（品牌标志设计资讯网站、平面设计的公众号）等。
3. 教学设施：投影仪、一体机、白板、白板笔等。

课程 4 服装视觉呈现

学习任务 1 品牌标志设计

1. 获取品牌标志设计任务，了解标志设计的职责
2. 市场调研和定位
3. 标志设计的灵感与主题设计
4. 标志设计的产品架构
5. 标志设计的应用
6. 标志的推广
7. 评价反馈

	工作子步骤	教师活动	学生活动	评价
标志设计的产品架构	完成品牌标志设计的创意品架构。	1. 教师运用头脑风暴法讲解品牌标志设计开发时间计划及上市计划的内容及制订的原则； 2. 教师运用头脑风暴法讲解品牌标志设计色彩架构、文案架构及创意架构的含义及制订原则。 3. 教师指导学生完成虚拟品牌标志设计的开发时间及上市时间计划，并指导完成虚拟品牌标志设计的架构（包括色彩、文案及创意）。 4. 组织学生展示作品并予以评价。 5. 检查学生的计划表及架构表（内容及形式是否完整、合理、美观）。	1. 学生聆听教师介绍品牌标志开发时间计划的内容及制订原则。 2. 学生聆听教师介绍品牌标志开发产品上市计划的内容。 3. 学生构思完成开发时间计划及上市计划两份计划。 4. 学生完成虚拟品牌标志设计的架构。 5. 学生对作品进行点评及改进。	教师评价： 1. “爱时尚”品牌标志设计开发时间计划表及产品上市计划内容是否合理； 2. “爱时尚”品牌标志设计的色彩、文案、创意架构是否合理； 3. 计划表及“爱时尚”品牌标志设计架构是否合理全面、可操作性强； 4. 文案及创意有无涉及色情、暴力等，是否体现人文精神。 学生互评： 评价开发时间计划表、产品上市计划表及品牌标志设计架构表的内容合理程度及美观程度，提出改进意见。
	课时： 4 课时 1. 硬资源：可上网的计算机或手机、服装电脑设计学习工作站等。 2. 软资源：工作页、参考教材、数字化资源（平面品牌官网及公众号）、品牌标志设计的产品架构范例等。 3. 教学设施：投影仪、一体机、白板、白板笔、画笔、画纸、颜料等。			
标志设计的应用	1. 把控品牌标志设计的系列设计进展（具体任务流程节点，时间意识、工作效率、责任心）； 2. 完成品牌标志设计的系列设计； 3. 贯穿整个品牌标志设计系列设计过程的设计评价、筛选与反思。	1. 老师讲授影响标志设计的因素（材料、创意、文案的标志性等）； 2. 讲解并提问标志设计的步骤环节，如何把控标志设计进程并及时调整以符合设计意图； 3. 发放标志设计确认单并讲解如何填写方案确认单。	1. 学生记录老师讲授的品牌标志设计系列设计概述知识点； 2. 回答老师的提问； 3. 学习品牌标志设计系列设计的内容； 4. 完成“爱时尚”品牌标志设计的系列色彩设计； 5. 完成“爱时尚”品牌标志设计的系列整体文案、色彩、创意设计。	教师评价： 1. 能否按要求回答老师的提问（如：答案的完整性、准确性、语言表达思路清晰且有条理）； 2. 设计方案确认单填写是否规范、完整、准确、明了。 学生评价： 1. 评价品牌标志设计的优缺点，提出改进意见； 2. 检查品牌标志设计制作单，查缺补漏。
	课时： 4 课时 1. 硬资源：可上网的计算机或手机、服装电脑设计学习工作站等。 2. 软资源：工作页、参考教材、品牌标志设计的设计图（效果图、施工图）等。 3. 教学设施：投影仪、一体机、白板、白板笔等。			

1 获取品牌标志设计任务，了解标志设计的职责 → 2 市场调研和定位 → 3 标志设计的灵感与主题设计 → 4 标志设计的产品架构 → 5 标志设计的应用 → 6 标志的推广 → 7 评价反馈

	工作子步骤	教师活动	学生活动	评价
标志的推广	1. 品牌标志设计工作进程的把控（跟进品牌标志设计制作的流程节点，时间意识、工作效率、责任心）； 2. 品牌标志设计材料的搭配（审美观）； 3. 审板，记录品牌标志设计的改进意见（职业素养：耐心倾听品牌标志设计师的修改建议并做记录）； 4. 填写品牌标志设计确认单； 5. 随时关注文化文明，倡导正能量，新风尚，体现人文精神。	1. 老师讲授品牌标志的设计步骤（讲授法、演示法）； 2. 老师提问品牌标志设计制作的步骤环节，把控品牌标志设计制作的进程并及时调整以符合设计意图； 3. 发放标志设计方案确认单，讲解如何填写标志设计方案确认单； 4. 注意体现企业文化，表达文化文明。	1. 认真记录老师讲授的影响品牌标志的因素的知识点； 2. 回答老师的提问； 3. 记录工作流程、步骤；把控时间和制作与设计图的吻合度； 4. 学习品牌标志设计的检验方法； 5. 填写方案确认单。	教师评价： 1. 能否按要求回答老师的提问（如：答案的完整性、准确性、语言表达思路清晰且有条理）； 2. 品牌标志设计是否合适，款式风格是否符合设计意图； 3. 品牌标志设计确认单填写是否规范、完整，准确、明了。 学生的评价： 1. 评价品牌标志设计的优缺点，提出改进意见； 2. 检查品牌标志设计制作单，查缺补漏； 3. 杜绝色情、暴力和邪教等非文明文字、图案等。
	课时： 2 课时 1. 硬资源：可上网的计算机或手机、服装电脑设计学习工作站等。 2. 软资源：工作页、参考教材、上衣品牌标志设计、辅料等。 3. 教学设施：投影仪、一体机、白板、白板笔等。			
评价反馈	对平面品牌标志设计过程中出现的问题、现象进行总结并给出改进建议；每位学生提交品牌标志设计系列方案及效果图。	1. 教师引导学生进行自评、互评环节； 2. 教师归纳总结，表扬好的地方，指出不足。	1. 学生展示作品； 2. 点评自己作品的优缺点； 3. 学生互相评价作品中的优缺点。	采取学生自评、互评，教师评价等方法进行。
	课时： 2 课时 1. 硬资源：可上网的计算机或手机、服装电脑设计学习工作站等。 2. 软资源：工作页、参考教材、品牌标志设计资料、效果图作品等。 3. 教学设施：投影仪、一体机、白板、白板笔等。			

学习任务 2　品牌海报设计

任务描述

学习任务课时：20 课时

任务情境：

广东某大型艺术社团正在面向全市举办以“城市印象”为主题的第三届海报设计大赛，活动时间为 2023 年 3 月，活动地点确定为学馨苑南广场，策划主办单位为百合花艺术社团。相关名词解释（或定义）如下：

城市印象的定位：世界所有大、中城市。

城市印象：顾名思义就是对一个城市文化的第一感觉。城市文化从广义的角度讲，是指一个城市从古代到现代在政治、经济、文化等诸多方面的体现。城市印象是指该城市从文化角度给人们留下的一种概念，通俗地说是对某个城市所产生的印象和遗留感觉，是在客观载体下所产生的一种主观意识。

大家都来自不同的城市，不同的城市都有不同的文化、不同的城市建筑、不同的风俗习惯，希望大家通过本次“城市印象海报大赛”的举办，能从大家的手中画出你们自己的家乡，让更多的人了解你的家乡。

本次海报设计大赛的目的，一是向人们宣传我国的民族艺术，让更多的人了解城市文化，并重视我国的民族艺术；二是将民族艺术运用到城市印象主题海报设计当中，使人们通过海报对我国更多的城市有更多的了解和认识；三是锻炼同学们掌握主要构成元素图形、色彩和文字在海报设计当中的运用。具体要求如下：

1. 在了解品牌海报设计基本概念的基础上制作产品策划职务表及职务分工表；
2. 在市场调研后提供完整的调研报告 PPT 并做汇报（PPT 应包括：搜集、整理的相关品牌资讯，品牌标志产品定位策划方案书文本，撰写的市场调研报告）。以上工作 4 天内完成；
3. 在 3 天内完成元素收集及流行元素预测并完成品牌标志主题概念板（文字概念、色彩概念、面料概念、款式概念、设计元素）；
4. 在 2 天内完成品牌标志产品架构规划，制订品牌标志产品的架构策划 (色彩、产品、面料架构)；
5. 深入品牌海报设计系列设计；
6. 完成品牌品牌海报设计（企业名称、标志、企业向征途等，此工作 1 天完成）。

具体工作流程和标准见下页。

城市印象
服装

工作流程和标准

工作环节 1

品牌海报设计策划任务 1

解读品牌海报产品策划任务书，完成品牌海报产品策划任务书。

工作环节 2

市场调研和定位 2

根据 YOUK 食品集团品牌海报产品策划的任务开展市场调研工作，调研方式包括网络调研和实地考察调研等形式。通过资讯网的搜集与检索，对资讯信息进行归类与整理，分析相关相近风格品牌海报产品的流行趋势。搜集、整理资讯和服装竞品资料，撰写市场调研报告，并制作调研结果汇报的 PPT。

工作环节 3

品牌海报设计灵感与主题设计 3

根据品牌海报产品策划要求进行灵感与主题信息的搜集整理（包括品牌海报流行元素、文字概念、色彩概念、面料概念、款式概念、设计元素等），完成品牌海报灵感与主题板绘制、策划。

工作环节 4

品牌海报设计的产品架构 4

完成品牌女装开发时间计划表及品牌海报产品上市计划时间表，制订品牌海报产品的架构策划方案（色彩、产品、面料架构），要求做到色彩、产品及面料架构跟品牌主题协调一致。

工作环节 5

品牌海报设计的系列设计

5

深入品牌海报的系列设计，完成色彩设计、面辅料搭配、系列款式设计、系列图案设计、系列服饰配件设计，要求色彩设计方案简介漂亮，面辅料搭配设计合理，款式跟风格紧密结合，配饰能为品牌女装风格服务，所有的设计图保持美观大方，便于展示和分享。

工作环节 6

品牌海报设计的推广

6

了解品牌海报推广内容及方法，完成品牌海报形象识别系统的设计绘制，注意品牌形象识别系统和品牌风格的协调。

工作环节 7

评价反馈，总结拓展环节

7

对品牌海报产品策划过程中出现的问题、现象进行总结，并给出改进建议。

学习内容

知识点	1.1 海报的概念与功能； 1.2 海报设计的流程； 1.3 海报的制作； 1.4 海报方案展示。	2.1 海报设计的规范与技巧； 2.2 海报素材整理； 2.3 海报设计相关软件使用技巧； 2.4 海报方案分析与评价反馈。	3.1 视觉流程的设计； 3.2 海报修改完善。
技能点	1.1 海报产品策划任务和任务要求确认（沟通技巧具体化）； 1.2 海报产品策划任务书的解读。	2.1 相关资讯的搜集与检索； 2.2 相关资讯的归类与整理（知识点的转化与应用）； 2.3 海报流行趋势的分析与运用； 2.4 海报的分析与类似标志的识别（市场分析能力）； 2.5 市场调研报告（PPT 的制作）； 2.6 调研结果的汇报（语言表达能力）。	3.1 海报流行信息的搜集整理（包括风格、色彩、面料、款式细节等）； 3.2 海报流行方案的编写整理（知识运用）； 3.3 海报概念板的制作策划（知识运用）； 3.4 概念版的汇报（语言表达能力）。
工作环节	工作环节 1 获取海报设计任务，了解海报设计的职责	工作环节 2 市场调研和定位	工作环节 3 海报设计的灵感与主题设计
成果	1.1 找出一些利用海报表达战略的案例并对其如何运用开展分析； 1.2 策划任务书分解表及文本。	2.1 请找到的国内外快递行业标志色彩运用的资料； 2.2 撰写的市场调研报告； 2.3 调研结果汇报的 PPT。	3.1 收集与整理的海报设计流行元素。

4.1 海报开发时间计划的把控（合理安排时间的意识）； 4.2 海报的上市计划控制（上市计划的整体协调和控制能力）； 4.3 海报的架构制订能力（包括色彩架构、产品架构、面料架构的策划制订的标准）； 4.4 产品架构策划的汇报（语言表达能力）。	5.1 深入海报系列设计工作的进程，确定每项任务的周期及各工作节点； 5.2 完成海报的系列设计开发并能进行调整（整体策划设计能力的体现）； 5.3 探讨和评价确认海报系列设计。	6.1 把控海报形象识别系统设计进程，确定女装海报形象识别系统设计的内容及时间； 6.2 海报形象识别系统的制订能力。	
海报设计的产品架构 工作环节 4	工作环节 5 海报设计的应用	海报的推广 工作环节 6	评价反馈 工作环节 7
4.1 海报开发时间计划表； 4.2 海报产品上市计划表； 4.3 海报产品的架构策划 (色彩、产品、面料架构）。	5.1 海报的色彩设计方案； 5.2 系列图案设计图。	6.1 品牌的形象识别系统设计图。	7.1 对海报策划过程中出现的问题、现象进行总结并给出改进建议；每位学生提交海报产品策划的所有策划方案、系列设计方案图稿。

课程 4 服装视觉呈现

学习任务 2 品牌海报设计

❶ 获取海报设计任务，了解海报设计的职责 ❷ 市场调研和定位 ❸ 海报设计的灵感与主题设计 ❹ 海报设计的产品架构 ❺ 海报设计的应用 ❻ 海报的推广 ❼ 评价反馈

	工作子步骤	教师活动	学生活动	评价
获取服装品牌海报设计任务	1. 明确品牌海报设计产品策划任务书、平面产品策划职务机构及完成期限等要求； 2. 在设计总监（教师）的指引下制订品牌海报设计产品规划计划书。	1. 引导学生分析任务书，提炼品牌策划概念关键字词； 2. 提问及讨论品牌企业设计部职务结构的职务描述； 3. 实例列举品牌平面公司设计部职务结构。	1. 准确解读品牌海报设计产品策划任务书并提炼要点； 2. 搜集品牌海报设计企业设计部职务结构范例，重点理解各职务结构职能； 3. 小组讨论，制订品牌海报设计产品策划任务计划书。	教师评价： 1. 平面产品规划概述； 2. 品牌海报设计产品策划计划书； 3. 设计部职务结构评价。
	课时： 2 课时 1. 硬资源：可上网的计算机或手机、服装电脑设计学习工作站等。 2. 软资源：品牌海报设计风格文化相关资料、工作页、工具书、参考教材等。 3. 教学设施：投影仪、一体机、白板、白板笔等。			
市场调研和定位	1. 品牌海报设计市场调研（调研表格的设计与填写，设计的色彩、工艺设计的搜集与整理）； 2. 品牌海报设计产品的风格、定位以及目标消费群分析； 3. 撰写品牌海报设计市场调研报告（用 PPT 制作）； 4. 进行市场调研报告汇报。	1. 进行学生分组，选定组长组织小组成员开展品牌海报设计市场调查的工作； 2. 引导学生进行线下调研，选定品牌海报设计平面市场调查的地点（如：太古汇、万菱汇、天河城、广百、万达等）； 3. 引导学生进行线上调研（通过品牌海报设计官网流行资讯或图书馆查阅平面杂志书籍等）； 4. 交代品牌海报设计市场调查的重点，要求学生调研后做好ppt； 5. 强调外出的安全意识。	1. 明确分工，记录市场调查的任务要点； 2. 学生去品牌海报设计平面市场调研，品牌海报设计平面实体店进行品牌流行资讯分析； 3. 学生在品牌海报设计官网等网站上检索资讯； 4. 学生在图书馆查阅资料（时尚杂志、平面书籍等）； 5. 进行 PPT 制作并汇报； 6. 提高外出市场调研活动的安全意识。	教师评价： 1. 市场调研报告 PPT 的内容是否符合要求； 2. PPT 制作中是否有体现品牌海报设计的风格定位、产品比例、造型特点、图案设计、色彩流行、面料及工艺运用； 3. 汇报时，逻辑思维及表达是否清晰且突出重点。 学生互评： 1. 对学生展示的素材进行评价及筛选； 2. 指出品牌海报设计市场调研报告及演示文稿制作的优缺点。
	课时： 4 课时 1. 硬资源：可上网的计算机或手机、服装电脑设计学习工作站等。 2. 软资源：工作页、参考教材、时尚杂志、数字化资源（品牌女装资讯网站）关于品牌海报设计的素材资料等。 3. 教学设施：投影仪、一体机、白板、白板笔等。			

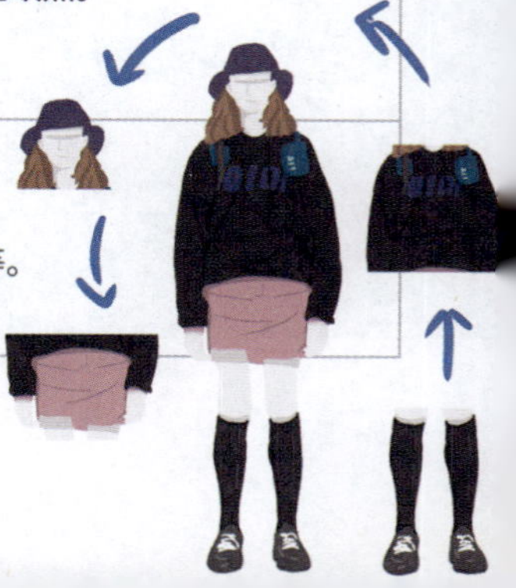

基准课时：20

1 获取海报设计任务，了解海报设计的职责 → 2 市场调研和定位 → 3 海报设计的灵感与主题设计 → 4 海报设计的产品架构 → 5 海报设计的应用 → 6 海报的推广 → 7 评价反馈

	工作子步骤	教师活动	学生活动	评价
海报设计的灵感与主题设计	1. 品牌海报设计流行元素的收集； 2. 品牌海报设计流行预测及灵感来源； 3. 完成品牌海报设计主题概念版（文字概念、色彩概念、面料概念、款式概念、设计元素）。	1. 讲解获取流行元素的渠道； 2. 介绍流行预测的概念； 3. 讲解流行预测报告的重要内容及灵感来源概念； 4. 组织学生完成品牌海报设计主题概念板的制作（强调主题概念版的排版美感）； 5. 审阅学生的主题概念板及流行预测报告； 6. 审阅学生的所有文字编写方案。	1. 学生进行品牌海报设计的流行资讯、元素收集； 2. 学生在整理理解并掌握目标品牌流行元素的基础上，进行下一季的流行预测； 3. 寻找属于定位品牌的灵感来源素材； 4. 制作完成品牌海报设计主题概念板。	教师评价： 1. 审阅学生收集的流行元素是不是能体现品牌海报设计特点； 2. 审阅学生的流行预测方案跟品牌风格定位是否一致； 3. 审阅学生的品牌海报设计概念版是否完整美观； 4. 对审阅过程中出现的问题给出改进意见。 学生互评： 1. 指出流行预测方案的优缺点； 2. 指出品牌海报设计主题概念版方案中的优点如何持续优化，缺点如何改进，提出改进意见； 3. 对方案进行筛选与改进。
	课时： 4 课时 1. 硬资源：可上网的计算机或手机、服装电脑设计学习工作站等。 2. 软资源：工作页、参考教材、数字化资源（品牌海报设计资讯网站、平面设计的公众号等等）等。 3. 教学设施：投影仪、一体机、白板、白板笔等。			
海报设计的产品架构	1. 完成虚拟品牌海报设计开发时间计划； 2. 完成虚拟品牌海报设计产品上市计划； 3. 虚拟品牌海报设计的产品架构设计。	1. 教师运用头脑风暴法讲解品牌海报开发时间计划及上市计划的内容及制订的原则； 2. 教师运用头脑风暴法讲解品牌海报设计色彩架构、产品架构及面料架构的含义及制订原则； 3. 教师指导学生完成虚拟品牌海报设计的开发时间及上市时间计划，并指导完成虚拟品牌海报设计的架构（包括色彩、产品及面料）； 4. 组织学生展示作品并予以评价； 5. 检查学生的计划表及架构表（内容及形式是否完整合理，美观）。	1. 学生聆听教师介绍品牌海报开发时间计划的内容及制订原则。 2. 学生聆听教师介绍品牌海报开发产品上市计划的内容。 3. 学生构思完成开发时间计划及上市计划。 4. 学生完成虚拟品牌海报设计的架构。 5. 学生对作品进行点评及改进。	教师评价： 1. 虚拟品牌海报设计开发时间计划表及产品上市计划内容是否合理； 2. 虚拟品牌海报设计的色彩、产品、面料架构是否合理； 3. 计划表及虚拟品牌海报设计架构是否合理全面且可操作性强。 学生互评： 对开发时间计划表、产品上市计划表及品牌海报设计架构表的内容合理程度及美观程度进行评价，提出改进意见。
	课时： 4 课时 1. 硬资源：可上网的计算机或手机、服装电脑设计学习工作站等。 2. 软资源：工作页、参考教材、数字化资源、平面品牌官网及公众号）、品牌海报设计的产品架构范例等。 3. 教学设施：投影仪、一体机、白板、白板笔、画笔、画纸、颜料等。			

学习任务 2 品牌海报设计

1 获取海报设计任务，了解海报设计的职责 → 2 市场调研和定位 → 3 海报设计的灵感与主题设计 → 4 海报设计的产品架构 → 5 海报设计的应用 → 6 海报的推广 → 7 评价反馈

	工作子步骤	教师活动	学生活动	评价
海报设计的应用	1. 把控虚拟品牌海报设计的系列设计进展（具体任务流程节点，时间意识、工作效率、责任心）； 2. 完成虚拟品牌海报设计的洗礼设计（包括品牌海报设计的系列色彩设计方案、系列面辅料搭配方案、系列款式设计、系列图案设计、系列服饰配件设计等具体设计方案图稿）； 3. 贯穿整个虚拟品牌海报设计系列设计过程的设计评价、筛选与反思。	1. 老师讲授影响海报设计的因素（面料、纸样的尺寸规格等;） 2. 讲解并提问海报设计的步骤环节，如何把控海报设计进程并及时调整以符合设计意图； 3. 发放海报设计制作确认单并讲解如何填写海报设计制作确认单。	1. 学生记录老师讲授的品牌海报设计系列设计概述知识点； 2. 回答老师的提问； 3. 学习品牌海报设计的系列设计内容； 4. 完成虚拟品牌海报设计的系列色彩设计； 5. 完成虚拟品牌海报设计的系列面辅料搭配。	教师评价： 1. 能否按要求回答老师的提问（如：答案的完整性、准确性、语言表达思路清晰且有条理）； 2. 海报设计制作确认单填写是否规范、完整、准确、明了。 学生评价： 1. 评价品牌海报设计的优缺点，提出改进意见； 2. 检查品牌海报设计制作单，查缺补漏。
	课时： 4 课时 1. 硬资源：可上网的计算机或手机、服装电脑设计学习工作站等。 2. 软资源：工作页、参考教材、品牌海报设计的设计图（效果图、施工图）等。 3. 教学设施：投影仪、一体机、白板、白板笔等。			
海报的推广	1. 把控品牌海报设计工作进程，跟进品牌海报设计制作的流程节点（时间意识、工作效率、责任心）； 2. 品牌海报设计单品品牌海报设计辅料的搭配（审美观）； 3. 审版，记录品牌海报设计的改进意见（职业素养：耐心倾听品牌海报设计师的修改建议并做记录）； 4. 填写品牌海报设计确认单。	1. 老师讲授影响海报设计制作的因素（讲授法、演示法）； 2. 老师提问品牌海报设计制作的步骤环节，把控品牌海报设计制作的进程并及时调整以符合设计意图； 3. 发放海报设计方案确认单，讲解如何填写确认单。	1. 认真记录老师讲授的影响海报设计制作的因素； 2. 回答老师的提问； 3. 记录海报设计工作流程、步骤；把控时间及制作与设计图的吻合度； 4. 学习品牌海报设计的检验方法； 5. 填写样版确认单。	教师评价： 1. 能否按要求回答老师的提问（如：答案的完整性、准确性、语言表达思路清晰且有条理）。 2. 品牌海报设计是否合适，款式风格是否符合设计意图。 3. 品牌海报设计确认单填写是否规范、完整，准确、明了。 学生的评价： 1. 评价品牌海报设计的优缺点，提出改进意见； 2. 检查品牌海报设计制作单，查缺补漏。
	课时： 1 课时 1. 硬资源：可上网的计算机或手机、服装电脑设计学习工作站等。 2. 软资源：工作页、参考教材、上衣品牌海报设计、辅料等。 3. 教学设施：投影仪、一体机、白板、白板笔等。			

基准课时：20

1 获取海报设计任务，了解海报设计的职责 → 2 市场调研和定位 → 3 海报设计的灵感与主题设计 → 4 海报设计的产品架构 → 5 海报设计的应用 → 6 海报的推广 → 7 评价反馈

评价反馈

工作子步骤	教师活动	学生活动	评价
1. 对平面品牌海报设计单品设计过程中出现的问题、现象进行总结并给出改进建议。 2. 每位学生提交品牌海报设计单品平面款式图及效果图。	1. 教师引导学生进行自评、互评环节； 2. 教师归纳总结，表扬好的地方，指出不足。	1. 学生展示作品； 2. 点评自己作品的优缺点； 3. 学生互相评价作品中的优缺点。	采取学生自评、互评，教师评价等方法进行。

课时： 1 课时

1. 硬资源：可上网的计算机或手机、服装电脑设计学习工作站等。
2. 软资源：工作页、参考教材、品牌海报设计资料、效果图作品等。
3. 教学设施：投影仪、一体机、白板、白板笔等。

学习任务 3　服装品牌 VI 设计

任务描述

学习任务课时：**20** 课时

任务情境：

YM 女装品牌有 12 年电商品牌服装历史，是排名前五的电商女装品牌，曾多次获得双十一电商品牌销售冠军，创造了许多传奇，现公司正积极准备上市，需要对公司旗下的品牌进行升级，因此，“YM”品牌需重新修改和优化 VI 设计，并将在众多竞争者中优选出最理想的品牌 VI 视觉系统。如果你也有兴趣，请根据如下品牌策略描述，开展 VI 设计工作：目标人群：25-35 岁，城市小资、都市白领、SOHO(自由职业者)、时尚女生，她们崇尚自然，追求健康，生活时尚、注重环保。YM 倡导原生态主题下的亲近自然、回归自然，追求天人合一的衣着境界。品牌个性：棉麻艺术家。请融合文艺风尚，做有文化且有个性的 VI 设计。

该公司跟我院服装专业合作，让服装专业学生承担“YM”品牌 VI 设计的任务。具体要求如下：

1. 在了解品牌标志基本概念的基础上制作 VI 设计任务分工表；
2. 在市场调研后提供完整的调研报告 PPT 并做汇报（PPT 应包括：搜集、整理的相关品牌资讯，品牌 VI 设计定位策划方案书文本，撰写的市场调研报告）。以上工作 4 天内完成。
3. 完成品牌 VI 设计主题概念板（色彩概念、字体概念、设计元素、材料运用），在 3 天内完成元素收集及 VI 设计方案概念版。
4. 在 2 天内完成品牌整套 VI 设计，制订品牌 VI 设计方案 (色彩概念、字体概念、设计元素、材料运用）。
5. 深入品牌标志的细节设计，完成 VI 设计字体设计、VI 设计造型设计、VI 设计色彩设计，此工作要求 8-9 周完成。
6. 完成品牌的 VI 设计形象识别系统设计（品牌名称、VI 设计绘制等，此工作 1 天完成）。

具体工作流程和标准见下页。

品牌策划
茵曼

工作流程和标准

工作环节 1

获取品牌 VI 设计任务

1

解读品牌 VI 设计任务书，完成品牌 VI 策划任务书。

工作环节 2

市场调研和定位

2

根据 YM 品牌 VI 设计策划的任务开展市场调研工作，调研方式包括网络调研和实地考察调研等形式。通过资讯网的搜集与检索，对资讯信息进行归类与整理，分析竞品品牌 VI 的相关方案。搜集、整理资讯和品牌 VI 设计竞品资料、撰写市场调研报告，并制作调研结果汇报的 PPT。

工作环节 3

品牌 VI 设计的灵感与主题设计

3

根据品牌 VI 设计的设计要求进行灵感与主题信息的搜集整理（包括品牌 VI 设计流行元素、色彩概念、字体概念、造型概念、材料运用等），完成品牌 VI 设计灵感与主题板绘制、策划。

工作环节 4

品牌 VI 设计的设计架构

4

完成 YM 品牌 VI 设计的时间计划表，制订品牌 VI 设计的架构策划（色彩概念、字体概念、造型概念、材料运用），要求做到色彩、字体及造型跟品牌风格协调一致。

工作环节 5

品牌 VI 设计的细节设计

5

深入品牌 VI 设计的流行元素、色彩概念、字体概念、造型概念、材料运用等设计，要求色彩设计方案简洁漂亮，字体设计优美，造型独特醒目，所有的设计图保持美观大方，便于展示和分享，树立良好的品牌意识。

工作环节 6

品牌 VI 设计的推广

6

了解品牌 VI 设计推广内容及方法，完成品牌 VI 设计形象识别系统的设计绘制，注意品牌形象识别系统和品牌风格的协调。

工作环节 7

评价反馈，总结拓展环节

7

对品牌 VI 设计过程中出现的问题、现象进行总结并给出改进建议，每位学生提交一份品牌 VI 设计工作总结。

主要成果：1. 能够利用品牌 VI 设计表达的案例并对其如何运用开展分析；
2. 能够完成 VI 设计任务书；
3. 能够查找国内竞品品牌 VI 设计的设计案例资料，分析自己的独特目标；
4. 撰写市场调研报告，编写 PPT，收集与整理 VI 设计的流行元素；
5. 能够完成品牌 VI 设计。

学习内容

知识点	1.1 服装品牌 VI 设计的构成； 1.2 服装品牌 VI 设计原则； 1.3 品牌 VI 设计产品策划流程； 1.4 国产服装品牌 VI 设计历史与发展。	2.1 服装品牌 VI 设计资讯搜集、检索的方法； 2.2 服装品牌 VI 设计调研的内容； 2.3 YINMAN 女装品牌 VI 设计产品定位策划方案书文本； 2.4 国产文艺风格服装品牌 VI 设计经典案例。	3.1 服装品牌 VI 设计开发时间计划内容； 3.2 服装品牌 VI 设计产品上市计划内容； 3.3 服装品牌 VI 设计的架构概念及内容。
技能点	1.1 服装品牌 VI 设计策划任务和任务要求确认（沟通技巧具体化）； 1.2 服装品牌 VI 设计策划任务书的解读。	2.1 相关资讯的搜集与检索； 2.2 相关资讯的归类与整理（知识点的转化与应用）； 2.3 品牌 VI 设计流行趋势的分析与运用，相关品牌 VI 设计的分析与类似品牌的识别（市场分析能力）； 2.4 市场调研报告的撰写（PPT 的制作）及调研结果的汇报（语言表达能力）。	3.1 服装品牌 VI 设计开发时间计划的把控（合理安排时间的意识）； 3.2 服装品牌 VI 设计的上市计划控制（上市计划的整体协调和控制能力）； 3.3 服装品牌 VI 设计的架构制订能力（包括色彩架构、产品架构、材料架构的策划制订的标准）； 3.4 产品架构策划的汇报（语言表达能力）。
 工作环节	工作环节 1 获取服装品牌 VI 设计产品策划设计任务	市场调研和定位 工作环节 2	工作环节 3 品牌 VI 设计的产品架构
成果	1.1 完成任务分解表； 1.2 制订服装品牌 VI 设计计划书。	2.1 搜集、整理的相关服装品牌 VI 设计资讯 10 个； 2.2 YINMAN 女装品牌 VI 设计产品定位策划方案书文本； 2.3 撰写的市场调研报告； 2.4 调研结果汇报的 PPT。	3.1 服装品牌 VI 设计开发时间计划表； 3.2 服装品牌 VI 设计产品上市计划表； 3.3 制订的服装品牌 VI 设计产品的架构策划 (色彩、产品架构）。
素养	1.1 人文精神（审美情趣）。	2.1 搜集文艺服装品牌 VI 设计案例，倡导人文精神，树立国产服装品牌自信。	

4.1 服装品牌 VI 标准字体的设计原则与方法； 4.2 服装品牌 VI 标准色与辅助色的设计原则与方法； 4.3 服装品牌 VI 图形的设计原则与方法； 4.4 国产文艺风格服装品牌 VI 的设计的原则与方法。	5.1 服装品牌 VI 设计的系列设计概述； 5.2 服装品牌 VI 设计的系列设计内容； 5.3 服装品牌 VI 设计的系列设计评价、筛选与反思。	6.1 品牌 VI 设计的工艺制作流程； 6.2 品牌 VI 设计的细节设计与工艺的关系； 6.3 VI 样版与 VI 设计图对比。	
4.1 服装品牌标志标准字体、标准色、图形信息的搜集整理； 4.2 服装品牌 VI 设计流行方案的编写整理（知识运用）。	5.1 把控服装品牌 VI 设计的系列设计工作进程，确定每项任务的周期及各工作节点； 5.2 完成品牌 VI 设计的系列设计开发并能进行调整（整体策划设计能力的体现）； 5.3 探讨和评价确认品牌 VI 设计系列设计。	6.1 品牌 VI 设计制作进程把控； 6.2 跟进 VI 系列产品制作并确认； 6.3 品牌 VI 设计的检验； 6.4 填写确认单； （工作的细心，确保数据、样版的准确与完整）。	
YINMAN 女装品牌 VI 主题设计 工作环节 4	工作环节 5 品牌 VI 设计的系列设计	品牌 VI 设计跟进 工作环节 6	评价反馈 工作环节 7
4.1 完成服装品牌 VI 标准字体的设计； 4.2 完成服装品牌 VI 标准色与辅助色的设计； 4.3 完成服装品牌 VI 图形的设计。	5.1 服装品牌 VI 设计的色彩设计方案； 5.2 系列 VI 设计图。	6.1 服装品牌 VI 设计的色彩设计方案； 6.2 系列 VI 设计图。	7.1 对 VI 策划过程中出现的问题、现象进行总结并给出改进建议；学生提交服装品牌 VI 设计图。
.1 品牌 VI 设计融合文艺元素，培养学生的审美情趣。	5.1 树立良好的规则意识（品牌意识）。		

课程 4　服装视觉呈现

学习任务 3　服装品牌 VI 设计

1 获取服装品牌 VI 设计任务　2 市场调研和定位　3 品牌 VI 设计的产品架构　4 女装品牌 VI 主题设计　5 品牌 VI 设计的系列设计　6 品牌 VI 设计跟进　7 评价反馈

	工作子步骤	教师活动	学生活动	评价
获取服装品牌VI设计任务	1. 明确服装品牌 VI 设计任务、完成期限等要求； 2. 在设计总监（教师）的指引下制订服装品牌 VI 设计计划书。	1. 引导学生分析任务书，提炼品牌 VI 设计概念关键字词； 2. 提问及讨论品牌 VI 设计结构，部门的职务描述； 3. 实例列举服装品牌 VI 设计案例； 4. 分析国产文艺风格服装品牌 VI 设计案例的标志、字体、色彩及 VI 系列产品的设计特色； 5. 讲述审美的规律。	1. 准确解读品牌 VI 设计产品策划任务书并提炼要点； 2. 搜集品牌 VI 设计企业设计部门的职务结构范例，重点理解各职务结构职能； 3. 搜集国产文艺风格服装品牌 VI 设计案例； 4. 小组讨论，制订品牌 VI 设计产品策划任务计划书。	教师评价： 1. 服装品牌 VI 设计产品策划计划书； 2. VI 设计计划书。

课时： 2 课时
1. 硬资源：可上网的计算机或手机、服装电脑设计学习工作站等。
2. 软资源：品牌 VI 设计风格文化相关资料、工作页、工具书、参考教材等。
3. 教学设施：投影仪、一体机、白板、白板笔等。

	工作子步骤	教师活动	学生活动	评价
市场调研和定位	1. 服装品牌 VI 设计市场调研（品牌 VI 的搜集与整理）； 2. 服装品牌 VI 设计产品的风格、定位以及目标消费群分析； 3. 撰写品牌 VI 设计市场调研报告（用 PPT 制作）； 4. 文艺风格服装品牌 VI 设计调研； 5. 进行市场调研报告汇报。	1. 进行学生分组，选定组长组织小组成员开展品牌 VI 设计市场调查的工作； 2. 引导学生进行线下调研，选定品牌 VI 设计平面市场调查的地点（如：太古汇、万菱汇、天河城、广百、万达等）； 3. 引导学生进行线上调研（通过品牌 VI 设计官网流行资讯或图书馆查阅平面杂志书籍等）； 4. 交代品牌 VI 设计市场调查的重点，要求学生调研后做好 ppt； 5. 强调外出的安全意识 。	1. 明确分工，记录市场调查的任务要点； 2. 学生去品牌 VI 设计平面市场调研和品牌 VI 设计平面实体店进行品牌流行资讯分析； 3. 学生在品牌 VI 设计官网等网站上检索资讯； 4. 学生收集文艺风格国产服装品牌 VI 全套咨讯； 5. 进行 PPT 制作并汇报； 6. 提高外出市场调研活动的安全意识。	教师评价： 1. 市场调研报告 PPT 的内容是否符合要求； 2. PPT 制作中是否体现了品牌 VI 设计的风格定位、产品比例、造型特点、图案设计、色彩流行、材料及工艺运用； 3. 汇报时，逻辑思维及表达是否清晰且突出重点； 4. 国产文艺风格服装品牌 VI 设计案例是否具有典型性。 学生互评： 1. 对学生展示的素材进行评价及筛选； 2. 指出品牌 VI 设计市场调研报告及演示文稿制作的优缺点。

课时： 2 课时
1. 硬资源：可上网的计算机或手机、服装电脑设计学习工作站等。
2. 软资源：工作页、参考教材、时尚杂志、数字化资源（品牌女装资讯网站）、关于品牌 VI 设计的素材资料等。
3. 教学设施：投影仪、一体机、白板、白板笔等。

基准课时：20

1 获取服装品牌 VI 设计任务 → 2 市场调研和定位 → 3 品牌 VI 设计的产品架构 → 4 女装品牌 VI 主题设计 → 5 品牌 VI 设计的系列设计 → 6 品牌 VI 设计跟进 → 7 评价反馈

	工作子步骤	教师活动	学生活动	评价
品牌VI设计的产品架构	1. 完成品牌 VI 设计开发时间计划； 2. 完成服装品牌 VI 设计产品上市计划； 3. 服装品牌 VI 设计的产品架构设计。	1. 教师运用头脑风暴法讲解品牌 VI 设计开发时间计划及上市计划的内容及制订的原则； 2. 教师运用头脑风暴法讲解品牌 VI 设计色彩架构、字体架构及材料架构的含义及制订原则； 3. 教师指导学生完成服装品牌 VI 设计的开发时间及上市时间计划，并指导完成服装品牌 VI 设计的架构（包括色彩、产品及材料）； 4. 组织学生进行作品展示并予以评价； 5. 检查学生的计划表及架构表（内容及形式是否完整、合理、美观）。	1. 学生聆听教师介绍品牌 VI 开发时间计划的内容及制订原则； 2. 学生聆听教师介绍品牌 VI 开发产品上市计划的内容； 3. 学生构思完成服装品牌 VI 开发时间计划及上市计划； 4. 学生完成服装品牌 VI 设计的架构； 5. 学生对作品进行点评及改进。	教师评价： 1. 服装品牌 VI 设计开发时间计划表及产品上市计划内容是否合理； 2. 服装品牌 VI 设计的色彩、字体、材料架构是否合理； 3. 计划表及服装品牌 VI 设计架构是否合理全面且可操作性强。 学生互评：对开发时间计划表、产品上市计划表及品牌 VI 设计架构表的内容合理程度及美观程度进行评价，提出改进意见。
	课时： 4 课时 1. 硬资源：可上网的计算机或手机、服装电脑设计学习工作站等。 2. 软资源：工作页、参考教材、数字化资源（平面品牌官网及公众号）、品牌 VI 设计的产品架构范例等。 3. 教学设施：投影仪、一体机、白板、白板笔、画笔、画纸、颜料等。			
女装品牌VI主题设计	1. 服装品牌 VI 标准字体的设计； 2. 服装品牌 VI 标准色与辅助色的设计； 3. 服装品牌 VI 图形的设计。	1. 讲解服装品牌 VI 标准字体的设计原则与方法； 2. 讲解服装品牌 VI 标准色与辅助色的设计原则与方法； 3. 讲解服装品牌 VI 图形的设计原则与方法； 4. 组织学生完成品牌 VI 设计主题概念板的制作（强调主题概念版的排版美感）； 5. 审阅学生的主题概念版及流行预测报告； 7. 审阅学生的所有文字方案。	1. 搜集整理服装品牌 VI 标准字体、标准色、图形信息； 2. 编写整理服装品牌 VI 设计流行方案（知识运用）； 3. 制作完成女装品牌 VI 主题设计主题板。	教师评价： 1. 审阅学生收集的流行元素是不是能体现品牌 VI 设计特点； 2. 审阅学生的流行预测方案跟品牌风格定位是否一致； 3. 审阅学生的品牌 VI 设计概念版是否完整美观； 4. 对审阅过程中出现的问题给出改进意见； 5. 文艺风格品牌 VI 的体现是否突出。 学生互评： 1. 指出流行预测方案的优缺点； 2. 指出品牌 VI 设计主题概念版方案中的优点如何持续优化，缺点如何改进，提出改进意见； 3. 对方案进行筛选与改进。
	课时： 4 课时 1. 硬资源：可上网的计算机或手机、服装电脑设计学习工作站等。 2. 软资源：工作页、参考教材、数字化资源（品牌 VI 设计资讯网站、平面设计的公众号）等。 3. 教学设施：投影仪、一体机、白板、白板笔等。			

学习任务 3　服装品牌 VI 设计

1. 获取服装品牌 VI 设计任务
2. 市场调研和定位
3. 品牌 VI 设计的产品架构
4. 女装品牌 VI 主题设计
5. 品牌 VI 设计的系列设计
6. 品牌 VI 设计跟进
7. 评价反馈

	工作子步骤	教师活动	学生活动	评价
品牌VI设计的系列设计	1. 把控服装品牌 VI 设计的系列设计进展（各个具体任务流程节点，时间意识、工作效率、责任心）； 2. 完成服装品牌 VI 设计的系列设计，包括品牌 VI 设计的系列色彩设计方案、系列面辅料搭配方案、系列款式设计、系列图案设计、系列企业文化用品设计等具体设计方案图稿； 3. 贯穿整个服装品牌 VI 设计系列设计过程的设计评价、筛选与反思。	1. 老师讲授影响 VI 设计的因素（材料、字体、色彩的规格等），培养学生树立良好的规则意识（品牌意识）。 2. 讲解并提问 VI 设计的步骤环节，以及如何把控 VI 设计进程并及时调整以符合设计意图； 3. 发放 VI 系列产品设计确认单、并讲解如何填写样板确认单。	1. 学生记录老师讲授的品牌 VI 设计系列设计概述知识点； 2. 回答老师的提问； 3. 学习品牌 VI 设计系列设计的内容； 4. 完成服装品牌 VI 设计的系列色彩设计； 5. 完成服装品牌 VI 设计的系列材料的搭配选用。	教师评价： 1. 能否按要求回答老师的提问（如：答案的完整性、准确性、语言表达思路清晰且有条理）； 2. 样板确认单填写是否规范、完整、准确、明了。 学生评价： 1. 评价品牌 VI 设计的优缺点，提出改进意见； 2. 检查品牌 VI 设计制作单，查缺补漏。

课时： 4 课时

1. 硬资源：可上网的计算机或手机、服装电脑设计学习工作站等。
2. 软资源：工作页、参考教材、品牌 VI 设计的设计图（效果图、施工图）等。
3. 教学设施：投影仪、一体机、白板、白板笔等。

品牌VI设计跟进

工作子步骤	教师活动	学生活动	评价
1. 服装品牌 VI 设计工作进程的把控（跟进品牌 VI 设计制作的流程节点，时间意识、工作效率、责任心）； 2. 品牌 VI 设计材料、色彩、造型的搭配（审美观）； 3. 审版，记录品牌 VI 设计的改进意见（职业素养：耐心倾听品牌 VI 设计师的修改建议并做记录）； 4. 填写品牌 VI 设计确认单。	1. 老师讲授影响服装品牌 VI 设计制作的因素（讲授法、演示法）； 2. 老师提问品牌 VI 设计制作的步骤环节，把控品牌 VI 设计制作的进程并及时调整以符合设计意图； 3. 发放品牌 VI 系列产品设计确认单，讲解如何填写样版确认单。	1. 认真记录老师讲授的影响品牌 VI 设计的因素； 2. 回答老师的提问； 3. 熟悉品牌 VI 设计工作流程、步骤，把控时间及 VI 系列产品的制作与设计图的吻合度； 4. 学习品牌 VI 设计的检验方法； 5. 填写样版确认单。	教师评价： 1. 能否按要求回答老师的提问（如：答案的完整性、准确性、语言表达思路清晰且有条理）； 2. 品牌 VI 设计是否合适，系列 VI 设计风格是否符合设计意图； 3. 品牌 VI 设计确认单填写是否规范、完整、准确、明了。 学生的评价： 1. 评价品牌 VI 设计的优缺点、提出改进意见； 2. 检查品牌 VI 设计制作单，查缺补漏。
课时： 2 课时 1. 硬资源：可上网的计算机或手机、服装电脑设计学习工作站等。 2. 软资源：工作页、参考教材、品牌 VI 设计等。 3. 教学设施：投影仪、一体机、白板、白板笔等。			
1. 对服装品牌 VI 设计过程中出现的问题、现象进行总结并给出改进建议； 2. 每位学生提交品牌 VI 设计单品设计图及效果图。	1. 教师引导学生进行自评、互评环节； 2. 教师归纳总结，表扬好的地方，指出不足。	1. 学生展示作品 2. 点评自己作品的优缺点； 3. 学生互相评价作品中的优缺点。	采取学生自评、互评，教师评价等方法进行。
课时： 2 课时 1. 硬资源：可上网的计算机或手机、服装电脑设计学习工作站等。 2. 软资源：工作页、参考教材、品牌 VI 设计资料、效果图作品等。 3. 教学设施：投影仪、一体机、白板、白板笔等。			

学习任务 4　服装品牌广告设计策划

任务描述

学习任务课时：20 课时

任务情境：

广州市工贸技师学院服装专业成立校企合作公司，以“爱时尚”为公司品牌，现需要完成“爱时尚”服装品牌的身份识别广告系统设计。需要设计部在规定时间完成市场调研、灵感收集及主体设计，完成服装品牌广告设计策划。具体要求如下：

1. 在了解服装品牌广告设计基本概念的基础上，制作产品策划职务表及职务分工表；
2. 在市场调研后提供完整的调研报告 PPT 并做汇报。PPT 应包括：搜集、整理的相关品牌广告资讯，品牌广告文案策划方案书文本，倡导人文精神，推广广告文化文明（企业文化），撰写市场调研报告。以上工作 4 天内完成；
3. 完成品牌广告主题概念版。
4. 完成服装品牌广告设计的系列设计。
6. 完成服装品牌广告设计（广告语、字体、广告色彩、广告背景风格等，此工作 1 天完成）。

于是，我院服装专业设计教师带领同学共同完成该品牌广告策划任务。

具体工作流程和标准见下页。

市场调查和定位
系列
架构

工作流程和标准

工作环节 1

获取品牌广告设计策划任务，制订品牌广告设计策划计划书。

1

解读品牌广告产品策划任务书，完成品牌广告产品策划任务书。

工作环节 2

市场调研和定位

2

根据广州市工贸技师学院“爱时尚”品牌服装任务开展市场调研工作，调研方式包括网络调研和实地考察调研等形式。通过资讯网的搜集与检索，对资讯信息进行归类与整理，分析相关相近风格品牌广告产品的流行趋势。搜集、整理资讯和竞品服装品牌标志资料，撰写市场调研报告，制作调研结果汇报的 PPT。

工作环节 3

品牌广告设计的灵感与主题设计

3

根据品牌广告产品策划要求进行灵感与主题信息的搜集整理。完成品牌广告灵感与主题板绘制及策划。

工作环节 4

品牌广告设计的产品架构

4

完成品牌广告开发时间计划表及品牌广告上市推广计划时间表，制订品牌广告产品的架构策划，要求做到架构跟品牌主题协调一致。

工作环节 5

品牌广告设计的系列设计

5

深入品牌广告的系列设计，完成多种系列的广告设计，打造品牌风格形象（企业文化），从而推广服装品牌，所有的设计图保持美观大方，便于展示和分享。

工作环节 6

服装品牌广告设计跟进

6

了解品牌广告推广内容及方法，完成品牌广告形象识别系统的设计绘制，注意品牌形象识别系统和品牌风格的协调。

工作环节 7

评价反馈，总结拓展环节

7

对品牌广告策划过程中出现的问题、现象进行总结并给出改进建议，每位学生提交一份服装品牌广告策划工作总结。

主要成果：1. 提炼的任务要点中的关键字词，搜集、整理的相关品牌广告设计资讯；制订的品牌广告设计产品定位策划方案书文本；撰写的市场调研报告，制作的调研结果汇报 PPT；
2. 收集与整理的品牌广告设计流行元素；制订的品牌广告设计流行预测方案；设计制作的品牌广告设计。

学习内容

知识点	1.1 品牌广告设计策划概述； 1.2 品牌广告设计策划的机构及职务； 1.3 品牌广告设计策划流程； 1.4 文化文明要素。	2.1 品牌广告设计资讯搜集、检索的方法； 2.2 品牌广告设计调研的内容； 2.3 品牌广告设计市场调研的方法和技巧，品牌广告设计产品的定位风格、定位以及目标消费群分析、品牌广告设计市场调研报告撰写与汇报的要求及注意事项； 2.4 品牌广告的文案、广告词、色彩及广告设计创意。	3.1 收集品牌广告设计流行元素（流行元素获取渠道）； 3.2 进行品牌广告设计流行预测（品牌广告设计流行预测报告的内容编写）； 3.3 品牌广告设计灵感来源的概念。
技能点	1.1 品牌广告设计产品策划任务和任务要求确认（沟通技巧具体化）； 1.2 品牌广告设计产品策划任务书的解读。	2.1 相关品牌广告资讯的搜集与检索； 2.2 相关品牌广告资讯的归类与整理（知识点的转化与应用）； 2.3 品牌广告设计流行趋势的分析与运用，相关品牌广告设计的分析与类似品牌的识别（市场分析能力）； 2.4 市场调研报告的撰写（PPT 的制作）及调研结果的汇报（语言表达能力）。	3.1 品牌广告设计流行信息的搜集整理（包括风格、色彩、款式细节等）； 3.2 品牌广告设计流行方案的编写整理（知识运用）； 3.3 品牌广告设计主题概念版的制作策划（知识运用）； 3.4 概念版的汇报（语言表达能力）。
工作环节	工作环节 1 获取服装品牌广告设计产品策划设计任务，制订品牌广告设计产品策划计划书	工作环节 2 市场调研和定位	工作环节 3 品牌广告设计的灵感与主题设计
成果	1.1 提炼的任务要点中的关键字词； 1.2 品牌文化相关素材，品牌企业设计部门职务结构设置。	2.1 搜集、整理的相关品牌广告设计资讯； 2.2 品牌广告设计产品定位策划方案书文本； 2.3 撰写的市场调研报告； 2.4 调研结果汇报的 PP。	3.1 收集与整理的品牌广告设计流行元素； 3.2 品牌广告设计流行预测方案； 3.3 品牌广告设计主题概念版。
职业素养 思政元素	1.1 人文精神（文化文明）。	2.1 搜集竞品品牌的广告策划方案，积累广告文案，宣扬人文精神（规范文化文明）。	

学习任务 4　服装品牌广告设计策划

4.1 品牌广告设计开发时间计划内容； 4.2 品牌广告设计产品上市计划内容； 4.3 品牌广告设计的架构概念及内容； 4.4 品牌广告文案内容及文化。	5.1 品牌广告设计的系列设计； 5.2 品牌广告设计的系列设计内容； 5.3 品牌广告设计的系列设计评价、筛选与反思。	6.1 品牌广告设计的流程； 6.2 品牌广告设计的细节。	
4.1 品牌广告开发时间计划的把控（合理安排时间的意识）； 4.2 品牌广告设计的上市计划控制（上市计划的整体协调和控制能力）； 4.3 品牌广告设计的架构制订能力（包括色彩架构、产品架构、面料架构的策划制订的标准）； 4.4 品牌广告策划的汇报（语言表达能力）。	5.1 把控品牌广告设计的系列设计工作进程（确定每项任务的周期及各工作节点）； 5.2 完成品牌广告设计的系列设计开发并能进行调整（整体策划设计能力的体现）； 5.3 探讨和评价确认品牌广告设计系列设计； 5.4 品牌广告设计文案、广告语及创意等均要体现广告设计的前沿技术、现代技术，培养学生的实践创新能力。	6.1 品牌广告设计制作进程把控； 6.2 品牌广告设计的检验； 6.3 填写样版确认单； （工作的细心，确保数据、小样的准确与完整）。	7.1 展示品牌广告设计的平面款式图或平面效果图。

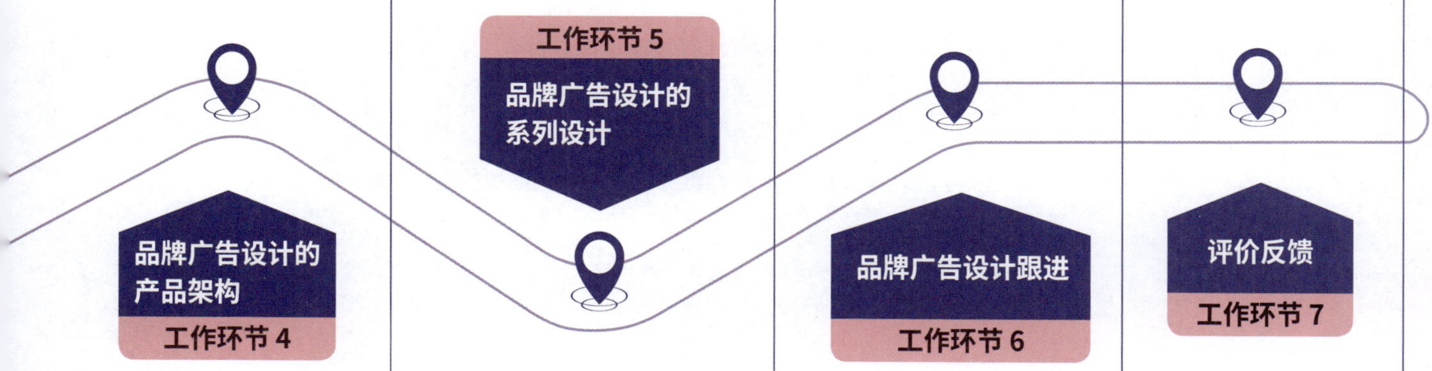

4.1 品牌广告设计开发时间计划表； 4.2 品牌广告设计产品上市计划表； 4.3 制订品牌广告设计产品的架构策划方案（色彩、广告创意架构）。	5.1 品牌广告设计方案。	6.1 品牌广告设计师意见反馈记录； 6.2 品牌广告设计确认单。	7.1 学生提交品牌广告设计平面款式图及效果图。
4.1 以品牌广告策划内容为载体，培养学生的实践创新能力和服装广告策划的技术运用能力，并能将时尚前沿技术运用到服装广告策划中，逐步凸显企业文化。			7.1 思政元素： 回顾整个服装品牌广告设计及系列创意，体现人文精神（文化文明）。

课程 4　服装视觉呈现

学习任务 4　服装品牌广告设计策划

1 获取服装品牌广告设计产品策划设计任务，制订品牌广告设计产品策划计划书 → 2 市场调研和定位 → 3 品牌广告设计的灵感与主题设计 → 4 品牌广告设计的产品架构 → 5 品牌广告设计的系列设计 → 6 品牌广告设计跟进 → 7 评价反馈

	工作子步骤	教师活动	学生活动	评价
获取服装品牌广告设计产品策划设计任务，制订品牌广告设计产品策划计划书	1. 明确品牌广告设计策划任务书、平面产品策划职务机构和完成期限等要求； 2. 在设计总监（教师）的指引下，制订品牌广告设计规划计划书。	1. 引导学生分析任务书，提炼品牌广告策划概念关键字词； 2. 提问及讨论品牌企业设计部门职务结构的职务描述； 3. 实例列举品牌平面公司设计部职务结构。	1. 准确解读品牌广告设计策划任务书的并提炼要点； 2. 搜集品牌广告设计企业设计部门职务结构范例，重点理解各职务结构职能； 3. 小组讨论，制订品牌广告设计产品任务计划书。	教师评价： 1. 平面产品规划概述； 2. 品牌广告设计产品策划计划书； 3. 设计部职务结构评价。
	课时： 2 课时 1. 硬资源：可上网的计算机或手机、服装电脑设计学习工作站等。 2. 软资源：品牌广告设计风格文化相关资料、工作页、工具书、参考教材等。 3. 教学设施：投影仪、一体机、白板、白板笔等。			
市场调研和定位	1. 品牌广告的创意题材； 2. 品牌广告设计创意的定位、风格以及目标消费群分析； 3. 服装品牌广告创意范例，明确文化文明规范； 4. 撰写品牌广告设计市场调研报告（用 PPT 制作）； 5. 市场调研报告汇报（并汇报）。	1. 进行学生分组，选定组长组织小组成员开展品牌广告设计市场调查的工作； 2. 引导学生进行线下调研，选定品牌广告设计平面市场调查的地点（如：太古汇、万菱汇、天河城、广百、万达等）； 3. 引导学生进行线上调研（通过品牌广告设计官网流行资讯或图书馆查阅平面杂志书籍等）； 4. 交代品牌广告设计市场调查的重点，要求学生调研后做好 PPT； 5. 强调人文精神及文化文明的规范； 6. 强调外出的安全意识。	1. 明确分工，记录市场调查的任务要点； 2. 学生去品牌广告设计平面市场调研，品牌广告设计平面实体店进行品牌流行资讯分析； 3. 学生在品牌广告设计官网等网站上检索资讯； 4. 学生在图书馆查阅资料（时尚杂志、平面书籍等）； 5. 搜集竞品服装品牌广告设计经典案例； 6. 进行 PPT 制作并汇报； 7. 提高外出市场调研活动的安全意识。	教师评价： 1. 市场调研报告 PPT 的内容是否符合要求； 2. PPT 制作中是否体现了品牌广告设计的风格定位、文案设计内容、创意风格特点、色彩搭配运用； 3. 汇报时，逻辑思维及表达是否清晰且突出重点。 学生互评： 1. 对学生展示的素材进行评价及筛选； 2. 指出品牌广告设计市场调研报告及演示文稿制作的优缺点； 3. 是否能够把控人文精神，达到倡导文化文明的目的，传播正能量。
	课时： 2 课时 1. 硬资源：可上网的计算机或手机、服装电脑设计学习工作站等。 2. 软资源：工作页、参考教材、时尚杂志、数字化资源（品牌女装资讯网站）、关于品牌广告设计的素材资料等。 3. 教学设施：投影仪、一体机、白板、白板笔等。			

品牌广告设计的灵感与主题设计

工作子步骤	教师活动	学生活动	评价
1. 服饰广告的创意方法； 2. 品牌广告设计流行趋势预测及灵感来源； 3. 完成品牌广告设计主题概念版。	1. 讲解获取流行元素的渠道； 2. 介绍服装品牌广告设计的具体要求； 3. 讲解流行趋势预测报告的重要内容及灵感来源概念； 4. 组织学生完成品牌广告设计主题概念板的制作（强调主题概念版的排版美感）； 5. 审阅学生的主题概念版及流行趋势预测报告； 6. 引导学生的品牌广告创意要体现文化文明； 7. 审阅学生的所有文字方案。	1. 学生进行品牌广告设计的流行资讯、元素收集； 2. 学生通过整理理解并掌握目标品牌流行元素，进行“爱时尚”品牌的主题创意； 3. 寻找属于定位品牌的灵感来源素材； 4. 制作完成品牌广告设计主题概念版。	教师评价： 1. 审阅学生收集的流行元素是不是能体现品牌广告设计特点； 2. 审阅学生的流行趋势预测方案与品牌风格定位是否一致； 3. 审阅学生的品牌广告设计概念版是否完整美观； 4. 对审阅过程中出现的问题给出改进意见； 5. 人文精神（文化文明）的体现如何。 学生互评： 1. 指出流行趋势预测方案的优缺点； 2. 指出品牌广告设计主题概念版方案中的优点如何持续优化，缺点如何改进，提出改进意见； 3. 对方案进行筛选与改进 4. 有没有违背人文精神及文明规则的创意。

学时： 4 课时

1. 硬资源：可上网的计算机或手机、服装电脑设计学习工作站等。
2. 软资源：工作页、参考教材、数字化资源（品牌广告设计资讯网站、平面设计的公众号）等。
3. 教学设施：投影仪、一体机、白板、白板笔等。

学习任务 4　服装品牌广告设计策划

1 获取服装品牌广告设计产品策划设计任务，制订品牌广告设计产品策划计划书 → 2 市场调研和定位 → 3 品牌广告设计的灵感与主题设计 → 4 品牌广告设计的产品架构 → 5 品牌广告设计的系列设计 → 6 品牌广告设计跟进 → 7 评价反馈

	工作子步骤	教师活动	学生活动	评价
品牌广告设计的产品架构	完成品牌广告设计的创意架构。	1. 教师运用头脑风暴法讲解品牌广告设计开发时间计划及上市计划的内容和制订原则； 2. 教师运用头脑风暴法讲解品牌广告设计色彩架构、文案架构及创意架构的含义及制订原则。 3. 教师指导学生完成虚拟品牌广告设计的开发时间及上市时间计划，并指导完成虚拟品牌广告设计的架构（包括色彩、文案及创意）。 4. 组织学生进行作品展示并予以评价。 5. 检查学生的计划表及架构表（内容及形式是否完整、合理、美观）。	1. 学生聆听教师介绍品牌开发时间计划的内容及制订原则。 2. 学生聆听教师介绍品牌开发产品上市计划的内容。 3. 学生构思完成开发时间计划及上市计划。 4. 学生完成虚拟品牌广告设计的架构。 5. 学生对作品进行点评及改进。	教师评价： 1. 品牌广告设计开发时间计划表及产品上市计划内容是否合理； 2. 品牌广告设计的色彩、文案、创意架构是否合理； 3. 计划表及品牌广告设计架构是否合理全面且可操作性强； 4. 文案及创意有无涉及色情、暴力等，是否体现人文精神。 学生互评：对开发时间计划表、产品上市计划表及品牌广告设计架构表的内容合理程度及美观程度进行评价，提出改进意见。
	学时： 4 课时 1. 硬资源：可上网的计算机或手机、服装电脑设计学习工作站等。 2. 软资源：工作页、参考教材、数字化资源（平面品牌官网及公众号）、品牌广告设计的产品架构范例等。 3. 教学设施：投影仪、一体机、白板、白板笔、画笔、画纸、颜料等。			
品牌广告设计的系列设计	1. 把控品牌广告设计的系列设计进展（具体任务流程节点，时间意识、工作效率、责任心）； 2. 完成品牌广告设计的系列设计； 3. 贯穿整个品牌广告设计系列设计过程的设计评价、筛选与反思。	1. 老师讲授影响广告设计的因素（材料、创意、文案的广告性等）； 2. 讲解并提问广告设计的步骤环节，以及如何把控广告设计进程并及时调整以符合设计意图； 3. 发放广告设计确认单，并讲解如何填写方案确认单。	1. 学生记录老师讲授的品牌广告设计系列设计概述知识点； 2. 回答老师的提问； 3. 学习品牌广告设计系列设计的内容； 4. 完成品牌广告设计的系列色彩设计； 5. 完成品牌广告设计的整体文案、色彩、创意设计。	教师评价： 1. 能否按要求回答老师的提问（如：答案的完整性、准确性、语言表达思路清晰且有条理）； 2. 设计方案确认单填写是否规范、完整、准确、明了。 学生评价： 1. 评价品牌广告设计的优缺点，提出改进意见； 2. 检查品牌广告设计制作单，查缺补漏。
	学时： 4 课时 1. 硬资源：可上网的计算机或手机、服装电脑设计学习工作站等。 2. 软资源：工作页、参考教材、品牌广告设计的设计图（效果图、施工图）等。 3. 教学设施：投影仪、一体机、白板、白板笔等。			

基准课时：20

1 获取服装品牌广告设计产品策划设计任务，制订品牌广告设计产品策划计划书 → 2 市场调研和定位 → 3 品牌广告设计的灵感与主题设计 → 4 品牌广告设计的产品架构 → 5 品牌广告设计的系列设计 → 6 品牌广告设计跟进 → 7 评价反馈

	工作子步骤	教师活动	学生活动	评价
品牌广告设计跟进	1. 把控品牌广告设计工作的进程，跟进品牌广告设计制作的流程节点（时间意识、工作效率、责任心）； 2. 完成品牌广告设计材料的搭配（审美观）； 3. 审版，记录品牌广告设计的改进意见（职业素养：耐心倾听品牌广告设计师的修改建议并做记录）； 4. 填写品牌广告设计确认单； 5. 随时关注文化文明，倡导正能量、新风尚，体现人文精神。	1. 老师讲授品牌广告的设计步骤（讲授法、演示法）； 2. 老师提问品牌广告设计制作的步骤环节，如何把控品牌广告设计制作的进程并及时调整以符合设计意图； 3. 发放广告设计方案确认单，讲解如何填写广告设计方案确认单； 4. 注意体现企业文化，表达文化文明。	1. 认真记录老师讲授的影响品牌广告的因素； 2. 回答老师的提问； 3. 记录工作流程、步骤，把控时间、制作与设计图的吻合度； 4. 学习品牌广告设计的检验方法； 5. 填写方案确认单。	教师评价： 1. 能否按要求回答老师的提问（如：答案的完整性、准确性、语言表达思路清晰且有条理）； 2. 品牌广告设计是否合适，款式风格是否符合设计意图； 3. 品牌广告设计确认单填写是否规范、完整、准确、明了。 学生的评价： 1. 评价品牌广告设计的优缺点，提出改进意见； 2. 检查品牌广告设计制作单，查缺补漏； 3. 杜绝色情、暴力和邪教等非文明文字、图案等。
	学时： 2 课时 1. 硬资源：可上网的计算机或手机、服装电脑设计学习工作站等。 2. 软资源：工作页、参考教材、上衣品牌广告设计、辅料等。 3. 教学设施：投影仪、一体机、白板、白板笔等。			
评价反馈	1. 对品牌广告设计过程中出现的问题、现象进行总结并给出改进意见； 2. 每位学生提交品牌广告设计单及效果图。	1. 教师引导学生进行自评和互评； 2. 教师归纳总结，表扬好的地方，提出不足。	1. 学生展示作品； 2. 点评自己作品的优缺点； 3. 学生互评作品中的优缺点。	采取学生自评、互评，教师点评等方法：
	学时： 2 课时 1. 硬资源：可上网的计算机或手机、服装电脑设计学习工作站等。 2. 软资源：工作页、参考教材、上衣品牌广告设计、辅料等。 3. 教学设施：投影仪、一体机、白板、白板笔等。			

考核标准

一、方案设计（时间：320 分钟）

任务名称：

品牌画册设计及汇报

情境描述：

女装品牌“YINMAN”决定进行明年春季产品包装策划，需要设计部在规定时间完成市场调研、明年春季产品的灵感收集及主体设计，完成产品架构的策划，并完成产品系列的开发（包括品牌广告设计、品牌 VI 设计、品牌海报设计、品牌画册设计），完成春季产品策划的方案编写。

任务要求：

根据任务的情境描述，在规定的时间内完成：

1. 请你向设计总监汇报服装产品策划流程。
2. 市场调研与定位汇报：依据任务的情境描述，完成相关服装品牌的市场调研，进行明年的产品定位，并对制作的 PPT 进行汇报。利用 Photoshop\Coreldraw 等软件完成设计作品。
3. 标志设计不少于 5 个，要求设计简明、概括，能比较准确地传达企业的理念、文化、精神。
4. 电脑制作的 VI 手册不少于 20 幅，电脑海报设计 10 幅，画册设计 2 套。要求应用部分内容要丰富，信息量要大；广告创意新颖，构思巧妙，制作精细；体现各个时代服装的 VI 特色。

参考资料：

工作页、参考教材、女装设计专业图书、时尚杂志、服装设计公众号等。

过程性评价表
1. 团队合作 20 分 团队合作能力强而高效，小组在规定时间内完成任务。
2. 沟通礼仪 20 分 与老师沟通礼貌、尊重，做到有效沟通。
3. 获取信息 20 分 能理解任务书的内容和要求，关键性的设计要点提取全面、准确；能了解中国传统文化，并依据传统文化元素进行视觉传达设计。
4. 成果展示 40 分 视觉传达设计方案考虑到结合中国传统元素，并具有市场经济价值、商业价值、文化价值；汇报展示时能够讲解大方，语言流畅，清晰。

终结性评价考核评价表

评价要求		评价标准			
		优秀 12 分	良好 8 分	及格 6 分	不及格 6 分以下
专业能力评价标准	1. 学生学习态度、出勤、参与程度				
	2. 完成品牌 VI、标志设计，在设计中能比较准确地传达中国文化，体现民族精神				
	3. 服装品牌广告策划案结合中国传统文化，设计独特、新颖				
	4. 形式美感好，结合中国传统文化，设计独特、新颖设计				
	5. 将设计与工艺结构结合，秉承中国精益求精的大国工匠精神				
社会能力标准	6. 学生仪容仪表符合学校要求，纪律意识强				
	7. 汇报内容准备充分、逻辑性强，语言文明有礼				
	8. 重点突出，能清晰准确表达自己的观点				
	总分得分情况				
	教师总评				

课程 5　服装产品销售

学习任务 1
服装实体店铺销售
（80）课时

学习任务 1-1
实体店产品组织构架服务流程图绘制
（8）课时

学习任务 1-2
实体店销售策略思维导图绘制
（12）课时

学习任务 1-3
实体店销售商品配表方案制订
（12）课时

学习任务 2-5
E-mail 服装产品线上销售
（20）课时

学习任务 2-6
销售组合策略服装产品线上销售
（4）课时

课程目标

学习完本课程后，学生应能胜任服装产品销售常见工作任务，包括：市场销售环境分析、确定目标市场、制作产品销售环境分析数据表、店面销售计划撰写、店面销售宣传、人员销售、按照促销策划执行促销活动等多种类型的销售任务；能够根据业务需要，独立完成拜访客户，争取客户信任，做到诚信与客户交往，达成合作意向；能够依托互联网销售平台（天猫、京东、拼多多等）创建服装店铺，通过互联网销售原创服装产品（毕业设计等课程制作成品），运用销售方法，根据客户群制订销售方案，进行线上销售。学会处理产品销售中出现的突发问题，提高应变能力，培养团队合作能力，学会并遵守“8S”管理规定，养成良好的工作习惯，具体包括：

1. 能与主管有效沟通，正确理解产品销售工作任务，根据工作任务拓展创新销售理念与销售新模式，识别和记录销售任务要求。
2. 能够制作准确合理的服装产品销售工作或企业客户拜访工作流程图，对工作任务环节进行分解，做到爱国敬业、对客户诚信友善，运用销售技能帮助客户。
3. 能够用合理的分析工具进行市场分析，分析产品优势、劣势、机遇、威胁，做好市场调研、竞品分析，细分市场定位，分析现有销售渠道设计。并为原创产品（毕业设计等课程制作成品）设计销售策略，推出线上销售，根据销量分析不断调整销售策略。
4. 能够区分常见的服装产品销售和销售目标类型，能依据产品分析，清楚明确地描述当次销售目标。
5. 能够根据任务要求和市场分析，拟定流程清晰、分工明确、进度合理的产品销售计划。
6. 能够根据常见的零售终端产品销售规划类型，按照产品组合特点进行合理的店面（包括线上、线下）规划，并进行各部分规划区的功能解读，规划区域做到创新思维、创新商业模式（创业新思路）。
7. 能够根据销售计划，完成销售实施的准备工作。严格按照门店销售作业规范实施日常销售活动，运用聆听技巧和销售话术达成交易，交易做到诚信、友善。
8. 能够根据产品销售任务和商品磁石原理，选择商品陈列方式并进行陈列。
9. 能够根据商品陈列方式与产品实际相结合，进行终端陈列的 VADS 评价。
10. 能根据日常销售活动进行盘点和对账，保存并上交相关佐证材料，做到财务清晰。
11. 能够根据任务要求，拟写简单的促销策划文案，要求主题新颖、目标明确、促销方式创意、宣传有可操作性。
12. 能够根据服装产品促销策划进行促销活动，制作促销执行过程汇报 PPT。
13. 能够叙述拜访企业客户的目的、过程和收益（PPP），并据此完成相应的准备工作。
14. 能够叙述与客户沟通的注意事项，并在与客户交谈时运用四类问题的提问技巧和聆听技巧，同时合理运用沉默。
15. 通过销售学生的毕业成品，了解客户需求，根据客户的要求进行下阶段的产品修改与设计。
16. 能够客观、中肯地评估企业客户拜访和产品促销活动的效果。
17. 能够对任务过程和结果做出客观地反思和总结，找出进步与不足，提出改进方案，提出创新的理念与创新创业模式。
18. 能够在今后的销售工作中，展示良好的职业形象和自信心，具备一定的计算机应用技巧、写作及口头表达技巧、市场意识、安全意识、成本意识、质量意识、服务意识、协调和组织能力，以及图示化等职业素养。
19. 在工作过程中，能与客户、同事、下属、合作伙伴等利益相关方进行有效沟通。
20. 具备一定的创新创业能力——网上创建店铺并进行销售的能力。

课时：160

学习任务	内容	课时
学习任务 1-4	实体店销售方案制订	（20）课时
学习任务 1-5	实体店销售异议处理	（12）课时
学习任务 1-6	实体店销售策略文案撰写	（16）课时
学习任务 2	服装产品线上销售	（80）课时
学习任务 2-1	服装产品线上销售常见业务处理流程图绘制	（4）课时
学习任务 2-2	消费者购买心理要素逻辑关系图绘制	（12）课时
学习任务 2-3	即时通讯服装产品线上销售	（16）课时
学习任务 2-4	搜索引擎法服装产品线上销售	（24）课时

课程内容

对照本课程目标，学生应当能够运用下列知识和技能，体现以下职业素养：

1. 服装产品销售实施及企业客户拜访的工作要求；
2. 服装产品销售实施及企业客户拜访的工作流程和工作任务分解；
3. 销售产品及企业的 SWOT 及 PEST 分析；
4. 销售目标的确定及销售目标的类型；
5. 销售计划的内容和拟订创新销售技巧；
6. 零售终端店面（线上、线下）规划的原则和技巧；
7. 服装产品销售实施前的准备工作；
8. 商品陈设磁石理论，商品的陈列技巧；
9. 商品终端陈列的 VADS 评价；
10. 盘点和对账的技巧和操作；
11. 促销活动的策划、促销活动方案的写作；
12. 促销活动的执行技巧；
13. 拜访企业客户的准备工作，拜访企业客户的 PPP；
14. 约谈客户的注意事项，提问和聆听的技巧、沉默的运用；
15. 四类沟通术、独特销售优势、客户行动承诺；
16. 企业客户拜访的效果评估方法和工具、产品销售效果的评估方法和工具；
17. 促销策划方案的评估方法和工具；
18. 反思能力和自我评价能力，学生综合职业能力和通用职业素质的培养；
19. 为学生毕业设计作品创建网上店铺的方法；
20. 推广学生毕业设计成果的方法；
21. 企业管理制度及“8S”管理知识。

学习任务 1　服装实体店铺销售

任务描述

学习任务课时：80 课时

任务情境：

某知名服装品牌新品门店位于广州市闹市的某大型购物广场市。该购物广场共 5 层，总建筑面积 10 万平方米，定位为年轻时尚的一站式购物中心，目标消费群体是项目周边多个成熟住宅小区逾 100 万居民以及双地铁轨道覆盖范围。该广场主力店有永旺超市 AEON、儿童成长乐园 MELAND、飞扬影城、宴荟等，满足了消费者日常购物、休闲、餐饮、文化、娱乐于一体的"一站式休闲购物"需求。一年中对服装销售影响较大的节假日即将来临，区域经理要求门店经理安排好各区域工作人员的分工，做好促销计划，使当期销售业绩提升 30%，并且通过产品促销带动区域其他商品的销售，提升超市整体形象，顺利完成总体销售业绩比前期上升 8% 的目标。

由于实施短期销售，销售部人力资源紧张，公司需要额外聘请 8 人参与此项工作。市场部经理小静毕业于我院服装品牌经营与策划专业，经他推荐，公司决定和我院签订校企合作协议，安排服装专业 8 名学生到公司进行为期两周的实习，参与促销执行工作。

学习要求：学生 7~8 人一组，团队合作，完成市场分析，根据企业提供的促销策划文案提出有效意见，并按照文案进行促销执行，提交阶段性学习成果和心得。

服装产品销售以市场需求为向导，以消费者需求为中心，提供满足这些需求的商品，制订合理的销售活动策略，通过多种销售渠道和销售方式，促进销售，使企业实现最大利润。

服装产品销售是服装企业销售部门的一项重要工作任务，能帮助服装企业决策层发现市场中的供需关系，认真分析竞争各方的情况，发挥与平衡服装企业的资源配置，进行目标利润预测、风险利润比较、流行主题预测，为企业生产计划、设计提供不同品种、规格及数量的预测数据等，以便开发出新颖对路的适销产品，成功地完成市场交易，实现企业目标，同时也满足了消费者日益增长的服装需求。

销售人员需要根据品牌的风格、市场定位及市场行情进行市场调研、竞品分析，然后制订详细的市场销售计划并付诸行动。结合市场营销知识，对市场营销活动的成功案例进行专业性分析，对产品定价、促销及分销的计划和实施过程进行构思，并满足个人与组织的目标转换。

工作过程中，营销人员应清楚产品概念定义、市场营销组织范围、市场营销活动过程、市场营销活动方案的制订与实施情况，积极创造客户、获取和维持客户，以期达到或超过企业年度经营计划与销售目标，并按时完成。

【任务要求】

根据任务的情境描述，在规定的时间内完成：

1. 描述促销目的，确定促销对象，选择促销方法；
2. 编制本次任务的分工表、工作推进表及促销活动预算；
3. 制作某品牌门店促销计划；
4. 以小组为单位，按照促销策划计划完成 POP 广告制作等准备工作；
5. 执行促销活动展示；
6. 制作促销活动结果汇报 PPT 并展示；
7. 教师（企业人力资源）综合考核评价，依据消费者购买心理把控销售方案的完成情况。要求能自主调整实施方案中的问题并进行及时补充或修正。

具体工作流程和标准见下页。

市场分析

工作流程和标准

工作环节 1

获取信息，明确工作要求

1

1. 认真听取店长布置某服装品牌门店产品销售工作，记录工作过程需要提交的阶段性成果和提交成果的截止日期。
2. 完成连锁门店产品销售工作，需要正确理解 ZR 服装品牌门店企业管理制度。请仔细阅读店长提供的 ZR 服装品牌门店运营管理制度，并根据制度绘制门店的组织架构以及常见业务处理流程图。
3. 高质量地完成销售工作，需要理解 ZR 服装品牌门店企业的经营理念、营销策略、市场定位等信息，请利用线上及线下的信息收集渠道收集信息，制作一份 ZR 服装品牌门店及品牌信息文档。该文档要求明确表达出公司的产品种类、目标客户群体特点以及企业产品市场定位，制作一套可以包括 Word 文档、视频、图片等多种文件类型的电子文档。

工作环节 2

完成服装产品销售前的准备工作

2

1. 阅读某品牌服装门店销售岗位服务规范，根据该规范，绘制门店销售岗位着装及礼仪规范思维导图；
2. 根据思维导图，列举销售服务过程中常见的礼貌用语。
3. 请根据某品牌服装门店销售岗位服务规范，绘制销售工作中接待客户的流程，同时制订一份简要但适用的销售服务计划。
4. 请各小组以头脑风暴的形式回忆亲身经历的销售场景，罗列常用销售用语，并说明它们的作用；
5. 分别阅读消费者购买心理及门店销售策略的相关材料，根据材料提炼要点，绘制消费者购买心理要素逻辑关系图一份及门店销售策略思维导图一份；
6. 请根据 ZR 品牌服装企业销售服务岗位规范、消费者购买心理要素、门店销售策略等材料，设计某品牌服装海珠分店接待顾客的销售沟通话术。

工作环节 3

设计门店布局，管理商品陈列

3

1. 查找资料，小组讨论，总结店铺布局的要点清单。
2. 根据店铺布局图设计要点清单，绘制某品牌服装海珠分店的店铺布局图。
3. 各小组网上搜索资料，总结店铺陈列的方法并罗列。
4. 阅读关于某品牌服装海珠分店的商品配置表和商品陈列的文献材料，小组研讨后，优化某品牌服装海珠分店的商品配置表。
5. 针对某品牌服装海珠分店布局，设计一个合理的商品端头陈列。

工作环节 4

实施女装产品销售方案

4

2. 提炼总结出完成某品牌服装海珠分店一天的门店销售任务的关键要素，绘制成思维导图进行分享。
2. 进行模拟演练，实习学员分为两组，一组代表顾客，一组代表门店，演练门店商品销售过程，一轮结束后双方调换角色进行第二轮演练，教师根据过程表现进行点评。学员记录评价及改进的地方。

工作环节 5

品牌标志的推广

5

1. 请结合生活经历，列举出购买 ZR 品牌服装海珠分店所售产品时常见的客户异议，制作相应列表。
2. 查找资料，研读客户异议成因分析及处理方法相关文档，将列在客户异议列表中的异议分类，列明每类异议的处理原则。
3. 根据客户异议处理原则，以小组为单位，制作一份在销售过程中处理客户异议的视频教程。该教程应该包括销售场景和过程的模拟。

工作环节 6

评价反馈

6

1. 各组整理任务过程中的各种资料，作为本次任务过程性考核的依据。
2. 组员之间就任务过程中的表现展开自评和互评；。
3. 填写相应的评价表，完成个人总结。
4. 将任务资料提交店长，供企业相关部门存档。

学习内容

知识点	1.1 快时尚服装的概念、种类及特点； 1.2 奢侈服装的概念、种类及特点； 1.3 布置服装销售工作要点； 1.4 布置服装产品销售工作的阶段性成果和提交成果的截止日期。	2.1 服装产品销售的概念与流程； 2.2 销售岗位服务规范及常用礼貌用语； 2.3 销售接待流程图； 2.4 销售服务计划； 2.5 消费者购买心理要素逻辑关系； 2.6 门店销售策略； 2.7 接待顾客的销售沟通话术。	3.1 店铺布局要点； 3.2 店铺布局图； 3.3 店铺商品配置表； 3.4 门店陈列。
技能点	1.1 通过描述某服装品牌产品特征、种类，培养学生认真细致的工作态度； 1.2 通过制订某服装品牌产品销售单，培养学生信息处理的能力； 1.3 记录任务要求、阶段性成果和成果提交的时间节点； 1.4 绘制门店组织架构图； 1.5 绘制销售服务流程图。	2.1 通过制订服装销售流程图，培养学生的学做技巧和逻辑思维能力； 2.2 绘制销售岗位着装及礼仪规范思维导图； 2.3 绘制销售接待流程图； 2.4 制订销售计划； 2.5 销售用语； 2.6 消费者购买心理要素逻辑关系分析； 2.7 门店销售策略的制订； 2.8 接待顾客的销售沟通话术。	3.1 制作店铺布局要点，培养信息收集能力和筛选能力； 3.2 制作女装品牌 SWOT 数据统计表，培养绘制店铺布局图； 3.3 填写店铺商品配置表，培养逻辑思维条理性； 3.4 配置端头陈列，培养逻辑思维条理性。
 工作环节	工作环节 1 获取服装产品销售任务，明确工作要求	完成服装销售前的准备工作 工作环节 2	工作环节 3 设计门店布局，管理商品陈列
成果	1.1 某品牌服装消费清单一份； 1.2 工作过程阶段性成果记录表； 1.3 门店组织架构图； 1.4 销售服务流程图； 1.5 信息收集文档一套。	2.1 快时尚、奢饰品服装产品销售流程图各一份； 2.2 销售岗位着装及礼仪规范思维导图、常见的礼貌用语语录； 2.3 销售接待流程图； 2.4 销售服务计划； 2.5 消费者购买心理要素逻辑关系图； 2.6 门店销售策略思维导图； 2.7 接待顾客的销售沟通话术文档。	3.1 店铺布局要点清单； 3.2 店铺布局图； 3.3 优化后的店铺商品配置表； 3.4 端头陈列。

学习任务 1　服装实体店铺销售

4.1 服装店支付方法； 4.2 服装产品销售会员优惠办法； 4.3 客人出入简单的问候； 4.4 服装产品销售价格标签的方式及更换； 4.5 品牌专卖店销售任务的关键要素。	5.1 品牌专卖店销售常见异议； 5.2 品牌专卖店销售常见异议处理方法。	6.1 进店客人未消费原因分析； 6.2 任务资料的整理和排序技巧。
4.1 绘制标签图，培养学生注重细节的工作能力； 4.2 实施调研，列出简单问候用语，培养学生礼貌待人； 4.3 要求客人加入会员，培养学生沟通能力； 4.4 绘制门店销售任务的思维导图，培养学生信息收集能力和筛选能力，训练学生实操能力。	5.1 罗列品牌专卖店销售常见异议，培养学生沟通表达能力； 5.2 处理品牌专卖店销售常见异议； 5.3 制作模拟销售场景的视频，培养视频编辑能力。	6.1 制订客人未消费记录表，分析原因，培养学生总结和归纳的能力、反思及持续改善的职业素质、质量意识； 6.2 根据成果类别、工作程序和完成时间等因素，收集和整理任务资料，培养学生整理资料，培养条理性和对细节的注重； 6.3 总结本次任务的成功与不足，在完成个人总结的过程中，培养归纳能力、反思及持续改善的职业习惯，提升质量意识； 6.4 针对个人的不足提出改进方法和建议。

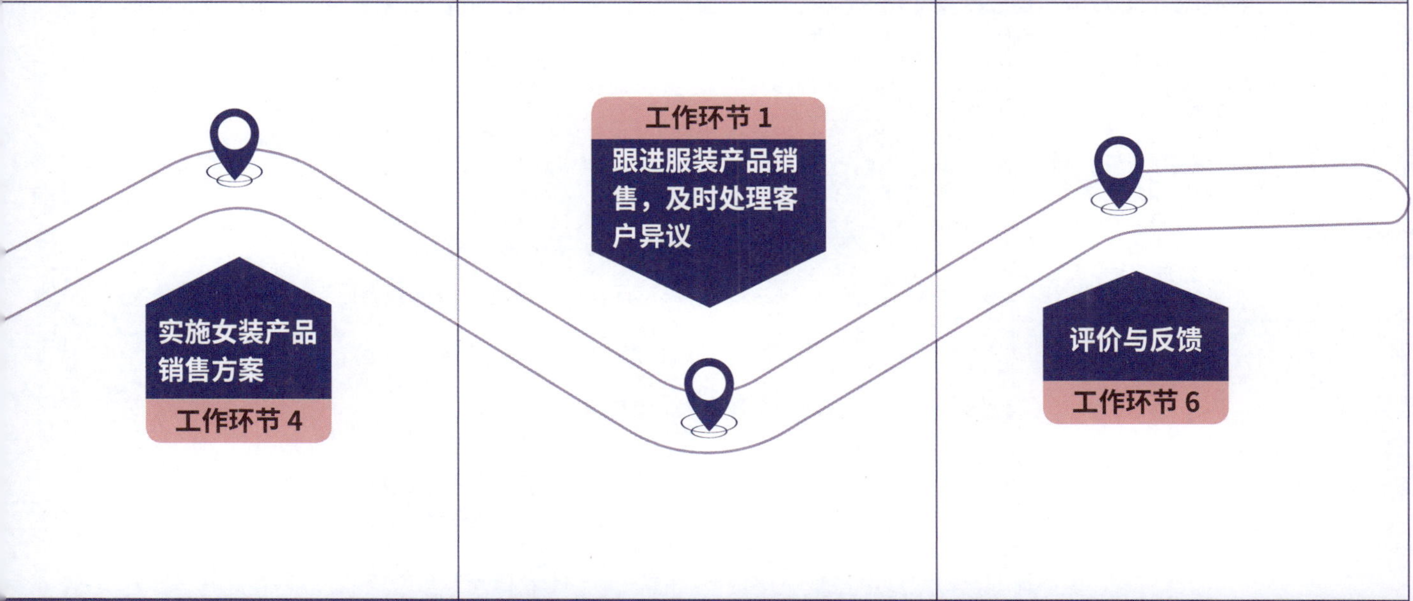

4.1 绘制某服装品牌标签图一份； 4.2 制订礼貌性用语列表； 4.3 制订会员制度及优惠办法； 4.4 绘制结账方式的优化思维导图一份； 4.5 门店销售任务的思维导图； 4.6 模拟演练成果。	5.1 常见销售异议列表； 5.2 客户异议处理方法列表； 5.3 销售场景模拟视频。	6.1 各组任务过程阶段性成果； 6.2 小组内部评价会议记录一份； 6.3 填写完成的评价表； 6.4 个人总结一份。

学习任务 1　服装实体店铺销售

1 获取信息，明确工作要求 → 2 完成服装产品销售前的准备工作 → 3 设计门店布局，管理商品陈列 → 4 实施女装产品销售方案 → 5 跟进服装产品销售，及时处理客户异议 → 6 评价与反馈

获取信息，明确工作要求

工作子步骤	教师活动	学生活动	评价
1. 回忆服装专卖店购物的经历，将能想到的品牌名称填写在工作页上；将不同品牌进行区分。 2. 通过网络查询服装专卖店常用的定价技巧，制作一份服装专卖店商品价格清单（先将工作页中给出的各种商品填入对应分类，再设定价格）。 3. 认真听取店长布置服装专卖店产品销售工作，记录工作过程需要提交的阶段性成果和提交成果的截止日期。 4. 完成服装专卖店产品销售工作，需要正确理解服装企业管理制度；请仔细阅读店长根据制度绘制的门店的组织架构以及常见业务处理流程图。 5. 高质量地完成销售工作，需要理解服装企业的经营理念、营销策略、市场定位等信息，请利用线上及线下的信息收集渠道收集信息，制作一份服装企业及品牌信息文档。该文档要求明确表达出公司的产品种类、目标客户群体特点以及企业产品市场定位，制作一套可以包括 Word 文档、视频、图片等多种文件类型的电子文档。	1. 课前可组织学生去服装品牌专卖店做市场调研，以观察服装的商品分类及摆放，在课中根据回忆填写在工作页上。 2. 组织学生进行课堂分享，收集所有分享同学的分类，分享结束后给出更多的分类信息。 3. 组织学生填写商品分类，向学生展示服装专卖店的真实场景图，发散学生思维。 4. 展示服装专卖店常见的商品价格清单，收集学生的工作页填写信息，进行点评分析。 5. 下发任务书，监控课堂；巡回课堂，提供必要帮助；口头点评逻辑关系图，提供参考逻辑关系图； 6. 巡回课堂，提供必要帮助；提供标准答案,促进各小组互评，最后进行口头讲评；提供某服装公司宣传资料； 7. 巡回课堂，提供必要帮助；对学生工作成果进行必要的点评，及时纠正错误；提供评分标准，帮助各组进行互评，最后进行口头总结；下发和回收本环节评价表。	1. 回忆去服装专卖店购买服装的经历，将能想到的服装品类名称填写在工作页上。 2. 看上个工作环节中每个人填列在工作页上的商品，向班级同学陈述这些服装品牌商品的共同特征。 3. 按照工作页中给出的分类，在每一种分类中填列至少 10 种服装品牌商品。 4. 通过网络查询服装品牌专卖店常用的定价技巧，制作一份服装品牌商品价格清单（先将工作页中给出的各种商品填入对应分类，再设定价格）。 5. 总结任务要点： (1) 认真阅读任务书，在任务书上标识出关键词；填答工作页； (2) 小组汇总标识结果，共同绘制一份任务要求关键词逻辑关系图； (3)各小组展示逻辑关系图,其他小组评价，教师讲评。 6. 绘制服装专卖店组织架构和业务处理流程： (1) 学生利用网络查找资料，总结常见的服装专卖店的组织架构图特点，填答工作页； (2) 以小组为单位，结合某公司提供的资料，绘制精力沛公司门店组织架构图； (3) 利用网络查找资料，结合教师提供的资料，绘制某服装店销售服务流程图； (4) 各小组展示门店组织架构图和销售服务流程图； (5) 各组利用教师提供的参考答案进行互评。 7. 搜集某服装品牌相关信息： (1)各小组首先阅读某服装公司宣传资料，填答工作页； (2) 运用网络或实地考察的方式，搜集服装公司的相关资料，在搜集的过程中需要填答工作页 10。 (3) 听取教师阶段性的讲评，修改和完善本小组的信息收集结果，形成一份 PPT（40 分钟）； (4) 各小组展示 PPT，其他小组根据教师提供的评分标准，对各组的展示进行书面评价； (5)小组讨论,填写本环节评价表(20 分钟)。	1. 过程监控—教师评价； 2. 分类信息—教师口头点评，教师提供参考答案； 3. 商品价格清单—学生互评，教师提供评价标准； 4. 过程监控—教师评价； 5. 关键词逻辑关系图—师评，教师提供参考答案； 6. 门店组织架构图—师评，教师提供标准答案； 7. 销售服务流程图—师评，教师提供标准答案； 8. 信息收集文档—学生互评，教师提供平价标准。

课时： 8 课时
1. 硬资源：具备上网功能的计算机或手机、服装手绘设计学习工作站、服装电脑设计学习工作站等。
2. 软资源：工作页、参考教材、授课 PPT、思维导图参考样式、门店销售关键词逻辑关系图、门店组织架构图、销售服务流程图等。
3. 教学设施：投影仪、白板等。

基准课时：80

① 获取信息，明确工作要求 → ② 完成服装产品销售前的准备工作 → ③ 设计门店布局，管理商品陈列 → ④ 实施女装产品销售方案 → ⑤ 跟进服装产品销售，及时处理客户异议 → ⑥ 评价与反馈

	工作子步骤	教师活动	学生活动	评价
完成服装产品销售前的准备工作	1. 服装专卖店的销售工作，其实就是对服装的推销，根据工作页中推销的概念，圈出关键词。 2. 根据你与服装专卖店工作人员的接触，绘制出服装商品销售流程图。 3. 阅读某品牌服装专卖门店销售岗位服务规范，根据该规范，绘制门店销售岗位着装及礼仪规范思维导图。 4. 根据思维导图，列举销售服务过程中常见的礼貌用语。 5. 请根据某品牌服装专卖门店销售岗位服务规范，绘制销售工作中接待客户的流程，同时制订一份简要但适用的销售服务计划。	1. 组织学生完成推销的概念、推销的程序等知识点的学习，为学生拓展更多知识点的学习内容，组织学生进行课堂分享；组织学生进行消费场景的分享，针对学生绘制的销售流程图的结果进行点评分析，评比出最佳的销售流程图;下发任务书，监控课堂，巡回课堂，提供必要帮助。 2. 组织学生讨论，提醒学生填写工作页，组织学生做出分享，并给出参考语录。	1. 完成推销的概念、快消品的销售流程的知识点的学习，圈出工作页中对应的关键词。 2. 根据日常在服装专卖店的消费场景，绘制出服装商品的销售流程图，学习销售岗位服务规范，认真阅读某服装品牌门店销售岗位服务规范，在任务书上标识出关键词；学生以小组为单位，绘制一份销售岗位着装及礼仪规范思维导图；各小组展示销售岗位着装及礼仪规范思维导图；其他小组评价，教师讲评。	1. 过程监控—教师评价； 2. 销售流程图—学生互评，教师提供评价标准； 3. 过程监控—教师评价、小组互评； 4. 销售岗位着装及礼仪规范思维导图—师评、互评，教师提供参考答案； 5. 礼貌用语语录—教师提供示例； 6. 销售接待流程图—师评，教师提供标准答案； 7. 销售服务计划—学生互评，教师提供平价标准； 8. 销售用语—学生互评，教师口头点评； 9. 消费者购买心理要素逻辑关系图—学生互评，师评； 10. 门店销售策略思维导图—师评，老师提供参考策略导图； 11. 接待顾客的销售沟通话术文档—学生互评、师评。
	6. 各小组以头脑风暴的形式回忆亲身经历的销售场景，罗列常用销售用语，并说明它们的作用。	3. 组织学生进行情境演绎，并进行口头点评，巡回课堂，提供必要帮助。	3. 绘制销售接待流程图： (1) 回想之前购物时，销售人员接待你的过程，以小组为单位，进行演绎； (2) 仔细阅读某服装品牌门店销售岗位服务规范，绘制销售接待流程图，小组成员之间互评；	
	7. 分别阅读消费者购买心理及门店销售策略的相关材料，根据材料提炼要点，绘制消费者购买心理要素逻辑关系图一份及门店销售策略思维导图一份。	4. 制订销售服务计划： (1) 提供参考销售服务计划； (2) 下发评价标准； (3) 下发及回收本环节评价表。	4. 制订销售服务计划： (1) 根据销售岗位规范和销售接待流程图制订一份简要的销售服务计划； (2) 根据教师提供的评价标准，以两人为一组相互评价； (3) 小组讨论，填写本环节评价表。	
	8. 请根据某服装销售服务岗位规范、消费者购买心理要素、门店销售策略等材料，设计海珠分店接待顾客的销售沟通话术。	5. 巡回课堂，提供必要帮助；	5. 提炼销售用语： (1) 以小组为单位，用头脑风暴的方式回忆各自亲身经历的销售场景，列出自己觉得很有礼貌的销售用语； (2) 根据小组讨论出的销售用语清单，小组内讨论，成员依次说出其中的作用； (3) 填写工作页上给出的销售用语的作用。	
		6. 巡回课堂，提供必要帮助：口头点评消费者购买心理要素逻辑关系图。	6. 绘制消费者购买心理要素逻辑关系图： (1) 仔细阅读消费者购买心理及门店销售策略的相关材料，提炼出其中的要点，填写在工作页上（查找及阅读材料 30 分钟，填答工作页 10 分钟）；	

学习任务 1　服装实体店铺销售

1 获取信息，明确工作要求　2 完成服装产品销售前的准备工作　3 设计门店布局，管理商品陈列　4 实施女装产品销售方案　5 跟进服装产品销售，及时处理客户异议　6 评价与反馈

工作子步骤	教师活动	学生活动	评价
完成服装产品销售前的准备工作		(2) 绘制消费者购买心理要素逻辑关系图（绘制逻辑关系图 30 分钟）； (3) 向班级讲解绘制出的消费者购买心理要素逻辑关系图，并由老师做口头点评（各组在展示时 20 分钟，教师点评 20 分钟）。	
	7. 巡回课堂，提供必要帮助。	7. 制订门店销售策略： 根据老师点评后统一的消费者购买心理要素逻辑关系图，制作一份销售策略图。（查找常见的销售策略的资料 20 分钟；绘制销售策略思维导图 20 分钟；教师抽查成果，集中点评 10 分钟；最后各组展示成果 20 分钟；教师点评 10 分钟）。	
	8. 组织学生查找并摘抄销售话术： (1) 巡回课堂，提供必要帮助； (2) 组织学生小组讨论，并进行口头点评； (3) 下发和回收本环节评价表。	8. 摘抄接待顾客的销售沟通话术： (1) 利用网络查询，搜集门店销售相关的销售话术，并摘抄这些销售话术（20 分钟）； (2) 设计某服装品牌海珠分店接待顾客的销售沟通话术（设计 20 分钟）； (3) 小组内讨论各自做出的销售话术，综合小组内成员的优秀话术，分享给其他小组，由老师进行口头点评（讨论 10 分钟，分享 10 分钟，教师点评 10 分钟）； (4) 填写本环节评价表。	

课时： 12 课时

1. 硬资源：具备上网功能的计算机或手机、服装手绘设计学习工作站、服装电脑设计学习工作站等。
2. 软资源：工作页、参考教材、授课 PPT、门店销售岗位服务规范、销售岗位着装及礼仪规范思维导图、门店组织架构图、门店销售礼貌用语语录、销售接待流程图、销售服务计划、门店销售用语列表、消费者购买心理要素逻辑关系图、接待顾客的销售沟通话术文档等。

1 获取信息，明确工作要求 → 2 完成服装产品销售前的准备工作 → 3 设计门店布局，管理商品陈列 → 4 实施女装产品销售方案 → 5 跟进服装产品销售，及时处理客户异议 → 6 评价与反馈

设计门店布局，管理商品陈列

工作子步骤	教师活动	学生活动	评价
1. 查找资料，小组讨论，总结店铺布局的要点清单；根据店铺布局图设计要点清单，绘制某服装品牌门店的店铺布局图； 2. 各小组网上搜索资料，总结店铺陈列的方法并罗列； 3. 阅读关于某服装品牌海珠分店的商品配置表和商品陈列的文献材料，小组研讨后，优化 ZR 海珠分店的商品配置表； 5. 针对某服装品牌海珠分店布局，设计一个合理的商品端头陈列。	1. 下发任务书，监控课堂； 2. 巡回课堂，提供必要帮助；口头点评布局要点； 3. 口头点评逻辑关系图，提供参考布局图； 4. 组织学生评选出最佳的布局图； 5. 巡回课堂，提供必要帮助；阶段性检查学生查找资料的成果，进行集中讲评和抽查； 6. 巡回课堂，提供必要帮助；提供关键词逻辑关系图的范例和参考答案； 7. 点评； 8. 组织学生进行情境演绎，并进行口头点评。	一、讨论店铺布局要点 1. 以小组为单位，查找资料，查找消费品零售门店布局图和效果图，与小组成员讨论布局的要点（查找资料 30 分钟，教师阶段性抽查 5 分钟，小组讨论 20 分钟） 2. 各小组展示讨论结果，经过教师总结，将门店布局要点填写在工作页的清单上（展示 15 分钟，填答工作页 10 分钟左右）。 二、绘制海珠店铺布局图 1. 根据布局要点清单，绘制 ZR 海珠分店的店铺布局图。（查找资料 30 分钟，教师阶段性抽查 10 分钟，绘制布局图 40 分钟左右）； 2. 各小组展示绘制好的白云门店布局图，组间互评，评选出最佳布局图。（展示 20 分钟，互评 20 分钟左右） 三、制作店铺商品配置表 1. 仔细阅读关于商品配置表和商品陈列的文献材料，用笔画出涉及商品配置的部分；绘制关键词逻辑关系图（查找和阅读材料 40 分钟左右，对关键词进行提炼，画关系图 20 分钟，小组内部交换意见 10 分钟；各小组展示要点 20 分钟，教师点评 10 分钟）； 2. 制作某服装品牌海珠分店的商品配置表。 四、管理商品陈列 1. 针对某服装品牌海珠分店布局，设计一个合理的商品端头陈列； 2. 小组间分享商品配置表，由教师按照商品陈列优化方案排名和点评。（展示 25 分钟，教师点评）	1. 过程监控—教师评价、小组互评； 2. 店铺布局要点清单—师评、互评，教师提供参考答案； 3. 店铺布局图—教师提供示例； 4. 店铺商品配置表—师评，教师提供优化方案； 5. 端头陈列参考答案。

课时： 12 课时

1. 硬资源：具备上网功能的计算机或手机、服装手绘设计学习工作站、服装电脑设计学习工作站等。
2. 软资源：工作页、参考教材、授课 PPT、门店店铺布局要点清单、门店店铺布局图、门店店铺商品配置表、门店销售用语列表、商品陈列等。

学习任务 1 服装实体店铺销售

1 获取信息，明确工作要求 → 2 完成服装产品销售前的准备工作 → 3 设计门店布局，管理商品陈列 → 4 实施女装产品销售方案 → 5 跟进服装产品销售，及时处理客户异议 → 6 评价与反馈

	工作子步骤	教师活动	学生活动	评价
实施女装产品销售方案	1. 提炼总结完成乐峰广场店一天的门店销售任务的关键要素，绘制成思维导图，进行分享； 2. 进行模拟演练，实习学员分为两组，一组代表顾客，一组代表门店销售员，演练门店商品销售过程，一轮结束后双方调换角色进行第二轮演练，教师根据过程表现进行点评。学员记录评价及改进的地方。	1. 下发任务书，组织学生演练商品销售的过程，监控课堂； 2. 教师针对第一轮的商品销售模拟进行点评； 3. 教师针对第二轮的商品销售模拟进行点评； 4. 教师针对第两轮的商品销售实习环节进行点评。	1. 学生进行销售的模拟演练，实习的学员将分成 2 组，1 组代表顾客方，1 组代表门店方，演练商品销售的过程；一轮结束后双方调换角色进行第二轮演练； 2. 学生记录存在的问题以及问题改进的建议； 3. 学生记录存在的问题以及问题改进的建议； 4. 学生记录存在的问题以及问题改进的措施。	1. 过程监控——教师评价、小组互评； 2. 门店销售任务的思维导图——师评、互评，教师提供参考答案。

课时： 20 课时
1. 硬资源：具备上网功能的计算机或手机、服装手绘设计学习工作站、服装电脑设计学习工作站等。
2. 软资源：工作页、参考教材、授课 PPT、门店销售任务的思维导图等。

	工作子步骤	教师活动	学生活动	评价
跟进服装产品销售，及时处理客户异议	1. 结合生活经历，列举出购买某服装品牌专卖店所售产品时常见的客户异议，制作相应列表； 2. 查找资料，研读客户异议成因分析及处理方法相关文档，将列在客户异议列表中的异议分类，列明每类异议的处理原则； 3. 根据客户异议处理原则，以小组为单位，制作一份在销售过程中处理客户异议的视频教程；该教程应该包括销售场景和过程的模拟。	1. 下发任务书，监控课堂； 2. 巡回课堂，提供必要帮助； 3. 组织学生演绎； 4. 口头点评学生的演绎； 5. 环节评价表。	1. 填写常见销售异议列表： (1) 回忆购物时不愉快的经历或是见到其他人与门店销售人员产生的异议，演绎给班级同学你经历的或见过的争议。（小组讨论 20 分钟，教师监控讨论状况并做必要的抽查 5 分钟，小组代表演绎 25 分钟） (2) 综合班级同学的经历和自己的见闻，填写常见销售异议列表。（填写表格 10 分钟） 2. 完成客户异议处理方法列表： (1) 小组内讨论，你作为门店销售如何处理常见销售异议（讨论 15 分钟，教师抽查 5 分钟，填答工作页 5 分钟）； (2) 相邻两组各派出一个代表，分别演绎销售人员和顾问发生销售异议时的模拟场景（演绎过程共约 8 组，每组 5 分钟，40 分钟）； (3) 根据老师的点评，以小组为单位，完成客户异议处理方法列表。 3. 制作销售场景模拟视频： (1) 小组以抽签的方式决定制作销售场景模拟视频的主题，并在规定内时间完成（拍摄视频在课余时间完成，剪辑视频共 160 分钟，期间教师阶段性抽查及讲评，进行技术性答疑）； (2) 填写本环节评价表。	1. 常见销售异议列表—口头点评，提供常见异议参考； 2. 客户异议处理方法列表—师评，提供解决常见销售异议的标准做法； 3. 销售场景模拟视频—师评，提供视频中需要注意的细节。

课时： 12 课时
1. 硬资源：具备上网功能的计算机或手机、服装手绘设计学习工作站、服装电脑设计学习工作站等。
2. 软资源：工作页、参考教材、授课 PPT、常见销售异议列表、客户异议处理方法列表、制作视频细节等。

评价与反馈

工作子步骤	教师活动	学生活动	评价
1. 各组整理任务过程中的各种资料，作为本次任务过程性考核的依据； 2. 组员之间就任务过程中的表现展开自评和互评，填写相应的评价表，完成个人总结； 3. 将任务资料提交店长，供企业相关部门存档。	1. 巡回课堂，提供必要帮助； 2. 组织抽签,听取学生学情描述； 3. 口头点评； 4. 组学生填写评价表； 5. 巡回课堂，提供必要帮助； 6. 收取资料。	1. 各个小组整理本次任务的过程佐证材料和阶段性成果（20 分钟左右）； 2. 各小组随机抽签，互相检查完成的任务资料和成果，及时向教师反馈（20 分钟左右）； 3. 听取教师对资料整理情况的简单点评(5 分钟左右）； 4. 利用课余时间，根据小组内部评价会议提出的意见和结论，填写工作页中的评价表，制作并展示小组风采 PPT（会议不超过 2 课时，制作小组风采展示 PPT2 课时，填写评价表 20 分钟，展示小组风采 PPT20 分钟）； 5. 各组员结合小组评价时的反馈拟写总结，要求总结收获、心得，反思不足，提出改进方法（20 分钟）； 6. 在下一个学习任务开始前提交给教师。	1. 过程性评价：互检过程中各组组员是否全部参与，有无明确分工；被评价的小组是否充分配合检查，并对资料进行必要的说明； 2. 成果验收方式：本组自检，其他小组检查，教师点评； 3. 成果验收标准：任务资料是否齐全，形式是否符合要求（例如原始问卷必须提交纸质版，不能提交电子版）等； 4. 评价表——自评及师评，教师说明填写要求； 5. 个人总结——师评。

课时： 16 课时

1. 硬资源：具备上网功能的计算机或手机、服装手绘设计学习工作站、服装电脑设计学习工作站等。
2. 软资源：工作页、参考教材、授课 PPT 等。

学习任务 2　服装产品线上销售

任务描述

学习任务课时：80 课时

任务情境：

李芳进入公司已经半年，发现 W 服装品牌门店广州乐峰广场店已经无法满足消费者的需求，总部准备开展线上销售。同时为了扩大目标消费群，以新品牌 W-M 命名，进入线上服装产品销售领头羊。区域经理要求线上经理安排好各区域工作人员的分工，做好销售计划，使当期销售业绩提升 30%，并且通过线上销售带动产品促销带动区域其他商品的销售，提升超市整体形象，顺利完成总体销售业绩比前期上升 8% 的目标。

由于实施线上销售刚刚起步销售，销售部人力资源紧张，公司需要额外聘请 8 人参与此项工作。网络市场部经理李芳毕业于我院服装品牌经营与策划专业，经她推荐，公司决定和我院签订校企合作协议，安排服装品牌策划与经营专业 20 名学生到公司进行为期两周的实习，参与促销执行工作。

【任务要求】

1. 能填写线上服装产品销售基础知识及技能评价表；
2. 能选择线上服装产品销售的方法；
3. 能运用线上服装产品销售基本方式、方法知识并完成技能评价表；
4. 能绘制线上服装商品销售流程图；
5. 能制作线上服装产品销售调查表内容文档设计；
6. 能根据常见线上服装产品销售常用礼貌用语填写语录集；
7. 能够区分线上服装产品销售消费者需求特征并填写技能评价表；
8. 能够撰写线上服装产品销售线上市场调查报告；
9. 能够绘制线上服装产品消费者购买心理要素逻辑关系图；
10. 能够根据线上服装产品销售消费者购买行为，结合《网络安全实践指南——移动互联网应用基本业务功能必要信息规范》，以诚信原则为基础，收集顾客信息，获得报告数据有效事实和证据，完成技能评价表；
11. 能够根据线上品牌建设填写技能评价表；
12. 能够优化线上店铺商品配置；
13. 能设计绘制服装产品线上销售任务的思维导图；
14. 能够绘制服装产品模拟演练成果（数据图），突出诚信待客；
15. 能完成服装产品销售系列技巧知识及技能评价；
16. 能够运用服装产品销售网络创新创意广告发布；
17. 能够列出常见服装产品销售线上销售异议；
18. 能够处理服装产品销售线上客户异议；
19. 能够对服装产品淘宝店铺进行推广（对内建设）；
20. 教师（企业人力资源）综合考核评价：依据线上消费者购买心理把控，通过销售方案的完成情况；要求能自主调整实施方案中的问题并进行及时补充或修正。

具体工作流程和标准见下页。

30%
WM

工作流程和标准

工作环节 1

获取服装产品线上销售任务

1

1. 认真听取销售部经理布置 W 服装品牌线上产品销售工作，记录工作过程需要提交的阶段性成果和提交成果的截止日期；
2. 收集网络查询服装店常用的销售方式，比较线上线下的价格区别和原因；
3. 听取网络店长布置服装专卖店产品销售工作，罗列线上销售方法的选择；
4. 根据线上服装产品销售工作，正确理解服装企业管理制度，并根据制度绘制线上门店的组织架构和常见业务处理流程图；
5. 处理线上销售工作，理解服装企业的经营理念、营销职能、线上市场定位等信息，制作服装企业及品牌信息文档；表达出公司的产品种类、目标客户群体特点以及企业产品市场定位，制作一套可以包括 Word 文档、视频、图片等多种文件类型的电子文档。

主要成果：1. 服装产品销售线上工作记录表；
2. 线上服装产品销售基础知识及技能评价表一份；
3. 线上服装产品销售方法的选择表一份；
4. 线上服装产品销售基本方式、方法知识及技能评价表；
5. 线上服装产品信息收集文档一套。

工作环节 2

线上服装产品消费者市场分析

2

1. 跟进线上服装的销售工作，罗列消费者的需求特征并绘制出服装商品销售流程图；
2. 绘制线上品牌服装店销售方式思维导图；
3. 根据线上品牌服装专卖门店销售岗位服务规范，以诚信为原则，引导学习《网络安全实践指南——移动互联网应用基本业务功能必要信息规范》；
4. 运用头脑风暴的形式回忆亲身经历的线上销售场景，对网络消费者的购买行为进行分析；
5. 阅读线上消费者购买心理及门店销售策略的相关材料，收集顾客信息，以诚信待客为原则，获得报告数据有效事实和证据，数据尊重事实和证据，有实证意识和严谨的求知态度，分析材料提炼要点，绘制消费者购买心理要素逻辑关系图一份及线上销售策略思维导图一份。

主要成果：1. 线上服装商品销售流程图一份；
2. 线上服装产品销售调查方式思维导图一份；
3. 线上服装产品销售常用礼貌用语语录；
4. 线上服装产品销售消费者需求特征知识及技能评价表；
5. 线上服装产品消费者购买心理要素逻辑关系图；
6. 线上服装产品销售消费者购买行为知识及技能评价表。

工作环节3

建立服装线上销售品牌

3

1. 设计绘制品牌标识（运用 COR 软件设计）；
2. 收集资料，确定线上服装品牌销售目标；
3. 阅读关于线上服装商品的营销方案，设计网络品牌销售方案。

主要成果：1. 线上服装品牌基础知识及技能评价表；
2. 线上品牌建设知识及技能评价表；
3. 线上优化后的店铺商品配置表。

工作环节4

实施服装产品线上销售

4

1. 提炼总结一天的线上销售任务关键要素，将运用搜索引擎销售的方法绘制成思维导图；
2. 进行模拟演练，实习学员分为两组，一组代表顾客方，一组代表线上门店方，演练线上门店商品销售过程，运用微博销售方法；一轮结束后双方调换角色进行第二轮演练，教师根据过程表现进行点评，学员记录评价及改进的地方；
3. 填写服装产品微博销售知识及技能评价表；
4. 售过程中尊重顾客信息安全，诚信相待、明辨是非，具有规则意识与法治意识，熟悉网络服装销售相关法律法规，坚持职业操守。

主要成果：1. 服装产品线上销售任务的思维导图；
2. 服装产品模拟演练成果（数据图）；
3. 服装产品微博销售知识及技能评价表。

工作流程和标准

工作环节 5

拓展服装产品线上销售模式，及时处理客户异议

5

1. 罗列微信朋友圈里的微信销售产品，拓展 5G 时代的朋友圈销售创新新模式，结合新媒体平台发布销售视频，与消费者互动减少顾客异议；技术创新活动明确目的，是具有社会价值和经济价值的活动；
2. 注册网易邮箱，登录进入，查看无印良品 E-mail 销售实例；
3. 观看服装产品销售网络广告视频，通过视频找出运作模式及其类型；
4. 结合生活经历，列举出购买线上服装产品时常见的客户异议，制作相应列表；
5. 研读客户异议成因分析及处理方法相关文档，将列在客户异议列表中的异议分类，列明每类异议的处理原则。

主要成果：1. 服装产品销售微信技能情况评价表，通过 5G 时代朋友圈的案例引入，理解技术与人类文明的有机联系，学习新媒体与朋友圈销售创新理念，具有工程思维，能将创意和方案转化为有形物品或对已有物品进行改进与优化等；在异议处理的过程中，培养良好的自我情绪调节能力以及抗挫折、抗压力能力；
2. E-mail 服装产品销售基础知识及技能评价表；
3. 服装产品销售网络广告发布；
4. 常见服装产品销售线上销售异议列表；
5. 服装产品销售线上客户异议处理方法列表。

工作环节 6

建立服装线上销售品牌

6

1. 整理线上销售组合策略内涵、应用、推广任务过程中的各种资料；
2. 根据线上的一系列活动展开线上服装品牌推广；
3. 填写组内评价表，完成个人总结；
4. 提交线上任务资料，供企业相关部门存档。

主要成果：1. 各组任务过程阶段性成果及过程记录一套，填写线上销售事件策划方案表；
2. 服装产品淘宝店铺推广（对内建设）；
3. 小组内部评价会议记录一份及填写完成的评价表；
4. 个人总结一份。

工作环节 7

教学评价与反馈（教学层面）

7

1. 各组工作任务完成总结性成果展示；
2. 完成组间互评评价会议记录表；
3. 罗列整个工作任务完成过程中出现的疑难问题并归纳整理，写出总结。

主要成果：1. 各组工作任务完成总结性成果展示；
2. 组间互评评价会议记录表；
3. 整个工作任务完成过程中出现的疑难问题表及解决方案。

学习内容

	工作环节 1	工作环节 2	工作环节 3
知识点	1.1 服装产品线上销售的含义； 1.2 服装产品线上销售的特点与基本职能； 1.3 服装企业开展线上销售的好处； 1.4 服装企业线上销售的基本方式； 1.5 现阶段服装企业线上销售的方法应用。	2.1 建立网络服装品牌； 2.2 线上服装产品销售方式流程； 2.3 线上销售岗位服务规范，线上销售用语，线上接待顾客的销售沟通话术，引导学习《网络安全实践指南——移动互联网应用基本业务功能必要信息规范》及诚信销售原则； 2.4 理解网络消费者的购买动机、线上销售策略与方式； 2.5 网络消费者的购买行为分析。	3.1 了解线上服装品牌的含义、构成、特点； 3.2 根据线上服装品牌建设过程，掌握线上服装品广方法和策略； 3.3 线上服装品牌建设规划，即时通信销售的概念见应用即时通讯销售技巧。
技能点	1.1 收集线上销售信息资料； 1.2 罗列服装企业开展线上销售的好处； 1.3 记录线上任务要求、阶段性成果和成果提交的时间节点； 1.4 绘制线上门店组织架构图； 1.5 职业技能： 学生的信息收集能力，信息处理能力。	2.1 跟进线上服装的销售工作，罗列消费者的需求特征并绘制出服装商品销售流程图； 2.2 绘制线上销售方式方法思维导图； 2.3 根据线上品牌服装专卖门店销售岗位服务规范，引入《网络安全实践指南——移动互联网应用基本业务功能必要信息规范》，在销售过程中，保护顾客个人信息，培养客户意识，诚信待客原则、维护公司利益，坚持职业操守； 2.4 运用头脑风暴的形式回忆亲身经历的线上销售场景，对网络消费者的购买行为进行分析； 2.5 阅读线上消费者购买心理及门店销售策略的相关材料，分析材料提炼要点，绘制消费者购买心理要素逻辑关系图一份及线上销售策略思维导图一份。	3.1 填写线上服装品牌基础知识及技能评价表； 3.2 绘制线上品牌建设知识及技能评价表； 3.3 修改优化后的线上店铺商品配置表； 3.4 职业技能：学生实操能力。
工作环节	工作环节 1 获取服装产品线上销售任务	线上服装产品消费者市场分析 工作环节 2	工作环节 3 建立服装线上销售品牌
成果	1.1 服装产品销售线上工作记录表； 1.2 服装产品线上销售基础知识及技能评价表一份； 1.3 服装产品线上销售方法的选择表一份； 1.4 服装产品线上销售基本方式、方法及技能评价表； 1.5 线上服装产品信息收集文档一套。	2.1 线上服装产品销售流程图一份； 2.2 线上服装产品销售调查方式思维导图一份； 2.3 线上服装产品销售常用礼貌用语语录； 2.4 线上服装产品销售消费者需求特征知识及技能评价表； 2.5 线上服装产品消费者购买心理要素逻辑关系图； 2.6 线上服装产品销售消费者购买行为知识及技能评价表。	3.1 线上服装品牌基础知识及技能评价表； 3.2 线上品牌建设知识及技能评价表； 3.3 优化后的线上店铺商品配置表。
素养	1.1 培养学生认真细致的工作态度。		3.1 职培养学生的信息筛选能力及逻辑思维条理性。

学习任务 2　服装产品线上销售

4.1 服装产品搜索引擎销售的含义及目标，并且能够运用搜索引擎销售的主要方法实现搜索引擎销售； 4.2 服装产品销售过程，运用博客或微博的销售方法； 4.3 服装产品博客和微博销售的基本概念并且掌握二者常用方法和技巧。	5.1 服装产品创新微信新销售的概念、优势运作模式、类型，拓展 5G 时代的朋友圈销售新模式，结合新媒体平台发布销售视频，与消费者互动减少顾客异议；5G 时代概念的理解； 5.2 服装产品 E—mail 销售的概念、优势运作模式、类型； 5.3 服装产品网络广告的概念、优势运作模式、类型； 5.4 线上服装产品销售常见异议及处理方法。	6.1 线上销售组合策略内涵、应用、推广；任务资料的整理和排序技巧； 6.2 线上销售店铺对内装修、对外推广； 6.3 评价的方法与标准； 6.4 总结的撰写方法。	7.1 结果性展示的方式方法； 7.2 组间互评的作用； 7.3 问卷调查的方法。
4.1 提炼总结完成一天的线上销售任务的关键要素，将运用搜索引擎销售的方法绘制成思维导图； 4.2 进行模拟演练，实习学员分为两组，一组代表顾客，一组代表线上门店，演练线上门店商品销售过程，运用博客或微博的销售方法；制作服装产品模拟演练成果数据图； 4.3 填写服装产品微博销售知识及技能评价表； 4.4 职业技能：沟通表达能力。	5.1 罗列微信朋友圈里的微信销售产品，拓展 G 时代的朋友圈销售新模式，结合新媒体平台发布销售视频，与消费者互动减少顾客异议； 5.2 操作服装产品销售 E—mail 销售运作模式； 5.3 制作服装产品销售网络广告评估，观看服装产品销售网络广告视频，通过视频找出运作模式及其类型； 5.4 罗列服装产品销售线上常见异议并处理； 5.6 职业技能：实际运用服装产品销售工具软件的技能	6.1 根据线上数据分析销量，分析原因，培养学生的总结和归纳的能力、反思及持续改善的职业素质及质量意识； 6.2 根据成果类别、工作程序和完成时间等因素，收集和整理任务资料，培养学生的条理性和对细节的注重； 6.3 总结本次任务的成功与不足，在完成个人总结的过程中，培养学生的归纳能力、反思及持续改善的职业习惯及质量意识； 6.4 针对个人的不足提出改进方法和建议； 6.6 职业技能：实际运用淘宝软件的技能。	7.1 运用学习知识实际操作总结性作品展示； 7.2 填写组间互评评价会议记录表； 7.3 以组为单位设计制作疑难问题表及讨论解决方案； 7.4 职业技能：总结归纳能力、语言表达能力。
实施服装产品线上销售 **工作环节 4**	**工作环节 5** **拓展服装产品线上销售模式及时处理客户异议**	**服装产品线上销售总结** **工作环节 6**	**教学评价与反馈（教学层面）** **工作环节 7**
4.1 服装产品线上销售任务的思维导图； 5.2 服装产品模拟演练成果（数据图）； 5.3 服装产品微博销售知识及技能评价表。	5.1 服装产品销售微信技能情况评价表，通过 5G 时代朋友圈的案例引入，理解技术与人类文明的有机联系，学习新媒体与朋友圈销售创新理念，具有工程思维，能将创意和方案转化为有形物品或对已有物品进行改进与优化等。在异议处理的过程中，培养良好的自我情绪调节能力以及抗挫折、抗压力能力； 5.2 E-mail 服装产品销售的基础知识及技能评价表； 5.3 服装产品销售网络广告发布； 5.4 常见服装产品销售线上销售异议列表； 5.5 服装产品销售线上客户异议处理方法列表。	6.1 各组任务过程阶段性成果及过程记录一套，填写线上销售事件策划方案表； 6.2 服装产品淘宝店铺推广（对内建设）； 6.3 小组内部评价会议记录一份以及填写完成的评价表； 6.4 个人总结一份。	7.1 各组工作任务完成总结性成果展示； 7.2 组间互评评价会议记录表； 7.3 整个工作任务完成过程中出现的疑难问题表及解决方案。
4.1 职业素养：培养学生提炼总结力； 4.2 思政元素：能明辨是非，具有规则意识与法治意识，与顾客诚信交往，熟悉本职业相关法律法规，积极履行公民义务，理性行使公民权利，坚持职业操守，提高客户意识，重视企业文化。	5.1 职业素养：友善、诚实待人，诚信销售； 5.2 思政元素：创新销售理念，能将创新和方案转化为有形物品或对已有物品进行改进与优化，创新销售新理念。	6.1 职业素养： 1. 通过整理资料，培养学生的条理性和对细节的注重； 2. 在完成个人总结的过程中，培养学生的归纳能力、反思及持续改善的职业习惯及质量意识。	7.1 职业素养： 1. 通过整理资料，培养学生的条理性和对细节的注重； 2. 在完成个人总结的过程中，培养归纳能力、反思及持续改善的职业习惯及质量意识。

学习任务 2　服装产品线上销售

❶ 获取服装产品线上销售任务 ❷ 线上服装产品消费者市场分析 ❸ 建立服装线上销售品牌 ❹ 实施服装产品线上销售 ❺ 拓展服装产品线上销售模式，及时处理客户异议 ❻ 服装产品线上销售总结 ❼ 教学评价与反馈

获取服装产品线上销售任务

工作子步骤	教师活动	学生活动	评价
1. 认真听取销售部经理布置 W 服装品牌线上产品销售工作，记录工作过程需要提交的阶段性成果和提交成果的截止日期； 2. 搜集服装店常用的销售方式，比较线上线下的价格区别和原因； 3. 听取网络店长布置服装专卖店产品销售工作，罗列线上销售方法的选择； 4. 结合线上服装产品销售工作，正确理解服装企业管理制度；根据制度绘制线上门店的组织架构，以及常见业务处理流程图；客户相处诚信原则； 5. 处理线上销售工作，理解服装企业的经营理念、营销职能、线上市场定位等信息，制作服装企业及品牌信息文档；表达出公司的产品种类、目标客户群体特点以及企业产品市场定位，制作一套可以包括 Word 文档、视频、图片等多种文件类型的电子文档。	1. 课前可组织学生去服装品牌专卖店做市场调研，以及观察服装的商品分类及摆放，在课中根据回忆填写在工作页上； 2. 组织学生进行课堂分享，收集所有分享同学的商品分类，分享结束后给出更多的分类信息； 3. 组织学生进行分类的商品填写，向学生展示服装线上销售的真实数据图，发散学生思维； 4. 展示服装专卖店常见的线上销售方法，收集学生的工作页填写信息，进行点评分析。讲授诚信销售的重要性，举出案例（董明珠与格力的故事）。 5. 下发任务书，监控课堂； 6. 巡回课堂，提供必要帮助； 7. 口头点评逻辑关系图；提供参考逻辑关系图。	1. 回忆去线上服装专卖店购买服装的经历，将能想到的服装品类名称填写在工作页上（10 分钟）； 2. 看上个工作环节中每个人填列在工作页上的商品，向班级同学陈述这些线上服装品牌商品的共同特征（15 分钟）； 3. 按照工作页中给出的分类，写出服装企业线上销售方法的选择表一份（15 分钟）； 4. 通过网络搜索线上服装品牌专卖常用的建立在诚信基础上的销售方式方法，完成线上销售基本方式、方法及技能评价表（30 分钟）； 5. 总结任务要点 （1）认真阅读任务书，在任务书上标识出关键词，填答工作页（10 分钟）； （2）小组汇总标识结果，共同绘制一份任务要求关键词逻辑关系图（15 分钟）； （3）各小组展示逻辑关系图；其他小组评价，教师讲评。（20 分钟） 6. 绘制线上服装专卖店业务处理流程 （1）学生利用网络查找资料，收集数据在销售过程中新的创新点，总结常见的服装销售方式方法和销售清单，填答工作页（30 分钟）； （2）以小组为单位，结合线上资料完成线上信息收集文档一套（25 分钟）。	1. 过程监控——教师评价； 2. 分类信息——教师口头点评，教师提供参考答案； 3. 诚信原则的重要性对线上销售方法选择表完成情况——学生互评，教师提供评价标准；诚信销售在评价标准的比重； 4. 过程监控——教师评价； 5. 过程监控——教师评价； 6. 关键词逻辑关系图——师评，教师提供参考答案； 7. 线上销售基本方式、方法知识及技能评价表——师评，教师提供参考答案。

课时： 4 课时

1. 硬资源：具备上网功能的计算机或手机、服装手绘设计学习工作站、服装电脑设计学习工作站等。
2. 软资源：工作页、参考教材、授课 PPT、思维导图参考样式、诚信销售评价表、线上门店销售关键词逻辑关系图等。
3. 教学设施：投影仪、白板笔等。

1 获取服装产品线上销售任务
2 线上服装产品消费者市场分析
3 建立服装线上销售品牌
4 实施服装产品线上销售
5 拓展服装产品线上销售模式，及时处理客户异议
6 服装产品线上销售总结
7 教学评价与反馈

线上服装产品消费者市场分析

工作子步骤	教师活动	学生活动	评价
1. 跟进线上服装的销售工作，罗列消费者的需求特征并绘制出服装商品销售流程图； 2. 阅读线上品牌服装店销售方式，绘制思维导图； 3. 根据线上品牌服装专卖门店销售岗位服务规范，引导学习《网络安全实践指南——移动互联网应用基本业务功能必要信息规范》的诚信意识； 4. 运用头脑风暴的形式回忆亲身经历的线上销售场景，对网络消费者的购买行为进行分析； 5. 阅读线上消费者购买心理及门店销售策略的相关材料，分析材料提炼要点，绘制消费者购买心理要素逻辑关系图一份及线上销售策略思维导图一份。	1. 组织学生学习建立网络服装品牌的知识点，为学生拓展更多的学习内容，让学生了解网络服装商务信息收集的方法组织学生进行课堂分享： (1) 组织学生进行线上消费场景的分享，对学生撰写的网络调查实施总结进行点评分析，评比出最佳的工作成果； 2. 组织学生讨论，提醒学生填写工作页，组织学生做出分享，并给出参考语录； 3. 讲解《网络安全实践指南——移动互联网应用基本业务功能必要信息规范》；组织学生进行情境演绎，并进行口头点评： 巡回课堂，提供必要帮助； 4. 提供参考销售调查报告，下发评价标准； 5. 巡回课堂，提供必要帮助； 6. 指导学生填写线上服装产品销售消费者购买行为知识及技能评价表。	1.学习建立网络服装品牌的知识点，圈出工作页中对应的关键词（20分钟）；绘制线上服装产品销售流程（30分钟）； 2. 列出线上销售服务礼貌用语（15分钟）； 3. 撰写网上调查报告。报告应收集顾客信息，获得报告数据的有效事实和证据，尊重事实和证据，有实证意识和严谨的求知态度： (1) 讲述之前购物时，线上服装产品销售流程； (2) 填写网络消费者购买动机知识及技能评价表。 4. 绘制小伤消费者购买动机逻辑关系图表； 5. 填写线上门店销售消费者购买行为知识及技能评价表； 6. 填写线上服装产品销售消费者购买行为知识及技能评价表。	1. 过程监控——教师评价； 2. 销售流程图——学生互评，教师提供评价标准； 3. 过程监控——教师评价、小组互评。 销售岗位着装及礼仪规范思维导图——师评、互评，教师提供参考答案； 4. 礼貌用语语录——讲解《网络安全实践指南——移动互联网应用基本业务功能必要信息规范》，诚信销售过程中，保护顾客个人信息，教师提供示例； 5. 销售接待流程图——师评，教师提供标准答案； 6. 销售服务计划——学生互评，教师提供平价标准。

课时： 12 课时

1. 硬资源：具备上网功能的计算机或手机、服装手绘设计学习工作站、服装电脑设计学习工作站等。
2. 软资源：工作页、参考教材、授课 PPT 思维导图导图、线上销售礼貌用语语录、销售服务计划、线上销售用语列表、消费者购买心理要素逻辑关系图、接待顾客的销售沟通话术文档等。

学习任务 2 服装产品线上销售

1 获取服装产品线上销售任务 → 2 线上服装产品消费者市场分析 → 3 建立服装线上销售品牌 → 4 实施服装产品线上销售 → 5 拓展服装产品线上销售模式，及时处理客户异议 → 6 服装产品线上销售总结 → 7 教学评价与反馈

	工作子步骤	教师活动	学生活动	评价
建立服装线上销售品牌	1. 设计品牌标识（运用 COR 软件设计）； 2. 各小组上网搜索资料，确定网络服装品牌营销目标；了解商务网站建设的步骤； 3. 阅读线上服装商品营销方案，设计网络品牌营销方案思路； 4. 线上服装品牌品牌建设规划。	1. 下发任务书，监控课堂； 2. 巡回课堂，提供必要帮助；口头点评品牌建设的要点； 3. 口头点评逻辑关系图；提供参考布局图； 4. 组织学生评选出最佳的线上服装品牌品牌建设规划； 5. 巡回课堂，提供必要帮助；阶段性检查学生查找的资料成果，进行集中讲评和抽查。	（一）建立线上服装品牌 1. 以小组为单位，查找资料，查找线上消费品零售门店推广方法和策略，与小组成员讨论要点（查找资料 30 分钟，教师阶段性抽查 5 分钟，小组讨论 20 分钟）； 2. 各小组展示讨论结果，经过教师总结，将线上布局要点填写在工作页的清单上。（展示 15 分钟，填答工作页 10 分钟左右） （二）常见即时通讯销售软件的应用 1. 下载安装注册阿里旺旺、登陆应用并进行销售体验（教师演示 30 分钟，教师阶段性抽查 10 分钟，销售体验 40 分钟左右）； 2.QQ 即时通讯销售技巧：登录 QQ 空间销售、个性签名销售、Q 群销售等，实施操作； 3. 仔细阅读关于线上商品服装品牌建设规划的材料，绘制关键词逻辑关系图（查找和阅读材料 40 分钟左右）对关键词进行提炼，画关系图 20 分钟，小组内部交换意见。	1. 过程监控——教师评价、小组互评； 2. 线上服装网络品牌营销目标，了解网站建设的步骤——师评、互评，教师提供参考答案； 3. 常见即时通讯销售软件的应用——教师提供示例； 4. 线上服装品牌建设规划表——师评，教师提供优化方案。
	课时： 16 课时 1. 硬资源：通用型计算机机房，互联网等。 2. 软资源：工作页、参考教材、授课 PPT、评价表等。			
实施服装产品线上销售	1. 提炼总结一天的线上销售任务关键要素，将运用搜索引擎进行销售的方法绘制成思维导图，并进行分享； 2. 进行模拟演练，实习学员分为两组，一组代表顾客，一组代表线上门店，演练线上门店商品销售过程，运用博客或微博的销售方法；一轮结束后双方调换角色进行第二轮演练；教师根据过程表现进行点评，学员记录评价及改进的地方； 3. 填写服装产品微博销售知识及技能评价表。	1. 下发任务书，监控课堂； 2. 巡回课堂，提供必要帮助； 3. 教师针对两轮商品线上销售模拟进行点评。	1. 编辑服装产品线上销售任务的思维导图（25 分钟左右）。 2. 学生进行线上销售的模拟演练，实习的学员将分成两组，一组代表顾客方，一组代表销售方，演练商品销售的过程，培养学生树立良好的客户意识和诚信服务的意识。一轮结束后，双方调换角色进行第二轮演练。 3. 学生记录存在的问题以及问题改进的建议。	1. 过程监控——教师评价、小组互评；线上销售任务的思维导图——师评、互评，教师提供参考答案。
	课时： 24 课时 1. 硬资源：具备上网功能的计算机或手机、服装手绘设计学习工作站、服装电脑设计学习工作站等。 2. 软资源：工作页、参考教材、授课 PPT、门店销售任务的思维导图等。			

拓展服装产品线上销售模式，及时处理客户异议

工作子步骤	教师活动	学生活动	评价
1. 请谈谈朋友微信圈里有多少微信销售产品，疫情期间5G时代的朋友圈销售，创新销售思路，突出时代特色； 2. 注册网易邮箱，登录进入，查看无印良品E-mail销售实例； 3. 观看服装产品销售网络广告视频；通过视频找出运作模式及其类型； 4. 请结合生活经历，列举出购买线上服装产品时常见的客户异议，制作相应列表； 5. 查找资料，研读客户异议成因分析及处理方法相关文档，将列在客户异议列表中的异议分类，列明每类异议的处理原则。	1. 下发任务书，监控课堂； 2. 巡回课堂，提供必要帮助； 3. 组织学生观看，口头点评给予以提示； 4. 组织学生模拟演绎异议并截图； 5. 下发和回收本环节评价表。	1. 截图展示自己朋友微信圈里有多少微信销售产品，分别销售什么产品，并进行归类，写出创新销售思路案例（25分钟左右）； 2. 注册网易邮箱并登录邮箱，将个人信息设置成企业信息（10分钟左右）； 3. 记录视频中出现的广告语，关键词优势运作模式、类型（20分钟左右）； 4. 常见销售异议列表： (1) 回忆线上购物时不愉快的经历或是其他人与线上销售人员产生的异议，演绎给班级同学看（小组讨论20分钟，教师监控讨论状况并做必要的抽查5分钟，小组代表演绎25分钟）； (2) 综合班级同学的经历和自己的见闻，填写常见销售异议列表（填写表格10分钟）。 5. 线上客户异议处理方法列表： (1) 小组内讨论，你作为门店销售如何处理常见销售异议（讨论15分钟，教师抽查5分钟，填答工作页5分钟）； (2) 相邻两组各派出一个代表，分别演绎线上销售人员和顾客发生销售异议时的模拟场景（演绎过程共约8组，每组5分钟，40分钟）； (3) 根据老师的点评，以小组为单位，完成客户异议处理方法列表； (4) 填写本环节评价表。	1. 5G时代，人际交往关系将不断重构，创新服装产品朋友圈里的“点赞之交”； 2. 常见线上销售异议列表——口头点评，提供常见异议参考； 3. 线上客户异议处理方法列表——师评，提供解决常见销售异议的标准做法；师评，提供评价表中需要注意的细节。

课时： 20课时

1. 硬资源：具备上网功能的计算机或手机、服装手绘设计学习工作站、服装电脑设计学习工作站等。
2. 软资源：工作页、参考教材、授课PPT、常见销售异议列表、客户异议处理方法列表等。

课程 5　服装产品销售

学习任务 2　服装产品线上销售

1 获取服装产品线上销售任务
2 线上服装产品消费者市场分析
3 建立服装线上销售品牌
4 实施服装产品线上销售
5 拓展服装产品线上销售模式，及时处理客户异议
6 服装产品线上销售总结
7 教学评价与反馈

服装产品线上销售总结

工作子步骤	教师活动	学生活动	评价
1. 线上销售组合策略内涵、应用、推广，各组整理任务过程中的各种资料，作为本次任务过程性考核的依据； 2. 采用一系列活动展开线上服装品牌推广； 3. 组员之间就任务过程中的表现展开自评和互评；填写相应的评价表，完成个人总结； 4. 将任务资料提交线上店长，供企业相关部门存档。	1. 巡回课堂，提供必要帮助； 2. 组织抽签，听取学生学情描述； 3. 口头点评； 4. 组学生填写评价表； 5. 巡回课堂，提供必要帮助； 6. 收取资料。	1. 各个小组整理本次任务的过程佐证材料和阶段性成果，填写线上销售事件策划方案表（20 分钟左右）； 2. 登录淘宝，掌握用户及流量的统计； 3. 各小组随机抽签，互相检查完成的任务资料和成果，及时向教师反馈（20 分钟左右）； 4. 听取教师对资料整理情况的简单点评（5 分钟左右）； 5. 利用课余时间，根据小组内部评价会议提出的意见和结论，填写工作页中的评价表，制作并展示小组风采 PPT（会议不超过 2 课时，制作小组风采展示 PPT 2 课时，填写评价表 20 分钟，展示小组风采 PPT 20 分钟）； 6. 各组员结合小组评价时的反馈拟写总结，要求总结收获、心得，反思不足，提出改进方法（20 分钟）。	1. 过程性评价：互检过程中各组组员是否全部参与，有无明确分工；被评价的小组是否充分配合检查，并对资料进行必要的说明； 2. 成果验收方式：本组自检，其他小组检查，教师点评； 3. 成果验收标准：任务资料是否齐全，形式是否符合要求（例如原始问卷必须提交纸质版，不能提交电子版）等； 4. 评价表——自评及师评，教师说明填写要求； 5. 个人总结——师评。

课时： 2 课时

1. 硬资源：具备上网功能的计算机或手机、服装手绘设计学习工作站、服装电脑设计学习工作站等。
2. 软资源：工作页、参考教材、授课 PPT 等。

基准课时：80

1 获取服装产品线上销售任务 → 2 线上服装产品消费者市场分析 → 3 建立服装线上销售品牌 → 4 实施服装产品线上销售 → 5 拓展服装产品线上销售模式，及时处理客户异议 → 6 服装产品线上销售总结

7 教学评价与反馈

教学评价与反馈

工作子步骤	教师活动	学生活动	评价
1. 各组工作任务完成的总结性成果展示； 2. 完成组间互评评价会议记录表； 3. 整个工作任务完成过程中出现的疑难问题及解决方案。	1. 下发任务书，监控课堂； 2. 巡回课堂，提供必要帮助，口头点评； 3. 巡回课堂，提供必要帮助。	1. 回顾整个大工作任务，展示完成工作任务六个大环节的成果（30 分钟）； 2. 由组长带领进行组间知识问答 PK 游戏（30 分钟）； 3. 设计编辑问卷调查表（30 分钟）。	1. 总结性评价：互检过程中各组组员是否全部参与，有无明确分工；被评价的小组是否充分配合检查，并对资料进行必要的说明； 2. 成果验收方式：本组自检，其他小组间检查，教师点评； 3. 成果验收标准：任务资料是否齐全，形式是否符合要求（例如原始问卷必须提交纸质版，不能提交电子版）等； 4. 总结性评价表——自评及师评，教师说明填写要求； 5. 个人总结——师评。

课时： 12 课时

1. 硬资源：具备上网功能的计算机或手机、服装手绘设计学习工作站、服装电脑设计学习工作站等。
2. 软资源：工作页、参考教材、授课 PPT、思维导图、线上销售礼貌用语语录、销售服务计划、线上销售用语列表、消费者购买心理要素逻辑关系图、接待顾客的销售沟通话术文档等。

考核标准

一、方案设计（时间：320 分钟）

情境描述：

某知名服装品牌新品门店位于广州闹市的某大型购物广场内该购物广场共 5 层，总建筑面积 10 万 m^2。项目定位为年轻时尚的一站式购物中心，目标消费群体是项目周边多个成熟住宅小区逾 100 万居民以及双地铁轨道覆盖范围。该广场主力店有永旺超市 AEON、儿童成长乐园 MELAND、飞扬影城、宴荟等，满足了消费者日常购物、休闲、餐饮、文化、娱乐于一体的“一站式休闲购物”需求。一年中对服装销售影响较大的节假日即将来临，区域经理要求门店经理安排好各区域工作人员的分工，做好促销计划，使当期销售业绩提升 30%，并且通过产品促销带动区域其他商品的销售，提升超市整体形象，顺利完成总体销售业绩比前期上升 8% 的目标。

由于实施短期销售，销售部人力资源紧张，公司需要额外聘请 8 人参与此项工作。市场部经理小静毕业于我院服装品牌经营与策划专业，经他推荐，公司决定和我院签订校企合作协议，安排服装专业 8 名学生到公司进行为期两周的实习，参与促销执行工作。

学习要求：学生 7~8 人一组，共分成 5 组，团队合作，完成市场分析，根据企业提供的促销策划文案提出有效意见，并按照文案进行促销执行，提交阶段性学习成果和心得。

服装产品销售以市场需求为向导，以消费者需求为中心，提供满足这些需求的商品，制订合理的销售活动策略，通过多种销售渠道和销售方式，促进销售，使企业实现最大利润。

服装产品销售是服装企业销售部门的一项重要工作任务，能帮助服装企业决策层发现市场中的供需关系，认真分析竞争各方的情况，发挥与平衡服装企业的资源配置，进行目标利润预测、风险利润比较、流行主题预测，为企业生产计划、设计提供不同品种、规格及数量的预测数据等，以便开发出新颖对路的适销产品，成功地完成市场交易，实现企业目标，同时也满足消费者日益增长的服装需求。

销售人员需要根据品牌的风格和市场定位，结合市场行情和市场调研进行竞品分析，然后制订详细的市场销售计划并付诸行动。

工作过程中，营销人员应明确产品概念定义、市场营销组织范围、市场营销活动过程、市场营销活动方案的制订与实施情况，积极创造客户、获取和维持客户，以期达到或超过企业年度经营计划与销售目标，并按时完成。

任务要求：

根据任务的情境描述，在规定的时间内完成：

1. 描述促销目的，确定促销对象，选择促销方法。
2. 编制本次任务的分工表、工作推进表及促销活动预算。
3. 制作某品牌门店促销计划。
4. 以小组为单位，按照促销策划计划完成 POP 广告制作等准备工作。
5. 执行促销活动展示。
6. 制作促销活动结果汇报 PPT 并展示。
7. 教师（企业人力资源）综合考核评价：依据消费者购买心理把控，通过销售方案的完成情况。要求能自主调整实施方案中的问题并进行及时补充或修正。

参考资料：

回答上述问题时，你可以使用所有的常见教学资料，例如：工作页、教材、专业图书、时尚杂志、网络资讯、个人笔记等。

实施任务时，可参阅使用各类常见技术资料，如工作页、教材、质量检验标准、课堂笔记等。

评价方式：

过程性考核和终结性考核相结合。

过程考核：第一考核学生的出勤，爱国行为养成，工匠精神，能否遵守课堂管理，自主完成 8S 管理任务；第二考核学生的课后作业及任务完成情况。

终结性考核：让学生根据任务情景中的要求，制订服装销售方案，并紧跟服装流行趋势，在网络和纸质资源充分的条件下，完成设计任务。此过程要体现设计个性，成果展示要体现社会主义核心价值观，做到文明和谐；答辩时用语文明，做到诚信、友善。

考核标准

《服装产品销售》学习活动考核评价表

评价要求		评价标准			
		优（10 分）	良（8 分）	中（6 分）	差（6 分以下（
专业能力评价标准	1. 学生出勤及对于任务参与程度				
	2. 作品完成情况				
	3. 服装产品销售计划思维导图是否合理				
	4. 服装产品销售方案的完整性				
	5. 服装产品销售促销方案的可实施性				
	6. 服装产品销售方案是否与当前时代性相结合				
	7. 能否将服装产品设计与销售方式结合，秉承精益求精的大国工匠精神				
社会能力评价标准	8. 产品销售过程中的成本意识				
	9. 汇报内容准备充分、逻辑性强，语言文明有礼				
	10. 重点突出，能清晰准确表达自己的观点				
	总分得分情况				
	教师总评				

终结性考核评价表

评价要求		评价标准			
		优 10 分	良 8 分	中 6 分	差 6 分以下
创新创业能力标准 50	11. 服装产品销售产品是否为原创作品？				
	12. 服装产品销售是否支持定制、批量化生产等不同的销售模式？				
	13. 服装产品销售是否符合市场需求？具有商业价值？				
	14. 在创业过程中体现团队建设、团队合作				
	15. 线上客服服务意识（产品信息咨询、销售服务、售后问题、诚信经营）				

课程 6　服装成品制作

学习任务 1
裙类成品制作
（20）课时

学习任务 1-1
A 字裙制作
（8）课时

学习任务 1-2
时装裙制作
（12）课时

学习任务 2
裤类成品制作
（40）课时

学习任务 4-3
女大衣制作
（36）课时

课程目标

学习完本课程后，学生应能胜任常见服装成衣制作任务，包括：裙子成衣制作、裤子成衣制作、上衣成衣制作等，学会并遵守“8S”管理规定，养成良好的工作习惯，具体包括：

1. 能充分理解生产主管下发的成衣制作任务，与生产主管充分沟通，准确解读成衣订单中相关内容，如：缝制成品制作的规格尺寸、工艺质量要求、生产数量、完成时间等要求。与人交往中能做到信守承诺、诚恳待人。

2. 能根据服装成品制作缝制的生产要求，领取缝制成品制作的面辅料、缝制工具及缝制设备（缝纫机、压衬机、锁边机、熨斗等），对服装成品制作的裁片质量进行检验和清点，并与工具材料保管人员沟通，确认工具、材料完好，填写领取成品制作物料清单 。

3. 能根据面辅料的性能特点和服装成品制作一的生产质量要求，进行设备的调试（线迹试针效果、熨斗试烫效果）。

4. 能制订合理的服装成品制作一缝制操作步骤，并按要求认真、细致、耐心地完成每一道工序（定位、熨烫、缝辑、开剪等），在缝制过程中持续改进并树立规范意识（对不合格工件要不厌其烦修改，并能根据实际情况灵活调整方法）。

5. 能利用服装成品的检验工具，根据客户制订的服装成品质量标准，以高度负责的态度认真、仔细完成检验工作并如数交付验收人员，养成认真细致的工作态度。

6. 能结合中国传统手工艺（盘扣、滚边、刺绣、传统手工等）进行工艺设计，发扬工匠精神。

7. 能结合所学专业知识、技能进行服装工艺设计和制作技法的创新，并具备一定的创业能力。

课时：160

学习任务 2-1 女西裤制作（16）课时 → 学习任务 2-2 男西裤制作（24）课时 → 学习任务 3 衬衣类成品制作（36）课时 → 学习任务 3-1 女衬衣制作（16）课时 → 学习任务 3-2 男士中式立领衬衣制作（20）课时 → 学习任务 4 女时装成品制作（104）课时 → 学习任务 4-1 女时装外套制作（20）课时 → 学习任务 4-2 女时装制作（48）课时

课程内容

1. 服装成品制作任务要求和工艺说明的认知

服装款式特点和基本结构样版的分析确认，所需面辅料和工时的确认，工艺要求的明确与分析、所需工具与设备的明确等。

2. 服装成品制作方案的制订

服装制作的历史，旗袍的发展过程，服装成品制作技术文件的查阅，成衣制作工艺流程的拟定，部分复杂工序的试制测试，成衣制作工艺流程的优化调整等。

3. 服装成品制作前的准备

常见缝制熨烫设备如平缝机、拷边机、锁眼机、钉扣机、套结机、吊瓶蒸汽熨斗等调试，缝制材料的领取与检验，缝制材料缝制熨烫性能的认知与测试等。

4. 服装成品制作的实施

服装成品制作（裙制作、裤制作、旗袍、中式服装及融入非遗传承元素时装的制作）的实施，主要包括面料处理、裁剪、制作、传统手工技艺、熨烫、检验等。

5. 成品质量检验与评估反馈

成品质量检验内容和标准的查阅，成品质量检验与评估，不合格的产品返工，直至质量合格。

6. 职业素质的养成

沟通方法与技巧、团队合作、独立探究、质量与成本意识、职业精神（认真、仔细、敬业、精益求精、不厌其烦等）、中国传统手工艺的传承，增强民族文化自信。

学习任务 1　裙类成品制作

任务描述

学习任务课时：16 课时

任务情境：

中山某服饰有限公司接到一批裙装成品制作订单，裙子的款式包括西服裙、A字裙、分割线裙等。版房主管将成品制作任务分配给车版师。车版师接到裙子成品制作的样版后，通过阅读裙子成品制作工艺单，确认出裙子成品制作的码数与相应的规格尺寸、缝型要求、工艺质量要求及外观要求等内容，从而制订出合理的工作计划，并按计划实施裙子成品制作的各工序。

该公司希望我院服装专业的学生参与本次的裙子成品制作，并要求在 2 天内按照企业的生产要求完成制作任务。具体要求如下：

1. 能应用国家号型系列标准，选用裙子成品制作使用的号型样版；
2. 根据裙子成品制作工艺制单的图文表述，明确完成时间，了解裙子成品制作成品检验部位的规格尺寸及工艺要求；
3. 根据裙子成品制作工艺制单的要求，选用裙子成品制作材料；能根据裙子裁剪样版、面辅料的幅宽预算出面辅料所需长度，以及选配好其他制作材料，领取并填写裙子成品制作的领取材料清单；
4. 根据裙子成品制作裁剪样版的技术说明完成排版、画样、剪取裁片、清点裁片工序；
5. 根据裙子成品制作的面、辅料性能调试好缝制设备和熨烫设备；
6. 根据裙子成品制作生产工艺单的图文说明，分析裙子成品制作的缝型、工艺要求等内容，编写出裙子成品制作的工艺流程；
7. 根据检验规格要求，测量出裙子成品制作各控制部位的规格尺寸；
8. 根据裙子成品制作控制部位的公差范围和外观质量要求，判断裙子成品是否符合标准，并按时将合格成品交付给验收人员；
9. 根据“8S”的要求，维护好裙子成品制作设备和现场环境。

基于此，服装专业教师带领并引导学生共同完成该项任务。

具体工作流程和标准见下页。

工作流程和标准

工作环节 1

明确裙子成品制作任务

1

解读裙子成品制作任务，明确缝制生产任务单、缝制工艺说明书、制作工艺流程以及质量标准，并了解服装版房的工作环节和岗位职责。

工作环节 2

领取裙子成品制作材料

2

根据裙子裁剪样版的面、辅料的幅宽以及裙子款式，预算出裙子成品制作材料面、辅料所需长度数量，以及选配其他制作材料，领取并填写裙子成品制作的领取材料清单。

工作环节 3

裁剪裙子成品制作裁片

3

了解裙子布料选材要求，能根据裙子成品制作裁剪样版的技术说明进行排版、画样、剪取裁片、清点裁片。

工作环节 4

设备调试

4

能根据裙子的面、辅料性能进行缝制设备的调试。

工作环节 5

裙子成品制作

5

根据裙子成品制作生产工艺单的图文说明，分析裙子成品制作的缝型、工艺要求等内容，并编写出裙子成品制作的工艺流程图。

工作环节 6

裙子成品检验交付与评价

6

根据检验的度量规范，测量出裙子各控制部位的规格尺寸，并按照裙子控制部位的公差范围和外观质量要求，评价出裙子成品制作的整体分值；学生总结和分享学习心得体会。

工作环节 7

裙子成品制作工作现场整理与设备维护

7

按“8S”的要求进行裙子成品制作设备维护和现场清洁、归位。

学习内容

知识点	1.1 国家号型系列知识； 1.2 裙子成品制作工艺制单中的图文术语知识。	2.1 裙子成品制作材料的选用知识； 2.2 裙子成品制作面、辅料数量的预算知识； 2.3 裙子成品制作设备的选用知识。	3.1 裙子成品制作成衣面、辅料正反面、经纬纱知识； 3.2 裙子成品制作裁剪样版标写的图文技术知识。
技能点	1.1 能应用国家号型系列标准，选用裙子成品制作使用的号型样版； 1.2 能根据裙子成品制作成衣工艺制单的图文表述，摘录出裙子成品制作成品检验部位的规格尺寸及工艺要求。	2.1 能根据裙子成品制作款式选用裙子成品制作材料； 2.2 能根据裙子成品制作裁剪样版以及面、辅料的幅宽，预算出面辅料所需长度。	3.1 能根据裙子成品制作裁剪样版的技术说明进行排版、画样、剪取裁片； 3.2 能根据裙子成品制作裁剪样版的技术说明清点裁片。
工作环节	工作环节 1 明确裙子成衣制作任务	工作环节 2 领取裙子成品制作材料	工作环节 3 裁剪裙子成品制作裁片
成果	1.1 裙子成品制作成衣规格尺寸标注图； 1.2 裙子成品制作工艺要求摘录说明单	2.1 裙子成品制作的领取材料清单	3.1 裙子成品制作裁剪要求以及注意事项的摘录 3.2 裙子成品制作裁片清单
素养	1.1 职业素养： 1. 缝纫车间安全意识； 2. 阅读分析能力； 3. 表达能力； 4. 信息整合能力。	2.1 职业素养： 1. 阅读分析能力； 2. 表达能力； 3. 成本控制能力； 4. 团队合作能力。	3.1 职业素养： 1. 阅读分析能力； 2. 规范操作能力； 3. 认真、细心的工作态度。

学习任务 1　裙类成品制作

4.1 裙子成品制作设备的基本工作原理； 4.2 裙子成品制作设备的性能及操作方法； 4.3 裙子成品制作面辅料性能与设备的协调原理。	5.1 裙子成品制作工艺图文术语知识； 5.2 裙子成品制作的缝型、熨烫知识； 5.3 裙子成品制作中工艺样版的使用知识。	6.1 裙子成品制作成衣各控制部位规格的测量知识； 6.2 裙子成品制作成衣检验部位的公差知识； 6.3 裙子成品制作外观质量要求的术语知识。	7.1 环境、设备维护知识； 7.2 安全知识。
4.1 能根据裙子成品制作成衣面、辅料的性能进行缝制设备的调试； 4.2 能根据裙子成品制作成衣面、辅料的性能进行熨烫设备的调试。	5.1 能根据裙子成品制作生产工艺单的图文说明，摘录出裙子成品制作的工艺要求； 5.2 能按要求操作裙子成品制作工艺（定位、烫衬、缝辑、开剪等）。	6.1 能根据检验的度量规范，测量出裙子成品制作成衣各控制部位的规格尺寸； 6.2 能按裙子成品制作成衣控制部位的公差范围，评价裙子成品制作成品规格分值； 6.3 能根据裙子成品制作外观质量要求，检查裙子成品制作的成衣，评价裙子成品制作成品外观效果分值。	7.1 能规范有序地进行设备维护； 7.2 能按“8S”的要求进行裙子成品制作现场清洁、归位。
设备调试 工作环节 4	工作环节 5 裙子成品制作	裙子成品检验交付与评价 工作环节 6	裙子成品制作的工作现场整理与设备维护 工作环节 7
4.1 线迹试针效果； 4.2 熨斗试烫效果	5.1 裙子成品制作的工艺流程图； 5.2 裙子制作成品	6.1 裙子成品制作评价表	7.1 设备使用记录表
4.1 职业素养： 1. 沟通能力； 2. 虚心、耐心的职业态度； 4.2 思政元素： 熟悉传统工艺所需面料、辅料的的性能，熟悉机器的操作方法，培养学生严谨的工作态度和安全意识。	5.1 职业素养： 1. 阅读分析能力； 2. 语言表达能力； 3. 操作规范能力； 4. 虚心、耐心的职业态度。	6.1 职业素养： 1. 阅读能力； 2. 语言表达能力； 3. 操作规范能力； 4. 专业审美能力。	7.1 职业素养： 1. 安全意识； 2. 安全保洁能力。

课程 6　服装成品制作

学习任务 1　裙类成品制作

1 明确裙子成衣制作任务　2 领取裙子成品制作材料　3 裁剪裙子成品制作裁片　4 设备调试　5 裙子成品制作　6 裙子成品检验交付与评价　7 裙子成品制作的工作现场整理与设备维护

获取服装产品线上销售任务

工作子步骤	教师活动	学生活动	评价
1. 明确裙子成品制作各控制部位的规格要求； 2. 明确裙子成品制作工艺要求及质量标准； 3. 明确裙子成品制作任务的完成时间。	1. 教师要求学生做好缝纫车间安全防范措施； 2. 教师描述裙子成品制作在服装企业版房的工作环节和工作内容； 3. 教师通过投影仪播放裙子成品制作生产工艺单并展示样品； 4. 教师巡回监控学生实施裙子成品制作生产工艺单和样品展示，摘录出裙子成衣规格尺寸和工艺细节要求的操作过程，并实时指导； 5. 教师抽查提问学生对裙子成品制作规格尺寸和工艺细节要求的摘录情况； 6. 老师旁听各组学生互评裙子成品制作工作流程、工作内容、规格尺寸和工艺细节要求的摘录情况； 7. 教师点评 裙子成品制作规格尺寸和工艺细节要求摘录存在的问题，并提出修改建议。	1. 学生做好缝纫车间安全防范措施；（安全意识） 2. 学生倾听教师描述裙子成品制作在服装企业版房的工作环节和工作内容； 3. 学生观看裙子成品制作生产缝制单和样品；（培养学生观察力） 4. 学生根据裙子成品制作生产工艺单和样品展示，摘录出裙子成衣规格尺寸和工艺细节要求；（培养学生观察力、要点摘录能力） 5. 学生回答老师的提问，记录裙子成品制作工艺细节要求；（语言表达能力） 6. 学生互评裙子成品制作工作流程、工作内容、规格尺寸和工艺细节要求的摘录效果；（语言表达能力、质量意识） 7. 学生记录修改内容。	1. 学生互评： 裙子成品制作工作流程和工作内容描述是否准确，规格尺寸和工艺细节要求是否准确 2. 教师点评： 各组学生对裙子成品制作工作流程和工作内容描述是否准确？规格尺寸和工艺细节要求是否准确。

课时： 1 课时

1. 硬资源：具备上网功能的计算机或手机，服装缝纫工艺室、熨斗、烫台、裁剪台、试衣人台等。
2. 软资源：学习成果评价表等。
3. 教学设施：多媒体投影仪等。

领取裙子成品制作材料

工作子步骤	教师活动	学生活动	评价
1. 分发裙子成品制作的材料； 2. 检验裙子成品制作面、辅料裁片。	1. 教师描述裙子成品制作裁片质量检验要素； 2. 教师下发“双唇袋”面辅料； 3. 教师巡回监控学生实施检验裙子成品制作面辅料裁片数量与质量和填写裙子成品制作材料领取清单的操作过程，并实时指导； 4. 教师抽查提问学生检验裙子成品制作面辅料裁片数量与质量的情况； 5. 教师旁听各组学生互评裙子成品制作面辅料裁片数量与质量的检验结果，以及裙子成品制作材料领取清单的填写情况； 6. 教师点评裙子成品制作面辅料裁片数量与质量的检验结果，以及裙子成品制作材料领取清单填写过程中存在的问题，并提出修改意见。	1. 学生倾听教师描述裙子成品制作裁片质量检验要素； 2. 学生分组领取裙子成品制作面辅料；（协作能力） 3. 学生自主检验裙子成品制作面辅料裁片数量与质量并填写裙子成品制作材料领取清单；（裁片组合的分析能力，裁片质量的判断力，专心致志，细心习惯） 4. 学生回答老师对检验裙子成品制作面辅料裁片数量与质量的提问；（语言表达能力） 5. 学生互评裙子成品制作面辅料裁片数量与质量的检验结果，以及裙子成品制作材料领取清单的填写情况；（语言表达能力、质量意识） 6. 学生记录修改内容。（归纳整理能力）	1. 学生互评是否按时、准确地完整填写裙子成品制作的领取物料清单； 2. 学生互评是否按时、准确、完整地填写裙子成品制作适用工具及设备的领用清单； 3. 教师点评各小组裙子成品制作工作效率情况、和裙子成品制作面辅料裁片的检验情况，以及物料清单的填写是否准确、完整。（时间观念、9 撰写能力）

课时： 0.5 课时

1. 硬资源：具备上网功能的计算机或手机，服装缝纫工艺室、熨斗、烫台、裁剪台、试衣人台等。
2. 软资源：裙子成品制作部件缝制的面料、辅料等，物料领取表、学习成果评价表等。

学习任务 1 裙类成品制作

1 明确裙子成衣制作任务 → 2 领取裙子成品制作材料 → 3 裁剪裙子成品制作裁片 → 4 设备调试 → 5 裙子成品制作 → 6 裙子成品检验交付与评价 → 7 裙子成品制作的工作现场整理与设备维护

	工作子步骤	教师活动	学生活动	评价
裁剪裙子成品制作裁片	1. 裙子成品裁剪样版的排版、画样； 2. 剪取裙子成品制作裁片。	1. 教师组织学生独立阅读裙子成品制作生产工艺单或工作页，并要求学生采用关键词法标注和摘录裙子成品裁剪要求以及注意事项； 2. 教师抽查提问学生对裙子成品裁剪要求以及注意事项标注情况； 3. 教师根据被抽查学生的汇报情况进行点评，如存在问题，提出补充或修改意见； 4. 教师组织和监控学生个人按裙子成品裁剪要求以及注意事项实施排版、画样、剪取裁片工序； 5. 教师组织学生个人按剪取的裁片填写裙子成品制作裁片清单； 6. 随机抽查学生，提问裙子成品制作裁片清单填写情况； 7. 教师根据被抽查学生的汇报情况进行点评，如有裁片遗漏填写，及时要求学生填写并现场对裁片进行清点核对。	1. 学生独立阅读裙子成品制作生产工艺单或工作页，并标注和摘录裙子成品裁剪要求以及注意事项的关键词； 2. 被抽查的学生汇报裙子成品裁剪要求以及注意事项标注情况； 3. 学生倾听教师对裙子成品裁剪要求以及注意事项汇报内容的点评，并记录老师提出的需补充或修改的内容； 4. 学生个人按裙子成品裁剪要求以及注意事项实施排版、画样、剪取裁片工序； 5. 学生个人按剪取的裁片填写裙子成品制作裁片清单。 6. 被抽查的学生汇报裙子成品制作裁片清单的内容； 7. 学生倾听教师对裙子成品制作裁片清单内容的点评，并自查清单填写是否完整、裁片数量是否齐全。	1. 学生自评： (1) 裙子成品裁剪要求以及注意事项的摘录是否完整、准确； (2) 裁片清单填写是否完整、准确； 2. 教师点评： (1) 裙子成品裁剪要求以及注意事项的摘录是否完整、准确； (2) 裁片清单填写是否合理、准确。

课时：2 课时

1. 硬资源：具备上网功能的计算机或手机，服装缝纫工艺室、熨斗、烫台、裁剪台、试衣人台等。
2. 软资源：裙子成品制作教材、裙子成品制作信息页等。
3. 教学设施：多媒体投影仪等。

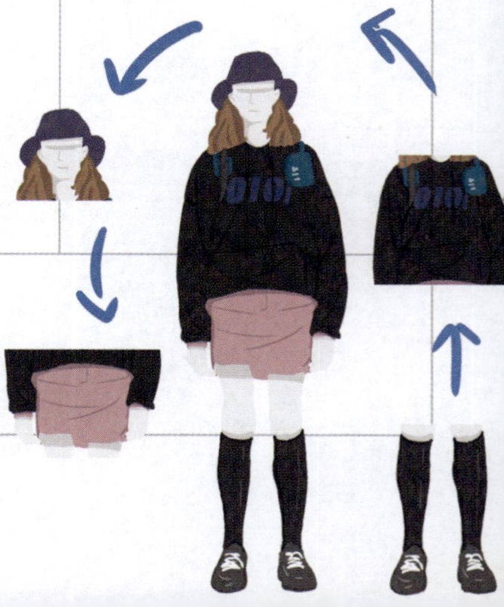

1 明确裙子成衣制作任务
2 领取裙子成品制作材料
3 裁剪裙子成品制作裁片
4 设备调试
5 裙子成品制作
6 裙子成品检验交付与评价
7 裙子成品制作的工作现场整理与设备维护

设备调试

工作子步骤	教师活动	学生活动	评价
1. 裙子成品制作的线迹调试； 2. 裙子成品制作的烫温调试。	1. 教师讲述裙子成品制作设备调试的方法和应注意的事项； 2. 教师讲解示范裙子成品制作，调试针距底面线的松紧度和调试烫斗的温度，巡回监控和实时指导学生的实施操作； 3. 教师抽查并旁听学生描述裙子成品制作设备调试效果的情况； 4. 教师点评学生裙子成品制作设备调试中存在的问题并提出解决方法。	1. 学生倾听教师讲授裙子成品制作设备调试的方法和应注意的事项； 2. 学生自主操作调试裙子成品制作针距、底面线的松紧度和调试烫斗的温度；（培养学生细致的观察力、动手操作能力、数字应用处理能力） 3. 学生自评、互评裙子成品制作设备调试的效果；（语言表达能力、质量意识） 4. 学生记录老师点评裙子成品制作设备调试过程中存在的问题和解决方法。（摘录能力）	1. 学生自评．互评裙子成品制作线迹试针效果的标准情况； 2. 学生互评检查裙子成品制作熨斗试烫效果的标准情况； 3. 教师点评裙子成品制作线迹的试针效果与熨斗试烫效果的情况。

课时： 0.5 课时

1. 硬资源：具备上网功能的计算机或手机，服装缝纫工艺室、熨斗、烫台、裁剪台、试衣人台等。
2. 软资源：布料、线、学习成果评价表等。

学习任务 1　裙类成品制作

1 明确裙子成衣制作任务 → 2 领取裙子成品制作材料 → 3 裁剪裙子成品制作裁片 → 4 设备调试 → 5 裙子成品制作 → 6 裙子成品检验交付与评价 → 7 裙子成品制作的工作现场整理与设备维护

	工作子步骤	教师活动	学生活动	评价
裙子成品制作	1. 编写裙子成品制作的工艺流程； 2. 裙子成品制作面料烫衬； 3. 裙子成品制作缝缉； 4. 裙子成品制作整烫。	1. 教师讲授裙子成品制作的缝制过程中应注意的事项； 2. 教师巡回监控和实时指导学生编写裙子成品制作的工艺流程； 3. 教师分组示范并巡回监控和实时指导学生操作裙子成品制作工艺的各工序； 4. 教师抽查并旁听学生描述裙子成品制作的工艺流程编写和裙子成品制作成品缝制成果的自评、点评内容； 5. 教师点评裙子成品制作的工艺流程编写和裙子成品制作中存在的问题并提出解决方法。	1. 学生倾听教师讲授裙子成品制作的缝制过程中应注意的事项； 2. 学生分组分析和编写裙子成品制作的工艺流程；（团队协作能力、分析能力、撰写能力） 3. 学生自主实施裙子成品制作工艺的各工序；（动手操作能力、专心致志） 4. 学生自评、互评裙子成品制作的工艺流程编写和裙子成品制作缝制成果存在问题；（表达能力、质量意识、认真态度） 5. 学生记录裙子成品制作的工艺流程编写和裙子成品制作成品缝制中存在问题以及解决方法。（归纳整理能力）	1. 小组互评裙子成品制作的工艺流程编写是否合理； 2. 学生自评、互评裙子成品制作成品效果情况； 3. 教师点评裙子成品制作的工艺流程编写是否合理、裙子成品制作成品效果是否符合标准。
	课时： 11 课时 1. 硬资源：具备上网功能的计算机或手机，服装缝纫工艺室、熨斗、烫台、裁剪台、试衣人台等。 2. 软资源：布料、线、工艺样版、学习成果评价表等。			
裙子成品检验交付	1. 度量裙子成品规格； 2. 记录裙子成品检验结果； 3. 裙子成品制作评价标准； 4. 裙子成品制作总结报告格式； 5. 个人提交裙子成品制作的相关评价报告，通过展版等形式向全班展示汇报。	1. 教师讲授裙子成品检验应注意的事项； 2. 教师巡回监控并实时指导学生实施裙子成品检验和填写检验结果； 3. 教师抽查并旁听各组学生互评裙子成品的检验规格表的填写情况； 4. 教师点评裙子成品检验规格表的填写结果存在的问题并提出修改方法。	1. 学生倾听教师讲授裙子成品检验应注意的事项； 2. 学生自主实施裙子成品检验的操作和填写检验结果；（动手操作能力、专心致志） 3. 学生自评、互评裙子成品的检验规格表的填写情况；（表达能力、质量意识、认真态度） 4. 学生记录裙子成品检验规格表填写中存在的问题以及解决方法。（归纳整理能力）	1. 学生自评、互评裙子成衣的检验规格表的填写是否准确； 2. 教师点评裙子成衣的检验规格表的填写是否准确。
	课时： 0.5 课时 1. 硬资源：具备上网功能的计算机或手机，服装缝纫工艺室、熨斗、烫台、裁剪台、试衣人台等。 2. 软资源：学习成果评价表等。			

基准课时：16

1 明确裙子成衣制作任务 → 2 领取裙子成品制作材料 → 3 裁剪裙子成品制作裁片 → 4 设备调试 → 5 裙子成品制作 → 6 裙子成品检验交付与评价 → 7 裙子成品制作的工作现场整理与设备维护

现场整理与设备维护

工作子步骤	教师活动	学生活动	评价
1. 裙子成品制作设备的保养； 2. 环境的维护。	1. 教师描述“8S”工作要求； 2. 教师安排并监控学生关闭裙子成品制作设备电源、清理设备杂物、现场归位和物品的整齐摆放的操作过程； 3. 教师巡回监控并指导填写裙子成品制作工具使用记录单与场地控制表； 4. 教师旁听学生自评“8S”工作的操作情况； 5. 教师点评“8S”工作情况中存在的问题并提出整改要求。	1. 学生倾听“8S”工作要求； 2. 学生操作关闭裙子成品制作设备电源、清理设备杂物、现场归位和物品的整齐摆放的工作；（爱岗敬业、职业精神） 3. 学生填写裙子成品制作工具使用记录单与场地控制表； 4. 学生自评“8S”工作情况；（增强环境维护安全意识） 5. 学生对存在的问题进行整改。（虚心、耐心、认真的工作态度）	1. 学生自评、互评“8S”工作是否到位； 2. 教师点评“8S”工作是否到位。

课时：0.5 课时

1. 硬资源：具备上网功能的计算机或手机，服装缝纫工艺室、熨斗、烫台、裁剪台、试衣人台等。
2. 软资源：缝制工具使用记录单、场地控制表等。

学习任务 2　裤类成品制作

任务描述

学习任务课时：24 课时

任务情境：

中山某服饰有限公司接到一批裤子成品制作订单，款式包括女西裤和男西裤等，版房主管将此项制作任务单下发给服装版房的打版师，并要求打版师按照服装款式图完成裤子成品制作后，及时将样版交付给车版师，车版师接到裤子成品制作的样版后，通过阅读裤子成品制作工艺单，确认出裤子成品制作头版的码数与相应的规格尺寸、缝型要求、工艺质量要求及外观要求等内容，从而制订出合理的工作计划，并按计划实施裤子成品制作头版的各工序。

该公司希望我院服装专业的学生参与本次的裤子成品制作，并要求在 2 天内按照企业生产要求完成的制作任务。具体要求如下：

1. 能应用国家号型系列标准，选用裤子成品制作使用的号型样版；
2. 根据裤子成品制作工艺制单的图文表述，明确完成时间，了解裤子成品制作成品检验部位的规格尺寸及工艺要求；
3. 根据裤子成品制作工艺制单的要求，选用裤子成品制作材料；能根据裤子裁剪样版、面辅料的幅宽预算出面辅料所需长度，以及选配好其他制作材料，领取并填写裤子成品制作的领取材料清单；
4. 根据裤子成品制作裁剪样版的技术说明完成排版、画样、剪取裁片、清点裁片工序；
5. 根据裤子成品制作的面、辅料性能调试好缝制设备和熨烫设备；
6. 根据裤子成品制作生产工艺单的图文说明，分析裤子成品制作的缝型、工艺要求等内容，编写出裤子成品制作的工艺流程；
7. 根据检验规格要求，测量出裤子成品制作各控制部位的规格尺寸；
8. 根据裤子成品制作控制部位的公差范围和外观质量要求，判断裤子成品是否符合标准，并按时将合格成品交付给验收人员；
9. 根据“8S”的要求，维护好裤子成品制作设备和现场环境。

基于此，服装专业教师带领并引导学生共同完成该项任务。

具体工作流程和标准见下页。

女裤
男裤

工作流程和标准

工作环节 1

明确裤子成品制作任务

1

解读裤子成品制作任务，明确缝制生产任务单、缝制工艺说明书、制作工艺流程以及质量标准，并了解服装版房的工作环节和岗位职责。

工作环节 2

领取裤子成品制作材料

2

根据裤子裁剪样版的面、辅料的幅宽以及裤子款式，预算出裤子成品制作材料面、辅料所需长度数量，以及选配其他制作材料，领取并填写裤子成品制作的领取材料清单。

工作环节 3

设备调试

3

能根据裤子的面、辅料性能进行缝制设备的调试。

工作环节 4

裤子成品制作 4

了解裤子布料的选材要求，能根据裤子成品制作裁剪样版的技术说明进行排版、画样、剪取裁片、清点裁片。根据裤子成品制作生产工艺单的图文说明分析裤子成品制作的缝型、工艺要求等内容，并编写出裤子成品制作的工艺流程图。

工作环节 5

裤子成品制作交付与评价 5

根据检验的度量规范，测量出裤子各控制部位的规格尺寸，并按照裤子控制部位的公差范围和外观质量要求，评价出裤子成品制作的整体分值；学生总结和分享学习心得体会。

工作环节 6

裤子成品制作工作现场整理与设备维护 6

按“8S”的要求进行裤子成品制作设备维护和现场清洁、归位。

工作环节 7

评价反馈 7

学生对本学习任务的学习目标，总结本次任务完成的质量与效果。

学习内容

知识点	1.1 缝纫车间安全教育； 1.2 裤子结构设计原理； 1.3 裤子成品制作缝制在服装企业版房的工序环节； 1.4 裤子成品制作缝制工艺的质量标准。	2.1 裤子成品制作缝制材料领取的流程； 2.2 裤子成品制作缝制裁片质量的鉴定标准； 2.3 裤子成品制作缝制所需材料的认识。	3.1 裤子成品制作缝制设备的基本工作原理； 3.2 裤子成品制作缝制设备的性能及操作方法； 3.3 裤子成衣缝制面辅料性能与设备的匹配。
技能点	1.1 与裤子成品制作缝制的负责人员沟通，能准确说出工作内容和要求； 1.2 职业能力： 能服从部门负责人工作安排，准确理解工作任务，掌握恰当的沟通时机和方法，与设计师确认款式图结构、面料使用等的合理性。	2.1 能准确判断裤子成品制作缝制所需物料、裁片数量和要求； 2.2 职业能力： 能掌握资料检索方法，根据款式图高效查阅相关技术资料，合理确定结构设计方案。	3.1 能根据裤子成品制作所需物料的性能合理地调试缝制设备； 3.2 职业能力： 能与工艺师有效沟通工艺重点和难点（必要时局部试做小样），有效控制生产损失和风险。
工作环节	工作环节 1 明确裤子成品缝制任务	工作环节 2 领取裤子成衣缝制材料	工作环节 3 设备调试
成果	1.1 裤子成衣控制部位的规格尺寸； 1.2 裤子成衣的缝制质量要求	2.1 裤子成品制作缝制的领取物料清单； 2.2 裤子成品制作缝制适用工具及设备的领用清单	3.1 裤子成品制作线迹试针效果； 3.2 裤子成品制作熨斗试烫效果
素养	1.1 建立生产安全意识和纪律观念，培养任务书阅读理解和工具清单撰写能力，让学生乐于接受学习任务，主动配合实施任务； 1.2 阐述工匠事迹，使学生树立专心致志、精益求精、爱岗敬业的工匠精神。	2.1 培养学生观察力和记忆力、信息搜集处理能力、数字测量应用和沟通表达能力，能计划、组织工作各项环节和流程。	3.1 培养学生细致的观察力、动手操作能力、数字应用处理能力，以及分析问题、解决问题的能力； 3.2 掌握流程图编写方法，创新工艺流程。

4.1 裤子成品制作缝制中工艺样版的使用方法； 4.2 裤子成品制作缝制的工艺流程； 4.3 裤子成品制作缝制面辅料配备原理和方法。	5.1 裤子成品制作成品质量检验标准内容； 5.2 裤子成品制作质量检验所需工具； 5.3 裤子成品质量检验的方法； 5.4 交付裤子成品的流程和方法。	6.1 “8S” 工作要求； 6.2 裤子成品缝制设备保养的方法； 6.3 裤子成品缝制设备保养记录单的内容。	7.1 学生观看评价标准表； 7.2 学生整理裤子成品制作缝制任务的工作总结报告； 7.3 学生互评裤子成品”缝制任务的工作总结报告； 7.4 学生记录裤子成品制作缝制任务的工作总结报告中存在的问题和修正意见。
4.1 编写裤子成品制作缝制的工艺流程图； 4.2 能按要求操作裤子成品制作缝制工艺；（定位、烫衬）； 4.3 职业能力： 能根据服装行业《GB/T 29863—2013 服装制图国家标准》、部颁标准、企业标准，规范使用制版工具和制版方法（平面或立裁），并能按照工作流程认真调整样版结构，细致核对检查数据信息。根据客户的不同需求调整服装的结构，最终实现舒适度和美观度的完美结合。	5.1 裤子成品制作质量检验所需工具的正确使用。	6.1 现场归位整理； 6.2 严格执行现场整理与设备保养规范，及时、认真填写相关控制表单； 6.3 职业能力： 工作过程中严格遵循“8S” 管理要求，进行现场的整理，严格执行现场整理规范和设备保养规范。	7.1 个人对应本学习任务的学习目标，总结本次任务完成的质量与效果。
工作环节 4 裤子成品缝制	工作环节 5 裤子成品检验交付	工作环节 6 现场整理与工具的保养	工作环节 7 评价反馈
4.1 裤子成品制作缝制的工艺流程图； 4.2 裤子成品制作的缝制成品。	5.1 裤子成品检验规格表。	6.1 缝制工具使用记录单； 6.2 场地控制表。	7.1 裤子成品制作缝制任务的工作总结报告。
培养学生沟通表达能力、发现问题和解决问题的能力、决策能力，能辨别和修正数据差异，填写修改记录表； 具有吃苦耐劳和团队合作精神 。	5.1 职业素养： 1. 阅读分析能力； 2. 语言表达能力； 3. 操作规范能力； 4. 虚心、耐心的职业态度； 5.2 思政元素： 培养学生精益求精的工匠 精神。	6.1 让学生熟悉工作人员仪容仪表规范和文明礼貌，培养学生敬业、诚信等职业道德和素养，遵守企业的规章制度和操作规范。	7.1 培养学生分析问题和解决问题的能力，学会整理信息并总结归纳，具有沟通表达能力和团队合作精神。

学习任务 2　裤类成品制作

1 明确裤子成品缝制任务 → 2 领取裤子成衣缝制材料 → 3 设备调试 → 4 裤子成品缝制 → 5 裤子成品检验交付 → 6 现场整理与工具的保养 → 7 评价反馈

明确裤子成品缝制任务

工作子步骤	教师活动	学生活动	评价
1. 明确裤子成品制作各控制部位的规格要求; 2. 明确裤子成品制作工艺要求及质量标准; 3. 明确裤子成品制作缝制任务的完成时间	1. 要求学生做好缝纫车间安全防范措施; 2. 描述裤子成品缝制在服装企业版房的工作环节和工作内容; 3. 通过投影仪播放裤子成品制作缝制生产工艺单并展示样品; 4. 巡回监控学生实施裤子成品制作缝制生产工艺单和样品展示摘录出裤子成品规格尺寸和工艺细节要求的操作过程，并实时指导; 5. 抽查提问学生对裤子成品制作规格尺寸和工艺细节要求的摘录情况; 6. 旁听各组学生互评裤子成品制作缝制工作流程、工作内容、规格尺寸和工艺细节要求的摘录情况; 7. 点评裤子成品制作规格尺寸和工艺细节要求摘录存在的问题，并提出修改建议;	1. 学生做好缝纫车间安全防范措施（安全意识）; 2. 学生倾听教师描述裤子成品制作缝制在服装企业版房的工作环节和工作内容; 3. 学生观看裤子成品制作缝制生产缝制单和样品（培养学生观察力）; 4. 学生根据裤子成品制作缝制生产工艺单和样品展示，摘录出裤子成品规格尺寸和工艺细节要求（培养学生观察力、要点摘录能力）; 5. 学生回答老师的提问，记录裤子成品制作缝制工艺细节要求（语言表达能力）; 6. 学生互评裤子成品制作缝制工作流程、工作内容、规格尺寸和工艺细节要求的摘录效果（语言表达能力、质量意识）; 7. 学生记录修改内容。	1. 学生互评: 裤子成品制作工作流程和工作内容描述是否准确，规格尺寸和工艺细节要求是否准确; 2. 教师点评: 各组学生对裤子成品制作缝制工作流程和工作内容描述是否准确? 规格尺寸和工艺细节要求是否准确。

课时： 0.5 课时

1. 硬资源：具备上网功能的计算机或手机，服装缝纫工艺室、熨斗、烫台、裁剪台、试衣人台等。
2. 软资源：学习成果评价表等。
3. 教学设施：多媒体投影仪等。

基准课时：24

1 明确裤子成品缝制任务 → 2 领取裤子成衣缝制材料 → 3 设备调试 → 4 裤子成品缝制 → 5 裤子成品检验交付 → 6 现场整理与工具的保养 → 7 评价反馈

工作子步骤	教师活动	学生活动	评价
领取裤子成衣缝制材料 1. 分发裤子成品制作缝制的材料； 2. 检验裤子成品制作缝制面、辅料裁片。	1. 描述裤子成品制作裁片质量检验要素； 2. 下发“双唇袋”面辅料； 3. 巡回监控学生实施检验裤子成品制作面辅料裁片数量与质量和填写裤子成品制作材料领取清单的操作过程，并实时指导； 4. 抽查提问学生检验裤子成品制作面辅料裁片数量与质量的情况； 5. 旁听各组学生互评裤子成品制作面辅料裁片数量与质量的检验结果，以及裤子成品制作缝制材料领取清单的填写情况； 6. 点评裤子成品制作缝制面辅料裁片数量与质量的检验结果，以及裤子成品制作材料领取清单填写过程中存在的问题，并提出修改意见。	1. 学生倾听教师描述裤子成品制作裁片质量检验要素； 2. 学生分组领取裤子成品制作缝制面辅料；（协作能力） 3. 学生自主检验裤子成品制作缝制面辅料裁片数量与质量并填写裤子成品制作缝制材料领取清单（裁片组合的分析能力、裁片质量的判断力、专心致志、细心习惯） 4. 学生回答老师对检验裤子成品制作缝制面辅料裁片数量与质量的提问；（语言表达能力） 5. 学生互评裤子成品制作缝制面辅料裁片数量与质量的检验结果，以及裤子成品制作缝制材料领取清单的填写情况；（语言表达能力、质量意识） 6. 学生记录修改内容。（归纳整理能力）	1. 学生互评是否按时、准确、完整地填写“裤子成品缝制的领取物料清单； 2. 学生互评是否按时、准确、完整地填写裤子成品制作适用工具及设备的领用清单； 3. 教师点评各小组裤子成品制作工作效率情况 和裤子成品制作面辅料裁片的检验情况，以及物料清单的填写是否准确、完整。（时间观念、撰写能力）
课时： 0.5 课时 1. 硬资源：具备上网功能的计算机或手机，服装缝纫工艺室、熨斗、烫台、裁剪台、试衣人台等。 2. 软资源：物料领取表、学习成果评价表等。			
设备调试 1. 裤子成品制作缝制的线迹调试； 2. 裤子成品制作缝制的烫温调试。	1. 教师讲述裤子成品制作缝制设备调试的方法和应注意的事项； 2. 教师讲解、示范裤子成品制作缝制调试针距、底面线的松紧度和烫斗的温度，并巡回监控和实时指导学生的实施操作； 3. 教师抽查并旁听学生描述裤子成品制作缝制设备调试效果的情况； 4. 教师点评学生裤子成品制作缝制设备调试中存在的问题并提出解决方法。	1. 学生倾听教师讲授裤子成品制作缝制设备调试的方法和应注意的事项； 2. 学生自主操作调试裤子成品制作缝制针距、底面线的松紧度和烫斗的温度；（培养学生细致的观察力、动手操作能力、数字应用处理能力） 3. 学生自评、互评裤子成品制作缝制设备调试的效果；（语言表达能力、质量意识） 4. 学生记录老师点评裤子成品制作缝制设备调试中存在的问题和解决方法。（摘录能力）	1. 学生自评、互评裤子成品制作缝制线迹试针效果的标准情况； 2. 学生互评检查裤子成品制作缝制熨斗试烫效果的标准情况； 3. 教师点评裤子成品制作缝制线迹的试针效果与熨斗试烫效果的情况。
课时： 0.5 课时 1. 硬资源：具备上网功能的计算机或手机，服装缝纫工艺室、熨斗、烫台、裁剪台、试衣人台等。 2. 软资源：布料、线、学习成果评价表等。			

学习任务 2　裤类成品制作

1 明确裤子成品缝制任务 → 2 领取裤子成衣缝制材料 → 3 设备调试 → 4 裤子成品缝制 → 5 裤子成品检验交付 → 6 现场整理与工具的保养 → 7 评价反馈

	工作子步骤	教师活动	学生活动	评价
裤子成品缝制	1. 编写裤子成品制作缝制的工艺流程； 2. 裤子成品制作面料烫衬； 3. 裤子成品制作缝缉 4. 裤子成品制作整烫。	1. 教师讲授裤子成品制作的缝制过程中应注意的事项； 2. 教师巡回监控和实时指导学生编写裤子成品制作缝制的工艺流程； 3. 教师分组示范并巡回监控和实时指导学生操作 裤子成品制作缝制工艺的各工序； 4. 教师抽查并旁听学生描述裤子成品制作缝制的工艺流程编写和裤子成品制作成品缝制成果的自评、点评内容； 5. 教师点评裤子成品制作缝制的工艺流程编写和裤子成品制作缝制中存在的问题并提出解决方法。	1. 学生倾听教师讲授裤子成品制作的缝制过程中应注意的事项； 2. 学生分组分析和编写裤子成品制作缝制的工艺流程；（团队协作能力、分析能力、撰写能力） 3. 学生自主实施裤子成品制作缝制工艺的各工序；（动手操作能力、专心致志） 4. 学生自评、互评裤子成品制作缝制的工艺流程编写和裤子成品制作成品缝制成果存在的问题。（表达能力、质量意识、认真态度） 5. 学生记录裤子成品制作缝制的工艺流程编写和裤子成品制作成品缝制中存在的问题以及解决方法。（归纳整理能力）	1. 小组互评裤子成品制作缝制的工艺流程编写是否合理。 2. 学生自评、互评裤子成品制作缝制成品效果情况。 3. 教师点评裤子成品制作缝制的工艺流程编写是否合理，裤子成品制作缝制成品效果是否符合标准。
	课时： 18 课时 1. 硬资源：具备上网功能的计算机或手机，服装缝纫工艺室、熨斗、烫台、裁剪台、试衣人台等。 2. 软资源：布料、线、工艺样版、学习成果评价表等。			
裤子成品检验交付	1. 度量裤子成品规格； 2. 记录裤子成品检验结果。	1. 教师讲授裤子成品检验应注意的事项； 2. 教师巡回监控并实时指导学生实施裤子成品检验和填写检验结果； 3. 教师抽查并旁听各组学生互评裤子成品的检验规格表的填写情况； 4. 教师点评裤子成品检验规格表填写结果存在的问题并提出修改方法。	1. 学生倾听教师讲授裤子成品检验应注意的事项； 2. 学生自主实施 裤子成品检验的操作和填写检验结果；（动手操作能力、专心致志） 3. 学生自评、互评裤子成品检验规格表的填写情况；（表达能力、质量意识、认真态度） 4. 学生记录裤子成品检验规格表填写过程中存在的问题以及解决方法。（归纳整理能力）	1. 学生自评、互评裤子成品检验规格表的填写是否准确。 2. 教师点评裤子成品检验规格表的填写是否准确。
	课时： 0.5 课时 1. 硬资源：具备上网功能的计算机或手机，服装缝纫工艺室、熨斗、烫台、裁剪台、试衣人台等。 2. 软资源：学习成果评价表等。			

1 明确裤子成品缝制任务 → 2 领取裤子成衣缝制材料 → 3 设备调试 → 4 裤子成品缝制 → 5 裤子成品检验交付 → 6 现场整理与工具的保养 → 7 评价反馈

	工作子步骤	教师活动	学生活动	评价
现场整理与工具的保养	1. 裤子成品制作缝制设备的保养； 2. 环境的维护。	1. 教师描述“8S”工作要求； 2. 教师安排并监控学生关闭裤子成品制作缝制设备电源、清理设备杂物、现场归位和物品的整齐摆放的操作过程； 3. 教师巡回监控并指导填写裤子成品制作缝制工具使用记录单与场地控制表； 4. 教师旁听学生自评“8S”工作的操作情况； 5. 教师点评“8S”工作情况中存在的问题并提出整改要求。	1. 学生倾听“8S”工作要求； 2. 学生操作关闭裤子成品制作缝制设备电源、清理设备杂物、现场归位和物品的整齐摆放的工作；（爱岗敬业、职业精神） 3. 学生填写裤子成品制作缝制工具使用记录单与场地控制表； 4. 学生自评“8S”工作情况（增强环境维护、安全意识）； 5. 学生对存在的问题进行整改。（虚心、耐心、认真的工作态度）。	1. 学生自评、互评“8S”工作做到得是否到位。 2. 教师点评“8S”工作做到得是否到位。
	课时：0.5 课时 1. 硬资源：具备上网功能的计算机或手机，服装缝纫工艺室、熨斗、烫台、裁剪台、试衣人台等。 2. 软资源：缝制工具使用记录单、场地控制表等。			
评价反馈	1. 裤子成品制作评价标准； 2. 裤子成品制作总结报告格式； 3. 个人提交裤子成品制作缝制的相关评价报告，通过展版等形式向全班展示汇报。	1. 教师投影播放评价标准表； 2. 教师巡回监控并实时指导学生整理裤子成品制作缝制任务的工作总结报告过程； 3. 教师旁听学生互评裤子成品缝制任务的工作总结报告情况； 4. 教师点评裤子成品制作缝制任务的工作总结报告存在的问题并提出修正建议。	1. 学生观看评价标准表； 2. 学生整理裤子成品制作缝制任务的工作总结报告；（撰写能力、归纳整理能力） 3. 学生互评裤子成品缝制任务的工作总结报告；（语言表达能力、质量意识） 4. 学生记录裤子成品制作缝制任务的工作总结报告中存在的问题和修正意见。（摘录能力）	1. 学生自评、互评裤子成品制作缝制任务的工作总结报告是否完整准确； 2. 教师点评裤子成品缝制任务的工作总结报告是否完整准确。
	课时：3 课时 1. 具备上网功能的计算机或手机，服装缝纫工艺室、熨斗、烫台、裁剪台、试衣人台等。 2. 软资源：裤子成品制作缝制任务的工作总结报告格式等。 3. 教学设施：多媒体投影仪等。			

学习任务 3　衬衣类成品制作—男士中式立领衬衣的制作

任务描述

学习任务课时：20 课时

任务情境：

民族的即是世界的！ 2001 年 APEC 会议，各国领导人衣着唐装出席会议，彰显中华民族特色，使中华文化得到广泛传播，中国的唐装现今已成为国际流行趋势和新的时尚潮流。中山某服饰有限公司设计部为迎合当前的中式流行风，在面料、款式细节上运用传统的中式元素开发新式唐装——男士中式立领衬衣系列。版房主管将此项制作任务单下发给服装版房的打版师，并要求打版师按照服装款式图完成男士中式立领衬衣制作后，及时将样版交付给车版师，运用传统的工艺手法（如：传统图案的运用——印花 / 刺绣 / 手绘、立领的制作、盘扣、滚边、衩位等）进行男士中式立领衬衣头版的制作。

车版师接到男士中式立领衬衣成衣制作的样版后，通过阅读男士中式立领衬衣成衣制作工艺单，确认出男士中式立领衬衣成衣制作头版的码数与相应的规格尺寸、缝型要求、工艺质量要求及外观要求等内容，从而制订出合理的工作计划，并按计划实施男士中式立领衬衣成衣制作头版的各工序。

该公司希望我院服装专业的学生参与本次的男士中式立领衬衣成衣制作，并要求在 2 天内按照企业生产要求完成制作任务。具体要求如下：

1. 能应用国家号型系列标准，选用男士中式立领衬衣成衣制作使用的号型样版；
2. 能根据男士中式立领衬衣成衣工艺制单的图文表述，明确完成时间，了解男士中式立领衬衣成品检验部位的规格尺寸及工艺要求；
3. 能根据男士中式立领衬衣成衣工艺制单的要求，选用男士中式立领衬衣制作材料（中国传统风格面料的选取——棉、麻、丝等、及传统图案的选择）；
4. 能根据男士中式立领衬衣裁剪样版及面辅料的幅宽，预算出面辅料所需长度，以及选配好其他制作材料，领取并填写男士中式立领衬衣成衣制作的领取材料清单；
5. 根据男士中式立领衬衣成衣制作裁剪样版的技术说明，完成排版、画样、剪取裁片、清点裁片工序；
6. 根据男士中式立领衬衣成衣的面、辅料性能调试好缝制设备和熨烫设备；
7. 根据男士中式立领衬衣成衣制作生产工艺单的图文说明，分析男士中式立领衬衣成衣制作的缝型、工艺（盘扣、滚边、嵌条、衩位、印花、绣花等）要求等内容，编写出男士中式立领衬衣成衣制作的工艺流程；、
8. 能使用男士中式立领衬衣成衣制作的工艺样版，操作对应的男士中式立领衬衣成衣制作工艺；
9. 根据检验规格要求，测量出男士中式立领衬衣成衣各控制部位的规格尺寸；
10. 根据男士中式立领衬衣成衣控制部位的公差范围和外观质量要求，判断男士中式立领衬衣成品是否符合标准，并按时将合格成品交付给验收人员；
11. 根据“8S”的要求，维护好男士中式立领衬衣成衣制作设备和现场环境。

具体工作流程和标准见下页。

工作流程和标准

工作环节 1

明确男士中式立领衬衣制作任务

1

解读缝制生产任务单、缝制工艺说明书、制作工艺流程以及质量标准，并了解服装版房的工作环节和岗位职责。

主要成果：1. 男士中式立领衬衣成衣规格尺寸标注图；
2. 男士中式立领衬衣成衣制作工艺要求摘录说明单。

工作环节 2

领取男士中式立领衬衣成衣制作材料

2

根据男士中式立领衬衣裁剪样版和面、辅料的幅宽，预算出男士中式立领衬衣成衣制作材料面、辅料所需长度数量，选配其他制作材料（车缝线、装饰线等配料），领取并填写男士中式立领衬衣成衣制作的领取材料清单。

主要成果：男士中式立领衬衣成衣制作的领取材料清单。

工作环节 3

裁剪男士中式立领衬衣成衣制作裁片

3

根据男士中式立领衬衣成衣制作裁剪样版的技术说明，进行排版、画样、剪取裁片、清点裁片。

主要成果：1. 男士中式立领衬衣裁剪要求以及注意事项的摘录单；
2. 男士中式立领衬衣成衣制作裁片清单。

工作环节 4

设备调试

4

根据男士中式立领衬衣成衣的面、辅料性能进行缝制设备的调试。

主要成果：1. 线迹试针效果；
2. 熨斗试烫效果。

工作环节 5

男士中式立领衬衣成品制作交付与评价

5

根据男士中式立领衬衣成衣制作生产工艺单的图文说明，分析男士中式立领衬衣成衣制作的缝型、工艺（盘扣、滚边、嵌条、衩位、印花、绣花等）要求，编写出男士中式立领衬衣成衣制作的工艺流程图。

主要成果：1. 男士中式立领衬衣成衣制作的工艺流程图；
2. 男士中式立领衬衣成衣制作成品。

工作环节 6

男士中式立领衬衣成衣交付与评价

6

根据检验的度量规范，测量出男士中式立领衬衣成衣各控制部位的规格尺寸，并按照男士中式立领衬衣成衣控制部位的公差范围和外观质量要求，评价出男士中式立领衬衣成品的整体分值。

主要成果：男士中式立领衬衣成衣制作评价表。

工作环节 7

男士中式立领衬衣成衣工作现场整理与设备维护

7

按“8S”的要求进行男士中式立领衬衣成衣制作设备维护和现场清洁、归位。

主要成果：设备使用记录表。

学习内容

知识点	1.1 国家号型系列知识； 1.2 男士中式立领衬衣成衣制作工艺制单中的图文术语知识； 1.3 男士中式立领衬衣的款式特点（面料的选取与运用、立领、盘扣、衩位、传统图案的设计与制作）。	2.1 男士中式立领衬衣制作材料的选用知识； 2.2 男士中式立领衬衣制作面、辅料数量的预算知识； 2.3 男士中式立领衬衣制作设备的选用知识； 2.3 面辅料的种类，传统服饰面料的特点。	3.1 男士中式立领衬衣裁剪样版标写的图文技术知识； 3.2 男士中式立领衬衣成衣面、辅料正反面、经纬纱知识。
技能点	1.1 能应用国家号型系列标准，选用男士中式立领衬衣成衣制作使用的号型样版； 1.2 能根据男士中式立领衬衣成衣工艺制单的图文表述，摘录出男士中式立领衬衣成品检验部位的规格尺寸及工艺要求。	2.1 能根据男士中式立领衬衣款式，选用男士中式立领衬衣成衣制作材料； 2.2 能根据男士中式立领衬衣裁剪样版以及面、辅料的幅宽，预算出面辅料所需长度。	3.1 能根据男士中式立领衬衣成衣制作裁剪样版的技术说明，进行排版、画样、剪取裁片； 3.2 能根据男士中式立领衬衣成衣制作裁剪样版的技术说明清点裁片。
工作环节	工作环节 1 明确男士中式立领衬衣成衣制作任务	领取男士中式立领衬衣成衣制作材料 工作环节 2	工作环节 3 裁剪男士中式立领衬衣制作裁片
成果	1.1 男士中式立领衬衣成衣规格尺寸标注图 1.2 男士中式立领衬衣成衣制作工艺要求摘录说明单。	2.1 男士中式立领衬衣成衣制作的领取材料清单。	3.1 男士中式立领衬衣裁剪要求以及注意事项的 3.2 男士中式立领衬衣成衣制作裁片清单。
素养	1.1 职业素养： 1. 缝纫车间安全意识； 2. 阅读分析能力； 3. 表达能力； 4. 信息整合能力； 1.2 思政元素： 在任务书的解读中体会传统服饰的特点，陶冶中华传统文化的审美情操。	2.1 职业素养： 1. 阅读分析能力； 2. 表达能力； 3. 成本控制能力； 4. 团队合作能力； 2.2 思政元素： 基于面辅料的选择，培养学生的环保意识。	3.1 职业素养： 1. 阅读分析能力； 2. 规范操作能力； 3. 认真、细心的工作态度。

学习任务 3　衬衣类成品制作——男士中式立领衬衣的制作

4.1 男士中式立领衬衣成衣制作设备的基本工作原理； 4.2 男士中式立领衬衣成衣制作设备的性能及操作方法； 4.3 男士中式立领衬衣制作面辅料性能与设备的协调原理。	5.1 男士中式立领衬衣制作工艺图文术语知识； 5.2 男士中式立领衬衣制作的缝型、熨烫知识； 5.3 男士中式立领衬衣制作中工艺样版的使用知识。	6.1 男士中式立领衬衣成衣各控制部位规格的测量知识； 6.2 男士中式立领衬衣成衣检验部位的公差知识； 6.3 男士中式立领衬衣外观质量要求的术语知识。	7.1 环境、设备维护知识； 7.2 安全知识。
4.1 能根据男士中式立领衬衣成衣面、辅料的性能进行缝制设备的调试； 4.2 能按能根据男士中式立领衬衣成衣面、辅料的性能进行熨烫设备的调试。	5.1 能根据男士中式立领衬衣成衣制作生产工艺单的图文说明，摘录出男士中式立领衬衣制作的工艺要求； 5.2 能按男士中式立领衬衣成衣制作的缝型、熨烫知识，编写男士中式立领衬衣成衣制作的工艺流程图； 5.3 能使用男士中式立领衬衣制作的工艺样版，操作对应的男士中式立领衬衣制作工艺（滚边、盘扣、绣花、中国结等工艺技巧）。	6.1 能根据检验的度量规范，测量出男士中式立领衬衣成衣各控制部位的规格尺寸； 6.2 能按男士中式立领衬衣成衣控制部位的公差范围，评价男士中式立领衬衣成品规格分值； 6.3. 能根据男士中式立领衬衣外观质量要求，评价男士中式立领衬衣成品外观效果分值。	7.1 能规范有序地进行设备维护的操作； 7.2 能按“8S”的要求进行男士中式立领衬衣制作现场清洁、归位。
设备调试 工作环节 4	工作环节 5 男士中式立领衬衣制作	男士中式立领衬衣交付与评价 工作环节 6	工作现场整理与设备维护 工作环节 7
4.1 线迹试针效果 4.2 熨斗试烫效果。	5.1 男士中式立领衬衣成衣制作的工艺流程图 5.2 男士中式立领衬衣成衣制作成品	6.3 男士中式立领衬衣成衣制作评价表	7.1 设备使用记录表
4.1 职业素养： 1. 沟通能力； 2. 虚心、耐心的职业态度； 4.2 思政元素： 熟悉传统工艺所需面料、辅料的性能，熟悉机器的操作方法，培养学生严谨的工作态度和安全意识。	5.1 职业素养： 1. 阅读分析能力； 2. 语言表达能力； 3. 操作规范能力； 4. 虚心、耐心的职业态度； 5.2 思政元素： 在制作过程中，让学生熟悉男士中式立领衬衣的操作流程和制作方法以及传统工艺的制作技巧，同时培养学生精益求精的工匠精神。	6.1 职业素养： 1. 阅读能力； 2. 语言表达能力； 3. 操作规范能力； 4. 专业审美能力； 6.2 思政元素： 熟悉中国传统的工艺的技术要求和制作标准，男士中式立领衬衣是否美观且准确表达了设计意图，是否展现中国传统服饰特点，是否有亮点新意。	7.1 职业素养： 1. 安全意识； 2. 安全保洁能力。

学习任务 3　衬衣类成品制作—男士中式立领衬衣的制作

1 明确男士中式立领衬衣制作任务　2 领取男士中式立领衬衣成衣制作材料　3 裁剪男士中式立领衬衣成衣制作裁片　4 设备调试　5 男士中式立领衬衣制作　6 男士中式立领衬衣样版的交付与评价　7 工作现场整理与设备维护

明确男士中式立领衬衣制作任务

工作子步骤	教师活动	学生活动	评价
1. 学习男士中式立领衬衣规格的控制部位； 2. 学习男士中式立领衬衣成衣制作的工艺要求。	1. 要求学生按照缝纫车间安全操作规范做好防范措施，安排小组长负责检查小组成员的安全措施执行情况； 2. 采用讲授法描述男士中式立领衬衣成衣制作在服装企业版房的工作内容； 3. 组织学生独立阅读男士中式立领衬衣成衣制作生产工艺单，并要求学生运用关键词法标注和摘录出男士中式立领衬衣成衣控制部位的规格尺寸以及工艺要求（传统风格面料的选取与运用、立领、盘扣、衩位、传统图案的设计与制作）； 4. 巡回监控学生标注男士中式立领衬衣成衣规格尺寸和制作工艺要求的操作过程时间； 5. 抽查提问学生对男士中式立领衬衣成衣规格尺寸和制作工艺要求的标注情况； 6. 根据被抽查学生的汇报情况进行点评，如存在问题，提出补充或修改意见； 7. 巡回监控学生自评男士中式立领衬衣成衣规格尺寸和制作工艺要求标注的过程时间。	1. 学生按照缝纫车间安全操作规范做好防范措施，小组长负责检查小组成员的安全措施执行情况，必要时提请教师纠正教育； 2. 学生倾听教师描述男士中式立领衬衣成衣制作在服装企业版房的工作内容； 3. 学生个人阅读男士中式立领衬衣成衣制作的生产工艺单，分析男士中式立领衬衣成衣样品； 4. 学生根据个人阅读和分析男士中式立领衬衣制作生产工艺单和样品内容，标注和摘录男士中式立领衬衣成衣控制部位的规格和工艺要求的关键词； 5. 被抽查的学生汇报男士中式立领衬衣成衣规格尺寸和制作工艺要求标注情况； 6. 学生倾听教师对汇报内容的点评，记录老师提出的需补充或修改的内容； 7. 学生根据教师的点评内容，自评男士中式立领衬衣成衣规格尺寸和制作工艺要求的标注情况。	1. 学生自评：男士中式立领衬衣成衣规格尺寸的标注内容是否正确；工艺要求的标注是否完整、正确。 2. 教师点评：男士中式立领衬衣成衣规格尺寸的标注内容是否正确；工艺要求的标注是否完整、正确。

课时： 1 课时

1. 硬资源：具备上网功能的计算机或手机，服装缝纫工艺室、熨斗、烫台、裁剪台、试衣人台等。
2. 软资源：男士中式立领衬衣成衣制作任务单、男士中式立领衬衣成衣制作教材、男士中式立领衬衣成衣制作信息页等。
3. 教学设施：多媒体投影仪等。

领取男士中式立领衬衣成衣制作材料

工作子步骤	教师活动	学生活动	评价
1. 男士中式立领衬衣成衣制作材料预算； 2. 领取男士中式立领衬衣成衣制作的材料； 3. 传统服装布料的种类辨别。	1. 教师展示男士中式立领衬衣样衣、裁剪样版、面料布样；并组织学生根据展示物料进行分组讨论； 2. 教师组织学生分组讨论男士中式立领衬衣成衣制作所需的材料制作工具适用设备以及面料、纸衬的长度预算，并根据小组讨论结果，填写男士中式立领衬衣成衣制作的领取物料名称和数量； 3. 教师组织各小组张贴展示男士中式立领衬衣成衣制作的领取物料名称和数量清单，并由组代表汇报物料清单填写的内容情况； 4. 老师巡回监控小组互评物料清单填写内容的过程时间； 5. 教师根据各组汇报的物料清单填写内容进行点评，并通过分析制订男士中式立领衬衣成衣制作所要领取的物料名称和对应的数量； 6. 教师组织学生分组量剪所需面、辅料以及领取男士中式立领衬衣成衣制作的其他物料，并巡回监控操作过程的规范性。	1. 学生集体观看教师展示男士中式立领衬衣样衣、裁剪样版、面料布样； 2. 学生分组讨论男士中式立领衬衣成衣制作所需的材料、制作工具、设备，以及面料、纸衬的长度预算，并根据小组讨论结果，填写男士中式立领衬衣成衣制作的领取物料名称和数量； 3. 各小组张贴展示男士中式立领衬衣成衣制作的领取物料名称和数量清单，并由组代表汇报物料清单填写的内容情况； 4. 小组互评物料清单填写内容的情况； 5. 学生倾听教师点评各组物料清单填写内容的点评，并记录老师制订的男士中式立领衬衣成衣制作所要领取物料名称和对应的数量； 6.学生按各组的物料清单量剪布面、辅料，以及领取男士中式立领衬衣成衣制作的其他物料。	1. 小组互评：材料清单填是否合理、准确； 2. 教师点评：各小组材料清单填写是否合理、准确。

课时： 1 课时

1. 硬资源：具备上网功能的计算机或手机，服装缝纫工艺室、熨斗、烫台、裁剪台、试衣人台等。
2. 软资源：男士中式立领衬衣成衣制作教材、男士中式立领衬衣成衣制作信息页等。
3. 教学设施：多媒体投影仪等。

课程 6 服装成品制作

学习任务 3 衬衣类成品制作—男士中式立领衬衣的制作

1 明确男士中式立领衬衣制作任务 → 2 领取男士中式立领衬衣成衣制作材料 → 3 裁剪男士中式立领衬衣成衣制作裁片 → 4 设备调试 → 5 男士中式立领衬衣制作 → 6 男士中式立领衬衣样版的交付与评价 → 7 工作现场整理与设备维护

	工作子步骤	教师活动	学生活动	评价
裁剪男士中式立领衬衣成衣制作裁片	1. 男士中式立领衬衣成衣裁剪样版的排版、画样； 2. 剪取男士中式立领衬衣成衣制作裁片。	1. 组织学生独立阅读男士中式立领衬衣成衣制作生产工艺单或工作页，要求学生采用关键词法标注和摘录男士中式立领衬衣裁剪要求以及注意事项； 2. 抽查提问学生对男士中式立领衬衣裁剪要求以及注意事项的标注情况； 3. 根据被抽查学生的汇报情况进行点评，如有存在问题提出补充或修改意见； 4. 组织和监控学生个人按男士中式立领衬衣裁剪要求以及注意事项实施排版、画样、剪取裁片工序； 5. 组织学生个人按剪取的裁片填写男士中式立领衬衣成衣制作裁片清单； 6. 随机抽查学生提问男士中式立领衬衣成衣制作裁片清单填写情况； 7. 根据被抽查学生的汇报情况进行点评，如有裁片遗漏填写，及时要求学生填写并现场清点核对裁片。	1. 学生独立阅读男士中式立领衬衣成衣制作生产工艺单或工作页，并标注和摘录男士中式立领衬衣裁剪要求以及注意事项的关键词； 2. 被抽查的学生汇报男士中式立领衬衣裁剪要求以及注意事项标注情况； 3. 学生倾听教师对男士中式立领衬衣裁剪要求以及注意事项汇报内容的点评，记录老师提出的需补充或修改的内容； 4. 学生个人按男士中式立领衬衣裁剪要求以及注意事项，实施排版、画样、剪取裁片工序； 5. 学生个人按剪取的裁片填写男士中式立领衬衣成衣制作裁片清单； 6. 被抽查的学生汇报男士中式立领衬衣成衣制作裁片清单的内容； 7. 学生倾听教师对男士中式立领衬衣成衣制作裁片清单内容的点评，并自查清单填写是否完整、裁片数量是否齐全。	1. 学生自评：男士中式立领衬衣裁剪要求以及注意事项的摘录是否完整、准确；裁片清单填写是否完整、准确。 2. 教师点评：男士中式立领衬衣裁剪要求以及注意事项的摘录是否完整、准确；裁片清单填写是否合理、准确。
	课时：4 课时 1. 硬资源：具备上网功能的计算机或手机，服装缝纫工艺室、熨斗、烫台、裁剪台、试衣人台等。 2. 软资源：男士中式立领衬衣成衣制作教材、男士中式立领衬衣成衣制作信息页等。 3. 教学设施：多媒体投影仪等。			
设备调试	1. 男士中式立领衬衣成衣制作的线迹调试； 2. 男士中式立领衬衣成衣制作的烫温调试。	1. 教师采集中讲授男士中式立领衬衣成衣制作设备的调试方法和应注意的事项； 2. 教师巡回监控学生对男士中式立领衬衣成衣制作针距、底面线的松紧度和烫斗温度的调试操作过程，并对调试效果给予实时评价； 3. 对设备调试效果不理想的学生给以实时的纠正和指导。	1. 学生倾听教师讲授男士中式立领衬衣成衣制作设备调试的方法和应注意的事项； 2. 学生独立操作调试男士中式立领衬衣成衣制作针距、底面线的松紧度和烫斗的温度，并对调试效果进行自查和自评； 3. 设备调试效果不理想的学生，根据教师的实时指导进行反复调试。	1. 学生自评：男士中式立领衬衣成衣制作线迹试针效果是否标准；熨斗试烫效果是否标准。 2. 教师点评：男士中式立领衬衣成衣制作线迹试针效果是否标准；熨斗试烫效果是否标准。
	课时：0.5 课时 1. 硬资源：具备上网功能的计算机或手机，服装缝纫工艺室、熨斗、烫台、裁剪台、试衣人台等。 2. 软资源：男士中式立领衬衣成衣制作教材、男士中式立领衬衣成衣制作信息页等。 3. 教学设施：多媒体投影仪等。			

男士中式立领衬衣制作

工作子步骤	教师活动	学生活动	评价
1. 编写男士中式立领衬衣成衣缝制的工艺流程； 2. 男士中式立领衬衣成衣面料烫衬； 3. 男士中式立领衬衣成衣缝缉； 4. 男士中式立领衬衣成衣整烫； 5. 新式唐装中，中华传统元素的运用及工艺处理（立领、盘扣、衩位、传统图案的设计与制作——印花、绣花、手绘等）。	1. 教师组织学生独立阅读男士中式立领衬衣成衣制作生产工艺单或工作页，要求学生通过分析工艺图文说明，采用关键词法标注或摘录出男士中式立领衬衣工艺要求； 2. 教师展示样衣，并引导学生分析缝型结构特点与逻辑关系， 3. 教师抽查学生描述男士中式立领衬衣工艺要求以及缝型结构特点与逻辑关系； 4. 教师根据被抽查学生的描述进行点评，如果存在问题，提出补充或修改意见； 5. 教师组织和监控学生按小组根据男士中式立领衬衣工艺要求以及缝型结构特点与逻辑关系，编写男士中式立领衬衣成衣制作的工艺流程图； 6. 教师组织小组代表汇报男士中式立领衬衣成衣制作工艺流程图的编写内容； 7. 教师根据各小组的汇报进行点评，并通过分析讲解，整合或补充流程图的编写意见； 8. 教师集中讲解男士中式立领衬衣成衣制作工艺流程中简单工序的操作方法，并要求学生根据教师讲解的方法独立完成其工序； 9. 教师采用分组示范的教学方法，对男士中式立领衬衣成衣制作中的工艺操作难点进行操作示范； 10. 教师监控学生操作男士中式立领衬衣成衣制作各工序的进度与操作的规范性； 11. 教师实时点评学生操作男士中式立领衬衣成衣制作各工序的制作效果，对在操作中出现问题的学生给以实时纠正和指导。	1. 学生独立阅读男士中式立领衬衣成衣制作生产工艺单或工作页，通过分析工艺图文说明，标注或摘录出男士中式立领衬衣工艺要求的关键词； 2. 学生观察教师展示的样衣，在老师的引导下分析缝型结构特点与逻辑关系； 3. 被抽查的学生描述男士中式立领衬衣工艺要求以及缝型结构特点与逻辑关系； 4. 学生倾听教师对男士中式立领衬衣工艺要求以及缝型结构特点与逻辑关系的点评，记录老师提出的需补充或修改的内容； 5. 各小组根据男士中式立领衬衣工艺要求以及缝型结构特点与逻辑关系，编写男士中式立领衬衣成衣制作的工艺流程图； 6. 小组代表汇报男士中式立领衬衣成衣制作工艺流程图的编写内容； 7. 学生倾听教师对各小组编写的男士中式立领衬衣工艺流程图内容的点评，记录教师整合或补充后的流程图编写内容； 8. 学生根据教师讲解的方法独立完成男士中式立领衬衣成衣制作工艺流程中的简单工序； 9. 学生以组为单位，轮流观看教师示范男士中式立领衬衣成衣制作中的工艺操作难点； 10. 学生按工序的进度节拍操作男士中式立领衬衣成衣制作各工序； 11. 在男士中式立领衬衣成衣制作操作工序中出现问题的学生，按老师的纠正方法进行返工修改。	1. 学生自评及互评： (1) 男士中式立领衬衣成衣制作的工艺要求摘录是否完整； (2) 男士中式立领衬衣成衣制作工艺流程图的编写是否合理； (3) 是否能按时按质完成男士中式立领衬衣成衣制作的各工序。 2. 教师点评： (1) 成衣制作的工艺要求摘录是否完整； (2) 男士中式立领衬衣成衣制作工艺流程图的编写是否合理； (3) 是否能按时按质完成男士中式立领衬衣成衣制作的各工序。

课时： 11 课时

1. 硬资源：具备上网功能的计算机或手机，服装缝纫工艺室、熨斗、烫台、裁剪台、试衣人台等。
2. 软资源：男士中式立领衬衣成衣制作教材、男士中式立领衬衣成衣制作信息页等。
3. 教学设施：多媒体投影仪等。

学习任务 3　衬衣类成品制作—男士中式立领衬衣的制作

1 明确男士中式立领衬衣制作任务 → 2 领取男士中式立领衬衣成衣制作材料 → 3 裁剪男士中式立领衬衣成衣制作裁片 → 4 设备调试 → 5 男士中式立领衬衣制作 → 6 男士中式立领衬衣样版的交付与评价 → 7 工作现场整理与设备维护

男士中式立领衬衣样版的交付与评价

工作子步骤	教师活动	学生活动	评价
1. 交付男士中式立领衬衣成衣； 2. 阅读男士中式立领衬衣成衣工艺质量标准； 3. 阅读男士中式立领衬衣成衣检验部位尺寸的公差表； 4. 阅读男士中式立领衬衣成衣 外观质量说明； 5. 评价男士中式立领衬衣成衣效果，并将男士中式立领衬衣成衣的评价录入评价表。	1. 教师组织学生填写好制作人班级、编号标签，并缝制在男士中式立领衬衣成衣上的指定位置； 2. 教师组织学生独立阅读男士中式立领衬衣成衣工艺质量标准说明、公差表、外观质量标准，并要求学生采用关键词法标注或摘录出男士中式立领衬衣成衣的工艺质量要求、公差范围、外观要求； 3. 教师抽查学生描述男士中式立领衬衣成衣的工艺质量要求、公差范围、外观要求（中国传统的工艺的技术要求和制作标准，男士中式立领衬衣是否美观且准确表达了设计意图，展现中国传统服饰特点，是否有亮点新意）； 4. 教师根据被抽查学生的描述进行点评，如存在问题，提出补充或修改意见； 5. 教师组织学生自评、互评男士中式立领衬衣成衣的制作效果，并将评价结果现场录入评价表。	1. 学生按教师要求填写好制作人班级、编号标签，并缝制在男士中式立领衬衣成衣上的指定位置； 2. 学生独立阅读男士中式立领衬衣成衣工艺质量标准说明、公差表、外观质量说明，并采用关键词法标注和摘录出男士中式立领衬衣成衣的评价内容、公差范围、外观要求； 3. 被抽查学生描述其摘录的男士中式立领衬衣成衣的工艺质量标准、公差范围、外观要求； 4. 学生倾听教师点评学生对男士中式立领衬衣成衣的评价内容、公差范围、外观要求的汇报情况，记录教师整合或补充的内容； 5. 学生自评、互评男士中式立领衬衣成衣的制作效果，并观看教师将评价结果现场录入评价表。	1. 学生自评和互评： （1）男士中式立领衬衣成衣的工艺效果否符合工艺质量标准； （2）男士中式立领衬衣成衣的规格尺寸是否在公差范围内； （3）男士中式立领衬衣成衣的整体效果是否符合外观质量要求。 2. 教师点评： （1）男士中式立领衬衣成衣的工艺效果否符合工艺质量标准； （2）男士中式立领衬衣成衣的规格尺寸是否在公差范围内； （3）男士中式立领衬衣成衣的整体效果是否符合外观质量要求。

课时： 2 课时

1. 硬资源：具备上网功能的计算机或手机，服装缝纫工艺室、熨斗、烫台、裁剪台、试衣人台等。
2. 软资源：男士中式立领衬衣成衣制作信息页、男士中式立领衬衣成衣制作评价表等。
3. 教学设施：多媒体投影仪等。

工作现场整理与设备维护

工作子步骤	教师活动	学生活动	评价
1. 阅读“8S”规章制度； 2. 男士中式立领衬衣成衣制作环境整理、设备的维护。	1. 教师组织学生独立阅“8S”规章制度，并要求学生采用关键词法标注出“8S”工作要求； 2. 教师协助劳动委员安排值日生； 3. 教师监控值日生实施工作现场整理的过程； 4. 教师组织学生自评男士中式立领衬衣成衣制作现场整理与设备维护情况； 5. 教师根据男士中式立领衬衣成衣制作现场整理与设备维护情况进行点评，如有需要整改的地方，要求值日生现场整改； 6. 教师安排一名值日生代表填写设备使用记录表。	1. 学生采用关键词法独立阅读“8S”规章制度，并标注出“8S”工作要求； 2. 劳动委员安排值日生； 3. 值日生按“8S”要求实施工作现场整理； 4. 值日生自评男士中式立领衬衣成衣制作现场整理与设备维护情况； 5. 值日生倾听教师对男士中式立领衬衣成衣制作现场整理与设备维护情况的点评，对需整改的地方进行现场整改； 6. 被安排的值日生代表填写设备使用记录表。	1. 值日生自评： (1) 男士中式立领衬衣成衣制作现场清洁、归位是否达到“8S”工作要求的标准； (2) 男士中式立领衬衣成衣制作设备的维护是否合理。 2. 教师点评： (1) 男士中式立领衬衣成衣制作现场清洁、归位是否达到“8S”工作要求的标准； (2) 男士中式立领衬衣成衣制作设备的维护是否合理。

课时： 0.5 课时

1. 硬资源：具备上网功能的计算机或手机，服装缝纫工艺室、熨斗、烫台、裁剪台、试衣人台等。
2. 软资源：男士中式立领衬衣成衣制作“8S”规章制度信息页、设备使用记录表等。
3. 教学设施：多媒体投影仪等。

学习任务 4　女时装成品制作——女时装外套成品制作

任务描述

学习任务课时：20 课时

任务情境：

中山某服饰有限公司设计部开发了女时装外套成衣新款系列，本系列设计主题为中国风，展现我们的民族自信，打造“中国制造”招牌。本系列服装在制作中，需要应用中国传统服装的制作方法完成。版房主管将这制作任务单下发给服装版房的车版师，并要求车版师完成女时装头版的样版制作后，及时将样版交付给车版师进行女时装头版的制作。

车版师接到女时装成衣制作的样版后，通过阅读女时装制作工艺单，确认出女时装制作的码数与相应的规格尺寸、缝型要求、工艺质量要求及外观要求等内容，从而制订出合理的工作计划，并按计划实施女时装制作的各工序。在制作过程中大量运用各种镶边、滚边和嵌边等常用的特殊工艺手法来装饰女时装。女时装花钮盘扣具有其他服装上钮扣所不能比拟的作用，它不仅仅是一个钮扣，而是女时装本身一件精美的装饰品。

该公司希望我院服装专业的学生参与本次的女时装制作，并要求在 2 天内按照企业生产要求完成的制作任务。具体要求如下：

1. 能应用国家号型系列标准，选用女时装制作使用的号型样版，根据女时装制作工艺制单的图文表述，明确完成时间，了解女时装制作成品检验部位的规格尺寸及工艺要求；
2. 能根据女时装成衣工艺制单的要求，选用女时装制作材料；
3. 能根据女时装裁剪样版、面辅料的幅宽预算出面辅料所需长度（成本意识），选配好其他制作材料，领取并填写女时装制作的领取材料清单；
4. 根据女时装成衣制作裁剪样版的技术说明，完成排版、画样、剪取裁片、清点裁片工序；
5. 根据女时装成衣的面、辅料性能，调试好缝制设备和熨烫设备；
6. 根据女时装成衣制作生产工艺单的图文说明，分析女时装成衣制作的缝型、工艺要求等内容，编写出女时装成衣制作的工艺流程；
7. 应用镶边、滚边和嵌边等常用的特殊工艺手法来装饰女时装，培养学生一丝不苟的精神；女时装的花钮盘扣也是服装中主要特色的体现，通过工艺精细的制作，体现精益求精的大国工匠精神，展示出民族服装的魅力；
8. 根据检验规格要求，测量出女时装成衣各控制部位的规格尺寸；
9. 根据女时装成衣控制部位的公差范围和外观质量要求，判断女时装成品是否符合标准，并按时将合格成品交付给验收人员；
10. 根据“8S”的要求，维护好女时装成衣制作设备和现场环境。

基于此，服装专业教师带领并引导学生共同完成该项任务。

具体工作流程和标准见下页。

工作流程和标准

工作环节 1

明确女时装成衣制作任务

1

搜集中国女装品牌，解读缝制生产任务单、缝制工艺说明书、作工艺流程以及质量标准，了解服装版房的工作环节和岗位职责。

主要成果：1. 女时装外套成衣规格尺寸标注图；
2. 女时装外套成衣制作工艺要求摘录说明单。

工作环节 2

领取女时装制作材料

2

根据女时装裁剪样版、面辅料的幅宽以及女时装款式，预算出女时装制作材料面辅料所需长度数量，选配其他制作材料。领取并填写女时装制作的领取材料清单。

主要成果：女时装外套成衣制作的领取材料清单。

工作环节 3

裁剪女时装制作裁片

3

了解女时装布料的选材要求，根据女时装制作裁剪样版的技术说明进行排版、画样、剪取裁片、清点裁片，并具备很强的成本核算和节约意识（成本意识）。创新传统服装制作工艺，制作有中国特色的女装外套。

主要成果：1. 女时装外套裁剪要求以及注意事项的摘录单；
2. 女时装外套成衣制作裁片清单。

学习任务 4　女时装成品制作——女时装外套成品制作

工作环节 4

设备调试 4

根据女时装的面辅料性能进行缝制设备的调试。

主要成果：1. 线迹试针效果；
2. 熨斗试烫效果。

工作环节 5

女时装制作 5

根据女时装制作生产工艺单的图文说明，分析女时装制作的缝型、工艺要求等内容，并编写出女时装制作的工艺流程图，进行手工盘扣等民族服装特色工艺制作。

主要成果：1. 女时装外套成衣制作的工艺流程图；
2. 女时装外套成衣制作成品。

工作环节 6

女时装制作交付与评价 6

根据检验的度量规范，测量出女时装各控制部位的规格尺寸，并按照女时装控制部位的公差范围和外观质量要求，评价出女时装制作的整体分值。学生总结和分享学习心得体会。

主要成果：女时装外套成衣制作评价表。

工作环节 7

女时装制作工作现场整理与设备维护 7

按“8S”的要求进行女时装制作设备维护和现场清洁、归位。

主要成果：设备使用记录表。

学习内容

知识点	1.1 国家号型系列知识； 1.2 女时装外套成衣制作工艺制单中的图文术语知识； 1.3 时装当中融入传统文化元素，打造“中国制造”招牌。	2.1 女时装外套成衣制作材料的选用知识； 2.2 女时装外套成衣制作面、辅料数量的预算知识； 2.3 女时装外套成衣制作设备的选用知识 2.4 传统布料的种类辨别。	3.1 女时装外套成衣面、辅料正反面、经纬纱知识； 3.2 女时装外套成衣裁剪样版标写的图文技术知识； 3.3 裁剪时注意精细裁剪，节约用料。
技能点	1.1 能应用国家号型系列标准，选用女时装外套成衣制作使用的号型样版； 1.2 能根据女时装外套成衣工艺制单的图文表述，摘录出女时装外套成品检验部位的规格尺寸及工艺要求。	2.1 能根据女时装外套款式选用女时装外套成衣制作材料； 2.2 能根据女时装外套裁剪样版以及面辅料的幅宽预算出面辅料所需长度，并有很强的成本意识； 2.4 能根据女时装外套成衣制作领取材料清单； 2.5 了解中国本土品牌的设计案例及体现服装文化的视觉元素。	3.1 能根据女时装外套成衣制作裁剪样版的技术说明进行排版、画样、剪取裁片； 3.2 能根据女时装外套成衣，制作裁剪样版的技术说明清点裁片。
工作环节	工作环节 1 明确女时装外套成衣制作任务	工作环节 2 领取女时装外套成衣制作材料	工作环节 3 裁剪女时装外套成衣制作裁片
成果	1.1 女时装外套成衣规格尺寸标注图； 1.2 女时装外套成衣制作工艺要求摘录说明单。	1.1 女时装外套成衣制作的领取材料清单。	3.1 女时装外套裁剪要求以及注意事项的摘录单 3.2 女时装外套成衣制作裁片清单。
职业素养 思政元素	1.1 职业素养： 1. 缝纫车间安全意识； 2. 阅读分析能力； 3. 表达能力； 4. 信息整合能力； 1.2 思政元素： 传承中国传统服装文化，增强文化自信。	2.1 职业素养： 1. 阅读分析能力； 2. 表达能力； 3. 成本控制能力 ； 4. 团队合作能力； 2.2 思政元素： 可以说出 1~2 个国内服装品牌，包括品牌来源、风格特点等，增强民族文化自信和爱国爱家意识。	3.1 职业素养： 1. 阅读分析能力； 2. 规范操作能力； 3. 认真、细心的工作态度； 4. 具备很强的成本意识； 3.2 思政元素： 通过对传统服装元素的搜集（如中式服装的种类、盘扣制作工艺，刺绣等元素），帮助学生理解非遗文化能力、增强民族文化自信和爱国爱家意识。注重传统工艺技法，展现出“中国制造”招牌。

学习任务 4　女时装成品制作——女时装外套成品制作

4.1 女时装外套成衣制作设备的基本工作原理； 4.2 女时装外套成衣制作设备的性能及操作方法； 4.3 女时装外套成衣制作面辅料性能与设备的协调原理； 4.4 中国传统服装的工艺要求。	5.1 女时装外套成衣制作工艺图文术语知识； 5.2 女时装外套成衣制作的缝型、熨烫知识； 5.3 女时装外套成衣制作中工艺样版的使用知识； 5.4 盘扣制作步骤，刺绣的种类和基本绣法。	6.1 女时装外套成衣各控制部位规格的测量知识； 6.2 女时装外套成衣检验部位的公差知识； 6.3 女时装外套外观质量要求的术语知识。	7.1 环境、设备维护知识； 7.2 安全知识。
4.1 能根据女时装外套成衣面、辅料的性能进行缝制设备的调试； 4.2 能根据女时装外套成衣面、辅料的性能进行熨烫设备的调试。	5.1 能根据女时装外套成衣制作生产工艺单的图文说明摘录出女时装外套制作的工艺要求； 5.2 能按女时装外套成衣制作的缝型、熨烫知识，编写女时装外套成衣制作的工艺流程图； 5.3 能使用女时装外套成衣制作的工艺样版操作对应的女时装外套成衣制作工艺。	6.1 能根据检验的度量规范，测量出女时装外套成衣各控制部位的规格尺寸； 6.2 能按女时装外套成衣控制部位的公差范围，评价女时装外套成品规格分值； 6.3 能根据女时装外套外观质量要求，评价女时装外套成品外观效果分值。	7.1 能规范有序地进行设备维护的操作； 7.2 能按“8S”的要求进行女时装外套成衣制作现场清洁、归位。

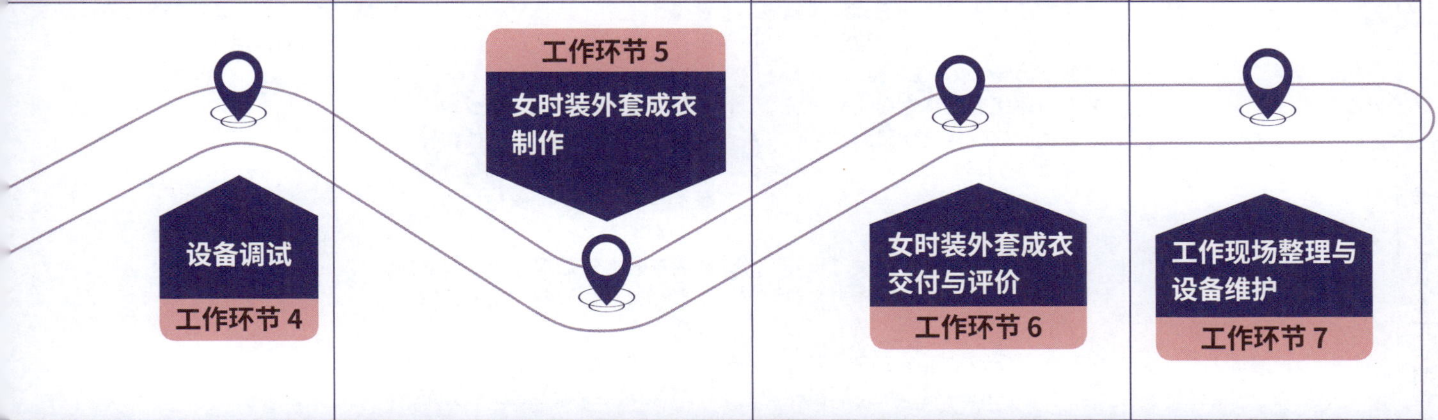

4.1 线迹试针效果 4.2 熨斗试烫效果。	5.1 女时装外套成衣制作的工艺流程图 5.2 女时装外套成衣制作成品。	6.1 女时装外套成衣制作评价表。	7.1 设备使用记录表。
4.1 职业素养： 1. 沟通能力； 2. 虚心、耐心的职业态度。	5.1 职业素养： 1. 阅读分析能力； 2. 语言表达能力； 3. 操作规范能力； 4. 虚心、耐心的职业态度； 5. 一丝不苟、精益求精的职业素养； 5.2 思政元素： 通过传统服装制作工艺（盘扣、刺绣等元素）在服装中的应用，帮助学生理解非遗文化，增强学生的民族文化自信和爱国爱家意识。	6.1 职业素养： 1. 阅读能力； 2. 语言表达能力； 3. 操作规范能力； 4. 专业审美能力。	7.1 职业素养： 1. 安全意识； 2. 安全保洁能力。

课程 6　服装成品制作

学习任务 4　女时装成品制作——女时装外套成品制作

1. 明确女时装外套成衣制作任务
2. 领取女时装外套成衣制作材料
3. 裁剪女时装外套成衣制作裁片
4. 设备调试
5. 女时装外套成衣制作
6. 女时装外套成衣交付与评价
7. 工作现场整理与设备维护

	工作子步骤	教师活动	学生活动	评价
明确女时装外套成衣制作任务	1. 学习女时装外套成衣规格的控制部位； 2. 学习女时装外套成衣制作的工艺要求； 3. 搜集中国女装品牌。	1. 教师要求学生按照缝纫车间安全操作规范做好防范措施，安排小组长负责检查小组成员的安全措施执行情况； 2. 教师采用讲授法描述女时装外套成衣制作在服装企业版房的工作内容； 3. 教师组织学生独立阅读女时装外套成衣制作生产工艺单，并要求学生运用关键词法标注和摘录出女时装外套成衣控制部位的规格尺寸以及工艺要求； 4. 教师巡回监控学生标注女时装外套成衣规格尺寸和制作工艺要求的操作过程时间； 5. 教师抽查提问学生对女时装外套成衣规格尺寸和制作工艺要求的标注情况； 6. 教师根据被抽查学生的汇报进行点评，如果存在问题，提出补充或修改意见； 7. 教师巡回监控学生自评女时装外套成衣规格尺寸和制作工艺要求标注的过程时间。	1. 学生按照缝纫车间安全操作规范做好防范措施，小组长负责检查小组成员的安全措施执行情况，必要时提请教师纠正教育； 2. 学生倾听教师描述女时装外套成衣制作在服装企业版房的工作内容； 3. 学生个人阅读女时装外套成衣制作的生产工艺单，分析女时装外套成衣样品； 4. 学生根据个人阅读和分析女时装外套成衣制作生产工艺单和样品内容，标注和摘录女时装外套成衣控制部位的规格和工艺要求的关键词； 5. 被抽查的学生汇报女时装外套成衣规格尺寸和制作工艺要求的标注情况； 6. 学生倾听教师对汇报内容的点评，并记录老师提出的需补充或修改的内容； 7. 学生根据教师的点评内容，自评女时装外套成衣规格尺寸和制作工艺要求的标注情况。	1. 学生自评： (1) 女时装外套成衣规格尺寸的标注内容是否正确； (2) 女时装外套成衣制作工艺要求的标注是否完整、正确。 2. 教师点评： (1) 女时装外套成衣规格尺寸的标注内容是否正确； (2) 女时装外套成衣制作工艺要求的标注是否完整、正确。

课时： 1 课时

1. 硬资源：具备上网功能的计算机或手机，服装缝纫工艺室、熨斗、烫台、裁剪台、试衣人台等。
2. 软资源：女时装外套成衣制作任务单、女时装外套成衣制作教材、女时装外套成衣制作信息页等。
3. 教学设施：多媒体投影仪等。

1 明确女时装外套成衣制作任务
2 领取女时装外套成衣制作材料
3 裁剪女时装外套成衣制作裁片
4 设备调试
5 女时装外套成衣制作
6 女时装外套成衣交付与评价
7 工作现场整理与设备维护

领取女时装外套成衣制作材料

工作子步骤	教师活动	学生活动	评价
1. 女时装外套成衣制作材料预算； 2. 领取女时装外套成衣制作的材料； 3. 传统服装布料的种类辨别。	1. 教师展示女时装外套样衣、裁剪样版、面料布样；并组织学生根据展示物料进行分组讨论 2. 教师组织学生分组讨论女时装外套成衣制作所需的材料、制作工具、适用设备以及面料、纸衬的长度预算，并根据小组讨论结果，填写女时装外套成衣制作的领取物料名称和数量； 3. 教师组织各小组张贴展示女时装外套成衣制作的领取物料名称和数量清单，并由组代表汇报物料清单填写的内容情况； 4. 老师巡回监控小组互评物料清单填写内容的过程时间； 5. 教师根据各组汇报的物料清单填写内容进行点评，并通过分析制订女时装外套成衣制作所要领的取物料名称和对应的数量； 6. 教师组织学生分组量剪所需面、辅料以及领取女时装外套成衣制作的其他物料，并巡回监控操作过程的规范性。	1. 学生集体观看教师展示女时装外套样衣、裁剪样版、面料布样； 2. 学生分组讨论女时装外套成衣制作所需的材料、制作工具、设备，以及面料、纸衬的长度预算，并根据小组讨论结果，填写女时装外套成衣制作的领取物料名称和数量； 3. 各小组张贴展示女时装外套成衣制作的领取物料名称和数量清单，并由组代表汇报物料清单填写的内容情况； 4. 小组互评物料清单填写内容的情况； 5. 学生倾听教师点评各组物料清单填写内容的点评，并记录老师制订的女时装外套成衣制作所要领取物料名称和对应的数量； 6. 学生按各组的物料清单量剪布面、辅料，以及领取女时装外套成衣制作的其他物料。	1. 小组互评： 材料清单填写是否合理、准确。 2. 教师点评： 各小组材料清单填写是否合理、准确。

课时： 1 课时

1. 硬资源：具备上网功能的计算机或手机，服装缝纫工艺室、熨斗、烫台、裁剪台、试衣人台等。
2. 软资源：女时装外套成衣制作教材、 女时装外套成衣制作信息页等。
3. 教学设施：多媒体投影仪等。

学习任务 4　女时装成品制作—女时装外套成品制作

1 明确女时装外套成衣制作任务 → 2 领取女时装外套成衣制作材料 → 3 裁剪女时装外套成衣制作裁片 → 4 设备调试 → 5 女时装外套成衣制作 → 6 女时装外套成衣交付与评价 → 7 工作现场整理与设备维护

	工作子步骤	教师活动	学生活动	评价
裁剪女时装外套成衣制作裁片	1. 女时装外套成衣裁剪样版的排版、画样； 2. 剪取女时装外套成衣制作裁片。	1. 组织学生独立阅读女时装外套成衣制作生产工艺单或工作页，并要求学生采用关键词法标注和摘录女时装外套裁剪要求以及注意事项； 2. 抽查提问学生对女时装外套裁剪要求以及注意事项的标注情况； 3. 根据被抽查学生的汇报进行点评，如果存在问题，提出补充或修改意见； 4. 组织和监控学生个人按女时装外套裁剪要求以及注意事项实施排版、画样、剪取裁片工序； 5. 组织学生个人按剪取的裁片填写女时装外套成衣制作裁片清单； 6. 随机抽查学生提问女时装外套成衣制作裁片清单填写情况； 7. 根据被抽查学生的汇报进行点评，如有裁片遗漏填写，及时要求学生填写并现场清点核对裁片。	1. 学生独立阅读女时装外套成衣制作生产工艺单或工作页，并标注和摘录女时装外套裁剪要求以及注意事项的关键词； 2. 被抽查的学生汇报女时装外套裁剪要求以及注意事项标注情况； 3. 学生倾听教师对女时装外套裁剪要求以及注意事项汇报内容的点评，并记录老师提出的需补充或修改的内容； 4. 学生个人按女时装外套裁剪要求、最优省料方案以及注意事项实施排版、画样、剪取裁片工序； 5. 学生个人按剪取的裁片填写女时装外套成衣制作裁片清单； 6. 被抽查的学生汇报女时装外套成衣制作裁片清单的内容及用料尺寸（成本核算意识）； 7. 学生倾听教师对女时装外套成衣制作裁片清单内容的点评，并自查清单填写是否完整、裁片数量是否齐全。	1. 学生自评： (1) 女时装外套裁剪要求以及注意事项的摘录是否完整、准确； (2) 裁片清单填写是否完整、准确。 2. 教师点评： (1) 女时装外套裁剪要求以及注意事项的摘录是否完整、准确； (2) 裁片清单填写是否合理、准确。

课时： 4 课时

1. 硬资源：具备上网功能的计算机或手机，服装缝纫工艺室、熨斗、烫台、裁剪台、试衣人台等。
2. 软资源：女时装外套成衣制作教材、女时装外套成衣制作信息页等。
3. 教学设施：多媒体投影仪等。

设备调试

工作子步骤	教师活动	学生活动	评价
1. 女时装外套成衣制作的线迹调试； 2. 女时装外套成衣制作的烫温调试。	1. 集中讲授女时装外套成衣制作设备的调试方法和应注意的事项； 2. 巡回监控学生对女时装外套成衣制作针距、底面线的松紧度和烫斗温度的调试操作过程，并对调试效果给予实时评价； 3. 对设备调试效果不理想的学生给以实时的纠正和指导。	1. 学生倾听教师讲授女时装外套成衣制作设备调试的方法和应注意的事项； 2. 学生独立操作调试女时装外套成衣制作针距、底面线的松紧度和烫斗的温度，并对调试效果进行自查和自评； 3. 设备调试效果不理想的学生，根据教师的实时指导进行反复调试。	1．学生自评： (1) 女时装外套成衣制作线迹试针效果是否标准； (2) 女时装外套成衣制作熨斗试烫效果是否标准。 2. 教师点评： (1) 女时装外套成衣制作线迹试针效果是否标准； (2) 女时装外套成衣制作熨斗试烫效果是否标准。

课时：0.5 课时

1. 硬资源：具备上网功能的计算机或手机，服装缝纫工艺室、熨斗、烫台、裁剪台、试衣人台等。
2. 软资源：女时装外套成衣制作教材、女时装外套成衣制作信息页等。
3. 教学设施：多媒体投影仪等。

课程 6　服装成品制作

学习任务 4　女时装成品制作——女时装外套成品制作

1. 明确女时装外套成衣制作任务
2. 领取女时装外套成衣制作材料
3. 裁剪女时装外套成衣制作裁片
4. 设备调试
5. 女时装外套成衣制作
6. 女时装外套成衣交付与评价
7. 工作现场整理与设备维护

	工作子步骤	教师活动	学生活动	评价
女时装外套成衣制作	1. 编写女时装外套成衣缝制的工艺流程； 2. 女时装外套成衣面料烫衬； 3. 女时装外套成衣缝缉； 4. 女时装外套成衣整烫； 5. 创新盘扣制作步骤、刺绣的种类和基本绣法。	1. 教师组织学生独立阅读女时装外套成衣制作生产工艺单或工作页，要求学生通过分析工艺图文说明，采用关键词法标注或摘录出女时装外套工艺要求； 2. 教师展示样衣，并引导学生分析缝型结构特点与逻辑关系； 3. 教师抽查学生描述女时装外套工艺要求以及缝型结构特点与逻辑关系； 4. 教师根据被抽查学生的描述进行点评，如果存在问题，提出补充或修改意见； 5. 教师组织和监控学生按小组根据女时装外套工艺要求以及缝型结构特点与逻辑关系，编写女时装外套成衣制作的工艺流程图； 6. 教师组织小组代表汇报女时装外套成衣制作工艺流程图的编写内容； 7. 教师根据各小组的汇报进行点评，并通过分析讲解，整合或补充流程图的编写意见； 8. 教师采用集中讲解的方法，讲解女时装外套成衣制作工艺流程中简单工序的操作方法，并要求学生根据教师讲解的方法独立完成其工序； 9. 教师采用分组示范的教学方法，对女时装外套成衣制作中的工艺操作难点进行操作示范； 10. 教师监控学生操作女时装外套成衣制作各工序的进度与操作的规范性； 11. 教师实时点评学生操作女时装外套成衣制作各工序的制作效果，对在操作中出现问题的学生给以实时纠正和指导。	1. 学生独立阅读女时装外套成衣制作生产工艺单或工作页，通过分析工艺图文说明，标注或摘录出女时装外套工艺要求的关键词； 2. 学生观察教师展示的样衣，在老师的引导下分析缝型结构特点与逻辑关系； 3. 被抽查的学生描述女时装外套工艺要求以及缝型结构特点与逻辑关系； 4. 学生倾听教师对女时装外套工艺要求以及缝型结构特点与逻辑关系的点评，并记录老师提出的需补充或修改的内容； 5. 各小组根据女时装外套工艺要求以及缝型结构特点与逻辑关系，编写女时装外套成衣制作的工艺流程图； 6. 小组代表汇报女时装外套成衣制作工艺流程图的编写内容； 7. 学生倾听教师对各小组编写的女时装外套工艺流程图内容的点评，并记录教师整合或补充后的流程图编写内容； 8. 学生根据教师讲解的方法独立完成女时装外套成衣制作工艺流程中的简单工序； 9. 学生以组为单位，轮流观看教师示范女时装外套成衣制作中的工艺操作难点； 10. 学生按工序的进度节拍操作女时装外套成衣制作各工序； 11. 在女时装外套成衣制作操作工序中出现问题的学生，按老师的纠正方法进行返工修改。	1. 学生自评及互评： (1) 女时装外套成衣制作的工艺要求摘录是否完整； (2) 女时装外套成衣制作工艺流程图的编写是否合理； (3) 是否能按时按质完成女时装外套成衣制作的各工序。 2. 教师点评： (1) 成衣制作的工艺要求摘录是否完整； (2) 女时装外套成衣制作工艺流程图的编写是否合理； (3) 是否能按时按质完成女时装外套成衣制作的各工序。

课时： 11 课时

1. 硬资源：具备上网功能的计算机或手机，服装缝纫工艺室、熨斗、烫台、裁剪台、试衣人台等。
2. 软资源：女时装外套成衣制作教材、女时装外套成衣制作信息页等。
3. 教学设施：多媒体投影仪等。

基准课时：20

1 明确女时装外套成衣制作任务 → 2 领取女时装外套成衣制作材料 → 3 裁剪女时装外套成衣制作裁片 → 4 设备调试 → 5 女时装外套成衣制作 → 6 女时装外套成衣交付与评价 → 7 工作现场整理与设备维护

	工作子步骤	教师活动	学生活动	评价
女时装外套成衣交付与评价	1. 交付女时装外套成衣； 2. 阅读女时装外套成衣工艺质量标准； 3. 阅读女时装外套成衣检验部位尺寸的公差表； 4. 阅读女时装外套成衣外观质量说明； 5. 评价女时装外套成衣效果并将女时装外套成衣的评价录入评价表。	1. 教师组织学生填写好制作人班级、编号标签，并缝制在女时装外套成衣上的指定位置； 2. 教师组织学生独立阅读女时装外套成衣工艺质量标准说明、公差表、外观质量标准，并要求学生采用关键词法标注或摘录出女时装外套成衣的工艺质量要求、公差范围、外观要求； 3. 教师抽查学生描述女时装外套成衣的工艺质量要求、公差范围、外观要求； 4. 教师根据被抽查学生的描述进行点评，如存在问题，提出补充或修改意见； 5. 教师组织学生自评、互评女时装外套成衣的制作效果，并将评价结果现场录入评价表。	1. 学生按教师要求填写好制作人班级、编号标签，并缝制在女时装外套成衣上的指定位置； 2. 学生独立阅读女时装外套成衣工艺质量标准说明、公差表、外观质量说明，并采用关键词法标注和摘录出女时装外套成衣的评价内容、公差范围、外观要求； 3. 被抽查学生描述其摘录的女时装外套成衣的工艺质量标准、公差范围、外观要求； 4. 学生倾听教师点评学生对女时装外套成衣的评价内容、公差范围、外观要求的汇报情况，并记录教师整合或补充的内容； 5. 学生自评、互评女时装外套成衣的制作效果，并观看教师将评价结果现场录入评价表。	1. 学生自评和互评： (1) 女时装外套成衣的工艺效果否符合工艺质量标准； (2) 女时装外套成衣的规格尺寸是否在公差范围内； (3) 女时装外套成衣的整体效果是否符合外观质量要求。 2. 教师点评： (1) 女时装外套成衣的工艺效果否符合工艺质量标准； (2) 女时装外套成衣的规格尺寸是否在公差范围内； (3) 女时装外套成衣的整体效果是否符合外观质量要求。
	课时： 2 课时 1. 硬资源：电脑、度量工具、女时装外套成衣制作成衣、女时装外套样衣等。 2. 软资源：女时装外套成衣制作信息页、女时装外套成衣制作评价表等。 3. 教学设施：多媒体投影仪等。			
工作现场整理与设备维护	1. 阅读“8S”规章制度； 2. 女时装外套成衣制作环境整理、设备维护。	1. 教师组织学生独立阅“8S”规章制度，并要求学生采用关键词法标注出“8S”工作要求； 2. 教师协助劳动委员安排值日生； 3. 教师监控值日生实施工作现场整理的过程； 4. 教师组织学生自评女时装外套成衣制作现场整理与设备维护情况； 5. 教师根据女时装外套成衣制作现场整理与设备维护情况进行点评，如有需要整改的地方，要求值日生现场整改； 6. 教师安排一名值日生代表填写设备使用记录表。	1. 学生采用关键词法独立阅读“8S”规章制度；并标注出“8S”工作要求；； 2. 劳动委员安排值日生； 3. 值日生按“8S”要求实施工作现场整理； 4. 值日生自评女时装外套成衣制作现场整理与设备维护情况； 5. 值日生倾听教师对女时装外套成衣制作现场整理与设备维护情况的点评，对需整改的地方进行现场整改； 6. 被安排的值日生代表填写设备使用记录表。	1. 值日生自评： (1) 女时装外套成衣制作现场清洁、归位是否达到“8S”工作要求的标准； (2) 女时装外套成衣制作设备的维护是否合理。 2. 教师点评： (1) 女时装外套成衣制作现场清洁、归位是否达到“8S”工作要求的标准； (2) 女时装外套成衣制作设备的维护是否合理。
	课时： 0.5 课时 1. 硬资源：具备上网功能的计算机或手机，服装缝纫工艺室、熨斗、烫台、裁剪台、试衣人台等。 2. 软资源：女时装外套成衣制作“8S”规章制度信息页、设备使用记录表等。 3. 教学设施：多媒体投影仪等。			

考核标准

一、方案设计（时间：320 分钟）

任务名称：

女时装成衣制作

情境描述：

中山某服饰有限公司接到一张女时装成衣制作订单，生产主管将该任务分配给服装版房人员制作样衣，工作人员接到女时装制作的工作任务后，根据制作任务内容和工艺质量要求，确定规格尺寸，制订女时装制作工作计划。该任务需要在 2 天内完成。

任务要求：

根据任务的情境描述，在规定的时间内完成：

1. 分析工艺制作单中图文表述的专业术语：依据女时装制作订单中的图文工艺说明，获取女时装制作的规格尺寸、面料性能、面辅料的裁片数量、适用设备、针号、针距、明线宽度、工艺流程、生产数量、完成时间等内容。
2. 领取女时装的制作材料：根据女时装制作的工艺要求，领取件缝制的面辅料、缝制工具及缝制设备（缝纫机、机针、熨斗等），并对女时装制作的裁片质量进行检验和清点，确认工具、材料完好无缺后，填写女时装制作物料清单 。
3. 设备的调试：根据女时装制作的工艺要求和面辅料的性能特点，进行设备的调试（针距、线迹的松紧度、熨斗温度）。
4. 制订女时装制作工艺流程：根据女时装制作的工艺要求，编写出规范的女时装制作工艺流程说明。
5. 质量检验：根据客户制订的女时装制作质量检验标准，利用服装成品检验工具进行成品检验，产品合格的如数交付验收人员（检验不达标的及时返工），并养成严格检验的工作态度。

任务要求：

女时装成衣制作订单、教材、专业书籍等。

《服装成品制作》学习活动考核评价表

过程性评价表
1. 团队合作 30 分 团队合作能力强而高效，小组在规定时间内完成任务。
2. 沟通礼仪 20 分 与老师沟通礼貌、尊重，做到有效沟通。
3. 获取信息 25 分 能理解任务书的内容和要求，关键性的设计要点提取全面、准确；能了解中国传统文化，对传统工艺技艺的学习全面准确，对中国工艺内涵理解到位。
4. 成果展示 25 分 工艺制作方案的制订考虑到结合中国传统工艺技艺，市场经济价值、商业价值、文化价值；成品制作要符合工艺制作要求，汇报展示时能够讲解大方，语言流畅、清晰。

评价要求		评价标准			
		优秀 10 分	良好 8 分	及格 6 分	不及格 6 分以下
专业能力评价标准	1. 学生对于任务的参与程度				
	2. 任务完成的完整性				
	3. 布料裁剪符合生产要求				
	4. 面料运用及搭配合理				
	5. 服装止口一致、流畅				
社会能力评价标准	1. 学生仪容仪表符合学校要求，尊重更加荣誉				
	2. 汇报内容准备充分、逻辑性强，语言文明有礼				
	3. 重点突出，能清晰准确表达自己的观点				
	4. 成果有创新性				
	5. 成果的商业价值性				
	总分得分情况				
	教师总评				

课程 7　服装纸样设计

学习任务 1
裙类纸样设计
（48）课时

学习任务 2
裤类纸样设计
（72）课时

学习任务 3
上装类纸样设计
（120）课时

学习任务 3-7
上装类纸样设计
—女外套纸样设计
（16）课时

学习任务 3-8
上装类纸样设计
—男西装纸样设计
（16）课时

课程目标

学习完本课程后，学生应能胜任服装样版制作常见任务，包括：裙子样版制作、裤子样版制作、上衣样版制作等，学会并遵守“8S”管理规定，养成良好的工作习惯，具体包括：

1. 能充分理解设计师的设计意图，与设计师充分沟通，准确解读样版制作的任务，如确认款式风格、廓型、内部结构、根据国标、行规标准，明确制版要求。

2. 能按照订单和款式图查询相关资料，并按照人体结构的不同比例，根据不同品类服装放松量的原理的方法，获取从订单和款式图转换为结构制版的有效信息。

3. 能严格按照国家标准，参考部颁标准、企业标准或设计师的要求，准确测量并标记服装各部位符合规定的尺寸。制版以国家号型标准为指导，能用制图公式准确制版，确保臀腰差、胸腰差、省道转移等的分配合理，做到起翘、困势、吃势、层势与人体体型特征匹配。制版务求准确，各环节之间有监控、有记录。

4. 制版完成后，能对样版进行修正，修正过程的要有详细的记录，并为修正完成后的样版标注丝绺、尺寸、款号、对位剪口、物料名称及款号等符号文字，由相关部门验收后，通知工艺部门制作样衣，确认产品。向版师请教时，交流沟通做到信守承诺、诚恳有礼。

5. 能按照工作流程，严格按照国家标准，参考部颁标准、企业标准或设计师的要求， 制作工业样版和工艺样版，编写工艺说明书。

6. 能根据工作要求及质量要求，验收样版成品。验收时要耐心、细心，交付时要注重沟通的时机与技巧，做好记录。

7. 能根据中国传统服装（旗袍、中式服装、融入中国设计元素的时装等），进行服装版型制作

8. 能根据所学纸样设计的方法技能，对服装版型进行创新。

9. 能根据具备中国传统手工艺的不同款式装饰类别进行样版的设计和裁剪。

10. 能遵循“8S”管理要求进行安全操作、工作现场的保洁、归位、整理及制版工具的保养等。并在工作过程中遇到问题能注重沟通的时机与技巧进行有效的解决。

课时：240

学习任务 3-1
上装类纸样设计
—女时装款衬衣纸样设计
（8）课时

学习任务 3-2
上装类纸样设计
—男传统款衬衣纸样设计
（16）课时

学习任务 3-3
上装类纸样设计
—旗袍纸样设计
（16）课时

学习任务 3-4
上装类纸样设计
—新中式改良服装纸样设计
（16）课时

学习任务 3-5
上装类纸样设计
—插肩袖女时装纸样设计
（16）课时

学习任务 3-6
上装类纸样设计
—连帽休闲装纸样设计
（16）课时

课程内容

1. 国标、行规文件知识的学习以及制版工具、材料的使用方法。

2. 认识人体结构及人体比例；并根据不同品类的服装材料其服装放松量变化的原理，确定号型规格，设定样版尺寸，并计算服装的系列档差。

3. 基本款旗袍、中式服装、裙装、裤装、上衣等的纸样设计与制作方法（主要是平面制图）的原理与制作方法（净样制版、毛样缝份设定、辅料样版）等。编写旗袍、中式服装、裙装、裤装、上衣纸样设计与制作的流程图方法。

4. 修正旗袍、中式服装、裙装、裤装、上衣纸样的技巧与方法；旗袍、中式服装、裙装、裤装、上衣标准纸样检查的方法；纸样清单撰写的方法；编写旗袍、中式服装、裙装、裤装、上衣纸样修正过程的记录表的方法。

5. 编写旗袍、中式服装、裙装、裤装、上衣工艺说明书的要求与方法；旗袍、中式服装、裙装、裤装、上衣推版的技巧与方法。填写旗袍、中式服装、裙装、裤装、上衣规格尺寸表、旗袍、中式服装、裙装、裤装、上衣配比表的要求与方法。

学习任务 1　裙类纸样设计

任务描述

学习任务课时：24 课时

任务情境：

中山某服饰有限公司接到一批裙装订单，款式包括西服裙、A 字裙、分割线裙等，版房主管将制版任务分配给技术部制版人员，制版人员接到款式图后经过分析，确定款式廓型、有无装腰、有无收省、有无裙开衩、有无夹里以及装拉链的位置及拉链的品种。该公司希望我院服装专业的学生参与该批订单合同中样版的制作，需在 4 天内按照企业生产要求完成某种裙款的制版任务。具体要求如下：

1. 接受工作任务，识读款式图，与设计师沟通，并确认款式风格、廓型、内部结构，根据国标、行规标准，明确制版要求。

2. 按照订单和款式图查询相关资料，并按照人体结构的不同比例，根据不同品类服装放松量的原理和方法，获取从订单和款式图转换为结构制版的有效信息。

3. 严格按照国家标准，参考部颁标准、企业标准或设计师的要求，准确测量并标记服装各部位符合规定的尺寸。制版以国家号型标准为指导，能用制图公式准确制版，确保臀腰差分配合理，做到起翘、困势与人体体型特征匹配。制版务求准确，各环节之间有监控、有记录。

4. 制版完成后，对裙装样版进行修正，修正过程要有详细的记录，并为修正完成后的样版标注丝绺、尺寸、款号、对位剪口、物料名称及款号等符号文字，由相关部门验收后，通知工艺部门制作样衣，确认产品。

5. 严格按照国家标准，参考部颁标准、企业标准或设计师的要求，制作工业样版和工艺样版，编写工艺说明书。

6. 验收时要耐心、细心，交付时要注重沟通的时机与技巧，做好记录。

7. 工作过程中要注重沟通的时机与技巧，要耐心、细心，并且还要遵循“8S”管理要求。

于是我校服装专业样版制作教师带领学生共同完成此项任务。

工作流程和标准

工作环节 1

明确裙装制版的任务

1

通过查阅资料、检索信息等方式，对款式、尺寸、工艺说明等制版要素分析到位，确认裙装制版的结构参数及裙装制版的工具适用要求（裙装制版适用工具：铅笔、放码尺、打版尺、曲线版、牛皮纸、拷贝纸、剪刀、打孔器、剪口钳），列写制版工具、材料清单并与版房主管沟通。

工作环节 2

确定号型规格，设定样版尺寸

2

根据国家号型标准、人体的结构比例、裙装腰、臀、摆等重点部位放松量的控制方法、裙装各部位规格尺寸设定、裙装常用面料与结构的匹配等，设定裙装各部位规格尺寸及腰、臀、摆等重点部位放松量，并根据国家号型标准，填写裙装各部位的裆差表。

工作环节 3

制作裙装样版

3

准确计算出面料缩水率，并使用打版尺、曲线版等制版工具，通过平面裁剪的制作方法，利用裙装版型变化的原理与方法（腰口腰头的变化、省道褶裥的变化、裙装各部位长度与围度的变化、不同裙摆的变化、裙装门襟的变化等）；裙装侧缝起翘、困势与人体体型特征的匹配原理；裙装省道处理原理与制作方法（腰部省和褶裥的长度、大小、位置的设计及省道转移的方法）等，制作全套裙装样版（净样、毛样、辅料样版、定位样制版等），并编写裙装制版流程图。

工作环节 4

样版修正，完成样版制作

4

完善裙装的样版，填写样版修正的标注与修改记录，在裙装样版上正确标注布纹丝绺线、号型规格、款号、物料名称等，并在对位剪口、省尖、袋口位等位置做记号。正确计算裙装面辅料的物料使用率。记录裙装样版修正过程并存档，填写纸样清单。

工作环节 5

交付推版，参与编写工艺说明书

5

参与编写裙装工艺说明书，按客户要求设置裙装规格表（号型及各部位的规格尺寸），绘制裙装款式图（含款式说明、工艺标注等），填写裙装配比表（各种号型，各种颜色数量的配比），确定裙装物料小样（粘贴面辅料小样），填写裙装的工艺要求（包括针距大小，关键工艺要求）。

工作环节 6

现场整理与设备保养

6

按“8S”工作要求，进行工作现场的整理及制版工具的保养，填写制版工具使用记录单，并自觉遵守、严格执行现场整理规范和设备保养规范，及时认真填写相关控制表单。

工作环节 7

评价反馈

7

每位学生提交裙装样版纸样，并通过小组互评、教师点评等多种形式，总结本次任务完成的质量与效率，以及每个成员遵循现场工作管理规范的情况。

学习内容

知识点	1.1 国标、行规文件； 1.2 订单、任务单的编写要素； 1.3 制版工具、材料的认识。	2.1 裙装的国家号型标准； 2.2 人体结构、人体比例； 2.3 不同品类服装放松量的原理、不同品类服装放松量的方法； 2.4 服装档差的计算方法。	3.1 基本款裙装制版方法（主要是平面制图）（净样制版的方法，毛样缝份设定的方法，辅料样版等的制版方等）； 3.2 版形变化款裙装的制作原理与方法（腰口腰头的变化、省道褶裥的变化、裙装各部位长度与围度的变化、不同裙摆的变化、裙装门襟的变化等）； 3.3 臀腰差的分配方法（不同的腰臀差省的分配）； 3.4 裙装省道处理原理与制作方法（腰部省和褶裥的长度、大小、位置的设计及省道转移的方法）； 3.5 服装起翘、困势与人体体型特征的匹配原理； 3.6 裙装制版流程图的编写方法。
技能点	1.1 对款式、尺寸、工艺说明等制版要素分析到位（理解能力）； 1.2 列写制版工具、材料清单； 1.3 职业能力： 能服从部门负责人工作安排，准确理解工作任务，掌握恰当的沟通时机和方法，与设计师确认款式图结构、面料等的合理性。	2.1 能运用国家号型标准制订裙装制版尺寸； 2.2 人体测量；合理设定裙装腰、臀、摆等重点部位的放松量； 2.3 准确设定裙类腰、臀、摆、裙长等关键部位的档差； 2.4 职业能力： 能掌握资料检索方法，根据款式图高效查阅相关技术资料，合理确定结构设计方案。	3.1 样版各部位洗水前尺寸的确定； 3.2 完成裙纸样的制作（含净样版、毛样版、定位样版、辅料样版）； 3.3 编写裙装制作流程图（培养学生认真、细心的职业素养）； 3.4 职业能力： 能与工艺师有效沟通工艺重点和难点（必要时局部试做小样），有效控制生产损失和风险。
工作环节	工作环节 1 明确裙装制版的任务	确定号型规格，设定样版尺寸 工作环节 2	工作环节 3 制作裙装样版
成果	1.1 裙装结构制图的参数； 1.2 制版工具、材料清单。	2.1 裙装各部位尺寸规格； 2.2 裙装腰、臀、摆等重点部位的放松量； 2.3 裙类各部位的档差表。	3.1 面料的缩水率； 3.2 裙装全套样版的制作（净样版、毛样版、定位样版、辅料样版）； 3.3 裙装制版的制作流程图。
职业素养思政元素	1.1 建立生产安全意识和纪律观念，培养任务书阅读理解和工具清单撰写能力，让学生乐于接受学习任务，主动配合实施任务； 1.2 阐述工匠事迹，使学生树立专心致志、精益求精、爱岗敬业的工匠精神。	2.1 培养学生观察力和记忆力、信息搜集处理能力、数字测量应用和沟通表达能力，能计划、组织工作各项环节和流程。	3.1 培养学生细致的观察力、动手操作能力、数字应用处理能力以及分析问题、解决问题的能力； 3.2 掌握流程图编写方法，创新工艺流程。

学习任务 1　裙类纸样设计

4.1 修正裙装样版的技巧与方法； 4.2 标准样版标注方法； 4.3 裙装标准样版检查的方法； 4.4 纸样清单撰写的方法； 4.5 编写裙装样版修正过程记录表的方法。	5.1 裙装工艺说明书的编写方法； 5.2 裙装推版的方法； 5.3 裙装工艺要求（包括针距大小，关键工艺要求）； 5.4 填写裙装规格尺寸表的方法； 5.5 裙装配比表填充方法 （号型与颜色数量配比）。	6.1 制版工具使用记录单的填写方法； 6.2 制版工具的保养方法； 6.3 场地、设备使用登记表的填写方法。	7.1 总结报告撰写的方法； 7.2 汇报的方法和技巧。
4.1 完成修正后的裙装样版； 4.2 标注裙装样版数据（纹丝绺线、号型规格、款号、物料名称等，并在对位剪口、省尖、袋口位等位置做记号）； 4.3 规范填写裙装样版修正过程的记录表； 4.4 填写纸样清单（含净样、毛样、定位样、面辅料样版）； 4.5 职业能力： 能根据服装行业《GB/T 29863—2013 服装制图国家标准》，参考部颁标准、企业标准，规范使用制版工具和制版方法（平面或立裁），并能按照工作流程认真调整样版结构，细致核对检查数据信息。根据客户的不同需求来调整服装的结构，最终实现舒适度和美观度的完美结合。	5.1 编写裙装工艺说明书（含款式图、面辅料小样、号型及各部位的规格尺寸、 号型与颜色数量配比、针距大小，关键工艺要求）； 5.2 完成裙类的全套放码纸样； 5.3 职业能力： 1. 能根据服装行业《GB/T 29863—2013 服装制图国家标准》，参考部颁标准、企业标准，准确制作工业样版和工艺样版；掌握工艺说明书的编写方法，严谨规范撰写完成工艺说明书。 2. 交付部门主管验收工艺说明书。	6.1 制版工具的保养； 6.2 制版工具使用记录单的填写； 6.3 职业能力： 工作过程中严格遵循“8S”管理要求，进行现场的整理，严格执行现场整理规范和设备保养规范。	7.1 个人对应本学习任务的学习目标，总结本次任务完成的质量与效果。
样版修正，完成样版制作 工作环节 4	工作环节 5 完成推版，参与编写工艺说明书	现场整理与工具的保养 工作环节 6	工作环节 7 评价反馈
4.1 修正后的裙装样版； 4.2 样版标注的丝绺、尺寸、款号、对位剪口、物料名称、裁片数量及单号等符号文字； 4.3 裙装样版修正过程的记录表； 4.4 纸样清单。	5.1 裙子整套的推版放码样版； 5.2 裙子工艺说明书； 5.3 裙子规格尺寸表及配比表。	6.1 制版工具的使用记录单； 6.2 场地、设备的使用登记表。	7.1 裙装样版制作的工作总结。
4.1 培养学生沟通表达能力、发现问题和解决问题的能力、决策能力，能辨别和修正数据差异，填写修改记录表，具有吃苦耐劳和团队合作精神。	5.1 培养学生数学计算应用能力、撰写文书能力，学习各种工艺产品说明书的撰写方法。	6.1 让学生熟悉工作人员仪容仪表规范和文明礼貌，培养学生敬业、诚信等职业道德和素养，遵守企业的规章制度和操作规范。	7.1 培养学生分析问题和解决问题的能力，学会整理信息并总结归纳，具有沟通表达和团队合作精神。

学习任务 1　裙类纸样设计

1 明确裙装制版的任务 → 2 确定号型规格，设定样版尺寸 → 3 制作裙子样版 → 4 样版修正，完成样版制作 → 5 完成推版，参与编写工艺说明书 → 6 现场整理与工具的保养 → 7 评价反馈

工作子步骤	教师活动	学生活动	评价
明确裙装制版的任务 1. 分析裙子款式、尺寸、工艺说明等制版要素； 2. 列写裙子制版工具、材料清单。	1. 描述服装公司服装样版制作的客户要求； 2. 组织讨论分析服装款式图内容； 3. 布置相关服装信息收集的任务； 4. 抽学生回答裙子款式、尺寸、工艺说明等制版要素的问题； 5. 提出列写制版工具、材料清单的任务，说明规则； 6. 检验学生填写制版清单的准确性和全面性。	1. 小组讨论分析裙子款式图内容； 2. 小组学习分析裙子款式、尺寸、工艺说明等制版要素； 3. 收集裙子国标、行规的文件； 4. 收集品牌裙子订单、任务单的相关信息； 5. 查阅相关裙子制版工具、材料方面的图片； 6. 回答老师提出的问题； 7. 填写裙子制版工具、材料清单； 8. 交换、互评制版工具、材料清单内容的准确性和全面性。	1. 教师点评学生能否准确理解工作任务，分析裙子款式图的内容能否达到客户的要求，有没有乐于接受学习任务，主动配合实施任务； 2. 教师检查学生制订的裙子结构制图的参数、尺寸、工艺说明等是否正确，培养阅读理解和数据分析处理能力； 3. 学生互评制版工具、材料清单是否恰当，培养学生沟通表达和决策能力； 4. 教师检查制版工具、材料清单、工具清单的内容是否规范和齐全，培养学生撰写清单、自我学习能力。
课时： 2 课时 1. 软资源：裙子制版的任务单、图书馆查阅裙子制版的相关书籍、通过电脑网络查询相关资料等。			
确定号型规格，设定样版尺寸 1. 运用国家号型标准制订裙子制版尺寸； 2. 通过人体测量，合理设定裙装腰、臀、摆等重点部位的放松量； 3. 准确设定裙类腰、臀、摆、裙长等关键部位的档差。	1. 解读裙子国家号型标准在裙子制版尺寸的应用 2. 讲解下装人体结构及人体比例； 3. 讲解下装人体测量的方法及应用； 4. 分析裙子款式图中各部位的比例； 5. 讲解裙子在不同品类的服装材料中放松量的变化原理和样版尺寸设定的方法； 6. 布置裙子制版重点控制部位放松量设定的任务； 7. 抽学生回答裙子制版重点控制部位放松量设定的问题； 8. 讲授裙子档差的计算方法；布置任务，说明规则； 9. 检验学生填写裙子各部位档差表的准确性和全面性。	1. 制订个人工作计划； 2. 学习国家号型标准在裙子制版尺寸的应用； 3. 熟习人体测量的操作技巧； 4. 学生相互测量； 5. 分组讨论裙子款式图中各部位的尺寸比例； 6. 认识裙子在不同品类服装材料中放松量的变化原理和样版尺寸设定的方法； 7. 完成教师布置的裙子制版重点控制部位放松量设定的任务； 8. 回答关于裙子制版重点控制部位放松量设定的问题； 9. 正确填写裙子各部位的系列档差表； 10. 交换、互评裙子各部位档差表的准确性和全面性。	1. 教师点评学生对裙子国家号型标准的应用及掌握程度，培养学生观察力和记忆力； 2. 学生互评能否准确进行下装人体测量；裙子款式图中各部位的比例是否正确、合理；培养学生沟通表达和动手能力； 3. 教师检查学生所设定的裙子样版各部位尺寸是否合理、规范和齐全；培养学生观察力和数据分析处理能力； 4. 学生互评裙子各部位的档差表是否恰当；培养学生沟通表达和决策能力； 5. 教师检查裙子各部位档差表的内容是否规范和齐全，培养学生撰写清单、自我学习能力。
课时： 2 课时 1. 硬资源：具备上网功能的计算机或手机、服装纸样设计学习工作站、裁床、展示架、展示人台等。 2. 软资源：国家号型标准的文件、人体测量工具（软皮尺、人台、计算器、铅笔、笔记本）等。			

1 明确裙装制版的任务 → 2 确定号型规格，设定样版尺寸 → **3 制作裙子样版** → 4 样版修正，完成样版制作 → 5 完成推版，参与编写工艺说明书 → 6 现场整理与工具的保养 → 7 评价反馈

制作裙子样版

工作子步骤	教师活动	学生活动	评价
1. 样版各部位洗水前尺寸的确定； 2. 完成裙子纸样的制作（含净样版、毛样版、定位样版、辅料样版）； 3. 编写裙子样版制作流程图。	1. 讲授裙子面料缩水率的计算方法； 2. 教师列举裙子面料缩水率计算案例； 3. 分析裙子制版(主要是平面制图)的原理； 4. 示范裙子纸样绘制及样版制作方法及技巧； 5. 讲解裙子省道处理的原理与制作方法； 6. 组织小组讨论裙子样版制作的质量要求及评价要点； 7. 布置裙子纸样制作的绘制任务； 8. 检验学生裙子全套样版的准确性和全面性； 9. 提出编写裙子样版制作的流程图的任务，说明规则； 10. 检验学生编写的裙子样版制作流程图的准确性和全面性。	1. 学生进行裙子面料缩水率的计算； 2. 学生回答裙子面料的缩水率计算问题； 3. 小组讨论分析裙子整体与局部的关系； 4. 独立绘制裙子纸样制图； 5. 独立制作裙子样版； 6. 小组展示与评价裙子的样版； 7. 正确编写裙子样版制作的流程图； 8. 交换、互评裙子样版制作流程图的准确性和全面性。	1. 教师点评裙子面料缩水率的计算情况，培养学生细致的观察力、动手操作能力、数字应用处理能力； 2. 学生交换、互评裙子整体与局部关系的要点，培养学生细致的观察力及分析问题的能力； 3. 教师点评服装样版的整体统一性、完整性以及制版工具的正确选择； 4. 学生交换、互评裙子样版制作流程图是否规范和齐全，培养学生的自我学习能力并创新工艺流程。

课时： 10 课时

1. 硬资源：具备上网功能的计算机或手机、服装纸样设计学习工作站、裁床、展示架、展示人台等。
2. 软资源：制版工具（计算机、人台、铅笔、橡皮、放码尺、打版尺、曲线版、剪刀、打孔器、剪口钳）、制版材料（白色制版纸、硬版纸、拷贝纸等）。

课程 7　服装纸样设计

学习任务 1　裙类纸样设计

1 明确裙装制版的任务 → 2 确定号型规格，设定样版尺寸 → 3 制作裙子样版 → 4 样版修正，完成样版制作 → 5 完成推版，参与编写工艺说明书 → 6 现场整理与工具的保养 → 7 评价反馈

	工作子步骤	教师活动	学生活动	评价
样版修正，完成样版制作	1. 完成修正后的裙子样版； 2. 标注裙子样版数据（纹丝绺线、号型规格、款号、物料名称等），并在对位剪口、省尖、袋口位等位置做记号； 3. 规范填写裙子样版修正过程记录表与样版清单。	1. 讲解裙子样版修正的原理及技巧； 2. 教师讲解分析裙子样版修正的案例； 3. 教师讲授裙子样版修正的案例； 4. 组织讨论裙子修正后的样版成品及评价； 5. 讲授裙子样版修正过程记录表与样版清单的填写方法； 6. 讲授裙子样版数据的标注方法； 7. 提出编写裙子样版修正过程记录表与样版清单的填写的任务，说明规则； 8. 检验学生编写的裙子样版修正过程记录表与样版清单的准确性和全面性。	1. 小组检查分析裙子样版； 2. 学生回答裙子样版修正案例中的修正方法； 3. 独立完成裙子样版的修正； 4. 小组讨论修正后的裙子样版成品完整性及规范性； 5. 标注裙子样版的数据； 6. 规范填写裙子样版修正过程记录表与样版清单； 7. 交换、互评裙子样版修正过程记录表与样版清单的准确性和全面性。	1. 教师点评学生能否准确理解裙子样版修正的工作任务，分析客户对裙子修正的要求，是否乐于接受学习任务且主动配合实施任务； 2. 教师对裙子样版修正案例的修正方法进行点评，根据客户的不同需求来调整服装的结构，最终实现舒适度和美观度的完美结合； 3. 检查裙子样版数据的标注，并按照工作流程认真调整样版结构，细致核对检查数据信息； 4. 学生交换、互评裙子样版修正过程记录表与样版清单的内容是否规范和齐全，培养学生撰写清单、自我学习能力。
	课时： 6 课时 1. 硬资源：具备上网功能的计算机或手机、服装纸样设计学习工作站、裁床、展示架、展示人台等。 2. 软资源：相关服装样版修正资料书籍等。			
完成推版，参与编写工艺说明书	1. 完成裙子的全套放码样版； 2. 填写裙子工艺说明书（含款式图、面辅料及各种辅料的小样、号型及各部位的规格尺寸、号型与颜色数量配比、针距大小，关键工艺要求）。	1. 讲解裙子推版放码原理及技术； 2. 示范裙子推版放码的方法及技巧； 3. 布置裙子纸样的推版放码绘制任务； 4. 讲授裙子工艺说明书及工艺要求的补充填写方法； 5. 检验学生编写的裙子规格尺寸表及配比表（号型与颜色数量配比）的准确性和全面性。	1. 掌握裙子推版放码原理及技术； 2. 独立制作裙子推版放码的整套样版； 3. 补充填写裙子工艺说明书及工艺要求（包括针距大小，关键工艺要求）； 4. 填写裙子规格尺寸表及配比表（号型与颜色数量配比）。	1. 教师点评学生对裙子推版放码技术的应用及掌握程度，培养学生观察力和记忆力； 2. 教师点评裙子整套推版放码样版是否齐全、规范； 3. 教师点评补充填写裙子工艺说明书及工艺任务的完整性； 4. 学生交换、互评裙子规格尺寸表及配比表（号型与颜色数量配比）的准确性和全面性，培养学生数学计算应用能力、撰写文书能力，学习各种工艺产品说明书的撰写方法。
	课时： 8 课时 1. 硬资源：具备上网功能的计算机或手机、服装纸样设计学习工作站、裁床、展示架、展示人台等。 2. 软资源：服装号型系列标准等。			

基准课时：24

1 明确裙装制版的任务 → 2 确定号型规格，设定样版尺寸 → 3 制作裙子样版 → 4 样版修正，完成样版制作 → 5 完成推版，参与编写工艺说明书 → 6 现场整理与工具的保养 → 7 评价反馈

	工作子步骤	教师活动	学生活动	评价
现场整理与工具的保养	1. 裙子制版工具的保养； 2. 裙子制版工具使用记录单的填写。	1. 讲解裙子制版工作现场的整理及制版工具的保养的方法； 2. 讲解场地、设备使用登记表等相关表格的填写方法及规范要求； 3. 布置填写场地、设备使用登记表等相关表格的任务； 4. 检验学生编写的场地、设备使用登记表的准确性和全面性； 5. 检查现场整理与工具保养的情况。	1. 遵循“8S”管理要求，进行工作现场的整理及制版工具的保养； 2. 规范填写裙子制版工具使用记录单及相关控制表单 3. 实施现场整理与工具的保养任务； 4. 学生互评裙子现场整理与工具保养任务的全面性和规范性。	1. 教师点评学生对裙子制版工作现场的整理及制版工具保养的掌握程度；严格执行现场整理规范和设备保养规范； 2. 点评学生场地、设备使用登记表等相关表格填写的完整性； 3. 学生互评，严格遵循“8S”管理要求，进行现场的整理，并遵守企业的规章制度和操作规范； 4. 教师检查现场整理与工具保养的情况。
	课时： 1 课时 1. 软资源：相关表格的准备、裙子制版工作现场整理的相关工具等。			
评价反馈	1. 总结裙装样版制作过程中出现的问题； 2. 提出改进建议。	1. 教师对成员的工作过程及样版成品的优点进行表扬、肯定；对一些不正确的方法提出更正意见； 2. 讲解导致裙子样版不好的原因。	1. 每个成员自我展示工作成果及自评； 2. 成员之间互评； 3. 成员讨论裙子样版不够好的原因并进行修改； 4. 撰写总结报告。	总结重、难点（总体评价工作过程）。
	课时： 1 课时 1. 软资源：服装样版的结构原理、服装样版的放码技术、服装样版的变化规律、《服装结构设计基础》等。			

学习任务 2　裤类纸样设计

任务描述

学习任务课时：40 课时

任务情境：

中山某服饰有限公司接到一批裤子订单，款式包括西装裤、牛仔裤、休闲裤、喇叭裤等，版房主管将制版任务分配给技术部制版人员，制版人员接到款式图后经过分析，确定款式廓型、有无装腰、有无收省、有无装袋和袋子的位置、型状，有无夹里以及装拉链的位置及拉链的品种等。该公司希望我院服装专业的学生参与该批订单合同中样版的制作，需在 5 天内按照企业生产要求完成某种裤子款式的制版任务。具体要求如下：

1. 接受工作任务，识读款式图；与设计师沟通，并确认款式风格、廓型、内部结构，根据国标、行规标准，明确制版要求。

2. 按照订单和款式图查询相关资料，并按照人体结构的不同比例，根据不同品类服装放松量的原理和方法，获取从订单和款式图转换为结构制版的有效信息。

3. 严格按照国家标准，参考部颁标准、企业标准或设计师的要求，准确测量并标记服装各部位符合规定的尺寸。制版以国家号型标准为指导，能用制图公式准确制版，确保臀腰差分配合理，做到起翘、困势与人体体型特征匹配。制版务求准确，各环节之间有监控、有记录。

4. 制版完成后，对裤子样版进行修正，修正的过程要有详细的记录，并为修正完成后的样版标注丝绺、尺寸、款号、对位剪口、物料名称及款号等符号文字，由相关部门验收后，通知工艺部门制作样衣，确认产品。

5. 严格按照国家标准，参考部颁标准、企业标准或设计师的要求， 制作工业样版和工艺样版，编写工艺说明书。

6. 验收时要耐心、细心，交付时要注重沟通的时机与技巧，做好记录；

7. 工作过程中要注重沟通的时机与技巧，要耐心、细心，并且还要遵循“8S”管理要求。

于是我校服装专业样版制作教师带领学生共同完成此项任务。

工作流程和标准

工作环节 1

明确裤子制版的任务

通过查阅资料、检索信息等方式，对款式、尺寸、工艺说明等制版要素分析到位，确认裤子制版的结构参数及裤子制版的工具的适用要求（裤子制版适用工具：铅笔、放码尺、打版尺、曲线版、牛皮纸、拷贝纸、剪刀、打孔器、剪口钳），列写制版工具、材料清单并与版房主管沟通。

工作环节 2

确定号型规格，设定样版尺寸

根据国家号型标准、人体的结构比例、裤子腰、臀、裤腿、脚口、前后裆等重点部位放松量的控制方法、裤子各部位规格尺寸设定、裤子常用面料与结构的匹配等，设定裤子各部位规格尺寸及腰、臀、摆等重点部位放松量，并根据国家号型标准，填写裤子各部位的裆差表。

工作环节 3

制作裤了样版

准确计算出面料缩水率，并使用打版尺、曲线版等制版工具，通过平面裁剪的制作方法，利用裤子版型变化的原理与方法（前后浪的绘制、髀围量、起翘量、省道褶裥的变化、不同裤型的变化等）；裤子后浪起翘、困势与人体体型特征的匹配原理； 裤子省道处理原理与制作方法（腰部省和褶裥的长度、大小、位置的设计及省道转移的方法）等，制作全套裤子样版（净样、毛样、辅料样版、定位样制版等），并编写裤子制版流程图。

工作环节 4

样版修正，完成样版制作

4

完善裤子的样版，填写样版修正的标注与修改记录，在裤子样版上正确标注布纹丝缕线、号型规格、款号、物料名称等，并在对位剪口、省尖、袋口位等位置做记号。正确计算裤子面辅料的物料使用率。记录裤子样版修正过程并存档，填写纸样清单。

工作环节 5

交付推版，参与编写工艺说明书

5

参与编写裤子工艺说明书，按客户要求设置裤子规格表 （号型及各部位的规格尺寸），绘制裤子款式图 （含款式说明、工艺标注等），填写裤子配比表 （各种号型，各种颜色数量的配比），确定裤子物料小样（粘贴面辅料小样），填写裤子的工艺要求（包括针距大小，关键工艺要求）。

工作环节 6

现场整理与设备保养

6

按“8S”工作要求，进行工作现场的整理及制版工具的保养，填写制版工具使用记录单，并自觉遵守、严格执行现场整理规范和设备保养规范，及时认真填写相关控制表单。

工作环节 7

评价反馈

7

每位学生提交裤子样版纸样，并通过小组互评、教师点评等多种形式，总结本次任务完成的质量与效率，以及每个成员遵循现场工作管理规范的情况。

学习内容

知识点	1.1 裤子结构设计原理； 1.2 裤子版形因素分析。	2.1 裤子的国家号型标准； 2.2 不同品类裤子放松量的原理、不同品类裤子放松量的方法。	3.1 裤类常用面料和性能； 3.2 裤子制版原理与方法（前后浪的绘制、髀围量、起翘量、省道褶裥的变化、不同裤型的变化等）； 3.3 裤子省道处理原理与制作方法（腰部省和褶裥的长度、大小、位置的设计及省道转移的方法）； 3.4 裤后浪起翘、困势与人体体型特征的匹配原理； 3.5 裤子制版流程图的编写方法。
技能点	1.1 对款式、尺寸、工艺说明等制版要素分析到位（理解能力）； 1.2 职业能力： 能服从部门负责人工作安排，准确理解工作任务，掌握恰当的沟通时机和方法，与设计师确认款式图结构、面料使用等的合理性。	2.1 能运用国家号型标准制订裤子制版尺寸； 2.2 裤子所需尺寸测量；合理设定裤子腰、臀、裤腿、脚口、前后裆等重点部位放松量，准确填写裤子各部位的裆差表； 2.3 准确设定裤子类腰、臀、裤腿、脚口、前后裆等关键部位的裆差； 2.4 职业能力： 能掌握资料检索方法，根据款式图高效查阅相关技术资料，合理确定结构设计方案。	3.1 样版各部位洗水前尺寸的确定；完成裤子纸样的制作（含净样版、毛样版、定位样版、辅料样版）； 3.2 编写裤子制作流程图（培养学生认真、细心的职业素养）； 3.3 职业能力： 能与工艺师有效沟通工艺重点和难点（必要时局部试做小样），有效控制生产损失和风险。
工作环节	工作环节 1 明确裤子制版的任务	工作环节 2 确定号型规格，设定样版尺寸	工作环节 3 制作裤子样版
成果	1.1 裤子结构制图的参数； 1.2 制版工具、材料清单	2.1 裤子各部位的尺寸规格； 2.2 裤子腰、臀、裤腿、脚口、前后裆等重点部位放松量； 2.3 裤子各部位的裆差表	3.1 裤类所用面料缩水率； 3.2 裤装的全套样版制作（净样版、毛样版、定位样版、辅料样版）； 3.3 裤装样版制作流程图
素养	1.1 建立生产安全意识和纪律观念，培养任务书阅读理解和工具清单撰写能力，让学生乐于接受学习任务，主动配合实施任务； 1.2 阐述工匠事迹，使学生树立专心致志、精益求精、爱岗敬业的工匠精神。	2.1 培养学生观察力和记忆力、信息搜集处理能力、数字测量应用和沟通表达能力，能计划、组织工作各项环节和流程。	3.1 培养学生细致的观察力、动手操作能力、数字应用处理能力，以及分析问题、解决问题的能力；掌握流程图编写方法，创新工艺流程。

学习任务 2　裤类纸样设计

4.1 修正裤装样版的技巧与方法； 4.2 裤子标准样版标注方法； 4.3 裤子标准样版检查方法； 4.4 裤子纸样清单撰写的方法； 4.5 编写裤子样版修正过程记录表的方法。	5.1 裤子工艺说明书的编写方法； 5.2 裤子推版的方法； 5.3 裤子工艺要求（包括针距大小，关键工艺要求）； 5.4 填写裤子规格尺寸表的方法； 5.5 裤子配比表填充方法（号型与颜色数量配比）。	6.1 裤子制版工具的保养方法； 6.2 裤子制版工具使用记录单的填写方法； 6.3 场地、设备使用登记表的填写方法。	7.1 总结撰写报告的方法； 7.2 总结汇报的方法和技巧。
4.1 完成修正后的裤子样版； 4.2 标注裤子样版数据（纹丝绺线、号型规格、款号、物料名称等），并在对位剪口、省尖、袋口位等位置做记号； 4.3 规范填写裤子样版修正过程记录表； 4.4 填写纸样清单（含净样、毛样、定位样、面辅料样版）； 4.5 职业能力： 能根据《GB/T 29863—2013 服装制图国家标准》，参考部颁标准、企业标准，规范使用制版工具和制版方法（平面或立裁），并能按照工作流程认真调整样版结构，细致核对检查数据信息。根据客户的不同需求来调整服装的结构，最终实现舒适度和美观度的完美结合。	5.1 编写裤子工艺说明书（含款式图、面辅料小样、号型及各部位的规格尺寸、号型与颜色数量配比、裤工艺要求等）； 5.2 完成裤子的全套放码纸样； 5.3 职业能力： 1. 能根据《GB/T 29863-2013 服装制图国家标准》、参考部颁标准、企业标准，准确制作工业样版和工艺样版；掌握工艺说明书的编写方法，严谨规范撰写完成工艺说明书； 2. 能按照工作流程和交接手续，交付部门主管验收工艺说明书。	6.1 制版工具的保养； 6.2 制版工具使用记录单的填写； 6.3 职业能力： 工作过程中严格遵循“8S”管理要求，进行现场的整理，严格执行现场整理规范和设备保养规范。	7.1 个人对应本学习任务的学习目标，总结本次任务完成的质量与效果。
样版修正，完成样版制作 工作环节 4	工作环节 5 完成推版，参与编写工艺说明书	现场整理与工具的保养 工作环节 6	工作环节 7 评价反馈
4.1 修正后的裤子样版； 4.2 样版标注的丝绺、尺寸、款号、对位剪口、物料名称、裁片数量及单号等符号文字； 4.3 裤子样版修正过程的记录表； 4.4 纸样清单	5.1 提交裤子工艺说明书； 5.2 完成裤子整套推版纸样	6. 1 制版工具使用记录单； 6. 2 场地、设备使用登记表	7.1 裤子样版制作的工作总结
4.1 培养学生沟通表达能力、发现问题和解决问题的能力、决策能力，能辨别和修正数据差异，填写修改记录表，具有吃苦耐劳和团队合作精神。	5.1 培养学生数学计算应用能力、撰写文书能力，学习各种工艺产品说明书的撰写方法。	6. 1 让学生熟悉工作人员仪容仪表规范和文明礼貌，培养学生敬业、诚信等职业道德和素养，遵守企业的规章制度和操作规范。	7.1 培养学生分析问题和解决问题的能力，学会整理信息并总结归纳，具有沟通表达和团队合作精神。

学习任务 2 裤类纸样设计

1 明确裤子制版的任务 → 2 确定号型规格，设定样版尺寸 → 3 制作裤子样版 → 4 样版修正，完成样版制作 → 5 完成推版，参与编写工艺说明书 → 6 现场整理与工具的保养 → 7 评价反馈

	工作子步骤	教师活动	学生活动	评价
明确裤子制版的任务	1. 分析款式、尺寸、工艺说明等制版要素； 2. 列写制版工具、材料清单。	1. 描述服装公司裤子样版制作的客户要求； 2. 组织讨论分析裤子款式图内容； 3. 布置相关裤子样版制作信息收集的任务； 4. 抽学生回答裤子款式、尺寸、工艺说明等制版要素的问题； 5. 提出列写裤子制版工具、材料清单的任务，说明规则； 6. 检验学生填写裤子制版清单的准确性和全面性。	1. 小组讨论分析裤子款式图内容； 2. 小组学习分析裤子款式、尺寸、工艺说明等制版要素； 3. 收集裤子国标、行规的文件； 4. 收集品牌裤子订单、任务单的相关信息； 5. 查阅相关裤子制版工具、材料方面的图片； 6. 回答老师提出的问题； 7. 填写裤子样版制作工具、材料清单； 8. 交换、互评裤子样版制作工具、材料清单内容的准确性和全面性。	1. 教师点评学生能否准确理解工作任务，分析裤子款式图的内容能否达到客户的要求，是否乐于接受学习任务且主动配合实施任务； 2. 教师检查学生制订的裤子结构制图的参数、尺寸、工艺说明等是否正确，培养阅读理解和数据分析处理能力； 3. 学生互评裤子制版工具、材料清单是否恰当，培养学生沟通表达和决策能力； 4. 教师检查裤子制版工具、材料清单、工具清单的内容是否规范和齐全，培养学生撰写清单、自我学习能力。
	课时： 2 课时 1. 软资源：裤子制版的任务单、图书馆查阅裤子制版的相关书籍、通过电脑网络查询相关资料等。			
确定号型规格，设定样版尺寸	1. 运用国家号型标准制订裤子制版尺寸； 2. 通过人体测量，合理设定裤装腰、臀、脚口等重点部位的放松量； 3. 准确设定裤类腰、臀、脚口、裤长等关键部位的裆差。	1. 解读裤子国家号型标准在裤子制版尺寸的应用； 2. 讲解下装人体结构及人体比例； 3. 讲解下装人体测量的方法及应用； 4. 分析裤子款式图中各部位的比例； 5. 讲解裤子在不同品类的服装材料中放松量的变化原理和样版尺寸设定的方法； 6. 布置裤子制版重点控制部位放松量设定的任务； 7. 抽学生回答裤子制版重点控制部位放松量设定的问题； 8. 讲授裤子档差的计算方法；布置任务，说明规则；	1. 制订个人工作计划； 2. 学习裤子国家号型标准在裤子制版尺寸的应用； 3. 熟习下装人体测量的操作技巧； 4. 学生相互测量； 5. 分组讨论裤子款式图中各部位的尺寸比例； 6. 认识裤子在不同品类服装材料中放松量的变化原理和样版尺寸设定的方法； 7. 完成教师布置的裤子制版重点控制部位放松量设定的任务； 8. 回答关于裤子制版重点控制部位放松量设定的问题；	1. 教师点评学生对裤子国家号型标准应用及掌握程度，培养学生观察力和记忆力； 2. 学生互评能否准确进行下装人体测量；裤子款式图中各部位的比例是否正确、合理；培养学生沟通表达和动手能力； 3. 教师检查学生所设定的裤子样版各部位尺寸是否合理、规范和齐全；培养学生观察力和数据分析处理能力； 4. 学生互评裤子各部位的裆差表是否恰当，培养学生沟通表达和决策能力；

基准课时：40

1 明确裤子制版的任务 → 2 确定号型规格，设定样版尺寸 → 3 制作裤子样版 → 4 样版修正，完成样版制作 → 5 完成推版，参与编写工艺说明书 → 6 现场整理与工具的保养 → 7 评价反馈

	工作子步骤	教师活动	学生活动	评价
确定号型规格，设定样版尺寸		9. 检验学生填写裤子各部位的档差表的准确性和全面性。	9. 正确填写裤子各部位的系列档差表； 10. 交换、互评裤子各部位档差表的准确性和全面性。	5. 教师检查裤子各部位档差表的内容是否规范和齐全，培养学生撰写清单、自我学习能力。
	课时： 2 课时 1. 软资源：国家号型标准的文件等。 2. 硬资源：具备上网功能的计算机或手机、服装纸样设计学习工作站、裁床、展示架、展示人台等。			
制作裤子样版	1. 裤子样版各部位洗水前尺寸的确定； 2. 完成裤子纸样的制作（含净样版、毛样版、定位样版、辅料样版）； 3. 编写裤子样版制作流程图。	1. 讲授裤子面料缩水率的计算方法； 2. 教师列举裤子面料案例； 3. 分析裤子样版制作（主要是平面制图）的原理； 4. 示范裤子结构制图的绘制及样版制作方法和技巧； 5. 讲解裤子省道处理的原理与制作方法； 6. 组织小组讨论裤子样版制作的质量要求及评价要点； 7. 布置裤子纸样制作的绘制任务； 8. 检验学生裤子全套样版的准确性和全面性； 9. 提出编写裤子样版制作的流程图的任务，说明规则； 10. 检验学生编写的裤子样版制作流程图的准确性和全面性。	1. 学生进行裤子面料缩水率的计算； 2. 学生回答裤子面料的缩水率问题； 3. 小组讨论分析裤子整体与局部的关系； 4. 独立绘制裤子结构图； 5. 独立制作裤子样版； 6. 小组展示与评价裤子的样版； 7. 正确编写裤子样版制作的流程图； 8. 交换、互评裤子样版制作流程图的准确性和全面性。	1. 教师点评裤子面料缩水率的计算情况，培养学生细致的观察力、动手操作能力、数字应用处理能力； 2. 学生交换、互评裤子整体与局部关系的要点，培养学生细致的观察力及分析问题的能力； 3. 教师点评裤子样版的整体统一性、完整性以及制版工具的正确选择； 4. 学生交换、互评裤子样版制作的流程图是否规范和齐全，培养学生的自我学习能力并创新工艺流程。
	课时： 20 课时 1. 硬资源：具备上网功能的计算机或手机、服装纸样设计学习工作站、裁床、展示架、展示人台等。			

学习任务 2　裤类纸样设计

1 明确裤子制版的任务 → 2 确定号型规格，设定样版尺寸 → 3 制作裤子样版 → 4 样版修正，完成样版制作 → 5 完成推版，参与编写工艺说明书 → 6 现场整理与工具的保养 → 7 评价反馈

	工作子步骤	教师活动	学生活动	评价
样版修正，完成样版制作	1. 完成修正后的裤子样版； 2. 标注裤子样版数据（纹丝绺线、号型规格、款号、物料名称等）并在对位剪口、省尖、袋口位等位置做记号； 3. 规范填写裤子样版修正过程记录表与样版清单。	1. 讲解裤子样版修正的原理及技巧； 2. 教师讲解分析裤子样版修正的案例； 3. 教师讲授裤子样版修正的方法； 4. 组织讨论裤子修正后的样版成品及评价； 5. 讲授裤子样版修正过程记录表与样版清单的填写方法； 6. 讲授裤子样版数据的标注方法； 7. 提出编写裤子样版修正过程记录表与样版清单的填写的任务，说明规则； 8. 检验学生编写的裤子样版修正过程记录表与样版清单的准确性和全面性。	1. 小组检查分析裤子样版； 2. 学生回答裤子样版修正案例中的修正方法； 3. 独立完成裤子样版的修正； 4. 小组讨论修正后裤子样版成品的完整性及规范性性； 5. 标注裤子样版的数据； 6. 规范填写裤子样版修正过程记录表与样版清单； 7. 交换、互评裤子样版修正过程记录表与样版清单的准确性和全面性。	1. 教师点评学生能否准确理解裤子样版修正的工作任务，分析客户对裤子修正的要求，是否乐于接受学习任务且主动配合实施任务； 2. 教师对裤子样版修正案例的修正方法进行点评，根据客户的不同需求来调整裤子的结构，最终实现舒适度和美观度的完美结合； 3. 检查裤子样版的数据标注，并按照工作流程认真调整样版结构，细致核对检查数据信息； 4. 学生交换、互评裤子样版修正过程记录表与样版清单的内容是否规范和齐全，培养学生撰写清单、自我学习能力；培养学生沟通表达能力、发现问题和解决问题的能力、决策能力，能辨别和修正数据差异，填写修改记录表，具有吃苦耐劳和团队合作精神。
	课时： 6 课时 1. 软资源：相关服装样版修正资料书籍等。 2. 硬资源：具备上网功能的计算机或手机、服装纸样设计学习工作站、裁床、展示架、展示人台等。			
完成推版，参与编写工艺说明书	1. 完成裤子的全套放码样版； 2. 补充填写裤子工艺说明书（含款式图、面辅料及各种辅料的小样、号型及各部位的规格尺寸、号型与颜色数量配比、针距大小，关键工艺要求）。	1. 讲解裤子推版放码原理及技术； 2. 示范裤子推版放码的方法及技巧； 3. 布置裤子样版的推版放码绘制任务； 4. 讲授裤子工艺说明书及工艺要求的补充填写方法； 5. 检验学生编写的裤子规格尺寸表及配比表（号型与颜色数量配比）的准确性和全面性。	1. 掌握裤子推版放码原理及技术； 2. 独立制作裤子推版放码的整套样版； 3. 补充填写裤子工艺说明书及工艺要求（包括针距大小，关键工艺要求）； 4. 填写裤子规格尺寸表及配比表（号型与颜色数量配比）。	1. 教师点评学生对裤子推版放码技术的应用及掌握程度，培养学生观察力和记忆力； 2. 教师点评裤子整套推版放码样版是否齐全、规范； 3. 教师点评补充填写裤子工艺说明书及工艺任务的完整性； 4. 学生交换、互评裤子规格尺寸表及配比表（号型与颜色数量配比）的准确性和全面性，培养学生数学计算应用能力、撰写文书能力，学习各种工艺产品说明书的撰写方法。
	课时： 8 课时 1. 软资源：服装号型系列标准等。 2. 硬资源：具备上网功能的计算机或手机、服装纸样设计学习工作站、裁床、展示架、展示人台等。			

1 明确裤子制版的任务 → 2 确定号型规格，设定样版尺寸 → 3 制作裤子样版 → 4 样版修正，完成样版制作 → 5 完成推版，参与编写工艺说明书 → 6 现场整理与工具的保养 → 7 评价反馈

	工作子步骤	教师活动	学生活动	评价
现场整理与工具的保养	1. 裤子制版工具的保养； 2. 裤子制版工具使用记录单的填写。	1. 讲解裤子制版工作现场的整理及制版工具的保养的方法； 2. 讲解场地、设备使用登记表等相关表格的填写方法及规范要求； 3. 布置填写场地、设备使用登记表等相关表格的任务； 4. 检验学生编写的场地、设备使用登记表的准确性和全面性； 5. 检查现场整理与工具保养的情况。	1. 遵循“8S”管理要求，进行工作现场的整理及制版工具的保养； 2. 规范填写裤子制版工具使用记录单及相关控制表单； 3. 实施现场整理与工具的保养任务； 4. 学生互评裤子现场整理与工具保养任务的全面性和规范性。	1. 教师点评学生对裤子制版工作现场的整理及制版工具的保养、应用及掌握程度；严格执行现场整理规范和设备保养规范； 2. 点评学生场地、设备使用登记表等相关表格填写的完整性； 3. 学生互评，严格遵循“7S”管理要求，进行现场的整理，并遵守企业的规章制度和操作规范； 4. 教师检查现场整理与工具的保养情况。
	课时： 1 课时 1. 软资源：具备上网功能的计算机或手机、服装纸样设计学习工作站、裁床、展示架、展示人台等。 2. 教学设施：制版工作现场整理的相关工具等。			
评价反馈	1. 总结裤装样版制作过程中出现的问题； 2. 提出改进建议。	1. 教师对成员的工作过程及样版成品的优点进行表扬、肯定；对一些不正确的方法提出更正意见； 2. 讲解导致裤子样版不好的原因。	1. 每个成员自我展示工作成果及自评； 2. 成员之间互评； 3. 成员讨论裤子样版不够好的原因并进行修改； 4. 撰写总结报告。	总结重、难点（总体评价工作过程）。
	课时： 1 课时 1. 软资源：服装样版的结构原理、服装样版的放码技术、服装样版的变化规律、《服装结构设计基础》等。			

学习任务 3　上衣类纸样设计

任务描述

学习任务课时：16 课时

任务情境：

某服饰有限公司接到一批新中式服装订单，这批服装需要穿去参加国庆庆典活动。版房主管将制版任务分配给技术部制版人员。制版人员接到款式图后，经过认真分析，确定款式为立领、直门襟、两片圆装袖，下摆开衩，手工一字扣。由于货期紧张，需要在 10 小时内按照企业生产要求完成制版任务。

版师从技术部门接受任务并确认后，查阅相关资料，根据设计图确定号型规格，设定样版尺寸。由版师制作基础版并制成白坯，在人台或者试衣模特身上进行立体修正，完成样衣样版，交给样衣师制成样衣。各部门相关人员（如设计师、销售经理、技术主管、生产主管等人员）对样衣效果进行审核。版师根据各部门的反馈意见对基础版进行修正，完成样版制作并交付部门主管。进入产品生产阶段，版师要调整样衣样版，完成工业样版的基准版，交付推版师进行推放码，参与编写工艺说明书。具体要求如下：

1. 接受订单，明确制版要求，服从工作安排。
2. 按照订单和款式图查询新中式服装同款的相关款式图片资料，获取从订单和款式图转换为结构制版的有效信息。
3. 严格按照国家标准，参考部颁标准、企业标准或设计师的要求，进行立裁修正，准确测量并标记服装，符合规定尺寸。制版以国家号型标准为指导，能用制图公式准确制版，确保胸、腰、肩、衣摆、袖窿、领口等部位分配合理，做到衣摆起翘、侧缝困势、袖山吃势、反领层势、省道转移等与人体体型特征相匹配。制版务求准确，各环节之间有监控、有记录。
4. 制版完成后，为样版标注丝绺、尺寸、款号、对位剪口、物料名称及款号等符号文字，由相关部门验收后，通知工艺部门制作样衣、确认产品。
5. 严格按照国家标准，参考部颁标准、企业标准或设计师的要求，制作工业样版和工艺样版，编写工艺说明书。
6. 验收时要耐心、细心，交付时要注重沟通的时机与技巧，做好记录。
7. 工作过程中要注重沟通的时机与技巧，要耐心、细心，并且还要遵循“8S”管理要求。

于是我校服装专业样版制作教师带领学生共同完成此项新中式服装样版制作任务。

工作流程和标准

工作环节 1

明确新中式服装制版工作任务

1

1. 分析任务单内容。了解中式服装发展历史，搜集中式服装款式素材，在此基础上进行创新设计。接受新中式服装制版的任务单，分析任务单内的款式图、规格尺寸、工艺要求等，根据国标、行规标准，确认并描述新中式服装制版结构的参数。
2. 准备工具、材料。与版房主管沟通，根据新中式服装制版的要求，准备新中式服装制版适用的工具、材料：铅笔、放码尺、打版尺、曲线版、牛皮纸、拷贝纸、剪刀、打孔器、剪口钳。确认并填写新中式服装制版适用工具、材料的清单。

工作成果：1. 新中式服装制版的结构参数；
2. 新中式服装制版工具、材料的清单；

核心技术：1. 国标、行规中的号型标准，款式、尺寸、工艺说明；
2. 新中式服装制版的适用工具，新中式服装制版的材料。

工作环节 2

确定号型规格，设定样版尺寸

2

1. 设定样版尺寸。运用国家号型标准及人体的结构比例，制订新中式服装制版尺寸 。
2. 通过人体测量，合理设定新中式服装胸围、腰围、衣摆、肩宽、袖肥等重点部位的放松量。
3. 准确设定新中式服装胸围、腰围、衣摆、肩宽、袖肥、衣长、袖长、腰长、领口、袖口等关键部位的档差。

根据国家号型标准、人体的结构比例以及新中式服装胸围、腰围、下摆、肩宽、袖肥等重点部位放松量的控制方法，以及新中式服装常用面料与结构的匹配等 ，设定新中式服装各部位规格尺寸及新中式服装胸围、腰围、下摆、肩宽、袖肥等重点部位的放松量。并根据国家号型标准，填写新中式服装各部位的档差表。

工作成果：1. 新中式服装样版各部位的尺寸；
2. 新中式服装样版重点部位的放松量；
3. 新中式服装各部位的档差表。

核心技术：1. 国家号型标准及人体的结构比例；
2. 人体测量及款式特点；
3. 国家号型标准、人体的结构比例、常用面料与结构的匹配等。

学习任务3　子任务1：新中式改良服装纸样设计

工作环节 3

制作中式改良服装样版

3

1. 新中式服装面料缩水率的计算方法。
2. 使用打版尺、曲线版等制版工具，通过平面裁剪的制图方法，利用新中式服装版型变化的原理与方法（领型及袖型的变化、各部位长度与围度的变化、不同衣摆的变化、门襟的变化、以及下摆起翘、侧缝困势、袖山吃势、反领层势等与人体体型特征相匹配原理；新中式服装黄金分割线的设定、胸腰省的省道转移等的方法），制作全套新中式服装样版（净样，毛样，辅料样版、定位样制版等）。将传统中式服装纸样进行创新设计，进行中式改良纸样制作。

工作成果：1. 新中式服装面料缩水率；
2. 全套新中式服装样版（净样，毛样，辅料样版、定位样制版等）。

核心技术：1. 新中式服装面料缩水数据收集、新中式服装面料缩水率的计算方法；
2. 平面裁剪的制图方法、新中式服装版型变化的制作方法、新中式服装省道处理的制作方法等。

工作环节 4

样版修正，完成样版制作

4

1. 修正新中式服装样版。
2. 标注新中式服装样版数据（纹丝绺线、号型规格、款号、物料名称等），并在对位剪口、省尖、袋口位等位置做记号。
3. 规范填写新中式服装样版修正过程记录表与样版清单。

工作成果：1. 修正后的新中式服装样版；
2. 新中式服装样版数据的标注；
3. 新中式服装样版修正过程记录表与样版清单。

核心技术：1. 客户的需求、新中式服装版型的调整方法；
2. 纹丝绺线、号型规格、款号、物料名称、对位剪口、省尖、袋口位等；
3. 新中式服装样版修正过程、新中式服装样版修正部位、全套新中式服装样版的种类及数量。

工作流程和标准

工作环节 5

交付推版，参与编写工艺说明书

5

1. 完成新中式服装的全套放码样版。
2. 参与编写新中式服装工艺说明书，按客户要求设置新中式服装规格表（号型及各部位的规格尺寸），绘制新中式服装款式图（含款式说明、工艺标注等），填写新中式服装配比表（各种号型，各种颜色数量的配比），确定新中式服装物料小样（粘贴面辅料小样），填写新中式服装的工艺要求（包括针距大小，关键工艺要求）。

工作成果：1. 新中式服装的全套放码样版；
2. 新中式服装工艺说明书。

核心技术：1. 新中式服装样版推版放码的方法、新中式服装各部位的档差表；
2. 新中式服装规格表、款式图、配比表、物料小样、工艺要求。

工作环节 7

评价反馈

7

每位学生提交新中式服装样版纸样，并通过小组互评、教师点评等多种形式，总结本次任务完成的质量与效率以及每个成员遵循现场工作管理规范的情况。总结和分享学习心得体会。

工作成果：一份新中式服装样版制作的工作总结。

核心技术：新中式服装样版制作过程中出现的问题及改进建议。

工作环节6

现场整理与设备保养

6

1. 新中式服装制版工具的保养；按“7S”工作要求，进行工作现场的整理及制版工具的保养。
2. 填写制版工具使用记录单，并自觉遵守、严格执行现场整理规范和设备保养规范，及时认真填写相关控制表单。

工作成果：1. 新中式服装制版工具的保养；
2. 制版工具使用记录单及相关控制表单。

核心技术：1. 新中式服装制版工具的保养方法；
2. 新中式服装制版工具的使用情况及使用时间、新中式服装制版相关设备、场地的监控等。

学习内容

知识点	1.1 订单、任务单的编写要素； 1.2 国标、行规文件； 1.3 制版工具、材料的认识； 1.4 民族服饰文化元素。	2.1 人体比例； 2.2 人体结构； 2.3 不同品类服装放松量的方法； 2.4 不同品类服装放松量的原理； 2.5 服装档差的计算方法。	3.1 中式改良服装制版方法的原理与制作方法（净样制版的方法，毛样缝份设定的方法，辅料样版等的制版方等）； 3.2 中式改良服装版型变化的原理与方法； 3.3 胸腰差的分配方法； 3.4 中式改良服装省道处理原理与制作方法； 3.5 中式改良服装下摆起翘与人体体型特征的匹配原理。
技能点	1.1 对款式、尺寸、工艺说明等制版要素分析到位； 1.2 列写制版工具、材料清单； 1.3 职业能力：能服从部门负责人工作安排，准确理解工作任务，掌握恰当的沟通时机和方法，与设计师确认款式图结构、面料等的合理性。 1.4 职业素养：建立生产安全意识和纪律观念，培养任务书阅读理解能力和工具清单撰写能力，让学生乐于接受学习任务，主动配合实施任务； 1.5 阐述工匠事迹，使学生树立专心致志、精益求精、爱岗敬业的工匠精神。	2.1 能运用国家号型标准，制订中式改良服装制版尺寸； 2.2 人体测量； 2.3 合理设定中式改良服装胸围、腰围、领口、衣摆、肩宽、袖肥等重点部位的放松量； 2.4 准确设定女外套胸围、腰围、腰长、衣摆、肩宽、袖肥、衣长、袖长、领口、袖口等关键部位的档差； 2.5 职业能力：能掌握资料检索方法，根据款式图高效查阅相关技术资料，合理确定结构设计方案。	3.1 样版各部位洗水前尺寸的确定； 3.2 中式改良服装纸样的制作（含净样版、毛样版、定位样版、辅料样版）； 3.3 职业能力：能与工艺师有效沟通工艺重点和难点（必要时局部试做小样），有效控制生产损失和风险。
工作环节	工作环节 1 明确中式改良服装制版的任务	工作环节 2 明确中式改良服装制版的任务	工作环节 3 制作中式改良服装样版
成果	1.1 中式改良服装结构制图的参数； 1.2 制版工具、材料的清单。	2.1 中式改良服装各部位的尺寸规格； 2.2 胸围、腰围、衣摆、肩宽、领口、袖肥等重点部位放松量； 2.3 女外套各部位的档差表。	3.1 计算出面料缩水率； 3.2 中式改良服装全套的样版制作（净样版、毛样版、定位样版、辅料样版）。
素养	1.1 思政元素： 传承中国服饰文化元素，增强民族自豪感。	2.1 职业素养： 培养学生观察力和记忆力、信息搜集处理能力、数字测量应用和沟通表达能力，能计划、组织工作各项环节和流程； 2.2 思政元素： 增强民族自信和文化自信。	3.1 职业素养： 培养学生细致的观察力、动手操作能力、数字应用处理能力，以及分析问题、解决问题的能力；掌握流程图编写方法，创新工艺流程。

学习任务 3　子任务 1：新中式改良服装纸样设计

4.1 修正上衣样版的技巧与方法； 4.2 标准样版标注方法； 4.3 中式改良服装标准样版的检查方法； 4.4 纸样清单撰写的方法； 4.5 中式改良服装样版修正过程的记录表的填写方法。	5.1 女外套工艺说明书的编写方法； 5.2 中式改良服装推版的方法； 5.3 中式改良服装工艺要求； 5.4 填写中式改良服装规格尺寸表的方法。	6.1 制版工具使用记录单的填写方法； 6.2 制版工具的保养方法； 6.3 场地、设备使用登记表的填写方法。	7.1 汇报的方法和技巧； 7.2 总结报告撰写的方法。
4.1 完成修正中式改良服装样版； 4.2 标注女外套样版数据（纹丝绺线、号型规格、款号、物料名称等，并在对位剪口、省尖、袋口位等位置做记号）； 4.3 规范填写中式改良服装样版修正过程的记录表； 4.4 填写纸样清单； 4.5 职业能力： 能根据客户的不同需求及版型结构特点，按照工作流程认真调整样版结构，细致核对检查数据信息，最终实现舒适度和美观度的完美结合。	5.1 编写中式改良服装工艺说明书（含款式图、面辅料及各种辅料的小样、号型及各部位的规格尺寸、号型与颜色数量配比、针距大小，关键工艺要求）； 5.2 完成中式改良服装的全套放码纸样； 5.3 职业能力： 1. 能根据《GB/T 29863-2013 服装制图国家标准》，参考部颁标准、企业标准，准确制作工业样版和工艺样版；掌握工艺说明书的编写方法，严谨规范撰写完成工艺说明书。 2. 能按照工作流程和交接手续，交付部门主管验收工艺说明书。	6.1 制版工具的保养； 6.2 制版工具使用记录单的填写； 6.3 制版场地、设备使用登记表的填写； 6.4 职业能力： 工作过程中严格遵循“7S”管理要求，进行现场的整理，严格执行现场整理规范和设备保养规范。	7.1 个人对应本学习任务的学习目标，总结本次任务完成的质量与效果。
样版修正，完成样版制作 **工作环节 4**	**工作环节 5** **完成推版，参与编写工艺说明书**	**现场整理与工具的保养** **工作环节 6**	**工作环节 7** **评价反馈**
4.1 修正中式改良服装样版； 4.2 样版标注的丝绺、尺寸、款号、对位剪口、物料名称、裁片数量及单号等符号文字； 4.3 纸样清单。	5.1 中式改良服装工艺说明书； 5.2 中式改良服装整套推版纸样	6.1 制版工具使用记录单； 6.2 场地、设备使用登记表	7.1 新中式改良服装样版制作的工作总结
4.1 职业素养： 培养学生沟通表达能力、发现问题和解决问题的能力、决策能力，能辨别和修正数据差异，填写修改记录表，具有吃苦耐劳和团队合作精神。	5.1 职业素养： 培养学生数学计算应用能力、撰写文书能力，学习各种工艺产品说明书的撰写方法。	6.1 职业素养： 让学生熟悉工作人员仪容仪表规范和文明礼貌，培养学生敬业、诚信等职业道德和素养，遵守企业的规章制度和操作规范。	7.1 职业素养： 培养学生分析问题和解决问题能力，学会整理信息并总结归纳，具有沟通表达和团队合作精神； 7.2 思政元素： 传承中国服饰文化元素，增强学生的民族自豪感和文化自信。

课程 7　服装纸样设计

学习任务 3　子任务 1：新中式改良服装纸样设计

1 明确新中式服装制版的任务 → 2 确定号型规格，设定样版尺寸 → 3 制作中式改良服装样版 → 4 样版修正，完成样版制作 → 5 完成推版，参与编写工艺说明书 → 6 现场整理与工具的保养 → 7 评价反馈

	工作子步骤	教师活动	学生活动	评价
明确新中式服装制版的任务	1. 分析任务单内容； 2. 列出新中式服装制版工具、材料清单。	1. 描述服装公司服装样版制作的客户要求； 2. 组织讨论分析新中式服装制版任务单内容； 3. 组织讨论分析新中式服装的穿着效果及其结构特征； 4. 布置学生在工作页中填写新中式服装款式的廓形及其结构特征的任务； 5. 教师检查学生制订的新中式服装结构制图的参数、尺寸、工艺说明等是否正确。 6. 布置学生查阅相关新中式服装制版工具、材料方面的图片； 7. 教师组织学生讨论、列写制版工具、材料清单，并小组交换互评； 8. 教师检查新中式服装制版工具、材料清单、工具清单的内容是否规范和齐全。	1. 了解中式服装发展历史，搜集中式服装款式素材； 2. 小组讨论分析新中式服装制版任务单内容（款式、尺寸、工艺说明等制版要素）； 3. 在工作页中填写新中式服装款式的廓形及其结构特征。 4. 查阅相关新中式服装制版工具、材料方面的图片； 5. 学生讨论并列写新中式服装制版工具、材料清单； 6. 交换、互评新中式服装制版工具是否齐全、材料清单内容的准确性和全面性。	1. 教师点评学生能否准确理解工作任务，并检查新中式服装款式图的内容能否达到客户任务单的规格标准。 2. 学生根据新中式服装制版工具、材料清单进行互评，检验工具、材料是否齐全。
	课时： 2 课时 1. 硬资源：具备上网功能的计算机或手机、服装纸样设计学习工作站、裁床、展示架、展示人台等。 2. 软资源：新中式服装制版的任务单、新中式服装制版的相关书籍与中式服装的穿着图片、新中式服装制版工作页等。			
确定号型规格，设定样版尺寸	1. 设定新中式服装胸、腰、肩、领、袖等重点部位的放松量； 2. 设定新中式服装制版尺寸，确认胸、腰、衣长、袖长、袖口、肩宽、领口等关键部位的档差。	1. 讲解人体上身结构及人体比例； 2. 示范新中式服装人体测量的方法及应用； 3. 讲解新中式服装在不同品类的服装材料中放松量的变化原理和样版尺寸设定的方法； 4. 布置女新中式服装制版重点控制部位放松量设定的任务； 5. 解读国家号型标准在新中式服装制版规格设置中的应用； 6. 分析新中式服装款式图中各部位的比例和规格尺寸设定的方法。	1. 熟习人体测量的操作技巧； 2. 学生相互测量； 3. 完成教师布置的新中式服装制版重点控制部位放松量设定的任务； 4. 在工作页中填写女新中式服装在不同品类服装材料中的放松量的数据； 5. 学生讨论并互评新中式服装在不同品类服装材料中放松量的变化样版尺寸表内容的准确性和全面性； 6. 学习国家号型标准在新中式服装制版规格设置中的应用；	1. 教师点评学生能否准确掌握新中式服装人体测量的方法，并检查工作页中所填写的新中式服装放松量的数据是否规范和齐全。 2. 教师组织学生互评新中式服装各部位的档差表的数据是否恰当，内容是否规范和齐全。

1 明确新中式服装制版的任务 → 2 确定号型规格，设定样版尺寸 → 3 制作中式改良服装样版 → 4 样版修正，完成样版制作 → 5 完成推版，参与编写工艺说明书 → 6 现场整理与工具的保养 → 7 评价反馈

	工作子步骤	教师活动	学生活动	评价
确定号型规格，设定样版尺寸		7. 讲授新中式服装档差的设置方法，布置任务； 8. 检验学生填写的新中式服装各部位档差表的准确性和全面性。	7. 分组讨论新中式服装款式图中各部位的尺寸比例，设定各部位的尺寸规格，并在工作页中填写； 8. 正确填写新中式服装各部位的系列档差表； 9. 交换、互评新中式服装各部位档差表的准确性和全面性。	

课时： 2 课时

1. 硬资源：电脑、多媒体实物投影机；工具：人台、铅笔、橡皮、放码尺、打版尺、曲线版、剪刀、打孔器、剪口钳；材料：白色制版纸、硬版纸、拷贝纸等。
2. 软资源：新中式服装制版的任务单、新中式服装制版的相关书籍和中式服装的穿着图片、上衣制版工作页等。

	工作子步骤	教师活动	学生活动	评价
制作中式改良服装样版	1. 新中式服装面料缩水率的计算方法； 2. 完成新中式服装纸样的制作（含净样版、毛样版、定位样版、辅料样版）。	1. 教师要求学生收集新中式服装面料缩水数据收集的案例； 2. 讲授新中式服装面料缩水率的计算方法； 3. 布置新中式服装面料缩水率的计算作业； 4. 分析新中式服装制版（主要是平面制图）的原理； 5. 示范新中式服装纸样绘制及样版制作方法及技巧； 6. 讲解新中式服装省道处理的原理与制作方法； 7. 组织小组讨论新中式服装样版制作的质量要求及评价要点； 8. 布置新中式服装纸样制作的绘制任务； 9. 检验学生新中式服装全套样版的准确性和全面性。	1. 学生收集新中式服装面料缩水率的数据； 2. 学生完成新中式服装面料缩水率的计算。 3. 小组讨论分析新中式服装整体与局部的关系； 4. 独立绘制新中式服装纸样制图； 5. 独立制作新中式服装样版； 6. 小组展示与评价新中式服装的样版。	1. 教师点评新中式服装面料缩水率的计算情况； 2. 学生交换、互评新中式服装整体与局部的关系的要点； 3. 教师按照新中式服装样版制作的质量要求及评价要点，点评服装样版的整体统一性、完整性以及制版工具的正确选择。

课时： 6 课时

1. 硬资源：具备上网功能的计算机或手机、服装纸样设计学习工作站、裁床、展示架、展示人台等。
2. 软资源：新中式服装制版的任务单、新中式服装制版的相关书籍和中式服装的穿着图片、上衣制版工作页等。

学习任务 3　子任务 1：新中式改良服装纸样设计

1 明确新中式服装制版的任务
2 确定号型规格，设定样版尺寸
3 制作中式改良服装样版
4 样版修正，完成样版制作
5 完成推版，参与编写工艺说明书
6 现场整理与工具的保养
7 评价反馈

	工作子步骤	教师活动	学生活动	评价
样版修正，完成样版制作	1. 完成修正后的新中式服装样版； 2. 标注新中式服装样版数据（纹丝绺线、号型规格、款号、物料名称等，并在对位剪口、省尖、袋口位等位置做记号）； 3. 规范填写新中式服装样版清单。	1. 讲解新中式服装样版修正的原理及技巧； 2. 教师讲解分析新中式服装样版修正的案例； 3. 根据客户的不同需求布置新中式服装样版修正； 4. 教师点评学生能否准确理解新中式服装样版修正的工作任务，指导学生分析客户对新中式服装样版修正的要求； 5. 讲授新中式服装样版数据的标注方法，并说明标注规则； 6. 布置新中式服装样版数据的标注任务； 7. 教师抽查新中式服装样版的数据标注是否规范和齐全； 8. 讲授新中式服装样版清单的填写方法； 9. 布置新中式服装样版清单的填写的任务，说明规则。	1. 小组检查分析新中式服装样版； 2. 学生回答新中式服装样版修正案例中的修正方法； 3. 独立完成新中式服装样版的修正； 4. 小组讨论修正后的新中式服装样版成品的完整性及规范性； 5. 提取新中式服装样版的数据； 6. 完成新中式服装样版的数据的标注任务； 7. 学生交换、互评新中式服装样版数据的标注是否规范和齐全； 8. 规范填写新中式服装样版清单； 9. 学生交换、互评新中式服装样版清单的内容是否规范和齐全。	1. 教师对新中式服装样版修正的案例的修正方法进行点评，根据客户的不同需求来调整新中式服装的样版结构，最终实现舒适度和美观度的完美结合。 2. 按照工作流程及新中式服装样版标准的质量要求，评价检查新中式服装样版标注的数据，并按照工作流程认真调整样版结构，细致核对检查数据信息。 3. 检验学生填写的新中式服装样版清单的准确性和全面性；
	课时： 1 课时 1. 硬资源：具备上网功能的计算机或手机、服装纸样设计学习工作站、裁床、展示架、展示人台等。 2. 软资源：新中式服装制版的任务单、新中式服装制版的相关书籍、上衣制版工作页等。			
完成推版，参与编写工艺说明书	1. 完成新中式服装的全套放码样版； 2. 补充填写新中式服装工艺说明书及工艺要求（含款式图、面辅料及各种辅料的小样、号型及各部位的规格尺寸、号型与颜色数量配比、针距大小，关键工艺要求）。	1. 讲解新中式服装推版放码原理及技术； 2. 示范新中式服装推版放码的方法及技巧； 3. 布置新中式服装纸样的推版放码绘制任务； 4. 讲授新中式服装工艺说明书及工艺要求的补充填写方法； 5. 布置补充填写新中式服装工艺说明书及工艺要求的任务； 6. 讲解新中式服装规格尺寸表及配比表（号型与颜色数量配比）的填写要求；	1. 认识新中式服装推版放码原理及技术； 2. 独立制作新中式服装推版放码的整套样版； 3. 学生互评整套新中式服装放码样版是否齐全、规范； 4. 补充填写新中式服装工艺说明书及工艺要求（包括针距大小，关键工艺要求）； 5. 填写新中式服装规格尺寸表及配比表（号型与颜色数量配比）； 6. 学生交换、互评新中式服装规格尺寸表及配比表（号型与颜色数量配比）清单的准确性和全面性。	1. 教师点评学生是否准确掌握新中式服装人体测量的方法，并检查工作页中所填写的新中式服装放松量的数据是否规范和齐全。 2. 教师组织学生互评新中式服装各部位档差表的数据是否恰当，内容是否规范和齐全。

1 明确新中式服装制版的任务 → 2 确定号型规格，设定样版尺寸 → 3 制作中式改良服装样版 → 4 样版修正，完成样版制作 → 5 完成推版，参与编写工艺说明书 → 6 现场整理与工具的保养 → 7 评价反馈

<table>
<tr><th></th><th>工作子步骤</th><th>教师活动</th><th>学生活动</th><th>评价</th></tr>
<tr><td rowspan="2">完成推版，参与编写工艺说明书</td><td></td><td>7. 检验学生编写的新中式服装规格尺寸表及配比表（号型与颜色数量配比）清单的准确性和全面性。</td><td></td><td></td></tr>
<tr><td colspan="4">课时：4 课时
1. 硬资源：具备上网功能的计算机或手机、服装纸样设计学习工作站、裁床、展示架、展示人台等。
2. 软资源：新中式服装制版的任务单、新中式服装制版的相关书籍、上衣制版工作页等。</td></tr>
<tr><td rowspan="2">现场整理与工具的保养</td><td>1. 新中式服装制版工具的保养；
2. 新中式服装制版工具使用记录单的填写。</td><td>1. 讲解新中式服装制版工作现场的整理及制版工具的保养方法；
2. 布置新中式服装制版工作现场的整理及制版工具的保养的任务；
3. 讲解场地、设备使用登记表等相关表格的填写方法及规范要求；
4. 布置填写场地、设备使用登记表等相关表格的任务；
5. 检查学生编写的场地、设备使用登记表的准确性和全面性。</td><td>1. 遵循“7S”管理要求，进行工作现场的整理及制版工具的保养；
2. 学生互评，严格遵循“7S”管理要求，进行现场的整理，并遵守企业的规章制度和操作规范；
3. 规范填写新中式服装制版工具使用记录单及相关控制表单；
4. 实施现场整理与工具的保养任务；
5. 学生互评新中式服装现场整理与工具保养任务的全面性和规范性。</td><td>1. 教师现场检查新中式服装制版工作现场的整理及制版工具的保养；严格执行现场整理规范和设备保养规范。
2. 点评学生场地、设备使用登记表等相关表格填写的完整性及规范性。</td></tr>
<tr><td colspan="4">课时：1 课时
1. 硬资源：具备上网功能的计算机或手机、服装纸样设计学习工作站、裁床、展示架、展示人台等。
2. 软资源：新中式服装制版的任务单、新中式服装制版的相关书籍、上衣制版工作页等。</td></tr>
<tr><td rowspan="2">评价反馈</td><td>总结新中式服装样版制作过程中出现的问题并提出改进建议。</td><td>1. 教师对成员的工作过程及样版成品的优点进行表扬、肯定；对一些不正确的方法提出意见并要求更正；
2. 讲解导致新中式服装样版不好产生的原因。</td><td>1. 每个成员展示及自评工作成果；
2. 成员之间互评；
3. 成员讨论新中式服装样版不够好的原因并修改；
4. 撰写总结报告。</td><td>总结重、难点（总体评价工作过程）。</td></tr>
<tr><td colspan="4">课时：1 课时
1. 硬资源：具备上网功能的计算机或手机、服装纸样设计学习工作站、裁床、展示架、展示人台等。
2. 软资源：新中式服装制版的任务单、新中式服装制版的相关书籍、上衣制版工作页等。</td></tr>
</table>

学习任务 3　上衣类纸样设计

任务描述

学习任务课时：16 课时

任务情境：

中山某服饰有限公司接到一批旗袍订单。版房主管将制版任务分配给技术部制版人员。制版人员接到款式图后，经过认真分析，确定款式为立领、偏襟、连身袖，前片腋下省，前后收腰省，下摆开衩。由于货期紧张，需要在 9 小时内按照企业生产要求完成制版任务。

版师从技术部门接受任务并确认后，查阅相关资料，根据设计图确定号型规格，设定样版尺寸。由版师制作基础版并制成白坯，在人台或者试衣模特身上进行立体修正，完成样衣样版，交给样衣师制成样衣。各部门相关人员（如设计师、销售经理、技术主管、生产主管等人员）对样衣效果进行审核。版师根据各部门的反馈意见对基础版进行修正，完成样版制作并交付部门主管。进入产品生产阶段，版师要调整样衣样版，完成工业样版的基准版，交付推版师进行推放码，参与编写工艺说明书。

在旗袍样版基础上可以在长度、廓型、分割、细节等方面加以调整，变化成其他创新款的旗袍，并进行样版制作。该公司希望我院服装专业的学生参与本次的旗袍制作，并要求在 2 天内按照企业生产要求完成的制作任务。

具体要求如下：

1. 接受订单，明确制版要求，服从工作安排。
2. 按照订单和款式图查询资料，获取从订单和款式图转换为结构制版的有效信息。
3. 严格按照国家标准，参考部颁标准、企业标准或设计师的要求，进行立裁修正，准确测量并标记服装，符合规定尺寸。制版以国家号型标准为指导，能用制图公式准确制版，确保胸、腰、肩、衣摆、袖窿、领口等部位分配合理，做到衣摆起翘、侧缝困势、袖山吃势、反领层势、省道转移等与人体体型特征相匹配。制版务求准确，各环节之间有监控、有记录。
4. 制版完成后，为样版标注丝绺、尺寸、款号、对位剪口、物料名称及款号等符号文字，由相关部门验收后，通知工艺部门制作样衣、确认产品。
5. 严格按照国家标准，参考部颁标准、企业标准或设计师的要求，制作工业样版和工艺样版，编写工艺说明书。
6. 验收时要耐心、细心，交付时要注重沟通的时机与技巧，做好记录。
7. 工作过程中要注重沟通的时机与技巧，要耐心、细心，并且还要遵循“8S”管理要求。

我校服装专业样版制作教师带领学生共同完成此项任务。

子任务 2：旗袍纸样设计

工作流程和标准

工作环节 1

明确旗袍纸样设计的任务

1

1. 分析任务单内容。学习并运用传统旗袍服饰文化和特点，了解旗袍发展历史，搜集旗袍款式素材。接受旗袍纸样设计任务单，分析任务单内的款式图、规格尺寸、工艺要求等，根据国标、行规标准，确认并描述旗袍纸样设计结构的参数。
2. 准备工具、材料。与版房主管沟通，根据旗袍纸样设计的要求，准备旗袍纸样设计适用的工具、材料：铅笔、放码尺、打版尺、曲线版、牛皮纸、拷贝纸、剪刀、打孔器、剪口钳；确认并填写旗袍纸样设计适用工具、材料的清单。

工作成果：1. 旗袍纸样设计的结构参数；

2. 旗袍纸样设计工具、材料的清单。

核心技术：1. 国标、行规中的号型标准，款式、尺寸、工艺说明；

2. 旗袍纸样设计的适用工具，旗袍纸样设计的材料。

工作环节 2

确定号型规格，设定样版尺寸

2

1. 设定样版尺寸。能够识别不同的传统布料，运用国家号型标准及人体的结构比例，制订旗袍纸样设计尺寸。
2. 通过人体测量，合理设定旗袍纸样设计胸围、腰围、衣摆、肩宽、袖肥等重点部位的放松量。
3. 准确设定旗袍纸样设计胸围、腰围、衣摆、肩宽、袖肥、衣长、袖长、腰长、领口、袖口等关键部位的裆差。根据国家号型标准、人体的结构比例以及旗袍纸样设计胸围、腰围、下摆、肩宽、袖肥等重点部位放松量的控制方法、旗袍纸样设计常用面料与结构的匹配等，设定旗袍纸样设计各部位规格尺寸及旗袍纸样设计胸围、腰围、下摆、肩宽、袖肥等重点部位的放松量。并根据国家号型标准填写旗袍纸样设计各部位的裆差表。掌握传统旗袍的纸样设计方法并进行创新纸样设计，增强文化自信。

工作成果：1. 制订旗袍纸样设计各部位的尺寸；

2. 设定旗袍纸样设计重点部位的放松量；

3. 填写新中式服装各部位的裆差表。

核心技术：1. 国家号型标准及人体的结构比例；

2. 人体测量及款式特点；

3. 常用面料与结构的匹配等。

工作环节 3

制作旗袍纸样

3

1. 面料缩水率的计算方法。
2. 使用打版尺、曲线版等制版工具，通过平面裁剪的制图方法，利用旗袍纸样设计版型变化的原理与方法（领型及袖型的变化、各部位长度与围度的变化、不同衣摆的变化、门襟的变化、以及下摆起翘、侧缝困势、袖山吃势、反领层势等与人体体型特征相匹配原理；旗袍纸样设计黄金分割线的设定、胸腰省的省道转移等方法），制作全套旗袍纸样设计（净样，毛样，辅料样版、定位样制版等）将传统旗袍样版进行变化，不断实践创新开发新型旗袍样版，培养学生勇于试错、勇于创新的实践精神。

工作成果：1. 旗袍纸样设计面料缩水率；
2. 全套旗袍纸样设计（净样，毛样，辅料样版、定位样制版等）。

核心技术：1. 旗袍纸样设计面料缩水数据收集、旗袍纸样设计面料缩水率的计算方法；
2. 平面裁剪的制图方法、旗袍版型变化的方法、旗袍纸样设计省道处理的制作方法等。

工作环节 4

样版修正，完成样版制作

4

1. 修正旗袍纸样设计。
2. 标注旗袍纸样设计数据（纹丝绺线、号型规格、款号、物料名称等，并在对位剪口、省尖、袋口位等位置做记号），培养学生良好的尺寸意识、工艺要求意识以及严谨理性的工作作风。
3. 规范填写旗袍纸样设计修正过程记录表与样版清单。

工作成果：1. 修正后的旗袍纸样设计；
2. 旗袍纸样设计数据的标注；
3. 填写旗袍纸样设计修正过程记录表与样版清单。

核心技术：1. 客户的需求、旗袍纸样设计版型的调整方法；
2. 纹丝绺线、号型规格、款号、物料名称、对位剪口、省尖、袋口位等；
3. 旗袍纸样设计修正过程、旗袍纸样设计修正部位、全套旗袍纸样设计的种类及数量。

工作流程和标准

工作环节 5

交付推版，参与编写工艺说明书

5

1. 完成旗袍纸样设计的全套放码样版。
2. 参与编写旗袍纸样设计工艺说明书，按客户要求设置旗袍纸样设计规格表 （号型及各部位的规格尺寸），绘制旗袍纸样设计款式图 （含款式说明、工艺标注等），填写旗袍纸样设计配比表 （各种号型，各种颜色数量的配比），确定旗袍纸样设计物料小样（粘贴面辅料小样），填写旗袍纸样设计的工艺要求（ 包括针距大小，关键工艺要求）。

工作成果：1. 旗袍纸样设计的全套放码样版；
2. 旗袍纸样设计工艺说明书。

核心技术：1. 旗袍纸样设计推版放码的方法、旗袍纸样设计各部位的档差表；
2. 旗袍纸样设计规格表、款式图、配比表、物料小样、工艺要求。

工作环节 7

评价反馈

7

每位学生提交旗袍纸样设计纸样，并通过小组互评、教师点评等多种形式，总结本次任务完成的质量与效率，以及每个成员遵循现场工作管理规范的情况；总结和分享学习心得体会。

工作成果：提交一份旗袍纸样设计制作的工作总结，增强学生的民族自豪感。

核心技术：旗袍纸样设计制作过程中出现的问题以及改进建议。

工作环节 6

现场整理与设备保养

6

1. 旗袍纸样设计工具的保养；按“8S”工作要求，进行工作现场的整理及制版工具的保养。
2. 填写制版工具使用记录单，自觉遵守、严格执行现场整理规范和设备保养规范，并及时认真填写相关控制表单。

工作成果：1. 旗袍纸样设计工具的保养；

2. 制版工具使用记录单及相关控制表单。

核心技术：1. 旗袍纸样设计工具的保养方法；

2. 旗袍纸样设计工具的使用情况及使用时间、旗袍纸样设计相关设备、场地的监控。

学习内容

知识点	1.1 订单、任务单的编写要素； 1.2 国标、行规文件； 1.3 制版工具、材料的认识； 1.4 旗袍的内涵与发展。	2.1 人体比例结构； 2.2 旗袍放松量的方法； 2.3 旗袍档差的计算方法； 2.4 旗袍布料的种类辨别。	3.1 旗袍制版方法的原理与制作方法； 3.2 版形变化款式旗袍的制作原理与方法、旗袍版型变化的原理与方法； 3.3 胸腰差的分配方法（不同的胸腰差量省的分配）； 3.4 旗袍省道处理原理与制作方法； 3.5 旗袍下摆起翘、侧缝困势、袖山吃势、反领层势与人体体型特征的匹配原理。
技能点	1.1 对款式、尺寸、工艺说明等制版要素分析到位； 1.2 列写制版工具、材料清单； 1.3 职业能力： 能服从部门负责人工作安排，准确理解工作任务，掌握恰当的沟通时机和方法，与设计师确认款式图结构、面料等的合理性。	2.1 能运用国家号型标准制订旗袍制版尺寸； 2.2 人体测量； 2.3 合理设定旗袍胸围、腰围、领口、衣摆、肩宽、袖肥等重点部位的放松量； 2.4 准确设定旗袍胸围、腰围、腰长、衣摆、肩宽、袖肥、衣长、袖长、领口、袖口等关键部位的档差； 2.5 旗袍的设计案例及体现旗袍文化的相关视觉元素； 2.6 职业能力： 能掌握资料检索方法，根据款式图高效查阅相关技术资料，合理确定结构设计方案。	3.1 样版各部位洗水前尺寸的确定； 3.2 完成旗袍纸样的制作（含净样版、毛样版、定位样版、辅料样版）； 3.3 职业能力： 能与工艺师有效沟通工艺重点和难点（必要时局部试做小样），有效控制生产损失和风险。
工作环节	工作环节 1 明确旗袍制版的任务	确定号型规格，设定样版尺寸 工作环节 2	工作环节 3 制作旗袍样版
成果	1.1 旗袍结构制图的参数； 1.2 制版工具、材料清单	2.1 旗袍各部位尺寸规格； 2.2 胸围、腰围、衣摆、肩宽、领口、袖肥等重点部位放松量； 2.3 旗袍各部位的档差表	3.1 面料缩水率； 3.2 旗袍全套的样版制作（净样版、毛样版、定位样版、辅料样版）
职业素养 思政元素	1.1 职业素养： 建立生产安全意识和纪律观念，培养任务书阅读理解和工具清单撰写能力，让学生乐于接受学习任务，主动配合实施任务；阐述工匠事迹，使学生树立专心致志、精益求精、爱岗敬业的工匠精神； 1.2 思政元素： 传承中国传统服装文化，增强文化自信。	2.1 职业素养： 培养学生观察力和记忆力、信息搜集处理能力、数字测量应用和沟通表达能力，能计划、组织工作各项环节和流程。	3.1 职业素养： 培养学生细致的观察力、动手操作能力、数字应用处理能力，以及分析问题、解决问题的能力；掌握流程图编写方法，创新工艺流程； 3.2 思政元素： 通过了解旗袍发展历史，搜集传统旗袍款式图，不断实践创新开发新型旗袍样版，培养学生勇于试错、勇于创新的实践精神。

学习任务 3　子任务 2：旗袍纸样设计

4.1 修正旗袍样版的技巧与方法； 4.2 标准样版标注方法； 4.3 旗袍标准样版检查的方法； 4.4 纸样清单撰写的方法； 4.5 中国传统服装旗袍的工艺要求。	5.1 旗袍工艺说明书的编写方法； 5.2 旗袍推版的方法； 5.3 旗袍工艺要求（包括针距大小、关键工艺要求）； 5.4 填写旗袍规格尺寸表的方法； 5.5 盘扣制作步骤，刺绣的种类和基本绣法。	6.1 制版工具使用记录单的填写方法； 6.2 制版工具的保养方法； 6.3 场地、设备使用登记表的填写方法。	7.1 汇报的方法和技巧； 7.2 总结报告的撰写方法。
4.1 完成旗袍样版修正； 4.2 标注旗袍样版数据（纹丝绺线、号型规格、款号、物料名称等，并在对位剪口、省尖、袋口位等位置做记号）； 4.3 规范填写旗袍样版修正过程的记录表； 4.4 填写纸样清单（含净样、毛样、定位样、面辅料样版）； 4.5 职业能力： 能根据客户的不同需求及版型结构特点，并能按照工作流程认真调整样版结构，细致核对检查数据信息，最终实现舒适度和美观度的完美结合。	5.1 编写旗袍工艺说明书； 5.2 完成旗袍的全套放码纸样； 5.3 职业能力： 1. 能根据《GB/T 29863—2013 服装制图国家标准》、参考部颁标准、企业标准，准确制作工业样版和工艺样版；掌握工艺说明书的编写方法，严谨规范撰写完成工艺说明书。 2. 能按照工作流程和交接手续，交付部门主管验收工艺说明书。	6.1 制版工具的保养； 6.2 制版工具使用记录单的填写； 6.3 制版场地、设备使用登记表的填写； 6.4 职业能力： 工作过程中严格遵循“8S”管理要求，进行现场的整理，严格执行现场整理规范和设备保养规范。	7.1 个人对应本学习任务的学习目标，总结本次任务完成的质量与效果； 7.2 职业能力： 能对应本学习任务的学习目标，总结本次任务完成的质量与效果。
工作环节 4 样版修正，完成样版制作	工作环节 5 完成推版，参与编写工艺说明书	工作环节 6 现场整理与工具的保养	工作环节 7 评价反馈
4.1 旗袍样版的修正； 4.2 样版的标注：丝绺、尺寸、款号、对位剪口、物料名称、裁片数量及单号等符号文字； 4.3 填纸样清单。	5.1 旗袍工艺说明书； 5.2 旗袍整套推版纸样。	6.1 制版工具使用记录单； 6.2 场地、设备使用登记表。	7.1 旗袍样版制作的工作总结。
4.1 职业素养： 1. 培养学生沟通表达能力、发现问题和解决问题的能力、决策能力，能辨别和修正数据差异，填写修改记录表，具有吃苦耐劳和团队合作精神； 2. 培养学生良好的尺寸意识、工艺要求意识以及严谨理性的工作作风； 4.2 思政元素： 通过对旗袍元素的搜集（旗袍的种类、盘扣制作工艺，刺绣等元素），帮助学生理解非遗文化增强民族文化自信和爱国爱家意识。	5.1 职业素养： 1. 培养学生数学计算应用能力、撰写文书能力，学习各种工艺产品说明书的撰写方法； 2. 培养学生精益求精的工匠精神。 5.2 思政元素： 通过对盘扣制作工艺及刺绣等元素在旗袍中的应用，帮助学生理解非遗文化，增强民族文化自信和爱国爱家意识。	6.1 职业素养： 让学生熟悉工作人员仪容仪表规范和文明礼貌，培养学生敬业、诚信等职业道德和素养，遵守企业的规章制度和操作规范。	7.1 职业素养： 培养学生分析问题和解决问题能力，学会整理信息并总结归纳，具有沟通表达和团队合作精神； 7.2 思政元素： 传承中国服饰文化元素，增强学生的民族自豪感。

学习任务 3　子任务 2：旗袍纸样制作

1 明确旗袍制版的任务 → 2 确定号型规格，设定样版尺寸 → 3 制作旗袍样版 → 4 样版修正，完成样版制作 → 5 完成推版，参与编写工艺说明书 → 6 现场整理与工具的保养 → 7 评价反馈

	工作子步骤	教师活动	学生活动	评价
明确旗袍制版的任务	1. 分析任务单内容； 2. 准备工具材料。	1. 描述服装公司服装样版制作的客户要求； 2. 组织讨论分析旗袍制版任务单内容； 3. 组织讨论旗袍的结构特征； 4. 布置学生在工作页中填写旗袍的廓形及其结构特征的任务； 5. 检查学生制订的旗袍结构制图的参数式、尺寸、工艺说明等是否正确。 6. 布置学生查阅相关旗袍制版工具、材料方面的图片； 7. 组织学生讨论、列写制版工具、材料清单，并小组交换互评； 8. 教师检查旗袍制版工具、材料清单、工具清单的内容是否规范和齐全。	1. 小组讨论分析旗袍制版任务单内容（款式、尺寸、工艺说明等制版要素）； 2. 分析旗袍的结构特征； 3. 在工作页中填写旗袍款式的廓形及其结构特征； 4. 查阅旗袍制版工具、材料方面的图片； 5. 讨论并列写旗袍制版工具、材料清单； 6. 交换、互评旗袍制版工具是否齐全，以及材料清单内容的准确性和全面性。	1. 教师点评学生是否准确理解工作任务，并检查旗袍款式图的内容能否达到客户任务单的规格标准； 2. 学生对旗袍制版工具、材料清单进行互评，检验工具、材料是否齐全。

课时： 1 课时

1. 硬资源：具备上网功能的计算机或手机、服装纸样设计学习工作站、裁床、展示架、展示人台等。
2. 软资源：旗袍制版的任务单、旗袍制版的相关书籍与旗袍的穿着图片、旗袍制版工作页等。

	工作子步骤	教师活动	学生活动	评价
确定号型规格，设定样版尺寸	1. 设定旗袍胸、腰、肩、领、袖等重点部位的放松量； 2. 学生对旗袍制版工具、材料清单进行互评，检验工具、材料是否齐全。	1. 讲解人体上身结构及人体比例； 2. 示范旗袍人体测量的方法及应用； 3. 讲解旗袍在不同品类的服装材料中放松量的变化原理和样版尺寸设定的方法； 4. 布置旗袍制版重点控制部位放松量设定的任务； 5. 解读国家号型标准在旗袍制版规格设置中的应用； 6. 分析旗袍款式图中各部位的比例和规格尺寸设定的方法； 7. 讲授旗袍档差的设置方法，布置任务；	1. 熟悉人体测量的操作技巧； 2. 学生相互测量； 3. 完成教师布置的旗袍制版重点控制部位放松量设定的任务； 4. 在工作页中填写旗袍在不同品类服装材料中的放松量的数据； 5. 学生讨论并互评旗袍在不同品类服装材料中放松量的变化样版尺寸表内容的准确性和全面性； 6. 学习国家号型标准在旗袍制版规格设置中的应用； 7. 分组讨论旗袍款式图中各部位的尺寸比例，设定各部位的尺寸规格，并在工作页中填写；	1. 教师点评学生能否准确掌握设计旗袍样版时人体测量的方法，并检查工作页中所填写的旗袍放松量的数据是否规范和齐全。 2. 教师组织学生互评旗袍各部位裆差表的数据是否恰当，内容是否规范和齐全。

1 明确旗袍制版的任务
2 确定号型规格，设定样版尺寸
3 制作旗袍样版
4 样版修正，完成样版制作
5 完成推版，参与编写工艺说明书
6 现场整理与工具的保养
7 评价反馈

	工作子步骤	教师活动	学生活动	评价
确定号型规格，设定样版尺寸		8. 检验学生填写的旗袍各部位档差表的准确性和全面性。	8. 正确填写旗袍各部位的系列档差表。	
	课时： 1 课时 1. 硬资源：具备上网功能的计算机或手机、服装纸样设计学习工作站、裁床、展示架、展示人台等。 2. 软资源：旗袍制版的任务单、旗袍制版的相关书籍和旗袍的穿着图片、上衣制版工作页等。			
制作旗袍样版	1. 旗袍面料缩水率的计算方法； 2. 创新旗袍纸样的制作（含净样版、毛样版、定位样版、辅料样版）。	1. 要求学生收集旗袍面料缩水率数据的案例； 2. 讲授旗袍面料缩水率的计算方法； 3. 布置旗袍面料缩水率的计算作业； 4. 讲授旗袍创新设计的要点并引导学生融合中国传统手工艺和元素进行旗袍样版的创新； 5. 分析旗袍制版(主要是平面制图)的原理； 6. 示范旗袍纸样绘制及样版制作方法和技巧； 7. 讲解旗袍省道处理的原理与制作方法； 8. 组织小组讨论旗袍样版制作的质量要求及评价要点； 9. 布置旗袍纸样制作的绘制任务； 10. 检验学生旗袍全套样版的准确性和全面性。	1. 学生收集旗袍面料缩水率的数据； 2. 学生完成旗袍面料缩水率计算的作业； 3. 小组讨论分析旗袍整体与局部的关系； 4. 独立绘制旗袍纸样制图； 5. 独立制作旗袍样版； 6. 小组展示与评价旗袍的样版。	1. 教师点评旗袍面料缩水率的计算情况； 2. 学生交换、互评旗袍整体与局部的关系的要点； 3. 按照旗袍样版制作的质量要求及评价要点，点评服装样版的整体统一性、完整性以及制版工具的正确选择。
	课时： 6 课时 1. 硬资源：具备上网功能的计算机或手机、服装纸样设计学习工作站、裁床、展示架、展示人台等。 2. 软资源：旗袍制版的任务单、旗袍制版的相关书籍和旗袍的穿着图片、上衣制版工作页等。			

学习任务 3　子任务 2：旗袍纸样制作

1 明确旗袍制版的任务
2 确定号型规格，设定样版尺寸
3 制作旗袍样版
4 样版修正，完成样版制作
5 完成推版，参与编写工艺说明书
6 现场整理与工具的保养
7 评价反馈

	工作子步骤	教师活动	学生活动	评价
样版修正，完成样版制作	1. 完成修正后的旗袍样版； 2. 标注旗袍样版数据（纹丝绺线、号型规格、款号、物料名称等，并在对位剪口、省尖、袋口位等位置做记号）； 3. 规范填写旗袍样版清单。	1. 讲解旗袍样版修正的原理及技巧； 2. 讲解分析旗袍样版修正的案例； 3. 根据客户的不同需求布置旗袍样版修正任务； 4. 教师点评学生能否准确理解旗袍样版修正的工作任务，指导学生分析客户对旗袍样版修正的要求； 5. 讲授旗袍样版数据的标注方法，并说明标注规则； 6. 布置旗袍样版数据的标注任务； 7. 教师抽查旗袍样版的数据标注是否规范和齐全； 8. 讲授旗袍样版清单的填写方法； 9. 布置旗袍样版清单的填写的任务，说明规则。	1. 小组检查分析旗袍样版； 2. 学生回答旗袍样版修正案例中的修正方法； 3. 独立完成旗袍样版的修正； 4. 小组讨论修正后的旗袍样版成品完整性及规范性； 5. 提取旗袍样版的数据； 6. 完成旗袍样版数据标注任务； 7. 学生交换、互评旗袍样版的数据标注是否规范和齐全； 8. 规范填写旗袍样版清单； 9. 学生交换、互评旗袍样版清单的内容是否规范和齐全。	1. 教师对旗袍样版修正案例的修正方法进行点评，根据客户的不同需求来调整旗袍的样版结构，最终实现舒适度和美观度的完美结合； 2. 按照工作流程及旗袍样版标准的质量要求，评价检查旗袍样版标注的数据，并按照工作流程认真调整样版结构，细致核对检查数据信息； 3. 检验学生填写的旗袍样版清单的准性和全面性。
	课时： 2 课时 1. 硬资源：具备上网功能的计算机或手机、服装纸样设计学习工作站、裁床、展示架、展示人台等。 2. 软资源：旗袍制版的任务单、旗袍制版的相关书籍、上衣制版工作页等。			
完成推版，参与编写工艺说明书	1. 完成旗袍的全套放码样版； 2. 补充填写旗袍工艺说明书及工艺要求（含款式图、面辅料及各种辅料的小样、号型及各部位的规格尺寸、号型与颜色数量配比、针距大小，关键工艺要求）。	1. 讲解旗袍推版放码原理及技术； 2. 示范旗袍推版放码的方法及技巧； 3. 布置旗袍纸样的推版放码绘制任务； 4. 讲授旗袍工艺说明书及工艺要求的补充填写方法； 5. 布置补充填写旗袍工艺说明书及工艺要求的任务； 6. 要求学生填写旗袍规格尺寸表及配比表（号型与颜色数量配比；	1. 认识旗袍推版放码原理及技术； 2. 独立制作旗袍推版放码的整套样版； 3. 学生互评整套旗袍放码样版是否齐全、规范； 4. 补充填写旗袍工艺说明书及工艺要求（包括针距大小，关键工艺要求）； 5. 填写旗袍规格尺寸表及配比表（号型与颜色数量配比）； 6. 学生交换、互评旗袍规格尺寸表及配比表（号型与颜色数量配比）的准确性和全面性。	1. 教师点评学生整套旗袍放码样版是否齐全、规范，符合质量要求。 2. 教师点评旗袍补充工艺说明书及工艺要求内容的完整性。

1 明确旗袍制版的任务 → 2 确定号型规格，设定样版尺寸 → 3 制作旗袍样版 → 4 样版修正，完成样版制作 → 5 完成推版，参与编写工艺说明书 → 6 现场整理与工具的保养 → 7 评价反馈

	工作子步骤	教师活动	学生活动	评价
完成推版，参与编写工艺说明书		7. 检验学生编写的旗袍规格尺寸表及配比表（号型与颜色数量配比）清单的准确性和全面性。		
	课时： 4 课时 1. 硬资源：具备上网功能的计算机或手机、服装纸样设计学习工作站、裁床、展示架、展示人台等。 2. 软资源：旗袍制版的任务单、旗袍制版的相关书籍、上衣制版工作页等。			
现场整理与工具的保养	1. 旗袍制版工具的保养； 2. 旗袍制版工具使用记录单的填写。	1. 讲解旗袍制版工作现场的整理及制版工具的保养方法； 2. 布置旗袍制版工作现场的整理及制版工具保养的任务； 3. 讲解场地、设备使用登记表等相关表格的填写方法及规范要求； 4. 布置填写场地、设备使用登记表等相关表格的任务； 5. 检查学生编写的场地、设备使用登记表的准确性和全面性。	1. 遵循“8S”管理要求，进行工作现场的整理及制版工具的保养； 2. 学生互评，严格遵循“8S”管理要求，进行现场的整理，并遵守企业的规章制度和操作规范； 3. 规范填写旗袍制版工具使用记录单及相关控制表单； 4. 实施现场整理与工具的保养任务； 5. 学生互评旗袍现场整理与工具保养任务的全面性和规范性。	1. 教师现场检查旗袍制版工作现场的整理及制版工具的保养；严格执行现场整理规范和设备保养规范； 2. 点评学生场地、设备使用登记表等相关表格填写的完整性及规范性。
	课时： 1 课时 1. 硬资源：具备上网功能的计算机或手机、服装纸样设计学习工作站、裁床、展示架、展示人台等。 2. 软资源：旗袍制版的任务单、旗袍制版的相关书籍、上衣制版工作页等。			
评价反馈	总结旗袍样版制作过程中出现的问题并提出改进建议。	1. 教师对成员的工作过程及样版成品的优点进行表扬、肯定；对一些不正确的方法提出修改意见并更正； 2. 讲解导致旗袍样版不好的原因。	1. 每个成员展示及自评工作成果； 2. 成员之间互评； 3. 成员讨论旗袍样版不够好的原因并修改； 4. 撰写总结报告。	总结重、难点（总体评价工作过程）。
	课时： 1 课时 1. 硬资源：具备上网功能的计算机或手机、服装纸样设计学习工作站、裁床、展示架、展示人台等。 2. 软资源：旗袍制版的任务单、旗袍制版的相关书籍、上衣制版工作页等。			

学习任务 3　上衣类纸样设计

任务描述

学习任务课时：16 课时

任务情境：

中山某服饰有限公司接到一批女外套订单，版房主管将制版任务分配给技术部制版人员，制版人员接到款式图后经过分析，确定款式廓型、有无口袋、有无收省、有无分割线、有无夹里、领子的形状、反襟位的大小、袖子的造型及钮位的高低等。该公司希望我院服装专业的学生参与该批订单合同中样版的制作，需在 8 小时内按照企业生产要求完成某种女外套的制版任务。具体要求如下：

1. 接受订单，明确制版要求，服从工作安排；
2. 按照订单和款式图查询相关资料，获取从订单和款式图转换为结构制版的有效信息；
3. 严格按照国家标准，参考部颁标准、企业标准或设计师的要求，进行立裁修正，准确测量并标记服装，符合规定尺寸。制版以国家号型标准为指导，能用制图公式准确制版，确保胸、腰、肩、衣摆、袖窿、领口等部位分配合理，做到衣摆起翘、侧缝困势、袖山吃势、反领层势、省道转移等与人体体型特征相匹配；制版务求准确，各环节之间有监控、有记录；
4. 制版完成后，为样版标注丝绺、尺寸、款号、对位剪口、物料名称及款号等符号文字，由相关部门验收后，通知工艺部门制作样衣，确认产品；
5. 严格按照国家标准，参考部颁标准、企业标准或设计师的要求，制作工业样版和工艺样版，编写工艺说明书；
6. 验收时要耐心、细心，交付时要注重沟通的时机与技巧，做好记录；
7. 工作过程中要注重沟通的时机与技巧，要耐心、细心，并且还要遵循“7S”管理要求。

于是我校服装专业样版制作教师带领学生共同完成此项任务。

具体要求见下页。

子任务 3：女外套纸样设计

工作流程和标准

工作环节 1

明确女外套制版的任务

1

1. 分析任务单内容。接受女外套制版的任务单，分析任务单内的款式图、规格尺寸、工艺要求等，根据国标、行规标准，确认并描述上衣制版结构的参数。
2. 准备工具、材料。与版房主管沟通，根据女外套制版的要求，准备女外套制版适用的工具、材料（铅笔、放码尺、打版尺、曲线版、牛皮纸、拷贝纸、剪刀、打孔器、剪口钳），确认并填写女外套制版适用工具、材料的清单。

工作成果：1. 女外套制版的结构参数；

2. 国标、行规中的号型标准，款式、尺寸、工艺说。

核心技术：1. 国标、行规中的号型标准，款式、尺寸、工艺说明；

2. 女外套制版的适用工具，女外套制版的材料。

工作环节 2

确定号型规格，设定样版尺寸

2

1. 设定样版尺寸。根据国家号型标准及人体的结构比例，制订女外套制版尺寸 。
2. 通过人体测量，合理设定女外套胸围、腰围、衣摆、肩宽、袖肥等重点部位的放松量。
3. 准确设定女外套胸围、腰围、衣摆、肩宽、袖肥、衣长、袖长、腰长、领口、袖口等关键部位的裆差。根据国家号型标准、人体的结构比例以及女外套胸围、腰围、下摆、肩宽、袖肥等重点部位放松量的控制方法以及女外套常用面料与结构的匹配等 ，设定女外套各部位规格尺寸及女外套胸围、腰围、下摆、肩宽、袖肥等重点部位的放松量；根据国家号型标准，填写女外套各部位的裆差表。

工作成果：1. 女外套样版各部位的尺寸；

2. 女外套样版重点部位的放松量；

3. 女外套各部位的裆差表。

核心技术：1. 国家号型标准及人体的结构比例；

2. 人体测量及款式特点；

3. 国家号型标准、人体的结构比例、常用面料与结构的匹配等。

学习任务3　子任务3：女外套纸样设计

工作环节3

制作女外套样版

3

1. 女外套面料缩水率的计算方法。
2. 使用打版尺、曲线版等制版工具，通过平面裁剪的制图方法，利用女外套版型变化的原理与方法（领型及袖型的变化、各部位长度与围度的变化、不同衣摆的变化、门襟的变化、以及下摆起翘、侧缝困势、袖山吃势、反领层势等与人体体型特征相匹配原理；女外套黄金分割线的设定、胸腰省的省道转移等的方法），制作全套女外套样版（净样，毛样，辅料样版、定位样制版等）。

工作成果：1. 女外套面料缩水率；

2. 女外套面料缩水数据收集、女外套面料缩水率的计算方法。

核心技术：1. 女外套纸样设计面料缩水数据收集、女外套纸样设计面料缩水率的计算方法；

2. 平面裁剪的制图方法、女外套版型变化的制作方法、女外套省道处理的制作方法等。

工作环节4

样版修正，完成样版制作

4

1. 修正女外套样版。
2. 标注女外套样版数据（纹丝绺线、号型规格、款号、物料名称等，并在对位剪口、省尖、袋口位等位置做记号）。
3. 规范填写女外套样版修正过程记录表与样版清单。

工作成果：1. 修正后的女外套样版；

2. 女外套样版数据的标注；

3. 填写的女外套样版修正过程记录表与样版清单。

核心技术：1. 客户的需求、女外套版型的调整方法；

2. 纹丝绺线、号型规格、款号、物料名称、对位剪口、省尖、袋口位等；

3. 女外套样版修正过程、女外套样版修正部位、全套女外套样版的种类及数量。

工作流程和标准

工作环节 5

交付推版，参与编写工艺说明书

5

1. 完成女外套的全套放码样版。
2. 参与编写女外套工艺说明书，按客户要求设置女外套规格表（号型及各部位的规格尺寸），绘制女外套款式图（含款式说明、工艺标注等），填写女外套配比表（各种号型，各种颜色数量的配比），确定女外套物料小样（粘贴面辅料小样），填写女外套的工艺要求（包括针距大小，关键工艺要求）。

工作成果：1. 女外套的全套放码样版；
2. 编写的女外套工艺说明书。

核心技术：1. 女外套样版推版放码的方法、女外套各部位的档差表；
2. 女外套规格表、款式图、配比表、物料小样、工艺要求。

工作环节 7

评价反馈

7

每位学生提交女外套样版纸样，并通过小组互评、教师点评等多种形式，总结本次任务完成的质量与效率以及每个成员遵守现场工作管理规范的情况。

工作成果：1. 制订的女外套样版各部位的尺寸；
2. 设定的女外套样版重点部位的放松量；
3. 填写的女外套各部位的档差表。

核心技术：1. 国家号型标准及人体的结构比例；
2. 人体测量及款式特点；
3. 国家号型标准、人体的结构比例、常用面料与结构的匹配等。

工作环节 6

现场整理与设备保养

6

1. 女外套制版工具的保养；按“8S”工作要求，进行工作现场的整理及制版工具的保养。
2. 填写制版工具使用记录单，自觉遵守、严格执行现场整理规范和设备保养规范，并及时认真填写相关控制表单。

工作成果：1. 女外套制版工具的保养；

2. 填写的制版工具使用记录单及相关控制表单；

核心技术：1. 女外套制版工具的保养方法；

2. 女外套制版工具的使用情况及使用时间，女外套制版相关设备及场地的监控。

学习内容

知识点	1.1 订单、任务单的编写要素； 1.2 国标、行规文件； 1.3 制版工具、材料的认识。	2.1 人体比例； 2.2 人体结构； 2.3 不同品类服装放松量的方法； 2.4 不同品类服装放松量的原理； 2.5 服装档差的计算方法。	3.1 女外套制版方法的原理与制作方法； 3.2 版型变化款式女外套的制作原理与方法，女外套版型变化的原理与方法； 3.3 胸腰差的分配方法（不同的胸腰差量省的分配）； 3.4 女外套省道处理原理与制作方法； 3.5 女外套下摆起翘、侧缝困势、袖山吃势、反领层势与人体体型特征的匹配原理。
技能点	1.1 对款式、尺寸、工艺说明等制版要素分析到位； 1.2 列写制版工具、材料清单； 1.3 职业能力： 能服从部门负责人工作安排，准确理解工作任务，掌握恰当的沟通时机和方法，与设计师确认款式图结构、面料等的合理性。	2.1 能运用国家号型标准制订女外套制版尺寸； 2.2 人体测量； 2.3 合理设定女外套胸围、腰围、领口、衣摆、肩宽、袖肥等重点部位的放松量； 2.4 准确设定女外套胸围、腰围、腰长、衣摆、肩宽、袖肥、衣长、袖长、领口、袖口等关键部位的档差； 2.5 职业能力： 能掌握资料检索方法，根据款式图高效查阅相关技术资料，合理确定结构设计方案。	3.1 样版各部位洗水前尺寸的确定； 3.2 完成女外套纸样的制作（含净样版、毛样版、定位样版、辅料样版）； 3.3 职业能力： 能与工艺师有效沟通工艺重点和难点（必要时局部试做小样），有效控制生产损失和风险。
工作环节	工作环节 1 明确女外套制版的任务	确定号型规格，设定样版尺寸 工作环节 2	工作环节 3 制作女外套样版
成果	1.1 女外套结构制图的参数； 1.2 制版工具、材料清单。	2.1 女外套各部位尺寸规格； 2.2 胸围、腰围、衣摆、肩宽、领口、袖肥等重点部位放松量； 2.3 女外套各部位的档差表。	3.1 算出面料缩水率； 3.2 女外套全套的样版制作（净样版、毛样版、定位样版、辅料样版）。
素养	1.1 建立生产安全意识和纪律观念，培养任务书阅读理解和工具清单撰写能力，让学生乐于接受学习任务，主动配合实施任务； 1.2 阐述工匠事迹，使学生树立专心致志、精益求精、爱岗敬业的工匠精神。	2.1 培养学生观察力和记忆力、信息搜集处理能力、数字测量应用和沟通表达能力，能计划、组织工作各项环节和流程。	3.1 培养学生细致的观察力、动手操作能力、数字应用处理能力，以及分析问题、解决问题的能力； 3.2 掌握流程图编写方法，创新工艺流程。

学习任务 3　子任务 3：女外套纸样设计

4.1 修正上衣样版的技巧与方法； 4.2 标准样版标注方法； 4.3 女外套标准样版的检查方法； 4.4 纸样清单撰写的方法； 4.5 女外套样版修正过程的记录表的填写方法。	5.1 女外套工艺说明书的编写方法； 5.2 女外套推版的方法； 5.3 女外套工艺要求（包括针距大小，关键工艺要求）； 5.4 填写女外套规格尺寸表的方法； 5.5 女外套配比表填充方法。	6.1 制版工具使用记录单的填写方法； 6.2 制版工具的保养方法； 6.3 场地、设备使用登记表的填写方法。	7.1 总结报告撰写的方法； 7.2 汇报的方法和技巧。
4.1 完成修正女外套样版； 4.2 标注女外套样版数据（纹丝绺线、号型规格、款号、物料名称等，并在对位剪口、省尖、袋口位等位置做记号）； 4.3 规范填写女外套样版修正过程的记录表； 4.4 填写纸样清单（含净样、毛样、定位样、面辅料样版； 4.5 职业能力： 能根据客户的不同需求及版型结构特点，并按照工作流程认真调整样版结构，细致核对检查数据信息，最终实现舒适度和美观度的完美结合。	5.1 编写女外套工艺说明书； 5.2 完成女外套的全套放码纸样； 5.3 职业能力： 1. 能根据《GB/T 29863—2013 服装制图国家标准》，参考部颁标准、企业标准，准确制作工业样版和工艺样版；掌握工艺说明书的编写方法，严谨规范撰写完成工艺说明书； 2. 能按照工作流程和交接手续，交付部门主管验收工艺说明书。	6.1 制版工具的保养； 6.2 制版工具使用记录单的填写； 6.3 制版场地、设备使用登记表的填写； 6.4 职业能力： 工作过程中严格遵循“7S”管理要求，进行现场的整理，严格执行现场整理规范和设备保养规范。	7.1 个人对应本学习任务的学习目标，总结本次任务完成的质量与效果； 7.2 职业能力： 能对应本学习任务的学习目标，总结本次任务完成的质量与效果。
样版修正，完成样版制作 工作环节 4	工作环节 5 完成推版，参与编写工艺说明书	现场整理与工具的保养 工作环节 6	工作环节 7 评价反馈
4.1 女外套样版的修正； 4.2 样版标注：丝绺、尺寸、款号、对位剪口、物料名称、裁片数量及单号等符号文字； 4.3 纸样清单。	5.1 女外套工艺说明书； 5.2 女衬衣整套推版纸样。	6. 1 制版工具使用记录单； 6. 2 场地、设备使用登记表。	7.1 裙装样版制作的工作　总结。
4.1 培养学生沟通表达能力、发现问题和解决问题的能力、决策能力，能辨别和修正数据差异，填写修改记录表，具有吃苦耐劳和团队合作精神。	5.1 培养学生数学计算应用能力、撰写文书能力，学习各种工艺产品说明书的撰写方法。	6.1 让学生熟悉工作人员仪容仪表规范和文明礼貌，培养学生敬业、诚信等职业道德和素养，遵守企业的规章制度和操作规范。	7.1 培养学生分析问题和解决问题的能力，学会整理信息并总结归纳，具有沟通表达和团队合作精神。

学习任务3 子任务3：女外套纸样设计

1 明确女外套制版的任务 → 2 确定号型规格，设定样版尺寸 → 3 制作女外套样版 → 4 样版修正，完成样版制作 → 5 完成推版，参与编写工艺说明书 → 6 现场整理与工具的保养 → 7 评价反馈

	工作子步骤	教师活动	学生活动	评价
明确女外套制版的任务	1. 分析任务单内容； 2. 准备工具材料；	1. 描述服装公司服装样版制作的客户要求； 2. 组织讨论分析女外套制版任务单内容； 3. 要求学生在工作页中填写女外套款式的廓形及其结构特征； 4. 检查学生制订的女外套结构制图的参数式、尺寸、工艺说明等是否正确； 5. 要求学生查阅相关女外套制版工具、材料方面的图片； 6. 组织学生讨论、列写制版工具、材料清单并进行小组交换互评； 7. 教师检查制版工具、材料清单、工具清单的内容是否规范和齐全。	1. 小组讨论分析女外套制版任务单内容（款式、尺寸、工艺说明等制版要素）； 2. 在工作页中填写女外套款式的廓形及其结构特征； 3. 查阅相关女外套制版工具、材料方面的图片； 4. 学生讨论并列写制版工具、材料清单； 5. 交换、互评女外套制版工具是否齐全以及材料清单内容的准确性和全面性。	1. 教师点评学生能否准确理解工作任务，并检查女外套款式图的内容能否达到客户的任务单的规格标准； 2. 学生根据制版工具、材料清单进行互评，检查工具、材料是否齐全。
	课时： 1 课时 1. 硬资源：具备上网功能的计算机或手机、服装纸样设计学习工作站、裁床、展示架、展示人台等。 2. 软资源：女外套制版的任务单、女外套制版的相关书籍、上衣制版工作页等。			
确定号型规格，设定样版尺寸	1. 设定女外套胸、腰、肩、领、袖等重点部位的放松量； 2. 设定女外套制版尺寸，确认女衬衣胸、腰、衣长、袖长、袖口、肩宽、领口等关键部位的裆差。	1. 讲解人体上身结构及人体比例； 2. 示范女外套人体测量的方法及应用； 3. 讲解女外套在不同品类的服装材料中放松量的变化原理和样版尺寸设定的方法； 4. 布置女外套制版重点控制部位放松量设定的任务； 5. 解读国家号型标准在女外套制版规格设置中的应用； 6. 分析女外套款式图中各部位的比例和规格尺寸设定的方法； 7. 讲授女外套档差的设置方法，布置任务；	1. 熟习人体测量的操作技巧； 2. 学生相互测量； 3. 完成教师布置的女外套制版重点控制部位放松量设定的任务； 4. 在工作页中填写女外套在不同品类服装材料中的放松量的数据； 5. 学生讨论并互评女外套在不同品类服装材料中放松量的变化样版尺寸表内容的准确性和全面性； 6. 学习国家号型标准在女外套制版规格设置中的应用； 7. 分组讨论女外套款式图中各部位的尺寸比例，设定各部位的尺寸规格，并在工作页中填写；	1. 教师点评学生是否准确掌握女外套人体测量的方法，并检查工作页中所填写的女外套放松量数据是否规范和齐全； 2. 教师组织学生互评女外套各部位裆差表的数据是否恰当，内容是否规范和齐全。

基准课时：16

1 明确女外套制版的任务
2 确定号型规格，设定样版尺寸
3 制作女外套样版
4 样版修正，完成样版制作
5 完成推版，参与编写工艺说明书
6 现场整理与工具的保养
7 评价反馈

	工作子步骤	教师活动	学生活动	评价
确定号型规格，设定样版尺寸		8. 检验学生填写的女外套各部位裆差表的准确性和全面性。	8. 正确填写女外套各部位的系列裆差表； 9. 交换、互评女外套各部位裆差表的准确性和全面性。	
	课时： 1 课时 1. 硬资源：具备上网功能的计算机或手机、服装纸样设计学习工作站、裁床、展示架、展示人台等； 2. 软资源：女外套制版的任务单、女外套制版的相关书籍、上衣制版工作页等。			
制作女外套样版	1. 女外套面料缩水率的计算方法； 2. 完成女外套纸样的制作（含净样版、毛样版、定位样版、辅料样版）；	1. 要求学生收集女外套面料缩水数据的案例； 2. 讲授女外套面料缩水率的计算方法； 3. 布置女外套面料缩水率的计算作业； 4. 分析女外套制版（主要是平面制图）的原理； 5. 示范女外套纸样绘制及样版制作方法及技巧； 6. 讲解女外套省道处理的原理与制作方法； 7. 组织小组讨论女外套样版制作的质量要求及评价要点； 8. 布置女外套纸样制作的绘制任务； 6. 检验学生女外套全套样版的准确性和全面性。	1. 学生收集女外套面料缩水率的数据； 2. 学生完成女外套面料缩水率计算的作业； 3. 小组讨论分析女外套整体与局部的关系； 4. 独立绘制女外套纸样制图； 5. 独立制作女外套样版； 6. 小组展示与评价女外套的样版。	1. 教师点评女外套面料缩水率的计算情况； 2. 学生交换、互评女外套整体与局部关系的要点； 3. 教师按照女外套样版制作的质量要求及评价要点，点评服装样版的整体统一性、完整性以及制版工具的正确选择。
	课时： 6 课时 1. 硬资源：具备上网功能的计算机或手机、服装纸样设计学习工作站、裁床、展示架、展示人台等。 2. 软资源：女外套制版的任务单、女外套制版的相关书籍、上衣制版工作页等。			

学习任务 3 子任务 3：女外套纸样设计

1 明确女外套制版的任务 → 2 确定号型规格，设定样版尺寸 → 3 制作女外套样版 → 4 样版修正，完成样版制作 → 5 完成推版，参与编写工艺说明书 → 6 现场整理与工具的保养 → 7 评价反馈

	工作子步骤	教师活动	学生活动	评价
样版修正，完成样版制作	1. 完成修正后的女外套样版； 2. 标注女外套样版数据（纹丝绺线、号型规格、款号、物料名称等，并在对位剪口、省尖、袋口位等位置做记号）； 3. 规范填写女外套样版清单。	1. 讲解女外套样版修正的原理及技巧； 2. 讲解分析女外套样版修正的案例； 3. 根据客户的不同需求布置女外套样版修正； 4. 点评学生是否准确理解女外套样版修正的工作任务，指导学生分析客户对女外套样版修正的要求； 5. 讲授女外套样版数据的标注方法，并说明标注规则； 6. 布置女外套样版数据的标注任务； 7. 抽查女外套样版的数据标注是否规范和齐全。 8. 讲授女外套样版清单的填写方法； 9. 布置女外套样版清单的填写的任务，说明规则。	1. 小组检查分析女外套样版； 2. 学生回答女外套样版修正案例中的修正方法； 3. 独立完成女外套样版的修正； 4. 小组讨论修正后的女外套样版成品的完整性及规范性； 5. 提取女外套样版的数据； 6. 完成女外套样版的数据标注任务； 7. 学生交换、互评女外套样版标注的数据是否规范和齐全； 8. 规范填写女外套样版清单； 9. 学生交换、互评女外套样版清单的内容是否规范和齐全。	1. 教师点评女外套样版修正案例的修正方法，根据客户的不同需求调整女外套的样版结构，最终实现舒适度和美观度的完美结合。 2. 按照工作流程及女外套样版标准的质量要求，评价检查女外套样版标注的数据，并按照工作流程认真调整样版结构，细致核对检查数据信息。 3. 检验学生填写的女外套样版清单的准确性和全面性。

课时： 2 课时

1. 硬资源：具备上网功能的计算机或手机、服装纸样设计学习工作站、裁床、展示架、展示人台等。
2. 软资源：女外套制版的任务单、女外套制版的相关书籍、上衣制版工作页等。

	工作子步骤	教师活动	学生活动	评价
完成推版，参与编写工艺说明书	1. 完成女外套的全套放码样版； 2. 补充填写女外套工艺说明书及工艺要求（含款式图、面辅料及各种辅料的小样、号型及各部位的规格尺寸、号型与颜色数量配比、针距大小，关键工艺要求）。	1. 讲解女外套推版放码的原理及技术； 2. 示范女外套推版放码的方法及技巧； 3. 布置女外套纸样的推版放码绘制任务； 4. 讲授女外套工艺说明书及工艺要求的补充填写方法； 5. 布置补充填写女外套工艺说明书及工艺要求的任务； 6. 讲解女外套规格尺寸表及配比表（号型与颜色数量配比）的确填写方法；	1. 认识女外套推版放码的原理及技术； 2. 独立制作女外套推版放码的整套样版； 3. 学生互评整套女外套放码样版是否齐全、规范； 4. 补充填写女外套工艺说明书及工艺要求（包括针距大小，关键工艺要求）； 5. 填写女外套规格尺寸表及配比表（号型与颜色数量配比）； 6. 学生交换、互评女外套规格尺寸表及配比表（号型与颜色数量配比）的准确性和全面性。	1. 教师点评学生整套女外套放码样版是否齐全、规范且符合质量要求； 2. 教师点评女外套补充工艺说明书及工艺要求内容的完整性。

基准课时：16

1 明确女外套制版的任务
2 确定号型规格，设定样版尺寸
3 制作女外套样版
4 样版修正，完成样版制作
5 完成推版，参与编写工艺说明书
6 现场整理与工具的保养
7 评价反馈

	工作子步骤	教师活动	学生活动	评价
完成推版，参与编写工艺说明书		7. 检验学生编写的女外套规格尺寸表及配比表（号型与颜色数量配比）的准确性和全面性。		
	课时：4 课时 1. 硬资源：电具备上网功能的计算机或手机、服装纸样设计学习工作站、裁床、展示架、展示人台等。 2. 软资源：女外套制版的任务单、女外套制版的相关书籍、上衣制版工作页等。			
现场整理与工具的保养	1. 女外套制版工具的保养； 2. 女外套制版工具使用记录单的填写。	1. 讲解女外套制版工作现场的整理及制版工具的保养的方法； 2. 布置女外套制版工作现场的整理及制版工具保养的任务； 3. 讲解场地、设备使用登记表等相关表格的填写方法及规范要求； 4. 要求学生填写场地、设备使用登记表等相关表格； 5. 检查学生编写的场地、设备使用登记表的准确性和全面性。	1. 遵循“8S”管理要求，进行工作现场的整理及制版工具的保养； 2. 学生互评，严格遵循“8S”管理要求，进行现场的整理，并遵守企业的规章制度和操作规范； 3. 规范填写女外套制版工具使用记录单及相关控制表单； 4. 进行现场整理与工具的保养； 5. 学生互评女外套现场整理与工具保养任务的全面性和规范性。	1. 教师现场检查女外套制版工作现场的整理及制版工具的保养；严格执行现场整理规范和设备保养规范。 2. 教师点评学生场地、设备使用登记表等相关表格填写的完整性及规范性。
	课时：1 课时 1. 硬资源：具备上网功能的计算机或手机、服装纸样设计学习工作站、裁床、展示架、展示人台等。 2. 软资源：女外套制版的任务单；女外套制版的相关书籍；上衣制版工作页等。			
评价反馈	总结女外套样版制作过程中出现的问题，并提出改进建议。	1. 教师对成员的工作过程及样版成品的优点进行表扬、肯定；对一些不正确的方法提出修改建议并更正； 2. 讲解导致女外套样版不好的原因。	1. 每个成员自我展示工作成果及自评； 2. 成员之间互评； 3. 成员讨论女外套样版不够好的原因并修改； 4. 撰写总结报告。	总结重、难点（总体评价工作过程）。
	课时：1 课时 1. 硬资源：具备上网功能的计算机或手机、服装纸样设计学习工作站、裁床、展示架、展示人台等。 2. 软资源：女外套制版的任务单、女外套制版的相关书籍、上衣制版工作页等。			

考核标准

任务名称：

女春秋装样版制作。

情境描述：

跟单员接到一个客户的 女春秋装外套款式图 (附有面料小样)，客户要求在 2 天的时间内制作出 M 码 时装裙头版给其模特试穿、检测，如果版型与设计效果相吻合，客户就下 10000 件 时装裙的大货订单。

现在，请你按照款式图和其提供的面料小样，通过分析判断，在 160 min 内设计出准确的制图规格，通过合理的数量分配，进行底图的结构设计，并将完成的女春秋装外套的结构设计底图交给纸样总监审核，如果审核通过，再从底图上拷贝出所有裁片纸样 ，然后进行纸样校对、缝份的加放、布纹线的绘制、剪口的标注、规格尺寸表和清单的撰写等 系列打版工序。

任务要求：

根据任务的情境描述，在规定的时间内完成：

1. 明确上衣制版的任务

分析款式、尺寸、工艺说明等制版要素，确认女春秋装外套的结构参数。

2. 确定号型规格，设定样版尺寸

根据客户订单，选定头版的号型规格，依据款式特征，充分考虑所使用面料与结构特点的匹配等因素，结合面料缩水率、面料特点、车缝回缩率等因素确定服装样版制作的尺寸。

3. 制作女春秋装样版

准确计算出面料缩水率，并使用打版尺、曲线版等制版工具，通过平面裁剪的制作图方法，利用上衣结构设计的原理与方法，制作女春秋装的全套样版。

4. 样版修正，完成样版制作

完善样版，填写样版修正的标注与修改记录，在样版上正确标注布纹丝绺线、号型规格、款号、物料名称等，并在对位剪口、省尖、袋口位等位置做记号；正确计算面辅料的物料使用率；记录样版修正过程并存档，填写纸样清单。

5. 交付推版，参与编写工艺说明书

参与编写女春秋装工艺说明书，按客户要求设置规格表，补充填写工艺要求说明。

6. 现场整理与设备保养

按“8S”工作要求，进行工作现场的整理、保洁、归位及制版工具的保养，填写制版工具使用记录单，并自觉遵守、严格执行现场整理规范和设备保养规范，及时认真填写相关控制表单。

参考资料：

配备教材、参考教材、样衣、专业图书、时尚杂志、网络资讯等。

评价标准

过程性评价表 1
1. 团队合作 25 分 在小组讨论拟定制图规格与制图控制部位的计算方法的方案时，小组拟定的方案的合理度，完成任务时间（效率），组员的参与情况（参与度）。
2. 能力 25 分 在纸样设计操作过程中遇到问题能否以礼貌、尊重的请教方式使问题得到有效的解决。
3. 获取信息 25 分 能分析服装生产单的图文内容和要求，制版要素提取全面、准确。
4. 沟通表达 25 分 在成果展示、自评和互评时，言简意赅、评价准确到位、建议正确。

终结性考核评价表 2

纸笔测试部分

项目内容	配分	扣分	得分	评分细则
1．款式特点的描述	10 分			1．款式特点的描述不完整，扣 1 分以上； 2．款式特点的描述与款式图不相吻，扣 3 分以上
2．制图规格设置	10 分			1．制图规格设置不合理，扣 2 分以上 2. 控制部位规格设置不齐全，扣 1 分以上
3．制图数据的合理分配	10 分			1. 计算方法不合理，扣 2 分以上 2. 计算数据与规格不吻合，扣 2 分以上

实操部分

序号	项目	操作内容	配分	评分标准	得分	扣分	扣分说明
一	结构设计	绘制时装裙结构图	10	裙长规格误差小于 1 cm			裙长规格误差大于 1 cm，2 分以上
			10	腰围规格误差小于 1 cm			腰围规格误差大于 1 cm，扣 2 分以上
			10	臀围规格误差小于 1 cm			臀围规格误差大于 1 cm，扣 2 分以上
			10	腰高规格误差小于 0.4 cm			腰高规格误差大于 0.4 cm，扣 2 分以上
			10	结构线条要合理流畅			结构线条不合理流畅，扣 2 分以上
			10	整体结构要清晰，虚实线要分清			整体结构不清晰，虚实线不分清，扣 2 分以上
			10	结构设计要与款式相吻合			结构设计与款式不吻合，扣 2 分以上
	合计		70				总得分：

课程 8　系列服装设计

学习任务 1
时尚女装系列服装设计
（80）课时

学习任务 2
休闲女装系列服装设计
（60）课时

学习任务 3
团体商务系列服装设计
（40）课时

课程目标

1. 能充分理解设计总监的策划意图，通过服装资讯网站、线下各类实体店面等渠道调研，捕捉、分析和识别畅销款和市场流行趋势、流行元素；细分市场定位、服装产品分类等，撰写市场调研报告并完成演示文稿，向设计总监汇报调研结果。

2. 能按照设计任务要求完成色卡制作、面料小样样版制作，竞品产品图片搜集、主题版制作等工作，并协助设计总监完成产品策划手册；根据当代社会主义核心价值观，发扬爱国主义精神，继承中国传统文化，提取传统文化中的元素进行系列服装设计的主题版设计；传承非物质文化遗产，把刺绣、扎染等中国传统元素融入系列设计中，把中国传统文化与现代理念结合起来，既展现中国灿烂的文化，又弘扬现代理念。

3. 能选配与系列设计要求相匹配的面辅料，重点关注品类、色系、质地、价格等要素，并充分考虑制作成本和服装系列效果。根据当季市场流行趋势及面料性能特点，结合中国传统手工艺进行面料的二次设计，注重面辅料合理、科学的搭配。

4. 能运用手绘及电脑绘图软件（PS\AI）完成系列服装效果图、款式图。做到设计理念独特，创新性、可实现性强，系列风格统一；提倡技能强国，发扬工匠精神，做到效果图表达清晰，服装人体比例准确；款式图服装结构合理，工艺细节表达规范、完整。

5. 能按照工作流程，及时完成坯布样衣任务单填写并交付版师，任务单应做到工艺细节及数据标注规范、准确、清晰。

6. 能监制跟进面料样衣的制版与制作，与样衣师充分沟通，调整坯布样衣或设计方案，确保有效实现设计意图。传承中国传统文化和技术，在跟进面料样衣制作的过程中，不断发扬工匠精神，做到版型精确、版型和系列款式吻合、整体和细节协调统一。

7. 能够完成订货会中服装产品的静态和动态展示，与客户沟通接洽，修正订货样品，达成销售意向。做到诚信、友善，合作共赢，并具备一定的创新、创业能力。

课时：240

学习任务 4

团体工装系列服装设计

（60）课时

课程内容

1. 设计任务书的体例及要素；
2. 检索服装流行趋势信息和识别畅销款的方法；
3. 面辅料的性能、搭配、损耗等知识；
4. 服装款式搭配的方法与技巧；
5. 绘画工具及绘画材料的性能、特点以及使用方法；
6. 手绘服装款式图、手绘服装效果图、电脑绘制服装款式图、电脑绘制服装效果图；
7. 服装款式图工艺细节的表达方法；
8. 任务单填写的方法；
9. 结合中国传统手工艺进行面料再造的方法。

学习任务 1　时尚女装系列服装设计

任务描述

学习任务课时：80 课时

任务情境：

广州 MC 服装品牌公司正在进行明年秋冬系列产品开发，在设计总监的商品企划任务分解中有三个主题系列款式设计任务，需要设计 3 个系列，每个系列不少于 10 套服装，目标消费人群定位在 25~35 岁的都市时尚女性。要求产品的设计围绕公司的品牌文化理念，符合简约帅气风格，以展现白领女性干练优雅的气质。另外要求传承中国风水墨画元素，增强文化自信。该公司希望我院服装专业的学生参与此季度系列新品开发任务。具体要求如下：

1. 进行市场调研，多渠道收集咨询，在市场调研后提供完整的调研报告 PPT 并做汇报（PPT 应包括：服务品牌分析，含廓形、颜色、款式、面料、品牌的风格、客户群、价位分析），以上工作 2~3 天完成；
2. 在 2 天内完成选配面辅料小样的工作；
3. 在 7 天内完成系列款式设计，款式设计应符合品牌要求，具有创新性，系列感强，效果图应廓形和结构清晰，工艺细节明确，款式图应服装结构比例准确（绘制 30 套）；
4. 向技术部门下任务书（版单），任务书应包含正背面款式图、服装规格尺寸、工艺细节说明、面辅料小样；
5. 跟进样衣制版与制作（物料到齐前提下制版、调整 3 天，制作 5 天）。

于是，我院服装专业设计教师带领同学共同完成该任务。

具体要求见下页。

市场调研报告
MOCO
MOCO

工作流程和标准

工作环节 1

获取时尚女装系列设计任务 1

解读时尚女装系列设计任务书，完成时尚女装系列设计任务书的分解及要点记录，运用系列时装的设计原则及方法；与设计总监进行有效地沟通，明确任务。

主要成果：

1. 时尚女装系列设计任务书要求记录单；
2. 分组分类搜集到的时尚女装系列设计案例。

工作环节 2

市场调研 2

1. 根据 MC 品牌公司系列秋冬女装设计开发的任务，理解该公司的品牌文化理念和风格定位，开展市场调研工作，调研方式包括网络调研和实地考察调研等形式；
2. 通过资讯网的搜集与检索，对资讯信息进行归类与整理，分析竞品款和畅销款及服装流行趋势，搜集、整理资讯和服装竞品资料（如款式风格定位、款式实物图、款式工艺细节、色彩、面料、价格带、产品架构、营销模式等）；
3. 撰写市场调研报告，并制作调研结果汇报的 PPT。

主要成果：

1. 调研竞品资料；
2. 服装品牌市场调研报告 PPT；
3. 整理的中国水墨画素材。

工作环节 3

面料的选配与确认 3

1. 根据 MC 品牌时尚女装系列设计要求，进行面辅料信息的搜集整理（包括面料价格、成分、幅宽、供货渠道等）；
2. 面料的选配应与服装单品风格、定位、品类相匹配；辅料的选用应与面料的搭配相吻合，并搜集面辅料小样单。

主要成果：

1. 搜集与整理的时尚女装流行面料资料；
2. 搜集与整理的时尚女装流行辅料资料；
3. 时尚女装系列款式面料归类列表（面料成分、色卡等）
4. 时尚女装系列服装与面料搭配整理资料

工作环节 4

时尚女装系列款式开发 4

1. 根据 MC 品牌定位及国际流行趋势，制作灵感主题版；
2. 绘制服装款式图和效果图（手绘完成），要求做到秋冬面料质感的表达到位，款式风格表达准确，服装结构表现合理，细节标注清晰，使设计的产品既美观且实用；
3. 制作 MC 品牌系列产品设计单。

主要成果：

1. 从网络及往年大学生时装周上搜集到的系列作品设计图片；
2. 服装系列设计作品灵感主题版；
3. 服装系列款式设计效果图绘制表现；
4. 服装面料的二次设计；
5. 服装系列设计灵感来源及理念说明。

工作环节 5

时尚系列女装样版跟进并确认

5

1. 把控纸样工作的进程，确定样版制作周期的各工作节点，与版师及时沟通，记录版师反馈意见，及时调整修改，使纸样更加符合设计意图；
2. 填写样版确认单，确认单包括款式图、面辅料小样、工艺细节设计说明、服装编号、号型规格等。

主要成果：

1. 系列时尚服装成品面辅料与版型、廓型匹配工艺制单表；
2. 版师意见反馈记录；
3. 服装样版确认单。

工作环节 6

时尚女装系列样衣跟进并确认

6

1. 把控样衣制作工作进程，与样衣师及时沟通协调；跟进样衣的调整确认；样衣辅料的匹配；样衣与设计稿的一致性；
2. 记录样衣师反馈意见并填写样衣任务确认单。

主要成果：

1. 系列时尚服装成品工艺制单表；
2. 样衣师意见反馈记录；
3. 填写的服装样衣确认单。

工作环节 7

评价反馈

7

学生作品展示，教师评价及学生互评环节，对在品牌 MC 时尚女装系列设计过程中出现的问题、现象进行总结，并给出合理化的改进建议，每位学生提交一份时尚女装系列设计工作总结。

主要成果：

每位学生提交一份时尚系列女装设计工作总结。

学习内容

知识点	1.1 时尚女装系列设计概述（系列搭配的品种、面辅料、生产数量、服装号型等与任务书信息相关的知识点）； 1.2 时尚女装系列设计原则； 1.3 时尚女装系列设计流程； 1.4 中国水墨画特点及运用。	2.1 资讯搜集、检索的方法； 2.2 服装品牌系列设计产品分析； 2.3 市场调研的原则、方法和技巧（品牌女装产品的系列性，面料搭配、服装工艺细节的搜集与整理）； 2.4 服务品牌产品的风格、定位以及目标消费群分析； 2.5 市场调研报告撰写与汇报的具体要求及主要事项； 2.6 中国水墨画素材相关元素。	3.1 时尚系列女装流行面料、辅料搜集、整理方法； 3.2 时尚女装系列面料的分类； 3.3 时尚系列女装面料筛选、分类方法； 3.4 面、辅料与时尚女装系列品类、色系、质地的搭配。
技能点	1.1 时尚女装系列设计工作任务和任务要求的确认； 1.2 时尚女装系列设计任务书的解读（阅读理解能力）； 1.3 职业能力： 1. 能服从时尚女装系列设计总监的工作安排，准确理解工装设计工作任务； 2. 掌握恰当的沟通时机和方法，与总监确认时尚女装系列设计要求，明确设计流程；有一定的成本意识、时尚意识、环保意识等。	2.1 资讯搜集、检索的方法； 2.2 品牌系列时尚女装产品市场调研（产品系列搭配、面料搭配、服装细节设计）（市场分析能力、团队合作能力）； 2.3PPT 的制作与调研结果的汇报 （语言表达能力） 2.4 搜集中国水墨画素材。	3.1 时尚女装面辅料流行信息的搜集与整理（面料价格、成分、幅宽、供货渠道）（面料市场的把控能力、分析能力）； 3.2 时尚女装面料的类别分类整理（成本意识）；面料与时尚系列女装款式的匹配； 3.3 职业能力： 1. 面辅料知识的学习及色彩搭配知识的学习； 2. 面辅料的市场调研，样品的收集整理能力。
工作环节	工作环节 1 获取时尚女装系列设计任务	市场调研 工作环节 2	工作环节 3 面料的选配与确定
成果	1.1 明确时尚女装系列设计任务书要求； 1.2 分组分类搜集时尚女装系列设计案例	2.1 调研竞品资料； 2.2 撰写服装品牌市场调研报告 PPT； 2.3 整理中国水墨画素材	3.1 搜集与整理时尚女装流行面料资料； 3.2 搜集与整理时尚女装流行辅料资料； 3.3 面辅料搭配方案。
素养	1.1 职业素养： 1. 建立生产安全意识和纪律观念，培养任务书阅读理解能力和工具清单撰写能力； 2. 乐于接受学习任务，主动配合、实施任务； 3. 学习工匠事迹，树立专心致志、精益求精、爱岗敬业的工匠精神； 1.2 思政：增强文化自信。	2.1 职业素养： 培养学生观察力和信息搜集处理能力、消费者分析能力、沟通表达能力，能计划、组织工作各项环节和流程。 2.2 思政元素：搜集和筛选中国水墨画元素素材，增强文化自信。	3.1 职业素养： 学生对面辅料基础知识的学习能力；学生对面料的成本意识。

4.1 时尚系列服装设计资讯搜集（理解灵感来源、风格定位、款式结构）； 4.2 主题版的概念、形式与用途； 4.3 手绘效果图、款式图的技法（比例尺法、人台模型法）； 4.4 服装系列面辅料二次设计与服装风格及款式的关系； 4.5 中国水墨画在时尚系列服装设计中的融合。	5.1 时尚系列女装样版制作的工作流程； 5.2 时尚系列女装款式风格与版型的关系； 5.3 时尚系列女装廓形与版型的关系。	6.1 时尚系列女装样版制作的工作流程； 6.2 时尚系列女装款式设计与工艺的关系； 6.3 时尚系列女装面辅料与工艺的关系。	7.1 总结市场调研的方法； 7.2 总结整个时尚女装系列设计实施过程中出现的问题及改进的方法； 7.3 总结汇报的方法和技巧。
4.1 时尚女装系列风格的识别与鉴赏（审美意识）； 4.2 流行元素的应用（市场敏锐度）； 4.3 制作灵感主题版，确定风格定位； 4.4 时尚系列女装款式图的绘制（包括手绘与电脑绘图、服装结构的表现、细节标注的标准）； 4.5 时尚系列女装面料二次设计表现； 4.6 职业能力： 1. 服装款式图及效果图的表现技法（服装款式功能性、特殊面料质感表达等）； 2. 设计单的制作内容详尽，数据标注清晰合理 。	5.1 时尚系列女装款式样版工作进程的把控（确定样版制作周期的各工作节点）； 5.2 跟进时尚系列女装样版立体造型的调整并确认（耐心倾听版师的修改建议，培养及时记录的良好习惯）； 5.3 时尚系列女装单品任务单的填写（服装的名称、款式图、号型规格、面料小样、工艺细节设计说明）（细心、做事的条理性）； 5.4 职业能力： 1. 时尚女装系列设计纸样的流程把控； 2. 能及时调整使制版符合设计师意图，使时尚女装系列设计具有可实现性，思考服装的款式与纸样中各部分规格之间的关系。	6.1 时尚系列女装款式样衣制作工作进程的把控（确定样衣制作周期的各工作节点，时间意识、工作效率、责任心）； 6.2 时尚系列女装款式样衣辅料的匹配； 6.3 跟进时尚系列女装款式样衣的调整并确认（耐心倾听样衣师的修改建议，培养及时记录的良好习惯）； 6.4 填写样衣确认单（工作的细心，确保数据、小样的准确与完整）； 6.5 职业能力： 1. 对时尚女装系列设计的样衣制作过程进行监控，出现问题及时调整，必要时需要及时返工，使制版符合设计师的意图，实现功能与审美的完美结合； 2. 思考服装在制作过程中运用的方法以及款式造型的实现效果。	

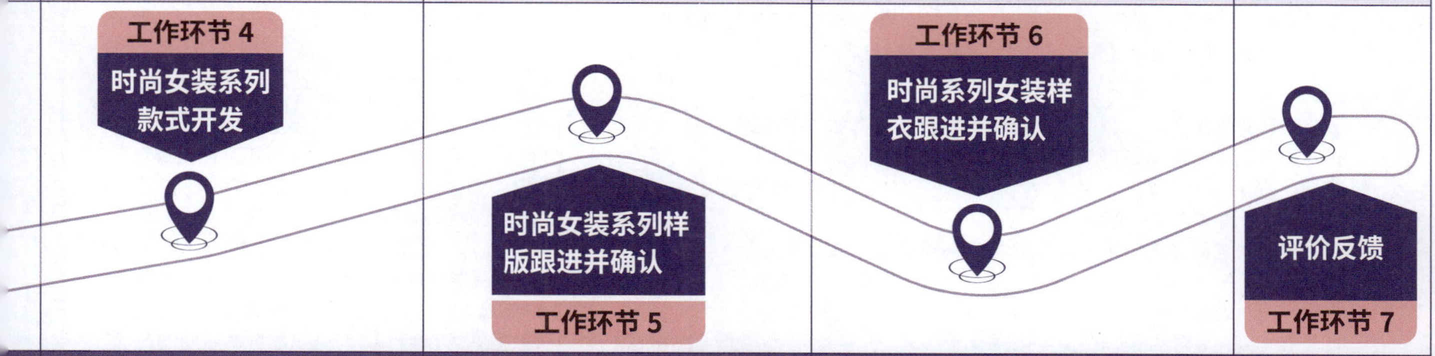

4.1 从网络及往年大学生时装周上搜集到的系列作品设计图片； 4.2 服装系列设计作品灵感主题版； 4.3 服装系列款式设计效果图绘制表现； 4.4 服装面料的二次设计； 4.5 服装系列设计灵感来源及理念说明。	5.1 系列时尚服装成品面辅料与版型、廓型匹配工艺制单表； 5.2 版师意见反馈记录； 5.3 填写服装样版确认单。	6.1 系列时尚服装成品工艺制单表； 6.2 样衣师意见反馈记录； 6.3 填写服装样衣确认单。	对时尚系列女装设计过程中出现的问题、现象进行总结并给出改进建议。每位学生提交一份时尚系列女装设计工作总结。
4.1 职业素养： 对时尚女装设计的功能意识、安全意识、创新意识，工作细心，具有团队合作能力； 4.2 思政元素： 时尚系列女装设计中融合传统中国水墨画素材，创作新颖有特色的设计产品，增强文化自信。	5.1 职业素养： 安全意识、审美意识、耐心倾听版师的修改意见；培养及时记录的良好习惯。	6.1 职业素养： 1. 培养学生的时间意识、工作效率、责任心； 2. 耐心倾听样衣师的修改意见；培养及时记录的良好习惯。	7.1 职业素养： 培养学生分析问题和解决问题的能力，学会整理信息并总结归纳，具有沟通表达和团队合作精神。

学习任务 1　时尚女装系列服装设计

1 获取时尚女装系列设计任务 → 2 市场调研 → 3 面辅料的选配与确定 → 4 时尚女装系列款式开发 → 5 时尚系列女装样版跟进并确认 → 6 时尚女装系列样衣跟进并确认 → 7 评价反馈

	工作子步骤	教师活动	学生活动	评价
获取时尚女装系列设计任务	1. 明确时尚女装系列设计任务书中产品设计要求（品牌定位、产品数量、完成期限、季节、色彩要求、面料要求、款式定位等细节要求）； 2. 与设计总监有效沟通，掌握公司的文化理念和产品风格（如：经典风格、街头风格、简约风格、复古风格等）； 3. 提取时尚女装系列设计任务书关键词； 4. 认知中国水墨画素材特点。	1. 引导学生小组分析设计（讲授、关键词法）； 2. 说明汇报要求； 3. 总评各小组汇报情况； 4. 讲授时尚女装系列设计的概念、设计原则、设计流程等相关知识（提供案例图）（展示、案例法）。	1. 学生小组准确解读分析任务书，提炼并记录关键词； 2. 小组选派组长汇报设计任务关键词； 3. 小组互评关键词是否准确、全面； 4. 学生学习时尚女装系列的设计概念、设计原则、设计流程等知识（案例法）。	教师评价： 1. 小组间任务书关键词提取是否准确、完整； 2. 学生汇报语言表述是否得体，语义表达是否简介明了。
	课时： 4 课时 1. 硬资源：具备上网功能的计算机或手机、服装手绘学习工作站、服装电脑设计学习工作站等。 2. 软资源：工作页、灵感主题版案例、工具书、参考教材、数字化资源等。 3. 教学设施：投影仪、一体机、白版、白版笔等。			
市场调研	1. 小组制定调研计划； 2. 进行服务品牌时尚女装市场调研（如：系列款式、色彩、面辅料、消费群体特征、工艺等资料的收集与归类整理）； 2. 检索时尚女装系列设计流行趋势（网站、时尚杂志等）； 3. 撰写市场调研报告，制作 PPT 并汇报（语言表达能力）。	1. 指导学生制定时尚女装市场调研的计划； 2. 介绍广州时尚女装市场的信息（如：太古汇、万菱汇、天河城、万达等品牌分布）（讲授法）； 3. 现场指导和把控学生的市场调研过程，有问题及时指正； 4. 提出市场调研报告的撰写标准，指导学生市场调研报告撰写过程（案例教学法）； 5. 提出小组互评规则与标准。	1. 小组讨论制定时尚女装市场调研的计划，明确分工，记录市场调查的任务要点； 2. 小组走访商场、品牌店、网上市场，进行实地调研（系列时尚女装款式、色彩、面辅料、消费群体特征、工艺）（案例教学法）； 3. 根据前期调研数据撰写市场调研报告； 4. 小组汇报时尚女装市场调研报告（展示法）； 5. 小组互评调研报告。	1. 学生互评： 小组市场调研报告及演示文稿制作的优缺点。 2. 教师评价： (1) 各小组市场调研报告的记录是否完整、条理清晰、分析到位，是否对后期的产品开发具有指导意义； (2) 各小组写作中语言组织的逻辑性； (3) 各小组素材的收集是否丰富多样； (4) 各小组汇报时，表达是否得体大方，语义表述是否简介明了。
	课时： 4 课时 1. 硬资源：具备上网功能的计算机或手机、服装手绘学习工作站、服装电脑设计学习工作站等。 2. 软资源：工作页、参考教材、时尚杂志、数字化资源（流行资讯网站）等。 3. 教学设施：投影仪、一体机、白版、白版笔等。			

基准课时：80

1 获取时尚女装系列设计任务 → 2 市场调研 → 3 面辅料的选配与确定 → 4 时尚女装系列款式开发 → 5 时尚系列女装样版跟进并确认 → 6 时尚女装系列样衣跟进并确认 → 7 评价反馈

	工作子步骤	教师活动	学生活动	评价
面辅料的选配与确定	1. 时尚女装系列面料（如：纯棉、格子、丝绸、雪纺、蕾丝、呢绒面料等）的收集； 2. 时尚女装系列辅料（如：花边、蕾丝、树脂扣、亮片、钻、珠子等）收集； 3. 时尚女装系列面料的归类整理、筛选、确认与搭配。	1. 讲授时尚女装系列设计面料知识（如：面料的分类、性能，识别方法、色牢度、弹性、耐磨性等）（讲授）； 2. 要求学生到面辅料市场收集小样（强调外出的安全意识）（讲授）； 3. 指导学生进行面辅料归类整理； 4. 要求学生进行时尚女装面料与系列款式的搭配方案； 5. 点评时尚女装系列设计面料的归类整理与搭配方案的合理性（头脑风暴、学习工作站）。	1. 学生听讲教师讲授时尚女装系列设计面料知识（面料的分类、性能，识别方法、色牢度、弹性、耐磨性等）； 2. 学生分组进行面辅料的市场调查，收集面辅料小样； 3. 学生小组进行面辅料小样归类整理； 4. 学生小组制作面料与时尚女装系列款式的搭配方案； 5. 小组互评时尚女装系列设计面料的归类整理与搭配方案的合理性。	1. 学生互评： 时尚女装面料归档与面料搭配方案的优缺点；方案中的优点如何持续优化，缺点如何改进，提出改进意见。 2. 教师评价： (1) 学生是否能准确理解常见时尚女装的面辅料知识； (2) 学生寻找的面辅料素材是否适合不同类型时尚女装且风格相符； (3) 时尚女装系列面辅料归类整理与搭配方案是否合理新颖； (4) 对审阅过程中出现的问题给出改进意见。
	课时：8 课时 1. 硬资源：具备上网功能的计算机或手机、服装手绘学习工作站、服装电脑设计学习工作站等。 2. 软资源：工作页、参考教材、数字化资源（流行面料资讯网站、服装设计的公众号等）。 3. 教学设施：投影仪、一体机、白版、白版笔等。			
时尚女装系列款式开发	1. 构思，从调研报告素材中寻找灵感来源，制作灵感主题版，确定款式的设计方案，绘制草图； 2. 绘制服装效果图、款式图； 3. 搭配面料小样； 4. 填写设计制作单。	1. 讲授时尚女装款式构成知识（系列女装款式之间的关联性，包括设计风格与元素、色彩搭配、局部细节等）（讲授法）； 2. 指导学生制作灵感主题版； 3. 教师或学生代表演示时尚女装系列效果图、款式图的画法步骤（展示法）； 4. 指导学生小组绘制效果图、款式图（巡回指导、问答）； 5. 指导学生进行面料二次设计； 6. 监督小组互评（展示、头脑风暴）；	1. 学生听教师讲授时尚女装款式构成知识（系列女装款式之间的关联性，包括设计风格与元素、色彩搭配、局部细节等）； 2. 学生小组制作并展示设计灵感主题版（展示法）； 3. 学生观摩教师或学生代表示范效果图绘制步骤； 4. 学生绘制时尚女装系列效果图、款式图，并搭配面料小样； 5. 学生进行面料二次设计； 6. 小组灵感主题版、作品展示与互评（记录修改意见）；	1. 学生互评： (1) 小组派代表评价其他小组时尚女装系列设计主题版是否符合品牌定位、款式是否创新、是否具有系列感，提出改进意见； (2) 小组相互检查设计制作单，查缺补漏。 2. 教师评价： (1) 教师点评各小组灵感主题版是否迎合市场需求、是否符合品牌定位、是否符合国际流行趋势； (2) 教师点评效果图、款式图绘制是否比例准确、工艺标注是否清晰规范完整，是否符合服务品牌设计任务；

学习任务 1　时尚女装系列服装设计

1 获取时尚女装系列设计任务 → 2 市场调研 → 3 面辅料的选配与确定 → 4 时尚女装系列款式开发 → 5 时尚系列女装样版跟进并确认 → 6 时尚女装系列样衣跟进并确认 → 7 评价反馈

	工作子步骤	教师活动	学生活动	评价
时尚女装系列款式开发		7. 教师检查设计制作单（时尚女装系列设计图、设计说明、风格、面辅料小样、工艺标注等）（对标）； 8. 教师总评。	7. 小组填写设计制作单。	(3) 教师点评面料二次设计是否与时尚女装系列设计风格及款式相符； (4) 教师检查时尚女装系列设计单的制作内容是否详尽，标注是否清晰准确。
	课时：40 课时 1. 硬资源：具备上网功能的计算机或手机、服装手绘学习工作站、服装电脑设计学习工作站等。 2. 软资源：工作页、参考教材、数字化资源（服装设计的公众号）、不同主题风格系列效果图优秀案例等。 3. 教学设施：投影仪、一体机、白版、白版笔、画笔、画纸、颜料等。			
时尚女装系列样版跟进并确认	1. 把控纸样制作的工作进程（跟进样衣制作的流程节点，时间意识、工作效率、责任心）； 2. 与纸样师及时沟通，使纸样制作符合时尚女装的结构，符合设计意图（沟通能力）； 3. 记录纸样的改进意见； 4. 填写样版确认单。	1. 教师讲授时尚女装系列样版制作流程（讲授法）； 2. 讲解并提问纸样设计的步骤环节，如何把控纸样设计进程并及时调整以符合设计意图（问答，师生互动）； 3. 教师讲授时尚系列女装款式廓形、风格与版型的关系（案例）； 4. 教师发放样版确认单并讲解如何填写样版确认单（含服装的名称、款式图、号型规格、面辅料小样、工艺细节）（对标）。	1. 学生听讲时尚女装系列样版制作流程； 2. 学生回答老师的提问，如纸样设计工作流程、步骤，如何监控时间及纸样的制作与设计图吻合； 3. 学生听讲教师讲授时尚系列女装款式廓形、风格与版型的关系； 4. 学生填写样版确认单。	1. 教师检查各小组是否理解纸样制作的流程、廓形、风格与版型的关系； 2. 教师检查各小组能否按要求回答老师的提问（答案的完整性、准确性，语言表达是否思路清晰且有条理）； 3. 教师检查各小组填写的样版确认单是否规范、完整、准确、明了。
	课时：6 课时 1. 硬资源：具备上网功能的计算机或手机、服装手绘学习工作站、服装电脑设计学习工作站等。 2. 软资源：工作页、参考教材、样版单案例等。 3. 教学设施：投影仪、一体机、白版、白版笔等。			

	工作子步骤	教师活动	学生活动	评价
时尚女装系列样衣跟进并确认	1. 时尚女装系列样衣制作进程的把控（跟进样衣制作的流程节点，时间意识工作效率、责任心； 2. 审版，记录样衣的改进意见（职业素养：耐心倾听样衣师的修改建议并做记录）； 3. 填写样衣确认单。	1. 分解样衣制作流程、步骤，以及如何监控时间、工艺制作与设计图吻合（案例教学法）； 2. 介绍并提问休闲女装系列设计样衣制作的步骤环节，如何把控样衣制作的进程并及时调整以符合设计意图（问答、师生互动）； 3. 介绍样衣的质检方法（讲授、演示）； 4. 发放样衣确认单，讲解如何填写样衣确认单（含服装的名称、编号、款式图、号型规格、面辅料小样、制作工艺说明）（讲授、对标）。	1. 学生理解样衣制作流程、步骤和如何监控时间及纸样的制作与设计图吻合，回答教师问题； 2. 小组讨论并合作完成样衣的检验及样衣的制作； 3. 填写样衣确认单； 4. 小组互评样衣制作单是否全面、详细，提出修改意见。	1. 学生的互评： 各小组互相检查样衣制作单，查缺补漏。 2. 教师评价： (1) 各小组记录的知识点是否准确全面； (2) 学生能否按要求回答老师的提问（如：答案的完整性、准确性，语言表达是否思路清晰且有条理）； (3) 各小组制作的样衣版型是否合适，款式风格是否符合设计意图； (4) 各小组填写的样衣确认单是否规范、完整、准确、明了。
	课时： 6 课时 1. 硬资源：具备上网功能的计算机或手机、服装手绘学习工作站、服装电脑设计学习工作站等。 2. 软资源：工作页、样衣确认单等。 3. 教学设施：投影仪、一体机、白版、白版笔等。			
评价反馈	1. 总结时尚女装系列设计过程中出现的问题； 2. 提出改进意见方案。	教师指导小组学生总结设计过程中出现的问题。	1. 每个小组自我展示工作成果及互评； 2. 小组讨论时尚女装系列设计过程中出现的问题并修改； 3. 撰写总结报告。	教师点评：时尚女装系列设计实施中各小组的工作完成情况，指出优缺点。
	课时： 10 课时 1. 硬资源：具备上网功能的计算机或手机、服装手绘学习工作站、服装电脑设计学习工作站等。			

学习任务 2　休闲女装系列服装设计

任务描述

学习任务课时：60 课时

任务情境：

香港某大型贸易公司旗下 MY 品牌正在进行春夏系列产品开发，MY 品牌将包括三个系列，分别是精致休闲、时尚外出和商务系列，并包括配件系列。在设计总监的商品企划任务分解中有 1 个主题系列设计任务——时尚外出休闲款式开发，需要设计开发 2 个系列产品，其中有一个系列产品风格定位要有中国风元素，目标消费人群定位在 25~35 岁、刚步入职场、满怀激情追求成功、月薪在 3000 元 ~5000 元的都市新贵。产品的设计需围绕公司的品牌文化理念及服装品牌公司风格特点，符合消费者定位，符合时尚休闲风格特点，传承中国风元素民族图案仙鹤刺绣。该公司希望我院服装专业的学生参与此季度系列新品开发任务。具体要求如下：

1. 进行市场调研，多渠道收集咨询，在市场调研后提供完整的调研报告 PPT 并做汇报（PPT 应包括服务品牌分析，含廓形、颜色、款式、面料、品牌的风格、客户群、价位分析），以上工作 2~3 天完成；
2. 在 2 天内完成选配面辅料小样的工作；
3. 在 7 天内完成系列款式设计，款式设计应符合品牌要求，具有创新性，系列感强，效果图应廓形和结构清晰、工艺细节明确，款式图应服装结构比例准确（绘制 30 套）；
4. 向技术部门下任务书（版单），任务书应包含正背面款式图、服装规格尺寸、工艺细节说明、面辅料小样；
5. 跟进样衣制版与制作（物料到齐前提下制版、调整 3 天，制作 5 天）。

于是，我院服装专业设计教师带领同学共同完成该任务。

具体要求见下页。

ME&CITY

工作流程和标准

工作环节 1 获取休闲女装系列设计任务

解读休闲女装系列设计任务书，完成休闲女装系列设计任务书的分解及要点记录，运用系列时装的设计原则及方法；与设计总监进行有效沟通，明确任务。

主要成果：

1. 休闲女装系列设计任务书要求记录单；
2. 分组分类搜集到的休闲女装系列设计案例。

工作环节 2 市场调研

1. 根据香港某公司系列秋冬女装设计开发任务，理解该公司的品牌文化理念和风格定位，开展市场调研工作，调研方式包括网络调研和实地考察调研等形式；
2. 通过资讯网的搜集与检索，对资讯信息进行归类与整理，分析竞品款和畅销款及服装流行趋势；搜集、整理资讯和服装竞品资料（如款式风格定位、款式实物图、款式工艺细节、色彩、面料、价格带、产品架构、营销模式等）；
3. 撰写市场调研报告，并制作调研结果汇报的 PPT。

主要成果：

1. 调研竞品资料；
2. 撰写的服装品牌市场调研报告 PPT；
3. 民族图案仙鹤素材素材。

工作环节 3 面料的选配与确认

1. 根据 tji 香港某公司品牌时尚女装系列设计要求，进行面辅料信息的搜集整理（包括面料价格、成分、幅宽、供货渠道等）；
2. 面料的选配应与服装单品风格、定位、品类相匹配；辅料的选用应与面料的搭配相吻合，并搜集面辅料小样单。

主要成果：

1. 搜集与整理的休闲女装流行面料资料；
2. 搜集与整理的休闲女装流行辅料资料；
3. 休闲女装系列款式面料归类列表（面料成分、色卡等）；
4. 休闲女装系列服装与面料搭配整理资料。

工作环节 4 休闲女装系列款式开发

1. 根据香港某公司品牌定位及国际流行趋势，制作灵感主题版；
2. 绘制服装款式图和效果图（手绘完成），要求做到秋冬面料质感的表达到位，款式风格表达准确、服装结构表现合理，细节标注清晰，使设计的产品既美观且实用；
3. 制作香港某公司品牌系列产品设计单。

主要成果：

1. 从网络及往年大学生时装周上搜集到的系列作品设计图片；
2. 服装系列设计作品灵感主题版；
3. 服装面料的二次设计；
4. 服装系列款式设计效果图绘制表现；
5. 服装系列设计灵感来源及理念说明。

工作环节 5

休闲系列女装样版跟进并确认

5

1. 把控纸样工作的进程，确定样版制作周期的各工作节点，与版师及时沟通，记录版师反馈意见，及时调整修改，使纸样更加符合设计意图；
2. 填写样版确认单，确认单包括款式图、面辅料小样、工艺细节设计说明、服装编号、号型规格等。

主要成果：

1. 系列时尚服装成品面辅料与版型、廓型匹配工艺制单表；
2. 版师意见反馈记录；
3. 填写的服装样版确认单。

工作环节 6

休闲女装系列样衣跟进并确认

6

1. 把控样衣制作工作进程；与样衣师及时沟通协调；跟进样衣的调整确认；样衣辅料的匹配；样衣与设计稿的一致性；
2. 记录样衣师反馈意见并填写样衣任务确认单。

主要成果：

1. 系列时尚服装成品工艺制单表；
2. 样衣师意见反馈记录；
3. 填写的有服装样衣确认单。

工作环节 7

评价反馈

7

学生作品展示，教师评价及学生互评环节，对在香港某公司品牌休闲女装系列设计过程中出现的问题、现象进行总结，并给出合理化的改进建议，每位学生提交一份时尚女装系列设计工作总结。

主要成果：

对休闲系列女装设计过程中出现的问题，现象进行总结并给出建议；每位学生提交一份休闲系列女装设计工作总结。

学习内容

知识点	1.1 休闲女装系列设计概述（系列搭配的品种、面辅料、生产数量、服装号型等与任务书信息相关的知识点）； 1.2 休闲女装系列设计原则； 1.3 休闲女装系列设计流程； 1.4 民族图案仙鹤刺绣特点及运用。	2.1 资讯搜集、检索的方法； 2.2 服装品牌系列设计产品分析； 2.3 市场调研的原则、方法和技巧（品牌女装产品的系列性，面料搭配、服装工艺细节的搜集与整理）； 2.4 服务品牌产品的风格、定位以及目标消费群分析； 2.5 市场调研报告撰写与汇报的具体要求及主要事项； 2.6 民族图案——仙鹤刺绣特点素材相关元素。	3.1 休闲系列女装流行面料、辅料搜集、整理方法； 3.2 休闲女装系列面料的分类； 3.3 休闲系列女装面料筛选、分类方法。
技能点	1.1 休闲女装系列设计工作任务和任务要求的确认； 1.2 休闲女装系列设计任务书的解读（阅读理解能力）； 1.3 职业能力： 1. 能服从休闲女装系列设计总监的工作安排，准确理解工装设计工作任务； 2. 掌握恰当的沟通时机和方法，与总监确认休闲女装系列设计要求，明确设计流程；有一定的成本意识、时尚意识、环保意识等。	2.1 资讯搜集、检索的方法； 2.2 品牌系列休闲女装产品市场调研（产品系列搭配、面料搭配、服装细节设计）（市场分析能力、团队合作能力）； 2.3 PPT 的制作与调研结果的汇报（语言表达能力）； 2.4 搜集民族图案——仙鹤刺绣特点素材； 2.5 职业能力： 1. 能掌握休闲女装系列设计消费群体分析、工装设计要求分析方法，具有调研的能力，学会有效信息的提炼与总结； 2. 市场调研报告撰写和汇报，培养学生的写作能力、语言表达能力及办公软件的运用能力。	3.1 休闲女装面辅料流行信息的搜集与整理（面料价格、成分、幅宽、供货渠道）（面料市场的把控能力、分析能力）； 3.2 休闲女装面料的类别分类整理（成本意识）； 3.3 面料与休闲系列女装款式的匹配； 3.4 职业能力： 1. 面辅料知识的学习及色彩搭配知识的学习； 2. 面辅料的市场调研，样品的收集整理能力。
工作环节	工作环节 1 获取休闲女装系列设计任务	市场调研 工作环节 2	工作环节 3 面料的选配与确定
成果	1.1 分组分类收集休闲女装系列设计案例 1.2 明确休闲女装系列设计任务书要求。	2.1 调研竞品资料； 2.2 撰写的服装品牌市场调研报告 PPT； 2.3 整理的中国水墨画素材。	3.1 调研竞品资料； 3.2 撰写的服装品牌市场调研报告 PPT； 3.3 收集的民族图案如年兽、仙鹤素材。
素养	1.1 职业素养： 1. 建立生产安全意识和纪律观念，培养任务书阅读理解能力和工具清单撰写能力 2. 乐于接受学习任务，主动配合、实施任务； 3. 学习工匠事迹，树立专心致志、精益求精、爱岗敬业的工匠精神。 1.2 思政元素： 增强文化自信。	2.1 职业素养： 培养学生的观察力和信息搜集处理能力、消费者分析能力、沟通表达能力，能计划、组织工作各项环节和流程。 2.2 思政元素： 搜集和筛选中国水墨画元素素材，增强文化自信。	3.1 职业素养： 学生对面辅料基础知识的学习能力，学生对面料的成本意识。

学习任务 2　休闲女装系列服装设计

4.1 休闲系列服装设计资讯搜集（理解灵感来源、风格定位、款式结构）； 4.2 主题版的概念、形式与用途； 4.3 手绘效果图、款式图的技法（比例尺法、人台模型法）； 4.4 服装系列面辅料二次设计与服装风格及款式的关系； 4.5 民族图案——仙鹤刺绣在休闲系列服装设计中的融合。	5.1 休闲系列女装样版制作的工作流程； 5.2 休闲系列女装款式风格与版型的关系； 5.3 休闲系列女装廓形与版型的关系。	6.1 休闲系列女装样衣制作的工作流程； 6.2 休闲系列女装款式设计与工艺的关系； 6.3 休闲系列女装面辅料与工艺的关系。	7.1 总结市场调研的方法； 7.2 总结整个休闲女装系列设计实施过程中出现的问题及改进的方法； 7.3 总结汇报的方法和技巧。
4.1 休闲女装系列风格的识别与鉴赏（审美意识）； 4.2 流行元素的应用（市场敏锐度）； 4.3 制作灵感主题版，确定风格定位； 4. 休闲系列女装款式图的绘制（包括手绘与电脑绘图、服装结构的表现、细节标注的标准）； 4.5 休闲系列女装面料二次设计表现； 4.6 职业能力： 1. 服装款式图及效果图的表现技法（服装款式功能性、特殊面料质感表达等）； 2. 设计单的制作内容详尽，数据标注清晰合理。	5.1 休闲系列女装款式样版工作进程的把控（确定样版制作周期的各工作节点）； 5.2 跟进休闲系列女装样版立体造型的调整并确认（耐心倾听版师的修改建议，培养及时记录的良好习惯）； 5.3 休闲系列女装单品任务单的填写（服装的名称、款式图、号型规格、面料小样、工艺细节设计说明）（细心、做事的条理性）； 5.4 职业能力： 1. 休闲女装系列设计纸样的流程把控， 2. 能及时调整使制版符合设计师意图，使休闲女装系列设计具有可实现性，思考服装的款式与纸样中各部分规格之间的关系。	6.1 休闲系列女装款式样衣制作工作进程的把控（确定样衣制作周期的各工作节点，时间意识、工作效率、责任心）； 6.2 休闲系列女装款式样衣辅料的匹配； 6.3 跟进休闲系列女装款式样衣的调整并确认（耐心倾听样衣师的修改建议，培养及时记录的良好习惯）； 6.4 填写样衣确认单（工作的细心，确保数据、小样的准确与完整）； 6.5 职业能力： 1. 对休闲女装系列设计的样衣制作过程进行监控，出现问题及时调整，必要时需要及时返工，使制版符合设计师的意图，实现功能与审美的完美结合； 2. 思考服装在制作过程中运用的方法以及款式造型的实现效果。	
工作环节 4 休闲女装系列款式开发	休闲女装系列样版跟进并确认 工作环节 5	工作环节 6 休闲系列女装样衣跟进并确认	评价反馈 工作环节 7
4.1 从网络及往年大学生时装周上搜集到的系列作品设计图片； 4.2 服装系列设计作品风格定位、设计元素； 4.3 服装系列款式设计效果图绘制表现； 4.4 服装面料的二次设计； 4.5 服装系列设计灵感来源及理念说明。	5.1 系列休闲服装成品面辅料与版型、廓型匹配工艺制单表； 5.2 版师意见反馈记录； 5.3 填写服装样版确认单。	6.1 休闲系列服装成品工艺制单表； 6.2 样衣师意见反馈记录； 6.3 填写服装样衣确认单。	7.1 对休闲系列女装设计过程中出现的问题、现象进行总结并给出改进建议；每位学生提交一份时尚系列女装设计工作总结。
4.1 职业素养： 培养学生对休闲女装设计的功能意识、安全意识、创新意识，工作的细心、团队合作能力。 4.2 思政元素： 休闲女装系列设计中融合传统中国水墨画素材，创作新颖有特色设计产品，增强文化自信。	5.1 职业素养： 安全意识、审美意识、耐心倾听版师的修改意见，培养及时记录的良好习惯。	6.1 职业素养： 1. 时间意识、工作效率、责任心； 2. 耐心倾听样衣师的修改意见，培养及时记录的良好习惯。	7.1 职业素养： 培养学生分析问题和解决问题的能力，学会整理信息并总结归纳，具有沟通表达能力和团队合作精神。

课程 8　系列服装设计

学习任务 2　休闲女装系列服装设计

1 获取休闲女装系列设计任务 → 2 市场调研 → 3 面辅料的选配与确定 → 4 休闲女装系列款式开发 → 5 休闲系列女装样版跟进并确认 → 6 休闲女装系列样衣跟进并确认 → 7 评价反馈

	工作子步骤	教师活动	学生活动	评价
获取休闲女装系列设计任务	1. 明确休闲女装系列设计任务书中产品设计要求（品牌定位、产品数量、完成期限、季节、色彩要求、面料要求、款式定位等细节要求）； 2. 与设计总监有效沟通、掌握公司的文化理念和产品风格（如：经典风格、街头风格、简约风格、复古风格等）； 3. 提取休闲女装系列设计任务书关键词； 4. 认知民族图案——仙鹤刺绣素材特点。	1. 引导学生小组分析设计任务书，提炼关键词（讲授、关键词法）； 2. 说明汇报要求； 3. 总评各小组汇报情况； 4. 讲授休闲女装系列设计的概念、设计原则、设计流程等相关知识（提供案例图）（展示、案例法）。	1. 学生小组准确解读、分析任务书，提炼并记录关键词； 2. 小组选派组长汇报设计任务关键词； 3. 小组互评关键词是否准确、全面； 4. 学习休闲女装系列设计的概念、设计原则、设计流程等知识（案例法）。	教师评价： 1. 任务书关键词提取是否准确、完整； 2. 学生汇报语言表述是否得体，语义表达是否简洁明了。

课时： 4 课时
1. 硬资源：具备上网功能的计算机或手机、服装手绘学习工作站、服装电脑设计学习工作站等。
2. 软资源：工作页、灵感主题版案例、工具书、参考教材、数字化资源等。
3. 教学设施：投影仪、一体机、白版、白版笔等。

	工作子步骤	教师活动	学生活动	评价
市场调研	1. 小组制订调研计划； 2. 进行服务品牌休闲女装市场调研（如：系列款式、色彩、面辅料、消费群体特征、工艺等资料的收集与归类整理）； 2. 检索休闲女装系列设计流行趋势的（网站、休闲杂志）； 3. 撰写市场调研报告，制作 PPT 并汇报（语言表达能力）。	1. 指导学生制定休闲女装市场调研的计划； 2. 介绍广州休闲女装市场的信息（如：太古汇、万菱汇、天河城、万达等品牌分布）（讲授法）； 3. 现场指导和把控学生的市场调研过程，有问题及时指正； 4. 提出市场调研报告的撰写标准，指导学生市场调研报告撰写过程（案例教学法）； 5. 提出小组互评规则与标准。	1. 小组讨论制定休闲女装市场调研的计划，明确分工，记录市场调查的任务要点； 2. 小组通过走访商场、品牌店、网上市场调研等进行实地调研（系列休闲女装款式、色彩、面辅料、消费群体特征、工艺）（案例教学法）； 4. 根据前期调研数据撰写市场调研报告； 5. 小组汇报休闲女装市场调研报告（展示法）； 6. 小组互评调研报告。	1. 学生互评： 小组派代表指出其他小组市场调研报告及演示文稿制作的优缺点。 2. 教师评价： (1) 各小组市场调研报告的记录是否完整、条理清晰、分析到位，是否对后期的产品开发具有指导意义； (2) 各小组写作中语言组织的逻辑性； (3) 各小组素材的收集是否丰富多样； (4) 各小组汇报时，表达是否得体大方、语义表述是否简洁明了。

课时： 6 课时
1. 硬资源：具备上网功能的计算机或手机、服装手绘学习工作站、服装电脑设计学习工作站等。
2. 软资源：工作页、参考教材、休闲杂志、数字化资源（流行资讯网站）等。
3. 教学设施：投影仪、一体机、白版、白版笔等。

1 获取休闲女装系列设计任务 → 2 市场调研 → 3 面辅料的选配与确定 → 4 休闲女装系列款式开发 → 5 休闲系列女装样版跟进并确认 → 6 休闲女装系列样衣跟进并确认 → 7 评价反馈

工作子步骤	教师活动	学生活动	评价
面辅料的选配与确定 1. 休闲女装系列面料收集（如：纯棉、格子、丝绸、雪纺、蕾丝、呢绒面料等）； 2. 休闲女装系列辅料收集（如：花边、蕾丝、树脂扣、亮片、钻、珠子等）； 3. 休闲女装系列面料的归类整理、筛选、确认与搭配。	1. 讲授休闲女装系列设计面料知识（如：面料的分类、性能、识别方法、色牢度、弹性、耐磨性等）（讲授）； 2. 要求学生到面辅料市场收集小样（强调外出的安全意识）（讲授）； 3. 指导学生进行面辅料归类整理； 4. 要求学生进行休闲女装面料与系列款式的搭配方案； 5. 点评休闲女装系列设计面料的归类整理与搭配方案的合理性（头脑风暴、学习工作站）。	1. 学生听讲教师讲授休闲女装系列设计面料知识（面料的分类、性能，识别方法、色牢度、弹性、耐磨性等）； 2. 学生分组进行面辅料的市场调查，收集面辅料小样； 3. 学生小组进行面辅料小样归类整理； 4. 学生小组制作面料与休闲女装系列款式的搭配方案； 5. 小组互评休闲女装系列设计面料的归类整理与搭配方案的合理性。	1. 学生互评：休闲女装面料归档与面料搭配方案的优缺点；方案中的优点如何持续优化，缺点如何改进，提出改进意见。 2. 教师评价： （1）学生是否能准确理解常见休闲女装的面辅料知识； （2）学生寻找的面辅料素材是否适合不同类型休闲女装，且风格相符； （3）休闲女装系列面辅料归类整理与搭配方案是否合理新颖； （4）对审阅过程中出现的问题给出改进意见。
课时： 8 课时 1. 硬资源：具备上网功能的计算机或手机、服装手绘学习工作站、服装电脑设计学习工作站等。 2. 软资源：工作页、参考教材、数字化资源（流行面料资讯网站、服装设计的公众号等）。 3. 教学设施：投影仪、一体机、白版、白版笔等。			
休闲女装系列款式开发 1. 构思，从调研报告素材中寻找灵感来源，制作灵感主题版，确定款式的设计方案，绘制草图； 2. 绘制服装效果图、款式图； 3. 搭配面料小样； 4. 填写设计制作单。	1. 讲授休闲女装款式构成知识（系列女装款式之间的关联性，包括设计风格与元素、色彩搭配、局部细节等）（讲授法）； 2. 指导学生制作灵感主题版； 3. 教师或学生代表演示休闲女装系列效果图、款式图的画法步骤（展示法）； 4. 指导学生小组绘制效果图、款式图（巡回指导、问答）； 5. 指导学生进行面料二次设计； 6. 监督小组互评（展示、头脑风暴）；	1. 学生听教师讲授休闲女装款式构成知识（系列女装款式之间的关联性，包括设计风格与元素、色彩搭配、局部细节等）； 2. 学生小组制作并展示设计灵感主题版（展示法）； 3. 学生观摩教师或学生代表示范效果图绘制步骤； 4. 学生绘制休闲女装系列效果图、款式图，并搭配面料小样； 5. 学生进行面料二次设计； 6. 小组灵感主题版、作品展示与互评（记录修改意见）；	1. 学生互评： （1）小组派代表评价其他小组休闲女装系列设计主题版是否符合品牌定位，款式是否创新、是否具有系列感，提出改进意见； （2）小组相互检查设计制作单，查缺补漏。 2. 教师评价： （1）各小组灵感主题版是否迎合市场需求是否符合品牌定位、是否符合国际流行趋势？ （2）效果图、款式图绘制是否比例准确、工艺标注是否清晰规范完整，是否符合服务品牌设计任务；

课程 8　系列服装设计

学习任务 2　休闲女装系列服装设计

1 获取休闲女装系列设计任务 → 2 市场调研 → 3 面辅料的选配与确定 → 4 休闲女装系列款式开发 → 5 休闲系列女装样版跟进并确认 → 6 休闲女装系列样衣跟进并确认 → 7 评价反馈

休闲女装系列款式开发

工作子步骤	教师活动	学生活动	评价
	7. 检查设计制作单（休闲女装系列设计图、设计说明、风格、面辅料小样、工艺标注等）(对标); 8. 总评。	7. 小组填写设计制作单。	(3) 面料二次设计是否与休闲女装系列设计风格及款式相符; (4) 休闲女装系列设计单的制作内容是否详尽，标注是否清晰准确。

课时： 30 课时

1. 硬资源：具备上网功能的计算机或手机、服装手绘学习工作站、服装电脑设计学习工作站等。
2. 软资源：工作页、参考教材、数字化资源（服装设计的公众号）、不同主题风格系列效果图优秀案例等。
3. 教学设施：投影仪、一体机、白版、白版笔、画笔、画纸、颜料等。

休闲系列女装样版跟进并确认

工作子步骤	教师活动	学生活动	评价
1. 把控纸样制作的工作进程（跟进样衣制作的流程节点，时间意识、工作效率、责任心）; 2. 与纸样师及时沟通，使纸样制作符合休闲服装的结构，符合设计意图（沟通能力）; 3. 记录纸样的改进意见; 4. 填写样版确认单。	1. 讲授休闲女装系列样版制作流程（讲授法）; 2. 讲解并提问纸样设计的步骤环节，如何把控纸样设计进程并及时调整以符合设计意图（问答，师生互动）; 3. 讲授休闲系列女装款式廓形、风格与版型的关系（案例）; 4. 发放样版确认单并讲解如何填写样版确认单（含服装的名称、款式图、号型规格、面辅料小样、工艺细节）（对标）。	1. 学生听讲休闲女装系列样版制作流程; 2. 学生回答老师的提问（纸样设计工作流程、步骤，如何监控时间及纸样的制作与设计图吻合）; 3. 学生听讲教师讲授休闲系列女装款式廓形风格与版型的关系; 4. 学生填写样版确认单。	教师评价: 1. 各小组是否理解纸样制作的流程、廓形、风格与版型的关系; 2. 各小组能否按要求回答老师的提问（答案的完整性、准确性，语言表达思路是否清晰且有条理）; 3. 各小组填写的样版确认单是否规范、完整、准确、明了。

课时： 6 课时

1. 硬资源：具备上网功能的计算机或手机、服装手绘学习工作站、服装电脑设计学习工作站等。
2. 软资源：工作页、参考教材、样版单案例等。
3. 教学设施：投影仪、一体机、白版、白版笔等。

基准课时：60

1 获取休闲女装系列设计任务 → 2 市场调研 → 3 面辅料的选配与确定 → 4 休闲女装系列款式开发 → 5 休闲系列女装样版跟进并确认 → 6 休闲女装系列样衣跟进并确认 → 7 评价反馈

	工作子步骤	教师活动	学生活动	评价
休闲女装系列样衣跟进并确认	1. 休闲女装系列样衣制作工作进程的把控（跟进样衣制作的流程节点，时间意识、工作效率、责任心）； 2. 审版，记录样衣的改进意见（职业素养：耐心倾听样衣师的修改建议并做记录）； 3. 填写样衣确认单。	1. 分解样衣制作流程、步骤，以及如何监控时间、工艺制作与设计图吻合（案例教学法）； 2. 介绍并提问休闲女装系列设计样衣制作的步骤环节，如何把控样衣制作的进程并及时调整以符合设计意图（问答、师生互动）； 3. 介绍样衣的质检方法（讲授、演示）； 4. 发放样衣确认单，讲解如何填写样衣确认单(含服装的名称,编号、款式图、号型规格、面辅料小样、制作工艺说明)（讲授、对标）。	1. 理解样衣制作流程、步骤，以及如何监控时间及纸样的制作与设计图吻合，回答教师问题； 2. 小组讨论并合作完成样衣的检验及样衣的制作； 3. 填写样衣确认单； 4. 小组互评样衣制作单是否全面、详细，提出修改意见。	1. 学生的互评： 各小组互相检查样衣制作单，查缺补漏。 2. 教师评价： (1) 各小组记录的知识点是否准确全面； (2) 学生能否按要求回答老师的提问（如：答案的完整性、准确性，语言表达是否思路清晰且有条理）； (3) 各小组制作的样衣版型是否合适，款式风格是否符合设计意图； (4) 各小组填写的样衣确认单是否规范、完整、准确、明了。
	课时： 4 课时 1. 硬资源：具备上网功能的计算机或手机、服装手绘学习工作站、服装电脑设计学习工作站等。 2. 软资源：工作页、样衣确认单等。 3. 教学设施：投影仪、一体机、白版、白版笔等。			
评价反馈	1. 总结休闲女装系列设计过程中出现的问题； 2. 提出改进意见方案。	教师指导小组学生总结设计过程中出现的问题。	1. 每个小组自我展示工作成果及互评； 2. 小组讨论休闲女装系列设计过程中出现的问题并修改； 3. 撰写总结报告。	教师点评： 休闲女装系列设计实施中各小组的工作完成情况，指出优缺点。
	课时： 4 课时 1. 硬资源：具备上网功能的计算机或手机、服装手绘学习工作站、服装电脑设计学习工作站等。			

学习任务 3　团体商务系列服装设计

任务描述

学习任务课时：40 课时

任务情境：

中国某知名商务品牌正在进行春夏商务系列产品开发，在设计总监的商品企划任务分解中有 2 个主题系列款式设计任务，需要设计 2 个系列，1 个系列男装，一个系列女装；每个系列不少于 10 套服装，目标消费人群定位在 20~35 岁的都市时尚职业男性、女性。产品的设计围绕公司的品牌文化理念，符合干练、简约帅气风格，以展现都市白领时尚、知性的气质。该公司希望我院服装专业的学生参与此季度系列新品开发任务。具体要求如下：

1. 进行市场调研，多渠道收集咨询，在市场调研后提供完整的调研报告 PPT 并做汇报（PPT 应包括服务品牌分析，含廓形、颜色、款式、面料，品牌的风格、客户群、价位分析），以上工作 2~3 天完成；
2. 在 2 天内完成选配面辅料小样的工作；
3. 在 7 天内完成系列款式设计，款式设计应符合该商务品牌设计要求，具有创新性，系列感强，效果图应廓形和结构清晰、工艺细节明确，款式图应服装结构比例准确（绘制 30 套）；
4. 向技术部门下任务书（版单），任务书应包含正背面款式图、服装规格尺寸、工艺细节说明、面辅料小样；
5. 跟进样衣制版与制作（物料到齐前提下制版、调整 3 天，制作 5 天）。

于是，我院服装专业设计教师带领同学共同完成该任务。

具体要求见下页。

工作流程和标准

工作环节 1

获取团体商务系列设计任务 1

解读团体商务系列设计任务书，完成团体商务系列设计任务书的分解及要点记录，运用团体商务系列设计原则及方法；与设计总监进行有效地沟通，明确任务。

主要成果：

1. 团体商务服装设计任务书关键词；
2. 企业文化理念和产品风格。

工作环节 2

市场调研 2

1. 根据该品牌春夏团体商务系列服装开发的任务，理解该品牌文化理念和消费需求，开展市场调研工作，调研方式包括实体店调研、消费者访谈等形式；
2. 通过资讯网的搜集与检索，对资讯信息进行归类与整理，分析服务品牌产品定位和畅销款及服装流行趋势；搜集、整理资讯和服务品牌资料（如款式风格定位、款式实物图、款式工艺细节、色彩、面料、价格带、产品架构、营销模式等）；
3. 撰写市场调研报告并制作调研结果汇报 PPT。

主要成果：

1. 服务品牌调研分析报告 PPT；
2. 系列商务款式设计素材库。

工作环节 3

面料的选配与确定 3

1. 根据该商务品牌系列设计要求，进行面辅料信息的搜集整理(包括面料价格、成分、幅宽、供货渠道等)；
2. 面料的选配应与服装系列风格、定位、品类相匹配；辅料的选用应与面料的搭配相吻合，并搜集面辅料小样单。

主要成果：

不同团体商务服装面料归类列表（面料功能性要求、色卡、代表性团体设计服装案例等）。

工作环节 4

团体商务服装系列款式设计 4

1. 结合该品牌文化理念与不同工作环境、设计需求，资料定位，制作灵感主题版；
2. 绘制服装款式图和效果图（手绘完成），要求做到秋冬面料质感的表达到位、款式风格表达准确、服装结构表现合理、细节标注清晰，使设计的产品既美观且实用；
3. 制作该品牌团体商务系列产品设计单。

主要成果：

1. 服装款式图、效果图；
2. 团体商务服装系列设计款式单。

工作环节 5

团体商务服装系列样版跟进并确认

5

1. 把控纸样工作的进程，确定样版制作周期的各工作节点，与版师及时沟通，记录版师反馈意见，及时调整修改，使纸样更加符合设计意图；
2. 填写样版确认单，确认单包括款式图、面辅料小样、工艺细节设计说明、服装编号、号型规格等。

主要成果：

1. 版师意见反馈记录；
2. 服装样版确认单。

工作环节 6

团体商务系列款式样衣跟进并确认

6

1. 把控样衣制作工作进程；与样衣师及时沟通协调；跟进样衣的调整确认；样衣辅料的匹配；样衣与设计稿的一致性；
2. 记录样衣师反馈意见并填写样衣任务确认单。

主要成果：

1. 样衣师意见反馈记录单；
2. 服装样衣确认单。

工作环节 7

评价反馈

7

学生展示作品，教师评价及学生互评环节，对在该品牌团体商务系列设计过程中出现的问题、现象进行总结，并给出合理化的改进建议，每位学生提交一份团体商务系列设计工作总结。

主要成果：

系列团体商务服装设计工作总结。

学习内容

知识点	1.1 团体商务服装设计概述（商务服装定义、目标人群数量、服装号型等与任务书信息相关的知识点）； 1.2 团体商务服装设计原则及要求，团体商务服装设计流程。	2.1 团体商务服装产品设计分析与运用； 2.2 服务商务品牌的系列产品分析； 2.3 市场调研的原则、方法和技巧（品牌商务系列产品的系列性，面料搭配、服装工艺细节的搜集与整理）。	3.1 团体商务服装面料分类； 3.2 团体商务服装辅料的功能性（社会环境、自然环境、个人意识）； 3.3 面料与团体商务服装款式的搭配； 3.4 面料与团体商务服装款式的季节性搭配。
技能点	1.1 团体商务服装设计工作任务和任务要求的确认（与服务团体商务对象负责人沟通技巧具体化）； 1.2 团体商务服装设计任务书的解读（阅读理解能力、分析能力）； 1.3 职业能力： 1. 能服从团体商务服装设计总监的工作安排，准确理解商务服装设计工作任务，掌握恰当的沟通时机和方法； 2. 与总监确认团体商务服装设计要求，明确设计流程，有一定的成本意识、时尚意识、环保意识等。	2.1 国际流行趋势资料收集；2.2 服务商务品牌系列产品市场调研报告 PPT 的制作（包括主题、产品定位、产品结构、顾客群分析）（市场分析能力、团队合作能力）； 2.3 调研结果的汇报（语言表达能力）； 2.4 职业能力： 1. 能掌握商务服装流行资讯检索方法，商务服装流行咨询的归类与整理； 2. 市场调研的能力，学会提炼与总结有效信息； 3. 市场调研报告的撰写和汇报，培养写作能力、语言表达能力及办公软件的运用能力。	3.1 不同团体商务服装面料归类（面料功能性要求、色卡）； 3.2 面料与代表性团体商务服装款式的匹配； 3.3 面料与团体商务款式的季节性匹配； 3.4 职业能力： 1. 面辅料知识的学习及色彩搭配知识的学习； 2. 面辅料的市场调研，样品的收集整理能力。
工作环节 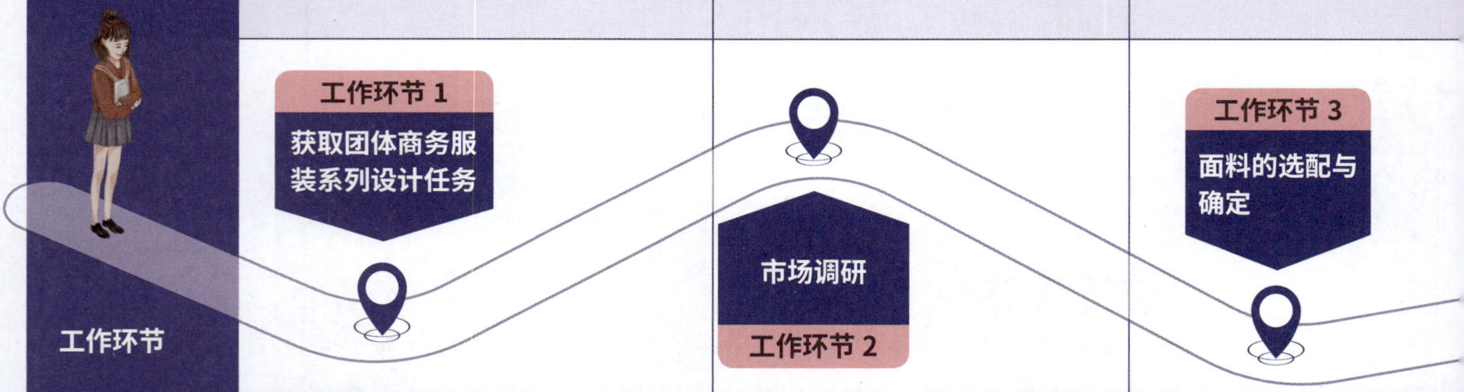	工作环节 1 获取团体商务服装系列设计任务	市场调研 工作环节 2	工作环节 3 面料的选配与确定
成果	1.1 团体商务服装设计任务书关键词 1.2 品牌文化理念和产品风格文本。	2.1 服务品牌调研分析报告 PPT 2.2 系列商务款式设计素材库。	3.1 团体商务服装面料归类列表（面料功能性要求、色卡、代表性团体设计服装案例等）。
素养	1.1 职业素养： 1. 建立生产安全意识和纪律观念，培养任务书阅读理解能力和工具清单撰写能力； 2. 乐于接受学习任务，主动配合实施任务； 3. 学习工匠事迹，树立专心致志、精益求精、爱岗敬业的工匠精神。	2.1 职业素养： 培养学生的观察力和对时尚的敏锐度、信息搜集处理能力、市场分析能力、沟通表达能力，能计划、组织工作各项环节和流程。	3.1 职业素养： 1. 学生对面辅料基础知识的学习能力； 2. 学生对面料的成本意识。

学习任务 3　团体商务系列服装设计

4.1 团体商务服装设计要求； 4.2 团体商务服装系列设计款式搭配的方法与技巧； 4.3 团体商务服装系列设计款式图绘制方法； 4.4 团体商务服装系列设计效果图绘制方法。	5.1 团体商务服装功能性要求与版型的关系（不同职业的功能要求）； 5.2 团体商务服装审美性要求与版型的关系（不同职业的审美要求）； 5.3 团体商务服装款式面辅料与版型的关系。	6.1 团体商务服装功能性要求与工艺的关系（不同职业的功能要求）； 6.2 团体商务服装款式、面辅料与工艺的关系； 6.3 系列团体商务款式样衣制作工作进程的把控（确定样衣制作周期的各工作节点，时间意识、工作效率、责任心）。	7.1 总结汇报的方法和技巧； 7.2 总结整个团体商务服装系列设计实施过程中出现的问题及改进的方法； 7.3 总结市场调研的方法。
4.1 团体商务服装设计要求分析（考虑社会环境、自然环境的功能性要求、个人审美性要求）； 4.2 团体商务服装系列款式搭配（工种性质、审美意识）； 4.3 团体商务服装系列款式图（包括手绘绘图、服装结构的表现、细节标注的标准）（工作细心、流行趋势的运用能力）； 4.4 团体商务服装系列设计效果图的绘制（包括手绘绘图、面料质感的表达、款式风格的表达）； 4.5 职业能力： 1. 服装款式图及效果图的表现技法（服装款式功能性、特殊面料质感表达等）； 2. 设计单的制作内容详尽，数据标注清晰合理。	5.1 团体商务服装款式样版工作进程的把控（确定样版制作周期的各工作节点）； 5.2 跟进团体商务服装样版立体造型的调整并确认（耐心倾听版师的修改建议，培养及时记录的良好习惯）； 5.3 团体商务服装系列工艺任务单的填写（款式图、面料小样、工艺细节设计说明）； 5.4 职业能力： 1. 团体商务服装纸样的流程把控； 2. 能及时调整使制版符合设计师意图，使系列团体商务款式设计具有可实现性，思考服装的款式与纸样中各部分规格之间的关系。	6.1 系列团体商务服装款式样衣辅料的匹配（功能性与审美性）； 6.2 跟进系列团体商务服装样衣的调整并确认（耐心倾听样衣师的修改建议，培养及时记录的良好习惯）； 6.3 样品的修改与目标消费群体的意向达成（客户服务意识的培养）； 6.4 职业能力： 1. 对团体商务款式的样衣制作过程进行监控，使制版符合设计师的意图，实现功能与审美的完美组合； 2. 思考服装在制作过程中运用的方法以及款式造型的实现效果。	
工作环节 4 团体商务服装系列款式开发	团体商务服装系列样版跟进并确认 工作环节 5	工作环节 6 团体商务系列款式样衣跟进并确认	评价反馈 工作环节 7
4.1 服装款式图、效果图； 4.2 团体商务服装系列设计款式单。	5.1 版师意见反馈记录单； 5.2 服装样版确认单。	6.1 样衣师意见反馈记录单； 6.2 服装样衣确认单。	7.1 系列团体商务设计工作总结。
4.1 职业素养： 了解特定消费群体对商务服装设计的功能性需求、审美性需求，培养创新意识、细心的工作态度以及团队合作能力。	5.1 职业素养： 1. 建立安全意识、审美意识，耐心倾听版师的修改意见； 2. 培养及时记录的良好习惯。	6.1 职业素养： 1. 培养学生的时间意识、工作效率、责任心； 2. 耐心倾听样衣师的修改意见； 3. 培养及时记录的良好习惯。	7.1 职业素养： 1. 培养学生分析问题和解决问题的能力，学会整理和归纳材料，撰写工作总结 2. 培养学生的沟通表达能力和团队合作精神。

学习任务 3　团体商务系列服装设计

1 获取团体商务服装系列设计任务 → 2 市场调研 → 3 面辅料的选配与确定 → 4 团体商务服装系列款式开发 → 5 团体商务服装系列样版跟进并确认 → 6 团体商务系列款式样衣跟进并确认 → 7 评价反馈

	工作子步骤	教师活动	学生活动	评价
获取团体商务服装系列设计任务	1. 明确团体商务服装系列设计任务书中的产品设计要求（商务用途、人群定位、产品数量、完成期限、季节、色彩要求、面料要求、功能定位等细节要求）； 2. 提取团体商务服装系列设计任务书中的关键词。	1.引导学生小组分析设计任务书，提炼关键词（讲授、关键词）； 2. 说明汇报要求； 3. 总评各小组汇报情况； 4. 讲授团体商务系列服装设计的概念、设计原则、设计流程等知识； 5. 讲授不同工作性质和社会环境下，不同商务服装的功能要求和审美要求等知识（案例法）； 6. 指导学生小组对商务服装系列设计的功能要求和审美要求进行讨论、展示（展示法）。	1. 学生小组准确解读、分析任务书，提炼并记录关键词（阅读法）； 2. 小组汇报设计任务关键词（展示法）； 3. 小组互评关键词是否准确、全面； 4. 学生学习团体商务系服装调计的概念、设计原则、设计流程； 5. 学习不同工作性质、社会环境及自然环境下，对商务服装的工作能力要求和审美要求等知识（案例法）； 6. 学生小组对服务对象团体商务服装设计的功能要求和审美要求进行讨论，并制作展版进行展示（展示法）。	教师评价： 1. 任务书关键词提取是否准确、完整； 2. 学生汇报语言表述是否得体，语义表达是否简洁明了； 3. 展版是否符合服务对象的工作功能要求、审美要求，列举是否全面、分析是否准确。
	课时： 2 课时 1. 硬资源：具备上网功能的计算机或手机、服装手绘学习工作站、服装电脑设计学习工作站等。 2. 软资源：工作页、灵感主题版案例、工具书、参考教材、数字化资源等。 3. 教学设施：投影仪、一体机、白版、白版笔等。			
市场调研	1. 小组制定调研计划； 2. 进行服务品牌商务服装市场调研（如：系列款式、色彩、面辅料、消费群体特征、工艺等资料的收集与归类整理）； 3. 检索商务系列服装设计流行趋势（网站、时尚杂志）； 4. 撰写市场调研报告，制作 PPT 并汇报（语言表达能力）。	1. 指导学生制定服务品牌市场调研的计划； 2. 介绍广州商务系列市场的信息（如：太古汇、万菱汇、天河城、万达等品牌分布）； 3. 现场指导和把控学生的市场调研过程，有问题及时指正； 4.提出市场调研报告的撰写标准，指导学生市场调研报告撰写过程（案例）； 5. 提出小组互评规则与标准。	1. 小组讨论制定服务品牌商务装市场调研的计划，明确分工，记录市场调查的任务要点； 2. 小组通过走访商场、品牌店、网上市场等，对服务品牌进行实地调研（系列商务系列款式、色彩、面辅料、消费群体特征、工艺）（提供案例）； 3. 根据前期调研数据撰写市场调研报告； 4. 小组汇报服务品牌商务系列服装市场调研报告（展示）； 5. 小组互评调研报告。	1. 学生互评： 指出市场调研报告及演示文稿制作的优缺点。 2. 教师评价： (1) 市场调研报告的记录是否完整、条理清晰、分析到位，是否对后期的产品开发具有指导意义； (2) 写作中的语言组织是否有一定的逻辑性； (3) 素材的收集是否丰富多样； (4) 汇报时，表达是否得体大方，语义表述是否简洁明了。
	课时： 6 课时 1. 硬资源：具备上网功能的计算机或手机、服装手绘学习工作站、服装电脑设计学习工作站等。 2. 软资源：工作页、参考教材、数字化资源等。 3. 教学设施：投影仪、一体机、白版、白版笔等。			

基准课时：40

1 获取团体商务服装系列设计任务
2 市场调研
3 面辅料的选配与确定
4 团体商务服装系列款式开发
5 团体商务服装系列样版跟进并确认
6 团体商务系列款式样衣跟进并确认
7 评价反馈

	工作子步骤	教师活动	学生活动	评价
面辅料的选配与确定	1. 团体商务服装系列面料的收集（考虑不同工种对工装面料材质、色彩的要求）； 2. 团体商务服装系列辅料收集； 3. 团体商务服装系列面料的归类整理、筛选、确认与搭配。	1. 讲授不同团体商务服装系列世界面料分类（讲授）； 2. 讲授团体商务服装面辅料的特殊功能（色彩适应场合、面料质感舒适安全等）； 3. 要求学生到面辅料市场收集面辅料小样(强调外出的安全意识)(讲授)； 4. 指导学生进行面辅料归类整理； 5. 要求学生制作团体商务服装面料与系列款式的搭配方案； 6. 点评团体商务系列设计面料的归类整理与搭配方案的合理性（头脑风暴、学习工作站）。	1. 听教师讲授不同团体商务服装面料分类； 2. 听教师讲授团体商务服装系列设计面辅料的特殊功能（色彩适应场合、面料质感舒适安全等）； 3. 学生分组进行面辅料的市场调查，收集面辅料小样； 4. 学生小组进行面辅料小样归类整理； 5. 学生小组制作面料与不同团体商务场合的服装系列款式的搭配方案（特殊职业工装面料的功能性要求）； 6. 小组互评团体商务服务系列设计面料的归类整理与搭配方案的合理性。	1. 学生互评：团体商务服装面料归档与面料搭配方案的优缺点；指出方案中的优点如何持续优化，缺点如何改进，提出改进意见。 2. 教师评价： (1) 审阅学生是否能准确理解不同商务服装系列的面辅料知识； (2) 审阅学生寻找的面辅料素材是否适合不同类型团体商务服装的特殊设计要求； (3) 审阅团体商务服装系列面辅料归类整理与搭配方案是否合理； (4) 对审阅过程中出现的问题给出改进意见。
	课时： 6 课时 1. 硬资源：具备上网功能的计算机或手机、服装手绘学习工作站、服装电脑设计学习工作站等。 2. 软资源：工作页、参考教材、数字化资源（流行面料资讯网站、服装设计的公众号等）。 3. 教学设施：投影仪、一体机、白版、白版笔等。			
团体商务服装系列款式开发	1. 构思，从调研报告数据分析，确定款式的设计方案，绘制草图； 2. 绘制服装效果图、款式图； 3. 搭配面料小样； 4. 填写设计制作单。	1. 讲授不同工种团体商务服装设计要求（系列商务服装款式之间的关联性，包括款式的功能性、色彩搭配、局部细节等）； 2. 教师或学生代表演示团体商务服装系列效果图、款式图的画法步骤； 3. 指导学生小组绘制效果图、款式图（巡回指导、问答）； 4. 监督小组互评（展示、头脑风暴）； 5. 检查设计制作单（团体商务服装系列设计图、设计说明、风格、面辅料小样、工艺标注等）(对标)； 6. 教师总评。	1. 听教师讲授不同商务服装设计要求（系列商务服装款式之间的关联性，包括款式的功能性、色彩搭配、局部细节等）； 2. 观摩教师或学生代表示范效果图绘制步骤； 3. 绘制代表性团体商务服装系列效果图、款式图，并搭配面料小样； 4. 小组作品展示与互评（记录修改意见）； 5. 小组填写设计制作单。	1. 学生互评： (1) 评价团体商务服装系列设计款式是否符合功能性质审美性要求，是否具有系列感，提出改进意见； (2) 检查设计制作单，查缺补漏。 2. 教师评价： (1) 效果图、款式图绘制是否比例准确、工艺标注是否清晰规范完整，是否符合工装设计任务； (2) 检查团体商务服装系列设计单的制作内容是否详尽，标注是否清晰准确。
	课时： 14 课时 1. 硬资源：具备上网功能的计算机或手机、服装手绘学习工作站、服装电脑设计学习工作站等。 2. 软资源：工作页、参考教材、数字化资源、不同主题风格系列效果图优秀案例等。 3. 教学设施：投影仪、一体机、白版、白版笔、画笔、画纸、颜料等。			

学习任务 3 团体商务系列服装设计

1 获取团体商务服装系列设计任务 → 2 市场调研 → 3 面辅料的选配与确定 → 4 团体商务服装系列款式开发 → 5 团体商务服装系列样版跟进并确认 → 6 团体商务系列款式样衣跟进并确认 → 7 评价反馈

	工作子步骤	教师活动	学生活动	评价
团体商务服装系列样版跟进并确认	1. 把控纸样制作的工作进程（跟进样衣制作的流程节点，时间意识、工作效率、责任心）； 2. 与纸样师及时沟通，使纸样制作符合设计意图（沟通能力）； 3. 记录纸样的改进意见； 4. 填写样版确认单。	1. 教师讲授团体商务系列样版制作流程； 2. 讲解并提问纸样设计的步骤环节，以及如何把控纸样设计进程并及时调整以符合设计意图（问答，师生互动）； 3. 教师讲授团体商务款式廓形、风格与版型的关系（案例）； 4. 教师发放样版确认单并讲解如何填写样版确认单（含服装的名称、款式图、号型规格、面辅料小样、工艺细节）（对标）。	1. 学生听教师讲授团体商务服装系列样版制作流程； 2. 学生回答老师的提问，学习纸样设计工作流程、步骤，监控时间及纸样的制作与设计图吻合； 3. 学生听教师讲授团体商务系列款式廓形、风格与版型的关系； 4. 学生填写样版确认单。	教师评价： 1. 学生是否理解纸样制作的流程、廓形、风格与版型的关系； 2. 能否按要求回答老师的提问(如答案的完整性、准确性、语言表达是否思路清晰且有条理)； 3. 填写样版确认单是否规范、完整、准确、明了。
	课时： 4 课时 1. 硬资源：具备上网功能的计算机或手机、服装手绘学习工作站、服装电脑设计学习工作站等。 2. 软资源：工作页、参考教材、样版单案例等。 3. 教学设施：投影仪、一体机、白版、白版笔等。			
团体商务系列款式样衣跟进并确认	1. 团体商务服装系列样衣制作工作进程的把控（跟进样衣制作的流程节点，时间意识、工作效率、责任心）； 2. 审版，记录样衣的改进意见（职业素养：耐心倾听样衣师的修改建议并做记录）； 3. 填写样衣确认单。	1. 分解样衣制作流程、步骤，如何监控时间、工艺制作与设计图吻合； 2. 介绍并提问团体商务服装系列设计样衣制作的步骤环节，如何把控样衣制作的进程并及时调整以符合设计意（问答、师生互动）； 3. 介绍样衣的质检方法（讲授、演示）； 4. 发放样衣确认单并讲解如何填写样衣确认单（含服装的名称、编号、款式图、号型规格、面辅料小样、制作工艺说明）（讲授、对标）。	1. 学生理解样衣制作流程、步骤、以及如何监控时间及纸样的制作与设计图吻合，并回答教师问题； 2. 小组讨论并合作完成样衣的检验和样衣的制作； 3. 填写样衣确认单； 4. 小组互评样衣制作单是否全面、详细，提出修改意见。	1. 学生的互评： 检查样衣制作单，查缺补漏。 2. 教师评价： (1) 学生记录的知识点是否准确全面； (2) 能否按要求回答老师的提问（如：答案的完整性、准确性、语言表达是否思路清晰且有条理）； (3) 样衣版型是否合适，款式风格是否符合设计意图； (4) 填写样衣确认单是否规范、完整、准确、明了。
	课时： 4 课时 1. 硬资源：具备上网功能的计算机或手机、服装手绘学习工作站、服装电脑设计学习工作站等。 2. 软资源：工作页、样版确认单等。 3. 教学设施：投影仪、一体机、白版、白版笔等。			

1 获取团体商务服装系列设计任务 → 2 市场调研 → 3 面辅料的选配与确定 → 4 团体商务服装系列款式开发 → 5 团体商务服装系列样版跟进并确认 → 6 团体商务系列款式样衣跟进并确认 → 7 评价反馈

	工作子步骤	教师活动	学生活动	评价
评价反馈	1. 总结团体商务服装系列设计过程中出现的问题； 2. 提出改进意见方案。	1. 教师指导小组学生总结设计过程中出现的问题。	1. 每个小组自我展示工作成果及互评； 2. 小组讨论团体商务服装系列设计过程中出现的问题并修改； 3. 撰写总结报告。	教师总结团体商务服装系列设计实施中各小组的工作完成情况，指出优缺点。

课时： 4 课时

1. 硬资源：具备上网功能的计算机或手机、服装手绘学习工作站、服装电脑设计学习工作站等。

学习任务 4　团体工装系列服装设计

任务描述

学习任务课时：60 课时

任务情境：

广州市某银行现需要改良团队春夏、秋冬工装，该银行希望我院服装专业学生围绕鞭企业文化理念，帮助开发春夏、秋冬工装，要求款式端庄、大方，可加入一些岭南文化元素；整个季度系列感强。具体要求如下：

1. 进行目标群体调研，通过访谈、问卷调查等多渠道了解设计需求，在市场调研后提供完整的调研报告 PPT 并做汇报（PPT 应包括客户群的需求，包括功能需求和审美需求，了解工作环境、人群特点等），以上工作 2~3 天完成；
2. 在 2 天内完成选配面辅料小样的工作；
3. 在 7 天内完成系列款式设计，款式设计应符合该银行的要求，具有创新性、系列感强，效果图应廓形和结构清晰、工艺细节明确，款式图应服装结构比例准确（绘制 30 套）；
4. 向技术部门下任务书（版单），任务书应包含正背面款式图、服装规格尺寸、工艺细节说明、面辅料小样；
5. 跟进样衣制版与制作（物料到齐前提下制版、调整 3 天，制作 5 天）。

于是，我院服装专业设计教师带领同学共同完成该任务。

具体要求见下页。

工作流程和标准

工作环节 1

获取团体工装系列设计任务

1

解读团体工装系列设计任务书，完成团体工装设计任务书的分解及要点记录，运用团体工装系列设计原则及方法；与设计总监进行有效沟通，明确任务。

主要成果：

1. 团体工装设计任务书关键词记录单；
2. 品牌文化理念和产品风格文本。

工作环节 2

市场调研

2

1. 根据广州市某银行春夏、秋冬团体系列工装开发的任务，理解中国银行文化理念和消费需求，开展市场调研工作，调研方式包括访谈、调查问卷或者实地考察调研等形式；
2. 通过访谈或问卷调查形式搜集消费需求资料：包括功能需求和审美需求，了解工作环境、人群特点等；
3. 撰写市场调研报告，并制作调研结果汇报的 PPT。

主要成果：

1. 目标消费群体调研分析报告 PPT；
2. 团体工装分类及功能要求归类。

工作环节 3

面料的选配与确定

3

1. 根据广州市某银行团体工装系列设计要求进行面辅料信息的搜集整理（包括面料价格、成分、幅宽、供货渠道等）；
2. 面料的选配应与服装单品风格、定位、品类相匹配；辅料的选用应与面料的搭配相吻合，并搜集面辅料小样单。

主要成果：

不同团体工装面料归类列表（面料功能性要求、色卡、代表性团体设计服装案例等）。

工作环节 4

团体工装系列款式设计

4

1. 结合广州市某银行的文化理念与工作环境、设计需求资料定位，制作灵感主题版；
2. 绘制服装款式图和效果图（手绘完成），要求做到春夏、秋冬面料质感的表达到位、款式风格表达准确、服装结构表现合理、细节标注清晰，使设计的产品既美观且实用；
3. 制作团体工装系列产品设计单。

主要成果：

1. 服装款式图、效果图；
2. 团体工装系列设计款式单。

工作环节 5

团体工装系列款式样版跟进并确认 5

1. 把控纸样制作工作的进程，确定样版制作周期的各工作节点，与版师及时沟通，记录版师反馈意见，及时调整修改，使纸样更加符合设计意图；
2. 填写样版确认单，确认单包括款式图、面辅料小样、工艺细节设计说明、服装编号、号型规格等。

主要成果：

1. 版师意见反馈记录单；
2. 服装样版确认单。

工作环节 6

团体工装系列款收样衣跟进并确认 6

1. 把控样衣制作工作进程；与样衣师及时沟通协调；跟进样衣的调整确认；样衣辅料的匹配；样衣与设计稿的一致性；
2. 记录样衣师反馈意见并填写样衣任务确认单。

主要成果：

1. 样衣师意见反馈记录单；
2. 服装样衣确认单。

工作环节 7

评价反馈 7

学生作品展示，银行工作人员代表评价、教师评价及学生互评环节，对在广州市某银行团体工装系列设计过程中出现的问题、现象进行总结，并给出合理化的改进建议，每位学生提交一份团体工装系列设计工作总结。

学习内容

	1	2	3
知识点	1.1 团体工装设计概述（工装类别、定义、工装人群、工装数量、服装号型等与任务书信息相关的知识点）； 1.2 团体工装设计原则及要求； 1.3 团体工装设计流程。	2.1 目标群体需求调研方法（访谈、问卷调查法）； 2.2 团体工装分类； 2.3 团体服务人群分析（工作环境、社会环境、功能需求、设计需求、人群特点等）。	3.1 团体工装面料分类； 3.2 团体工装面辅料的功能性（安全性、醒目性、环保性、排汗性等）； 3.3 面料与代表性团体工装款式的搭配（特殊职业工装面料的功能性要求）； 3.4 面料与团体工装款式的季节性搭配。
技能点	1.1 团体工装设计工作任务和任务要求的确认（与总监的沟通技巧具体化）； 1.2 团体工装设计任务书的解读（阅读理解能力、分析能力）； 1.3 职业能力： 1. 能服从团体工装设计总监的工作安排，准确理解工装设计工作任务； 2. 掌握恰当的沟通时机和方法，与总监确认团体工装设计要求、明确设计流程，有一定的成本意识、时尚意识、环保意识等。	2.1 目标消费群体调研报告 PPT 的制作技巧（PPT 软件应用能力、文本的写作能力）； 2.2 团体工装分类及功能要求整理归类； 2.3 调研结果的汇报（语言表达能力）； 2.4 职业能力： 1. 掌握团体工装消费群体分析、工装设计要求分析方法，具备调研的能力，学会提炼与总结有效信息； 2. 市场调研报告的撰写和汇报，培养写作能力、语言的表达能力及办公软件的运用能力。	3.1 不同团体工装面料归类（面料功能性要求、色卡）； 3.2 面料与代表性团体工装款式的匹配（特殊职业工装面料的功能性要求）； 3.3 面料与团体工装款式的季节性匹配； 3.4 职业能力： 1. 面辅料知识的学习及色彩搭配知识的学习； 2. 面辅料的市场调研，样品的收集整理能力。
工作环节	工作环节 1 获取团体工装系列设计任务	目标群体需求调研 工作环节 2	工作环节 3 面料的选配与确定
成果	1.1 提取团体工装设计任务书关键词； 1.2 品牌文化理念和产品风格文本记录单。	2.1 目标消费群体调研分析报告 PPT； 2.2 团体工装分类及功能要求归类。	3.1 不同团体工装面料归类列表（面料功能性要求、色卡、代表性团体设计服装案例等）。
素养	1.1 职业素养： 1. 建立生产安全意识和纪律观念，培养任务书阅读理解能力和工具清单撰写能力； 2. 乐于接受学习任务，主动配合、实施任务； 3. 学习工匠事迹，树立专心致志、精益求精、爱岗敬业的工匠精神。	2.1 职业素养： 培养学生的观察力和信息搜集处理能力、消费者分析能力、沟通表达能力，能计划、组织工作各项环节和流程。	3.1 职业素养： 1. 学生对面辅料基础知识的学习能力； 2. 学生对面料的成本意识。

4.1 团体工装设计要求； 4.2 团体工装系列设计款式图绘制方法； 4.3 团体工装系列设计效果图绘制方法。	5.1 团体工装功能性要求与版型的关系（不同职业的功能要求）； 5.2 团体工装审美性要求与版型的关系（不同职业的审美要求）； 5.3 团体工装款式、面辅料与版型的关系。	6.1 团体工装功能性要求与工艺的关系（不同职业的功能要求）； 6.2 团体工装款式、面辅料与工艺的关系。	7.1 总结市场调研的方法； 7.2 总结整个团体工装系列设计实施过程中出现的问题及改进的方法； 7.3 总结汇报的方法和技巧。
4.1 团体工装设计要求分析（考虑社会环境、自然环境的功能性要求、审美性要求）； 4.2 团体工装系列款式搭配（工种性质、审美意识）； 4.3 团体工装系列款式图（包括手绘绘图、服装结构的表现、细节标注的标准）（工作细心、流行趋势的运用能力）； 4.4 团体工装系列设计效果图的绘制（包括手绘绘图、面料质感的表达、款式风格的表达） 4.5 职业能力： 1. 服装款式图及效果图的表现技法（服装款式功能性、特殊面料质感表达等）； 2. 设计单的制作内容详尽，数据标注清晰合理。	5.1 团体工装款式样版工作进程的把控（确定样版制作周期的各工作节点）； 5.2 跟进团体工装样版立体造型的调整并确认（耐心倾听版师的修改建议，培养及时记录的良好习惯）； 5.3 团体工装工艺任务单的填写； 5.4 职业能力： 1. 团体工装纸样的流程把控； 2. 能及时调整使制版符合设计师意图，使系列团体工装款式设计具有可实现性，思考服装的款式与纸样中各部分规格之间的关系。	6.1 系列团体工装款式样衣制作工作进程的把控（确定样衣制作周期的各工作节点，时间意识、工作效率、责任心）； 6.2 系列团体工装款式样衣辅料的匹配（功能性与审美性）； 6.3 跟进系列团体工装样衣的调整并确认（耐心倾听样衣师的修改建议，培养及时记录的良好习惯）； 6.4 样品的修改与目标消费群体的意向达成（客户服务意识的培养）； 6.5 职业能力： 1. 对团体工装款式的样衣制作过程进行监控，出现问题及时调整，必要时需要及时返工，使制版符合设计师的意图，实现功能与审美的完美组合； 2. 思考服装在制作过程中运用的方法以及款式造型的实现效果。	
工作环节 4 团体工装系列款式开发	团体工装系列款式样版跟进并确认 工作环节 5	工作环节 6 团体工装系列款式样衣跟进并确认	评价反馈 工作环节 7
4.1 服装款式图、效果图； 4.2 团体工装系列设计款式单。	5.1 版师意见反馈记录单； 5.2 填写服装样版确认单。	6.1 样衣师意见反馈记录单； 6.2 服装样衣确认单。	7.1 系列团体工装设计工作总结。
4.1 职业素养： 培养学生的对特殊工装设计的功能意识、安全意识、创新意识、细心的工作态度及团队合作能力。	5.1 职业素养： 培养学生的安全意识、审美意识、耐心倾听版师的修改意见；培养及时记录的良好习惯。	6.1 职业素养： 1. 培养学生的时间意识、工作效率、责任心； 2. 耐心倾听样衣师的修改意见； 3. 培养及时记录的良好习惯。	7.1 职业素养： 培养学生分析问题和解决问题的能力，学会整理信息并总结归纳，具有沟通表达和团队合作精神。

学习任务 4　团体工装系列服装设计

1 获取团体工装系列设计任务 → 2 目标群体需求调研 → 3 面辅料的选配与确定 → 4 团体工装系列款式开发 → 5 团体工装系列款式样版跟进并确认 → 6 团体工装系列款式样衣跟进并确认 → 7 评价反馈

	工作子步骤	教师活动	学生活动	评价
获取团体工装系列设计任务	1. 明确团体工装系列设计任务书中的产品设计要求（工装用途、人群定位、产品数量、完成期限、季节、色彩要求、面料要求、功能定位等细节要求）； 2. 与团体工装负责人有效沟通、掌握定制工装的单位的文化内涵与工作性质； 3. 提取团体工装系列设计任务书关键词。	1. 引导学生小组分析设计任务书，提炼关键词（讲授、关键词）； 2. 说明汇报要求； 3. 总评各小组汇报情况； 4. 讲授团体工装系列设计的概念、设计原则、设计流程等知识； 5. 讲授不同工作性质、社会环境、自然环境下的不同工装的功能要求和审美要求等知识（案例法）； 6. 指导学生小组讨论服务对象对工装设计的功能要求和审美要求并制作展版展示。	1. 学生小准确解读分析任务书，提炼并记录关键词； 2. 小组汇报设计任务的关键词； 3. 小组互评关键词是否准确、全面； 4. 学生学习团体工装系列设计的概念、设计原则、设计流程； 5. 学习不同工作性质、社会环境、自然环境下的不同工装的功能要求和审美要求等知识（案例法）； 6. 学生小组对服务对象工装设计的功能要求和审美要求进行讨论，制作展版展示（展示法）。	教师评价： 1. 各小组任务书关键词提取是否准确、完整； 2. 小组汇报语言表述是否得体，语义表达是否简洁明了； 3. 展版是否符合服务对象的工作功能要求、审美要求，列举是否全面、分析是否准确。
	课时： 2 课时 1. 硬资源：具备上网功能的计算机或手机、服装手绘学习工作站、服装电脑设计学习工作站等。 2. 软资源：工作页、灵感主题版案例、工具书、参考教材、数字化资源等。 3. 教学设施：投影仪、一体机、白版、白版笔等。			
目标群体需求调研	1. 小组制定调研计划； 2. 服务目标群体需求调研，包括：功能需求、审美需求资料的收集与整理（访谈或调查问卷）； 3. 调研报告单的撰写及 PPT 的制作与汇报(语言表达能力)。	1. 教师指导学生制定团体工装目标消费群体市场调研计划； 2. 教师讲解访谈法、问卷查法的工作展开技巧（访谈法、问卷调查法）； 3. 教师现场指导和把控学生的目标消费者调研过程，有问题及时指正； 4. 教师提出市场调研报告的撰写标准，指导学生市场调研报告撰写过程； 5. 教师提出小组互评规则与标准。	1. 小组讨论制定团体工装目标消费群体需求调研计划； 2. 小组进行目标消费者调研，可以用访谈法或问卷调查法（工作环境、工作性质、设计功能需求、审美需求、人群特点调研）； 3. 根据前期调研数据撰写市场调研报告； 4. 小组汇报团体工装市场调研报告（展示）； 5. 小组互评调研报告。	1. 学生互评： 各小组市场调研报告及演示文稿制作的优缺点。 2. 教师评价： (1) 各小组目标消费群体调研报告的记录是否完整、数据是否真实、分析是否到位，是否对后期的产品开发具有指导意义； (2) 各小组写作中语言组织的逻辑性； (3) 各小组团体工装设计素材的收集是否丰富多样； (4) 各小组代表汇报时，表达是否得体大方、语义表述是否简洁明了。
	课时： 6 课时 1. 硬资源：具备上网功能的计算机或手机、服装手绘学习工作站、服装电脑设计学习工作站等。 2. 软资源：工作页、参考教材、时尚杂志、数字化资源（流行资讯网站）等。 3. 教学设施：投影仪、一体机、白版、白版笔等。			

基准课时：60

1 获取团体工装系列设计任务 → 2 目标群体需求调研 → 3 面辅料的选配与确定 → 4 团体工装系列款式开发 → 5 团体工装系列款式样版跟进并确认 → 6 团体工装系列款式样衣跟进并确认 → 7 评价反馈

面辅料的选配与确定

工作子步骤	教师活动	学生活动	评价
1. 团体工装系列面料的收集（考虑不同工种对工装面料材质、色彩的要求）； 2. 团体工装系列辅料收集； 3. 团体工装系列面料的归类整理、筛选、确认与搭配。	1. 教师讲授不同团体工装面料分类（讲授）； 2. 教师讲授团体工装面辅料的特殊功能性(安全性、醒目性、环保性、排汗性等)； 3. 要求学生到面辅料市场收集面、辅料小样(强调外出的安全意识)（讲授）； 4. 教师指导学生进行面辅料归类整理； 5. 要求学生制作面料与代表性团体工装系列款式的搭配方案； 6. 教师点评团体工装系列设计面料的归类整理与搭配方案的合理性（头脑风暴、学习工作站）。	1. 学生听教师讲授不同团体工装面料分类； 2. 学生听教师讲授团体工装面辅料的特殊功能性（安全性、醒目性、环保性、排汗性等）； 3. 学生分组进行面辅料的市场调查，收集面辅料小样； 4. 学生小组进行面辅料小样归类整理； 5. 学生小组制作面料与代表性团体工装系列款式的搭配方案（特殊职业工装面料的功能性要求）； 6. 小组互评团体工装系列设计面料的归类整理与搭配方案的合理性。	1. 学生互评： (1) 指出团体工装面料归档与面料搭配方案的优缺点； (2) 指出方案中的优点如何持续优化，缺点如何改进，提出改进意见。 2. 教师评价： (1) 审阅各小组是否能准确理解不同工装的面辅料知识； (2) 审阅各小组寻找的面辅料素材是否适合不同类型团体工装的特殊设计要求； (3) 审阅各小组团体工装系列面辅料归类整理与搭配方案是否合理； (4) 对审阅过程中出现的问题给出改进意见。

课时： 6 课时

1. 硬资源：具备上网功能的计算机或手机、服装手绘学习工作站、服装电脑设计学习工作站等。
2. 软资源：工作页、参考教材、数字化资源（流行面料资讯网站、服装设计的公众号等）。
3. 教学设施：投影仪、一体机、白版、白版笔等。

课程 8　系列服装设计

学习任务 4　团体工装系列服装设计

1 获取团体工装系列设计任务 → 2 目标群体需求调研 → 3 面辅料的选配与确定 → 4 团体工装系列款式开发 → 5 团体工装系列款式样版跟进并确认 → 6 团体工装系列款式样衣跟进并确认 → 7 评价反馈

	工作子步骤	教师活动	学生活动	评价
团体工装系列款式开发	1. 构思，从调研报告数据分析，确定款式的设计方案，绘制草图； 2. 服装效果图、款式图的绘制； 3. 搭配面料小样； 4. 填写设计制作单。	1. 教师讲授不同工种团体工装设计要求（系列工装款式之间的关联性,包括款式的功能性、色彩搭配、局部细节等）； 2. 教师或学生代表演示团体工装系列效果图、款式图的画法步骤； 3. 教师指导学生小组绘制效果图、款式图（巡回指导、问答）； 4. 教师监督小组互评（展示、头脑风暴）； 5. 教师检查设计制作单（团体工装系列设计图、设计说明、风格、面辅料小样、工艺标注等）（对标）； 6 教师总评。	1. 学生听教师讲授不同工种团体工装设计要求（系列工装款式之间的关联性,包括款式的功能性、色彩搭配、局部细节等）； 2. 学生观摩教师或学生代表示范效果图绘制步骤； 3. 学生绘制代表性团体工装系列效果图、款式图，并搭配面料小样； 4. 小组作品展示与互评（记录修改意见）； 5. 小组填写设计制作单。	1. 学生互评： (1) 团体工装系列设计款式是否符合功能、审美性要求？是否具有系列感？提出改进意见； (2)小组互相检查设计制作单，查缺补漏。 2. 教师评价： (1) 效果图、款式图绘制是否比例准确、工艺标注是否清晰规范完整，是否符合工装设计任务； (2) 团体工装系列设计单的制作内容是否详尽，标注是否清晰准确。
	课时： 14 课时 1. 硬资源：具备上网功能的计算机或手机、服装手绘学习工作站、服装电脑设计学习工作站等。 2. 软资源：工作页、参考教材、数字化资源、不同主题风格系列效果图优秀案例等。 3. 教学设施：投影仪、一体机、白版、白版笔、画笔、画纸、颜料等。			
团体工装系列款式样版跟进并确认	1. 把控纸样制作的工作进程（跟进样衣制作的流程节点，时间意识、工作效率、责任心）； 2. 与纸样师及时沟通，使纸样制作符合设计意图（沟通能力）； 3.记录纸样的改进意见； 4. 填写样版确认单。	1. 教师讲授团体工装系列样版制作流程； 2.讲解并提问纸样设计的步骤环节，如何把控纸样设计进程并及时调整以符合设计意图（问答，师生互动）； 3. 教师讲授团体工装款式廓形、风格与版型的关系（案例）； 4. 教师发放样版确认单并讲解如何填写样版确认单(含服装的名称、款式图、号型规格、面辅料小样、工艺细节）（对标）。	1. 学生听讲团体工装系列样版制作流程； 2. 学生回答老师的提问，学习纸样设计工作流程、步骤以及如何监控时间及纸样的制作与设计图吻合； 3. 学生听教师讲授团体工装款式廓形、风格与版型的关系； 4. 学生填写样版确认单。	教师评价： 1. 学生是否理解纸样制作的流程、廓形、风格与版型的关系； 2. 能否按要求回答老师的提问（答案的完整性、准确性，语言表达是否思路清晰且有条理）； 3. 填写样版确认单是否规范完整，准确、明了。
	课时： 4 课时 1. 硬资源：具备上网功能的计算机或手机、服装手绘学习工作站、服装电脑设计学习工作站等。 2. 软资源：工作页、参考教材、样版单案例等。 3. 教学设施：投影仪、一体机、白版、白版笔等。			

	工作子步骤	教师活动	学生活动	评价
团体工装系列款式样衣跟进并确认	1. 团体工装系列样衣制作工作进程的把控（跟进样衣制作的流程节点，时间意识工作效率、责任心）； 2. 审版，记录样衣的改进意见（职业素养：耐心倾听样衣师的修改建议并做记录）； 3. 填写样衣确认单。	1. 教师分解样衣制作流程、步骤，以及如何监控时间、工艺制作与设计图吻合； 2. 老师介绍并提问团体工装设计样衣制作的步骤环节，如何把控样衣制作的进程并及时调整以符合设计意（问答、师生互动）； 3. 教师介绍样衣的质检方法（讲授、演示）； 4. 教师发放样衣确认单，讲解如何填写样衣确认单，（含服装的名称、编号、款式图、号型规格、面辅料小样、制作工艺说明）（讲授、对标）。	1. 学生理解样衣制作流程、步骤，明确如何监控时间及纸样的制作与设计图吻合，回答教师问题； 2. 小组讨论并合作完成样衣的检验及样衣的制作； 3. 填写样衣确认单； 4. 小组互评样衣制作单是否全面、详细，提出修改意见。	1. 学生的互评： 学生小组互相检查样衣制作单，查缺补漏。 2. 教师评价： （1）抽查学生记录的知识点是否准确全面； （2）检查能否按要求回答老师的提问（如：答案的完整性、准确性，语言表达是否思路清晰且有条理）； （3）检查各小组样衣版型是否合适，款式风格是否符合设计意图； （4）抽查各小组填写的样衣确认单是否规范、完整、准确、明了。
	课时： 4 课时 1. 硬资源：具备上网功能的计算机或手机、服装手绘学习工作站、服装电脑设计学习工作站等。 2. 软资源：工作页、样衣确认单等。 3. 教学设施：投影仪、一体机、白版、白版笔等。			
评价反馈	1. 总结团体工装系列设计过程中出现的问题； 2. 提出改进意见方案。	教师指导小组学生总结设计过程中出现的问题。	1. 每个小组自我展示工作成果及互评； 2. 小组讨论团体工装系列设计过程中出现的问题并修改； 3. 撰写总结报告。	教师总结团体工装系列设计实施中各小组的工作完成情况，指出优缺点。
	课时： 4 课时 1. 硬资源：具备上网功能的计算机或手机、服装手绘学习工作站、服装电脑设计学习工作站等。			

考核标准

情境描述：

某服装品牌正在研发新季度的产品，需要开发 3~5 个系列服装，要求设计师按照规定时间完成市场调研，主题版的创建，系列服装设计，面辅料小样选配，款式图、效果图绘制并通过制版与制作来检验设计效果，通过系列成品展示检验成品之间的组合搭配效果。

任务要求：

1. 市场调研与汇报

依据任务的情境描述，完成流行趋势分析，服务品牌、竞品品牌的搜集与分析以及与系列设计相关的面辅料搜集与整理。要求流行趋势分析清晰，搜集的面辅料符合品牌风格与定位，服务品牌与竞品品牌分析到位，演示文稿汇报内容清晰、明确。

2. 主题版创建

依据市场调研和流行趋势分析完成主题版的创建。要求主题版提供的款式、色彩、面料、配饰的设计方向符合产品开发定位。

3. 系列服装设计

依据主题版提供的设计方向完成系列服装款式开发。要求设计理念独特并且表达清晰，设计的款式具有系列感，符合品牌定位，设计数量符合要求。

4. 效果图与款式图的表现

效果图要求系列风格统一，技法表现到位，服装人体比例准确；款式图服装结构合理，工艺细节表达规范、完整。

5. 设计效果的检验

依据系列服装设计，通过制版与制作检验设计效果，通过系列成品展示检验成品之间的组合搭配效果。要求能自主调整样版的立体造型和样衣的外观效果，使之与设计吻合；系列中各个单品能够实现多种组合搭配形式。

6. 服装设计手册

依据任务要求完成服装设计手册，要求内容包括市场调研报告、主题版、系列服装设计效果图与款式图、版型图和成品展示图。要求内容完整，风格独特，符合设计定位，装帧精美。

评价方式：

采用过程性考核和终结性考核相结合的方式，过程性评价成绩：终结性评价成绩 =60% ： 40%。

1. 过程性考核

课堂以学生为中心，引导学生在学习中工作、工作中学习。学生课堂出勤，体现学生的自我管理能力；学习态度是否积极、主动，是否勤于动脑动手；以小组合作的形式完成学生任务；养成“8s”管理；学生作业完成情况。

2. 终结性考核

学生根据服装系列设计任务情景中的要求，制定服装系列设计主题方案，并按照企业工作流程规范（要求、标准等），在紧跟服装流行趋势、网络和纸质资源丰富的条件下，完成系列服装设计样衣成品任务。

评价标准

过程性评价表
1. 团队合作 20 分 团队合作能力强而高效，小组在规定时间内完成任务。
2. 沟通礼仪 20 分 到服装材料市场调研时，与店铺员的沟通做到礼貌、尊重、有效。
3. 获取信息 20 分 能理解任务书的内容和要求，关键性的设计要点提取全面、准确；能了解中国传统文化，中国元素提取全面准确，对中国传统文化的运用合理准确。
4. 成果展示 40 分 言简意赅，思路清晰，突出重点，汇报内容全面详细，作品符合工艺要求和设计意图，具有经济价值、商业价值、文化价值。

评价要求		评价标准			
		优秀 10 分	良好 8 分	及格 6 分	不及格 6 分以下
专业能力评价标准	1. 学生学习态度、出勤、参与程度				
	2. 作品完成情况				
	3. 设计作品是否与设计意图相符				
	4. 面料运用、面料搭配是否合理				
	5. 成品制作是否符合技术标准				
	6. 能否结合中国传统文化，设计独特、新颖，是否具有美观性和实用性				
	7. 能否将设计与工艺结构结合，秉承中国精益求精的大国工匠精神				
社会能力评价标准	8. 学生仪容仪表符合学校要求，体现学生的纪律和行为规范意识				
	9. 汇报内容准备充分、逻辑性强，语言文明有礼				
	10. 重点突出，能清晰准确表达自己的观点				
	总分得分情况				
	教师总评				

课程 9　品牌服装产品策划

学习任务 1	学习任务 2
女装品牌产品策划	男装品牌产品策划
（40）课时	（40）课时

课程目标

学习完本课程后，学生应能胜任女装和男装品牌产品策划常见任务，包括：服装产品规划、服装产品调研和定位、灵感与主题设计、产品架构规划、系列设计开发及案例的设计、产品推广等，学会并遵守“8S”管理规定，养成良好的工作习惯，具备独立分析与解决专业问题的能力。具体包括：

1. 能充分理解服装产品规划的基本内容，了解产品规划机构设置，明确具体职务及职责，且能知晓服装产品规划的流程及具体要求。

2. 能进行品牌调研和定位，通过服装资讯网站、线下各类实体店面等渠道，获取最新流行趋势、服务品牌与竞争品牌的产品资料，运用常用方法对市场调研结果进行分析，并撰写市场调研报告制作演示文稿，对品牌服装产品进行定位。

3. 能进行流行新元素搜集和流行预测，并能规划品牌服装灵感来源方向，进行品牌服装的主题设计（主题设计方向可分中国风元素服装品牌主题设计、时尚流行品牌服装主题设计），且对设计元素有所归纳和设定。重点关注品牌服装的灵感方向及主体设计，并充分考虑设计元素的规划，培养学生对市场的流行新趋势和新动态的把控能力。

4. 通过对服务品牌消费者调研，掌握消费群体对服装的审美性需求和功能性需求。

5. 能对品牌服装产品架构进行规划，包括开发时间计划、产品上市计划的规划，并对色彩、产品及面料进行规划，制作具体的产品色彩、产品面料架构计划。

6. 能深入进行品牌的系列设计，完成色彩、系列面辅料、系列款式、系列图案及系列服饰配件等任务的设计。任务设计图应做到色彩的方案合理，面辅料恰当，款式跟品牌定位一致，图案为款式服务，服饰配件设计合理有趣。

7. 能创建新品牌，制作完整的新季度品牌服装商品企划案（品牌定位、产品架构、主题设计、款式开发等）。

8. 能通过课程延伸，小组团队创建新品牌，并制作出小批量成衣，通过淘宝、快手、抖音等方式挂网销售，产生商业价值，检验学习成果。

9. 通过真实项目教学，培养学生的岗位服务意识与职业能力。

课时：80

课程内容

1. 男女装品牌产品规划的机构知识及职务内容规划流程；
2. 男女装品牌市场的调研方法及调研报告的编写；
3. 男女装产品定位的基本知识及内容；
4. 男女装最新流行元素的收集及流行预测；
5. 男女装灵感来源及主题版设计（中国风灵感主题版制作方法）；
6. 男女装设计元素基本知识及设计元素运用；
7. 男女装产品开发时间计划及产品上市时间计划；
8. 男女装产品的色彩构架、产品构架及面料构架；
9. 服装产品系列设计概述及基本知识；
10. 男女装产品系列色彩的设计；
11. 男女装产品系列面辅料的设计；
12. 男女装产品系列款式的创新设计；
13. 男女装产品系列图案的设计；
14. 男女装产品系列服饰配件的设计；
15. 男女装设计评价、筛选与反思；
16. 服装电商产品推广、销售技巧；
17. 服装企业形象识别系统的知识。

学习任务 1　女装品牌产品策划

任务描述

学习任务课时：40 课时

任务情境：

JXZ 女装品牌正在进行明年春季产品的策划，新季度产品策划要求：产品策划方案符合 JXZ 的文化理念（以中国传统文化为基石，传承东方美学文化），通过服饰传播东方女性的传统美（智慧、贤淑、大美而不言）；面料需天然环保，注重传统工艺与现代元素相结合，诠释古典与时尚的碰撞。该公司跟我院服装专业合作，让大家承担明年春季女装品牌产品策划的任务。具体要求如下：

1. 在了解品牌服装产品策划基本概念的基础上，制作产品策划职务表及职务分工表；
2. 在市场调研后提供完整的调研报告 PPT 并做汇报。PPT 应包括：搜集、整理的相关 JXZ 品牌资讯，中国传统服饰文化元素（旗袍款式及不同时期中国传统服饰款式和细节、中国特色山水画图案、书法字文化元素、传统刺绣文化元素等），JXZ 品牌产品定位策划方案书文本。以上工作 4 天内完成。
3. 完成女装品牌主题概念版（文字概念、色彩概念、面料概念、款式概念、设计元素），在 3 天内完成元素收集、流行元素预测并完成概念版；
4. 在 2 天内完成女装品牌产品架构规划，制订女装品牌产品的架构策划，包括色彩、产品、面料架构。文字概念需要符合 JXZ 品牌中式文化理念；色彩选用能代表中国文化的色调（大红色、藏青色、朱红、炎黄等）并与国际流行趋势色结合；面料选用天然环保材料（丝绸、刺绣、传统扎染和蜡染等中国传统工艺）；
5. 完成女装品牌的系列设计，包括色彩设计、面辅料搭配、系列款式设计、系列图案设计、系列服饰配件设计，此工作要求 8~9 天完成；
6. 完成品牌女装的企业形象识别系统设计（企业名称、标志、企业向征途等），此工作 1 天完成。

于是，我院服装专业设计教师带领同学共同完成该女装品牌产品策划任务。

具体工作流程和标准见下页。

3.000
2.500
2.000
1.500
500
57%
1 April
2 April
3 April
4 April
5 April
1024
512
256
3.450
5.450.350
2.450.320
1 April
2 April
3 April
4 April
5 April

工作流程和标准

工作环节 1

获取女装品牌产品策划任务

1

分析、解读女装品牌产品策划任务书，完成女装品牌产品策划任务书的分解及要点记录 。

主要成果：1. 产品策划职务表及职务分工表；
2. 女装品牌产品策划任务书分解表及文本。

工作环节 2

市场调研和定位

2

根据“JXZ”品牌产品策划任务要求开展市场调研工作，调研方式包括网络调研和实地考察调研等形式。搜集关 JXZ 品牌资讯、中国传统服饰文化元素（旗袍款式及不同时期中国传统服饰款式和细节、中国特色山水画图案、书法字文化元素、传统刺绣文化元素等）；对通过资讯网搜集与检索的资讯信息进行归类与整理，分析相关相近风格女装品牌产品的流行趋势。搜集、整理资讯和服装竞品资料，撰写市场调研报告，制作调研结果汇报的 PPT。

主要成果：1. 相关女装品牌资讯；
2.JXZ 品牌、竞争品牌产品定位策划方案书文本；
3. 市场调研报告；
4. 市场调研 PPT。

工作环节 3

女装品牌的灵感与主题设计

3

根据女装品牌产品策划要求进行灵感与主题信息的搜集整理（包括女装品牌流行元素、文字概念、色彩概念、面料概念、款式概念、设计元素等）。完成女装品牌灵感与主题版绘制、策划。文字概念需要符合 JXZ 品牌中式文化理念；色彩选用能代表中国文化的色调（大红色、藏青色、朱红、炎黄等）并与国际流行趋势色结合；面料选用天然环保材料（丝绸、传统扎染和蜡染工艺）。

主要成果：1. 女装品牌流行元素；
2. 女装品牌流行预测方案；
3. 女装品牌主题概念版（文字概念、色彩概念、面料概念、款式概念、设计元素）。

工作环节 4

JXZ 品牌新季度产品架构

4

完成 JXZ 品牌新季度产品开发时间计划表及品牌产品上市计划时间表，制订品牌产品的架构策划（色彩、产品、面料架构），要求做到色彩、产品及面料架构跟品牌主题协调一致。

主要成果：1. 品牌产品开发时间计划表；
2. 品牌产品上市计划表；
3. 品牌产品的架构策划（色彩、产品、面料架构）。

工作环节 5

女装品牌的系列设计

5

完成 JXZ 品牌的系列设计，包括色彩设计、面辅料搭配、系列款式设计、系列图案设计、系列服饰配件设计。要求色彩设计方案简介漂亮，面辅料搭配设计合理，款式跟风格紧密结合，配饰能为品牌女装风格服务，所有的设计图保持美观大方，便于展示和分享。色彩选用能代表中国文化的色调（大红色、藏青色、朱红、炎黄等）并与国际流行趋势色结合；图案、面料选用天然环保材料（丝绸、传统扎染和蜡染工艺、不同朝代的服饰传统图案、中国画等能代表中国文化的图案）。

主要成果：1. 色彩设计方案；
2. 面辅料设计版；
3. 系列款式设计图；
4. 系列图案设计；
5. 系列服饰配件设计图。

工作环节 6

女装品牌的推广

6

了解品牌推广内容及方法，完成品牌形象识别系统的设计绘制，注意品牌形象识别系统和品牌风格的协调。

主要成果：品牌的形象识别系统设计图。

工作环节 7

评价反馈，总结拓展

7

对品牌产品策划过程中出现的问题、现象进行总结，并给出改进建议。每位学生提交一份品牌产品策划工作总结。

主要成果：品牌产品策划方案（主题设计版及品牌系列设计方案图稿等）。

学习内容

知识点	1.1“JXZ”女装品牌产品策划概述； 1.2“JXZ”女装品牌产品策划的机构及职务； 1.3“JXZ”女装品牌产品策划流程。	2.1 女装品牌资讯搜集、检索的方法； 2.2JXZ 女装品牌文化理念调研，JXZ 品牌传承的东方文化理念（以中国传统文化为基石，传承东方美学文化）； 2.3JXZ 女装品牌市场调研的方法和技巧（调研表格的设计与填写，女装款式、面辅料、色彩、服装工艺设计的搜集与整理）； 2.4JXZ 品牌产品风格、定位、消费群分析； 2.5 女装品牌市场调研报告撰写与汇报的要求及注意事项。	3.1 收集 JXZ 女装品牌设计元素的方法（流行元素获取渠道）； 3.2 进行女装品牌流行预测（女装品牌流行预测报告的内容编写）； 3.3 女装品牌灵感来源的概念及概念版的内容。
技能点	1.1“JXZ”女装品牌产品策划任务和任务要求确认（沟通技巧具体化）； 1.2“JXZ”女装品牌产品策划任务书的解读； 1.3 职业能力： 能服从设计总监布置的工作任务，掌握恰当的沟通时机和方法，有一定的创新意识、成本意识、热爱中国传统文化。	2.1 相关资讯的搜集与检索； 2.2 相关资讯的归类与整理（知识点的转化与应用）； 2.3 女装品牌流行趋势的分析与运用；JXZ 女装品牌的分析与类似品牌的识别（市场分析能力）； 2.4 市场调研报告的编写（PPT 的制作）及调研结果的汇报（语言表达）； 2.5 职业能力： 以“JXZ”产品为载体，培养学生对中国传统文化元素的运用能力及表现能力。	3.1 女装品牌流行信息的搜集整理方法（包括风格、色彩、面料、款式细节等）； 3.2 女装品牌流行方案的编写整理（知识运用能力）； 3.3 女装品牌主题概念版的制作策划（知识运用能力）； 3.4 概念版的汇报（语言表达能力）； 3.5 职业能力： 调研能力、分析能力和运用能力。
工作环节	工作环节 1 获取产品策划设计任务	市场调研和定位 工作环节 2	工作环节 3 女装品牌的灵感与主题概念版设计
成果	1.1 产品策划职务表及职务分工表； 1.2 女装品牌产品策划任务书分解表及文本。	2.1 相关女装品牌资讯； 2.2 女装品牌产品定位策划方案书文本； 2.3 市场调研报告； 2.4 市场调研 PPT。	3.1 女装品牌主题概念版（文字概念、色彩概念、面料款式概念、设计元素）。
素养	1.1 职业素养： 建立传承中国传统文化的意识和宣传中国本土风格服装品牌的责任感，树立专心致志、精益求精、爱岗敬业的工匠精神。 1.2 思政元素： 传承中国风服装品牌的责任感和发扬中国传统文化的使命感，增强文化自信。	2.1 职业素养： 培养学生的观察力、对时尚的敏锐度、信息搜集处理能力、沟通表达能力及对中国文化的热爱和传承精神。 2.2 思政元素： 通过对 JXZ 中国文化元素的搜集及运用，增强学生的民族文化自信和爱国爱家意识。	3.1 职业素养： 培养学生的审美能力、解决问题的能力和应用中国传统文化元素的能力。 3.2 思政元素： 主题版需要体现 JXZ 品牌以中国传统文化为基石、传承东方美学文化的理念，担负起宣传中式风格品牌和传承中国传统文化的责任和使命。

学习任务 1　女装品牌产品策划

4.1JXZ 女装品牌开发时间计划内容; 4.2JXZ 女装品牌产品上市计划内容; 4.3JXZ 女装品牌的架构概念及内容。	5.1 女装品牌系列设计概述； 5.2 女装品牌的系列设计内容（系列色彩设计、系列面辅料搭配、系列款式设计、系列图案设计、系列服饰配件设计）； 5.3 女装品牌的系列设计评价、筛选与反思。	6.1 产品的推广（传承中式品牌文化）； 6.2 企业形象识别系统的内容; 6.3 女装品牌设计视觉识别系统的特点。	7.1 完整展示 JXZ 女装品牌产品策划方案的技巧; 7.2 总结和积累经验，表达明确的策划目标的方法。
4.1 女装品牌开发时间计划的把控（合理安排时间的意识）； 4.2 女装品牌的上市计划控制（上市计划的整体协调和控制能力）； 4.3 女装品牌的架构制订能力（包括色彩架构、产品架构、面料架构的策划制订的标准）； 4.4 产品架构策划的汇报（语言表达能力）； 4.5 职业能力： 能根据品牌任务要求及市场定位，制订出新季度产品架构。	5.1 女装品牌系列设计工作进程的把控（确定每项任务的周期及各工作节点）； 5.2 完成女装品牌的系列设计开发并能进行调整（整体策划设计能力的体现）； 5.3 探讨和评价确认女装品牌系列设计； 5.4 职业能力： 能根据主题版开发新季度系列服装设计，绘制系列服装效果图、款式图等设计图。	6.1 女装品牌形象识别系统设计进程的把控（确定女装品牌形象识别系统设计的内容及时间）； 6.2 女装品牌形象识别系统的制订能力; 6.3 职业能力： 通过品牌 VI 视觉推广设计，推广中国风本土品牌的能力。	7.1 策划方案的汇报（语言表达能力）。
女装品牌的产品架构 工作环节 4	工作环节 5 女装品牌的系列设计	女装品牌的推广 工作环节 6	评价反馈、总结拓展 工作环节 7
4.1 女装品牌开发时间计划表; 4.2 女装品牌产品上市计划表; 4.3 女装品牌产品的架构策划(色彩、产品、面料架构）。	5.1JXZ 女装品牌的色彩设计方案; 5.2JXZ 面辅料设计版; 5.3JXZ 系列款式设计图; 5.4JXZ 系列图案设计图; 5.5JXZ 系列服饰配件设计图。	6.1JXZ 女装品牌的形象识别系统设计图。	7.1 女装品牌产品策划方案(女装主题设计版及女装品牌系列设计方案图稿等）。
4.1 职业素养： 通过制作产品架构表，培养学生对市场产品的把控能力，以及分析问题和解决问题的能力。	5.1 职业素养： 通过绘制 JXZ 新季度系列产品设计图，培养学生的手绘能力、创新能力及电脑绘画能力; 5.2 思政元素： JXZ 新季度系列产品设计需要体现 JXZ 品牌以中国传统文化为基石、传承东方美学文化的理念，体现优雅、睿智、成熟的都市女性形象，打造东方韵味，担负起宣传中式风格品牌和传承中国传统文化的责任和使命。	6.1 职业素养： 通过制作品牌 VI 视觉推广设计方案，培养学生的手绘能力、创新能力及电脑绘画能力。	7.1 职业素养： 培养学生分析问题和解决问题的能力，学会整理信息并总结归纳，具有沟通表达能力和团队合作精神; 7.2 思政元素： 培养学生担负起宣传中国本土中式品牌和中国传统工艺文化的担当和使命。

学习任务 1　女装品牌产品策划

1 获取 JXZ 女装品牌产品策划设计任务 → 2 市场调研和定位 → 3 JXZ 女装品牌的灵感与主题设计 → 4 女装品牌的产品架构 → 5 女装品牌的系列设计 → 6 JXZ 女装品牌的推广 → 7 评价反馈，总结拓展

	工作子步骤	教师活动	学生活动	评价
获取 JXZ 女装品牌产品策划设计任务	1. 明确 JXZ 女装品牌产品策划任务、服装产品策划职务机构及完成期限等要求； 2. 在设计总监（教师）的指引下制订 JXZ 女装品牌产品规划计划书。	1. 教师指导学生分析女装品牌产品策划设计任务书，提炼品牌策划概念关键字词； 2. 教师指导学生搜集 JXZ 品牌文化理念和产品定位（以中国传统文化为基石，传承东方美学文化）； 3. 教师提问及讨论品牌企业设计部门职务结构，要学生描述部门的职务； 4. 教师实例列举品牌女装服装公司设计部职务机构。 5. 教师指导学生制订女装品牌产品策划任务计划书。	1. 获取 JXZ 女装品牌产品策划任务书，小组讨论，准确解读女装品牌产品策划任务书并提炼要点； 2. 搜集 JXZ 品牌文化理念和产品定位（以中国传统文化为基石，传承东方美学文化）； 3. 搜集女装品牌企业设计部门职务结构范例，重点理解各职务机构的职能； 4. 小组讨论，制订女装品牌产品策划任务书； 5. 小组互评品牌策划任务计划书。	1. 学生互评： 各小组“职务分工表”及“计划书”的优缺点。 2. 教师评价： (1) 各小组的“职务分工表”及“计划书”是否合理、完整，对后期的品牌策划是否具有指导意义；汇报时表达是否大方、概念及语义表述是否简洁明了。 (2) 小组对 JXZ 品牌文化理念和文化定位的理解是否准确；产品策划计划书的文字组织是否条理清晰。
	课时： 2 课时 1. 硬资源：具备上网功能的计算机或手机、服装手绘设计学习工作站、服装电脑设计学习工作站等。 2. 软资源：女装品牌风格文化相关资料、工作页、工具书、网页、参考教材等。 3. 教学设施：投影仪、一体机、白版、白版笔等。			
市场调研和定位	1. JXZ 女装品牌市场调研（产品款式、色彩、图案、面料如何体现中国的元素，都有哪些中国元素，按类别归类整理）； 2. JXZ 女装品牌产品的风格、定位以及目标消费群分析； 3. 撰写女装品牌市场调研报告（用 PPT 制作）； 4. 市场调研报告汇报。	1. 教师指导学生分组，选定组长组织小组成员开展 JXZ 品牌、竞争女装品牌市场调查的工作； 2. 引导学生进行线下调研，介绍女装品牌服装市场调查的地点（如太古汇、万菱汇、天河城、广百、万达等）； 3. 引导学生进行线上调研（通过女装品牌官网流行资讯或图书馆查阅服装杂志书籍等）； 4. 交代女装品牌市场调查的重点，要求学生调研后做好 ppt； 5. 教师跟学生强调外出的安全意识。	1. 小组组员明确分工，记录市场调查的任务要点； 2. 学生去竞争品牌服装市场调研（风格定位、消费群分析），到 JXZ 女装品牌服装实体店进行品牌流行资讯分析； 3. 学生在女装品牌官网等网站上检索资讯； 4. 学生在图书馆查阅资料（时尚杂志、服装书籍等）； 5. 小组组员进行市场调研 PPT 制作并汇报； 6. 外出调研是提高安全意识； 7. 学生展示和介绍市场调研 PPT。	1. 学生互评：学生展示的素材以及各组女装品牌市场调研报告和演示文稿制作的优缺点。 2. 教师评价： (1) 各小组市场调研报告 PPT 的内容是否符合要求；PPT 制作中有没有体现品牌的风格定位、产品比例、造型特点、图案设计、色彩流行、面料及工艺运用； (2) 各小组代表汇报时，逻辑思维及语言表达是否清晰且突出重点。
	课时： 8 课时 1. 硬资源：具备上网功能的计算机或手机、服装手绘设计学习工作站、服装电脑设计学习工作站等。 2. 软资源：工作页、参考教材、时尚杂志、数字化资源（品牌女装资讯网站）、关于女装品牌的素材资料等。 3. 教学设施：投影仪、一体机、白版、白版笔等。			

基准课时：40

1. 获取 JXZ 女装品牌产品策划设计任务
2. 市场调研和定位
3. JXZ 女装品牌的灵感与主题设计
4. 女装品牌的产品架构
5. 女装品牌的系列设计
6. JXZ 女装品牌的推广
7. 评价反馈，总结拓展

	工作子步骤	教师活动	学生活动	评价
JXZ 女装品牌的灵感与主题设计	1. 收集 JXZ 女装品牌对中国文化设计元素的运用方式（旗袍款式及不同时期中国传统服饰款式和细节、中国特色山水画图案、书法字文化元素、传统刺绣文化元素等）； 2. 女装品牌流行预测及灵感来源； 3. 完成女装品牌主题概念版。文字概念需要符合 JXZ 品牌中式文化理念；色彩选用能代表中国文化的色调并与国际流行趋势色结合，面料选用天然环保材料。	1. 教师讲解获取流行元素的渠道； 2. 教师介绍流行预测的概念； 3. 指导学生搜集 JXZ 女装品牌对中国文化元素的运用方式； 4. 讲解流行预测报告的重要内容及灵感来源概念； 5. 组织和指导学生完成女装品牌主题概念版的制作，文字概念需要符合 JXZ 品牌中式文化理念；色彩选用能代表中国文化的色调（大红色、藏青色、朱红、炎黄等）并与国际流行趋势色结合；面料选用天然环保材料（丝绸、传统扎染和蜡染工艺）； 6. 审阅学生的主题概念版及流行预测报告； 7. 审阅学生的所有文字编写方案。	1. 学生收集女装品牌的流行资讯及元素； 2. 学生搜集 JXZ 品牌对中国文化元素的运用（旗袍款式及不同时期中国传统服饰款式和细节、中国特色山水画图案、书法字文化元素、传统刺绣文化元素等）； 3. 学生在整理、理解并掌握目标品牌流行元素的基础上，进行下一季的流行预测； 4. 学生寻找属于定位品牌的灵感来源素材； 5. 学生制作完成女装品牌主题概念版； 6. 对主题概念版进行展示并对其他小组的展示成果进行评价。	1. 学生互评： （1）各组互评流行预测方案的优缺点； （2）组员代表指出主题概念版方案中的优点如何持续优化，缺点如何改进，提出改进意见； （3）组员对主题设计方案进行筛选与改进； 2. 教师评价： （1）学生收集的流行元素能否体现女装品牌特点；流行预测方案与品牌风格定位是否一致； （2）各小组的女装品牌概念版是否完整美观； （3）教师对小组展示过程中出现的问题给出改进意见。
	课时： 6 课时 1. 硬资源：具备上网功能的计算机或手机、服装手绘设计学习工作站、服装电脑设计学习工作站等。 2. 软资源：工作页、参考教材、数字化资源（女装品牌资讯网站、服装设计的公众号等）。 3. 教学设施：投影仪、一体机、白版、白版笔等。			
女装品牌的产品架构	1. 完成 JXZ 女装品牌开发时间计划； 2. 完成 JXZ 女装品牌产品上市计划； 3.JXZ 女装品牌的产品架构设计（包括色彩架构、产品架构、面料架构）。	1. 讲解品牌开发时间计划及上市计划的内容及制订原则； 2. 讲解女装品牌色彩架构、产品架构及面料架构的含义及制订原则：文字概念需要符合 JXZ 品牌中式文化理念；色彩选用能代表中国文化的色调并与国际流行趋势色结合；面料选用天然环保材料； 3. 指导学生完成女装品牌的开发时间计划、上市计划以及产品架构（包括色彩、产品及面料）； 4. 对学生作品的展示汇报进行评价； 5. 检查学生的计划表及架构表（内容及形式是否完整、合理、美观）。	1. 学生聆听教师介绍品牌开发时间计划的内容及制订原则； 2. 学生聆听教师介绍品牌开发产品上市计划的内容； 3. 学生构思完成开发时间计划及上市计划； 4. 学生完成 JXZ 女装品牌的架构； 5. 学生对作品进行点评及改进。	1. 学生互评：各组的开发时间计划表、产品上市计划表及女装品牌架构表的内容合理程度及美观程度，提出改进意见。 2. 教师评价： （1）各小组的开发时间计划表及产品上市计划内容是否合理； （2）学生设计的女装品牌的色彩、产品、面料架构是否合理； （3）计划表及 JXZ 女装品牌架构是否合理全面，具有操作性强的特点。
	课时： 4 课时 1. 硬资源：具备上网功能的计算机或手机、服装手绘设计学习工作站、服装电脑设计学习工作站等。 2. 软资源：工作页、参考教材、数字化资源（服装品牌官网及公众号）、女装品牌的产品架构范例等。 3. 教学设施：投影仪、一体机、白版、白版笔、画笔、画纸、颜料等。			

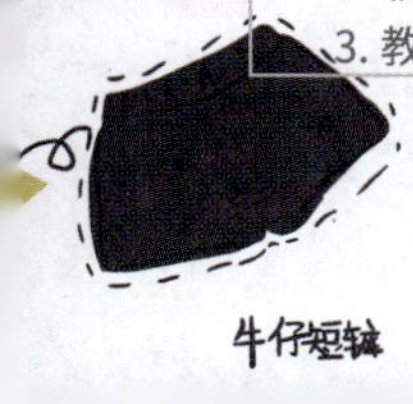

学习任务 1　女装品牌产品策划

1 获取 JXZ 女装品牌产品策划设计任务　2 市场调研和定位　3 JXZ 女装品牌的灵感与主题设计　4 女装品牌的产品架构　5 女装品牌的系列设计　6 JXZ 女装品牌的推广　7 评价反馈，总结拓展

女装品牌的系列设计

工作子步骤	教师活动	学生活动	评价
1. 把控 JXZ 女装品牌的系列设计进展（具体任务流程节点，时间意识、工作效率、责任心）； 2. 完成 JXZ 女装品牌的系列设计（包括女装品牌的系列色彩设计方案、系列面辅料搭配方案、系列款式设计、系列图案设计、系列服饰配件设计等具体设计方案图稿）； 3. 贯穿整个 JXZ 女装品牌系列设计过程的设计评价、筛选与反思。	1. 教师讲授女装品牌系列设计的概述； 2. 教师讲解并提问系列设计的内容过程，如何把控 JXZ 女装品牌的系列设计和品牌定位的关系； 3. 教师指导学生完成 JXZ 女装品牌的具体系列设计（含女装品牌的系列色彩设计方案、系列面辅料搭配方案、系列款式设计、系列图案设计、系列服饰配件设计）。	1. 学生记录老师讲授的女装品牌系列设计概述知识点； 2. 学生回答老师的提问； 3. 学生学习女装品牌系列设计的内容（系列色彩设计、系列面辅料搭配、系列款式设计、系列图案设计、系列服饰配件设计）； 4. 学生完成 JXZ 女装品牌的系列色彩设计；色彩选用能代表中国文化的色调（大红色、藏青色、朱红、炎黄等）并与国际流行趋势色结合； 5. 学生完成 JXZ 女装品牌的系列面辅料搭配；面料选用天然环保材料（丝绸、刺绣、传统扎染和蜡染工艺等传统手工艺）； 6. 学生完成 JXZ 女装品牌的系列款式设计，中式款式与当代流行款式相结合（立领、盘扣、写门禁等）； 7. 学生完成 JXZ 女装品牌的系列图案设计（中国山水画、国画、传统刺绣图案、传统服饰图案、中国书法汉字图案等）； 8. 学生完成 JXZ 女装品牌的服饰配件设计； 9. 学生系列设计的整个过程注意设计评价、筛选和反思。	1. 学生评价： （1）小组互评 JXZ 女装品牌的系列设计的优缺点，提出改进意见； （2）学生检查每项系列设计任务的具体效果，查缺补漏。 2. 教师评价： （1）学生能否按要求回答老师的提问（如：答案的完整性、准确性、语言表达思路清晰，有条理）； （2）学生女装品牌系列设计方案是否跟品牌风格定位呼应，是否全面完整，具有市场性和审美性； （3）点评各小组汇报时表达是否大方、概念及语义表述是否简洁明了。

课时： 16 课时

1. 硬资源：具备上网功能的计算机或手机、服装手绘设计学习工作站、服装电脑设计学习工作站等。
2. 软资源：工作页、参考教材、品牌企业女装系列设计的设计图（色彩设计方案、系列面辅料搭配方案、系列款式设计、系列图案设计、系列服饰配件设计）等。
3. 教学设施：投影仪、一体机、白版、白版笔等。

评价反馈，总结拓展

工作子步骤	教师活动	学生活动	评价
1. 了解女装品牌产品推广的内容； 2. 设计 JXZ 女装品牌 VI。	1. 老师讲授女装品牌产品推广的内容； 2. 老师提问市场上相关女装品牌产品推广的常见方式； 3. 老师介绍女装品牌的 VI 设计内容及形式； 4. 教师指导学生进行企业形象识别系统的设计。	1. 学生认真记录老师讲授的产品推广的内容（店铺中式风格装修、中式海报宣传）； 2. 学生回答老师的提问； 3. 学生认真记录老师讲授企业形象识别系统的概念； 4. 学生进行 JXZ 女装品牌 VI 简单设计。	1. 学生的评价： （1）小组互评 VI 设计的优缺点并提出改进意见； （2）学生检查自己的 VI 设计是否完整，查缺补漏。 2. 教师评价： （1）小组成员能否按要求回答老师的提问（答案的完整性、准确性，语言表达思路是否清晰且有条理）； （2）教师评价学生 JXZ 女装的 VI 设计是否符合品牌风格定位，是否具备形式美感。
课时： 2 课时 1. 硬资源：可上网电脑等。 2. 软资源：工作页、参考教材、女装品牌 VI 设计范本等。 3. 教学设施：投影仪、一体机、白版、白版笔等。			
1. 对女装品牌产品策划过程中出现的问题、现象进行总结并给出改进建议。 2. 每位学生提交完整的女装品牌产品策划计划、方案、市场调研 PPT、女装品牌灵感主题版及产品架构和女装品牌系列设计方案。	1. 教师引导学生对整个策划方案进行合理展示、呈现； 2. 指导学生进行自评、互评环节； 3. 教师归纳总结，表扬好的地方，指出不足。	1. 学生展示女装品牌产品策划方案（包括计划及主题版、系列设计方案等）； 2. 小组代表点评自己的品牌产品策划优缺点； 3. 小组学生互评作品中的优缺点。	1. 学生评价： （1）小组互评 JXZ 女装品牌策划的优缺点并提出改进意见； （2）学生检查每项展示成果的具体效果。 2. 教师评价： （1）整个策划方案的完整性（专业、合理、可操作）； （2）各小组汇报时表达是否大方，概念及语义表述是否简洁明了。
课时： 2 课时 1. 硬资源：具备上网功能的计算机或手机、服装手绘设计学习工作站、服装电脑设计学习工作站等。 2. 软资源：工作页、参考教材、产考女装品牌产品策划方案等。 3. 教学设施：投影仪、一体机、白版、白版笔等。			

学习任务 2　男装品牌产品策划

任务描述

学习任务课时：40 课时

任务情境：

某男装品牌正在进行明年春季产品的策划，其新季度产品策划要求：以打造中式婚礼男士礼服为基石，传承东方美学文化，通过服饰传承中式婚礼文化及婚礼服饰文化的独特之美。从前期的调研、中式婚礼元素的搜集，到中期的主题版的制作，中后期的产品构架和产品开发，再到后期的产品推广，都需要与中国传统婚礼文化元素（喜字、喜糖、大红花、洞房中式装修、装饰元素）结合，体现中国传统特色文化。

该公司跟我院服装专业合作，让大家承担明年春季男装品牌产品策划的任务。具体要求如下：

1. 在了解品牌服装产品策划基本概念的基础上制作产品策划职务表及职务分工表；
2. 在市场调研后提供完整的调研报告 PPT 并做汇报。PPT 应包括：搜集、整理相关该品牌的资讯、中国传统嫁娶文化元素（唐装，中山装，各朝代嫁娶时的男性服饰款式、特征、图案细节等）、该品牌产品定位策划方案书文本，市场调研报告。以上工作 4 天内完成。
3. 完成男装品牌主题概念版（文字概念、色彩概念、面料概念、款式概念、设计元素），在 3 天内完成元素收集及流行元素预测并完成概念版；
4. 在 2 天内完成男装品牌产品架构规划，制订男装品牌产品的架构策划（色彩、产品、面料架构）。文字概念需要符合该品牌中式文化理念；色彩选用能代表中国文化的色调（大红色、藏青色、朱红、炎黄等）并与国际流行趋势色结合；款式上需要融入中国传统婚嫁服装款式要素（唐装、中山装、各朝代嫁娶时的男性服饰款式特征等），图案选用（喜字、喜糖、大红花、龙凤、各朝代传统服饰图案等）；
5. 完成男装品牌的系列设计，包括色彩设计、面辅料搭配、系列款式设计、系列图案设计、系列服饰配件设计，此工作要求 8~9 天完成；
6. 完成品牌男装的企业形象识别系统设计（企业名称、标志、企业向征途等），此工作 1 天完成。

于是，我院服装专业设计教师带领同学共同完成该男装品牌产品策划任务。

具体工作流程和标准见下页。

3. 000
2. 500
2. 000
1. 500
500
57%
1 April
2 April
3 April
4 April
5 April
1024
512
256
3. 450
5. 450. 350
2. 450. 320
1 April
2 April
3 April
4 April
5 April

工作流程和标准

工作环节 1

获取男装品牌产品策划任务

1

解读男装品牌产品策划任务书，完成男装品牌产品策划任务书和服解及关键字词提取。

主要成果：1. 产品策划职务表及职务分工表；
2. 男装品牌产品策划任务书分解表及文本。

工作环节 2

市场调研和定位

2

根据该品牌产品策划任务要求开展市场调研工作，调研方式包括网络调研和实地考察调研等形式。搜集相关的品牌资讯、中国传统嫁娶男装服饰文化元素（款式及不同时期中国传统嫁娶服饰款式、色彩和细节）；对通过资讯网搜集与检索到的资讯信息进行归类与整理，分析相关或相近风格男装品牌产品的流行趋势。搜集、整理资讯和服装竞品资料，撰写市场调研报告并制作调研结果汇报的 PPT。

主要成果：1. 相关男装品牌资讯；
2. 竞争品牌产品定位策划方案书文本；
3. 市场调研报告；
4. 市场调研 PPT。

工作环节 3

男装品牌的灵感与主题设计

3

根据男装品牌产品策划要求进行灵感与主题信息的搜集整理，包括男装品牌流行元素、文字概念、色彩概念、面料概念、款式概念、设计元素等。完成男装品牌灵感与主题概念版绘制、策划。 文字概念需要符合该品牌中式文化理念；款式上色彩选用能代表中国文化的色调（大红色、藏青色、朱红、炎黄等）并与国际流行趋势色结合。

主要成果：1. 男装品牌流行元素；
2. 男装品牌流行预测方案；
3. 男装品牌主题概念版（文字概念、色彩概念、面料概念、款式概念、设计元素）。

工作环节 4

品牌新季度产品架构

4

完成新季度产品开发时间计划表及品牌产品上市计划时间表，制订品牌产品的架构策划（色彩、产品、面料架构），要求做到色彩、产品及面料架构跟品牌主题协调一致。

主要成果：1. 品牌产品开发时间计划表；
2. 品牌产品上市计划表；
3. 品牌产品的架构策划（色彩、产品、面料架构）。

工作环节 5

男装品牌的系列设计

5

品完成牌的系列设计，包括色彩设计、面辅料搭配、系列款式设计、系列图案设计、系列服饰配件设计。要求色彩设计方案简介漂亮，面辅料搭配设计合理，款式跟风格紧密结合，配饰能为品牌男装风格服务，所有的设计图保持美观大方，便于展示和分享。色彩选用能代表中国文化的色调（大红色、藏青色、朱红、炎黄等）并与国际流行趋势色结合；款式上需要融入中国传统婚嫁服装款式要素，如唐装、中山装、各朝代嫁娶男性服饰款式特征；图案选用喜字、喜糖、大红花、龙凤、各朝代传统服饰图案等。

主要成果：1. 色彩设计方案；
2. 面辅料设计版；
3. 系列款式设计图；
4. 系列图案设计图；
5. 系列服饰配件设计图。

工作环节 6

男装品牌的推广

6

了解品牌推广内容及方法，完成品牌形象识别系统的设计绘制，注意品牌形象识别系统和品牌风格的协调。

主要成果：1. 品牌形象识别系统设计图

工作环节 7

评价反馈，总结拓展

7

对品牌产品策划过程中出现的问题、现象进行总结并给出改进建议。每位学生提交一份品牌产品策划工作总结。

主要成果：1. 品牌产品策划方案（主题设计版及品牌系列设计方案图稿等）。

学习内容

知识点	1.1 男装品牌产品策划概述； 1.2 男装品牌产品策划的机构及职务； 1.3 男装品牌产品策划流程。	2.1 男装品牌资讯搜集、检索的方法； 2.2 男装品牌文化理念调研（打造中国本土婚礼服饰品牌，传统婚嫁服饰与现代服装相融合）； 2.3 搜集中国传统婚嫁礼仪元素（喜字、喜糖、婚礼服饰款式、中式礼服、鞭炮等）； 2.4 男装品牌市场调研的方法和技巧（调研表格的设计与填写，男装款式、面辅料、色彩、服装工艺设计的搜集与整理）； 2.5 新郎希努尔品牌产品风格、定位、消费群分析。	3.1 收集该男装品牌设计元素的方法（流行元素获取渠道）； 3.2 进行男装品牌流行预测（男装品牌流行预测报告的内容编写）； 3.3 男装品牌灵感来源的概念及概念版的内容。
技能点	1.1 男装品牌产品策划任务和任务要求确认（沟通技巧具体化）； 1.2 男装品牌产品策划任务书的解读； 1.3 职业能力： 能服从设计总监布置的工作任务，掌握恰当的沟通时机和方法，有一定的创新意识、成本意识，热爱中国传统文化。	2.1 相关资讯的搜集与检索； 2.2 相关资讯的归类与整理（知识点的转化与应用）； 2.3 男装品牌流行趋势的分析与运用；男装品牌的分析与类似品牌的识别（市场分析能力）； 2.4 市场调研报告的编写能力（PPT 的制作）；调研结果的汇报（语言表达）； 2.5 职业能力： 具备流行资讯检索能力和对中国传统文化元素的运用表现能力。	3.1 男装品牌流行信息的搜集整理方法（包括风格、色彩、面料、款式细节等）； 3.2 男装品牌流行方案的编写整理（知识运用能力）； 3.3 男装品牌主题概念版的制作策划（知识运用能力）； 3.4 概念版的汇报（语言表达能力）； 3.5 职业能力： 调研能力、分析能力和运用能力。
工作环节	工作环节 1 获取产品策划设计任务	工作环节 2 市场调研和定位	工作环节 3 男装品牌的灵感与主题设计
成果	1.1 产品策划职务表及职务分工表； 1.2 男装品牌产品策划任务书分解表及文本。	2.1 相关男装品牌资讯； 2.2 男装品牌产品定位策划方案书文本； 2.3 市场调研报告； 2.4 市场调研 PPT。	3.1 男装品牌主题概念版（文字概念、色彩概面料概念、款式概念、设计元素）。
素养	1.1 职业素养： 建立传承中国传统文化的意识和宣传中国本土风格服装品牌的责任感；具备任务书阅读理解能力和工具清单撰写能力 1.2 思政元素： 传承中国风服装品牌的责任感和发扬中国传统婚嫁文化的使命感，增强文化自信。	2.1 职业素养： 培养学生的观察力、对时尚的敏锐度、信息搜集处理能力、沟通表达能力及对中国文化的热爱和传承精神 2.2 思政元素： 通过提取和运用中国传统嫁娶文化元素和中国代表性色彩，帮助学生理解传统婚嫁礼服文化、增强民族文化自信和爱国爱家意识。	3.1 职业素养： 培养学生的审美能力、元素筛选能力、解决问题的能力和运用中国传统文化元素的能力 3.2 思政元素： 主题版需要体现品牌以中国传统文化为基石、传承东方传统婚嫁文化的理念，担负起宣传中国中式风格品牌和传承中国传统文化的责任和使命。

装品牌开发时间计划内容； 装品牌产品上市计划内容； 装品牌的架构概念及内容（色彩架构、产品架构、面料架构）。	5.1 男装品牌系列设计概述； 5.2 男装品牌的系列设计内容（系列色彩设计、系列面辅料搭配、系列款式设计、系列图案设计、系列服饰配件设计）； 5.3 男装品牌的系列设计评价、筛选与反思。	6.1 产品的推广（传承中式品牌文化）； 6.2 企业形象识别系统的内容； 6.3 男装品牌设计视觉识别系统的特点。	7.1 完整展示男装品牌产品策划方案的技巧； 7.2 总结和积累经验，表达明确的策划目标的方法。
装品牌开发时间计划的把控（合理安排时间的意识）； 装品牌的上市计划控制（上市计划的整体协调和控制能力）； 装品牌的架构制订能力（包括色彩架构、产品架构、面料架构的策划制订的标准）； 品架构策划的汇报（语言表达能力）； 业能力： 根据品牌任务要求及市场定位等制订出新季度产品架构。	5.1 男装品牌系列设计工作进程的把控（确定每项任务的周期及各工作节点）； 5.2 完成男装品牌的系列设计开发并能进行调整（整体策划设计能力的体现）； 5.3 探讨和评价确认男装品牌系列设计； 5.4 职业能力： 根据主题版开发新季度系列服装设计，绘制系列服装效果图、款式图等能力。	6.1 男装品牌形象识别系统设计进程的把控（确定男装品牌形象识别系统设计的内容及时间）； 6.2 男装品牌形象识别系统的制订能力； 6.3 职业能力： 通过品牌 VI 视觉推广设计，培养推广中国风本土品牌的能力。	7.1 策划方案的汇报（语言表达能力）。
男装品牌的产品架构 工作环节 4	工作环节 5 男装品牌的系列设计	男装品牌的推广 工作环节 6	评价反馈总结拓展 工作环节 7
4.1 男装品牌开发时间计划表； 4.2 男装品牌产品上市计划表； 4.3 男装品牌产品的架构策划（色彩、产品、面料架构）。	5.1 男装品牌的色彩设计方案； 5.2 男装品牌面辅料设计版； 5.3 男装品牌系列款式设计图； 5.4 男装品牌系列图案设计图； 5.5 男装品牌系列服饰配件设计图。	6.1 男装品牌的形象识别系统设计图。	7.1 男装品牌产品策划方案（男装主题设计版及男装品牌系列设计方案图稿等）。
业素养： 过制作产品架构表，培养学生对市场产品的把控能力、对消费者需求的把控能力，以及分析问题和解决问题的能力。	5.1 职业素养： 通过绘制该男装品牌新季度系列产品设计图，培养学生的手绘能力、创新能力及电脑绘画能力。 5.2 思政元素： 新季度系列产品设计需要体现该品牌以中国传统婚嫁男士礼服文化为基石、传承中式婚礼服文化的理念，体现喜庆、团圆、爱家的气氛，打造东方韵味，担负起宣传中国中式风格品牌和传承中国传统文化的责任和使命。	6.1 职业素养： 通过制作品牌 VI 视觉推广设计方案，培养学生的手绘能力、创新能力及电脑绘画能力。	7.1 职业素养： 培养学生分析问题和解决问题的能力，学会整理信息并总结归纳，具有沟通表达和团队合作精神。 7.2 思政元素： 培养学生建立起宣传中国本土中式品牌和中国传统工艺文化的使命感。

学习任务 2　男装品牌产品策划

1 获取男装品牌产品策划设计任务
2 市场调研和定位
3 男装品牌的灵感与主题设计
4 男装品牌的产品架构
5 男装品牌的系列设计
6 男装品牌的推广
7 评价反馈，总结拓展

	工作子步骤	教师活动	学生活动	评价
明确裤子成品缝制任务	1. 明确该男装品牌产品策划任务、服装产品策划职务机构及完成期限等要求； 2. 在设计总监（教师）的指引下制订该男装品牌产品规划计划书。	1. 教师指导学生分析男装品牌产品策划设计任务书，提炼品牌策划概念关键字词； 2. 教师提问及讨论品牌企业设计部门职务结构，要学生描述部门的职务描述； 3. 教师实例列举品牌男装服装公司设计部的职务机构。 4. 教师指导学生制定男装品牌产品策划任务书。	1. 获取该男装品牌产品策划任务书，小组讨论，准确解读男装品牌产品策划任务书并提炼要点； 2. 搜集男装品牌企业设计部门职务结构范例，重点理解各职务机构的职能； 3. 小组讨论，制订该男装品牌产品策划任务计划书； 4. 小组互评品牌策划任务书。	1. 学生互评： 小组互评“职务分工表”及“计划书”的优缺点。 2. 教师评价： （1）各小组的“职务分工表”及“计划书”是否合理、完整，是否对后期的品牌策划具有指导意义； （2）各小组男装品牌产品策划计划书的文字组织是否条理清晰； （3）各小组汇报时表达是否大方、概念及语义表述是否简洁明了。

课时： 2 课时

1. 硬资源：具备上网功能的计算机或手机、服装手绘设计学习工作站、服装电脑设计学习工作站等。
2. 软资源：男装品牌风格文化相关资料、工作页、工具书、网页、参考教材等。
3. 教学设施：投影仪、一体机、白版、白版笔等。

基准课时：40

1 获取男装品牌产品策划设计任务 → 2 市场调研和定位 → 3 男装品牌的灵感与主题设计 → 4 男装品牌的产品架构 → 5 男装品牌的系列设计 → 6 男装品牌的推广 → 7 评价反馈，总结拓展

市场调研和定位

工作子步骤	教师活动	学生活动	评价
1. 男装品牌市场调研（产品款式、色彩、图案、面料如何体现中国的元素，都有哪些中国元素，按类别归类整理）； 2. 中国传统婚礼元素搜集与分析； 3. 男装品牌产品的风格、定位以及目标消费群分析； 4. 撰写男装品牌市场调研报告（用PPT制作）； 5. 市场调研报告汇报。	1. 教师指导学生分组，选定组长组织小组成员开展该品牌、竞争男装品牌市场调查的工作； 2. 引导学生进行线下调研，介绍男装品牌服装市场调查的地点(如太古汇、万菱汇、天河城、广百、万达等)； 3. 教师指导学生搜集中国传统婚嫁礼仪元素（喜字、喜糖、婚礼服饰款式、中式礼服、鞭炮等）； 4. 引导学生进行线上调研（通过男装品牌官网流行资讯或图书馆查阅服装杂志书籍等）； 5. 交代男装品牌市场调查的重点，要求学生调研后做好 ppt； 6. 教师跟学生强调外出的安全意识。	1. 小组组员明确分工，记录市场调查的任务要点； 2. 学生去该男装品牌店、竞争品牌服装市场调研（风格定位、消费群分析），到男装品牌服装实体店进行品牌流行资讯分析； 3. 学生搜集中国传统婚嫁礼仪元素（喜字、喜糖、婚礼服饰款式、中式礼服、鞭炮等）； 4. 学生在男装品牌官网等网站上检索资讯； 5. 学生在图书馆查阅资料（时尚杂志、服装书籍等） 6. 小组组员进行市场调研 PPT 制作并汇报； 7. 学生提高外出市场调研活动的安全意识； 8. 学生展示和介绍市场调研 PPT。	1. 学生互评： (1) 学生素材的展示评价及筛选； (2) 小组代表指出其他组男装品牌市场调研报告及演示文稿制作的优缺点。 2. 教师评价： (1) 各小组市场调研报告 PPT 的内容是否符合要求； (2) 小组 PPT 制作中有没有体现品牌的风格定位、产品比例、造型特点、图案设计、色彩流行、面料及工艺运用； (3) 点评学生搜集的中国传统婚嫁礼仪元素（喜字、喜糖、婚礼服饰款式、中式礼服、鞭炮等）是否全面准确； (4) 各小组代表汇报时，逻辑思维及语言表达是否清晰且突出重点。

课时： 8 课时

1. 硬资源：具备上网功能的计算机或手机、服装手绘设计学习工作站、服装电脑设计学习工作站等。
2. 软资源：工作页、参考教材、时尚杂志、数字化资源（品牌男装资讯网站）、关于男装品牌的素材资料等。
3. 教学设施：投影仪、一体机、白版、白版笔等。

学习任务 2　男装品牌产品策划

1 获取男装品牌产品策划设计任务 → 2 市场调研和定位 → 3 男装品牌的灵感与主题设计 → 4 男装品牌的产品架构 → 5 男装品牌的系列设计 → 6 男装品牌的推广 → 7 评价反馈，总结拓展

男装品牌的灵感与主题设计

工作子步骤	教师活动	学生活动	评价
1. 收集男士婚礼服设计对中国文化设计元素的运用； 2. 男装品牌流行预测及灵感来源； 3. 完成该男装品牌主题概念版（文字概念、色彩概念、面料概念、款式概念、设计元素）；文字概念需要符合品牌中式文化理念；色彩选用能代表中国文化的色调（大红色、藏青色、朱红、炎黄等）并与国际流行趋势色结合；款式上需要融入中国传统婚嫁服装款式要素（唐装、中山装、各朝代嫁娶男性服饰款式、特征、图案细节等）。	1. 教师讲解获取流行元素的渠道； 2. 教师介绍流行预测的概念； 3. 教师指导学生搜集往年该男装品牌对中国文化元素的运用方式； 4. 教师讲解流行预测报告的重要内容及灵感来源概念； 5. 教师组织和指导学生完成男装品牌主题概念版的制作（强调主题概念版的排版美感）。文字概念需要符合该男装品牌的中式文化理念；色彩选用能代表中国文化的色调（大红色、藏青色、朱红、炎黄等）并与国际流行趋势色结合；款式上需要融入中国传统婚嫁服装款式要素（唐装、中山装、各朝代嫁娶男性服饰款式、特征、图案细节等）； 6. 教师审阅学生的主题概念版及流行预测报告； 7. 审阅学生的所有文字编写方案。	1. 学生收集男装品牌的流行资讯和元素； 2. 学生在整理、理解并掌握目标品牌流行元素的基础上，进行下一季的流行预测； 3. 学生寻找属于定位品牌的灵感来源素材； 4. 学生完成男装品牌主题概念版的制作，文字概念需要符合该男装品牌中式文化理念；色彩选用能代表中国文化的色调（大红色、藏青色、朱红、炎黄等）并与国际流行趋势色结合；款式上需要融入中国传统婚嫁服装款式要素（唐装、中山装、各朝代嫁娶男性服饰款式、特征、图案细节等）； 5. 学生对主题概念版进行展示并对其他小组的展示成果进行评价。	1. 学生互评： （1）各组互评流行预测方案的优缺点； （2）组员代表指出男装品牌主题概念版方案中的优点如何持续优化，缺点如何改进，提出改进意见； （3）组员对男装品牌灵感与主题设计方案进行筛选与改进。 2. 教师评价： （1）教师评价学生收集的流行元素是不是能体现男装品牌特点； （2）教师评价学生的流行预测方案跟品牌风格定位是否一致； （3）教师评价各小组的男装品牌概念版是否完整美观； （4）教师对小组展示过程中出现的问题给出改进意见。

课时： 6 课时

1. 硬资源：具备上网功能的计算机或手机、服装手绘设计学习工作站、服装电脑设计学习工作站等。
2. 软资源：工作页、参考教材、数字化资源（男装品牌资讯网站、服装设计的公众号）等。
3. 教学设施：投影仪、一体机、白版、白版笔等。

男装品牌的产品架构

工作子步骤	教师活动	学生活动	评价
1. 完成该男装品牌开发时间计划； 2. 完成该男装品牌产品上市计划； 3. 完成该男装品牌的产品架构设计（包括色彩架构、产品架构、面料架构）。	1. 教师运用头脑风暴法讲解品牌开发时间计划及上市计划的内容及制订的原则； 2. 教师运用头脑风暴法讲解男装品牌色彩架构、产品架构及面料架构的含义及制订原则：文字概念需要符合该男装品牌的中式文化理念；色彩选用能代表中国文化的色调（大红色、藏青色、朱红、炎黄等）并与国际流行趋势色结合；款式上需要融入中国传统婚嫁服装款式要素（唐装、中山装、各朝代嫁娶男性服饰款式、特征、图案细节等）； 3. 教师指导学生完成该男装品牌的开发时间及上市时间计划，并指导完成该男装品牌的架构（包括色彩、产品及面料）； 4. 对学生作品的展示汇报进行评价； 5. 检查学生的计划表及架构表（内容及形式是否完整、合理、美观）。	1. 学生聆听教师介绍品牌开发时间计划的内容及制订原则； 2. 学生聆听教师介绍品牌开发产品上市计划的内容； 3. 学生构思完成开发时间计划及上市计划； 4. 学生完成该男装品牌的架构； 5. 学生对作品进行点评及改进。	1. 学生互评：开发时间计划表、产品上市计划表及男装品牌架构表的内容合理程度及美观程度，提出改进意见。 2. 教师评价： (1) 小组制订的男装品牌开发时间计划表及产品上市计划内容是否合理； (2) 学生制订的该男装品牌的色彩、产品、面料架构是否合理； (3) 学生制订的计划表及该男装品牌架构是否合理全面，是否具有可操作性强。

课时： 4 课时
1. 硬资源：具备上网功能的计算机或手机、服装手绘设计学习工作站、服装电脑设计学习工作站等。
2. 软资源：工作页、参考教材、数字化资源（服装品牌官网及公众号）、男装品牌的产品架构范例等。
3. 教学设施：投影仪、一体机、白版、白版笔、画笔、画纸、颜料等。

学习任务 2 男装品牌产品策划

1 获取男装品牌产品策划设计任务 → 2 市场调研和定位 → 3 男装品牌的灵感与主题设计 → 4 男装品牌的产品架构 → 5 男装品牌的系列设计 → 6 男装品牌的推广 → 7 评价反馈，总结拓展

	工作子步骤	教师活动	学生活动	评价
男装品牌的系列设计	1. 把控男装品牌的系列设计进展（具体任务流程节点，时间意识、工作效率、责任心）； 2. 完成男装品牌的系列设计，包括男装品牌的系列色彩设计方案、系列面辅料搭配方案、系列款式设计、系列图案设计、系列服饰配件设计等具体设计方案图稿； 3. 贯穿整个男装品牌系列设计过程的设计评价、筛选与反思。	1. 教师讲授男装品牌系列设计的概述； 2. 教师讲解并提问系列设计的内容过程，以及如何把控男装品牌的系列设计和品牌定位的关系； 3. 教师指导学生完成男装品牌的具体系列设计（含男装品牌的系列色彩设计方案、系列面辅料搭配方案、系列款式设计、系列图案设计、系列服饰配件设计）。	1. 学生记录老师讲授的男装品牌系列设计概述知识点； 2. 学生回答老师的提问； 3. 学生学习男装品牌系列设计的内容（系列色彩设计、系列面辅料搭配、系列款式设计、系列图案设计、系列服饰配件设计）； 4. 学生完成男装品牌的系列色彩设计，色彩选用能代表中国文化色色调（大红色、藏青色、朱红、炎黄等）并与国际流行趋势色结合； 5. 学生完成男装品牌的系列面辅料搭配；面料选用天然环保材料； 6. 学生完成男装品牌的系列款式设计，中式款式与当代流行款式相结合（唐装、长袍、历代婚嫁男士礼服与现代服装相结合）； 7. 学生完成男装品牌的系列图案设计（代表喜庆气氛的喜字、龙凤、传统服饰图案的借鉴等）； 8. 学生完成男装品牌的服饰配件设计； 9. 学生系列设计的整个过程注意设计评价、筛选和反思。	1. 学生评价： （1）学生评价其他小组“新郎希努尔”男装品牌系列设计的优缺点，提出改进意见； （2）学生检查每项系列设计任务的具体效果，查缺补漏； 2. 教师评价： （1）学生能否按要求回答老师的提问（如：答案的完整性、准确性，语言表达是否思路清晰且有条理）； （2）学生男装品牌系列设计方案是否跟品牌风格定位呼应，是否全面完整且具有市场性和审美性； （3）各小组汇报时表达是否大方、概念及语义表述是否简洁明了。

课时： 16 课时

1. 硬资源：具备上网功能的计算机或手机、服装手绘设计学习工作站、服装电脑设计学习工作站等。
2. 软资源：工作页、参考教材、品牌企业男装系列设计的设计图（色彩设计方案、系列面辅料搭配方案、系列款式设计、系列图案设计、系列服饰配件设计）等。
3. 教学设施：投影仪、一体机、白版、白版笔等。

	工作子步骤	教师活动	学生活动	评价
男装品牌的推广	1. 了解男装品牌产品推广的内容； 2. 设计男装品牌 VI。	1. 老师讲授男装品牌产品推广的内容； 2. 老师提问市场上相关男装品牌产品推广的常见方式； 3. 老师介绍男装品牌的 VI 设计内容及形式； 4. 教师指导学生进行企业形象识别系统的设计。	1. 学生认真记录老师讲授的产品推广的内容（店铺中式风格装修、中式海报宣传）； 2. 学生回答老师的提问； 3. 学生认真记录老师讲授企业形象识别系统的概念； 4. 学生进行男装品牌 VI 简单设计。	1. 学生的评价： （1）学生评价其他组的 VI 设计的优缺点，提出改进意见； （2）学生检查自己的 VI 设计是否完整，查缺补漏。 2. 教师评价： （1）教师评价小组成员能否按要求回答老师的提问（如：答案是否具有完整性、准确性，语言表达思路是否清晰且有条理）； （2）教师评价学生男装的 VI 设计是否符合品牌风格定位且具备形式美感。
	课时： 2 课时 1. 硬资源：可上网的计算机等。 2. 软资源：工作页、参考教材、男装品牌 VI 设计范本等。 3. 教学设施：投影仪、一体机、白版、白版笔等。			
评价反馈，总结拓展	1. 对男装品牌产品策划过程中出现的问题、现象进行总结并给出改进建议。 2. 每位学生提交完整的男装品牌产品策划计划、方案、市场调研 PPT、男装品牌灵感主题版及产品架构和男装品牌系列设计方案。	1. 教师引导学生进行整个策划方案的合理展示、呈现； 2. 指导学生进行自评、互评环节； 3. 教师归纳总结，表扬好的地方，指出不足。	1. 学生展示男装品牌产品策划方案（包括计划及主题版、系列设计方案等）； 2. 小组代表点评自己的品牌产品策划方案的优缺点； 3. 学生互相评价作品中的优缺点。	1. 学生评价： （1）学生评价其他小组男装品牌策划方案的优缺点，提出改进意见； （2）学生检查每项展示成果的具体效果。 2. 教师评价： （1）整个策划方案的完整性（专业、合理、可操作）； （2）各小组汇报时表达是否大方、概念及语义表述是否简洁明了。
	课时： 2 课时 1. 硬资源：具备上网功能的计算机或手机、服装手绘设计学习工作站、服装电脑设计学习工作站等。 2. 软资源：工作页、参考教材、男装品牌产品策划方案等。 3. 教学设施：投影仪、一体机、白版、白版笔等。			

考核标准

一、方案设计（时间：320 分钟）

任务名称：

女装品牌服装产品策划及汇报

情境描述：

JXZ（中国风）品牌决定进行明年春季产品策划，需要设计部在规定时间完成以下任务：市场调研、明年春季产品的灵感收集及主体设计、产品架构的策划、产品系列的开发（包括色彩、面辅料小样选配，款式图、图案及系列服饰的设计）、春季产品策划方案的编写。

任务要求：

根据任务的情境描述，在规定的时间内完成：

1.JXZ 品牌定位分析

了解 JXZ 品牌文化理念、品牌产品定位、消费者定位、价格定位，近三年同季度产品对中国元素的运用和体现，运用了哪些传统文化元素。对以上资讯进行分类整理，以分析报告的形式呈现并汇报。

2. 市场调研与定位汇报

依据任务的情境描述，完成相关服装品牌的市场调研，确定明年的产品定位，制作 PPT 并进行汇报。

3. 对灵感主题版进行汇报

收集流行元素并进行流行预测，主题版设计符合 JXZ 中国风灵的定位。

4. 产品架构

制订新季度产品架构（产品品类、各品类产品数量比例、价格定位、产品上市计划和波段款式数量、类别）。

5. 产品策划方案制订

JXZ 新季度产品定位、商品企划（产品、面料、色彩企划方案）、新季度主题版制作、产品开发（款式创新、符合国际流行趋势、符合新季度产品主题定位）、品牌产品推广方案等。

6. 设计效果的检验

完成产品策划 PPT，包括设计师的市场调研 PPT、灵感主题版、产品构架书和系列款式开发图。

参考资料：

工作页、参考教材、女装设计专业图书、品牌服装产品策划案例、时尚杂志、服装设计公众号等。

参考方式：

本课程的评价方式为：

1. 过程性评价方式：小组自评、组间互评、教师总评，三者成绩相加的平均值作为过程性评价的最终学生成绩。

2. 终结性评价方式：任课教师、专业组长、企业专业陈列设计师共同实施考核评价，取所有考核人员评分的平均分作为学生考核成绩。评价内容包括：JXZ 品牌分析 +JXZ 品牌与竞争品牌调研报告 + 灵感主题版 +JXZ 品牌新季度产品策划方案 + 展示说明。

过程性评价表 1

1. 团队合作 30 分 团队合作能力强而高效，小组在规定时间内完成任务
2. 沟通礼仪 20 分 到市场调研时，与店铺导购沟通做到礼貌、尊重、有效
3. 获取信息 25 分 能理解任务书的内容和要求，关键性的设计要点提取全面、准确；能准确了解 JXZ 品牌文化理念、品牌产品定位、消费者定位、价格定位、营销推广策略定位
4. 成果展示 25 分 言简意赅，思路清晰，突出重点，汇报内容全面详细；品牌产品策划方案的制订考虑到经济价值、商业价值、文化价值

终结性考核评价表 2

评价要求		评价标准			
		优秀 10 分	良好 8 分	中 6 分	差 6 分以下
专业能力评价标准（50 分）	1. 小组成员能在规定时间完成品牌产品策划方案				
	2. 品牌产品策划方案符合品牌定位和流行趋势				
	3. 主题版制作完美诠释主题、设计精美				
	4. 后期产品系列开发设计图比例准确、款式新颖、符合定位				
	5. 品牌服装产品策划方案具有商业价值、文化价值				
社会能力标准（50 分）	6. 小组分工明确，合作能力强而高效				
	7 仪容仪表符合学校要求				
	8. 工作过程中能做到工作台整洁干净				
	9. 汇报过程中能用正确、流利的语言陈述				
	10. 汇报内容重点突出，思路清晰、准确				
	总得分情况				

课程 10　服装店铺管理

学习任务 1
服装店铺销售管理
（52）课时

学习任务 2
服装店铺人员管理
（28）课时

课程目标

学习完本课程，学生应能胜任服装店铺管理的任务，包括服装店铺运营体系管理和服装店铺人员管理等。学会并遵守企业管理制度及“8S”管理知识，养成良好的工作习惯，具体包括：

1. 能服从销售总监的工作安排，准确理解服装店铺销售工作任务并制订销售目标，会设计、制作店铺销售日、周、月报表，与销售总监确认店铺销售目标与要求、明确工作流程，有一定的环保意识、安全意识和成本意识。

2. 能分析出常见的服装风格特点、服装常用标识、服装面料等。能准确说出服装的造型与部位名称，懂得服装的质量与维护保养的技巧，能为不同身形、不同气质的人群进行服装的搭配。

3. 能够列举服装店铺精准定位的成功案列并撰写小结，能归纳总结好店铺选址的要点，能撰写特色店铺的打造方案，能绘制热销店铺整体陈列效果图并写出设计理念说明及陈列设计单，能撰写销售计划书并能总结出服装店铺分店发展的要点。

4. 能制订服装店铺促销方案（重点是国庆节、端午节、春节、感恩节等活动），会对库存滞销产品清除提出相应的解决方法。会进行服装店铺宣传单的设计、妙用与派送。

5. 能够分析影响服装定价的因素，会撰写店铺利润规划小结，懂得服装店铺采购流程，熟练掌握财务台账统计和现金管理的方法。

6. 能对服装店铺促销效果和店铺业绩过程与结果进行评估。

7. 能准确地绘制服装店铺人员构架图，熟练掌握服装店铺各岗位员工工作职责，明确服装店铺各岗位员工的工作流程与操作规范，有一定的环保意识、安全意识和成本意识等。

8. 能根据店铺人员招聘标准制订店铺人员的招聘计划。

9. 能对店铺内店员、导购、店长、采购、收银员等人员做专业技能培训、心态教育、爱国教育、激励辅导。

10. 能对服装店铺各级人员管理制度及工作流程进行认真地分析与运用。

11. 能撰写服装店铺各级人员的绩效评估考核方案，会制作店铺各类人员量化评估表。

12. 能制订店铺各类人员的奖罚条例和晋升方案。

课时：80

课程内容

1. 销售任务的分解及目标的制订；
2. 常见服装风格与特点介绍；
3. 服装常用标识、面料、造型与部位名称介绍；
4. 服装面料的简单鉴别；
5. 服装的搭配技巧；
6. 服装质量与维护；
7. 服装店铺的精准定位与选址技巧；
8. 打造特色店铺与热销氛围店铺的技巧；
9. 将服装店铺做大做强的技巧；
10. 制订切实可行的销售计划的方法；
11. 服装店铺的宣传与促销；
12. 服装店铺宣传单的设计、妙用与派送技巧；
13. 店铺促销时机的选择、促销方案制订与库存滞销产品清除技巧；
14. 服装定价、提价、折扣定价技巧；
15. 店铺进货注意事项；
16. 店铺采购流程；
17. 店铺现金管理；
18. 制订有效的财务制度与利润规划的方法；
19. 财务台账统计的方法；
20. 店铺促销效果评估技巧；
21. 店铺业绩过程与结果评估的方法；
22. 服装店铺人员构架图的绘制；
23. 服装店铺各岗位员工工作职责及工作流程；
24. 制订店铺人员招聘标准和计划的方法；
25. 如何做服装店铺各级人员培训（特别是爱国教育和工匠精神教育的培训）；
26. 服装店铺各级人员管理的技巧；
27. 店铺人员绩效评估的方法；
28. 店员晋升与奖励的方法；
29. 企业管理制度及“8S”管理知识。

学习任务 1　服装店铺销售管理

任务描述

学习任务课时：52 课时

任务情境：

某时装有限公司是一家集服装设计、生产制造和市场营销于一体的年轻而充满活力的服装企业，专营日韩时尚女装服饰，包括潮流女装、配饰及包包。公司旗下各品牌拥有国内外优秀的设计师团队、先进的生产设备以及专业的营销队伍，在追求产品种类多元化、单一品种精致化的同时，公司实现多样化的经营方式。采用特许经营模式为主要渠道突破，在全国重点省、市设立了近百家旗舰店，王强是该公司华南地区的销售总监，其下有店长 22 名，今年公司总部提出第三季度华南地区的销售额要比上年同期增长 30%。

王强是我院服装专业往年优秀毕业生，他希望我院服装品牌策划与经营专业的学生能全程参与该公司华南地区第三季度的服装销售工作，于是我院服装专业教师带领同学制订工作计划并实施，共同完成该项目任务。

具体要求见下页。

工作流程和标准

工作环节 1

获取店铺销售任务

1

解读第三季度华南地区的销售目标任务书，准确理解服装店铺销售工作任务并制订销售目标，完成任务书中任务的分解及要点记录，设计制作服装店铺销售日、周、月报表，明确工作任务与工作流程，树立良好的环保意识、安全意识和成本意识等。

主要成果：

1. 店铺销售任务书分解表及要点记录文本；
2. 设计销售日、周、月报表。

工作环节 2

店铺销售服务

2

1. 根据第三季度华南地区的销售目标任务书，收集、整理各类服装风格与特点及服装廓形的素材；
2. 收集整理各类服装面料特征及服装特点的资料并制作成相关列表，要求包含面料简单鉴别的方法；
3. 收集、整理各类服装维护保养的资料并撰写小结；
4. 通过资讯网的搜集与检索对资讯信息进行归类与整理，分析整理不同身型、不同气质人群的服装搭配技巧并制作成 PPT 汇报。

主要成果：

1. 收集、整理各类服装风格与特点的素材；
2. 制作 10 种以上服装面料特征及服装特点的列表；
3. 收集、整理各类服装维护保养的资料；
4. 制作不同身型服饰搭配的 PPT 并汇报；
5. 撰写各类服装维护保养小结。

工作环节 4

店铺促销管理

4

1. 制订服装店铺促销方案，包含促销的目的和计划，要考虑促销对象的选定、促销的主题、是否设置多项优惠活动、促销的时间和地点，还有促销活动中出现多的问题。例如可以制订年度促销计划、主题式促销计划、弥补业绩缺口的促销计划、对抗性促销计划等。
2. 服装店铺宣传单的设计、妙用与派送。宣传单在设计时要充分了解宣传单的内容、细节、优点以及作用，这样才能更高效地为服装店做宣传。在宣传单派送方面应该要充分分析目标客户，选择合适的派发时间、派发地点、派发方式等。
3. 店铺促销时机的选择，可以参照黄金节假日，例如，元旦节、寒假、春节、情人节、妇女节、劳动节、母亲节、儿童节、父亲节、暑假、教师节、国庆节、圣诞节等，还可以借助月末清货或者岁末大酬宾的促销活动。

工作环节 3

店铺销售管理

3

1. 做好市场定位工作，要充分考虑服装店铺如何精准定位和如何制订切实可行的销售计划；
2. 做好店铺选址工作，要充分分析好店址、好商圈的特点以及店铺租赁、不同地点开店的利与弊等因素；
3. 打造特色店铺，要分析考虑店铺取名、店铺室内设计、店铺的外围设计、店铺的招牌设计、店铺橱窗设计、店铺灯光设计、店铺布局设计、店铺的装潢要点、店铺试衣间设计等要点；
4. 打造热销氛围店铺，要分析考虑服装整体店铺设计、店铺的色彩设计、店铺的背景音乐设计、店铺内镜子和展柜的设计、系列展示橱窗的设计等；
5. 做大做强服装店铺，要充分考虑树立正确的经营观念、提升服装店的竞争力、让服装店铺快速成长、服装店铺的连锁模式及发展服装店铺分店等。

主要成果：

1. 列举服装店铺精准定位的成功案列并撰写小结；
2. 归纳总结好店铺选址的要点；
3. 撰写 1 份特色店铺的打造方案；
4. 绘制 1 张热销店铺整体陈列效果图 （附设计理念说明及陈列设计单）；
5. 撰写销售计划书；
6. 服装店铺分店发展要点小结。

工作环节 4

店铺销售管理

4

4. 库存滞销产品的清除，可以考虑重推质量好的滞销服装，滞销服装搭配后再销售、滞销服装系列化销售、加强导购对顾客的引导、做好货架和陈列的更换等方法；
5. 折扣定价技巧，可以考虑数量折扣定价（累进数量折扣、非累进数量折扣）、季节折扣定价、流行折扣定价、限时折扣定价等方法。

主要成果：

1. 撰写促销方案；
2. 列举成功的库存滞销产品清除的方法并写小结报告；
3. 设计促销宣传单。

工作流程和标准

工作环节 5

店铺财务管理

5

服装店铺的经营盈利如何，跟服装店铺的采购、进货、财务管理等有极大的关系。

1. 做好进货采购前的工作，必须要熟悉采购商品的主要流程。具体包括，确定采购组织与形式，制订采购产品组合要求，确定货源选择渠道，分析库存并制订计划，购货洽谈与合同签订，服装面辅料验收入库及付款。
2. 做好服装店铺面辅料进货工作，可以从顾客需求、合适的进货时间、进货价格、进货类型、进货合作长久等方面入手；还应考虑服装面辅料采购的数量，采购信息的获取，获取批发商支持，对供应商的比较，与供应商双赢等方面。
3. 做好服装店铺现金管理方面的工作，要从现金的清点与结算、现金安全相关措施、整理票据做好统计、大额钞票的管理等方面来要求员工。
4. 制订有效的财务制度与利润规划方案。
5. 做好服装定价与提价工作，可以从服装的特色定价，根据市场动向定价，根据服装品牌定价，根据服装款式定价，选择新款服装定价，根据服装销量定价，根据顾客心理定价等；服装提价要掌握好适当的提价幅度，选择好的提价时机，更新服装的加工生产线等策略。
6. 做好财务台账的统计工作，具体包括每日工作结果统计台账，单品销售及盈利统计台账，进出货及退货管理台账，客户信息统计台账，物、账、卡统计台账等。

主要成果：

1. 撰写 1 份影响服装定价因素的小结；
2. 撰写店铺采购流程；
3. 撰写店铺利润规划小结。

工作环节 6

店铺销售业绩总结

6

1. 对店铺促销效果进行评估，例如可制订终端赠品登记表、次品情况登记表、促销出货统计表等；
2. 对店铺业绩进行过程与结果的评估，例如可制订店铺销售考核表、店铺销售业绩统计表、店铺销售业绩排行榜等。

主要成果：

根据相关案例撰写服装店铺季度业绩评估小结。

工作环节 7

展示及评价总结环节　（教学方面）

7

学生作品展示，教师评价及学生互评。对服装店铺销售管理过程中出现频率高的问题、现象进行总结，为日后学生就业工作提供经验与参考。每位学生提交一份服装店铺营销管理工作小结。

主要成果：

对服装店铺销售管理过程中出现频率高的问题、现象进行总结，为日后学生就业工作提供经验与参考。每位学生提交一份服装店铺营销管理工作小结。

学习内容

知识点	1.1 销售目标的制订方法； 1.2 销售任务的分解方法。	2.1 常见服装风格与特点介绍； 2.2 服装常用标识介绍； 2.3 认识服装面料； 2.4 服装面料简单鉴别的方法； 2.5 服装的造型与部位名称介绍； 2.6 服装的搭配技巧； 2.7 服装质量与维护。
技能点	1.1 服装店铺销售目标和任务要求的确认（沟通技巧具体化）； 1.2 服装店铺销售任务的分解； 1.3 设计制作服装店铺销售日、周、月报表； 1.4 职业能力： 能服从销售总监的工作安排，准确理解服装店铺销售工作任务并制订销售目标，会设计、制作店铺销售日、周、月报表，与销售总监确认店铺销售目标与要求，明确工作流程，有一定的环保意识、安全意识和成本意识等。	2.1 收集、整理各类服装风格与特点的素材； 2.2 制作各类服装面料特征及服装特点的列表（知识点的转化与应用）； 2.3 收集、整理各类服装维护保养的资料； 2.4 制作不同身型服饰搭配的 PPT 并汇报（语言表达能力、专业分析能力）； 2.5 撰写各类服装维护保养小结（文字整理能力）； 2.6 职业能力： 对常见服装风格与特点、服装常用标识、服装面料及简单鉴别方法有所了解，能准确说出服装的造型与部位名称，懂得服装的质量与维护保养的技巧，能为不同身型，不同气质的人群进行服装的搭配。
工作环节	工作环节 1 获取店铺销售任务	店铺销售服务 工作环节 2
成果	1.1 店铺销售任务书分解表及要点记录文本； 1.2 设计销售日、周、月报表。	2.1 收集、整理各类服装风格与特点的素材； 2.2 制作 10 种以上服装面料特征及服装特点的列表； 2.3 收集、整理各类服装维护保养的资料； 2.4 制作不同身型服饰搭配的 PPT 并汇报； 2.5 撰写各类服装维护保养小结。
职业素养 思政元素	1.1 职业素养： 建立生产安全意识和纪律观念，让学生乐于接受学习任务，主动配合实施任务； 1.2 阐述工匠事迹，使学生树立专心致志、精益求精、爱岗敬业的工匠精神。	2.1 职业素养： 培养学生观察力和对时尚的敏锐度、信息搜集处理能力和沟通表达能力，以及对待工作的细致度。

学习任务 1　服装店铺销售管理

	3.1 如何制订切实可行的销售计划； 3.2 服装店铺如何精准定位； 3.3 店铺选址技巧（好店址的特点、店铺商圈的选择、租赁店铺的技巧、最佳店址选择技巧、服装店铺店址的常见类型、不同地点开店的利与弊）； 3.4 特色店铺的打造方法（店铺取名、店铺室内设计三个基本要素、店铺的外围设计、店铺的招牌设计、店铺橱窗设计、店铺灯光设计、店铺布局设计、店铺的装潢要点、店铺试衣间设计）； 3.5 热销氛围店铺的打造（服装整体店铺设计、店铺的色彩设计、店铺的背景音乐设计、店铺内镜子和展柜的巧用方法、系列展示橱窗的设计）； 3.6 如何将服装店铺做大做强（树立正确的经营观念、如何提升服装店的竞争力、服装店铺快速成长的技巧、服装店铺的的连锁模式、发展服装店铺分店的技巧）。	4.1 服装店铺的宣传与促销； 4.2 服装店铺宣传单的设计、妙用与派送技巧； 4.3 店铺促销时机的选择； 4.4 促销方案制订； 4.5 库存滞销产品清除技巧； 4.6 折扣定价技巧。	5.1 店铺进货注意事项； 5.2 店铺采购流程； 5.3 店铺现金管理； 5.4 制订有效的财务制度与利润规划的方法； 5.5 服装定价、提价的方式与方法； 5.6 财务台账统计的方法（每日工作结果统计台账、单品销售及盈利统计台账，进出货及退货管理台账，客户信息统计台账，物、账、卡统计台账）。	6.1 店铺促销效果评估技巧； 6.2 店铺业绩过程与结果评估的方法。
	3.1 服装店铺精准定位案列分析； 3.2 店铺选址技巧及案例分析； 3.3 特色店铺的设计打造（创新意识）； 3.4 热销氛围店铺的设计打造并撰写方案（创新意识）； 3.5 服装店铺分店发展要点小结； 3.6 撰写店铺销售计划书； 3.7 职业能力： 1. 能够列举服装店铺精准定位的成功案列并撰写小结，能归纳总结好店铺选址的要点 2. 能撰写特色店铺的打造方案，能绘制热销店铺整体陈列效果图并写出设计理念说明及陈列设计单，能撰写销售计划书，能总结出服装店铺分店发展的要点。	4.1 服装店铺宣传单的设计、妙用与派送技巧； 4.2 促销方案制订； 4.3 库存滞销产品清除技巧； 4.4 折扣定价技巧； 4.5 职业能力： 能完成服装店铺宣传单的设计、妙用与派送，能制订服装店铺促销方案，会对库存滞销产品清除提出相应的解决方法。	5.1 掌握店铺进货注意事项； 5.2 熟悉服装店铺采购流程； 5.3 掌握店铺现金管理的方法； 5.4 熟练掌握财务台账统计的方法； 5.5 职业能力： 能够分析影响服装定价的因素，会撰写店铺利润规划小结，懂得服装店铺采购流程，熟练掌握财务台账统计和现金管理的方法。	6.1 店铺业绩过程与结果评估； 6.2 店铺促销效果评估； 6.3 职业能力： 能对服装店铺促销效果和店铺业绩过程与结果进行评估。

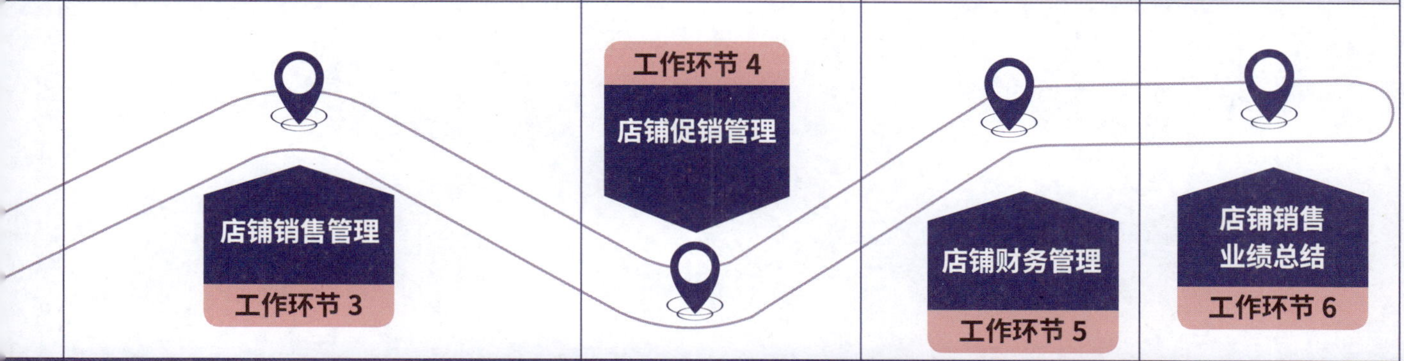

	3.1 列举服装店铺精准定位成功案列并撰写小结； 3.2 归纳总结好店铺选址的要点； 3.3 撰写 1 份特色店铺的打造方案； 3.4 绘制 1 张热销店铺整体陈列效果图（附设计理念说明及陈列设计单）； 3.5 撰写销售计划书； 3.6 服装店铺分店发展要点小结。	4.1 撰写促销方案； 4.2 列举成功的库存滞销产品清除的方法并写小结报告； 4.3 设计促销宣传单。	5.1 撰写 1 份影响服装定价因素的小结； 5.2 撰写店铺采购流程； 5.3 撰写店铺利润规划小结。	6.1 根据相关案例撰写服装店铺季度业绩评估小结。
	3.1 职业素养： 培养学生的创新、审美意识，口头表达能力，文稿撰写能力，以及分析问题、解决问题的能力。	4.1 职业素养： 培养学生成本控制意识、沟通表达能力、发现问题和解决问题的能力、决策能力，能辨别和修正数据差异，填写修改记录表，具有吃苦耐劳和团队合作精神。	5.1 职业素养： 培养学生对知识点的理解与转化应用能力、团队合作能力、数字计算能力和整体协调能力。	6.1 职业素养： 培养学生的沟通能力和团队合作能力等，培养学生敬业、诚信等职业道德和素养，遵守企业的规章制度和操作规范。

学习任务 1　服装店铺销售管理

1 获取店铺销售任务　2 店铺销售服务　3 服装店铺销售管理　4 服装店铺促销管理　5 店铺财务管理　6 店铺销售业绩总结

获取店铺销售任务

工作子步骤	教师活动	学生活动	评价
1. 解读第三季度华南地区的销售目标任务书，准确理解服装店铺销售工作任务并制订销售目标，完成任务书中任务的分解及要点记录； 2. 设计制作服装店铺销售日、周、月报表，明确工作任务与工作流程，树立良好的环保意识、安全意识和成本意识等。	1. 分析任务书，提炼要点（讲授、关键词）； 2. 审阅学生的任务书的记录文本； 3. 老师提问任务书中的销售额、利率及销售手段等关键点（问答，师生互动）； 4. 提供若干份某服装企业的服装店铺销售月报表供学生参考（展示、案例法）； 5. 检查销售目标制订的可实施性与店铺销售日、周、月报表，对存在问题给出修改意见。	1. 准确解读任务书并提炼、记录要点； 2. 回答老师的提问； 3. 了解任务书中销售任务、销售方法、销售渠道等并记录； 4. 小组讨论，制订详细的销售目标；设计制作服装店铺销售日、周、月报表等（分析、解决问题的能力）。	教师评价： 1. 任务书要点记录是否准确、完整； 2. 学生回答问题语言表述是否得体，语义表达是否简洁明了； 3. 检查销售目标制订的可实施性与店铺销售日、周、月报表的设计制作是否合理； 4. 每一环节任务是否合理且具有可实施性，是否规定了每一步骤的完成时间等。

课时： 4 课时

1. 硬资源：具备上网功能的计算机或手机、服装手绘设计学习工作站、服装电脑设计学习工作站等。
2. 软资源：某企业销售任务书若干份，工作页、工具书等。
3. 教学设施：投影仪、一体机、白版、白版笔等。

店铺销售服务

工作子步骤	教师活动	学生活动	评价
1. 根据第三季度华南地区的销售目标任务书，收集、整理各类服装风格与特点、服装廓形的素材。 2. 收集整理各类服装面料特征及服装特点的资料并制作成相关列表，要求包含面料简单鉴别的方法（素材的归类整理的能力）。 3. 收集、整理各类服装维护保养的资料并撰写小结（文稿撰写能力）。 4. 通过资讯网的搜集与检索，对资讯信息进行归类与整理，分析整理不同身型、不同气质人群的服装搭配技巧，并制作成 PPT 汇报（网站、时尚杂志）（语言表达能力）。	1. 组织学生分组，组织选定组长组织小组成员开展素材收集工作（任务驱动）； 2. 介绍相关素材的获取渠道（如：资讯网、时尚期刊、相关教材等）（卡片法）； 3. 结合学生收集的服饰搭配素材，讲解服装廓形、服饰搭配要点等知识（讲授法）； 4. 提供不同面料样版实样及不同廓型类的服装图片资料（案例、餐垫法）； 5. 介绍服装质量与维护常识（讲解法）； 6. 讲解面料的相关知识及简单的鉴别方法并现场演示鉴别方法； 7. 提供相关小结、服装面料特征、特点列表的参考模版（案例）。	1. 明确分工，通过在流行资讯网站上检索资讯、在图书馆查阅资料（时尚杂志、服装书籍等）等多渠道，收集、整理各类服装风格与特点、服饰搭配等素材； 2. 小组讨论并结合相关素材制作 10 种以上服装面料特征及服装特点的列表； 3. 小组分工，收集、整理各类服装维护保养的资料并撰写服装维护保养小结； 4. 结合相关素材，制作不同身型服饰搭配的 PPT 并汇报。	一、学生互评： 1. 指出不同身型服饰搭配的优缺点； 2. 学生素材的展示评价及筛选； 3. 指出各类服装质量维护保养的可实施性。 二、教师评价： 1. 小结报告是否完整、条理清晰、分析合理并具有一定的可实施性；小结写作中的语言组织是否有一定的逻辑性； 2. 素材的收集是否丰富多样且涵盖了代表性的廓型和面料种类，不同身型服饰搭配是否合理，是否符合美学原理； 3. PPT 的制作是否美观，汇报时表达是否得体大方、语义表述是否简洁明了。

课时：12 课时

1. 硬资源：具备上网功能的计算机或手机、服装手绘设计学习工作站、服装电脑设计学习工作站等。
2. 软资源：工作页、参考教材、时尚杂志、数字化资源（流行资讯网站）服装面料、服装廓型资料、服装质量保养素材等资料等。
3. 教学设施：投影仪、一体机、白版、白版笔等。

学习任务 1　服装店铺销售管理

1 获取店铺销售任务 → 2 店铺销售服务 → 3 服装店铺销售管理 → 4 服装店铺促销管理 → 5 店铺财务管理 → 6 店铺销售业绩总结

服装店铺销售管理

工作子步骤	教师活动	学生活动	评价
1. 市场定位决定成败，要求充分考虑服装店铺如何精准定位和如何制订切实可行的销售计划； 2. 店铺选址方面需要充分分析好店址、好商圈的特点，以及如何租赁店铺、不同地点开店的利与弊等因素； 3. 特色店铺的打造方面，需要分析考虑店铺取名、店铺室内设计、店铺的外围设计、店铺的招牌设计、店铺橱窗设计、店铺灯光设计、店铺布局设计、店铺的装潢要点、店铺试衣间设计等要点； 4. 热销氛围店铺的打造方面，需要分析考虑服装整体店铺设计、店铺的色彩设计、店铺的背景音乐设计、店铺内镜子和展柜的设计、系列展示橱窗的设计等； 5. 将服装店铺做大做强方面，需要充分考虑树立正确的经营观念、提升服装店的竞争力、让服装店铺快速成长、服装店铺的连锁模式及发展服装店铺分店等。	1. 讲解销售计划涵盖的要素及编制时的注意事项； 2. 播放优秀店铺的相关视频,并提问: ①店铺为何要精准定位? ②好店铺具备哪些要素? 3. 播放特色店铺和热销店铺的相关视频，提问并总结相关知识点，包括店铺取名、店铺室内设计要素、店铺的外围设计、店铺的招牌设计、店铺橱窗设计、店铺灯光设计、店铺布局设计、店铺的装潢要点、店铺试衣间设计、服装整体店铺设计、店铺的色彩设计、店铺的背景音乐设计、店铺内镜子和展柜的巧用方法、系列展示橱窗的设计要点等； 4. 教师讲解方案撰写的注意事项； 5. 教师讲解店铺整体陈列效果图的绘制方法和技巧。	1. 学生记录销售计划涵盖的要素及编制时的注意事项； 2. 学生观看视频、记录关键点，思考店铺精准定位和选址的必要性，并推荐小组成员回答老师的问题； 3. 学生观看视频、记录关键点，思考并回答教师问题； 4. 推荐小组成员分享服装店铺精准定位的成功案列； 5. 推荐小组成员汇报特色店铺、热销店铺的打造方案； 6. 观察教师示范并绘制热销店铺整体陈列效果图（附设计理念说明及陈列设计单）； 7. 撰写服装店铺分店发展要点小结； 8. 撰写销售计划书。	一、学生互评： 1. 指出店铺选址、店铺定位的利弊； 2. 指出销售计划和店铺打造方案中的优点如何持续优化、缺点如何改进，提出改进意见； 3. 对方案进行筛选与改进； 4. 完善陈列效果图。 二、教师评价： 1. 审阅学生制订的销售计划的可实施性和完整性； 2. 审阅学生撰写的特色店铺和热销店铺的打造方案是否完整、合理，是否有创新，是否有特色，是否可实施等； 3. 审阅学生的陈列效果图绘制比例是否准确、色彩搭配是否合理，是否有创新、是否完整等； 4. 审阅学生撰写的小结是否有条理且有可操作性； 5. 对审阅过程中出现的问题给出改进和指导意见。

课时：20 课时

1. 硬资源：具备上网功能的计算机或手机、服装手绘设计学习工作站、服装电脑设计学习工作站等。
2. 软资源：工作页、参考教材、数字化资源等。
3. 教学设施：投影仪、一体机、白版、白版笔等。

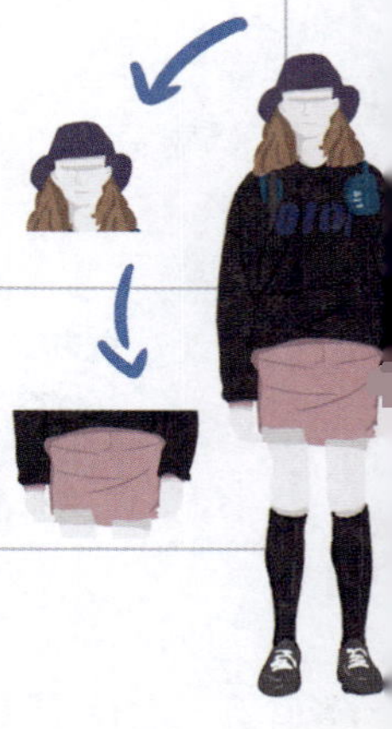

服装店铺促销管理

工作子步骤	教师活动	学生活动	评价
1. 制订服装店铺促销方案，包括促销的目的和计划，要考虑促销对象的选定、促销的主题、是否设置多项优惠活动、促销的时间和地点，还有促销活动中出现较多的问题。例如可以制订年度促销计划、主题式促销计划、弥补业绩缺口的促销计划、对抗性促销计划等。 2. 服装店铺宣传单的设计、妙用与派送。在设计宣传单时要充分了解宣传单的内容、细节、优点以及作用，这样才能更高效地为服装店做宣传。在宣传单派送方面，应该要充分分析目标客户，选择合适的派发时间、派发地点、派发方式等。 3. 店铺促销时机的选择，可以参照黄金节假日，例如，元旦节、寒假、春节、情人节、妇女节、劳动节、母亲节、儿童节、父亲节、暑假、教师节、国庆节、圣诞节等，还可以借助月末清货或者岁末大酬宾的促销活动。 4. 库存滞销产品的清除，可以考虑重推质量好的滞销服装，滞销服装搭配后再销售、滞销服装系列化销售、加强导购对顾客的引导、做好货架和陈列的更换等方法。 5. 折扣定价，可考虑累进数量折扣、非累进数量折扣、季节折扣定价、流行折扣定价、限时折扣定价等方法。	1. 讲解宣传单的设计原则与方法（讲授、头脑风暴法）； 2. 讲解店铺促销时机的选择与方案的撰写方法； 3. 指导学生撰写方案(巡回指导、问答)； 4. 结合学生收集的素材补充讲解库存滞销产品清除技巧； 5. 结合学生对库存滞销产品清除提出的解决方法补充相应的注意事项。	1. 记录服装店铺宣传单的设计、妙用与派送技巧并思考如何运用； 2. 小组讨论并制订促销方案； 3. 思考如何清除库存滞销产品并提出解决方法； 4. 思考、构思并运用素材设计促销宣传单； 5. 写出折扣定价的方法。	一、学生互评： 1. 评价促销宣传单的优缺点，提出改进意见； 2. 结合老师提出的编写要点，检查促销方案，查缺补漏； 二、教师评价： 1. 促销方案是否完整，是否有可操作性； 2. 促销宣传单的设计是否合理，色彩搭配及整体效果是否新颖美观且符合目标客户心理； 3. 小结报告条理是否清晰规范，内容是否完整。

课时： 8 课时

1. 硬资源：具备上网功能的计算机或手机、服装手绘设计学习工作站、服装电脑设计学习工作站等。
2. 软资源：工作页、参考教材、数字化资源，宣传单设计的优秀案例等。
3. 教学设施：投影仪、一体机、白版、白版笔、画笔、画纸、颜料等。

课程 10　服装店铺管理

学习任务 1　服装店铺销售管理

1 获取店铺销售任务 → 2 店铺销售服务 → 3 服装店铺销售管理 → 4 服装店铺促销管理 → **5 店铺财务管理** → 6 店铺销售业绩总结

店铺财务管理

工作子步骤	教师活动	学生活动	评价
1. 店铺采购管理，具体包括：确定采购组织与形式，制订采购产品组合要求，确定货源选择渠道，分析库存并制订计划，购货洽谈与合同签订，服装面辅料验收入库及付款； 2. 进货管理，可以从顾客需求、合适的进货时间、进货价格、进货类型、进货合作长久等方面入手；还应考虑服装面辅料采购的数量，采购信息的获取，获取批发商支持，对供应商的比较，与供应商双赢等方面； 3. 店铺现金管理，要从现金的清点与结算、现金安全相关措施、整理票据做好统计、大额钞票的管理等方面来要求员工； 4. 制订有效的财务制度与利润规划方案； 5. 服装价格管理，可以从服装的特色定价、根据市场动向定价、根据服装品牌定价、根据服装款式定价、选择新款服装定价、根据服装销量定价、根据顾客心理定价等；服装提价要掌握好适当的提价幅度，选择好的提价时机，更新服装的加工生产线等策略； 6. 做好财务台账的统计，具体包括每日工作结果统计台账、单品销售及盈利统计台账、进出货及退货管理台账、客户信息统计台账、物、账、卡统计台账等。	1. 老师讲授现金管理注意事项、服装定价方法、采购流程、进货注意事项等知识点和关键点； 2. 教师巡回指导学生写小结，对出现的问题给予及时的指导和帮助。	1. 学生记录老师讲授的知识，如现金管理注意事项，服装定价方法、采购流程等； 2. 回答老师的提问，如：影响服装定价的因素，店铺采购注意事项，店铺净利率如何核算等； 3. 撰写 1 份影响服装定价因素的小结； 4. 撰写店铺采购流程小结； 5. 撰写店铺利润规划小结。	教师评价： 1. 检查学生记录的知识点是否准确全面； 2. 能否按要求回答老师的提问（如：答案的完整性、准确性，语言表达是否思路清晰且有条理）； 2. 小结是否规范、完整、准确、明了。

课时： 8 课时

1. 硬资源：具备上网功能的计算机或手机、服装手绘设计学习工作站、服装电脑设计学习工作站等。
2. 软资源：工作页、参考教材、财务管理相关参考表格等。
3. 教学设施：投影仪、一体机、白版、白版笔等。

店铺销售业绩总结

工作子步骤	教师活动	学生活动	评价
1. 对店铺促销效果进行评估，例如可制订终端赠品登记表、次品情况登记表、促销出货统计表等； 2. 对店铺业绩进行过程与结果的评估，例如可制订店铺销售考核表、店铺销售业绩统计表、店铺销售业绩排行榜等。	1. 老师讲授店铺销售业绩相关知识点和要点； 2. 老师提问，如店铺促销效果如何评估，如何做好店铺业绩的过程评价等； 3. 教师提供销售业绩考核样表并指导学生设计制作考核表。	1. 认真记录老师讲授的店铺销售业绩相关知识点并回答老师的相关问题； 2. 参考老师提供的销售业绩考核样表，制订店铺销售考核表、店铺销售业绩统计表、店铺销售业绩排行榜、终端赠品登记表,次品情况登记表、促销出货统计表等。	一、学生的互评： 评价考核表的优缺点、提出改进意见。 二、教师评价： 1. 检查学生记录的知识点是否准确全面； 2. 能否按要求回答老师的提问（如：答案的完整性、准确性，语言表达是否思路清晰且有条理）； 3. 业绩考核表的设计是否合理，是否有可操作性。

课时： 2 课时

1. 硬资源：具备上网功能的计算机或手机、服装手绘设计学习工作站、服装电脑设计学习工作站等。
2. 软资源：工作页、参考教材、业绩考核样表等。
3. 教学设施：投影仪、一体机、白版、白版笔等。

学习任务 2　服装店铺人员管理

任务描述

学习任务课时：**28** 课时

任务情境：

某时装有限公司是一家集服装设计、生产制造和市场营销于一体的年轻而充满活力的服装企业，专营日韩时尚女装服饰，包括潮流女装、配饰及包包。公司旗下各品牌拥有国内外优秀的设计师团队、先进的生产设备以及专业的营销队伍，在追求产品种类多元化、单一品种精致化的同时，公司实现多样化的经营方式。采用特许经营模式为主要渠道突破，在全国重点省、市设立了了近百家旗舰店，王强是该公司华南地区的销售总监，其下有店长 22 名，今年公司总部提出第三季度华南地区的销售额要比上年同期增长 30%。

王强是我院服装专业往年优秀毕业生，他希望在我院服装品牌策划与经营专业的准毕业生中培养 5~6 名店长，于是我院服装专业教师带领准毕业班同学在王经理的指导下共同制订工作计划并实施，努力达成预期目标。

具体要求见下页。

服装店铺管理

工作流程和标准

工作环节 1

做好店铺人员工作任务指引工作

1. 充分了解服装店铺人员构架并能绘制架构图；
2. 熟练掌握服装店铺各岗位员工的工作职责；
3. 明确服装店铺各岗位员工的工作流程与操作规范，树立良好的环保意识、安全意识和成本意识等。

主要成果：

1. 服装店铺人员架构图；
2. 服装店铺各岗位员工的工作职责文本。

工作环节 2

做好店铺人员招聘工作

1. 做好店铺人员招聘计划，根据店铺发展需要制订招聘计划，但时刻要树立用人成本意识；
2. 制订店铺人员招聘标准

制订招聘标准可从性别、年龄条件、性格条件、能力条件等方面考虑。

主要成果：

分别撰写一份服装店铺店员、店长的招聘公告。

工作环节 3

做好店铺人员培训工作

1. 服装店铺人员规章制度及工作流程培训，培训内容具体包括导购的规章制度及工作流程，店长的规章制度及工作流程，财务的规章制度及工作流程，导购的规章制度及工作流程，采购的规章制度及工作流程，退换货制度及工作流程，客户投诉服务制度及工作流程。
2. 激励管理的方法培训，可从改变员工称谓、改变提成的方式、奖勤罚懒等方面进行培训。
3. 员工心态教育与辅导，可从积极心态、主动态度、乐于奉献等方面进行培训。
4. 团队凝聚力的打造，要善于创造良好的工作氛围，打造团队强大的凝聚力，使得团队成员之间彼此信任、互相帮助，使得团队的创造性和潜力得到激发，业绩显著提升。具体可以从建立一个共同的愿景，管理者强大的人格魅力，适当地给予员工压力，打造学习型的组织等方面进行培训。
5. 店铺人员技能培训，具体可围绕货品知识、销售知识、礼仪规范等方面展开培训。

主要成果：

1. 提交 1 份优秀服装店铺的店长所具备的素养小结；
2. 绘制团队凝聚力打造的思维导图；
3. 根据相关案例提出如何处理与顾客的关系，以及对顾客异议的处理技巧，制作成 PPT 并汇报。

工作环节 4

做好店铺人员管理工作

4

具体包括导购的管理，店员的管理，店长的管理，财务员的管理，采购员管理，仓管员的管理等。

主要成果：

1. 制订 1 份服装店铺店长的管理制度及工作流程的文本；
2. 根据相关案例列，举在店铺人员管理过程中遇到困难的解决方法。

工作环节 5

做好店铺人员绩效评估工作

5

1. 撰写绩效评估考核方案，可从考核目的、考核对象、考核时限、考核内容、考核方法等方面展开；
2. 制订店铺各类人员的量化评估表，例如店员考核表、店长考核表、业绩统计表、店铺员工销售奖金表、店铺员工业绩排行榜、店铺员工表现评核表等。

主要成果：

1. 撰写服装店铺店长、导购、店员的绩效评估考核方案；
2. 制订店铺各类人员量化评估表。

工作环节 6

做好店员晋升与奖励的工作

6

1. 制订店铺各类人员的奖罚条例；
2. 制订店铺各类人员的晋升方案。

主要成果：

1. 店铺各类人员的奖罚条例；
2. 员工晋升方案。

工作环节 7

做好展示及评价总结工作（教学方面）

7

学生作品展示，教师评价及学生互评。对服装店铺人员管理过程中出现的问题、现象进行总结，为日后学生就业工作提供经验与参考。

每位学生提交一份服装店铺人员管理工作小结。

主要成果：

对服装店铺人员管理过程中出现的问题、现象进行总结，为日后学生就业工作提供经验与参考。每位学生提交一份服装店铺人员管理工作小结。

学习内容

知识点	1.1 服装店铺人员构架； 1.2 服装店铺各岗位员工工作职责解读； 1.3 服装店铺各岗位员工的操作规范。	2.1 如何制订店铺人员招聘计划； 2.2 店铺人员招聘标准。	3.1 服装店铺人员规章制度及工作流程培训； 3.2 激励管理的方法培训； 3.3 员工心态教育与辅导； 3.4 团队凝聚力的打造； 3.5 店铺人员技能培训（包含店铺内突发事件处理技巧以及如何与顾客处理关系的培训）。
技能点	1.1 服装店铺人员构架图的绘制； 1.2 服装店铺各岗位员工工作职责解读； 1.3 明确服装店铺各岗位员工的操作规范； 1.4 职业能力： 能准确地绘制服装店铺人员构架图，熟练掌握服装店铺各岗位员工工作职责，明确服装店铺各岗位员工的操作规范，有一定的环保意识、安全意识和成本意识等。	2.1 店铺人员招聘计划的制订； 2.2 店铺人员招聘标准的制订； 2.3 职业能力： 能根据店铺人员招聘标准制订店铺人员的招聘计划。	3.1 服装店铺人员规章制度解读； 3.2 激励管理的方法培训及运用； 3.3 员工心态分析； 3.4 团队人员素养分析； 3.5 店员、导购、店长、采购、收银员等人员专业技能培训（包含店铺内突发事件处理技巧以及如何与顾客处理关系的培训）； 3.6 职业能力： 能对店铺内店员、导购、店长、采购、收银员等人员做专业技能培训、心态教育和激励辅导。
 工作环节	工作环节 1 店铺人员工作任务指引	店铺人员招聘 工作环节 2	工作环节 3 店铺人员培训
成果	1.1 服装店铺人员架构图； 1.2 服装店铺各岗位员工的工作职责文本。	2.1 分别撰写一份服装店铺店员、店长的招聘公告。	3.1 提交 1 份优秀服装店铺店长所应具备的素养的小结； 3.2 绘制团队凝聚力打造的思维导图； 3.3 根据相关案例，提出如何处理与顾客的关系，以及对顾客异议的处理技巧，制作成 PPT 并汇报。
素养	1.1 职业素养： 建立生产安全意识和纪律观念，让学生乐于接受学习任务，主动配合实施任务； 1.2 阐述工匠事迹，使学生树立专心致志、精益求精、爱岗敬业的工匠精神。	2.1 职业素养： 培养学生信息搜集处理能力、沟通表达能力和团队合作能力。	3.1 职业素养： 培养学生的口头表达能力，文稿撰写能力以及团队合作能力。

学习任务 2　服装店铺人员管理

4.1 导购的管理； 4.2 店长的管理； 4.3 财务人员的管理； 4.4 店员的管理； 4.5 采购的管理； 4.6 仓管员的管理。	5.1 绩效评估考核方案的撰写方法； 5.2 店铺各类人员量化评估表的制订方法。	6.1 员工奖罚条例的制订方法； 6.2 员工晋升方案的制订方法。
4.1 服装店铺各级人员管理制度及工作流程的分析与运用； 4.2 职业能力： 能对服装店铺各级人员管理制度及工作流程进行认真的分析与运用。	5.1 制订店铺各类人员量化评估表； 5.2 撰写绩效评估考核方案； 5.3 职业能力： 会撰写服装店铺各级人员的绩效评估考核方案并会运用，会制作店铺各类人员量化评估表并会运用。	6.1 制订员工晋升方案； 6.2 制订店铺各类人员的奖罚条例； 6.3 职业能力： 能制订店铺各类人员的奖罚条例和晋升方案并会运用。

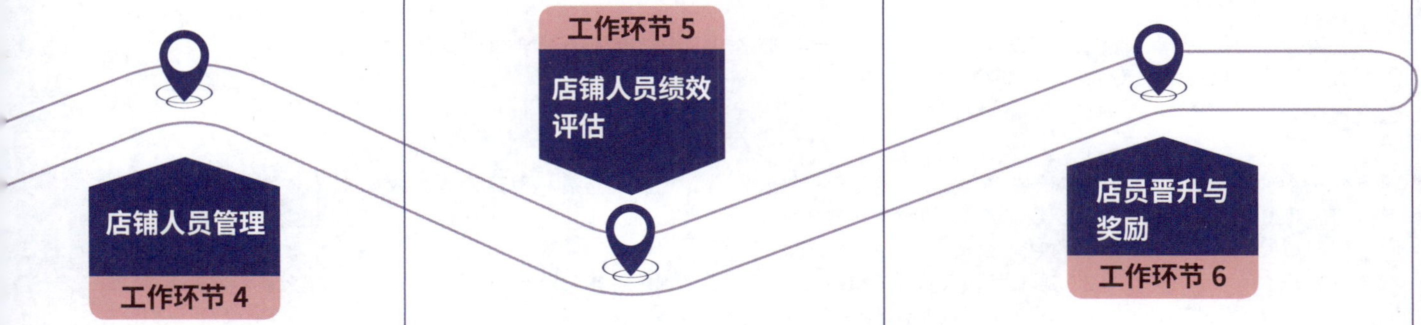

4.1 制订 1 份服装店铺店长的管理制度及工作流程的文本； 4.2 根据相关案例列举在店铺人员管理过程中遇到困难的解决方法。	5.1 撰写服装店铺店长、导购、店员的绩效评估考核方案； 5.2 制订店铺各类人员量化评估表。	6.1 制订店铺各类人员的奖罚条例 6.2 制订员工晋升方案。
4.3 职业素养： 培养学生用人成本意识、沟通表达能力、发现问题和解决问题的能力。	5.1 职业素养： 培养学生对知识点的理解与转化应用能力、团队合作能力、数字计算能力和整体协调能力。	6.1 职业素养： 培养学生的团队合作能力、团队管理能力和文稿撰写能力。

学习任务 2　服装店铺人员管理

1 店铺人员工作任务指引　2 店铺人员招聘　3 店铺人员培训　4 店铺人员管理　5 店铺人员绩效评估　6 店员晋升与奖励

<table>
<tr><th></th><th>工作子步骤</th><th>教师活动</th><th>学生活动</th><th>评价</th></tr>
<tr><td rowspan="2">店铺人员工作任务指引</td><td>1. 充分了解服装店铺人员构架并能绘制架构图；
2. 熟练掌握服装店铺各岗位员工的工作职责；
3. 明确服装店铺各岗位员工的操作规范，树立良好的环保意识、安全意识和成本意识等。</td><td>1. 分析人员架构图样本，提炼要点（讲授、关键词）；
2. 审阅学生设计绘制的人员架构图及人员职责文本记录资料；
3. 提供若干份某服装企业的人员架构图表供学生参考（展示、案例法）；
4. 讲解服装店铺各岗位员工的操作规范。</td><td>1. 学生分组讨论并绘制服装店铺人员架构图；
2. 做好服装店铺各岗位员工工作职责的文本记录；
3. 记录服装店铺各岗位员工的操作规范要点。</td><td>教师评价：
1. 人员架构图的绘制是否准确、完整；
2. 对学生分组讨论环节的学习态度、成员参与度等方面进行评价；
3. 审阅学生记录的服装店铺各岗位员工工作职责的文本是否完整、详细。</td></tr>
<tr><td colspan="4">课时：2 课时
1. 硬资源：具备上网功能的计算机或手机、服装手绘设计学习工作站、服装电脑设计学习工作站等。
2. 软资源：某企业人员工作职责范例若干份，工作页等。
3. 教学设施：投影仪、一体机、白版、白版笔等。</td></tr>
<tr><td rowspan="2">店铺人员招聘</td><td>1. 根据店铺发展需要，制订店铺人员招聘计划，但时刻要树立用人成本意识；
2. 制订店铺人员招聘标准（可从性别、年龄条件，性格条件，能力条件等考虑）。</td><td>1. 对学生进行分组，选定组长组织小组成员利用互联网开展招聘素材收集工作；
2. 讲解服装店铺各类人员的招聘标准和基本素养等知识；
3. 讲解如何制订店铺人员招聘计划等要点。</td><td>1. 小组讨论店铺人员招聘标准并做好记录；
2. 小组讨论招聘公告的格式、内容等要点。
3. 小组分工，收集、整理各类招聘公告素材并撰写服装店铺店员、店长的招聘公告。</td><td>一、学生互评：
指出招聘公告的优缺点。
二、教师评价：
招聘公告内容是否完整、条理清晰，公告中的语言组织是否通顺、合理，是否符合服装店铺用人标准等。</td></tr>
<tr><td colspan="4">课时：2 课时
1. 硬资源：具备上网功能的计算机或手机、服装手绘设计学习工作站、服装电脑设计学习工作站等。
2. 软资源：工作页、参考教材、招聘公告的参考样本若干等。
3. 教学设施：投影仪、一体机、白版、白版笔等。</td></tr>
</table>

店铺人员培训

工作子步骤	教师活动	学生活动	评价
1. 服装店铺人员规章制度及工作流程培训，具体培训内容包括导购的规章制度及工作流程，店长的规章制度及工作流程，财务的规章制度及工作流程，导购的规章制度及工作流程，采购的规章制度及工作流程，退换货制度及工作流程，客户投诉服务制度及工作流程。 2. 激励管理的方法培训，可从改变员工称谓、改变提成的方式、奖勤罚懒等方面进行培训。 3. 员工心态教育与辅导，可从积极心态、主动态度、乐于奉献等方面进行培训。 4. 团队凝聚力的打造，要善于创造良好的工作氛围，打造团队强大的凝聚力，使得团队成员之间彼此信任、互相帮助，使得团队的创造性和潜力得到激发，业绩显著提升。具体可以从建立一个共同的愿景，管理者强大的人格魅力，适当地给予员工压力，打造学习型的组织等方面进行培训。 5. 店铺人员技能培训，具体可围绕货品知识、销售知识、礼仪规范等方面展开的培训。	1. 讲解服装店铺人员规章制度及工作流程相关知识点； 2. 播放相关视频并提问，例如激励员工的方式有哪些，请谈谈均体激励和个体激励的利弊等； 3. 教师讲解思维导图绘制的要点； 4. 教师讲解店铺人员技能培训相关知识。	1. 学生记录服装店铺人员规章制度及工作流程培训的要点； 2. 观看员工激励管理类、团队凝聚力、心态辅导类的培训视频并做好相关要点的记录； 3. 小组讨论并回答老师的提问； 4. 学生记录店铺人员技能培训的相关要点并回答老师的提问； 5. 小组讨论撰写优秀服装店铺店长所具备的素养的小结； 6. 小组讨论绘制团队凝聚力打造的思维导图并推选成员汇报； 7. 记录店铺人员技能培训要点。	一、学生互评： 1. 对思维导图进行筛选与改进； 2. 汇报时的条理性、语言表达能力以及专业性等。 二、教师评价： 1. 审阅学生撰写的店长所具备的素养的小结是否具有条理性和完整性； 2. 审阅思维导图的美观性和创新性； 3. 对小组汇报环节进行评价，包括学生的口头表达能力、语言组织能力和专业能力等。

课时： 12 课时

1. 硬资源：具备上网功能的计算机或手机、服装手绘设计学习工作站、服装电脑设计学习工作站等。
2. 软资源：工作页、参考教材、数字化资源等。
3. 教学设施：投影仪、一体机、白版、白版笔等。

课程 10 服装店铺管理
学习任务 2 服装店铺人员管理

1 店铺人员工作任务指引　2 店铺人员招聘　3 店铺人员培训　4 店铺人员管理　5 店铺人员绩效评估　6 店员晋升与奖励

	工作子步骤	教师活动	学生活动	评价
店铺人员管理	1. 导购的管理； 2. 店员的管理； 3. 店长的管理； 4. 财务员的管理； 5. 采购员管理； 6. 仓管员的管理。	1. 讲解服装店铺各级人员管理制度及工作流程的相关知识点和注意事项； 2. 播放相关案列，提问：请列举在店铺人员管理过程中可能会遇到的困难； 3. 教师结合学生的回答补充说明要点和关键点； 4. 教师巡回指导，及时纠正和指导学生制订相关文本。	1. 记录服装店铺各级人员管理制度及工作流程的相关知识点和注意事项； 2. 列举在店铺人员管理过程中可能会遇到的困难，并提出解决的方法； 3. 思考如何做一名好店长并回答老师的相关问题； 4. 制订 1 份服装店铺店长的管理制度及工作流程的文本。	一、学生互评： 1. 根据同学的汇报，评价在店铺人员管理过程中遇到困难的解决方法是否妥当、合理； 2. 结合老师提出的编写要点，检查相关文本，查缺补漏。 二、教师评价： 1. 文本编写是否完整，是否合理； 2. 汇报时条理是否清晰规范，内容是否完整，方法是否妥当等。

课时： 8 课时

1. 硬资源：具备上网功能的计算机或手机、服装手绘设计学习工作站、服装电脑设计学习工作站等。
2. 软资源：工作页、参考教材、数字化资源、相关视频光碟等。
3. 教学设施：投影仪、一体机、白版、白版笔、A4 纸等。

	工作子步骤	教师活动	学生活动	评价
店铺人员绩效评估	1. 撰写绩效评估考核方案，可以从考核目的、考核对象、考核时限、考核内容、考核方法等方面展开； 2. 制订店铺各类人员量化评估表，包括店员考核表、店长考核表、业绩统计表、店铺员工销售奖金表、店铺员工业绩排行榜、店铺员工表现评核表等。	1. 老师讲授相关知识点和关键点，如绩效评估考核方案的撰写方法，店铺各类人员量化评估表的制订方法等； 2. 教师提问如考核方案包含的要素、绩效考核所包含的内容等； 3. 教师巡回指导学生撰写方案和制订相关考核表，对出现的问题给予及时的纠正和指导。	1. 学生记录相关知识点和关键点，如绩效评估考核方案的撰写方法，店铺各类人员量化评估表的制订方法等； 2. 学生思考并回答老师的提问； 3. 撰写服装店铺店长、导购、店员的绩效评估考核方案； 4. 制订店铺店员考核表、店长考核表、业绩统计表、店铺员工销售奖金表、店铺员工业绩排行榜、店铺员工表现评核表等。	教师评价： 1. 学生记录的知识点是否准确全面； 2. 学生能否按要求回答老师的提问（如：答案的完整性、准确性，语言表达思路是否清晰、有条理）； 2. 考核方案和相关评估表的设计是否合理、完整，是否具有可操作性等。

课时： 2 课时

1. 硬资源：具备上网功能的计算机或手机、服装手绘设计学习工作站、服装电脑设计学习工作站等。
2. 软资源：工作页、参考教材、人员管理相关参考表格等。
3. 教学设施：投影仪、一体机、白版、白版笔等。

店员晋升与奖励

工作子步骤	教师活动	学生活动	评价
1. 制订店铺各类人员的奖罚条例； 2. 制订店铺各类人员的晋升方案。	1. 老师讲授店铺人员奖罚条例和员工晋升方案制订的相关知识和要点； 2. 老师提问，如晋升方案包含的要素，奖罚条例在制订时需要考虑哪些因素等； 3. 教师指导学生制订店铺员工的晋升方案。	1. 认真记录店铺各类人员的奖罚条例和晋升方案的知识和关键点； 2. 制订店铺各类人员的奖罚条例； 3. 制订店铺各类人员的晋升方案。	一、学生的互评： 评价晋升方案的优缺点、提出改进意见。 二、教师评价： 1. 检查学生记录的知识点是否准确全面； 2. 能否按要求回答老师的提问（如：答案的完整性、准确性、语言表达思路清晰，有条理）； 3. 晋升方案的设计是否合理，是否有可操作性。

课时：2 课时

1. 硬资源：具备上网功能的计算机或手机、服装手绘设计学习工作站、服装电脑设计学习工作站等。
2. 软资源：工作页、参考教材等。
3. 教学设施：投影仪、一体机、白版、白版笔等。

考核标准

任务名称：

顾客问题的应对

情境描述：

小王服装专业毕业 5 年，近期荣升为一品牌服装店店长，为了提升其所负责店铺的销售业绩，她打算结合自己多年的工作经验，近期给店内 25 名导购做一次主题为“顾客问题的应对”的系统培训，因此小王罗列了销售过程中顾客出现频率较多的问题：

1. 导购建议顾客试穿衣服，可是顾客就是不肯采纳导购建议；
2. 导购热情接纳来店顾客，可顾客冷冷的回答：我随便看看；
3. 顾客很喜欢，可陪伴者说：我觉得一般或再到别的地方转转看。

任务要求：

结合该课程所学知识，并根据上文的情境描述，在规定的时间内完成以下任务：

1. 写出优秀服装导购员应具备的素养。
2. 制订滞销款的促销方案。
3. 根据上文的情境描述，写出如何处理与顾客关系的策略文案并制作 PPT 展示。

参考资料：

工作页、教材、专业图书、时尚杂志、网络资讯、个人笔记等。

评价方式：

本课程的评价方式为过程性评价与终结性评价相结合。

1. 过程性评价方式：小组自评、组间互评、教师总评，三者成绩相加的平均值作为过程性评价的最终学生成绩。
2. 终结性评价方式：任课教师、专业组所有教师、企业人员及销售总监共同实施考核评价，取所有考核人员评分的平均分作为学生考核成绩。评价内容包括：顾客问题应对答辩。

“服装店铺管理”学习活动考核评价表

评价要求		评价标准			
		优秀 10 分	良好 8 分	及格 6 分	不及格 6 分以下
专业能力评价标准	1. 学生出勤及对任务的参与程度				
	2. 方案的完成情况				
	3. 方案制订的完整性				
	4. 方案的可实施性				
	5. 方案是否与当前时代性相结合				
	6. 能否将服装产品设计与销售方式结合，秉承中国精益求精的大国工匠精神				
社会能力评价标准	7. 小组分工明确，合作能力强而高效				
	8. 学生仪容仪表符合学校要求				
	9. 汇报内容准备充分、逻辑性强，语言文明有礼				
	10. 重点突出，能清晰准确表达自己的观点				
	总分得分情况				
	教师总评				

课程 11　服装陈列设计

学习任务 1
女装品牌实体店铺陈列设计
（40）课时

学习任务 2
男装品牌实体店铺陈列设计
（40）课时

课程目标

学习完本课程后，学生应能胜任服装陈列设计工作中的常见任务，包括女装品牌实体店铺陈列设计、男装品牌实体店铺陈列设计、童装品牌实体店铺陈列设计等，学会并遵守“8S”管理规定，养成良好的工作习惯，具体包括：

1. 能充分理解视觉传达部设计总监的陈列设计意图，与陈列总监充分沟通，准确理解陈列设计任务，如线上、线下店铺陈列风格定位、陈列主题定位、陈列企划设计方案的呈现形式与方案数量、工作时间安排等要求，强化学生与人沟通的能力。

2. 能通过服装陈列设计网站、线上店铺和线下实体店铺、商圈等渠道进行调研，搜集与分析陈列最新流行趋势、线上和线下陈列设计案例，撰写市场调研报告，向陈列总监汇报调研结果，强化学生资料收集与加工处理能力。

3. 能合理选配与陈列设计要求相匹配的线下实体店铺道具、线上网店页面设计题材，重点关注线下实体店铺道具的类别、尺寸、数量、色彩、材质、供货渠道；线上陈列页面题材的风格、题材元素、页面色彩搭配，并充分考虑陈列的季节性差异和陈列实施成本。

4. 能运用手绘及电脑软件（PS/CDR）完成线上、线下实体店铺陈列效果图，能做到线下实体店铺整体布局结构合理，陈列设计风格创新，陈列设计细节表达到位；线上店铺陈列效果图能做到首页的装修符合品牌风格定位，活动页面布局合理美观，产品特征、价位等描述清晰。

5. 能够独立填写线下实体店铺陈列设计方案实施确认单，能确认陈列产品的品类和数量（橱窗主推款、卖场主推款、基础陈列款）；能制作店铺陈列模型，创新陈列设计（壁面陈列、中岛陈列、基础陈列、人型模特模型演示），要求能根据中国传统节日（如新年主题、中秋等主题），制定符合节日主题与氛围、体现节日文化理念、符合品牌定位、内部布局美观、便于顾客选购的陈列设计，达到陈列的目的，也能帮助学生理解中国传统文化的内涵，增强学生的文化自信。

6. 能够独立填写线上陈列设计方案实施确认单，确认陈列产品上传的品类和数量（特别是主推款和活动款）；掌握不同主题的陈列方案上传方法，能够准确完成每件单品的细节描述和款式搭配方案。

7. 能够建立线上、线下实体店铺商品管理与维护系统，运用陈列设计知识对线上、线下终端销售人员进行陈列培训，能够维护线上、线下实体店卖场售卖货品，要求做到货品齐色、齐码、干净整洁，并能根据销售情况进行适宜的陈列调整；能制定线上店铺运营跟进细则，包括店面维护、上货波次、物流跟进、退换货跟进等。

8. 能根据各个专卖店规模和地域的差异，针对实际情况做出陈列建议和指导。

课时：120

学习任务 3

童装品牌实体店铺陈列设计

（40）课时

课程内容

1. 陈列设计任务书的体例与解读方法。

2. 服装品牌店面陈列咨讯以及竞品陈列资料搜集和整理的方法。

3. 市场调研报告、PPT 的制作方法。

4. 手绘线下实体店铺和线上店铺陈列空间环境效果图、线上和线下产品陈列效果图、实体店铺卖场道具设计效果图、橱窗效果图、卖场陈列效果图、线上和线下 POP 海报设计效果图。

5. 线上、线下陈列设计企划案的整体制作方法。

6. 陈列道具选配与归类列表的制作方法。

7. 陈列道具与服装品牌风格、服装的搭配方法与技巧。

8. 线上、线下店铺陈列实施与执行技巧。

9. 中国传统节日的典故。

10. 中国传统节日主题陈列设计手册的制作方法（知识点的综合运用）。

学习任务 1　女装品牌实体店铺陈列设计

任务描述

学习任务课时：40 课时

任务情境：

某女装品牌公司正在进行明年秋冬实体店铺陈列设计方案开发，在视觉传达部设计总监的店铺陈列设计企划任务分解中有一个“春节”主题陈列设计开发项目，陈列包括前期的实体店铺调研、整套陈列企划方案（设计图）、道具的选配、陈列实物模型、陈列维护管理方案的制定。此次陈列效果要符合该女装品牌的文化理念；符合“春节”主题气氛，能传达传统文化内涵（吉祥、团圆、喜庆），符合 欧时力时尚感和休闲感相结合的风格，体现艺术性、文化性、价值性、商业性；色彩需与当季流行色及春节专属色相结合运用；体现中华传统春节文化喜庆的文化内涵；道具选配以中式风格为主，选配烘托春节团圆、热闹、喜庆的氛围元素（如鞭炮、中国结、春联、剪纸、年画等元素）；材料必须以环保材料为主。该公司希望我院服装专业的学生参与此次“春节”主题的实体店铺陈列设计方案。

具体要求见下页。

ochirly
欧时力

工作流程和标准

工作环节 1

获取实体店铺陈列设计任务

1

解读实体店铺陈列设计任务书，完成实体店铺陈列设计任务书的分解及要点记录。

主要成果：

1. 提取某女装品牌春节主题实体店铺陈列设计任务书关键词；
2. 某女装品牌实体店铺陈列设计任务书分解表；
3. 总结 VP\PP\IP 与区别。

工作环节 2

市场调研

2

根据服装公司视觉传达部下达的陈列设计任务开展市场调研工作，包括：实地考察调研、线上调研等形式。首先通过对服务品牌店铺所在的商圈进行实地调研，包括商圈的级别、商圈类别、繁华程度、人流量分析；其次是竞争品牌实体店铺和陈列资讯网的搜集与检索，并对调研信息进行归类、整理与分析，搜集与整理春节传统节日元素（如中国对联、舞狮、鞭炮、剪纸等）并撰写成果。

主要成果：

1. 调研计划（含调研目标、调研的主要问题 / 内容、调研对象选择、调研实施过程步骤、调研结果表述形式等内容）
2. 商圈评估报告；
3. 市场调研报告（空间环境格局、橱窗、PP\IP\NP）；
4. “春节”相关的陈列案例及体现春节文化的相关视觉元素；
5. 撰写市场调研报告并制作调研结果汇报的 PPT。

工作环节 3

实体店铺陈列设计企划案

3

根据设计要求和前期市场调研信息的综合分析，绘制某女装品牌新年主题陈列效果图（包括店铺空间环境效果、店铺整体陈列效果、橱窗陈列效果、店铺格局布局图），要求陈列效果图准确表达新年主题、体现浓厚的春节喜庆的氛围，风格表达准确、设计布局合理，细节标准清晰、色彩搭配协调（中国式色彩），并附带详细设计说明（民族文化理念内涵、橱窗和店铺陈列设计说明、海报设计）。

主要成果：

1. 某女装品牌实体店铺“春节”陈列企划方案计划；
2. 某女装品牌实体店铺“春节”陈列整体企划案（“春节”主题、风格、色彩方案等）；
3. 某女装品牌实体店铺“春节”陈列效果图；
4. “春节”整体陈列设计理念说明（陈列主题、陈列风格、陈列色彩、陈列规划图）。

工作环节 4

陈列道具选配与确认 4

搜集和整理陈列道具流行资讯（类别、价格、尺寸、色彩、材质）、春节主题氛围的陈列道具资料（如体现中国风格的壁柜、陈列桌、陈列装饰品等），并从中选配符合设计主题的陈列道具模型，做到陈列道具与品牌风格定位（新年主题文化理念和节日氛围、产品定位、消费群定位、价格定位）以及销售季节相匹配。

主要成果：

1. 收集与整理“春节主体氛围”陈列道具资料（体现春节文化氛围）；
2. 陈列道具归类列表（道具类别、价格）。

工作环节 5

陈列道具选配与确认 5

填写陈列设计方案实施确认单，确认陈列产品的品类和数量（新年橱窗主推款、卖场主推款、基础陈列款）；确认服饰配件的产品品类和数量；制作店铺陈列模型（壁面陈列、中岛陈列、基础陈列、人型模特模型演示），做到实体店铺陈列整体布局协调，为消费者提供一个喜庆、愉悦的购物环境，达到促进消费、传播传统文化的目的。

主要成果：

制作某女装品牌“春节”主题陈列模型。

工作环节 6

实体店铺陈列维护管理 6

制订后期实体店铺陈列方案标准细则（节假日活动、定期更新）；实体店卖场售卖货品的维护（齐色、齐码、整洁卫生）方案；实体店卖场的卫生维护方案；实体店卖场人员管理方案（节日消费者问候语）。

主要成果：

1. “春节”主题陈列指导培训方案（货品管理、人员管理）；
2. 后期“春节”主题陈列标准细则方案（日常陈列维护、卫生管理、活动、春节陈列方案等）。

工作环节 7

评价反馈 7

对实体店铺陈列设计和后期执行过程中出现的问题、现象进行总结，为下一次提供经验与参考，以便在制订新计划时更加完善。每位学生提交一份“新年”实体店铺陈列设计工作总结。培养学生的爱国、爱家精神，传承中国文化精神内涵、增强学生的文化自豪感。

主要成果：

对“春节”主题实体店铺陈列设计和后期执行过程中出现的问题、现象进行总结，为下一次提供经验与参考，以便在制定新计划时更加完善。每位学生提交一份实体店铺陈列设计工作总结。

学习内容

知识点	1.1 女装品牌实体店铺陈列设计概述与认知（VP、IP、PP 定义、视觉营销的作用、目的等）； 1.2 女装品牌实体店铺陈列设计要素（VP 演示陈列空间要素、PP 展示陈列空间要素、IP 基础陈列空间要素）； 1.3 “春节”传统文化的来源和发展。	2.1 广州女装品牌实体店铺商圈调研（太古汇、天河城、正佳广场、花城汇、天环）； 2.2 女装品牌实体卖场商品陈列调研（PP、IP、VP）； 2.3 竞争品牌、服务品牌实体卖场动线布局系统等； 2.4 春节文化元素搜集调研； 2.5 市场调研的方法和技巧（调研表格的设计与填写）； 2. 6 市场调研报告撰写与汇报的要求和注意事项。	3.1 女装品牌实体店铺陈列主题设计方法； 3.2 女装品牌实体店铺陈列风格定位方法； 3.3 女装品牌实体店铺陈列色彩定位方法； 3.4 女装品牌实体店铺卖场陈列构成； 3.5 女装品牌实体店铺橱窗陈列构成； 3.6 “春节主题”陈列企划案制订方法和原则（主题、色彩、卖场、海报）。
技能点	1.1 某女装品牌“春节主题”实体店铺陈列设计工作任务和任务要求的解读与确认（品牌理念、风格定位、色彩定位、材料要求、春节氛围要求）（沟通技巧具体化）； 1.2 女装品牌实体店铺陈列设计的展开要素（VP 演示陈列空间要素、PP 展示陈列空间要素、IP 基础陈列空间要素）（环保意识、安全意识、成本意识）； 1.3 职业能力： 能服从总监的工作安排，准确理解实体店铺陈列设计工作任务，掌握恰当的沟通时机和方法，与设计师确认实体店铺陈列设计要求，明确设计流程，有一定的环保意识、安全意识、成本意识等。	2.1 商圈陈列调查评估报告：商圈的级别、商圈类别、繁华程度、人流量分析（市场环境分析能力）； 2.2 女装品牌实体卖场整体陈列调研报告的撰写与 PPT 制作； 2.3 商圈评估报告、市场调研报告文本的撰写与 PPT 的制作； 2.4 职业能力： 陈列资讯检索能力，陈列设计资讯的归类与整理，陈列流行趋势的分析与运用，商圈调研评估分析的能力。	3.1 不同女装品牌实体店铺陈列的风格识别与鉴赏（审美意识）； 3.2 不同风格女装品牌实体店铺陈列的主题识别与鉴赏（审美意识）； 3.3 店铺陈列设计流行元素的运用（创新意识）； 3.4 “春节主题”陈列企划案案例鉴赏（文化意识）； 3.5 职业能力： 确定设计主题，绘制实体店铺陈列设计效果图，设计图要兼具实用性、审美性、文化性；设计图线条流畅、比例准确，透视精准。
工作环节	工作环节 1 获取实体店铺陈列设计任务	工作环节 2 市场调研	工作环节 3 实体店铺陈列设计企划案
成果	1.1 提取某品牌女装“春节主题”实体店铺陈列设计任务书关键词； 1.2 某品牌女装品牌实体店铺陈列设计任务书分解表； 1.3 总结 VP\PP\IP 与区别。	2.1 调研计划（含调研目标、调研的主要问题 / 内容、调研对象选择、调研实施过程步骤、调研结果表述形式等内容）； 2.2 商圈评估报告； 2.3 撰写市场调研报告（空间环境格局、橱窗、PP\IP\NP）； 2.4 “春节”相关的陈列案例及体现春节文化的相关视觉元素； 2.5 调研结果汇报的 PPT。	3.1 女装品牌实体店铺陈列企划方案计划； 3.2 女装品牌实体店铺陈列整体企划案（“春节”主题、风格、色彩方案等）； 3.3 女装品牌实体店铺陈列效果图（整体空间布局、卖场产品陈列效果图、橱窗陈列效果图）； 3.4 整体陈列设计理念说明（陈列主题、陈列风格、陈列色彩、陈列规划图）。
素养	1.1 职业素养： 建立生产安全意识和纪律观念，培养任务书阅读理解和工具清单撰写能力，让学生乐于接受学习任务，主动配合实施任务；阐述工匠事迹，使学生树立专心致志、精益求精、爱岗敬业的工匠精神 1.2 思政元素： 传承中国传统节日文化，增强文化自信。	2.1 职业素养： 观察力和对时尚的敏锐度，信息搜集处理能力，爱国和感恩的意识，传承中国传统文化的自豪感，能计划、组织工作各项环节和流程 2.2 思政元素： 搜集春节元素（剪纸、鞭炮、灯笼、年画、中国结、春联等元素），帮助学生理解非遗文化，增强民族文化自信和爱国爱家意识。	3.6 职业素养： 培养学生的手绘能力、PS、CDR 电脑设计能力，审美能力，动手操作能力，以及分析问题、解决问题的能力，文化自信、掌握设计企划案的设计流程 3.7 思政元素： 设计方案体现春节节日主题，渲染和传承中国传统春节文化。

学习任务 1　女装品牌实体店铺陈列设计

4.1 陈列道具 搜集、检索方法（pop 资讯网站、蝶讯网等）； 4.2 春节主题”陈列道具分类（人形模特、壁柜、落地柜、多功能组合柜、陈列桌、剪纸、鞭炮、春联、屏风等）； 4.3 系列时尚女装陈列道具的独立性与整体陈列的关联性（单个道具或单个模特、多个道具或多个模特的组合）； 4.4 道具选配原则（美观原则、经济原则、安全原则）。	5.1 挑选重点陈列商品（主推款）的方法； 5.2 制作实体店卖场模型的方法（制作、工具、制作手法）； 5.3 规划女装实体店铺陈列模型空间格局的“春节主题”方法； 5.4 陈列方式（正挂、侧挂、折叠）； 5.5 服饰配件陈列方法（等腰三角形、直角三角形、不等边三角形构图）。	6.1 女装品牌实体店铺卖场售卖货品的维护方案（齐码齐色、主推春节主题服装款）； 6.2 女装品牌实体店铺卖场人员管理培训方案的制定方法（分工、服务、春节对消费者问候语）； 6.3 女装品牌实体店铺卖场卫生维护方案的制定方法（环境卫生、服装卫生）； 6.4 制定日后陈列标准细则方案（日常定期陈列维护、卫生管理、活动、节日陈列效果维护等）的制定方法。	7.1 总结市场调研的方法； 7.2 总结整个实体店模拟女装品牌陈列设计实施过程中出现的问题及改进的方法； 7.3 总结汇报的方法和技巧。
4.1 陈列道具信息的搜集整理； 4.2 陈列道具与服装的搭配 ； 4.3 陈列道具与销售主题氛围的匹配（知识点的转化与应用）； 4.4 职业能力： 流行资讯搜集与整理的方法，搜集并筛选“春节”主题陈列道具要与服装产品定位相符。	5.1 实体店铺陈列产品品类和数量的确认（时尚的敏锐度）； 5.2 服饰配件的产品品类和数量的确认（时尚的敏锐度和细心）； 5.3 模型实体店铺陈列整体布局图的协调性（动手能力）； 5.4 制作欧时力女装实体店铺模型； 5.5 职业能力： 能根据陈列空间布局，选配并确认实体店铺陈列服装产品、服饰配件等的品类和数量；陈列做到突出“春节”主题文化氛围；陈列效果必须体现企业文化内涵，激发购买欲，提升品牌效益和形象。	6.1 建立女装品牌实体店铺商品管理与维护系统（安全意识、时间效率）； 6.2 建立女装品牌实体店铺人员管理与维护系统（语言表达能力、责任心、管理意识）； 6.3 职业能力： 能制定“春节主题”陈列指导培训方案，能制定日后陈列方案标准细则方案。	
陈列道具选配与确认 工作环节 4	工作环节 5 实体店铺陈列实施与执行	实体店铺陈列维护管理 工作环节 6	工作环节 7 实施工作任务
4.1“春节主体氛围”陈列道具资料（体现春节文化氛围）； 4.2 陈列道具归类列表（道具类别、价格）。	5.1 制作陈列模型。	6.1“春节”主题陈列指导培训方案（货品管理、人员管理）； 6.2 后期“春节”主题陈列标准细则方案（日常陈列维护、卫生管理、活动、春节陈列方案等）。	7.1 对“春节”主题实体店铺陈列设计和后期执行过程中出现的问题、现象进行总结，为下一次提供经验与参考，以便在制定新计划时更加完善。每位学生提交一份实体店铺陈列设计工作总结。
4.1 职业素养： 培养学生成本控制意识、沟通表达能力、发现问题和解决问题的能力、决策能力，能辨别和修正数据差异，填写修改记录表，吃苦耐劳和团队合作精神。 4.2 思政元素： 搜集春节元素（剪纸、鞭炮、灯笼、年画、中国结、春联等元素），帮助学生理解非遗文化，增强文化自信和爱国爱家意识。	5.1 职业素养： 培养学生的对知识点的理解与转化应用能力、团队合作能力、整体协调能力、组织工作各项环节和流程的能力。 5.2 思政元素： 通过橱窗和店铺陈列体现春节文化氛围，给消费者传达一种愉悦、喜庆的购物环境，向国人传达一种民族传统文化精神，增强学生的文化自豪感。	6.1 职业素养： 培养学生的沟通能力和团队合作能力等，熟悉工作人员仪容仪表规范和文明礼貌，培养学生敬业、诚信等职业道德和素养，遵守企业的规章制度和操作规范。	7.1 职业素养： 培养学生分析问题和解决问题的能力，学会整理和归纳材料，撰写工作总结；培养学生的沟通表达和团队合作精神。 7.2 思政元素： 培养学生的爱国、爱家的精神，传承中国文化精神内涵。

课程 11　服装陈列设计

学习任务 1　女装品牌实体店铺陈列设计

1 获取实体店铺陈列设计任务 → 2 市场调研 → 3 实体店铺陈列设计企划案 → 4 陈列道具选配与确认 → 5 实体店铺陈列实施与执行 → 6 实体店铺陈列维护管理 → 7 评价反馈

	工作子步骤	教师活动	学生活动	评价
获取实体店铺陈列设计任务	1. 接受某品牌女装“春节主题”实体店铺陈列任务书； 2. 了解某品牌女装实体店铺陈列风格定位与设计要求。	1. 教师讲授女装品牌实体店铺陈列设计相关概述知识导入课程（VP、IP、PP 定义、视觉营销的作用、目的等）； 2. 要求学生分组搜集总结女装品牌实体店铺陈列设计要素的区别（VP 演示陈列空间要素、PP 展示陈列空间要素、IP 基础陈列空间要素），并指导总结过程； 3. 要求学生分组搜集“中国春节”节日的来源和发展历史资料； 4. 教师总结本节课的知识点并提问学生对本节课知识点的掌握情况。	1. 学生听讲女装品牌实体店铺陈列设计相关概述知识（VP、IP、PP 定义、视觉营销的作用、目的等）； 2. 小组通过网络搜集并总结女装品牌实体店铺陈列设计要素的区别（VP 演示陈列空间要素、PP 展示陈列空间要素、IP 基础陈列空间要素）； 3. 学生上网搜集“中国春节”的来源和发展历史的相关资料； 4. 学生回顾本节课学习的知识点，并回答老师的问题。	1. 教师点评： （1）归纳陈列设计要素区别点是否全面； （2）中国传统节日——春节的来源与发展历史资料是否准确、全面； （3）学生回答任务书中的要素问题，教师抽答点评（语言表达能力、解决问题能力）。
	课时： 2 课时 1. 硬资源：多媒体、具备上网功能的计算机、教学场所等。 2. 软资源：任务书、评价标准表、任务分解表、女装实体店 VP\PP\IP 陈列案例等。			
市场调研	1. 确定调研目标； 2. 制订调研计划； 3. 女装品牌实体店铺商圈调研； 4. 竞品女装品牌实体店铺空间环境、格局、道具、灯光调研； 5. 竞争品牌、服务品牌女装实体店铺橱窗陈列调研； 6. 竞争品牌、服务品牌女装实体店铺产品陈列调研（PP、IP、VP）； 7. 撰写调研报告。	1. 教师介绍品牌调研经典案例； 2. 下达调研任务（商圈调研、实体店铺调研）； 3. 指导小组制定调研计划； 4. 检查小组调研计划是否具有可行性； 5. 介绍广州服装商圈信息（太古汇、天河城、正佳广场、花城汇、天环）； 6. 现场指导和把控学生的市场调研过程，有问题及时指正； 7. 指导和把控学生上网搜集春节相关文化元素的过程，有问题及时指导； 8. 提出市场调研报告的撰写标准，指导市场调研报告撰写过程； 9. 提出小组互评规则和标准。	1. 学生听教师介绍品牌调研经典案例，对调研内容有初步了解； 2. 接受并分析调研任务（商圈调研、实体店铺调研）； 3. 小组共同制定调研目标与计划； 4. 小组走访太古汇、天河城店，实地调研搜集店铺空间布局、橱窗陈列、IP、VP、PP 等详细陈列资料； 5. 小组走访竞争品牌店、天河商圈实地调研； 6. 小组上网搜集并整理春节文化元素； 7. 根据前期调研数据分析，撰写调研报告； 8. 小组汇报调研报告； 9. 小组互评调研报告。	1. 教师点评： （1）女装品牌实体店铺陈列调研信息搜集是否全面（市场把控能力）； （2）春节文化元素搜集是否全面、准确； （3）调研报告是否撰写完善。 2. 小组互评：调研结论是否准确，是否能为后期企划案提供依据。
	课时： 6 课时 1. 硬资源：具备上网功能的计算机等。 2. 软资源：市场调研计划表、调研记录本、调研报告参考案例等。			

1 获取实体店铺陈列设计任务 → 2 市场调研 → 3 实体店铺陈列设计企划案 → 4 陈列道具选配与确认 → 5 实体店铺陈列实施与执行 → 6 实体店铺陈列维护管理 → 7 评价反馈

实体店铺陈列设计企划案

工作子步骤	教师活动	学生活动	评价
1. 制订女装品牌实体店铺陈列企划方案计划； 2. 制作女装品牌实体店铺陈列整体企划案（主题、风格、色彩方案等）； 3. 制作女装品牌实体店铺陈列卖场布局规划图企划案； 4. 制作女装品牌实体店铺产品陈列企划案； 5. 制作女装品牌实体店铺陈列整体效果图，包括整体空间布局图、卖场产品陈列效果图、橱窗陈列效果图。	1. 教师呈现某品牌实体店铺陈列规划方案经典案例； 2. 指导学生制订女装品牌实体店铺陈列设计企划方案工作计划； 3. 现场指导学生制作女装品牌“春节”主题实体店铺整体陈列设计企划案（陈列主题、陈列风格、陈列色彩、陈列规划图）； 4. 现场指导学生绘制女装品牌春节主题陈列整体效果图（整体空间布局、卖场产品陈列效果图、橱窗陈列效果图）； 5. 与学生小组共同解决工作过程中遇到的问题； 6. 制订陈列设计企划评价标准。	1. 小组讨论分析某品牌实体店铺陈列规划方案经典案例，制订女装品牌“春节主题”实体店铺橱窗、卖场构成陈列设计企划方案工作计划； 2. 小组分工，共同开发“欧时力”女装品牌”春节主题实体店铺整体陈列设计企划案（陈列主题、陈列风格、陈列色彩、陈列规划图）； 3. 小组分工共同绘制女装品牌”春节主题实体店铺陈列效果图（整体空间布局、卖场产品陈列效果图、橱窗陈列效果图）； 4. 自评陈列设计企划方案。	1. 教师点评： （1）实体店铺整体企划方案工作计划制定是否合理； （2）整体企划设计方案是否符合品牌定位； （3）春节主题实体店铺整体节日气氛是否传达到位、是否能体现春节传统文化内涵、布局结构是否合理、陈列设计风格是否创新、陈列设计细节表达是否到位； 2. 学生自评：实体店铺整体陈列设计企划案是否全面到位。

课时： 20 课时

1. 软资源：陈列企划案案例、绘画工具（铅笔、橡皮、马克笔、素描纸等）。
2. 硬资源：具备上网查询功能的计算机、设计台、多媒体教学设备、展示版等。

课程 11 服装陈列设计

学习任务 1 女装品牌实体店铺陈列设计

1. 获取实体店铺陈列设计任务
2. 市场调研
3. 实体店铺陈列设计企划案
4. 陈列道具选配与确认
5. 实体店铺陈列实施与执行
6. 实体店铺陈列维护管理
7. 评价反馈

	工作子步骤	教师活动	学生活动	评价
陈列道具选配与确认	1. 制订陈列道具选配计划； 2. 店铺人形模特的选配与确认； 3. 壁柜、落地柜、多功能组合柜的选配与确认； 4. 岛屿式陈列桌的选配与确认； 5. 不同规格挂架的选配与确认； 5. 休息区设施选配与确认； 6. 体现春节文化氛围的相关道具的选配与确认。	1. 教师呈现某品牌陈列道具案例； 2. 教师介绍陈列道具搜集、检索方法（pop 资讯网站、蝶讯网等）； 3. 教师讲解陈列道具的规格并制作归类列表； 4. 指导学生制定详细的道具归类列表（体现春节文化氛围）； 5. 教师讲解服装与陈列道具的搭配原则。	1 小组分析讨论某女装品牌陈列道具案例，对体现春节氛围的陈列道具有初步认识； 2. 小组共同制订某女装品牌春节主题陈列道具选配计划； 3. 小组分工搜集与整理体现春节文化氛围的陈列道具； 4. 小组共同制订陈列道具归类列表； 5. 小组汇报陈列道具搜集归类情况； 6. 组互评女装陈列道具选配、搭配方案。	1. 教师评价：搜集的道具归类是否全面、恰当。 2. 小组互评： （1）服装与道具搭配组合方式是否独特创新； （2）服装道具选配是否与春节主题相匹配； (3) 陈列道具搜集归类情况。
	课时： 8 课时 1. 软资源：陈列道具资讯网站、各类实体店铺陈列道具素材等。 2. 硬资源：多媒体教室、展示版等。			
实体店铺陈列实施与执行	1. 确定陈列产品款式、数量信息； 2. 某女装品牌“春节主题”店铺陈列实施与执行（陈列模型）。	1. 教师介绍店铺陈列实施经典案例； 2. 教师指导学生确定选配的陈列产品款式和数量； 3. 教师指导学生确定服装、饰品的陈列形式； 4. 教师指导学生完成“春节主题女装实体店铺陈列模型制作（体现春节传统文化内涵）； 5. 制订春节主题陈列模型的评价标准。	1. 小组分析讨论店铺陈列实施经典案例； 2. 小组讨论确定陈列产品款式的选配及数量信息； 3. 小组讨论并规划春节主题女装实体店铺陈列模型的空间布局； 4. 小组讨论春节主题品牌服装、饰品陈列方式形式（模型）； 5. 小组制作春节主题陈列模型； 6. 小组互评：女装品牌春节主题陈列整体实施与执行情况。	1. 教师点评： （1）抽查学生是否理解陈列设计实施案例并点评； （2）陈列产品款式、数量选配是否合理； （3）陈列模型路线布局是否合理； （4）实体模型、卖场产品、配饰陈列方式是否协调； （5）模型、橱窗、店铺内部产品陈列设计是否独特创新、是否体现春节文化氛围、陈列是否到位。 （6）陈列实施效果与前期效果图吻合。 2. 小组互评： 陈列整体实施与执行情况。
	课时： 2 课时 1. 软资源：女装店铺陈列实施案例等。 2. 教学设施：模型制作所需设计元素、小道具（白版纸、双面胶、尺子、马克笔等）。			

	工作子步骤	教师活动	学生活动	评价
实体店铺陈列维护管理	1. 女装品牌实体店铺陈列货品管理； 2. 女装品牌实体店铺陈列人员管理； 3. 女装品牌实体店铺陈列卫生管理； 4. 后期陈列标准细则方案（日常定期陈列维护、卫生管理、活动、节日陈列等）的制订。	1. 教师呈现女装实体店铺陈列维护管理案例导入课程； 2. 教师指导小组制订某女装品牌实体店铺货品维护方案（齐码齐色、主推春节主题服装款）； 3. 教师指导小组制订某女装品牌实体店卖场人员管理培训方案（分工、服务、春节对消费者问候语）； 4. 教师指导小组制订某女装品牌实体店卖场的卫生维护方案（环境卫生、服装卫生）； 5. 教师指导小组制订某女装品牌实体陈列方案标准细则（节假日活动陈列）。	1. 学生讨论分析实体店铺陈列维护管理案例，制订某品牌女装实体店铺陈列维护工作计划； 2. 小组讨论并制订某品牌实体店铺卖场货品维护方案（齐色、齐码、主推春节主题服装款）； 3. 小组讨论并制订某品牌女装实体店卖场人员管理培训方案(分工、服务、春节对消费者问候语)； 4. 小组讨论并制订实体店卖场的卫生维护方案（环境卫生、服装卫生）； 5. 小组讨论制订后期女装品牌实体陈列方案标准细则（节假日）。	1. 教师点评： (1) 店铺货品维护方案设计是否符合实际需要； (2) 卫生维护方案设计是否分工明确； (3) 人员管理培训方案细则是否涵盖全面，春节消费者节日问候语是否能做到体贴入微、温暖他人； 2. 小组互评：整体陈列维护管理体系是否具有可实施性。
	课时： 1 课时 1. 软资源：多媒体教学资源、店铺陈列维护管理经典案例等。 2. 硬资源：多媒体教室、展示版等。			
评价反馈	1. 总结某女装品牌实体店铺春节主题陈列设计过程中出现的问题； 2. 提出改进意见方案。	1. 教师指导小组实施某女装品牌实体陈列整体设计过程，并引导学生改进实施过程中出现的问题。	1. 每个小组展示工作成果并开展互评； 2. 小组讨论模拟女装品牌实体店铺陈列设计过程中出现的问题并修改； 3. 撰写总结报告。	教师：总结实体陈列设计实施中各小组的工作完成情况，指出优缺点。
	课时： 1 课时 硬资源：课室、多媒体等。 软资源：线上陈列互评表等。			

学习任务 2　男装品牌实体店铺陈列设计

任务描述

学习任务课时：40 课时

任务情境：

某男装品牌公司正在进行明年春夏实体店铺陈列设计方案开发，在视觉传达部设计总监的店铺陈列设计企划任务分解中有一个“父亲节”主题陈列设计开发项目，陈列包括前期的实体店铺调研、整套陈列企划方案（设计图）、道具的选配、陈列实物模型、陈列维护管理方案的制订。此次陈列效果要符合该男装品牌的文化理念；符合“父亲节”主题气氛，能传达传统父亲节文化内涵（感恩、孝道、温暖、陪伴）；符合该男装品牌时尚感和休闲感相结合的风格，体现艺术性、文化性、价值性、商业性；色彩需与当季流行色及父亲节专属色相结合运用，体现中华传统父亲节文化孝顺、温暖、感恩的文化内涵；道具选配以暖色调为主，选配烘托父亲节温暖、父爱如山、感恩的氛围元素（如不同年龄段父子/父女的宣传海报、父亲节礼物包装等元素）；材料必须以环保材料为主。该公司希望我院服装专业的学生参与此次“父亲节”主题的实体店铺陈列设计方案。具体要求如下：

1. 在市场调研后提供完整的调研报告 PPT 并做汇报。PPT 应包括竞争品牌的店面空间布局分析、店铺道具使用分析、店铺产品陈列形式分析，体现温暖父亲节的相关元素。以上工作 2~3 天完成。
2. 在 5~6 天内完成店铺设计手绘效果图设计工作，包括主题解析、色彩说明、风格说明、店铺格局布局图等。设计应符合品牌要求，体现父亲节的氛围，具有民族性、传承性、温暖性、感恩性，设计细节标注清晰，需要出 1 套完整设计方案。
3. 在 5 天内完成道具选配、陈列产品数量和款式的挑选工作，并组合搭配陈列产品。道具选配以暖色调为主，选配烘托厚重的中国传统孝道文化以及温暖、大爱的氛围元素（如不同时代父子/父女的温暖海报、鲜花、父亲节小礼物）。
4. 2 天之内完成陈列店铺的实施与执行（由于实施条件有限，本次实施以陈列模型的形式展示）。

于是，我院服装专业设计教师带领同学共同完成该任务。

具体要求见下页。

Cabbeen
Lifestyle
DAY

工作流程和标准

工作环节 1

获取实体店铺陈列设计任务

1

解读实体店铺陈列设计任务书，完成实体店铺陈列设计任务书的分解及要点记录。

主要成果：

1. 提取某品牌男装父亲节主题实体店铺陈列设计任务书关键词
2. 某品牌男装品牌实体店铺陈列设计任务书分解表
3. 总结 VP\PP\IP 与区别。

工作环节 2

市场调研

2

根据服装公司视觉传达部下达的陈列设计的任务开展市场调研工作，包括实地考察调研、线上调研等形式。首先通过对服务品牌店铺所在的商圈进行实地调研，包括商圈的级别、商圈类别、繁华程度、人流量分析；其次是竞争品牌实体店铺和陈列资讯网的搜集与检索，并对调研信息进行归类、整理与分析，搜集与整理父亲节元素，撰写市场调研报告并制作调研结果汇报的 PPT。

主要成果

1. 调研计划（含调研目标、调研的主要问题 / 内容、调研对象选择、调研实施过程步骤、调研结果表述形式等内容）；
2. 商圈评估报告；
3. 市场调研报告（空间环境格局、橱窗、PP\IP\NP）；
4. “父亲节”相关的陈列案例及体现孝道、感恩文化的相关视觉元素；
5. 调研结果汇报的 PPT。

工作环节 3

实体店铺陈列设计企划案

3

根据设计要求和前期市场调研信息的综合分析，绘制某男装品牌父亲节主题陈列效果图（包括店铺空间环境效果、店铺整体陈列效果、橱窗陈列效果、店铺格局布局图）要求陈列效果图准确表达父亲节主题，能体现浓厚的父亲节温暖的氛围，风格表达准确、设计布局合理，细节标准清晰、色彩搭配协调（暖色调色彩），并附带详细设计说明 。

主要成果:

1. “父亲节”男装品牌实体店铺陈列企划方案计划；
2. “父亲节”男装品牌实体店铺陈列整体企划案（“父亲节”主题、风格、色彩方案等）；
3. “父亲节”男装品牌实体店铺陈列效果图（整体空间布局、卖场产品陈列效果图、橱窗陈列效果图）；
4. “父亲节”整体陈列设计理念说明（陈列主题、陈列风格、陈列色彩、陈列规划图）。

工作环节 4

陈列道具选配与确认

4

搜集和整理陈列道具流行资讯（类别、价格、尺寸、色彩、材质）、父亲节主题氛围的陈列道具资料（如体现温暖中国风格的壁柜、陈列桌、陈列装饰品等），并从中选配符合设计主题的陈列道具模型，做到陈列道具与品牌风格定位（父亲节主题文化理念和节日氛围、产品定位、消费群定位、价格定位）以及销售季节相匹配。

主要成果：

1. 收集与整理“父亲节主体氛围”陈列道具资料（体现父亲节文化氛围）；
2. 陈列道具归类列表（道具类别、价格）。

工作环节 5

实体店铺陈列实施与执行

5

填写陈列设计方案实施确认单，确认陈列产品的品类和数量（新年橱窗主推款、卖场主推款、基础陈列款）；确认服饰配件的产品品类和数量；制作店铺陈列模型（壁面陈列、中岛陈列、基础陈列、人型模特模型演示），做到“父亲节”实体店铺陈列整体布局图的协调性，为消费者提供一个温暖如家的购物环境，达到促进消费、传播孝道及感恩文化的目的。

主要成果：

制作“父亲节”男装陈列模型。

工作环节 6

实体店铺陈列维护管理

6

制订后期实体店铺陈列方案标准细则（节假日活动、定期更新）；实体店卖场售卖货品的维护（齐色、齐码、整洁卫生）方案；实体店卖场的卫生维护方案的制定方法；实体店卖场人员管理方案（节日消费者问候语）。

主要成果：

1. “父亲节”主题陈列指导培训方案（货品管理、人员管理）
2. 后期“父亲节”主题陈列标准细则方案（日常陈列维护、卫生管理、活动、父亲节陈列方案等）。

工作环节 7

评价反馈

7

对实体店铺陈列设计和后期执行过程中出现的问题、现象进行总结，为下一次提供经验与参考，以便在制定新计划时更加完善。每位学生提交一份“父亲节”实体店铺陈列设计工作总结。培养学生的孝顺、感恩、爱家精神，传承中国文化精神内涵、增强学生的文化自豪感。

主要成果：

对“父亲节”主题实体店铺陈列设计和后期执行过程中出现的问题、现象进行总结，为下一次提供经验与参考，以便在制订新计划时更加完善；每位学生提交一份实体店铺陈列设计工作总结。

学习内容

	1	2	3
知识点	1.1 男装品牌实体店铺陈列设计概述与认知（VP、IP、PP 定义、视觉营销的作用、目的等）； 1.2 男装品牌实体店铺陈列设计要素（VP 演示陈列空间要素、PP 展示陈列空间要素、IP 基础陈列空间要素）； 1.3 “父亲节”传统文化的来源和发展； 1.4 中国孝道文化渊源及内涵。	2.1 广州男装品牌实体店铺商圈调研（太古汇、天河城、正佳广场、花城汇、天环）； 2.2 男装品牌实体卖场商品陈列调研（PP、IP、VP）； 2.3 竞争品牌、服务品牌实体卖场动线布局系统等； 2.4 父亲节主题元素（父爱如山、父爱、亲自温暖瞬间图片）搜集调研； 2.5 市场调研的方法和技巧（调研表格的设计与填写）； 2.6 市场调研报告撰写与汇报的要求和注意事项。	3.1 男装品牌实体店铺陈列主题设计方法； 3.2 男装品牌实体店铺陈列风格定位方法； 3.3 男装品牌实体店铺陈列色彩定位方法； 3.4 男装品牌实体店铺卖场陈列构成； 3.5 男装品牌实体店铺橱窗陈列构成； 3.6 “父亲节主题”陈列企划案制定方法和原则（主题、色彩、卖场、海报）。
技能点	1.1 男装品牌“父亲节主题”实体店铺陈列设计工作任务和任务要求的解读与确认（品牌理念、风格定位、色彩定位、材料要求、父亲节温暖父爱氛围要求、传统孝道文化体现）（沟通技巧具体化）； 1.2 男装品牌实体店铺陈列设计的展开要素（VP 演示陈列空间要素、PP 展示陈列空间要素、IP 基础陈列空间要素）（环保意识、安全意识、成本意识、孝道文化传承意识）； 1.3 职业能力： 准确理解实体店铺陈列设计工作任务，掌握恰当的沟通时机和方法，确认设计要求，明确设计流程，有一定的环保意识、安全意识、成本意识等。	2.1 商圈陈列调查评估报告：商圈的级别、商圈类别、繁华程度、人流量分析（市场环境分析能力）； 2.2 男装品牌实体卖场整体陈列调研报告的撰写与 PPT 制作； 2.3 商圈评估报告、市场调研报告文本的撰写与 PPT 的制作； 2.4 职业能力： 能掌握陈列资讯检索方法，陈列设计资讯的归类与整理，陈列流行趋势的分析与运用，对实体店铺商圈调研评估分析的能力。	3.1 不同男品牌实体店铺陈列的风格识别与鉴赏（审美意识）； 3.2 不同风格男品牌实体店铺陈列的主题识别与鉴赏（审美意识）； 3.3 店铺陈列设计流行元素的运用（创新意识）； 3.4 “父亲节主题”陈列企划案案例鉴赏（孝道意识、文化意识、感恩意识）； 3.5 职业能力： 搜集陈列设计相关元素，确定设计主题，绘制 2020 年“父亲节主题”实体店铺陈列设计效果图，设计图要兼具实用性、审美性、文化性相结合。
工作环节	工作环节 1 获取实体店铺陈列设计任务	市场调研 工作环节 2	工作环节 3 实体店铺陈列设计企划案
成果	1.1 提取的某品牌男装父亲节主题实体店铺陈列设计任务书关键词； 1.2 某品牌男装实体店铺陈列设计任务书分解表； 1.3 总结 VP\PP\IP 与区别。	2.1 调研计划（含调研目标、调研的主要问题/内容、调研对象选择、调研实施过程步骤、调研结果表述形式等内容）； 2.2 商圈评估报告； 2.3 撰写市场调研报告（空间环境格局、橱窗、PP\IP\NP）； 2.4 “父亲节”相关的陈列案例及相关体现孝道、感恩文化的视觉元素； 2.5 调研结果汇报的 PPT。	3.1 “父亲节”男装品牌实体店铺陈列企划方案计划； 3.2 “父亲节”男装品牌实体店铺陈列整体企划案（“父亲节”主题、风格、色彩方案等）； 3.3 “父亲节”男装品牌实体店铺陈列效果图（整体空间布局、卖场产品陈列效果图、橱窗陈列效果图）； 3.4 “父亲节”整体陈列设计理念说明（陈列主题、陈列风格、陈列色彩、陈列规划图）。
素养	1.1 职业素养： 建立生产安全意识和纪律观念，培养任务书阅读理解能力和工具清单撰写能力，树立专心致志、精益求精、爱岗敬业的工匠精神。 1.2 思政元素： 传承中国孝道文化，增强文化自信。	2.1 职业素养： 培养学生对时尚的敏锐度，信息搜集处理能力，爱国和感恩的意识，传承中国传统文化的自豪感。 2.2 思政元素： 搜集父亲节元素（亲情的影片、不同时代的父子/父女的感动瞬间的摄影作品、孝道文化等元素），帮助学生理解父爱、感恩父爱、传承中国孝道文化，增强民族文化自信和爱家意识。	3.1 职业素养： 培养学生的手绘能力、PS、CDR 电脑设计能力，审美能力，动手操作能力，以及分析问题、解决问题的能力、文化自信，掌握设计企划案的设计流程。 3.2 思政元素： 设计方案体现父亲节节日主题（浓浓爱意的暖色调、橱窗和卖场陈列体现父亲节节日氛围、海报体现节日关键词、节日优惠活动内容），渲染和传承中国传统孝道文化。

学习任务 2　男装品牌实体店铺陈列设计

工作环节 4 陈列道具选配与确认	工作环节 5 实体店铺陈列实施与执行	工作环节 6 实体店铺陈列维护管理	工作环节 7 评价反馈
4.1 陈列道具搜集、检索方法（pop 资讯网站、蝶讯网等）； 4.2 “父亲节主题”陈列道具分类和季节性（人形模特、壁柜、落地柜、多功能组合柜、陈列桌、剪纸、鞭炮、春联、屏风等）； 4.3 系列时尚男装陈列道具的独立性与整体陈列的关联性（单个道具或单个模特、多个道具或多个模特的组合）； 4.4 道具选配原则（美观原则、经济原则、安全原则）。	5.1 挑选重点陈列商品（主推款）的方法； 5.2 制作实体店卖场模型的方法(制作、工具、制作手法)； 5.3 规划男装实体店铺陈列模型空间格局的方法； 5.4 陈列方式（正挂、侧挂、折叠）； 5.5 服饰配件陈列方法（等腰三角形、直角三角形、不等边三角形构图）。	6.1 男装品牌实体店铺卖场售卖货品的维护方案（齐码齐色、主推父亲节主题服装款）； 6.2 男装品牌实体店铺卖场人员管理培训方案的制定方法（分工、服务、父亲节对消费者问候语）； 6.3 男装品牌实体店铺卖场卫生维护方案的制定方法（环境卫生、服装卫生）； 6.4 日后陈列标准细则方案（日常定期陈列维护、卫生管理、活动、节日陈列效果维护等）的制定方法。	7.1 总结市场调研的方法； 7.2 总结整个实体店模拟男装品牌陈列设计实施过程中出现的问题及改进的方法； 7.3 总结汇报的方法和技巧。
4.1 陈列道具信息的搜集整理； 4.2 陈列道具与服装的搭配； 4.3 陈列道具与销售主题氛围的匹配（知识点的转化与应用）； 4.4 职业能力： 能够掌握陈列道具流行资讯搜集与整理的方法，“父亲节”主题陈列道具的选配要与服装产品定位、销售季节相匹配。	5.1 实体店铺陈列产品品类和数量的确认（时尚的敏锐度）； 5.2 服饰配件的产品品类和数量的确认（时尚的敏锐度和细心）； 5.3 模型实体店铺陈列整体布局图的协调性(动手能力)； 5.4 制作父亲节男装实体店铺模型； 5.5 职业能力： 选配并确认实体店铺陈列服装产品、服饰配件等的品类和数量；陈列要做到产品与道具的协调性；要做到突出“父亲节”主题文化氛围；陈列效果用最直观的传递方式给消费者，激发购买欲，提升品牌效益和形象。	6.1 建立男装品牌实体店铺商品管理与维护系统（安全意识、时间效率）； 6.2 建立男装品牌实体店铺人员管理与维护系统（语言表达能力、责任心、管理意识）； 6.3 职业能力： 能制定“父亲节主题”陈列指导培训方案，能制定日后陈列方案标准细则方案。	
工作环节 4 陈列道具选配与确认	工作环节 5 实体店铺陈列实施与执行	工作环节 6 实体店铺陈列维护管理	工作环节 7 评价反馈
4.1 “父亲节主体氛围”陈列道具资料（体现父亲节文化氛围）； 4.2 陈列道具归类列表（道具类别、价格）。	5.1 “父亲节”男装品牌陈列模型。	6.1“父亲节”主题陈列指导培训方案（货品管理、人员管理）； 6.2 后期“父亲节”主题陈列标准细则方案（日常陈列维护、卫生管理、活动、父亲节陈列方案等）。	7.1 对“父亲节”主题实体店铺陈列设计和后期执行过程中出现的问题、现象进行总结，为下一次提供经验与参考，以便在制定新计划时更加完善。每位学生提交一份实体店铺陈列设计工作总结。
4.1 职业素养： 培养学生成本控制意识、沟通表达能力、发现问题和解决问题的能力、决策能力，吃苦耐劳和团队合作精神。 4.2 思政元素： 通过亲子模特、不同时代的父子/父女的感动瞬间的摄影作品，帮助学生理解父爱、感恩父爱、传承中国孝道文化，增强民族文化自信和爱家意识。	5.1 职业素养： 培养学生的对知识点的理解与转化应用能力、团队合作能力、整体协调能力、组织工作各项环节和流程的能力 5.2 思政元素： 橱窗和店铺陈列体现父亲节文化氛围，给消费者传达一种温暖、感动的购物环境，向国人传达孝道文化，增强学生爱家及感恩父母的意识。	6.1 职业素养： 培养学生的沟通能力和团队合作能力等，熟悉工作人员仪容仪表规范和文明礼貌，培养学生敬业、诚信等职业道德和素养，遵守企业的规章制度和操作规范。	7.1 职业素养： 1. 培养学生分析问题和解决问题的能力，学会整理和归纳材料，撰写工作总结； 2. 培养学生的沟通表达和团队合作精神； 7.2 思政元素： 培养学生的孝顺父母、爱家的精神，传承孝道中国文化精神内涵。

学习任务 2　男装品牌实体店铺陈列设计

1 获取实体店铺陈列设计任务 → 2 市场调研 → 3 实体店铺陈列设计企划案 → 4 陈列道具选配与确认 → 5 实体店铺陈列实施与执行 → 6 实体店铺陈列维护管理 → 7 评价反馈

	工作子步骤	教师活动	学生活动	评价
获取实体店铺陈列设计任务	1. 接受某品牌男装“父亲节主题”实体店铺陈列任务书； 2. 了解该品牌男装实体店铺陈列风格定位与设计要求。	1. 教师讲授男装品牌实体店铺陈列设计相关概述知识导入课程（VP、IP、PP 定义、视觉营销的作用、目的等）； 2. 要求学生分组搜集并总结男装品牌实体店铺陈列设计要素的区别（VP 演示陈列空间要素、PP 展示陈列空间要素、IP 基础陈列空间要素），并指导总结过程； 3. 要求学生分组搜集“父亲节”节日的来源和发展历史资料； 4. 教师提出小组资料搜集任务：中国孝道文化渊源及内涵； 5. 教师总结本节课的知识点并提问学生掌握本节课知识点的掌握情况。	1. 学生听讲男装品牌实体店铺陈列设计相关概述知识(VP,IP,PP 定义、视觉营销的作用、目的等)； 2. 小组通过网络搜集并总结男装品牌实体店铺陈列设计要素（VP 演示陈列空间要素、PP 展示陈列空间要素、IP 基础陈列空间要素）的区别； 3. 学生上网搜集“父亲节”节日的来源和发展历史的相关资料； 4. 学生上网搜集中国孝道文化渊源及内涵； 5. 学生回顾本节课学习的知识点并回答老师的问题。	1. 教师点评： （1）归纳陈列设计要素区别点是否全面； （2）父亲节的来源与发展历史资料是否准确、全面； （3）孝道文化理解是否到位； （4）学生回答任务书中的要素问题，教师抽答点评（语言表达能力、解决问题能力）。
	课时： 2 课时 1. 硬资源：多媒体、具备上网功能的计算机、教学场所等。 2. 软资源：任务书、评价标准表、任务分解表、男装实体店 VP\PP\IP 陈列案例等。			
市场调研	1. 确定调研目标； 2. 制订调研计划； 3. 男装品牌实体店铺商圈调研； 4. 竞品男装品牌实体店铺空间环境、格局、道具、灯光调研； 5. 竞争品牌、服务品牌男装实体店铺橱窗陈列调研； 6. 竞争品牌、服务品牌男装实体店铺产品陈列；调研（PP、IP、VP） 7. 撰写调研报告。	1. 教师介绍品牌调研经典案例； 2. 下达调研任务（商圈调研、实体店铺调研）； 3. 指导小组制定调研计划； 4. 检查小组调研计划是否具有可行性； 5. 介绍广州服装商圈信息（太古汇、天河城、正佳广场、花城汇、天环）； 6. 现场指导和把控学生的市场调研过程，有问题及时指正； 7. 指导和把控学生上网搜集并整理父亲节主题元素搜集（父爱如山、父爱、亲自温暖瞬间图片）元素的过程，有问题及时指导； 8. 提出市场调研报告的撰写标准，指导市场调研报告撰写过程； 9. 提出小组互评规则和标准。	1. 学生听教师介绍品牌调研经典案例，对调研内容有初步了解； 2. 接受并分析调研任务（商圈调研、实体店铺调研）； 3. 小组共同制定调研目标与计划； 4. 小组走访太古汇、天河城店，实地调研搜集店铺空间布局橱窗陈列、IP、VP、PP 等详细陈列资料； 5. 小组走访竞争品牌店、天河商圈实地调研； 6. 小组上网搜集并整理父亲节主题元素搜集（父爱如山、父爱、亲自温暖瞬间图片）元素； 7. 根据前期调研数据分析，撰写调研报告； 8. 小组汇报调研报告； 9. 小组互评调研报告。	1. 教师点评： （1）男装品牌实体店铺陈列调研信息搜集是否全面（市场把控能力）； （2）父亲节文化元素搜集是否全面、准确； （3）调研报告是否撰写完善； 2. 小组互评：调研结论是否准确，是否能为后期企划案提供依据。
	课时： 6 课时 1. 硬资源：具备上网功能的计算机等。 2. 软资源：市场调研计划表、调研记录本、调研报告参考案例等。			

1 获取实体店铺陈列设计任务 → 2 市场调研 → 3 实体店铺陈列设计企划案 → 4 陈列道具选配与确认 → 5 实体店铺陈列实施与执行 → 6 实体店铺陈列维护管理 → 7 评价反馈

实体店铺陈列设计企划案

工作子步骤	教师活动	学生活动	评价
1. 制订男装品牌实体店铺陈列企划方案计划； 2. 制订男装品牌实体店铺陈列整体企划案（主题、风格、色彩方案等）； 3. 制订男装品牌实体店铺陈列卖场布局规划图企划案； 4. 制订男装品牌实体店铺产品陈列企划案； 5. 制订男装品牌实体店铺陈列整体效果图（整体空间布局图、卖场产品陈列效果图、橱窗陈列效果图）。	1. 教师呈现某品牌实体店铺陈列规划方案经典案例； 2. 教师指导学生制定男装品牌实体店铺陈列设计企划方案工作计划； 3. 教师现场指导学生制作男装品牌“父亲节主题”实体店铺整体陈列设计企划案（陈列主题、陈列风格、陈列色彩、陈列规划图）； 4. 教师现场指导学生绘制男装品牌“父亲节主题”陈列整体效果图（整体空间布局、卖场产品陈列效果图、橱窗陈列效果图）； 5. 教师与学生小组共同解决工作过程中遇到的问题； 6 教师制定陈列设计企划评价标准。	1. 小组讨论分析某品牌实体店铺陈列规划方案经典案例，制订男装品牌“父亲节主题”实体店铺橱窗、卖场构成陈列设计企划方案工作计划； 2. 小组分工，共同开发男装品牌“父亲节主题”实体店铺整体陈列设计企划案（陈列主题、陈列风格、陈列色彩、陈列规划图）； 3. 小组分工共同绘制男装品牌“父亲节主题”实体店铺陈列效果图（整体空间布局、卖场产品陈列效果图、橱窗陈列效果图）； 4. 自评陈列设计企划方案。	1. 教师点评： （1）男装品牌实体店铺整体企划方案工作计划制定是否合理；（统筹能力、团队合作能力）； （2）男装品牌整体企划设计方案是否符合品牌定位； （3）男装品牌“父亲节主题”实体店铺整体温暖的节日气氛是否传达到位，是否能体现父亲节传统文化，内涵布局结构是否合理、陈列设计风格 jgg 是否创新，陈列设计细节表达是否到位； 2. 学生自评：实体店铺整体陈列设计企划案是否全面到位。

课时： 20 课时

1. 软资源：陈列企划案案例、绘画工具：铅笔、橡皮、马克笔、素描纸等。
2. 硬资源：教学环境准备：具备上网查询功能的计算机、设计台、多媒体教学设备、展示版等。

课程 11　服装陈列设计

学习任务 2　男装品牌实体店铺陈列设计

1 获取实体店铺陈列设计任务 → 2 市场调研 → 3 实体店铺陈列设计企划案 → 4 陈列道具选配与确认 → 5 实体店铺陈列实施与执行 → 6 实体店铺陈列维护管理 → 7 评价反馈

	工作子步骤	教师活动	学生活动	评价
陈列道具选配与确认	1. 制订男装品牌父亲节主题陈列道具选配计划; 2. 店铺人形模特的选配与确认; 3. 壁柜、落地柜、多功能组合柜的选配与确认; 4. 岛屿式陈列桌的选配与确认; 5. 不同规格的挂架的选配与确认； 6. 休息区设施选配与确认; 7. 体现父亲节文化氛围的相关道具的选配与确认。	1. 教师呈现某品牌陈列道具案例; 2. 教师介绍陈列道具搜集、检索方法（pop 资讯网站、蝶讯网等）; 3. 教师讲解陈列道具的规格并制作归类列表; 4. 指导学生制订详细的道具归类列表(体现父亲节文化温暖氛围、感恩氛围）; 5. 教师讲解服装与陈列道具的搭配原则。	1. 小组分析讨论某男装品牌父亲节主题陈列道具案例，对体现父亲节氛围的陈列道具有初步认识; 2. 小组共同制订男装品牌父亲节主题陈列道具选配计划; 3. 小组分工搜集与整理体现父亲节文化氛围的陈列道具; 4. 小组共同制定陈列道具归类列表; 5. 小组汇报陈列道具搜集归类情况; 6. 小组互评男装陈列道具选配、搭配方案。	1. 教师评价：搜集的道具归类是否全面、恰当。 2. 小组互评: （1）服装与道具搭配组合方式是否独特创新; （2）服装道具选配是否与父亲节主题相匹配; （3）陈列道具搜集归类情况。
	课时： 8 课时 1. 软资源：陈列道具资讯网站、各类实体店铺陈列道具素材等。 2. 硬资源：多媒体教室、展示版等。			
实体店铺陈列实施与执行	1. 确定陈列产品款式、数量信息; 2. 某男装父亲节主题的品牌店铺陈列实施与执行（陈列模型）。	1. 教师介绍店铺陈列实施经典案例; 2. 教师指导学生确定选配的陈列产品款式和数量; 3. 教师指导学生确定服装、饰品的陈列形式; 4. 教师指导学生完成男装实体店铺父亲节主题陈列模型制作（体现父亲节传统文化内涵）; 5. 制订父亲节主题陈列模型的评价标准。	1. 小组分析讨论店铺陈列实施经典案例; 2. 小组讨论确定陈列产品款式的确选配及数量信息； 3. 小组讨论并规划父亲节主题男装实体店铺陈列模型的空间布局; 4. 小组讨论父亲节主题服装、饰品陈列方式; 5. 小组制作男装品牌父亲节主题陈列模型; 6. 小组互评：男装品牌陈列整体实施与执行情况。	1. 教师点评: （1）抽查学生是否理解陈列设计实施案例; （2）陈列产品款式、数量选配是否合理；陈列模型路线布局是否合理; （3）实体模型、卖场产品、配饰陈列方式是否协调; （4）陈列模型橱窗、店铺内部产品陈列设计是否独特创新，是否体现父亲节文化氛围，陈列是否到位。 （5）陈列实施效果与前期效果图是否吻合（市场把控能力）; 2. 小组互评：陈列整体实施与执行情况。
	课时： 2 课时 1. 软资源：男装店铺陈列实施案例等。 2. 教学设施：模型制作所需设计元素、小道具（白版纸、双面胶、尺子、马克笔等）。			

1 获取实体店铺陈列设计任务 → 2 市场调研 → 3 实体店铺陈列设计企划案 → 4 陈列道具选配与确认 → 5 实体店铺陈列实施与执行 → 6 实体店铺陈列维护管理 → 7 评价反馈

	工作子步骤	教师活动	学生活动	评价
实体店铺陈列维护管理	1. 男装品牌实体店铺陈列货品管理； 2. 男装品牌实体店铺陈列人员管理； 3. 男装品牌实体店铺陈列卫生管理； 4. 后期陈列标准细则方案（日常定期陈列维护、卫生管理、活动、节日陈列等）的制定。	1. 教师呈现某品牌男装实体店铺陈列维护管理案例； 2. 教师指导小组制订男装品牌实体店铺货品维护方案； 3. 教师指导小组制订男装品牌实体店卖场人员管理培训方案（分工、服务、、父亲节对消费者问候语、父亲节小礼物）； 4. 教师指导小组制订男装品牌实体店卖场的卫生维护方案 （环境卫生、服装卫生）； 5. 教师指导小组制订男装品牌实体陈列方案标准细则（节假日活动陈列）。	1. 学生讨论分析实体店铺陈列维护管理案例，制订品牌男装实体店铺陈列维护工作计划； 2. 小组讨论并制订品牌实体店铺卖场货品维护方案（齐色、齐码、主推父亲节主题服装款）； 3. 小组讨论并制订实体店卖场人员管理培训方案（分工、服务、父亲节对男性消费者问候语、父亲节小礼物）； 4. 小组讨论并制订实体店卖场的卫生维护方案（环境卫生、服装卫生）； 5. 小组讨论制订后期男装品牌实体陈列方案标准细则（节假日）。	1. 教师点评： （1）店铺货品维护方案设计是否符合实际需要； （2）卫生维护方案设计是否分工明确； （3）人员管理培训方案细则是否涵盖全面，父亲节消费者节日问候语是否能做到体贴入微、温暖他人。 2. 小组互评：整体陈列维护管理体系是否具有可实施性。
	课时： 1 课时 1. 软资源：多媒体教学资源、店铺陈列维护管理经典案例等。 2. 硬资源：多媒体教室、展示版等。			
评价反馈	1. 总结男装品牌实体店铺父亲节主题陈列设计过程中出现的问题； 2. 提出改进意见方案。	1. 教师指导小组实施男装品牌实体店铺陈列整体设计过程，并引导学生改进过程中出现的问题。	1. 每个小组展示工作成果并开展互评； 2. 小组讨论模拟男装品牌实体店铺陈列设计过程中出现的问题并修改； 3. 撰写总结报告。	教师：总结实体陈列设计实施中各小组的工作完成情况，指出优缺点。
	课时： 1 课时 硬资源：课室、多媒体等。 软资源：线上陈列互评表等。			

学习任务 3　童装品牌实体店铺陈列设计

任务描述

学习任务课时：40 课时

任务情境：

某童装品牌公司正在进行明年春夏实体店铺陈列设计方案开发，在视觉传达部设计总监的店铺陈列设计企划任务分解中有一个“儿童节”主题陈列设计开发项目，陈列包括前期的实体店铺调研、整套陈列企划方案（设计图）、道具的选配、陈列实物模型、陈列维护管理方案的制订。此次陈列效果要符合该童装品牌的文化理念；符合“儿童节”主题气氛，能传达儿童节主题内涵（趣味、活泼、温暖）；符合该品牌可爱、时尚相结合的风格，体现艺术性、童趣性、价值性、商业性；色彩需与当季流行色相符并符合目标儿童群体的心理需求和生理需求;道具选择和橱窗陈列能体现亲子之间互动的温暖气氛，让孩子学会感恩，培养孩子的爱心（儿童节为进店的孩子准备玫瑰花送家长或者安排亲子活动）；在材料上必须以环保材料为主（保护儿童健康）。该公司希望我院服装专业的学生参与此次“儿童节”主题的实体店铺陈列设计方案。具体要求如下：

1. 在市场调研后提供完整的调研报告 PPT 并做汇报。PPT 应包括：竞争品牌的店面空间布局分析、店铺道具使用分析、店铺产品陈列形式分析，体现儿童节日的相关元素。以上工作 2~3 天完成。
2. 在 5~6 天内完成店铺设计手绘效果图设计工作，包括主题解析、色彩说明、风格说明、店铺格局布局图等。设计应符合品牌要求，体现儿童节的节日氛围，设计具有童趣、温暖性，设计细节标注清晰，需要出 1 套完整设计方案。
3. 在 5 天内完成道具选配，陈列产品数量和款式的挑选，并组合搭配陈列产品。道具选配以培养孩子感恩之心的温暖情调为主，选配烘托童真、童趣及感恩的元素（儿童节为进店的孩子准备玫瑰花送家长或者安排亲子活动）。
4. 2 天之内完成陈列店铺的实施与执行（由于实施条件有限，本次实施以陈列模型的形式展示）。

于是，我院服装专业设计教师带领同学共同完成该任务。

具体要求见下页。

Balabala
巴拉巴拉

工作流程和标准

工作环节 1

获取实体店铺陈列设计任务 1

解读实体店铺陈列设计任务书，完成实体店铺陈列设计任务书的分解及要点记录。去服装公司视觉传达部向总监获取实体店陈列设计任务书；解读陈列设计任务书，获取具体设计要求，提取关键词；了解国际儿童节的起源与文化内涵；了解儿童心理需求。

主要成果：

1. 品牌童装“儿童节”主题实体店铺陈列设计任务书关键词；
2. 品牌童装品牌实体店铺陈列设计任务书分解表；
3. 总结 VP\PP\IP 与区别。

工作环节 2

市场调研 2

根据服装公司视觉传达部下达的陈列设计任务开展市场调研工作，包括实地考察调研、线上调研等形式。首先通过对服务品牌店铺所在的商圈进行实地调研，包括商圈的级别、商圈类别、繁华程度、人流量分析；其次是竞争品牌实体店铺和陈列资讯网的搜集与检索，并对调研信息进行归类、整理与分析，搜集与整理儿童节节日元素（卡通玩具、亲子活动道具等），撰写市场调研报告，并制作调研结果汇报的 PPT。

主要成果：

1. 调研计划（含调研目标、调研的主要问题 / 内容、调研对象选择、调研实施过程步骤、调研结果表述形式等内容）；
2. 商圈评估报告；
3. 市场调研报告（空间环境格局、橱窗、PP\IP\NP）；
4. “儿童节”相关的陈列案例及体现儿童节文化的相关视觉元素；
5. 调研结果汇报的 PPT。

工作环节 3

实体店铺陈列设计企划案 3

根据品牌的设计要求和前期市场调研信息的综合分析，绘制某品牌童装“儿童节”主题陈列效果图（包括店铺空间环境效果、店铺整体陈列效果、橱窗陈列效果、店铺格局布局图），要求陈列效果图准确表达儿童节主题，能体现浓厚趣味性和感恩温暖氛围，风格表达准确、设计布局合理，细节标准清晰、色彩搭配协调（根据儿童年龄段选择适合色彩组合方案），并附带详细设计说明（设计理念、橱窗和店铺陈列设计说明、海报设计）。

主要成果：

1. 童装品牌实体店铺“儿童节”陈列企划方案计划；
2. 童装品牌实体店铺“儿童节”陈列整体企划案（“儿童节”主题、风格、色彩方案等）；
3. 童装品牌实体店铺“儿童节”陈列效果图；
4. 整体陈列设计理念说明（陈列主题、陈列风格、陈列色彩、陈列规划图）。

工作环节 4

陈列道具选配与确认

4

搜集和整理陈列道具流行资讯（类别、价格、尺寸、色彩、材质）、儿童节主题氛围的陈列道具资料（如体现童趣、亲子活动道具等），等），并从中选配符合设计主题的陈列道具模型，做到陈列道具与品牌风格定位（儿童节主题文化理念和节日氛围、产品定位、消费群定位、价格定位）以及销售季节相匹配。

主要成果：

1. 收集与整理“儿童节主体氛围”陈列道具资料（体现儿童节文化氛围）；
2. 陈列道具归类列表（道具类别、价格）。

工作环节 5

实体店铺陈列实施与执行

5

填写陈列设计方案实施确认单，确认陈列产品的品类和数量（新年橱窗主推款、卖场主推款、基础陈列款）；确认服饰配件的产品品类和数量；制作店铺陈列模型（壁面陈列、中岛陈列、基础陈列、人型模特模型演示），做到“儿童节”实体店铺陈列整体布局协调，为儿童提供一个充满童趣、好玩、温暖有爱的亲子购物环境，达到促进消费、传播文化的目的。

主要成果：

制作“儿童节”品牌童装陈列模型。

工作环节 6

实体店铺陈列维护管理

6

制订后期实体店铺陈列方案标准细则（节假日活动、定期更新）；实体店卖场售卖货品的维护（齐色、齐码、整洁卫生）；实体店卖场的卫生维护方案的制定方法；实体店卖场人员管理方案（节日小礼物派送）的制定方法。

主要成果：

1. 陈列“儿童节”主题指导培训方案（货品管理、人员管理）
2. 制订后期“儿童节”主题陈列标准细则方案（日常陈列维护、卫生管理、活动、儿童节陈列方案等）。

工作环节 7

评价反馈

7

对实体店铺陈列设计和后期执行过程中出现的问题、现象进行总结，为下一次提供经验与参考，以便在制订新计划时更加完善。每位学生提交一份“新年”实体店铺陈列设计工作总结。

主要成果：

对“儿童节”主题实体店铺陈列设计和后期执行过程中出现的问题、现象进行总结，为下一次提供经验与参考，以便在制订新计划时更加完善。每位学生提交一份实体店铺陈列设计工作总结。

学习内容

	工作环节 1	工作环节 2	工作环节 3
知识点	1.1 童装品牌实体店铺陈列设计概述与认知（VP、IP、PP 定义、视觉营销的作用、目的等）； 1.2 童装品牌实体店铺陈列设计要素（VP 演示陈列空间要素、PP 展示陈列空间要素、IP 基础陈列空间要素）； 1.3“儿童节”的发展历史概况及设定儿童节的意义（保护儿童、关注儿童成长、培养儿童爱心）。	2.1 广州童装品牌实体店铺商圈调研（太古汇、天河城、正佳广场、花城汇、天环）； 2.2 童装品牌实体卖场商品陈列调研（PP、IP、VP）； 2.3 竞争品牌、服务品牌实体卖场动线布局系统等； 2.4 儿童节童趣及爱心元素的搜集调研； 2.5 市场调研的方法和技巧（调研表格的设计与填写）； 2.6 市场调研报告撰写与汇报的要求和注意事项。	3.1 童装品牌实体店铺“儿童节主题”陈列主题设计方法； 3.2 童装品牌实体店铺“儿童节主题”陈列风格定位方法； 3.3 童装品牌实体店铺“儿童节主题”陈列色彩定位方法； 3.4 童装品牌实体店铺“儿童节主题”卖场陈列构成； 3.5 童装品牌实体店铺“儿童节主题”橱窗陈列构成； 3.6“儿童节主题”陈列企划案制定方法和原则（主题、色彩、卖场、海报）。
技能点	1.1 童装品牌“儿童节主题”实体店铺陈列设计工作任务和任务要求的解读与确认（品牌理念、风格定位、色彩定位、材料要求、儿童节氛围要求）（沟通技巧具体化）； 1.2 童装品牌实体店铺陈列设计的展开要素（VP 演示陈列空间要素、PP 展示陈列空间要素、IP 基础陈列空间要素）（环保意识、安全意识、成本意识）； 1.3 职业能力： 理解实体店铺陈列设计工作任务，确认实体店铺陈列设计要求，明确设计流程，有一定的环保意识、安全意识、成本意识等。	2.1 商圈陈列调查评估报告：商圈的级别、商圈类别、繁华程度、人流量分析（童装市场环境分析能力）； 2.2 童装品牌实体卖场整体陈列调研报告的撰写与 PPT 制作； 2.3 商圈评估报告、市场调研报告文本的撰写与 PPT 的制作； 2.4. 职业能力： 能掌握陈列资讯检索方法，陈列设计资讯的归类与整理，流行趋势的分析与运用，对实体店铺商圈调研评估分析的能力。	3.1 不同童装品牌实体店铺陈列的风格识别与鉴赏（审美意识）； 3.2 不同风格童装品牌实体店铺陈列的主题识别与鉴赏（审美意识）； 3.3 店铺陈列设计流行元素的运用（创新意识）； 3.4“儿童节主题”陈列企划案案例鉴赏（文化意识）； 3.5 职业能力： 1. 能根据品牌定位和前期市场调研分析，搜集陈列设计相关元素，确定设计主题，绘制“巴拉巴拉儿童节主题”实体店铺陈列设计效果图（包括空间环境、儿童节橱窗陈列、卖场产品陈列、pop 儿童节宣传海报等陈列效果图），设计图要兼具趣味性、实用性、审美性； 2. 搜集陈列设计相关元素，确定设计主题，绘实体店铺陈列设计效果图，设计图要兼具实用性、审美性、文化性。
工作环节	工作环节 1 获取实体店铺陈列设计任务	市场调研 工作环节 2	工作环节 3 实体店铺陈列设计企划案
成果	1.1 提取某品牌童装“儿童节主题”实体店铺陈列设计任务书关键词； 1.2 品牌童装实体店铺陈列设计任务书分解表； 1.3 总结 VP\PP\IP 与区别。	2.1 调研计划（含调研目标、调研的主要问题 / 内容、调研对象选择、调研实施过程步骤、调研结果表述形式等内容）； 2.2 商圈评估报告； 2.3 撰写市场调研报告（空间环境格局、橱窗、PP\IP\NP）； 2.4“儿童节”相关的陈列案例及体现儿童节文化的相关视觉元素； 2.5 调研结果汇报的 PPT。	3.1 童装品牌实体店铺“儿童节”陈列企划方案计划； 3.2 童装品牌实体店铺“儿童节”陈列整体企划案（“儿童节”主题、风格、色彩方案等）； 3.3 童装品牌实体店铺“儿童节”陈列效果图（整体空间布局、卖场产品陈列效果图、橱窗陈列效果图）； 3.4 品牌童装“儿童节”整体陈列设计理念说明（陈列主题、陈列风格、陈列色彩、陈列规划图）。
素养	1.1 职业素养： 建立生产安全意识和纪律观念，树立专心致志、精益求精、爱岗敬业的工匠精神。 1.2 思政元素： 传承中国传统节日文化，增强文化自信。	2.1 职业素养： 培养学生观察力、对时尚的敏锐度及感恩的意识，传承关爱儿童、孝敬父母中国优良传统。 2.2 思政元素： 搜集儿童节元素（玩具、亲自互动的玫瑰花、风筝等元素），帮助学生学会关爱儿童、理解感恩父母的爱。	3.1 职业素养： 培养学生的手绘能力、PS、CDR 电脑设计能力，审美能力，动手操作能力，以及分析问题、解决问题的能力，掌握设计企划案的设计流程。 3.2 思政元素： 设计方案体现儿童节节日主题，渲染和传承中国感恩孝心的优良传统。

学习任务 3　童装品牌实体店铺陈列设计

工作环节 4	工作环节 5	工作环节 6	工作环节 7
4.1 陈列道具搜集、检索方法（pop 资讯网站、蝶讯网等）； 4.2 "儿童节主题"陈列道具分类和季节性（人形模特、壁柜、落地柜、多功能组合柜、陈列桌、卡通玩具等）； 4.3 系列时尚童装陈列道具的独立性与整体陈列的关联性（单个道具或单个模特、多个道具或多个模特的组合）； 4.4 道具选配原则（美观原则、趣味性、经济原则、安全原则）。	5.1 挑选重点陈列商品（主推款）的方法； 5.2 制作实体店卖场模型的方法（制作、工具、制作手法）； 5.3 规划"儿童节主题"童装实体店铺陈列模型空间格局的方法； 5.4 陈列方式（正挂、侧挂、折叠）； 5.5 服饰配件陈列方法（等腰三角形、直角三角形、不等边三角形构图）。	6.1 童装品牌实体店铺卖场售卖货品的维护方案（齐码齐色、主推儿童节主题服装款）； 6.2 童装品牌实体店铺卖场人员管理培训方案的制定方法（分工、服务、儿童礼物、儿童互动言语）； 6.3 童装品牌实体店铺卖场卫生维护方案的制定方法（环境卫生、服装卫生）； 6.4 日后陈列标准细则方案（日常定期陈列维护、卫生管理、活动、节日陈列效果维护等）的判定方法。	7.1 总结调研方法； 7.2 总结整个实体店模拟童装品牌陈列设计实施过程中出现的问题及改进的方法； 7.3 总结汇报的方法和技巧。
4.1 陈列道具信息的搜集整理； 4.2 陈列道具与服装的搭配； 4.3 陈列道具与销售主题氛围的匹配（知识点的转化与应用）； 4.4 职业能力： 陈列道具流行资讯搜集与整理，"儿童节"主题陈列道具的选配要与服装产品定位及销售季节相匹配。	5.1 实体店铺陈列产品品类和数量的确认（时尚的敏锐度）； 5.2 服饰配件的产品品类和数量的确认（时尚的敏锐度和细心）； 5.3 模型实体店铺陈列整体布局图的协调性（动手能力）； 5.4 制作巴拉巴拉童装品牌实体店铺模型； 5.5 职业能力： 能根据陈列空间布局，选配并确认实体店铺陈列服装产品、服饰配件等的品类和数量（"儿童节"橱窗主推款、卖场主推款、基础陈列款）；陈列要做到产品与道具的协调性；要做到"儿童节"主题节日氛围；陈列效果必须体现企业文化内涵，充满趣味，用最直观的传递方式使家长和儿童产生购买欲，提升品牌效益和形象。	6.1 建立童装品牌实体店铺商品管理与维护系统（安全意识、时间效率）； 6.2 建立童装品牌实体店铺人员管理与维护系统（语言表达能力、责任心、爱心、管理意识） 6.3 职业能力： 能制定"儿童节主题"陈列指导培训方案，能制订日后陈列方案标准细则方案。	
工作环节 4 陈列道具选配与确认	工作环节 5 实体店铺陈列实施与执行	工作环节 6 实体店铺陈列维护管理	工作环节 7 评价反馈
4.1 "儿童节主体氛围"陈列道具资料（体现儿童节文化氛围） 4.2 陈列道具归类列表（道具类别、价格）。	5.1 品牌童装"儿童节"陈列模型。	6.1 "儿童节"主题陈列指导培训方案（货品管理、人员管理）； 6.2 后期"儿童节"主题陈列标准细则方案（日常陈列维护、卫生管理、活动、儿童节陈列方案等）。	7.1 对"儿童节"主题实体店铺陈列设计和后期执行过程中出现的问题、现象进行总结，为下一次提供经验与参考，以便在制定新计划时更加完善。每位学生提交一份实体店铺陈列设计工作总结。
4.1 职业素养： 培养学生保护儿童的安全意识、成本控制意识、沟通表达能力、发现问题和解决问题、决策能力，具有吃苦耐劳和团队合作精神 4.2 思政元素： 对儿童节元素的搜集（亲子活动的风筝、感恩父母的礼物、视频等），通过儿童节主题店铺陈列，培养学生的感恩父母、爱心教育。	5.1 职业素养： 培养学生的对知识点的理解与转化应用能力、团队合作能力、整体协调能力、组织工作各项环节和流程 5.2 思政元素： 1. "儿童节主题"陈列模型：橱窗和店铺陈列氛围体现儿童节氛围：色彩、道具、海报等，给消费者传达一种有趣、温暖有爱的购物环境" 2. "儿童节主题"陈列模型：橱窗和店铺陈列氛围体现儿童节文化氛围：色彩、道具、海报等，给消费者传达一种可爱、活泼、感恩、亲自互动的购物环境。	6.1 职业素养： 培养学生的沟通能力和团队合作能力等，熟悉工作人员仪容仪表规范和文明礼貌，培养学生敬业、诚信等职业道德和素养、遵守企业的规章制度和操作规范。	7.1 职业素养： 1. 培养学生分析问题和解决问题能力、学会整理和归纳材料，撰写工作总结； 2. 培养学生的沟通表达和团队合作精神； 7.2 思政元素： 培养学生的爱父母、关爱儿童的能力。

学习任务 3 童装品牌实体店铺陈列设计

1 获取实体店铺陈列设计任务 → 2 市场调研 → 3 实体店铺陈列设计企划案 → 4 陈列道具选配与确认 → 5 实体店铺陈列实施与执行 → 6 实体店铺陈列维护管理 → 7 评价反馈

	工作子步骤	教师活动	学生活动	评价
获取实体店铺陈列设计任务	1. 接受某品牌童装“儿童节主题”实体店铺陈列任务书； 2. 了解某品牌童装实体店铺陈列风格定位与设计要求。	1. 教师讲授童装品牌实体店铺陈列设计相关概述知识导入课程（VP、IP、PP 定义、视觉营销的作用、目的等）； 2. 要求学生分组搜集、总结童装品牌实体店铺陈列设计要素的区别（VP 演示陈列空间要素、PP 展示陈列空间要素、IP 基础陈列空间要素），并指导总结过程； 3. 要求学生分组搜集“儿童节”节日的来源、发展历史资料、以及设定儿童节的意义； 4. 教师总结本节课的知识点并提问学生对本节课知识点的掌握情况。	1. 学生听讲童装品牌实体店铺陈列设计相关概述知识(VP、IP、PP 定义、视觉营销的作用、目的等）； 2. 小组通过网络搜集并总结童装品牌实体店铺陈列设计要素（VP 演示陈列空间要素、PP 展示陈列空间要素、IP 基础陈列空间要素）的区别； 3. 学生上网搜集“儿童节”的来源、发展历史以及设定儿童节的意义； 4. 学生回顾本节课学习的知识点并回答老师的问题。	教师点评： （1）归纳陈列设计要素区别点是否全面； （2）儿童节的来源与发展历史资料、儿童节成立的意义是否准确、全面； （3）学生回答任务书中的要素问题，教师抽答点评（语言表达能力、解决问题能力）。

课时： 2 课时

1. 硬资源：多媒体、具备上网功能的计算机、教学场所等。
2. 软资源：任务书、评价标准表、任务分解表、童装实体店 VP\PP\IP 陈列案例等。

	工作子步骤	教师活动	学生活动	评价
市场调研	1. 确定调研目标； 2. 制订调研计划； 3. 童装品牌实体店铺商圈调研； 4. 竞争品牌童装品牌实体店铺空间环境、格局、道具、灯光调研； 5. 竞争品牌、服装品牌童装实体店铺橱窗陈列调研； 6. 竞争品牌、服装品牌童装实体店铺产品陈列调研（PP、IP、VP）； 7. 撰写调研报告。	1. 教师介绍品牌调研经典案例导； 2. 下达调研任务（商圈调研、实体店铺调研）； 3. 指导小组制订调研计划； 4. 检查小组调研计划是否具有可行性； 5. 介绍广州服装商圈信息（太古汇、天河城、正佳广场、花城汇、天环）； 6. 现场指导和把控学生的市场调研过程，有问题及时指正； 7. 教师指导和把控学生上网搜集儿童节相关儿童节主题元素的过程，有问题及时指导； 8. 提出市场调研报告的撰写标准，指导市场调研报告撰写过程； 9. 提出小组互评规则和标准。	1. 学生听教师介绍品牌调研经典案例，对调研内容有初步了解； 2. 接受并分析调研任务（商圈调研、实体店铺调研）； 3. 小组共同制订调研目标与计划； 4. 小组走访太古汇、天河城店，实地调研搜集店铺空间布局、橱窗陈列、IP、VP、PP 等详细陈列资料； 5. 小组走访竞争品牌店、天河商圈实地调研； 6. 小组上网搜集并整理儿童节主题元素； 7. 根据前期调研数据分析，撰写调研报告； 8. 小组汇报调研报告； 9. 小组互评调研报告。	1. 教师点评： （1）童装品牌实体店铺陈列调研信息搜集是否全面（市场把控能力）； （2）儿童节主题元素搜集是否全面、准确； （3）教师点评：调研报告是否撰写完善； 2. 小组互评：调研结论是否准确，是否能为后期企划案提供依据。

课时： 6 课时

1. 硬资源：具备上网功能的计算机等。
2. 软资源：市场调研计划表、调研记录本、调研报告参考案例等。

1 获取实体店铺陈列设计任务 → 2 市场调研 → 3 实体店铺陈列设计企划案 → 4 陈列道具选配与确认 → 5 实体店铺陈列实施与执行 → 6 实体店铺陈列维护管理 → 7 评价反馈

实体店铺陈列设计企划案

工作子步骤	教师活动	学生活动	评价
1. 制订童装品牌实体店铺陈列企划方案计划； 2. 制订童装品牌实体店铺陈列整体企划案（儿童节主题、风格、色彩方案等）； 3. 制订童装品牌实体店铺儿童节主题陈列卖场布局规划图企划案； 4. 制订童装品牌实体店铺儿童节主题产品陈列企划案； 5. 绘制童装品牌实体店铺儿童节主题陈列整体效果图（整体空间布局图、卖场产品陈列效果图、橱窗陈列效果图）。	1. 教师呈现某品牌实体店铺陈列规划方案经典案例； 2. 教师指导学生制订童装品牌实体店铺陈列设计企划方案工作计划； 3. 教师现场指导学生制作童装品牌“儿童节主题”实体店铺整体陈列设计企划案（陈列主题、陈列风格、陈列色彩、陈列规划图）； 4. 教师现场指导学生绘制童装品牌“儿童节主题”陈列整体效果图（整体空间布局、卖场产品陈列效果图、橱窗陈列效果图）； 5. 教师与学生小组共同解决工作过程中遇到的问题； 6. 教师制订陈列设计企划评价标准。	1. 小组讨论分析某品牌实体店铺陈列规划方案经典案例，制订童装品牌“儿童节主题”实体店铺橱窗、卖场构成陈列设计企划方案工作计划； 2. 小组分工共同开发童装品牌“儿童节主题”实体店铺整体陈列设计企划案（陈列主题、陈列风格、陈列色彩、陈列规划图）； 3. 小组分工共同开发童装品牌“儿童节主题”实体店铺陈列效果图（整体空间布局、卖场产品陈列效果图、橱窗陈列效果图）； 4. 自评陈列设计企划方案。	1. 教师点评： （1）童装品牌实体店铺整体企划方案工作计划制订是否合理（统筹能力、团队合作能力）； （2）童装品牌整体企划设计方案是否符合品牌定位； （3）童装品牌“儿童节主题”实体店铺整体节日气氛是否传达到位，是否能体现儿童节主题文化内涵，布局结构是否合理，陈列设计风格是否创新，陈列设计细节表达是否到位（综合知识运用能力、创新能力、审美能力）。 2. 学生自评：实体店铺整体陈列设计企划案是否全面到位。

课时： 10 课时

1. 软资源：陈列企划案案例、绘画工具：铅笔、橡皮、马克笔、素描纸等。
2. 硬资源：教学环境准备：具备上网查询功能的计算机、设计台、多媒体教学设备、展示版等。

学习任务 3　童装品牌实体店铺陈列设计

1 获取实体店铺陈列设计任务 → 2 市场调研 → 3 实体店铺陈列设计企划案 → 4 陈列道具选配与确认 → 5 实体店铺陈列实施与执行 → 6 实体店铺陈列维护管理 → 7 评价反馈

	工作子步骤	教师活动	学生活动	评价
陈列道具选配与确认	1. 制订童装品牌“儿童节主题”陈列道具选配计划； 2. 店铺人形模特的选配与确认； 3. 壁柜、落地柜、多功能组合柜的选配与确认； 4. 岛屿式陈列桌的选配与确认； 5. 不同规格的挂架的选配与确认； 5. 休息区设施选配与确认； 6. 体现儿童节童趣氛围的相关道具的选配与确认。	1. 教师呈现某品牌陈列道具案例； 2. 教师介绍陈列道具搜集、检索方法（pop 资讯网站、蝶讯网等）； 3. 教师讲解陈列道具的规格并制作归类列表； 4. 指导学生制订详细的道具归类列表，体现儿童节主题氛围； 5. 教师讲解服装与陈列道具的搭配原则。	1. 小组分析讨论某童装品牌“儿童节主题”陈列道具案例，对体现儿童节氛围的陈列道具有初步认识； 2. 小组共同制订童装品牌“儿童节主题”陈列道具选配计划； 3. 小组分工搜集与整理体现儿童节主题氛围的陈列道具； 4. 小组共同制定陈列道具归类列表； 5. 小组汇报陈列道具搜集归类情况； 6. 小组互评童装陈列道具选配、搭配方案。	1. 教师评价：搜集的道具归类是否全面、恰当。 2. 小组互评： （1）服装与道具搭配组合方式是否独特创新、有趣味性（成本意识、市场把控能力）、队合作能力）； （2）服装道具选配是否与儿童节主题相匹配，是否考虑到儿童安全性； （3）陈列道具搜集归类情况（发现问题和解决问题的能力）。
	课时： 10 课时 1. 软资源：陈列道具资讯网站、各类实体店铺陈列道具素材等。 2. 硬资源：多媒体教室、展示版等。			
实体店铺陈列实施与执行	1. 确定陈列产品款式、数量信息； 2. 童装品牌店铺“儿童节主题”陈列实施与执行（陈列模型）。	1. 教师介绍店铺陈列实施经典案例； 2. 教师指导学生确定选配的陈列产品款式和数量； 3. 教师指导学生确定服装、饰品的陈列形式； 4. 教师指导学生完成儿童节主题童装实体店铺陈列模型制作； 5. 制订“儿童节主题”陈列模型的评价标准。	1. 小组分析讨论店铺陈列实施经典案例； 2. 小组讨论确定陈列产品款式的选配和数量信息； 3. 小组讨论并规划“巴拉巴拉儿童节主题”童装实体店铺陈列模型的空间布局； 4. 小组讨论“儿童节主题”品牌服装、饰品陈列方式形式（模型）； 5. 小组制作童装“儿童节主题”陈列模型； 6. 小组互评：“儿童节主题”童装陈列整体实施与执行情况。	1. 教师点评： （1）抽查学生是否理解陈列设计实施案例； （2）陈列产品款式、数量选配是否合理；陈列模型路线布局是否合理； （3）陈列实体模型、卖场产品、配饰陈列方式是否协调；是否体现趣味性并充满爱心氛围； （4）陈列模型橱窗、店铺内部产品陈列设计是否独特创新，是否体现儿童节文化氛围，陈列是否到位； （5）陈列实施效果与前期效果图是否吻合； 2. 小组互评：陈列整体实施与执行情况。
	课时： 10 课时 1. 软资源：童装店铺；陈列实施案例等。 2. 教学设施：模型制作所需设计元素、小道具（白版纸、双面胶、尺子、马克笔等）。			

1 获取实体店铺陈列设计任务　2 市场调研　3 实体店铺陈列设计企划案　4 陈列道具选配与确认　5 实体店铺陈列实施与执行　6 实体店铺陈列维护管理　7 评价反馈

	工作子步骤	教师活动	学生活动	评价
实体店铺陈列维护管理	1. 童装品牌实体店铺陈列货品管理； 2. 童装品牌实体店铺陈列人员管理； 3. 童装品牌实体店铺陈列卫生管理； 4. 后期陈列标准细则方案（日常定期陈列维护、卫生管理、活动、节日陈列等）的制定。	1. 教师呈现童装实体店铺陈列维护管理案例； 2. 教师指导小组订童装品牌实体店铺货品维护方案（齐码齐色、主推儿童节主题服装款）； 3. 教师指导小组制订童装品牌实体店卖场人员管理培训方案（分工、服务、儿童节节日礼物、与儿童互动言语）； 4. 教师指导小组制订童装品牌实体店卖场的卫生维护方案（环境卫生、服装卫生）； 5. 教师指导小组制订童装品牌实体陈列方案标准细则（节假日活动陈列）。	1. 学生讨论分析实体店铺陈列维护管理案例，制订品牌童装实体店铺陈列维护工作计划； 2. 小组讨论并制订品牌童装实体店铺卖场货品维护方案(齐色、齐码、主推儿童节主题服装款)； 3. 小组讨论并制订品牌童装实体店卖场人员管理培训方案（分工、服务、儿童节对消费者问候语）； 4. 小组讨论并制订品牌童装实体店卖场的卫生维护方案(环境卫生、服装卫生）； 5. 小组讨论制订后期童装品牌实体陈列方案标准细则（节假日）。	1. 教师点评： （1）店铺货品维护方案设计是否符合实际需要； （2）卫生维护方案设计是否分工明确； （3）人员管理培训方案细则是否涵盖全面；儿童节消费者节日礼物能否体现关爱儿童。 2. 小组互评：整体陈列维护管理体系是否具有可实施性（市场把控、执行能力）。
	课时： 1 课时 1. 软资源：多媒体教学资源、店铺陈列维护管理经典案例等。 2. 硬资源：多媒体教室、展示版等。			
评价反馈	1. 总结“儿童节主题”童装品牌实体店铺陈列设计过程中出现的问题； 2. 提出改进意见方案。	1. 教师指导小组实施童装品牌实体店铺陈列整体设计过程，并引导学生改进过程中出现的问题。	1. 每个小组展示工作成果及互评； 2. 小组讨论模拟童装品牌实体店铺陈列设计过程中出现的问题并修改； 3. 撰写总结报告。	教师总结实体陈列设计实施中各小组的工作完成情况，指出优缺点。
	课时： 1 课时 硬资源：课室、多媒体等。 软资源：线上陈列互评表等。			

考核标准

任务名称：

中国新年主题陈列设计。

情境描述：

广州某服装品牌公司正在进行明年秋冬线上、线下实体店铺陈列设计方案开发，在视觉传达部设计总监的店铺陈列设计企划任务分解中有一个新年主题陈列设计开发项目，需要设计 2~3 套陈列方案，完成时间为一周内。

任务要求：

1. 市场调研与汇报：根据任务的情境描述，完成陈列设计流行趋势分析，服务品牌、竞争品牌的店铺整体陈列设计元素的搜集与分析，以及相关陈列道具和产品搭配、新特效、新规则的资料搜集与整理。要求做到流行趋势分析准确到位；搜集的流行陈列设计元素符合品牌风格定位和消费者喜好；服务品牌与竞争品牌的陈列设计调研分析到位。在市场调研后提供完整的调研报告 PPT 并做汇报，PPT 内容要包括竞争品牌的店面空间布局分析、店铺道具使用分析、店铺产品陈列形式分析、线上店铺陈列新规则及新特效分析，调研报告撰写内容清晰、明确。

2. 陈列设计企划案开发：依据前期市场调研报告分析，完成线上、线下陈列设计整体手绘效果图。效果图要求做到陈列效果图风格表达准确、设计布局合理，页面特效形式创新，设计具有实际商业价值，细节标注清晰、色彩搭配协调，并附带详细设计说明。

3. 陈列道具选配与确认：依据陈列设计企划案的要求，搜集和整理陈列道具最新流行资讯，要求做到陈列道具与品牌风格定位（产品定位、消费群定位、价格定位）相匹配，与销售季节相匹配。

4. 线下店铺陈列实施与执行：填写陈列设计方案实施确认单，确认陈列产品的品类和数量；确认服饰配件的产品品类和数量；制作店铺陈列模型和线上模拟店铺陈列方案。要求做到模拟店铺布局规划合理，陈列整体设计符合品牌定位，具有网上销售商业价值，符合不同节日主题、促销活动主题；产品陈列形式丰富创新，符合消费者的喜好，与设计效果图吻合。

5. 线上店铺陈列上传与确认：填写线上陈列设计方案实施确认单，要求准确确认陈列产品的品类和数量，模拟制作线上店铺陈列效果，并跟进陈列设计页面效果的上传与确认。

6. 实体店铺陈列维护管理：实体店卖场售卖货品的维护要求做到保持产品齐色、齐码、整洁干净；实体店卖场的卫生维护要求做到店面干净卫生；制定实体店销售人员管理方案，要求团队每位成员对服务品牌目标消费群体的喜好、服装面料特征、色彩搭配、款式搭配等方面比较清楚，并具有一定的亲和力、沟通能力。

7. 线上店铺设计方案跟进与确认：制定线上店铺运营效果跟进细则，要求做到对店铺维护、上货波次、物流跟进、退换货跟进到位；建立线上店铺商品管理和维护系统，要求做到产品齐色、齐码，服装拍摄图片清晰、无色差，陈列页面主题根据节日活动及时更换；制订线上店铺销售人员管理方案，要求团队对服务品牌目标消费群体的喜好、服装面料特征、色彩搭配、款式搭配等方面比较清楚，并具有一定的耐心、沟通能力。

参考资料：

配备教材、参考教材、新年文化元素资料、专业图书、时尚杂志、流行资讯网站、时尚陈列 APP。

评价方式：

本课程的评价方式为过程评价与结果评价相结合：

1. 过程评价：小组自评、组间互评、教师总评，三者成绩相加的平均值作为过程性评价的最终学生成绩。

2. 结果评价：任课教师、专业带头人、企业专业陈列设计师共同实施考核评价，取所有考核人员评分的平均分作为学生考核成绩。评价内容包括：新年主题设计效果图方案 + 陈列主题设计模型实施过程 + 作品展示说明。

评价标准

过程性评价表
1. 团队合作 30 分 团队合作能力强而高效，小组在规定时间内完成任务
2. 沟通礼仪 20 分 市场调研时与店铺导购沟通做到礼貌、尊重、有效
3. 获取信息 25 分 理解任务书的内容和要求，关键性的设计要点提取全面、准确；能了解中国传统文化，搜集新年主题元素全面准确；对中国传统新年文化内涵理解到位
4. 成果展示 25 分 言简意赅，思路清晰，突出重点，汇报内容全面详细；设计方案的制定考虑到经济价值、商业价值、文化价值

终结性考核评价表

	评价要求	评分标准			
		优 10 分	良 8 分	中 6 分	差 6 分以下
专业能力评价标准 50 分	1. 小组成员能在规定时间内完成整体设计方案和陈列模型制作				
	2. 陈列设计方案符合新年节日主题理念及品牌文化理念				
	3. 店铺陈列方案及模型制作布局合理、设计新颖、空间利用合理				
	4. 陈列设计效果图上色明暗突出、手法细腻；店铺模型制作精美				
	5. 设计方案和模型制作体现商业价值和经济价值、文化价值				
社会能力评价标准 50 分	6. 小组分工明确、合作能力强而高效				
	7. 仪容仪表符合学校要求				
	8. 工作过程中能做到工作台整洁干净				
	9. 汇报过程中能用正确、流利的语言陈述				
	10. 汇报内容重点突出，思路清晰、准确				
	总得分情况				

学习任务：班服定制馆

任务描述

学习任务课时：100 课时

任务情境：

学校有统一的校服，但是，在班级同学们搞活动的时候，都希望有自己的班服，以体现自己的集体、团队形象；在企业的团建活动中，团队的专属服装，也是团队的重要标识。因此，有创业意向的同学可以通过建立基于 HTML 网页以及 APP 的移动端服装在线定制平台，为大学生 / 中学生、公司员工、情侣客户群体提供在线定制服务，并以此创办、经营定制服装的品牌。主要经营如下功能的业务：

1. 开设一个在线定制班服的公众号或者小程序，作为提供服装定制的平台，用来经营定制服装馆，平台功能包括：

①设计模块：设计页面分为 T 恤的正面设计和背面设计，二者的功能一样。用户可以自由选择 T 恤底色、添加自定义文字、导入图片、添加网络素材、插入图形元素以及使用模版或者专业画手服务。

②下单模块：用户完成设计后，可直接在平台下单，同时可以随时查看 T 恤制作进展。

③售后及客户关系管理模块：为用户提高定制咨询服务。

2. 开设一个线下的定制服装店——班服定制馆。店铺地点在众创空间，作为平台的线下实体店，是团队开展设计、制作和交货的场地。

在未来的 5 周时间内，你们将在创业导师的帮助下，讨论项目的可行性、规划项目的设计思路、挖掘产品的目标客户群、拟定推广方式，并完成市场调研，设计商业模式，撰写商业计划书，策划和实施项目，完成融资路演等过程，力争完成最少一个班的班服设计和制作，并交付给顾客。

具体要求见下页。

专创融合学习任务

学习内容

专业知识与技能	学校有统一的校服，但是，在班级同学们搞活动的时候，都希望有自己的班服，以体现自己的集体、团队形象；在企业的团建活动中，团队的专属服装，也是团队的重要标识。因此，有创业意向的同学可以通过建立基。于 html 网页以及 APP 的移动端服装在线定制平台，为大学生 / 中学生、公司员工、情侣客户群体提供在线定制服务，并以此创办、经营定制服装的品牌。主要经营如下功能的业务： 1.1 开设一个在线定制班服的公众号或者小程序，作为提供服装定制的平台，用来经营定制服装馆。 1.2 开设一个线下的定制服装店——班服定制馆。店铺地点在众创空间，作为平台的线下实体店，是团队开展设计、制作和交货的场地。 这个创业项目先要考虑： ①服务对象的确定； ③主营业务的确定； ④涉及的技术要求汇总； ⑤团队的组建与人员分工	2.1 专业技术上的创新，包括： ① B2C+O2O 相结合，创新用户购买方式，增强用户购物体验和粘性； ② 创新个性化定制平台，结合人工智能，帮助用户快速定制称心如意的个性化 T 恤。 2.2 这些技术创新点怎样形成技术壁垒： ①学校提供足够技术人员支持； ②工厂提供优质产品并确保交付能力； ③ B2C+O2O 平台的流量合作。	3.1 项目技术的可行性： 为什么团队可以做这件事，有何技术优势； 3.2 项目的技术风险： 技术力量是否足够； 不够的话怎么解决； 怎么保护知识产权。 3.3 竞品的技术分析： 竞争对手的技术有哪些创新。
创新创业知识与技能	1.1 市场调查的基本知识； 1.2 制定调研方案： 确定调研对象； 选择调研形式； 编制调研问卷； 1.3 开展调研实践活动： 在线问卷调研； 线下调研； 网络大数据调研； 1.4 调研报告的撰写： 调研数据统计分析； 编写调研报告； 1.5 调研报告分享： 制作分享 PPT； 分享调研过程与结论。	2.1 商业计划书的一般结构。 2.2 商业模式画布的结构与含义： “客户细分”的含义； “价值主张”的含义； “客户关系”的含义； “渠道通路”的含义； “关键业务”的含义； “核心资源”的含义； “重要伙伴”的含义； “成本结构”的含义； “收入来源”的含义； 2.3 讨论、绘制并展示商业模式画布； 2.4 编写商业计划书。	3.1 项目在市场方面的可行性： 为什么团队可以做做这件事，有什么市场优势‘ 3.2 项目在市场营销、运营管理等方面存在哪些风险’ 3.3 竞品及其市场分析。
工作环节	工作环节 1 挖掘商机市场调研 （获取信息）	编制商业计划书 （制定计划） 工作环节 2	工作环节 3 优化商业计划书 （做出决策）
输出成果	1.1 市场调查方案； 1.2 市场调查过程材料（照片 / 录音 / 小视频）； 1.3 市场调查报告； 1.4 市场调查汇报 PPT 文稿。	2.1 商业模式画布； 2.2 商业计划书。	3.1 定稿版商业计划书。

学习任务：班服定制馆

工作环节 4 产品设计制造 / 服务提供（实施计划）	工作环节 5 产品 / 服务验证（检查控制）	工作环节 6 产品 / 服务发布（评价反馈）
4.1 在淘宝上选择 5 款 T 恤，作为班服的基本原材料，并向各组同学介绍选择的理由； 4.2 设计图案，本组最少设计 5 款班服的图案，形成班服图案库，供顾客选择； 4.3 设计定制服装的公众号，提供 T 恤衫和备选图案，接受顾客选择； 4.4 将顾客选择好的定制 T 恤图案，用彩色喷墨打印机打印出来（打印在热转印膜上）； 4.5 将打印好的图画放在顾客选好的 T 恤上面（将图画面朝下），然后依据热转印设备转印的需求调好时间（通常是 20 秒），合上设备的加热片（注：纯棉 T 恤在转印之前先在打印部位喷一点增深剂，并须晒干后再进行热转印，其作用是经过热压力改动墨水色彩，增强墨水在衣物上的艳丽作用）； 4.6 为防止 T 恤因温度太高发黄，可在衣物上垫一块衬布再进行热转印。在热转印设备定时报警后，提起加热片，敏捷掀开图画纸，取出 T 恤，封闭设备电源； 4.7 最终待 T 恤温度变凉，叠好装袋，即可完结整个热转印制造，制造成为制品。	5.1 如何测试班服定制是否满足同学们的要求； 5.2 如何填写质量工作报告； 5.3 第一位使用者有哪些反馈； 5.4 根据反馈进行哪些调整； 5.5 原来预测的成本，现在有什么变化，确定新的成本预算； 5.6 定价策略是否需要调整，请确定新的定价方案； 5.7 基于成本与定价的调整，确定利润情况； 5.8 基于确定的利润情况，预测未来三年的发展规划。	6.1 总结项目有哪些技术创新点； 6.2 分析项目的成本与收益； 6.3 项目亮点在 PPT 和汇报中的体现； 6.4 路演陈述中如何介绍产品技术。
4.1 创新意识： ①创新动机：在线 T 恤定制平台是为了满足学生以及公司人员的 T 恤定制需求而建立的基于 html 网页以及 APP 的移动端 T 恤在线定制平台； ②创新兴趣：用户能在 T 恤上自由设计，并能在设计完成后下单制作，1~5 天内能收到自己设计的充满个性的 T 恤；平台同时招募了专业画手，解决用户更个性化的需求； ③创新情感：让学生结合所学专业，促进创业项目的成功。 4.2 创新技能： ①设计研发能力：通过在线 T 恤设计平台的推广，产生大量个性化定制需求的用户，用户设计 + 专业画手的结合提高平台人员设计研发能力； ②创造能力：基于创新创业思维，利用互联网效应，打造一个高粘性的创意设计服务平台； ③组织协调能力：产品经理、UI 设计、前后端开发人员、设计研发人员、市场运营人员的组织协调能力。 4.3 创业精神： 目前服装定制领域仍有非常大的发展空间，加上移动互联网的迅速发展，移动端的应用越来越广泛，个性化 T 恤的定制发展和市场机会，凭借大学生创业团队敢为人先，以人为本的精神，为消费者提供最具创意和最满意的个性化 T 恤定制平台。 4.4 创业技能： ①成衣制作技能，T 恤的裁剪需符合人体的生理曲线，大多数人能找到合适的尺码，不会出现衣服过长、袖子过短等问题； ②面料工艺设计技能，面料成分应严格标注在标签上，穿起来不会出现过于贴身、缺少弹性等问题。不掉色，尤其是深色衣服，不能出现掉色严重的问题； ③团队建设与管理能力：形成产品开发管理章程，确保项目按时按质有效落地。	5.1 产品的质量在创业中有什么影响； 5.2 如何向客户承诺产品质量； 5.3 产品质量报告需要哪些权威部门认证； 5.4 正确把握质量与广告的关系、避免法务风险； 5.5 成本的核算； 5.6 销售定价的一般依据； 5.7 利润的计算方法； 5.8 未来发展的预测依据。	6.1 项目路演评价标准； 6.2 制作路演 PPT，提升逻辑思维能力； 6.3 完成路演环节，提升专业性的口头表达能力； 6.4 完成个人总结，培养归纳能力及反思及持续改善的职业习惯； 6.5 客观评价组员的任务表现。
4.1 每组最少产出两件不同的班服； 4.2 实施过程（照片、视频、文档）。	5.1 质量检测报告 / 总结报告。	6.1 路演资料一套（PPT 及视频）。

学习任务：班服定制馆

1 挖掘商机 市场调研（获取信息） → 2 编写商业计划书（制定计划） → 3 优化商业计划书（做出决策） → 4 产品设计制造 / 服务提供（实施计划） → 5 产品 / 服务 验证（检查控制） → 6 产品 / 服务 发布（评价反馈）

挖掘商机市场调研（获取信息）

教师活动	学生活动	评价
1. 情景创设：提醒学生阅读工作页上的“情景描述”。 学校有统一的校服，但是，在班级同学们搞活动的时候，都希望有自己的班服，以体现自己的集体、团队形象；在企业的团建活动中，团队的专属服装，也是团队的重要标识。因此，有创业意向的同学可以通过建立基于 HTML 网页以及 APP 的移动端服装在线定制平台，为大学生 / 中学生、公司员工、情侣客户群体提供在线定制服务，并以此创办、经营定制服装的品牌。	1. 听老师布置任务，阅读工作页上的“情景描述”： ① 用荧光笔划出其中的关键词。 ② 跟组员讨论关键词的含义。 ③ 对学习任务中存疑的地方向老师咨询，直至弄清楚任务的情景。	1. 对专创融合学习任务是否理解； 2. 是否清楚创业的方向，表达是否清晰有条理； 3. 扮演顾客的，是否能清楚全面地提出自己的需求；扮演创业者的，是否能清楚全面地提供解决方案； 4. 组内人员分工是否科学合理； 6. 调研问卷的问题是否科学有效； 7. 有否开展调研实践；调研报告是否符合要求。
2. 要求开设一个在线定制班服的公众号或者小程序，作为提供服装定制的平台，用来经营定制服装馆。 3. 开设一个线下的定制服装店——班服定制馆。店铺地点在众创空间，作为平台的线下实体店，是团队开展设计、制作和交货的场地。	2. 讨论项目的价值主张和服务对象，绘制海报并安排人上台分享。把价值主张和服务对象记录在工作页上。 3. 认真思考、激烈讨论，得出“如果我想定制班服，我可能需要班服定制馆的经营者给我提供怎样的服务？”罗列在纸上，准备向对方提出需求。 ① 听完对方的解决方案，觉得是否满意？不满意的地方继续发问，直至满意。 ② 认真听取对方提出的需求，组内讨论，针对这些需求，我们可以怎样解决，用关键词列出解决方案，并向对方说明解决方案。 ③ 各组的需求和解决方案汇总到一起，拼凑出创业者要提供的服务内容，记录在工作页上。	
4. 组织各组学生讨论这个项目的价值主张和目标定位：我们提供什么服务？这些服务可以解决哪些问题？谁会需要我们提供的这些服务？各组绘制一份海报并安排人说明一下。	4. 讨论组内分工，绘制组织架构图海报，并分享给其他各组（介绍一下团队），把组织架构图绘制到工作页上。	
5. 组织学生讨论这个项目的主营业务：我们具体做什么？涉及哪些技术？需要哪些资源？我们有什么优势？用角色扮演来带入学生思考，提醒各组的角色分工如下： ① 每两组为一对，A 组扮演准备采购班服的同学，向 B 组提出自己的需求（2 项）；B 组扮演班服定制馆的经营者，向 A 组解释自己将会怎样满足对方的需求（把方案说得清晰具体），并尽量使对方满意。 ② A 组和 B 组角色互换再进行（也是 2 项）。 ③ 如果还能从顾客角度想出更多需求，回到①项。	5. 听老师介绍市场调查在创业过程中的重要性和市场调研的基本方法，补充完整工作页	

挖掘商机市场调研（获取信息）	教师活动	学生活动	评价
	④创业者的这一组负责安排人详细记录顾客需求和针对性的解决方案 ⑤组织学生汇总、整理记录，得出创业团队的主营业务。 6. 组织学生讨论团队的组建与人员分工： 创业团队一般需要哪些人员？ 谁是项目负责人？ 各位组员分别负责什么？ 给团队起个什么名字？ 7. 介绍市场调查在创业过程中的重要性和市场调研的基本方法。 8. 组织学生小组制定调研方案： ①确定调研对象； ②选择调研形式：在线问卷？纸质问卷？会议调查？网络大数据调研？ ③编制调研问卷(10个问题,含选择题和简答题)。 9. 安排开展调研实践活动： ①课外时间完成每一组最少回收20份有效问卷，各组的调研对象不能出现相同。对象为在校学生。 ②组织各组分享调研的情况。 ③收取各组调研报告，并给出该环节的学习评价。	6. 各组制定调研方案，编制调研问卷。 7. 开展调研实践活动： ①调研20位不同专业的同学，回收20份有效问卷。 ②进行数据统计分析，得出一些结论。 ③以海报或者PPT形式完成调研报告提纲及调研结论，向全班分享。 ④编写调研报告并提交给老师评价。	
	1. 硬资源：一体化课室等。 2. 软资源：工作页、参考教材、授课PPT等。		

学习任务：班服定制馆

1 挖掘商机 市场调研（获取信息） → 2 编写商业计划书（制定计划） → 3 优化商业计划书（做出决策） → 4 产品设计制造 / 服务提供（实施计划） → 5 产品 / 服务验证（检查控制） → 6 产品 / 服务发布（评价反馈）

编写商业计划书（制订计划）

教师活动	学生活动	评价
1. 展示一份商业计划书，介绍商业计划书的一般结构，阐述商业计划书的作用。让学生对商业计划书有一个初步认识。 2. 展示一张完整的商业模式画布，简要说明商业模式画布的结构。	1. 观察一个完整的商业计划书，分析商业计划书的一般结构，听老师说明商业计划书，有疑问的地方要提出来。 2. 观察一个商业模式画布案例，分析商业模式画布的一般结构，听老师说明商业模式画布，有疑问的地方要提出来。	商业模式画布是否合理？完整？ 商业计划书是否能清晰描述创业设计？
3. 组织学生讨论商业画布各项要素的含义： ①组织各组通过百度等途径，了解商业模式画布中“客户细分”的含义，提醒每组做好说明“客户细分”的准备； 抽取某一组来说明“客户细分”的含义，并以本项目为例，说明“客户细分”的对象都有哪些。	3. 讨论商业画布各项要素的含义： ①通过百度等途径，了解商业模式画布中“客户细分”的含义，讨论本项目的“客户细分”的对象都有哪些，向其他组分享自己的看法（假如被抽到）。	
②组织各组通过百度等途径，了解商业模式画布中“价值主张”的含义，提醒每组做好说明“价值主张”的准备； 抽取某一组来说明“价值主张”的含义，并以本项目为例，说明“价值主张”是什么。	②了解商业模式画布中“价值主张”的含义，讨论本项目“价值主张”的对象都有哪些，向其他组分享自己的看法（假如被抽到）。	
③组织各组通过百度等途径，了解商业模式画布中“客户关系”的含义，提醒每组做好说明“客户关系”的准备； 抽取某一组来说明“客户关系”的含义，并以本项目为例，说明“客户关系”有哪些。	③了解商业模式画布中“客户关系”的含义，讨论本项目“客户关系”的对象都有哪些，向其他组分享自己的看法（假如被抽到）。	
④组织各组通过百度等途径，了解商业模式画布中“渠道通路”的含义，提醒每组做好说明“渠道通路”的准备； 抽取某一组来说明“渠道通路”的含义，并以本项目为例，说明“渠道通路”有哪些。	④了解商业模式画布中“渠道通路”的含义，讨论本项目“渠道通路”的对象都有哪些，向其他组分享自己的看法（假如被抽到）。	
⑤组织各组通过百度等途径，了解商业模式画布中“关键业务”的含义，提醒每组做好说明“关键业务”的准备； 抽取某一组来说明“关键业务”的含义，并以本项目为例，说明“关键业务”有哪些。	⑤了解商业模式画布中“关键业务”的含义，讨论本项目“关键业务”的对象都有哪些，向其他组分享自己的看法（假如被抽到）。	

教师活动	学生活动	评价
⑥组织各组通过百度等途径，了解商业模式画布中“核心资源”的含义，提醒每组做好说明“核心资源”的准备； 抽取某一组来说明“核心资源”的含义，并以本项目为例，说明“核心资源”有哪些。	⑥了解商业模式画布中“核心资源”的含义，讨论本项目“核心资源”的对象都有哪些，向其他组分享自己的看法（假如被抽到）。	
⑦组织各组通过百度等途径，了解商业模式画布中“重要伙伴”的含义，提醒每组做好说明“重要伙伴”的准备；抽取某一组来说明“重要伙伴”的含义，并以本项目为例，说明“重要伙伴”有哪些。	⑦了解商业模式画布中“重要伙伴”的含义，讨论本项目“重要伙伴”的对象都有哪些，向其他组分享自己的看法（假如被抽到）。	
⑧组织各组通过百度等途径，了解商业模式画布中“成本结构”的含义，提醒每组做好说明“成本结构”的准备； 抽取某一组来说明“成本结构”的含义，并以本项目为例，说明“成本结构”有哪些。	⑧了解商业模式画布中“成本结构”的含义，讨论本项目“成本结构”的对象都有哪些，向其他组分享自己的看法（假如被抽到）。	
⑨组织各组通过百度等途径，了解商业模式画布中“收入来源”的含义，提醒每组做好说明“收入来源”的准备； 抽取某一组来说明“收入来源”的含义，并以本项目为例，说明“收入来源”有哪些。	⑨了解商业模式画布中“收入来源”的含义，讨论本项目“收入来源”的对象都有哪些，向其他组分享自己的看法（假如被抽到）。	
4. 组织各组根据以上的讨论，绘制并展示分享商业模式画布。	4. 组根据以上的讨论，绘制商业模式画布（海报），安排人上台展示与分享商业模式画布。	
5. 布置课后完成商业计划书编写。	5. 完成商业计划书编写（课后）。	

1. 硬资源：一体化课室等。
2. 软资源：工作页、参考教材、授课 PPT、商业计划书案例等。

学习任务：班服定制馆

1 挖掘商机 市场调研（获取信息） → 2 编写商业计划书（制定计划） → 3 优化商业计划书（做出决策） → 4 产品设计制造 / 服务提供（实施计划） → 5 产品 / 服务 验证（检查控制） → 6 产品 / 服务 发布（评价反馈）

<table>
<tr><th></th><th>教师活动</th><th>学生活动</th><th>评价</th></tr>
<tr><td rowspan="2">优化商业计划书（做出决策）</td><td>组织各组学生深入讨论：
1. 项目的可行性：为什么团队可以做这件事？有什么市场优势？抽取一组上台分享他们的观点。
2. 项目在市场营销、运营管理等方面存在哪些风险？抽取一组上台分享他们的观点。
3. 目前市场上有哪些类似的竞品，竞品有哪些特点？我们与之相比有哪些差异？抽取一组上台分享他们的观点。</td><td>从市场和技术的角度，深入讨论：
1. 项目的可行性：为什么团队可以做这件事？有什么市场优势？上台分享本组的观点（如果被抽到）。
2. 项目在市场营销、运营管理等方面存在哪些风险？上台分享本组的观点（如果被抽到）。
3. 目前市场上有哪些类似的竞品，竞品有哪些特点？我们与之相比有哪些差异？上台分享本组的观点（如果被抽到）。
4. 结合教师的批改和以上的讨论，修订商业计划书，提交定稿版商业计划书。</td><td></td></tr>
<tr><td colspan="3">1. 硬资源：一体化课室等。
2. 软资源：工作页、参考教材、授课 PPT 等。</td></tr>
<tr><td rowspan="2">产品设计制造／服务提供（实施计划）</td><td>1. 指导学生在淘宝上选择 5 款 T 恤，作为班服的基本原材料，解释选择的基本要求，组织各组同学介绍本组选择的理由。
2. 安排各组设计班服的 LOGO 图案，各组最少设计 5 款班服的图案，形成班服图案库，供顾客选择。组织各组轮流展示设计图案并分享其含义。
3. 指导学生开设一个公众号，在公众号上提供 T 恤衫和备选图案，接受顾客选择。
4. 演示打印图案(打印在热转印膜上)的技术方法，组织各组进行图案打印。
5. 演示热转印的技术方法，将打印好的图画放在顾客选好的 T 恤上面（将图画面朝下），然后依据热转印设备转印的需求调好时间（通常是 20 秒），合上设备的加热片（注：纯棉 T 恤在转印之前先在打印部位喷一点增深剂，并须晒干后再进行热转印，其作用是经过热压力改动墨水色彩，进一步加强墨水在衣物上的艳丽作用）。
为防止 T 恤因温度太高发黄，可在衣物上垫一块衬布再进行热转印。在热转印设备定时报警后，提起加热片，敏捷掀开图画纸，取出 T 恤，封闭设备电源。
6. 演示：待 T 恤温度变凉，叠好装袋，即可完结整个热转印制造，制造成为制品。</td><td>1. 在淘宝上选择 5 款 T 恤，作为班服的基本原材料，并向各组同学介绍选择的理由。
2. 设计图案，本组最少设计 5 款班服的图案，形成班服图案库，供顾客选择。展示设计图案并分享其含义。
3. 设计定制服装的公众号，提供 T 恤衫和备选图案，接受顾客选择。
4. 将顾客选择好的定制 T 恤图案，用彩色喷墨打印机打印出来（打印在热转印膜上）。
5. 将图案用热转印机印在选定的 T 恤上。
6. 将班服叠好装袋，完结整个热转印制造，制造成为制品。</td><td>是否能按时开发出众创空间 APP；运行体验是否良好。</td></tr>
<tr><td colspan="3">1. 硬资源：具备上网功能的一体化教室、计算机等。
2. 软资源：工作页、参考教材、授课 PPT 等。</td></tr>
</table>

基准课时：100

1 挖掘商机 市场调研（获取信息） → 2 编写商业计划书（制定计划） → 3 优化商业计划书（做出决策） → 4 产品设计制造/服务提供（实施计划） → 5 产品/服务验证（检查控制） → 6 产品/服务发布（评价反馈）

	教师活动	学生活动	评价
产品/服务验证（检查控制）	1. 请各组同学介绍自己创作的班服有哪些特色； 2. 引导学生填写工作页中的质量记录； 3. 检查各组的班服修改情况； 4. 指导各组学生完成财务分析。	1. 分析班服是否满足同学们的定制要求； 2. 填写质量工作报告（工作页）； 3. 讨论第一批使用者的反馈意见； 4. 根据反馈意见进行调整； 5. 确定新的成本预算； 6. 小组讨论定价策略是否需要调整，请确定新的定价方案； 7. 基于成本与定价的调整，确定利润情况； 8. 基于确定的利润情况，预测未来三年的发展规划。	
	1. 硬资源：一体化课室等。 2. 软资源：工作页、参考教材、授课 PPT 等。		
产品/服务发布（评价反馈）	1. 说明项目路演评价标准； 2. 组织各组制作路演 PPT 并进行项目路演； 3.布置完成个人总结,客观评价组员的任务表现。	1. 听老师介绍项目路演的评审标准，总结项目有哪些技术创新点，分析项目的成本与收益，注意项目亮点在 PPT 和汇报中的体现； 2. 小组制作路演 PPT，从项目背景、市场分析、产品介绍、创新做法、市场定位、营销渠道、财务预测、风险预测、三年规划、团队介绍等方面进行项目路演； 3. 在工作页中填写个人工作总结，客观评价组员的任务表现。	从项目的创新性、商业价值、财务分析、团队介绍、答辩情况等方面综合评价学生的路演。
	1. 硬资源：一体化课室等。 2. 软资源：工作页、参考教材、授课 PPT、路演 PPT 案例、路演录像、路演技巧讲解教学视频等。		

评价方式与标准

1. 评价方式

评价方式可参照创新创业大赛的形式，或直接参加校级创新创业大赛，通过现场展示进行考核评价，各项目团队制作展示的 PPT、视频等材料，上台介绍项目的基本情况、商业价值、技术创新、商业模式、财务状况、团队分工等情况，现场评分。

2. 评委组成

由任课教师、创新创业指导中心教师、校外创业导师组成。

3. 评审标准

评审内容	评审细则	配分
商业价值	1. 符合国家产业政策和地方产业发展规划、现行法律法规相关要求； 2. 竞品分析充分，对项目的产品或者服务、技术水平、市场需求、行业发展等方面定位准确、调研清晰、分析透彻； 3. 商业模式设计可行，具备盈利能力； 4. 在竞争与合作、技术基础、产品或服务方案、资金及人员需求等方面具有实践基础。	
创新水平	1. 具备产教融合、工学结合、校企合作背景； 2. 突出原始创意和创造力，体现工匠技艺传承创新； 3. 项目设计科学，体现“四新”技术； 4. 体现面向职业、岗位技术创新、工种的创意及创新特点（如加工工艺创新、实用技术创新、产品 / 技术改良、应用性优化、民生类创新和小发明小制作等），具有低碳、环保、节能等特色。	
社会效益	1. 服务农民增收、绿色发展等需要； 2. 具有示范作用，可复制可推广； 3. 具备可持续发展潜力，促进社会就业。	
团队能力	1. 团队成员的价值观、专业背景和实践经历、能力与专长、业务分工情况； 2. 指导教师、合作企业、项目顾问和其他资源的有关情况和使用计划； 3. 项目或企业的组织架构、股权结构与人员配置。	
回答问题	答辩过程中，回答问题准确、有条理。	